Great Minds in Management
The Process of Theory Development

管理学中的伟大思想

经典理论的开发历程

（典藏版）

[美] 肯·G.史密斯（Ken G. Smith）
　　 迈克尔·A.希特（Michael A. Hitt） 主编

徐 飞　路 琳　苏依依　译

北京大学出版社
PEKING UNIVERSITY PRESS

著作权合同登记号　图字：01－2015－0333

图书在版编目（CIP）数据

管理学中的伟大思想：经典理论的开发历程/（美）史密斯（Smith, K. G.），（美）希特（Hitt, M. A.）著；徐飞等译. —北京：北京大学出版社，2016.6
ISBN 978－7－301－26633－5

Ⅰ. ①管… Ⅱ. ①史… ②希… ③徐… Ⅲ. ①管理学 Ⅳ. ①C93

中国版本图书馆CIP数据核字（2015）第305741号

Ken G. Smith, Michael A. Hitt
Great Minds in Management：The Process of Theory Development, First Edition
ISBN：978-0199276813
© Oxford University Press 2005
本书英文原版于2005年由牛津大学出版社出版。

"Great Minds in Management：The Process of Theory Development, First Edition" was originally published in English in 2005. This translation is published by arrangement with Oxford University Press.

本书中文简体字翻译版由牛津大学出版社授权北京大学出版社独家出版发行。

书　　　名	管理学中的伟大思想——经典理论的开发历程 Guanlixue Zhong de Weida Sixiang——Jingdian Lilun de Kaifa Licheng
著作责任者	〔美〕肯·G.史密斯（Ken G. Smith）　〔美〕迈克尔·A.希特（Michael A. Hitt）　主编 徐　飞　路　琳　苏依依　译
责任编辑	李笑男
标准书号	ISBN 978－7－301－26633－5
出版发行	北京大学出版社
地　　　址	北京市海淀区成府路205号　100871
网　　　址	http://www.pup.cn
电子信箱	em@pup.cn　QQ：552063295
新浪微博	@北京大学出版社　@北京大学出版社经管图书
电　　　话	邮购部 62752015　发行部 62750672　编辑部 62752926
印 刷 者	北京中科印刷有限公司
经 销 者	新华书店
	787毫米×1092毫米　16开本　31.25印张　655千字 2016年6月第1版　2022年1月第5次印刷
印　　　数	14001—17000册
定　　　价	98.00元

未经许可，不得以任何方式复制或抄袭本书之部分或全部内容。
版权所有，侵权必究
举报电话：010-62752024　电子信箱：fd@pup.pku.edu.cn
图书如有印装质量问题，请与出版部联系，电话：010-62756370

译者序

2015年年初，北京大学出版社的编辑李娟老师联系我，谈及《管理学中的伟大思想：经典理论的开发历程》一书典藏版的出版事宜，希望趁此机会对上一版的中文翻译进行修订，我当然珍惜这难得的机会。

我与这本巨著的结缘始于2008年。当时北京大学出版社从牛津大学出版社购买了翻译出版的版权，委托我主持该书的翻译。经过我和团队一年多的努力，2010年6月中译本第一版付梓。犹记得彼时正值中国管理研究国际学会（IACMR）年会在上海召开，散发着墨香的新书出现在会场北京大学出版社的展台上，短短半天时间就被与会者抢购一空。这些年中，常常听到管理学界的学者、研究生谈论起这本书，越来越多的重点高校也将此书作为博士生的必读教材或指定参考书目。回想当年和翻译团队一起不分寒暑地翻译、校对所付出的努力，倍感欣慰。

该书与众多管理经典著作最大的不同，在于它并非刻意阐释管理思想的伟大，甚至也不直接完整地陈述理论本身，而是回溯理论的开发历程，揭示理论提出者的探索过程，从而最大程度地保护和激发读者的好奇天性、问题意识和探究旨趣。实际上，真正的思想智慧常常不是呈现的文本，而是探究的过程；不是现成的结论，而是刨根问底的追问意识和蕴藏在字里行间鲜活的思绪。洞悉经典理论背景若能促进读者发现问题、引发思考，其价值才是最大的。读者若能在阅读经典理论的开发历程中学会发现、思考和探究的方法，并将这些具有极强迁移能力的方法自觉应用于自身的研究领域，其想象力、批判力和创造力将得以极大提升。该书从微观管理到宏观管理，涉猎广博，笔触率直，思绪灵动，观点犀利尖锐，视角新奇独到。娓娓道来的文字不仅闪耀着思想的光辉和思辨的力量，文笔也极富情趣，浓郁的人文情怀洋溢笔端。贯通全书的探究精神和问题意识，尤其值得读者洞察和体悟。

在上一版中译本发行五年之后重新审视这本书，思考其给中国管理学研究带来的影响和启发，又增加了几分感慨。过去的五年，国际国内的外部环境、管理理论和管理实践都发生了深刻变化，这些变化无疑会影响中国管理学研究的现状和未来，决定中国管理学者的角色与定位，从而使得再版这本经典的《管理学中的伟大思想：经典理论的开发历程》，具有了与第一版不同的意义。

其一，在全球范围的经济增长不利、产业发展持续低迷的情况下，中国企业异军突起。一方面，在国家利好政策的激励和扶植下，创业与创新成为中国经济的主旋律。另一方面，许多中国企业凭借改革开放三十余年积累的经验和勇气，纷纷走出国门实现国际化经营。这些风起云涌的企业变革历程和管理现象，为中国的管理学提出了重要的研究问题，也为管理学者提供了最好的研究对象。管理学经典理论的产生不可能由学者们在"象牙塔"里凭空产生，而是扎根于社会实践和管理实务，这一点想必读者在阅读本书各章中都能强烈感受到。实际上，作者所处的社会背景和研究者自身的实践经历，对于重要理论的产生的确起到至关重要的作用。

管理学大师彼得·德鲁克，就是在20世纪80年代从美国新经济兴起时产生的大量创业企业和中小企业中，揭示出对管理学意义深远且影响至今的重要理论。当今，中国日新月异的管理创新实践，已经为产生呼之欲出的伟大管理理论提供了合适的阳光和土壤。文献计量表明，2010—2015年，国际顶级管理期刊中，以中国为背景、以中国企业中国员工为研究对象的论文数量提升了近一倍，这也许预示着中国有希望成为下一波前沿管理思想新的发祥地。

其二，过去几年中，中国管理学者在国际学术领域的影响力快速提升。《管理学中的伟大思想：经典理论的开发历程》中文版面世的五年，一方面，大量海外学者选择扎根中国，捕捉中国管理实践中涌现的新问题和新机会，持续探索中国经济管理价值，有关中国情境的作品呈逐年快速增长态势；另一方面，中国管理学界逐步完成国际接轨，国内中文期刊论文的规范性显著增强，立意更加高远，中国学者的名字也越来越多地出现在管理学科的国际一流刊物和重要国际会议上。特别是本土的年青学者，苦练基本功，探索真问题，凭借广泛的国际合作和国内丰富的研究案例，逐渐成为国际管理研究中重要的有生力量。

此外，中国学者不再满足于追随西方学术界的研究潮流。现在，中国管理学年会和IACMR双年会业已成为全球性管理学者交流合作的平台，广大华人学者深刻反思本土情境对于管理学研究的意义和价值，希冀构建中国本土管理学研究的自信与合法性，这给过去以北美、欧洲为主导的国际管理学界带来新气象，也显示出中国学者对于高水平管理学研究的实践自信、理论自信和能力自信。

与此同时我们也注意到，虽然大批中国管理学者已经快速学习和掌握了规范化的研究方法，能够以国际化的学术语言发声并展开平等对话。但是，在创造管理学新思想、构建具有原创性影响力的管理理论方面，仍然存在较大差距。当下中国作为全球第二大经济体，正在经历"三千年未有之大变局"，如何抓住历史机遇，"创新驱动、转型发展"，揭示中国经济快速发展带来的管理新现象，构建顶天立地、兼收并蓄的管理新理论，创造具有中国特色、世界意义的管理学新方法和新范式，是中国管理学者的重大使命。在这样的背景下,《管理学中的伟大思想:经典理论的开发历程》对中国管理学者具有重要的启示意义。

正是由于上述原因,让我们为承担本书的翻译工作深感荣幸,同时也为第一版不尽如人意的地方感到遗憾和不安。英文原书作者众多,风格迥异,内容包罗万象,专业跨度很大,这些都为翻译工作带来巨大挑战。翻译第一版时尽管我们尽心尽力,但终因时间和水平所限,在付梓之际还是留下不少遗憾。这几年中,我们陆续收到热心读者对本书部分段落或句子翻译的商榷意见,一些读者更是直接给予中肯的批评指正,正所谓"爱之深,责之切",对此,我们深表感谢。

本次的修订过程历时八个月,为了保证修订质量,也为尽可能保持全书翻译风格的一致性,我们组成了简约的三人团队。其中,路琳承担微观管理理论部分(第1—12章)的修订,苏依依承担宏观管理理论部分(第13—26章)的修订,我负责全书审校。

对于译者来说,翻译一本经典学术巨著,可以无限亲近原著,琢磨品味原著者本源思想的历程,何其有幸。我和我的团队五年之后,与这本长达六百页的巨著再次聚首,对译文再度斟酌打磨,个中滋味,甘苦自知。尽管修订过程中我们始终谨慎仔细,反复推敲,改正了上一版中的不当表达和错误之处,但难免会存在疏漏,恳请广大读者继续批评指正。

最后,对北京大学出版社的编辑们为本书再版修订所做的大量认真细致的工作,表示由衷的谢意。

徐 飞
2016年4月

原版致谢

本书最初的创意来自于我们和埃德温·洛克(Edwin Locke)的谈话,他非常关注《美国管理学会学报》(*Academy of Management Journal*)和《美国管理学会评论》(*Academy of Management Review*)期刊上所发表的理论现状,也很关心当前学术领域中关于理论开发的议题。我们对于埃德温和本书所有的作者深表感谢,感谢他们关于如何开发理论所提出的真知灼见。我们还要感谢阿基·巴特勒(Argie Butler)和索菲亚·马日诺娃(Sophia Marinova)在编辑本书的过程中提供的帮助。同时,我们还特别感谢本书的编辑戴维·玛森(David Musson)对本书抱定的信念,以及牛津大学出版社所有同仁给予我们的大力支持。

各章撰稿人列表

克里斯·阿吉里斯(Chris Argyris)	哈佛大学,美国
艾伯特·班杜拉(Albert Bandura)	斯坦福大学,美国
杰伊·巴尼(Jay B. Barney)	俄亥俄州立大学,美国
李·比奇(Lee R. Beach)	亚利桑那大学,美国
金·卡梅伦(Kim Cameron)	密歇根大学,美国
迈克尔·达比(Michael Darby)	加利福尼亚大学洛杉矶分校,美国
罗伯特·福尔杰(Robert Folger)	中佛罗里达大学,美国
爱德华·弗里曼(R. Edward Freeman)	弗吉尼亚大学,美国
迈克尔·弗里斯(Michael Frese)	吉森大学,德国
理查德·哈克曼(J. Richard Hackman)	哈佛大学,美国
唐纳德·汉布里克(Donald C. Hambrick)	宾夕法尼亚州立大学,美国
迈克尔·希特(Michael A. Hitt)	得克萨斯A&M大学,美国
安妮·哈夫(Anne S. Huff)	慕尼黑科技大学,德国
加里·莱瑟姆(Gary P. Latham)	多伦多大学,加拿大
埃德温·洛克(Edwin A. Locke)	马里兰大学,美国
亨利·明茨伯格(Henry Mintzberg)	麦吉尔大学,加拿大
特瑞斯·米切尔(Terence R. Mitchell)	佛罗里达大学,美国
理查德·莫迪(Richard T. Mowday)	俄勒冈大学,美国
野中郁次郎(Ikujiro Nonaka)	一桥大学,日本
格雷格·奥尔德姆(Greg R. Oldham)	伊利诺伊大学香槟分校,美国
杰弗瑞·普费弗(Jeffrey Pfeffer)	斯坦福大学,美国
莱曼·波特(Lyman W. Poter)	加利福尼亚大学欧文分校,美国
丹尼斯·卢梭(Denise M. Rausseau)	卡内基-梅隆大学,美国
理查德·斯科特(W. Richard Scott)	斯坦福大学,美国

肯·史密斯(Ken G. Smith)	马里兰大学,美国
巴里·斯托(Barry M. Staw)	加利福尼亚大学伯克利分校,美国
理查德·斯蒂尔斯(Richard M. Steers)	俄勒冈大学,美国
维克多·弗鲁姆(Victor H. Vroom)	耶鲁大学,美国
卡尔·维克(Karl E. Weick)	密歇根大学,美国
奥利弗·威廉姆森(Oliver E. Williamson)	加利福尼亚大学伯克利分校,美国
悉尼·温特(Sidney G. Winter)	宾夕法尼亚州大学,美国
林恩·祖克(Lynne G. Zucker)	加利福尼亚大学洛杉矶分校,美国

目 录

第1章 前言:管理理论的诞生过程 ·················· 迈克尔·希特 肯·史密斯(1)
  参考文献 ·· (5)

第一部分　个体及其环境

第2章 社会认知理论的形成与发展 ································ 艾伯特·班杜拉(9)
  2.1 基于施为概念的社会认知理论 ·· (9)
  2.2 社会榜样作用的中心地位 ··· (10)
  2.3 关于榜样作用的本质和范畴的几种误解 ································· (12)
  2.4 象征性榜样作用的影响力和范围 ·· (13)
  2.5 自我调节能力约束下的施为活动 ·· (14)
  2.6 基于自我效能概念的理论延展 ··· (19)
  2.7 人类施为的三因素模式 ··· (22)
  2.8 理论构建的过程 ··· (23)
  参考文献 ·· (26)

第3章 镜像理论 ·· 李·比奇 特瑞斯·米切尔(31)
  3.1 疑虑的开始 ·· (31)
  3.2 镜像理论简介 ··· (36)
  3.3 镜像理论在学术领域的拓展 ··· (42)
  参考文献 ·· (42)

第4章 走向"公平"之路 ··· 罗伯特·福尔杰(46)
  4.1 理论构建的方法论 ·· (48)
  4.2 参考—认知理论的起源 ·· (52)
  4.3 公平理论 ··· (57)

4.4 局限、适用条件和结论 ………………………………………… (63)
4.5 道义理论综述 …………………………………………………… (64)
参考文献 ……………………………………………………………… (66)

第5章 宏大理论与中层理论：文化因素如何影响理论构建和对工作主动性的理解 …………………… 迈克尔·弗里斯(70)
5.1 从错误中学习：错误管理 ……………………………………… (72)
5.2 企业家精神中员工的进取心和主动计划 ……………………… (75)
5.3 结论 ……………………………………………………………… (84)
参考文献 ……………………………………………………………… (86)

第6章 高阶理论的起源、迂回与教训 …………………… 唐纳德·C.汉布里克(90)
6.1 高阶理论的起源 ………………………………………………… (90)
6.2 早期阐述 ………………………………………………………… (91)
6.3 实证论据 ………………………………………………………… (94)
6.4 理论完善 ………………………………………………………… (97)
6.5 遭遇挫折 ………………………………………………………… (100)
6.6 附记——致满怀激情的理论家 ………………………………… (101)
参考文献 ……………………………………………………………… (102)

第7章 目标设定理论：借助归纳法的理论开发 …………………… 埃德温·洛克　加里·莱瑟姆(105)
7.1 理论综述 ………………………………………………………… (105)
7.2 理论的起源：埃德温·洛克 …………………………………… (107)
7.3 加里·莱瑟姆 …………………………………………………… (109)
7.4 构建理论 ………………………………………………………… (111)
7.5 理论构建的意义 ………………………………………………… (117)
参考文献 ……………………………………………………………… (120)

第8章 工作特性理论是如何形成的 …………………… 格雷格·奥尔德姆　理查德·哈克曼(124)
8.1 工作特性理论：概述 …………………………………………… (125)
8.2 影响理论开发的条件 …………………………………………… (128)
8.3 理论的影响 ……………………………………………………… (134)
参考文献 ……………………………………………………………… (137)

第9章 员工对组织的态度有用吗？
——有关员工组织承诺的研究
…………………… 莱曼·波特　理查德·斯蒂尔斯　理查德·莫迪(139)
9.1 引言 ……………………………………………………………… (139)

9.2	组织承诺的早期研究	(140)
9.3	组织承诺的影响结果:理论与研究	(146)
9.4	发展方向	(148)

参考文献 (151)

第10章 心理契约理论的开发 ……… 丹尼斯·卢梭(153)
10.1	心理契约理论的形成	(153)
10.2	心理契约理论简介	(155)
10.3	理论重构:新兴的和将来的发展	(167)
10.4	发展新理论的建议	(168)
10.5	结论	(170)

参考文献 (170)

第11章 承诺升级:一个组织理论的构建步骤 ……… 巴里·斯托(174)
11.1	理论的缘起	(174)
11.2	组织升级理论的形成	(179)
11.3	一些建议	(187)
11.4	后续的一些思考	(188)

参考文献 (189)

第12章 期望理论的起源 ……… 维克多·弗鲁姆(191)
12.1	引言	(191)
12.2	学术起源	(191)
12.3	动机和期望理论	(197)
12.4	尾声	(204)

参考文献 (204)

第二部分 组织的行为

第13章 组织中的双环学习:一个行动视角的理论
……… 克里斯·阿吉里斯(209)
13.1	行动由何而来	(209)
13.2	由此及彼	(213)
13.3	对学者们的建议	(217)
13.4	干预的作用	(218)
13.5	一些个人反思	(219)
13.6	结束语	(220)

参考文献 (221)

第14章 不平等从何而来？
——资源基础理论的个人和智力根源 ·············· 杰伊·巴尼(223)
- 14.1 准备工具 ·· (225)
- 14.2 发现研究问题 ·· (226)
- 14.3 开发资源基础观 ····································· (232)
- 14.4 回顾与概括 ··· (235)
- 14.5 结论 ·· (240)
- 参考文献 ··· (240)

第15章 组织有效性：在积极组织学说中的湮灭与再生 ·············· 金·卡梅伦(242)
- 15.1 组织有效性的基础 ··································· (243)
- 15.2 组织有效性模型 ····································· (244)
- 15.3 有效性小结 ··· (246)
- 15.4 关于有效性的方法论挑战 ························· (249)
- 15.5 有效性研究的新方法：积极组织学说 ·········· (250)
- 15.6 有效性的POS方法 ·································· (253)
- 15.7 通过POS提振对组织有效性的兴趣 ············ (256)
- 参考文献 ··· (257)

第16章 管理与组织认知学：连贯性群岛 ·············· 安妮·哈夫(262)
- 16.1 战略思想图解 ·· (263)
- 16.2 黄金时代的终结 ····································· (269)
- 16.3 行为的认知锚定理论 ······························· (270)
- 16.4 如何与科学理念相联系 ··························· (273)
- 16.5 结束语 ··· (274)
- 参考文献 ··· (278)

第17章 开发关于理论开发的理论 ·············· 亨利·明茨伯格(281)
- 17.1 理论并非真理 ·· (281)
- 17.2 理论构建并非客观而演绎的 ····················· (282)
- 17.3 理论更像一个连续体 ······························· (285)
- 17.4 理论构建更像意外所得 ··························· (286)
- 17.5 有关理论构建的一些(新兴)假说 ················ (286)
- 参考文献 ··· (295)

第18章 管理组织知识：理论与研究方法的基础 ·············· 野中郁次郎(296)
- 18.1 知识/真理 ··· (298)
- 18.2 有关方法论的考虑 ·································· (303)

18.3　结束语 ……………………………………………………………… (308)
　　参考文献 ………………………………………………………………… (308)

第19章　理论开发之旅：以意义建构为主题和资源 …………… 卡尔·维克(311)
　　19.1　关于意义建构 ……………………………………………………… (311)
　　19.2　关于理论开发 ……………………………………………………… (320)
　　19.3　结论 ………………………………………………………………… (324)
　　参考文献 ………………………………………………………………… (324)

第三部分　环境事件和组织

第20章　利益相关者理论的开发：一种特殊的方法 ………… 爱德华·弗里曼(331)
　　20.1　导言 ………………………………………………………………… (331)
　　20.2　利益相关者理论：我的早期经历 ………………………………… (331)
　　20.3　《战略管理：利益相关者方法》 …………………………………… (335)
　　20.4　利益相关者理论：目前境况和未来趋势 ………………………… (339)
　　20.5　结论 ………………………………………………………………… (342)
　　参考文献 ………………………………………………………………… (344)

第21章　开发资源依赖理论：理论如何受环境影响
　　　　　　　　　　　　　　　　　　　　　　　　………… 杰弗瑞·普费弗(347)
　　21.1　基本原理及资源依赖理论的起源 ………………………………… (349)
　　21.2　理论构建的社会情境 ……………………………………………… (353)
　　21.3　在对比中提炼 ……………………………………………………… (354)
　　21.4　资源依赖理论的成功与挫折 ……………………………………… (355)
　　21.5　社会科学理论的政治考虑 ………………………………………… (358)
　　参考文献 ………………………………………………………………… (361)

第22章　制度理论：对理论研究项目的贡献 ………………… 理查德·斯科特(365)
　　22.1　搭建理论论据 ……………………………………………………… (366)
　　22.2　搭建综合框架 ……………………………………………………… (367)
　　22.3　设计和修正研究计划 ……………………………………………… (369)
　　22.4　学习制度变革过程 ………………………………………………… (373)
　　22.5　前进，提升 ………………………………………………………… (374)
　　22.6　个人贡献评述 ……………………………………………………… (376)
　　22.7　结束语 ……………………………………………………………… (377)
　　参考文献 ………………………………………………………………… (378)

第23章 交易成本经济学:理论开发的过程 ……… 奥利弗·威廉姆森(384)

- 23.1 20世纪30年代法律、经济学和组织理论的关键贡献 …… (385)
- 23.2 20世纪60年代的后续发展 …… (387)
- 23.3 我与企业之间的关系 …… (389)
- 23.4 范式问题:垂直一体化 …… (393)
- 23.5 一些视角 …… (395)
- 23.6 卡内基的三要素的启示 …… (397)
- 23.7 结论 …… (399)
- 参考文献 …… (399)

第24章 构建经济学和管理学的演化理论 ……… 悉尼·温特(403)

- 24.1 引言 …… (403)
- 24.2 "现实主义"、利润最大化以及公司理论 …… (404)
- 24.3 从"弗里德曼猜想"到"卡内基学派" …… (409)
- 24.4 技术与经济增长 …… (415)
- 24.5 从技能到常规和能力 …… (418)
- 24.6 实证取样 …… (424)
- 24.7 演化经济学与管理 …… (427)
- 参考文献 …… (428)

第25章 制度理论和社会建构理论的演化:过程和结构
……… 林恩·祖克 迈克尔·达比(433)

- 25.1 基本原理 …… (434)
- 25.2 信息市场 …… (436)
- 25.3 社会界限:组织和职业成为信息的"封套" …… (437)
- 25.4 基本过程与产出 …… (440)
- 25.5 社会产品产生社会结构 …… (444)
- 25.6 关于制度理论研究的未来设想 …… (447)
- 参考文献 …… (448)

第26章 结语:向大师们学习如何开发理论 ……… 肯·史密斯 迈克尔·希特(452)

- 26.1 理论开发的过程 …… (453)
- 26.2 研究者的角色 …… (460)
- 26.3 驱动过程的研究者特征 …… (462)
- 26.4 总结 …… (463)
- 参考文献 …… (464)

索 引 …… (465)

插图目录

图 5.1　个人进取心:21 世纪工作的概念 ······················· 79
图 6.1　有限理性下的战略选择:高管诠释的现实 ··············· 93
图 8.1　工作特性模型 ··· 126
图 11.1　承诺过程模型 ·· 180
图 11.2　升级的时序模型 ······································ 182
图 11.3　升级的整合模型 ······································ 184
图 13.1　管理和组织学习 ······································ 210
图 13.2　模型Ⅰ:单边控制 ···································· 211
图 13.3　模型Ⅱ:单边控制 ···································· 213
图 15.1　组织有效性的竞争价值框架
　　　　——五种著名模型的整合 ···························· 245
图 15.2　正向偏差的连续轴示意图 ····························· 253
图 16.1　结构化框架中的个人认知 ····························· 270
图 16.2　压力和惰性对认知框架的影响 ························· 272
图 18.1　知识创造和利用的 SECI 过程 ························· 303
图 18.2　构成 SECI 的哲学方法论 ····························· 304
图 25.1　制度理论方法 ·· 435
图 25.2　与著名科学家或者顶尖研究型大学的教授合作的生物技术企业更易成功
　　　　··· 441
图 25.3　物理学科技合作中信任生成的社会结构的固有供给和需求 ···· 445
图 25.4　信任生成的社会结构总量的成本 ······················· 446
图 25.5　带有不同信任生成型社会结构的均衡社会结构 ··········· 446
图 25.6　制度工具箱:以马赛克块为类比示意的归纳型理论方法和规范化过程 ··· 448
图 26.1　理论开发的过程 ······································ 463

插表目录

表 5.1　个人进取心的几个方面 …………………………………………… 77
表 13.1　人们所言和所思（所不言）举例 ………………………………… 214
表 15.1　最著名的组织有效性模型 ………………………………………… 245
表 22.1　制度的三大支柱 …………………………………………………… 368
表 25.1　原始发明的合作状况 ……………………………………………… 439
表 25.2　新生物技术企业的雇员情况和与高科技结合的关系 ………… 443
表 26.1　作者和他们取得博士学位的学校 ……………………………… 456

第1章 前言:管理理论的诞生过程

迈克尔·希特 肯·史密斯

> 不要沿着已有的道路行进,要到没有路的地方另辟蹊径。
> ——拉尔夫·瓦尔多·艾默生(Ralph Waldo Emerson)[①]

在各种学科领域中,理论为掌握学科知识、了解其中的重要关系奠立了基础。与社会科学的许多其他学科相比,组织管理学是一门相对年轻的学科,理论开发尤为重要。作为一门年轻的学科,新理论提供了重要、独特的见解,深化了该领域对管理现象的理解。究其实质,组织管理学研究中使用的大量理论,都来自社会科学中的经济学、心理学和社会学,虽然管理学领域已经开发出一些重要的新理论,但这些理论仍处在发展阶段。本书就组织管理学领域若干最著名的理论做一探究。

杜宾(Dubin,1969)是较早强调理论开发对科学的重要性的学者之一。他指出,理论关注的焦点是人类的思想。或者说,理论开发满足了人类对现实进行归类、理解的需求。60年前,库尔特·卢因(Kurt Lewin)提出,好的理论具有无与伦比的实用性。44年以后,安迪·范德万(Andy Van de Ven,1989)重申了这一观点。好的理论非常实用,能够推动科学知识的发展。理论通过提高研究问题和研究设计的关联性、有效性和结构性,推动科学的发展(Kerlinger,1973;Van de Ven,1989)。从实践角度来看,好的理论有助于我们找到应该研究哪些因素,这些因素之间的关系是什么,以及这些关系背后的原因。高质量的理论还能够告诉我们,这些关系存在的条件和边界(Dubin,1969;Whetten,1989)。因此,我们通过开发新理论来推动整个学术领域的发展。

杜宾(Dubin,1969)等学者帮助我们较好地理解了理论是什么(或者说,理论不是什么)。然而,有关理论开发的过程,我们知之甚少。我们对这一过程的理解得益于《美国管理学会评论》(*Academy of Management Review*)1989年、1990年发行的两本专刊,以及

[①] 美国散文作家、思想家、诗人。——译者注

《管理科学季刊》(Administrative Science Quarterly)1995年发行的一本专刊。尽管有了这些文献资料,我们对理论开发的过程仍然不甚了解。关于理论是怎样形成的这一问题,哲学家们仍然无法达成共识。多数人似乎赞同:一般情况下,演绎法是测试理论的方法,而并非开发理论的途径。不过,也有人同意波珀(Popper,1959)的说法,认为好的理论是在演绎证伪的基础上运用推测和思辨的方法得来的。换言之,波珀认为,理论开发始于想象力和创造力的运用,而并非归纳的方法。罗斯(Ross,2003)说,这种方法使得爱因斯坦"不过用一支粉笔就研究了整个宇宙"。可是,仍然有许多其他人相信,理论不仅能够而且原本就是基于观察归纳而来的(Glaser and Strauss,1967)。以上各种观点林林总总,混杂不清,不一而足。事实上,很少有管理研究者具有理论开发的丰富经验,即使有,也鲜有成功者。然而,要促进管理学的发展就要求我们继续进行理论开发,继续去理解组织中正在发生的各种现象。

本书的目的是帮助我们更好地了解理论开发的过程。为此,我们邀请了一些开发了新理论的"大师级"学者来解释他们的理论贡献是如何产生的。作为先驱,他们中的许多人还为组织管理领域中重要理论范式的开创做出了巨大贡献。虽然我们请每一位作者分别介绍他/她所贡献的各不相同的理论,但是他们撰写的每一章却拥有一个共同主题:理论开发的过程。为达到这一目的,我们对他们关于理论开发的讨论提出如下指导语:

- 解释他们的学术背景以及他们作为一名学者的成长历程;
- 描述他们所开发的理论,包括主要的变量、关系以及这些关系背后的逻辑和假设边界;
- 理论开发的过程从何而起?包括研究问题的描述,以及如何找到开发新理论的机会。是一个渐进的过程,还是一个"灵光一现"的发现?
- 解释如何寻找研究问题的答案的过程。从哪里寻找这些问题的答案?使用了什么资源?各种信息如何整合?这个过程中有没有得到其他人的帮助?如果有,他们做出了怎样的贡献?这个过程有哪些步骤?
- 讨论各种不同的方案是如何开发出来的。这些不同的方案从哪里产生?寻找的过程是怎样的?如何评价这些不同方案?
- 各个部分怎样整合成一个理论?描述各个变量建立联系的过程,发现关系的顺序,以及理论背后的逻辑。
- 这个理论怎样得到进一步提炼?随着时间的推移,该理论如何变化?
- 对有兴趣开发新理论的学者有什么建议?

以下24章均由备受尊敬的杰出学者撰写,并描述了他们在组织管理学文献中所贡献的理论,以及这些理论的开发过程。这些描述中包含了他们经历过的非常奇妙的个人历程。每个章节的作者不同,因此风格也各具特色。这种差异性为本书增加了价值,也提升了阅读每一个单独章节的趣味性。书中叙述了这些学者在不屈不挠地开发和改进他们的想法时个人遭遇的挑战,他们当中很多人遇到了巨大的障碍,必须超越这些障碍才能开发理论,并把理论传播给广大的学者。很多作者在理论开发上投入了大量的时间,一些人的想法甚至是在他们年纪尚轻,还没有开始学术生涯的时候就萌芽了。因此,对大多数学者来说,他们那些如今为我们所熟知的理论都来自循序渐进的开发过程。虽然他们中有一些人主要靠自己开发了理论,但多数人把理论开发的很多贡献归功于其他人,如研究生、同事、竞争对手,甚至是期刊评委和编辑。

书中所描述的过程展示了在一些时候,想象力和创造力如何在理论开发的过程中扮演一定角色;而对另一些学者来说,观察力才最为重要。并没有哪种方法像有些哲学家所说的那样具有绝对优势。实际上,在某些情况下,理论开发的过程中不同阶段涉及不同的方法,而且,可能需要几种方法结合起来同时使用。解释理论开发的过程对这些学者来说并不容易,因为有些过程的确只可意会,不可言传。此外,有些理论的开发纯属偶然,所以,这些学者必须格外认真地分析当时的情境,以辨别出这些事件对他们思想的贡献。

我们挑选这些作者,主要基于他们所开发的理论以及他们作品的影响力。由于我们的兴趣在于更好地了解他们开发理论的过程,因此,我们没有依据任何理论对所有章节的组织结构进行编排。尽管这些作者开发理论的过程都有清晰可辨的结构,但他们使用的方法往往整合了多种行为和步骤。此外,这些作者所开发的理论,比他们用于开发这些理论的过程更显著清晰。因此,本书中我们根据这些理论的内容展示出一个更广义的组织结构,并据此安排各章顺序。在结语一章,我们对所有的过程进行了分析,并把它们整合成一个过程结构图,旨在对学者们开发新理论有所帮助。本书的章节分为三个部分,即个体及其环境、组织的行为以及环境事件和组织。

第一部分是个体及其环境,其中的理论涉及个体在个人环境背景中的行为。在某些情况下,理论关注的是个体的主动行为,如个人主动性理论——弗里斯(personal initiative—Frese),社会认知理论——班杜拉(social cognitive theory—Bandura);另一些情况下,理论聚焦于个体和环境的互动,如镜像理论——比奇、米切尔(image theory—Beach and Mitchell),心理契约理论——卢梭(psychological contracts—Rousseau)。还有一些理论帮助我们理解个体如何对环境做出反应,如组织公平理论——福尔杰(organizational justice—Folger),组织承诺——波特、斯蒂尔斯、莫迪(organizational commitment—Portor, Steers, and Mowday),或者个体如何通过他们的行为从根本上塑造整个环境,如承诺升级理论——斯托(escalation of commitment—Staw),高阶理论——汉布里克(upper echelon theory—Hambrick)。最后,还有一些理论解释了个人行为的激励基础,如期望值理论——弗鲁姆(expectancy theory—Vroom),目标设定理论——洛克、莱瑟姆(goal setting theory—Locke and Latham),以及工作丰富化理论——奥尔德姆、哈克曼(job enrichment—Oldham and Hackman)。

第二部分是组织的行为,其中的理论帮助我们理解组织如何运作以达到目标。例如,有些理论解释了组织如何对内部体系和外部环境进行解释、传达各种含义,如管理和组织认知理论——哈夫(managerial and organizational cognition—Huff),组织意识建构理论——维克(organizational sensemaking—Weick)。事实上,意识建构就代表了理论化的过程(见有关维克的一章)。还有一些章节帮助我们理解组织如何学习和创造知识,如组织学习理论——阿吉里斯(organizational learning—Argyris),组织知识管理理论——野中郁次郎(managing organizational knowledge—Nonaka)。另一些章节帮助我们理解组织建构,以及管理者如何在其中组织他们的工作,如组织结构和管理的本质——明茨伯格(organizational structuring and the nature of managerial work—Mintzberg)。最后,资源基础理论——巴尼(resource-based view—Barney)和组织有效性理论——卡梅伦(organizational effectiveness—Cameron),帮助我们理解如何获得竞争优势以及如何评价成功的程度。

第三部分是环境事件和组织,其中包括的理论在方向上更具决定性,因为这些理论至少解释了组织在特定的环境条件下如何行动。这些理论中最突出的是那些解释组织存在的制度环境的理论。在制度环境中,组织为求生存必须取得合法地位,如制度理论——斯科特(institutional theory—Scott),新制度理论——祖克,达比(neo-institutional theory—Zucker and Darby)。此外,本书还讨论了三个在组织理论全盛时期产生的理论:演化理论——温特(evolutionary theory—Winter),交易成本理论——威廉姆森(transaction costs theory—Williamson),以及资源依赖理论——普费弗(resource dependence theory—Pfeffer)。这些理论分别研究了组织如何发展、管理变革以及如何从环境中取得资源。最后,尽管大多数财务理论强调股东的重要性,但利益相关者理论——弗里曼(stakeholder theory—Freeman)的观点则认为,组织要生存求胜,必须满足多种外部群体的需要。

在第26章,我们试图对这些大师们提出的丰富理论进行分类、整合和阐述。必须承认,对这些学者开发新理论的过程进行任何描述都难以达到完整详尽,正如我们在本章开头所述,这些过程的因果关系模糊,部分内容比较隐晦,因而难以表达。然而,我们还是能够找到一些相同的方法、主题和活动,并整合形成某些过程。在大多数章节里,理论开发的过程起源于某种形式的警觉,随之而来的是调查、深化和研究,然后是对外公布或宣讲。这些备受尊敬的学者们描述的过程体现了热情、坚韧、自律和思想性。在理论开发的过程中研究者需要扮演多重角色,有些学者承担了所有的角色,另一些学者则投入到其中部分而不是全部角色中。

我们呈现出这些系统的活动、思想和主题,希望其他学者能够从中学习,并应用到自己的研究当中。要想在顶级的学术期刊上发表论文,要求研究者开发出或者贡献出新的理论思路。因此,研究者需要学会如何开拓能够延伸我们知识的理论思路。尽管开发重要的新理论并不常见,但我们还是能通过发现警觉点拓展对理论的理解,为学术领域增加新知。我们希望本书无论对于资深学者还是初出道者,无论在当下还是未来都能有所助益。因此,我们向大家推荐以下各篇文章,这些篇章呈现了"思想大师们"的集体智慧!读者将发现很多章节引人入胜,智慧的光芒闪烁其中。向他们学习并把他们呈献的知识消化吸收,想必会对读者的专业成就和职业生涯带来深远影响。

生活要靠想象,不能靠历史。

——史蒂芬·科维(Stephen Covey)

参考文献

DUBIN, R. (1969). *Theory Building.* New York: Free Press.
GLASER, B. G., and STRAUSS, A. L. (1967). *The Discovery of Grounded Theory.* New York: Aldine de Gruyter.
KERLINGER, F. N. (1973). *Foundations of Behavioral Research.* New York: Harcourt, Inc.
—— (1974). *Foundations of Behavioral Research.* New York: Holt Rinehart and Winston.
POPPER, K. R. (1959). *The Logic of Scientific Discovery.* New York: Basic Books.
ROSS, K. L. (2003). Sir Karl Popper (1902–1994). www.friesian.com/popper.htm.
VAN DE VEN, A. H. (1989). Nothing is so practical as a good theory. *Academy of Management Review,* 15: 486–489.
WHETTEN, D. A. (1989). What constitutes a theoretical contribution? *Academy of Management Review,* 13: 490–495.

第一部分

个体及其环境

第 2 章　社会认知理论的形成与发展

艾伯特·班杜拉

本章主要阐述社会认知理论的形成和发展过程。在回顾这个过程之前，我先简要叙述一下该理论构建的主要基础。社会认知理论采用施为视角（an agentic perspective）看待自我发展、适应和变化（Bandura，2001）。施为是指人有意地调节和控制自己的机能和生活环境。这个观点认为，人具有自我组织、积极进取、自我调节和自我反省的特点。人类不仅仅是生活环境的产物，他们反过来也对自己的生活环境发生作用。

2.1　基于施为概念的社会认知理论

人类的施为具有几个主要特点：第一个特点是意图性（intentionality）。人们的意图包括行动计划和实现这些计划的策略。第二个特点是通过前瞻行为所产生的施为的临时延展性。它的含义不单单指对于未来的计划，而是指人们为自身设定目标并预期自身行为可能产生的结果，进而有目的地指导和激发自身努力。由于未来本身并不以物质形态存在，因此，它并不能成为当前行为的诱因。但是由于未来可以反映在当前的认知上，因此在脑海中勾画出来的未来可以在当前指导和激励人们的行为。

施为者不仅具有计划和事前思考的机能，而且还可以进行自我调节。施为者依照个人的标准，通过自我反应性影响（self-reactive influence），对自己的行为进行监督和调节。人一般做能给自己带来成就感和价值感的事情，而避免去做会招致责难的事情。人不仅是施为主体，同时也是自我机能的检验者。他们通过对机能的自我感知，思考自己的效能、思想和行为的正确性，以及自己所追求的事物的意义何在，然后在必要时做出合理的纠正。事前思考和自我影响是因果结构中的一个环节。

人类机能已经深深扎根于社会系统之中。因此，个人施为是在覆盖广泛的社会框架影响下的关系网中发生作用的。在这些施为过程中，人们建立了用来组织、引导和规范人类活动的社会体系。社会系统的种种实践，反过来限制和提供个人发展和行动所需的资源和机会。正是由于个人施为和社会结构之间存在动态的双向作用,社会认知理论并不认同个人施为和脱离人类活动的社会结构之间的二元论。

2.2　社会榜样作用的中心地位

对现有的理论解释的不满意,驱动人们去寻找能更好地说明和解释学习现象的概念体系。在我开始涉足这个领域之时,行为主义已经十分盛行。学习的过程在行为主义理论的形成中占有中心地位。有关学习的主流分析几乎全把目光放在人是怎样通过行动开展学习上。怎样通过奖惩手段在外周神经层次上建立刺激和反应之间联系的解释性机制备受关注。许多显而易见的社会现实,都是通过社会榜样作用学习到的,而行为主义理论的推论并不符合这些社会现实。难以想象,一种文化中的语言、习俗、家族惯例、工作能力以及教育、宗教和政治方面的实践,都是通过对人们试错行为的结果进行奖励和惩罚才形成的。在这一烦琐冗长且具有潜在危险的过程中,犯错的代价是高昂的。社会榜样却可以提供一种捷径,在榜样作用中,人们通过学习榜样,形成自己的思维模式和行为方式。

行为主义最坚定的拥护者沃森(Watson,1908)和桑代克(Thorndike,1898),反对存在观察式学习。在他们看来,学习需要得到反馈。有关观察式学习这一概念的分歧很大,还没有定论,这需要相当长的一段时间才能解决。尽管在日常生活中社会榜样的作用非常重要并具有广泛性,但其作用过程却一直鲜有人研究,直到 1994 年米勒和多拉德(Miller and Dollard)出版了《社会学习与模仿》(Social Learning and Imitation)一书,榜样作用才被认可。但是,他们只把这些现象看作辨别学习的一个特例。榜样提供了一个社会信号,而观察者对此做出反应,这种强化作用增强了模仿榜样的倾向。

我发现这种观念在探研学习的影响因素、机制和范围方面很重要。我们启动了一个有关观察式学习的研究项目,因为观察式学习通常发生在没有强化表现的环境中。我们检验了其影响因素和运行机制。

在《实验社会心理学研究》(Advances in Experimental Social Psychology)一书中的"同理心过程:非试验性学习的案例"一章当中(Bandura,1965,Vicarious Processes: A Case of No Trial Learning),我介绍了我们的研究成果。成果显示,观察式学习法既不要求通过反馈,也不需要进行强化。社会榜样作用需通过以下四个具体过程发生作用,包括:注意过程、表象过程、演化转换过程以及动机过程(Bandura,1971a)。这让我受到了操作性条件支持者的强烈攻击,因为未强化的榜样作用给他们的解释系统带来了一个很大的难题(Baer,Peterson and Sherman,1967)。他们争辩说,一些对等反应的强化作用能在一定条件下强化模仿行为。

我们做过的一项研究表明,类化模仿是由社会信念和对结果的期望所控制的,而不是由深度的强化作用决定的(Bandura and Barab,1971)。当榜样行为的功能性价值完全不同的时候,儿童常常会忠实地接受给他奖励的女性榜样的行为,而很快忽略不给他奖励的男性榜样的行为。当能够获得奖励的榜样行为的可辨别性发生变化的时候,儿童选择可分辨的、有奖励的反应行为,停止模仿可分辨的、无奖励的言语反应。但是,对于那些不能明显与其他有奖励的组别区别开的行为,即使没有奖励,儿童还是会去模仿。

当儿童模仿无奖励组别示范的可分辨行为时,这种倾向很大程度上由认知所控制。有些儿童认为是示范者要求自己这样做("我以为");有的儿童对无奖励的行为进行了模仿,错误地以为无奖励示范者会给他们更多的好处("我想如果我一直这样做,他可能会像那个阿姨一样给我糖果");还有一些儿童的表现,就像经验丰富的科学家一样:做出不同的行为,然后观察结果,检验各种假设的结果("我一会儿这样做,一会儿不这样做,看看我是否能获得糖果")。关于条件性强化的讨论就先到这里。

理论学家往往有选择地把重点放在解释人类的认知或行动上。结果,控制思维转换成熟练应用的机制被学者们忽视了。双元知识体系(Anderson,1980)结合了陈述性知识和体现于任务决策规律的程序性知识,这一体系在解决上述转换问题中得到了广泛的应用。对于事实性和程序性知识的习得进行解释研究,可以帮助解决简单行为的认知问题。但是,要精通复杂的动作,程序性知识是不够的。它需要多方面的自我调节和纠正反馈系统,通过这个系统,知识结构被转换为熟练应用。例如,如果只给一个不会滑雪的人提供学习滑雪的材料,以及一套完整的滑雪程序规则,然后,让他从山顶开始滑雪的话,这个实验最有可能完结于当地医院的骨科病房或重症监护病房。

我们设计了一系列通过概念匹配的过程,来测试行为转换的实验(Carroll and Bandura,1982,1985,1987,1990)。由榜样作用传达的认知表征,是技巧性应用的向导,以及培养行为熟练度的评判标准。技能通常是通过在行为产生过程中与概念进行对比并反复纠正才能得以完善的。伴有启发式反馈的监督演化过程,扮演着使观念转换成熟练应用的工具性作用。这种伴有演化的反馈,为检测与纠正概念和行动的错误匹配提供了信息。如此一来,在比较信息的基础上,个体的行为得以调整进而掌握了所需的能力。这些实验的结果,帮助我们进一步理解在能力开发过程中认知表征、监督演化和指示反馈如何协调作用。

判断一个心理学理论的价值,不仅要看其解释能力和预测能力,而且最终还要看它在提高人类机能的变化中的可操作能力。社会认知理论已经可以服务社会,因为它界定了可修正的影响因素,以及它们如何在经过验证的机制上进行建构。关于榜样过程的知识解释了怎样激发人们在个体、组织和社会层面上的变化(Bandura,1969,1997;Bandura and Rosenthal,1978)。

2.3 关于榜样作用的本质和范畴的几种误解

在榜样作用的本质和范畴方面，存在一些很深的误解，这阻碍了这种有效的学习方式在学术和社会方面的应用。因此，这个领域的研究，不但要阐释社会榜样作用的影响因素和机制，还要消除这些误解。

其中的一个误解是，榜样作用只能产生模仿性结果。示范者虽然在内容和其他细节上有所不同，但其表现的基本原则是相同的。举一个简单的例子，被动语言形式就可以用各种各样的话语表达。对于抽象榜样作用（Bandura,1986；Rosenthal and Zimmerman,1978）的研究表明，社会榜样作用意味着，观察者抽象和总结出示范者行为的结构和基本原则，而不是对特定示范者进行简单的模仿。一旦某个人掌握了行为的指导原则，他就可以做出示范者做过和说过以外的新行为，他们也可以调整自己的行为，来适应不断变化的情况。例如，一般性管理技能作为一种通过榜样作用和伴有启发性反馈的指导演化而掌握的技能，可以提高管理的效果，能够降低员工缺勤率和离职率，提高组织产出的水平（Latham and Sarri,1979；Porras et al.,1982）。

另外一个误解是榜样作用会扼杀创造力，这个观点已经落伍。我们能够说明如何通过榜样作用进行创新。在具有不同的思维模式和行为方式的示范者面前，一般来说，观察者既不完全模仿其中某个人的行为方式，也不会接受所有示范者的特征——即便是他们喜欢的示范者。相反，观察者把不同示范者的各种特点融合到一起，组成一个不同于原先任何一位示范者的新模式（Bandura,Ross and Ross,1963）。因此，两位观察者完全可以通过有选择地融合不同示范者身上的特点，创建出有别于彼此的、新的行为方式。

榜样作用主要通过两种方式来提高人的创新能力。非常规的思维模式的榜样作用可以提高他人的创新能力（Harris and Evans,1973；Gist,1989）。创新通常需要把现有的知识与新的思维模式和行为方式进行整合（Bolton,1993）。许多组织开展了大量的筛选有效榜样的工作。人类的领悟力非常强，同时，他们也没有时间和资源重新创造那些成功的系统、服务及产品的核心特点，他们提取有利的因素并加以改进，把它们综合成新的形式，再调整它们以适应特殊的情况。这些研究帮助我们理解选择性榜样作用实为创新之母。

还有一个常犯的有关榜样的作用范畴的错误。许多活动都涉及如何运用认知能力以获得和使用解决问题的信息。一些批评家争辩说，榜样作用不能培养认知能力，因为思维的过程是隐蔽的，并不能充分反映在认知操作的最终产品，即榜样行为中。但这本质上只是概念构想的局限性，而不是榜样作用固有的缺陷。

梅琴鲍姆（Meichenbaum,1984）表示，示范者在解决问题的过程中，大声说出他们的推理方法，这种言语示范可以迅速提高认知能力，因为观察者可以了解指导决定和行动的思想过程。在这种言语榜样作用中，示范者一边评估要解决的问题，一边说出他们的想法,寻找相关的信息,找出备选的解决方案,权衡每个备选方案可能产生的结果,并选择出最后确定的解决方案的最佳执行方案。同时,他们还要说出遇到困难时的解决方案,比如,如何纠正错误以及如何激励自己。认知榜样作用还在许多方面显示出比常用的辅导方法更好的效果,如提高自我效能、进行创新以及掌握其他复杂的认知技巧(Gist,1989;Gist,Bavetta and Stevens,1990;Gist,Schwoerer and Rosen,1989;Debowski,Wood and Bandura,2001)。

2.4　象征性榜样作用的影响力和范围

社会学习日益获得影响力的一个途径,是借助电子媒体实现的象征性榜样作用。它种类繁多,普及率高。象征性榜样作用的一个主要优点是,它几乎可以把任何类别的信息,同时传输给分散在各地的大量群体。非凡的通信技术,正在改变人类影响的性质、范围、速度和轨迹。这些技术的发展,从根本上改变了社会传播的过程。依靠通信卫星实现的视频系统,已成为传播象征性环境的主导方式。新的思想、价值观念和行为方式正迅速传遍世界各地,在全球范围内形成一种共同的意识。互联网实现了世界范围内的即时沟通,使得电子榜样作用成为跨文化变革和社会政治变革的有力手段(Bandura,2002a;Braithwaite,1994)。

通过象征性榜样作用,创新成果的社会传播功能得到了扩展。在这样的背景下,我把社会认知理论与社会网络理论的知识进行了整合(Bandura,1986,2001;Rogers,1995)。社会认知理论指导和激发人们去接受和采用新的思想和实践。纵横交错的社会网络为这些思想和实践提供了潜在的传播途径,让它们得以传播,获得支持。

社会认知方法通过与其他方法(Bandura,2002c)的结合,把三个主要因素整合到一个模型当中,以此促进全社会的变化。第一个因素是理论模型。这一模型详细说明了社会心理变化的影响因素及其作用机制,这些知识提供了指导原则。第二个因素是一个转换和执行模型。它把理论原则转化为一种新型的运作模型,这个模型详细地说明了运作的内容、变化方法和模式。

社会心理变化模型在社会影响方面,通常有其局限性,这是因为其社会传播的系统不够健全。因此,我们并没能够享受到胜利的果实。第三个因素是关于如何促进社会心理项目在不同的文化氛围下被采用的社会传播模型。以上三个模型都具有独特的功能,并需要不同类型的专业知识。社会认知理论在缓解非洲、亚洲和拉丁美洲一些十分紧迫的全球性问题方面的应用,说明了这三种强大的功能是怎样演变成一个有力的模型来解释社会变革的(Bandura,2002c)。

大约四十年以前,为了研究观察式学习的机制,我尝试用身体和语言上的攻击性榜样作用来做波波玩偶实验。不论去哪儿我都带着波波玩偶。每一本心理学入门课本都刊登了相关照片,而几乎每一个大学生都在学习心理学入门课程。最近,我在华盛顿的一家酒店办理登记手续时,前台的职员问我:"你不正是做波波玩偶实验的那位心理学家吗?"我回答说:"正是在下。"他答道:"您所做的工作值得获得房间升级的待遇。我会帮您安排一间安静的房间。"有一次,我在通过加拿大温哥华海关的时候,工作人员看着我的护照问道:"你不正是研究波波玩偶的那个人吗?"原来,她曾就读于加拿大不列颠哥伦比亚大学的心理学专业。

有一天早上,我接到米格尔·萨比多(Miguel Sabido)的电话,他是墨西哥城塔里维亚电视台的创意制片人(Sabido,1981)。他解释说他正在制作一个建立在榜样作用原理基础上的大型连续剧,用来推动墨西哥城的扫盲和计划生育工作。这些电视作品把人们的日常生活和需要解决的问题,做了戏剧化处理。这些电视剧集能帮助观众看到一种更美好的生活,并为他们提供方法和动力,激励他们去采取行动,获得美好生活。

社会认知理论提供了一个理论模型,而萨比多则创建了普适性的翻译和执行模型。宏观社会方法被证实成功之后,纽约的人口和通信组织又在此基础上设计了社会传播模型(Poindexter,2004)。它们为主办国家的媒体工作人员提供资源、指导和技术援助,让他们制作符合自己国家的文化和反映所存在问题的连续剧。在全世界,这些模型正用来推动全国扫盲工作、人口激增国家的计划生育工作、提高被排斥或压制的女性的社会地位、遏制艾滋病的传播、促进环境保护,以及通过其他方式改善人民的生活(Bandura,2005)。

我们经常列举自然科学和生物科学方面的例子,这些领域探索的知识为人类创造了无法预知的福利。四十多年后,通过跨学科的合作,这些从早期榜样作用实验中获得的知识,在缓解一些紧迫的全球性问题上,产生了意想不到的作用。

2.5 自我调节能力约束下的施为活动

在这个行为主义风靡的时代,学习通常被认为是在经典性和工具性条件作用下发生的。在这个概念中,动机受到源于奖励结果的原始功能主义的约束。这种方法呈现出人们具有自我调节能力,并通过自我导向的作用来影响人的思维过程、动机、情感状态和自我指导行为,使我们看到了人性的某个侧面。我发起了一个研究项目,旨在阐明自我调节能力的习得过程和功能,并以此作为施为理论的一个拓展(Bandura,1971b,1986)。在回顾社会认知理论在此方面的发展之前,我先谈谈我个人在自我调节机制理论构建和实验方面的经验。

理论学家常常把自己置于以自我为中心的困境中。这些理论学家总是用自己的理论来解释他人的行为,而自己却置身其外。例如,斯金纳(Skinner)认为,人是由环境来造就和控制的。他这样说道:"不是人的行为作用于环境,而是环境影响着人的行为。"而后他又苦口婆心地用他的操作性条件理论告诫人们,要主动改变和重造他们的社会。看着激进的后现代主义者,摆着权威的姿态争辩他们关于"观点无一正确"的论点是正确的,这真是件颇滑稽的事情。那些自高自大的人对于自己可以用施为的方式思考、辩论和行动,却把他人看作可以随意操纵的机器人。

人类自我发展和发挥作用的施为理论,在我的成长中同样发挥了作用。我在加拿大北部的阿尔伯塔省的一个小村庄长大,就读于镇上一所严重缺乏教育资源的学校。由于两位老师需要教授高中的全部课程,因此,在很多关键问题上,他们也是捉襟见肘。有一次,我们偷来了三角学课程的答案书,结果三角学课马上就停上了。我们全得依靠自学。自我导向的学习是在学术上自我发展的途径,而不是理论的抽象。教育资源的缺乏对我来说不是一个不可逾越的障碍,恰恰相反,它促进了我的学习。课程的内容可能会忘记、会过时,但自我调节的能力却具有持久的功能价值。

那还是在我上高中时的一个暑假,我的父母鼓励我离开那个小村落,去体验外面的世界。尽管他们自己谁也没有受过学校的正规教育,他们却意识到了教育的重要性。我曾在埃德蒙顿的一个家具制造厂工作,正是在那里学到的技能,帮助我后来在大学里勤工俭学。

高中的另一个暑假,我去了育空。在那里的一个基地营工作,负责阿拉斯加公路的维护工作,防止公路陷入沼泽地。在那里,我遇到了各种各样的人,有逃债的人、见习军官、军人,还有愤怒的索要赡养费的离婚女人。酒精就是他们的营养源泉,他们自己发酵酿酒。一天早晨,他们兴高采烈地去蒸馏发酵的醪糟,回来时却一个个神情沮丧。几只灰熊用他们的酒糟大快朵颐,然后,摇摇晃晃地到我们的营地搞破坏。幸好灰熊已经神志不清,没有造成太大的破坏。这种到处都是酗酒和赌博的生活,使我看到了个人才智和积极态度何其可贵。从那时起,我用一个更为独特和广阔的角度去看待生活。

后来,为了到一个氛围好的地方求学,我去了温哥华的不列颠哥伦比亚大学。由于缺乏经济来源,我下午到一个木工厂上班,而上午则选了繁重的课程以期提前毕业。之后,我就读于爱荷华大学的博士班。那里正是当时在心理学界占主导地位的赫尔学习理论的中心。不论我们后来治学的方向是什么,爱荷华大学都为我们提供了必要的软件和硬件设施,帮助我们成为多产的科学家。当我修完博士课程后,我成为美国斯坦福大学的一名教师。我很幸运能够和那些杰出的学者成为同事,能够教授那些才华横溢的学生,能够在斯坦福那样的大学教书。斯坦福大学认为,学问的命运不是发扬或者消失,追求知识是完全自由的,不能强迫。斯坦福大学为每个人提供了很大的自由空间,让他们去研究他们所好奇的东西。

个人对于自己生活的发展方向的施为,因环境的性质和变化而不同。环境不是单向对个人施加影响的庞然大物。操作性环境有三种不同的形式:强加性环境、选择性环境和创造性环境。无论喜欢与否,人们都会受到自然环境和社会环境的影响。虽然人们对它们的存在无能为力,但在一定程度上,人可以对自己如何看待和反作用于环境进行控制。

在大多数情况下,环境不过是一个机会和障碍性并存、奖励和惩罚并存的潜在力场。只有在适当的行动选择被激活的条件下,环境才会发生作用。这就是选择性环境。究竟哪部分潜在的环境会变成实际发生作用的环境,取决于人如何取舍。在相同的潜在环境下,如果个体把注意力放在环境所提供的机遇上,他的自我效能感就会提高;如果他总是考虑存在问题和风险,他的自我效能感就会降低(Krueger and Dickson,1993,1994)。

最后,我们来谈谈创造性环境。它并不是等待人去选择和激活的潜在环境,相反,它是人们为实现自己的目的而主动创造的环境。环境变化的等级和层次,从认知解释施为到选择和激活施为,再到建设性施为,是按照个体施为的程度来划分的。个体效能和集体效能的信念,在如何组织、创造和管理生活环境中,具有举足轻重的作用,而这些环境会影响他们选择什么样的道路,以及日后的发展方向。

我所在的小村庄的教育资源十分匮乏,再加上一些旧习俗的影响,我的生活也可能跳不出俗套,比如会在北阿尔伯塔省的田间辛苦劳作。打撞球、在酒吧喝到不省人事,这恐怕就是主要的消遣了。从不施为的角度来看,我不应该去高校工作,不应该取得博士学位,不应该在棕榈飘香的斯坦福大学任教,我现在也不应该写下所思所想。

人可以有计划地做许多事情,来控制自己的发展状况和生活环境。但是,在人的一生中会有很多偶然事件。事实上,人生道路上的很多至关重要的事件,都是在最平凡的情况下发生的。人们开始新生活、找到人生伴侣和开创职业生涯,常常是出于一些偶然事件(Austin,1978;Bandura,1986;Stagner,1981)。

偶然事件就是互相不认识的人不期而遇。虽然在一系列发生的事件中,单独事件各有其因果关系,但是它们之间的联系则是偶然产生的,而不是事先计划的(Nagel,1961)。一个看似微不足道的偶然事件,可能产生动态的影响,进而改变人生的轨迹。偶然事件会改变人生轨迹的连贯性和渐进性。日常生活中许许多多单独的事件,为这种偶然的相遇创造了无数的机会,这也大大增加了长期预测人类行为的难度。

我进入心理学研究领域,以及遇到我的妻子也是偶然。我原本打算研究的是生物科学。当时,我正和几个要去上早课的医学预科生以及工程学学生搭伙乘车。在等着上英语课的时候,我随便翻看图书馆桌子上留下的一个课程目录。我对一门介绍心理学的课程很感兴趣,觉得可以用这门课程来填补英语课前的时间。我选修了这门课程,并找到了我终生的兴趣所在。我在爱荷华大学研究生院读书时,偶遇了我的妻子。那是一个星期天,我和朋友上高尔夫球课迟到了,正慌忙往上课地点赶,不巧碰上下午的高峰。有两个女孩在我们前面,她们一直减速,我们则一直加速。不久以后,我们四个人成为志趣相投的朋友。我与我的妻子是在高尔夫球的一个沙坑相遇的,如果我没有迟到的话,我们的人生轨迹将完全不同。

几年前,我在西方心理学会议上做了有关偶然性和生活道路的心理学演讲(Bandura,1982)。之后的一年,一位出版社编辑和我说,他进入演讲厅时,厅内已经接近满员,但是他发现并占了离入口很近的一个空位。过了一个星期,他和当时坐在他旁边的女人结婚了。如果他在其他时间进入演讲厅,他们坐的位置就会发生变化,生命的轨迹也就无法相交了。这样看来,偶然的谈话促成了他人生轨迹的偶然变化,然后又帮助他找到了人生的伴侣。

尽管偶然因素的影响在人生中扮演着重要的角色,但是偶然性的影响却常常被社会科学中的因果关系架构所忽视。大多数偶然事件对人没有造成什么影响,有一些仅有一定影响,还有一些则可能会改变人生轨迹。心理学并不着重讨论人生轨迹的偶然相交,但个人癖好和环境的性质可能会加大某些偶然事件发生的可能性。偶然事件的影响可能是无法预见的,但是一旦发生,它们在因果关系中的作用与事先计划事件的作用是一样的。心理学可以帮助人们预测偶然事件对生活造成的影响的性质、范围和强度。我很重视偶然事件,还提出了一个初步的预见社会心理影响的概念图式,并详细说明了主动利用这些偶然机会的方法(Bandura,1982,1998)。

偶然性并不意味着人们无法控制它的影响。积极的生活可能会带来更多数量和类型的机会。机会总是青睐那些带着好奇心和冒险精神去做事和探索的人。一些人还会通过培养自己的兴趣、增强信心和提高能力,来为自己创造更多的机会。这些个体资源使他们尽可能地抓住那些不期而至的机遇。正如巴斯德(Pasteur)所言,"机遇只青睐那些有准备的人"。自我发展帮助人们创造自己的生活环境。这些不同的积极行为,解释了人们如何通过施为来管理偶然性。

在我们探索自我管理的过程中,我们研究了自我调节的机制。我们的社会应用是把理论转化为实践(Bandura,1986,1997)。为了施加自我影响,个人需要监督自己的行为,按照自己的价值标准进行判断,而后按照自己的评价采取行动。一些研究界定了个人标准是如何在社会错综复杂的影响下建立起来的,还有一些记载了自我反应的调节作用。人类行为的理性榜样作用,以施为为核心,但也为扎根于市场的自我调节作用提供了示意图。行为被认为完全受物质化成本和收益的个人利益所调节。我们认为,人的动机和行为,不仅受物质刺激的影响,而且还受到社会的刺激和与个人标准有关的自我评价的影响。人们往往使用边际效应,甚至牺牲物质利益,来维护他们的自尊。我们有一些研究,让人们在矛盾的条件下来检验自我调节。当测试者做出他们自己所鄙夷的事情时,对他们施予奖励;在测试者做出他们推崇的事情时,对他们施予惩罚。有原则的人经常陷入一种困境,因为他们的自我价值感非常强。在产生矛盾时,他们宁可受到惩罚,也不愿向不公正或不道德屈服。

操作性条件作用理论的拥护者并不承认自我调节的存在,而把它重新命名为"刺激控制",并把它定位在外部环境中(Catania,1975)。我把自我管理重新界定在直觉施为领域,并回顾了不断增多的个人实施自我指导的证据,以示反对(Bandura,1976)。

当时并不是展示人类行为的施为理论的好时机。精神动力学认为,行为是无意中由刺激和合成物驱使的。行为主义者认为,行为由环境塑造和引导。认知革命被引进计算机领域,这一概念剥夺了人类的施为能力、功能意识和自我认同。当时的概念模型就是:人类的大脑就像计算机一样,是对信号进行线性操控的机器。思维不是由个人而是由内在的生物遗传部分无意识操控的。

按照机械论观点,控制论中的动机和自我调节重点强调人类活动中的负反馈环引导的纠错行为。然而,由负面偏差产生的自我调节,只说明了问题的一半,而且还不是更有趣的那一半。社会认知理论提出自我调节的双重控制系统,即一个正面偏差生产系统与一个负面偏差消减系统协同运作的模式(Bandura,1991c)。我们在一系列的研究中证明了,人不仅是反应机体,而且是有雄心抱负和能动性的机体。人类事前思考谋划的能力使他们能够有计划地进行选择性的控制活动,而不是对他们努力的结果做出简单反应。他们有深谋远虑的目标,并以此来预见和指导自己的行为,而不是仅有看到缺陷和不足的"后见之明"。

在这些研究中,人们给自己设定具有挑战性的目标和行为标准,创造需要克服的负面差距,以此来激励和指导自己。然后,他们再根据自己事先的估计和判断,调整自己的努力和资源,以满足这些标准。在对随后努力的调整中,人们运用反馈控制来实现所期望的结果。在人们完成他们所追求的目标时,具有较高效能感的人,会给自己设立更高的标准(Bandura and Cervone,1986)。接受进一步的挑战会创造出新的激励性差距。

有一种观点认为,自我调节受控于事前思考和情感的自我反应。然而,拥护自我调节理论的鲍尔斯(Powers,1991)却不同意这种说法。在他看来,人的机体"只不过是在环境中的一组连接在一起的物理器官"(Powers,1978:421)。认知过程和情感过程被视为是没有关联的,因为"我们并不是模仿主体内部的东西"(p.432)。我们通过与负反馈环相关的社会认知因素的混合作用的视角来评价这个严肃的机体模型以及很多其他对照理论的有效性(Bandura,1991b;Bandura and Locke,2003)。

构建理论的目的在于,发现一些可以用来说明广泛现象的解释性原则。在普适性方面,社会认知理论关注于能够在不同领域进行运用的综合性原则。社会认知理论的自我调节部分,在教育发展、促进健康、影响调节、运动表现、组织运作和社会变革等许多领域的应用中得到证实(Bandura,1997;2002a,2004c;Frayne and Latham,1987;Zimmerman,1989)。

对表现的产生有控制作用的子功能要素,在道德施为中有类似的运作方式(Bandura,1991a)。一旦人们建立一个道德标准,无论自我约束是否符合个人的标准,都会影响自我调节。一般来说,人们做给自己带来成就感和价值感的事情,而避免去做违背自己道德标准的事情。否则,会招致责难。

但是,道德标准并不是对行为进行稳定规范的"内部管理者"。有一些心理社会机制可以有选择地推卸掉不人道的行为所带来的道德自我惩罚。这种推卸可能包括通过把有害的行为描绘成有价值的行为,或者避免进行社会比较和限制语言,从而被个体和社会所接受。这种推卸还可能包括剥夺人性,并指责受害者自作自受。

针对道德施为的分析表明,选择性道德不仅发生在个人层面,还发生于社会系统层面。一些组织往往发现，自己陷入道义上的困境，它们在活动或生产过程中，经常在给自己带来利益的同时，损害了他人的利益。自我免责可以消除自我谴责，保留自尊。我们考察了有哪些在不同的有害的公司业务实践中使用，来达到道义上不受谴责的社会方法（Bandura，1999，2004；Bandura，Caprara and Zsolnai，2002）。

社会认知理论中自我调节方面的普遍性，将在自我调节的功能失调的社会心理影响的应用中进一步阐述。根据对应的领域不同，自我调节的功能紊乱，可能导致违犯行为、物质滥用、饮食疾病和慢性抑郁症（Bandura，1976，1997）。

2.6 基于自我效能概念的理论延展

在我涉足心理学领域之时，精神动力学理论，尤其是精神分析，已经在性格研究、心理疗法和流行文化中十分盛行了。到了20世纪50年代，这种理论路线和治疗方法开始慢慢走向没落。这个理论的缺点是没有预见能力，在治疗效果上也不尽如人意。这段时间里，我忙于研究自我调节机制，人们正是通过这个机制来控制自己的动机、思维方式和感情生活的。作为个人施为发展和实践研究的一部分，我们正在设计新型治疗方法，即把熟练经验作为改变的主要手段。要想解决难题，光说无益。我们对人们进行导向经验的培训，提高人们的能力和解决问题的技巧，使他们建立自信心，以便有足够的能力对付眼前的难题。

起初，我们用这个方法来治疗有严重恐蛇症的人，以测试它的效果如何。如果人一直逃避他们害怕的事情，那么他们就失去了正面接触他们恐惧的事情的机会。很快，导向经验法用两种方式进行了检验：一种是让测试者相信他们所恐惧的东西其实是安全的，这种测试被证明是不成立的；另一种更重要的方式是，让测试者能够试着控制他们所恐惧的东西，这种测试已被证明是成立的。

对顽固性的恐惧症患者，就不能从他们害怕的事物着手了。因此，我们要创造战胜恐惧症的环境条件，这需要借助于罗列出不同的经验辅助方法（Bandura，Blanchard and Ritter，1969；Bandura，Jeffery and Gajdos，1975）。通过反复示范患者害怕的活动并展示应对办法，来消除他们的极度恐惧。这个看似难以完成的任务，被分成了几个很容易掌握的简单步骤。治疗就通过这种分步骤的方法进行，直至完成最困难的活动。与临床医学家联合起来使用这种方法，可以使那些拒绝自己独立做一些事情的人迈出尝试的一步。另一种方法，可以帮助人们克服这种抗拒，即让那些患恐惧症的人，只在很短的时间里做他们害怕的事情。等到他们胆子变大些的时候，再进一步延长时间。等到他们已经完全有信心接触恐惧的事物时，安排他们在不同条件下自己处理各种危险情况。

这种治疗方法被证明很有效。它灌输给患者一种强大的应对效能感，把对恐惧对象的憎恶转变成喜爱，消除了焦虑、生物应激反应和恐惧。恐惧症患者已经被重复出现的噩梦，困扰了二三十年。导向经验法改善了他们梦中的活动，消除了长期的恐惧。一位以前患有恐蛇症的女士，在消除了恐惧之后，竟梦见蟒蛇和她交朋友，还帮助她洗碗。

爬虫类动物很快不再在她的梦里出现。这种变化经受住了时间的考验。用其他治疗方法的患者只能得到一定程度的好转，在导向经验法帮助下的患者，无论以前病症的程度如何，都能完全康复（Bandura, Blanchard and Ritter, 1969; Brian and Wilson, 1981; Thase and Moss, 1976）。

20世纪60年代，对人类机能和变化的解释和修正，发生了显著而深刻的变化（Bandura, 2004b）。因果分析把重点从无意识的精神动态，转移到交易型社会心理动态。人类机能被看作是个体、行为和环境影响动态交互作用的产物。关于生活问题的社会标签实践（social labeling practices）发生了变化。问题行为被看作是一种多元化的行为，而不是精神疾病的症状。诊断性标签把人分成不同的精神病理的类型，这给人们带来耻辱。功能性分析法取代了这种方法。有关人类行为的影响因素及其运行机制的实验室和受控的田野研究方法，取代了晤谈内容分析法，面向行动的治疗取代了解释性晤谈。治疗的方式在内容、场所和施为者方面都发生了变化。

十年间，这个领域发生了根本性转变（Bandura, 2004b），产生了新的概念模型和分析方法。人们的关注日益增加，新的期刊也纷纷创立。为了促进行为导向方法的进步，人们还成立了新的组织。新的专业会议为人们交换意见提供了平台。

精神动力学家认为，这些新的治疗模式不仅是肤浅的而且是危险的。我曾被邀请到旧金山的利波特医院展示我们的研究项目，这家医院是精神动力学爱好者中心。会议一开始，主持人对我的介绍带来的效果就是："瞧这个傲慢的年轻人，他想给我们这些经验丰富的分析师讲讲如何治疗恐惧症！"我解释说，主持人的慷慨陈词，让我想起了在南本德举行的爱荷华大学和圣母大学之间的一场橄榄球赛。爱荷华大学的一个球员触地得分，从而扳平比分。当这个球员跑去想得分，进而超过对方分数时，艾娃斯基（Evashevski）教练转向他的助理教练说道："一个不屈的灵魂正在奔跑，这个新教徒想在五万个天主教徒面前实现大逆转！"

但是，并非所有对精神动力学榜样作用持非议的批评家，都拥护相同的理论框架。有些人采用了操作性方法，对"这片希望的田野"浅尝辄止。其他批评家则采用了社会认知理论。在认知的影响因素和科学合理性方面，批评家们展开了激烈的争辩（Bandura, 1995, 1996）。操作分析家认为，唯一合理的科学工作，是与观察行为事件直接相关的（Skinner, 1977）。

科学进步由两种形式的理论推动（Nagel, 1961）：第一种形式寻找直接可观察的事件之间的关系，但是回避促进这些事件发展的机制；第二种形式的重点是解释可观察事件功能关系的机制。关于认知型影响因素方面争论的焦点，不是内在原因的合理性，而是更受欢迎的内在影响因素的类型（Bandura, 1996）。例如，操作性分析师越来越多地把解释性的任务转移到有机体内部的影响因素上，即强化内植历史。植入的历史是一个推断出来的内在起因，而不能直接观察到。对于内部影响因素的争议，并不完全发生在行为学家和认知学家之间。操作性分析师中间，也存在不断扩大的裂痕，模型的重心从基于环境控制，向基于有机体控制转移（Machado, 1993）。

我涉足自我效能纯属偶然。导向经验治疗方法的发展和评价中,我们侧重于三个基本过程:通过治疗的作用促进社会心理的变化;扩大有效变化的普遍性和范围;延长变化时效。除了在每个评价方面都展示这种治疗方法的效力外,我还探讨了其在更深层次的可能性,即在抵抗不幸经历影响方面的作用。增强这种抵抗性是基于以下理由:不幸经历的功能紊乱的再现能力,较大程度上取决于其嵌入模式,而不仅仅是不幸经历的属性。很多积极的或者中性的经历,可以抵消恶性事件的影响,遏止负面情绪的蔓延。为了检验这个想法,在患者的机能完全恢复之后,我们检测了其在面对不同情况的危险时,是否从自我导向经验的经历中获益。

　　在一个后续评估中,测试者深深感谢我们帮助他们摆脱恐惧症,随后进一步解释说,这个治疗还有一个更为深刻的影响。在过去的二三十年中,他们在生活、娱乐和工作中总是疲惫不堪。他们经常受到噩梦的困扰,整天心烦意乱。仅用几个小时,就克服了控制和折磨他们的恐惧症,对他们来说是一个人生的转折点,从根本上改变了他们的信念,使他们相信自己也可以掌控自己的生活。他们按照新的自我效能信念生活,并享受着这种成功,他们觉得这太不可思议了。这些初步的成果,指出了个人施为作用的共同机制。

　　为了更加深入地了解这个信念系统的性质和功能,我展开了多方面的研究项目。为了更好地完成这项任务,我用这个理论解决了自我效能的一些关键性问题(Bandura,1997)。这些问题包括效能信念的起源、结构和功能、不同影响、产生这些影响的过程以及模式的影响。正是这些模式,可以用来创立和延伸效能信念,以促进个人和社会的改变。在一系列调查中我们所进行的各种研究为自我效能在许多领域的效能作用,提供了新的启示,并给我们的生活带来影响。这些领域包括教育、健康改善和疾病预防、临床功能障碍(如焦虑症、抑郁症、饮食失调、药物滥用)、个人和团队体育成就、组织运作等,以及社会和政治系统(Bandura,1995,1997;Schwarzer,1999;Maddux,1995)。

　　在任何一种关于认知调节的激励、情感和行为理论中,因果关系都是一个大问题。人们用各种实验方法来验证个人效能是人们行动的决定性影响因素,而不仅仅是对于行动的后续反应(Bandura,1997;Bandura and Locke,2003)。

　　特质思想按照习惯行为簇把人特征化了,这些特质由脱离背景并且统一规格的行为描述符进行衡量。在这种方法中,行为分类法取代了自我参照的结构、流程和功能。行为簇被具体化为个性的影响因素。在有关"性格的社会认知理论"的部分,我论证了性格是存在于自我施为过程当中,而不是行为簇中(Bandura,1999b)。

　　我的邮件一直源源不断,来信者想做一项综合性问卷调查,希望我可以提供一个全方位衡量自我效能或几个特性相关的题项。因此,我接下来要进行的研究任务,就是区分人格施为模型和特性模型(Bandura,1999b)。这同时也需要消除有关概念的一些误解。自我效能感是对个人能力的一种判断,与自尊是两回事,自尊判断的是自我的价值。自我效能感也与内外控制倾向不同,后者是判断结果是由行为还是由外部力量引起的信念。

2.7 人类施为的三因素模式

人们几乎把人类施为的理论建构和研究的重点,全部放在了个人施为上。然而,个人施为并非是人们影响自己生活方式的唯一途径。社会认知理论区分了三种不同模式的人类施为,即个人施为、代理施为和集体施为。

上述的分析主要关注个人直接施为的本质及其发挥作用的认知过程、动机过程、情感过程和选择过程上。在个人施为发挥作用的许多领域中,人们无法控制影响他们日常生活的社会条件和体制。在这种情况下,人们通过行使代理施为,谋求幸福、安全和有价值的成果。在这种通过社会完成的间接施为模式中,人们用这样或那样的方法,联系那些有条件获取资源或专业知识,或能够施加影响和权力的人,来替他们达成他们的要求,进而获得他们想要的成果。

人们并不是机械式地各自生活的,人们向往的很多事情要通过相互依赖的社会性努力才能实现。我把人类施为的概念拓展成集体施为,集体施为已经深深扎根于人的共同信念中,那就是相信集体有能力通过共同努力,来改变他们的生活。这使得该理论可以推广到以集体主义为导向的文化和活动层面。自我效能理论对数据的来源主体和测量现象的评估层面进行了区分(Bandura,1997)。人们并不相信群体心理,成员脑中的集体效能,就是他们对集体能力的信念。由于集体中的个人是判断集体效能的主体,因此,往往误从个人层面对测量现象进行评估。需要说明的是,对个体效能和集体效能的评价,代表了集体的不同层次,而不是代表判断主体。

带有争议性的二元理论却推崇自律,反对相互依存;推崇个人主义,反对集体主义;推崇个人施为,反对脱离个人行为的社会结构。人们普遍宣称,西方的理论缺乏向非西方国家普及的能力,这一呼声尚未得到实际解决。

我们大部分人的文化心理,是建立在本土的文化主义基础之上的(Gjerde and Onishi,2000)。国家为社会心理取向充当代理主体,这种社会心理取向进而被归咎于某个国家及其人民,仿佛某国人民具有同样的思想和行为方式。日本人被归类为集体主义者,美国人则被归类为个人主义者。文化并非是铁板一块,而是充满活力并拥有多样的内部系统的。即使在同一类别的社会之间也会存在巨大的差异(Kim *et al.*,1994),同种文化的成员之间也存在巨大的代沟,在教育以及社会经济方面亦存在差异(Matsumoto,Kudoh and Takeuchi,1996)。

针对多个活动领域和社会关系阶层的分析表明,在某些方面,人们有共同的行为表现,而在其他许多方面,人们则有个性的行为表现(Matsumoto,Kudoh and Takeuchi,1996)。人们不是一成不变的,而是有条件地表现出他们的文化取向,这取决于刺激条件的作用(Yamagishi,1988)。考虑到文化内部和区域之间的差异,以及起刺激条件作用的文化取向的变化性,归类方式掩盖了这种丰富的多样性。许多跨文化研究都依靠对比两种文化,来自单一集体主义文化的成员通常被拿来与单一个人主义文化的成员进行对比。由于存在明显的多样性,二元分析法会产生大量的误导性推导。

文化不仅不是一成不变的,而且也不再是孤立的。全球化下的交流与沟通,正在缩小文化之间的差异。不仅如此,世界各地的人们,都越来越迷恋可以超越时间、跨越距离、穿越区域和国界的网络世界。此外,巨大的跨国影响正使生活的各个方面,朝均衡化或者两极化发展,并在融合不同文化元素的基础上,形成了许多杂交文化。这些新的现实要求我们采用更为积极的态度,来对待文化的影响,并扩大跨文化分析的领域。此外,一些顽固不化的观点,对于测试理论的普适性的研究起到了阻碍作用。

人具有两种能力:一种是基本能力;一种是在文化的作用下,适应不同文化背景的潜在能力。社会认知理论对这两种能力进行了区分。例如,随着人类的进化,人类已经具有一种观察学习的高级能力。不论哪种文化背景,这种能力对于他们的自我发展和发挥作用都至关重要。事实上,在许多文化中,"教授"和"示范"这两个词是用同一个词表示的(Reichard,1938)。示范是人类普遍具有的一种能力。但是示范什么、示范会产生怎样的影响则由社会决定,示范的目的也因文化背景不同而相同(Bandura and Walters,1963)。

越来越多的研究在多种文化背景下,对不同年龄段、性别和功能领域中效能信念的结构和功能角色进行了测试,我对这些研究结果进行了总结(Bandura,2002b)。结果显示,无论在哪种文化条件下,强烈的效能感都具有普适的作用价值(Earley,1993,1994;Matsui and Onglatco,1992;Park et al.,2000)。怀疑自己,认为努力徒劳无益而因此无所作为的人,是难以进步的。但是,效能信念的建立、深化的方式、采取的形式、实践的方式以及信念的目的,则因文化背景不同而有差异。总之,施为的基本能力和运行机制具有共性,但在培养这些固有能力方面又具有多样性。

2.8 理论构建的过程

最后,我想谈谈有关社会认知理论的构建和知识进步的过程。首先,理论学家必须做到无所不知,对人类行为做一个完整的解说。起初,理论学家必定先有选择地对一些现象的影响因素及其运行机制进行理论分析。这时,理论还不完整。几乎没有一个社会心理因素可以无条件地发生作用。人类行为的影响因素和限制因素繁多而复杂,再加上因素之间动态的作用,使得对功能性关系的认定变得更加复杂。只有做直观的分析,才可以解决这些问题。初期的公式化加速了实验的发展,进而帮助促进了理论的发展。理论持续的改进,使我们能更好地理解我们感兴趣的现象。

本章主要回顾社会认知理论的形成和发展,以及它如何扩展它的解释范围、普适性和社会应用。完整的社会认知理论详细地阐释了关键的影响因素和管理机制在自我发展、自我适应和自我变化中的运作方式(Bandura,1986),但这超出了本章的讨论范围,因此不再赘述。理论的构建不能孤立创造,而应在社会环境中进行。因此,我把社会认知理论发展的概念背景加进来,作为理论演化的一部分。

在一些有关如何创建科学的声明中,有许多理想化模式。曾经有这样一个实验:一组杰出的社会科学家被带到一个山区的度假村,准备关于他们如何构建理论的报告。经过几天近乎完美的展示和演讲过后,他们开始承认,他们没有用演绎的形式来构建自己的理论。某一个问题引起了他们的兴趣。他们的一些初步预感需要通过实验测试来证明。验证测试的结果完善了他们的概念体系,反过来,也对兴趣现象的影响因素和机制提供了更多的启发。理论建设是一个漫长的过程,不可能一蹴而就。那些正式出版的理论是在实践基础上的推导和概念基础上的演绎的相互作用中提炼出的精华。

验证推导结果是实验调查的核心任务。在理论知识的发展方面,社会科学面临一些主要障碍。对照实验方法可以用来验证功能性关系,但这种方法的适用范围非常有限。在实验室里不能重现的现象不能使用这个方法,因为这些现象需要一个漫长的发展时期,是不同的社会因素交互运作且复杂影响的产物,或者受到道义限制。

在实际生活条件下,系统地改变社会心理因素的对比田野研究,具有更大的生态效度,但它们适用的范围也很有限。资源的缺乏、社会制度对于干预类型的限制、执行质量方面难以控制的波动,以及伦理方面的考虑等诸多因素,都制约着受控型田野研究的干预效果。因此,对照实验必须和自然变化的研究方法配合使用(Nagel,1961)。后一种做法是在与可分辨的影响因素相关的社会心理机能中进行的,是社会科学中必不可少的方法。

要想验证功能关系,需要从不同的研究方法中取得一致的证据。因此,在社会认知理论的发展中,我们采用了多种分析方法,如对照实验研究、对照田野研究、历时研究、道德上不允许的功能紊乱行为的矫正,以及在自然发生现象中揭示功能性关系等。这些研究涵盖了社会人口统计的群体的不同特点,在不同的文化背景下,适用于不同领域的功能。

理论的实证检验包括核心理论、一组辅助假设、拟创造相关条件的操作、拟开发关键因素的措施等(Meehl,1978)。因此,受检验的不只是核心理论。理论化的结果和观测结果之间的差异,并没有明确说出在这个复杂的组合中,到底是什么出了问题。考虑到人类行为的因果关系十分复杂,对照实验也有诸多局限性。况且,对照实验还要求有完善的与核心理论相互配合的辅助设备、条件和措施,因此,只用一个反面例子,就想证明一个理论是错误的,简直是痴人说梦。但是,这些固有的困难,并不能成为放弃研究和灰心丧气的理由。心理学理论在预见性和操作的成功性方面有所不同。科学工作可以通过改进一个理论来预测人类的行为,并提高人类的生活水平。一些弱势理论被弃用,并不是因为它们是错误的,而是由于它们的预测性和操作性都较差等局限,结果渐渐被人们遗忘。如果有一种理论只有在非常苛刻的条件下,才能解释人们的一些行为,并且无法解释是如何影响人类心理变化的,那么一旦有更好的理论出现,就没有必要去追究那个理论的对与错了。

产生能够推动知识进步的创新观念是一回事,把这些想法公开发表则是另外一回事。因此,在发表的过程中,总有人投来杀气腾腾的评审意见。研究者与期刊评委发生不可避免的冲突,在心中留下了许多创伤。当编辑委员会有近亲繁殖的倾向时,这就能说明一些特殊的问题了,创新的道路铺满了退稿的荆棘。

现在,一些科学方面的经典作品,在刚开始时也是一再被拒绝,这些作品通常与流行的观点格格不入,这并非罕见。这些知识贡献后来成为研究领域的主流(Campanario,1995)。例如,约翰·加西亚(John Garcia)因在基础心理学上的发现而受人推崇,但曾有评论员这样评论他屡次被拒的一个手稿,说他发现的现象比在布谷钟里找到鸟粪还难上加难。

甘斯和谢泼德(Gans and Shepherd,1994)曾问过一些一流的经济学家,包括诺贝尔奖获得者,让他们描述他们的发表经历。不问则已,一问则引来了这些经济学家们滔滔不绝的诉苦。发表的过程中会遇到许多麻烦,即便是具有开创性的贡献也同样如此。发表时遇到的麻烦是研究过程中不可避免又令人沮丧的一部分。下一次,如果您的某个想法、有价值的项目或是手稿被拒绝,不要太绝望,从那些同样经历过挫败但始终不放弃,最终成功的人那里获得慰藉吧。在受人欢迎的《拒绝》(*Rejection*)一书中,约翰·怀特(John White,1982)形象地阐述了那些在追求事业中获得成功的人都有一个突出特点,那就是对自己研究结果的坚信不疑,以及对自己所从事工作的价值的坚定信念。这种信念支持着人们勇敢面对失败、挫折和残酷的拒绝。

为了增加发表的可能性,越来越多的作者都在著书的时候旁征博引,借用其他的理论为自己的著作添砖加瓦。这种兼收并蓄的研究方法看似是综合理论,其实不过是把各种研究方法的精华集合到一起而已。在这样的概念集合里,很难找到一个连贯的理论线索。为了遏制这种风气的蔓延,最近,某权威心理学杂志的一位新来的主编规定,要限制论文中引用文献的数量。科学的进步,最好依靠统一的理论框架来推动,里面包含更健全和更高层次的理论因素,而不是依靠东拼西凑、参差不齐的和理论脱节的复合模型来推动。

过分敏感的人不适合研究理论,理论学家必须为自己的概念和实证结果受到质疑、遭人误解或者讽刺,甚至受到人身攻击做好准备。例如,看到自己又被说成是正统的行为主义者、二元论的精神学家,我常常感到很好笑(Bandura and Bussey,2004)。理论学家在对待闯入他们生活的事件上,具有不同的态度。艾森克(Eysenck)①是个有批评必回应的人。斯金纳(Skinner)②则很少理会它们。一般来说,我都竭力抑制自己回应批评的欲望,除非它可以帮助我们理解当前讨论的问题。然而,这很难做到。因为明知这个批评是错的,却不加理会,会致使很多人误入歧途。

人们总是对理论的有效性给予很大关注,却很少有人注意理论的社会效用。例如,如果航空科学家专注于研究风洞试验的空气动力学原理,却无法建造一架会飞的飞机,

---

① 汉斯·艾森克(Hans Jürgen Eysenck,1916—1997),英国心理学家,以其人格理论和行为疗法而闻名。——译者注
② 伯尔赫斯·弗雷德里克·斯金纳(Burrhus Frederic Skinner,1904—1990),美国心理学家、作家、发明家、社会改革的倡导者和诗人。——译者注

那么他们理论的价值将受到质疑。理论的价值体现在其预见性和操作性上。归根到底,评价一门社会科学的价值如何,很大程度上还要看其社会效用。

参考文献

ANDERSON, J. R. (1980). *Cognitive Psychology and its Implications*. San Francisco: Freeman.

AUSTIN, J. H. (1978). *Chase, chance, and creativity: The lucky art of novelty*. New York: Columbia University Press.

BAER, D. M., PETERSON, R. F., and SHERMAN, J. A. (1967). The development of imitation by reinforcing behavioural similarity to a model. *Journal of the Experimental Analysis of Behaviour*, 10: 405–416.

BANDURA, A. (1965). Vicarious processes: A case of no-trial learning. In L. Berkowitz (ed.), *Advances in Experimental Social Psychology*. 2. 1–55. New York: Academic Press.

—— (1969). *Principles of Behavior Modification*. New York: Holt, Rinehart and Winston.

—— (ed.) (1971a). *Psychological Modeling: Conflicting theories*. New York: Aldine-Atherton.

—— (1971b). Vicarious and self-reinforcement processes. In R. Glaser (ed.), *The Nature of Reinforcement*: 228–278. New York: Academic Press.

—— (1976). Self-reinforcement: Theoretical and methodological considerations. *Behaviorism*, 4: 135–155.

—— (1982). The psychology of chance encounters and life paths. *American Psychologist*, 37: 747–755.

—— (1986). *Social Foundations of Thought and Action: A Social Cognitive Theory*. Englewood Cliffs: Prentice-Hall.

—— (1991a). Social cognitive theory of moral thought and action. In W. M. Kurtines and J. L. Gewirtz (eds.), *Handbook of Moral Behavior and Development*, vol. 1. Hillsdale, NJ: Erlbaum.

—— (1991b). Human agency: The rhetoric and the reality. *American Psychologist*, 46: 157–162.

—— (1991c). Self-regulation of motivation through anticipatory and self-reactive mechanisms. In R. A. Dienstbier (ed.), *Perspectives on Motivation: Nebraska Symposium on Motivation*: 38. 69–164. Lincoln: University of Nebraska Press.

—— (1995). Comments on the crusade against the causal efficacy of human thought. *Journal of Behavior Therapy and Experimental Psychiatry*, 26: 179–190.

—— (1996). Ontological and epistemological terrains revisited. *Journal of Behavior Therapy and Experimental Psychiatry*, 27: 323–345.

—— (1997). *Self-Efficacy: The Exercise of Control*. New York: Freeman.

—— (1998). Exploration of fortuitous determinants of life paths. *Psychological Inquiry*, 9: 95–99.

—— (1999a). Moral disengagement in the perpetration of inhumanities. *Personality and Social Psychology Review*, 3: 193–209.

—— (1999b). A social cognitive theory of personality. In L. Pervin and O. John (eds.), *Handbook of Personality*: 154–196. New York: Guilford Publications.

—— (2000). Exercise of human agency through collective efficacy. *Current Directions in Psychological Science*, 9: 75–78.

—— (2001). Social cognitive theory: An agentic perspective, *Annual Review of Psychology*, 52: 1–26. Palo Alto: Annual Reviews, Inc.

—— (2002a). Growing primacy of human agency in adaptation and change in the electronic era. *European Psychologist*, 7: 2–16.

—— (2002b). Social cognitive theory in cultural context. *Journal of Applied Psychology: An International Review*, 51: 269–290.

—— (2002c). Environmental sustainability by sociocognitive deceleration of population growth. In P. Schmuck, and W. Schultz (eds.). *The psychology of sustainable development*: 209–238. Dordrecht, the Netherlands: Kluwer.

—— (2004a). Selective exercise of moral agency. In T. A. Thorkildsen and H. J. Walberg (eds.), *Nurturing Morality*: 37–57. New York: Kluwer Academic.

—— (2004b). Swimming against the mainstream: The early years from chilly tributary to transformative mainstream. *Behavioral Research and Therapy*, 42: 613–630.

—— (2004c). Health Promotion by Social Cognitive Means. *Health Education and Behavior*, 31: 143–164.

—— (2005). Going global with social cognitive theory: From prospect to paydirt. In S. I. Donaldson, D. E. Berger, and K. Pezdek (eds.), *The Rise of Applied Psychology: New Frontiers and Rewarding Careers*. Mahwah: Lawrence Erlbaum Associates, Inc.

—— and BARAB, P. G. (1971). Conditions governing nonreinforced imitation. *Developmental Psychology*, 5: 244–255.

—— and BUSSEY, K. (2004). On broadening the cognitive, motivational, and sociostructural scope of theorizing about gender development and functioning. A reply to Martin, Ruble, and Szkrybalo. *Psychological Bulletin*, 130: 691–701.

—— BLANCHARD, E. B., and RITTER, B. (1969). Relative efficacy of desensitization and modeling approaches for inducing behavioral, affective, and attitudinal changes. *Journal of Personality and Social Psychology*, 13: 173–199.

—— CAPRARA, G. V., and ZSOLNAI, L. (2002). Corporate transgressions. In L. Zsolnai (ed.), *Ethics in the Economy: Handbook of Business Ethics*: 151–164. Oxford: Peter Lang.

—— and CERVONE, D. (1986). Differential engagement of self-reactive influences in cognitive motivation. *Organizational Behavior and Human Decision Processes*, 38: 92–113.

—— JEFFERY, R. W., and GAJDOS, E. (1975). Generalizing change through participant modeling with self-directed mastery. *Behaviour Research and Therapy*, 13: 141–152.

—— and LOCKE, E. (2003). Negative self-efficacy and goal effects revisited. *Journal of Applied Psychology*, 88: 87–99.

—— and ROSENTHAL, T. L. (1978). Psychological modeling: Theory and practice. In S. L. Garfield and A. E. Bergin (eds.), *Handbook of Psychotherapy and Behavior Change*: 621–658. New York: Wiley.

—— Ross, D., and Ross, S. A. (1963). A comparative test of the status envy, social power, and secondary reinforcement theories of identificatory learning. *Journal of Abnormal and Social Psychology*, 67: 527–534.

—— and WALTERS, R. H. (1963). *Social learning and personality development*. New York: Holt, Rinehart, and Winston.

BIRAN, M., and WILSON, G. T. (1981). Treatment of phobic disorders using cognitive and exposure methods: A self-efficacy analysis. *Journal of Counseling and Clinical Psychology*, 49: 886–899.

BOLTON, M. K. (1993). Imitation versus innovation: Lessons to be learned from the Japanese. *Organizational Dynamics*: 30–45.

BRAITHWAITE, J. (1994). A sociology of modeling and the politics of empowerment. *British*

Journal of Sociology, 45: 445–479.

CAMPANARIO, J. M. (1995). On influential books and journal articles initially rejected because of negative referees' evaluations. *Science Communication* 16: 304–325.

CARROLL, W. R., and BANDURA, A. (1982). The role of visual monitoring in observational learning of action patterns: Making the unobservable observable. *Journal of Motor Behavior*, 14: 153–167.

—— —— (1985). Role of timing of visual monitoring and motor rehearsal in observational learning of action patterns. *Journal of Motor Behavior*, 17: 269–281.

—— —— (1987). Translating cognition into action: The role of visual guidance in observational learning. *Journal of Motor Behavior*, 19: 385–398.

—— —— (1990). Representational guidance of action production in observational learning: A causal analysis. *Journal of Motor Behavior*, 22: 85–97.

CATANIA, C. A. (1975). The myth of self-reinforcement. *Behaviorism*, 3: 192–199.

DEBOWSKI, S., WOOD, R. E., and BANDURA, A. (2001). Impact of guided exploration and enactive exploration on self-regulatory mechanisms and information acquisition through electronic search. *Journal of Applied Psychology*, 86: 1129–1141.

EARLEY, P. C. (1993). East meets West meets Mideast: Further explorations of collectivistic and individualistic work groups. *Academy of Management Journal*, 36: 319–348.

EARLEY, P. C. (1994). Self or group? Cultural effects of training on self-efficacy and performance. *Administrative Science Quarterly*, 39: 89–117.

FRAYNE, C. A., and LATHAM, G. P. (1987). Application of social learning theory to employee self-management of attendance. *Journal of Applied Psychology*, 72: 387–392.

GANS, J. S., and SHEPHERD, G. B. (1994). How are the mighty fallen: Rejected classic articles by leading economists. *Journal of Economic Perspectives*, 8: 165–179.

GIST, M. E. (1989). The influence of training method on self-efficacy and idea generation among managers. *Personnel Psychology*, 42: 787–805.

—— BAVETTA, A. G., and STEVENS, C. K. (1990). Transfer training method: Its influence on skill generalization, skill repetition, and performance level. *Personnel Psychology*, 43: 501–523.

—— SCHWOERER, C., and ROSEN, B. (1989). Effects of alternative training methods on self-efficacy and performance in computer software training. *Journal of Applied Psychology*, 74: 884–891.

GJERDE, P. F., and ONISHI, M. (2000). In search of theory: The study of "ethnic groups" in developmental psychology. *Journal of Research on Adolescence*, 10: 291–299.

HARRIS, M. B., and EVANS, R. C. (1973). Models and creativity. *Psychological Reports*, 33: 763–769.

KIM, U., TRIANDIS, H. D., KÂĞITÇIBASI, C., CHOI, S., and YOON, G. (1994). *Individualism and Collectivism: Theory, Method, and Applications*. Thousand Oaks, Calif.: Sage.

KRUEGER, N. F., Jr., and DICKSON, P. R. (1993). Self-efficacy and perceptions of opportunities and threats. *Psychological Reports*, 72: 1235–1240.

—— —— (1994). How believing in ourselves increases risk taking: Perceived self-efficacy and opportunity recognition. *Decision Sciences*, 25: 385–400.

LATHAM, G. P., and SAARI, L. M. (1979). Application of social learning theory to training supervisors through behavioral modeling. *Journal of Applied Psychology* 64: 239–246.

MACHADO, A. (1993). Internal states: Necessary but not sufficient. *Journal of Experimental Analysis of Behavior*, 60: 469–472.

Maddux, J. E. (1995). *Self-Efficacy, Adaptation, and Adjustment: Theory, Research and Application*. New York: Plenum Press.

Matsui, T., and Onglatco, M. L. (1992). Career self-efficacy of the relation between occupational stress and strain. *Journal of Vocational Behavior*, 41: 79–88.

Matsumoto, D., Kudoh, T., and Takeuchi, S. (1996). Changing patterns of individualism and collectivism in the United States and Japan. *Culture and Psychology*, 2: 77–107.

Meehl, P. (1978). Theoretical risks and tabular asterisks: Sir Karl, Sir Ronald, and the slow progress of soft psychology. *Journal of Consulting and Clinical Psychology*, 46: 806–834.

Meichenbaum, D. (1984). Teaching thinking: A cognitive-behavioral perspective. In R. Glaser and S. Chipman and J. Segal (eds.), *Thinking and Learning Skills: Research and Open Questions*: 2. 407–426. Hillsdale, NJ: Erlbaum.

Miller, N. E., and Dollard, J. (1941). *Social Learning and Imitation*. New Haven: Yale University Press.

Nagel, E. (1961). *The Structure of Science*. New York: Harcourt, Brace and World.

Park, Y. S., Kim, U., Chung, K. S., Lee, S. M., Kwon, H. H., and Yang, K. M. (2000). Causes and consequences of life-satisfaction among primary, junior high, and senior high school students. *Korean Journal of Health Psychology*, 5: 94–118.

Poindexter, D. O. (2004). A history of entertainment-education, 1958–2000. The origins of entertainment-education. In A. Singhal, M. J. Cody, E. M. Rogers, and M. Sabido (eds.), *Entertainment-Education and Social Change: History, Research, and Practice*: 21–38. Mahwah, NJ: Lawrence Erlbaum Associates.

Porras, J. I., Hargis, K., Patterson, K. J., Maxfield, D. G., Roberts, N., and Bies, R. J. (1982). Modeling-based organizational development: A longitudinal assessment. *Journal of Applied Behavioral Science*, 18: 433–446.

Powers, W. T. (1978). Quantitative analysis of purposive systems: Some spadework at the foundations of scientific psychology. *Psychological Review Monograph Supplements*, 85: 417–435.

—— (1991). Comment on Bandura's "human agency." *American Psychologist*, 46: 151–153.

Reichard, G. A. (1938). Social Life. In F. Boas (ed.), *General Anthropology*: 409–486. Boston.

Rogers, E. M. (1995). *Diffusion of Innovations*. New York: Free Press.

Rosenthal, T. L., and Zimmerman, B. J. (1978). *Social Learning and Cognition*. New York: Academic Press.

Sabido, M. (1981). *Towards the Social use of Soap Operas*. Paper presented at the Institute for Communication Research, Mexico City, Mexico.

Schwarzer, R. (1992). *Self-Efficacy: Thought Control of Action*. Washington, DC: Hemisphere.

Skinner, B. F. (1977). Why I am not a cognitive psychologist. *Behaviorism*, 5: 1–10.

Stagner, R. (1981). Training and experiences of some distinguished industrial psychologists. *American Psychologist*, 36: 497–505.

Thase, M. E., and Moss, M. K. (1976). The relative efficacy of covert modeling procedures and guided participant modeling on the reduction of avoidance behavior. *Journal of Behavior Therapy and Experimental Psychiatry*, 7: 7–12.

Thorndike, E. L. (1898). Animal intelligence: An experimental study of the associative processes in animals. *Psychological Review Monograph Supplements*, 2(4), Whole No. 8.

Watson, J. B. (1908). Imitation in monkeys. *Psychological Bulletin*, 5: 169–178.
White, J. (1982). *Rejection.* Reading, MA: Addition-Wesley.
Yamagishi, T. (1988). The provision of a sanctioning system in the United States and Japan. *Social Psychology Quarterly*, 51: 265–271.
Zimmerman, B. J. (1989). A social cognitive view of self-regulated academic learning. *Journal of Educational Psychology*, 81: 329–339.

第 3 章 镜像理论

李·比奇　特瑞斯·米切尔

1974 年,在华盛顿大学,我们两个人开始了长达 16 年的合作,这次合作非常愉快,也是我们各自事业中最富有成果的时期。我们最初的合作目的是融合两个人的所长,从而拓展我们的研究能力:米切尔擅长田野研究,比奇擅长实验室研究。比实现技能结合更重要的是,我们的合作成果都是我们各自兴趣的结合:米切尔对于组织决策非常感兴趣,比奇对于个人决策很感兴趣。正是这段共同工作的经历,使我们可以用更开阔的视角,理解决策是如何制定的,从而提出镜像理论。

我们的合作研究始于用期望理论(expectancy theory,ET)和主观期望效用理论(subjective expected utility,SEU),再次探讨职业偏好和选择方面的研究(Mitchell and Beach,1976)。我们的结论是,在解释数据方面,这两种观点都很有效。这并不意外,因为这两种观点在概念和数学逻辑方面是相似的。从概念上来说,它们都认为,在确实能获得选择收益的条件下,人们总是选择他们认为可以给他们带来最大收益的选项(或行为)。从数学上来说,它们都是基于期望值这一概念的变量,这意味着它们都是线性方程组。该方程规定,一旦确定某一选项,如何合并其所产生的可能结果,以及对产生这些结果的概率进行评测。两种观点所给的理论建议都是,选择的选项应当使其各种效用估值与可能性估值乘积的总和最大,也就是所谓的"最大化"。研究似乎表明,职业偏好和选择能够合理且很好地吻合方程预测的结果,这意味着这两种观点所共同体现的概念化过程是合理的。

3.1　疑虑的开始

完成综述论文以后,我们开始使用期望理论/主观期望效用理论,以及其他相关理论来研究其他一些课题。但是,当比奇对早期研究的数据进行后续分析时,问题出现了

(Townes et al.,1977)。这个研究关于已婚夫妇是否要孩子(或者再要一个)。该研究把主观期望效用理论作为理论模型,这个研究包括让每对夫妇评价那些支持生孩子和反对生孩子的观点,并同时评估,如果他们确实决定要孩子的话,这些观点对他们发挥作用的概率。这些评估被代入主观期望效用理论方程中,以预测哪对夫妇将会要孩子。在群组测试中,这个方程可以很好地解释夫妇们的决策,评判标准就是,在这一期研究后的两年内这些夫妇是否真的生了孩子。

然而,后续的分析表明,测算出的概率在生育计划的决策中,只起到很小的作用。而且,当我们尝试用该研究结果为一家生育咨询诊所设计决策工具时,人们大都不知道这种概率的含义,以及如何将概率运用到生孩子的决策中。令人震惊的是,这种概率推算在预期值模型中是主要组成部分,也是大量实验室研究的焦点,但在重要的现实决策中,它却根本起不到什么作用。

我们俩谈论了后续研究和诊所项目的结果。米切尔直接认为,主观期望效用理论是不合适的,虽然在个人决策研究中它通常具有较强的解释力,但是从来没有在组织研究中得到顺利应用(Mitchell,1974)。他也知道期望理论的很多模型都倾向于使用很多自由参数,结果数据拟合往往勉强可以接受,其解释力有时候却并不那么强。但是,要说服比奇还真有点困难,因为在当时,主观期望效用理论是解释个人决策唯一现存的理论。尽管研究表明,人们的主观概率并不遵从概率论,并且他们在评估各种选项特征的效用时也困难重重,但是主观期望效用理论仍然被广泛接受。我们开始怀疑,期望理论和主观期望效用理论的成功意味着,虽然它们可能在预测方面,特别是群体数据上很有用处,但并未很好地模拟出真实的决策过程。①

除了这些方程的实证问题之外,我们也开始怀疑期望理论和主观期望效用理论的概念基础。我们认为,两种观点都将决策过程与赌博进行类比。实际上,整个决策理论中的预期值逻辑,确实源于对赌博的演绎。最初,丹尼尔·伯努利(Daniel Bernoulli,1783)分析了如何赌博和购买保险,进而冯·诺伊曼和摩根斯坦(Von Neumann and Morgenstern,1947)分析了应对自然或者竞争对手的决策问题,再到沃德·爱德华(Ward Edward,1954)关于经济学的逻辑性讨论,发展成为决策心理学的发端。

通常,以赌博为类比,决策的制定者会估计赌注(效用)的潜在结果的吸引力,以及投下这个赌注后所产生的各种结果的概率。接下来,他/她将从一系列赌局中选择下注、不下注或者下最好的注(预期值最高的注)。以此类推,所有涉及风险的决策(这几乎包括所有的决策)都可以看作关于赌博的决策,伯努利和后来者所设计的这种逻辑,被当作进行此类决策的正确方式,被称为"规范化模型"。期望理论的逻辑,在推导和数学方面,不如主观期望效用理论的逻辑那么严谨,但是它同样源于期望值最大化理念,

---

① 当时,研究人员开始明白,线性方程(包括 ET 和 SEU)的作用是稳定的,即使出现重大的错误,线性方程也可以和数据良好地匹配。这就是道斯(Dawes)和科里根(Corrigan)在 1974 年试图告诉我们的。

通过贝瑟姆(Betham)和功利主义学派形成分支,从而融入一般的社会科学。

当我们产生疑惑时,其他的研究者也产生了疑惑。例如,赫尔希和休梅克(Hershey and Shoemaker,1980)观察到,在医学治疗过程中,决策者的行为很少按照预期价值最大化的准则去实施。菲施霍夫、戈伊坦和夏皮拉(Fischhoff, Goitein and Shapira, 1983)发现:"随着行为决策理论的日益发展,主观期望效用理论往往不能阐明决策制定过程。尽管关于它解释能力的质疑不断增加,主观期望效用理论还是站住了脚。"

尽管这些质疑在某种程度上是基于实验研究的结果,但针对企业中专业决策者的观察结果,却进一步增强了这些质疑。例如,明茨伯格(Mintzberg,1975)发现,大多数管理决策是关于是否采用某一个选项,而很少是在相互对立的选项中进行选择。此外,人们在做决策时,很少考虑到显著的成本和收益均衡,更不用说使用显著的概率了。彼得斯(Peters,1979)证实了这些观察,此外,他还发现决策制定的标准很少是追求最大收益的。相反,决策标准往往是:"这种选项是否包含我们所希望看到的主旨?"(p.166)彼得斯同意塞尔兹尼克(Selznick,1957)的结论,即决策经理人主要充当组织价值的促进者和保护者,而不是对最大回报的极端追求者。本着同样的精神,唐纳森和洛尔施(Donaldson and Lorsch,1983)对12个主要公司展开研究,他们发现,企业经营者并不是致力于增加股东的财富,他们的首要任务是保证公司的生存。此外,战略决策强烈地反映出管理者的信念和他们对于组织的抱负,而不仅仅是经济因素和分析逻辑。

这种状况迅速引起了行为决策研究者的两种反应。第一类反应声称,决策制定者是有缺陷的,并坚持认为他们应该学习规范化模型中所规定的决策方式。这种呼声的影响是微乎其微的;很少有或者根本没有证据表明,接受过决策理论或者决策分析方法训练的人,会在决策中表现得更好。还有一类反应认为,应当修正规范化理论,其做法通常是保留一般期望值最大化的框架,但加入心理假设,使得理论对实际决策行为更具有预测性。卡尼曼和特维斯基的前景理论(Tversky and Kahneman,1979,1992)就是这种观点的典型支持者。尽管考虑了其他各种意见,规范性模型的根本逻辑仍旧保持相对不变。

除了观察到的决策过程是否能类比为规范化理论所演绎的赌博行为,赌博类比法也存在着两个严重的逻辑问题。第一个问题是,赌局的期望值是参赌者在他/她不断重复赌博的情况下,预期能够赢的数量的平均值。但是对于一场赌局来说,期望值完全没有意义:参赌者要么赢,要么输,与平均值毫无关系。因此,赌局类演绎在决策者重复一系列高度相似的决策活动时也许是成立的,但是对于一次性的决策未必成立。实际上,在实验室研究中发现,赌博者对待重复的赌局和一次性的赌局是非常不同的(Keren and Wagenaar,1987)。因为决策者考虑到他们的那些决策只有一次,他们很可能不会像对待赌局一样进行决策,从而使得这种类比方法失效。在进行一项重要的决策时,管理者不会认为他/她今后还会重复做这个决策,因而最重要的在于从长期看来,他/她能否取得相对成功。

赌博类比法的第二个问题是，真正的参赌者不会影响赌局的结果。他们下好自己的赌注，然后等着翻牌或者轮盘旋转。在个人和组织决策制定的过程中，在决策和结果之间存在大量的时间差，在这期间，我们中的大多数会尽我们所能来影响其结果。我们承认风险无处不在，但是，我们不愿成为赌徒那样的被动角色，耐心而消极地等待输赢的结果。这就是为什么概率对于大多数人来说，并没有什么意义的原因——他们愿意用概率来描述决策的整体风险，但是他们不想把每个决策选项的属性都与概率联系起来。事实上，现实生活中，决策者坚信，他们应该通过努力工作来消除风险（可能性），从而确保事情有好的结果。和参赌者不一样，领取报酬的管理者是主动的干预者，他们力求事情向着理想的状态发展，或者至少向着理想的方向发展。[①] 我们熟悉的一家咨询公司，最后完全放弃了他们分析中的概率因素，代之以一个可以反映决策任务总体风险的变量，同时，让决策者们估计做出一个"错误"决策的负效用，他们的客户对这种方式非常满意。

3.1.1 疑虑的加深

大概在那时，我们对于期望值和赌博类比法的信念开始崩溃，我们完成了合作以来最尴尬（如果具有启发性）的实验。我们仍然坚持期望理论/主观期望效用理论的观点，我们开展了一项研究，这项研究关于核电站选址的决策应该如何制定。在第一阶段，我们借助大学里各个工程系的同事这一资源精心策划方案，帮助策划者估计每个可能的选址的属性，从而做出最好的选择（注意，我们已经放弃了概率）。在第二阶段，我们把来自当地电力公司的策划者作为研究对象，要求他们在一系列假定的位置使用我们的决策。我们的任务是利用他们的评价来预测每位策划者会选择哪个地址。

虽然研究并没有完成，但这项研究进行得很顺利。事实上，我们可以为这些少数的研究对象进行地址预测。然而，第二阶段开始不久后，其中一个策划者谈到，所有这些繁杂的程序虽然相当不错，但是，它并不能真正反映选址的决策是如何做出的。他声称，策划者只是简单地筛选出所有违反联邦政府和州政府指导方针的地址，然后，从剩下的地址中选出最便宜的一个。他的同事对他的观点表示赞同。由于过分依赖我们的理论，我们建立了一个宏伟但是毫不相关的决策系统，因此我们没有发表这项研究报告。

从另一个角度看，我们学到了很多。也许这些对于我们（以及我们的决策研究搭档）之外的人来说，并没有什么意义。但是，我们知道了与我们赞同的理论相反的观点，制定决策的方法不止一种。实际上，在这个小小的插曲之后，我们只花了很少的时间来反省、鉴别我们使用的各种决策战略。我们决定继续探求这种观点，并且构建出一个能够反映它的模型。

[①] 在无计可施的时候，有些 ET 公式试图捕捉前摄性，但是做的方式确实欠妥当。顺便说一下，应该指出，真正的赌徒在赌场的行为无法反映期望价值（或 SEU），这是有道理的，因为在赌场中赌徒的期望值往往是消极的，所以避免赌博将会被放在期望价值的首位。赌徒依靠的是侥幸心理，这一点并不在期望价值（ET 或 SEU 方程）中（Wagenaar, 1988; Wagenaar and Keren, 1988）。

3.1.2 战略选择系统

我们两个人都曾经与弗雷德·菲德勒(Fred Fiedler)合作过。在弗雷德为组织理论做出的众多贡献之中,最重要的一个就是提出权变理论的概念。权变理论假设,行为取决于人的特征、任务的特征以及人和任务所处的环境特征。发现这三种特征的构成成分是一个理论性问题,而观察这些特征的构成成分如何影响行为则是一个实证问题。

因此,在反思我们的决策战略以及熟悉的相关文献的基础上,我们开始探索决策战略选择的权变理论。我们从这样的一个想法开始,即决策者拥有一揽子的战略,从辅助分析战略,比如决策矩阵以及基于主观期望效用理论的决策树,这些通常需要计算机或者决策分析者的帮助;到无辅助分析战略,比如西蒙(Simon,1957)的"满意规则";再到简单的无分析战略,比如凭经验或者询问朋友或者咨询算命者。采用这些战略所需要的努力(有时候,还有金钱)从辅助分析到无分析递减。此外,战略决策者所拥有的战略储备也存在个体差别。

决策者的特征是具有战略知识,并拥有使用知识的能力和动机。动机的特点是想花费最少的努力达到与决策任务的要求相容,而这些任务的特征往往是不熟悉、模糊、复杂和不稳定的。决策者和任务都根植在一个决策环境中,在这个决策环境中,决策是不可逆的、决策的意义是重大的,决策者有责任保证决策的正确性以及时间/金钱的约束。战略选择机制受到决策者动机的驱动:在选择策略时,要在所付出的努力与产生理想的结果之间寻得平衡。

这个理论的首次发表充实了上面所说的内容,并且添加了一些简单的等式来说明各变量是如何组合的(Beach and Mitchell,1978)。出于对我们的等式不满意,杰伊·克里斯滕森-萨兰斯基(Jay Christiensen-Szalanski,1978)将这一理论公式化,并且表明最好的战略拥有最高主观期望效用。接着,他又做了一系列的研究,证明他对我们理论的公式化是可行的(1980)。后来,丹·麦卡利斯特、吉姆·F.史密斯、比尔·沃勒(Dan McAllister,Jim F. Smith,Bill Waller)等对其进行了进一步的研究,所有这些研究都基本上支持了这个理论,他们所做的就是纠正一些错误并对理论进行改进。

尽管有了这些证据,我们对杰伊的结论并不十分满意。因此,我们开始探索其他的决策战略,但是最终又回到了主观期望效用。此外,令我们感到不安的事实是,无论是模型还是研究,都不完全符合我们的反思和观察。我们的不安源于以下三个问题。

首先,几乎没有人使用过辅助分析和无辅助分析战略来制定决策,即使那些受训使用这些战略的人也是如此。在少数情况下,即使是很擅长使用它们的人,也很少会接受那些和他们直觉相左的结果(Isenberg,1984)。此外,即使是非常重要的决策,正式战略往往似乎过于理性(决定结婚或生育子女)。相反,在多数情况下,大多数人对于大多数问题使用某种简单、易用、快速、无须分析的过程。

其次,研究者提出的选择战略,几乎都是为了从一系列似乎合理的选项(所谓的选择集合)中确定"最好"的选择。这给我们提出了问题。首先,这些选择集合起初是如何存在的。很明显,限定进入这个集合的机制,在最终结果的决策中起着关键作用。再则,姑且承认这一点,当这个机制只允许一个选项存在时,这又意味着什么呢,是不是直接把它定义为"最好"的选项呢?如同明茨伯格(1975)观察到的那样,如果开始时只有一个选项会怎么样?没有一个进入机制,那个唯一的选项将会自动成为"最好"的,然后被选择,当然我们知道这是不可能发生的。

最后,我们注意到,决策者经常用"我当时努力去做正确的事情",来解释看似不合理的决策。决策者经常选择那些很明显不符合他们最大利益的"正确"选项,而拒绝那些观察者认为他们可能发现是最具有吸引力的"错误"选项。简言之,决策制定受到信念、道德、伦理和社会公约的强烈影响;把全体都必须遵守的标准称作原则。社会学家似乎对这个事实感到十分尴尬,他们和其他人作为标准的原则与他们测试自己以及其他人行为的准则相违背。但是,即使你去听人们的闲谈,包括你自己的,也会发现谈话中有很多判断和观点反映了原则的力量和核心性。

鉴于我们对于这三个令人困扰的问题的考虑,以及对于战略选择模型普遍性的质疑,我们积极尝试去站在已接受的决策制定原则和知识之外的角度考虑问题。在肯尼思·瑞迪克(Kenneth Rediker)的帮助下(那时他还是研究生,我们每周举行讨论会交流想法),慢慢地,我们对自己思考的问题开始有了构架,并写一些小论文,试图阐释我们的想法。后来,这些文章促使我们尝试着发表(Mitchell, Rediker and Beach, 1986)。

在这一首次发表后,事情变得艰难了。美国的期刊审稿人似乎特别不情愿发表我们的文章,即使是实证研究也如此。但是,我们在欧洲的发表工作要顺利得多(比如,Beach and Mitchell, 1987; Beach et al., 1988; Beach and Storm, 1989)。为了传播我们的观点,我们决定把我们的观点和研究写成一本书,但是美国的出版商对此也都不感兴趣。最终,1990年,英国威利公司冒着风险出版了《镜像理论:个人和组织背景下的决策制定》(*Image Theory: Decision Making in Personal and Organizational Contexts*)。尽管我们相信不会有很多人读这本书,但它的存在更大程度上为该理论提供一个快速成长的空间。

3.2 镜像理论简介

镜像理论认为,决策者是单独行动的个体。当然,大部分决策的做出考虑到了其他人:配偶、朋友、同事或者其他人。但是,即便如此,决策者必须拥有他/她自己的想法,不同的意见必须以某种方式解决,这种方式取决于群体活跃度。也就是说,镜像理论认为集体或者组织本身没有能力做决策,而把它们看作是背景,在这种背景下,通过说服他人、谈判和政治活动,单个成员的决策得以巩固,从而成为集体的产物(Beach, 1990; Beach and Mitchell, 1990; Davis, 1992)。其结果是,在社会关系或者组织背景[①]下,镜像

---

① 社会或组织背景包括对其他人观点的了解、对需要做出决定的事情的信息的掌握、关系或者组织中大家认同的价值观或者含义(文化)(Beach, 1993)。

理论聚焦于个人形成他/她自己的想法,并且假设结果在未来向他人展示时,可能会说服他人、得到修改或是遭到反驳。

每一个决策者都应该拥有他/她自己的价值观:事情应该是什么样子的,以及人们应该如何行事。这涉及一些传统的观念,例如,荣誉、伦理、理想、平等、正义、忠诚、领导才能、真理、美好、善良等,还包括道德、公民、宗教戒律和责任。这些都是所谓的集体原则和决策者(或者他/她属于的集团)所代表的"不言自明的真理",它们帮助确定所追求的目标,以及在实现这个目标时哪些是可以接受的方式。通常,这些原则不容易阐述,但是它们是制定决策的强有力的影响因素。

不管一个人的原则是什么,它们都是个人制定决策的基础:潜在的目标和行为不能与原则严重不符(相违背),否则,人们会认为这些目标和行为不可接受。此外,决策结果的效用源于其在多大程度上符合和满足决策者的价值观。也就是说,通常认为决策会涉及追求渴望的结果、某种事件的最大化、或期望在做出决策之后比做决策之前取得更好的结果。几乎所有的分析都是始于:选择结果在多大程度上能够带来财富的增加,但却很少关注这种增加真正带来的是什么。我们的论点是,动机来源于在多大程度上这些结果促进和服从决策者原则,这些动机包括利润、利益、改进,以及结果给人们带来的价值。这种一致性才是关键。

的确,正如人们经常看到的,从规范性决策理论来看,行动最强大的动力不是来自逐利动因。人们常常是利他的,管理者并不是一味地追求利润最大化(Selznick,1957)。使利他主义和"次优"符合规范模型,需要相当程度的逻辑扭曲。但是,这种扭曲是没有必要的,因为大部分人已经知道这些行为的动机所在。事实上,当接到事情、处理事情、让事情得以发生,能促进和吻合一个人的原则时,它会给人内在的愉悦感。反思和观察为活动的动因本质提供了明确证据,这本身是有益的(Csikszentmihalyi and Csikszentmihalyi,1988)。我们认为,这种行为的内在动机,包括计划以及人们试图取得的目标,取决于它们与决策者原则的兼容性。

除了原则之外,决策者还有要实现目标的日程表——一些目标要服从他/她的原则("因为我相信精神上的拯救,而且因为我是我弟弟的守护者,我必须努力转化无信仰的人,从而拯救他们的灵魂");一些目标要服从在环境中遇到的问题——尽管原则仍然约束着如何解决这些问题("因为老板拒绝提拔我,我必须找一份新的工作——但我觉得要以一种合适的方式通知他我要离开这个消息")。目标是理想世界的代名词,每个目标都有为之实现的相应计划,这些计划是在目标被采用之时或之后不久制订的(Tubbs and Ekeberg,1991)。计划是实现目标的蓝图,策略服务于计划,计划执行的逻辑意义中包括对于计划将要产生的结果的预测。各种目标的各项计划,必须在时间上相互衔接,并且能够协调,保证它们不会相互干涉。

决策就是采取什么样的目标和计划(以及原则,虽然成年人考虑的原则比较少),以及计划的实施是否正向着目标的实现前进。决策(一个潜在目标或者计划)通过的基础,首先就是目标或者计划是否与其他的目标和计划以及相关的原则兼容。如果与这些中的任何一个都不能完全兼容,那么不兼容的程度有多大?如果不是非常难以兼容,它也许会顺利通过。但是如果有一些方面太不兼容,则必须予以拒绝。进展决策是关于如果决策者继续执行当前的计划,目标成果是否能够实现的决策。只要预测会有进展,便会继续执行计划。如果不是,该计划必须修改或替换,或该目标必须修改或放弃。

有些目标可能立即得以采纳,比如,当雇主指派你去执行某项任务,或者朋友和家人强迫你做某件事。然而,当决策者不受制约时,目标的采纳则从筛选不兼容的目标开始。如果这一初步筛选过程只包括一个目标,人们认为它并不是太不兼容的,那么它将得以通过,决策者将会接着通过一项计划实现它。如果这一进程涉及多个潜在的目标并且只有一个通过筛选,情况类似于开始只有一个目标并且该目标通过筛选——它就被采纳。但是,如果有一个以上潜在的目标,并且有超过一个通过筛选,就必须采取某种措施来打破这种局面。这可能需要提高标准,重新筛选,直到只留下一个目标;或者通过比较多个通过筛选的选项的相对优势来选择最好的一个。

计划的采纳就如同目标的采纳,唯一不同之处就是,计划的采纳还包括想象(预测):如果这个计划实施了,可能将会产生什么样的结果。尤其是,它是否有利于目标的实现?由于预测计划实施后将会产生什么结果的能力,也被用于监控执行过程——"如果我继续执行这个计划,我能够预见目标的实现吗?"如果进展无法预见,当前的计划就必须调整或者被替代。如果一个失败的计划不能得到充分修改,或者找不到有希望的替代方案,目标本身就必须被修改或者放弃。注意,能够做出合理预见的个人能力,在做出可行的决策和进展决策中起着重要的作用——那些很难实际思考未来的人,倾向于做出目光短浅、令人失望的决策。

当然,所有这些都假设必须要做出决策。如果熟悉情况,决策者也许可以借助以往的经验处理任何需求。也就是说,如果他/她以前遇到过这种情况(或者非常类似的情况),把以前曾经用过的成功的行为调整一下就可以拿来为现在所用——它就变成了解决这类情况的策略。如果过去的行为不成功,它至少也提供了在这种情况下不应该做什么的信息,甚至可能提出经过前面所论述的决策过程可以考虑通过的其他办法。各种政策的存在提醒我们,决策不是在真空中做出的,它是随着经验的不断积累产生的。决策者通常要了解是什么事情导致了目前的状况,对于可以做的事情的限制条件也应有所掌握。如果不把决策嵌入这些背景知识中的话,决策将没有任何意义。此外,这些知识通过规定与当前决策有关的一系列原则、目标和计划,也就是所谓的决策制约来帮助简化决策过程。在每一次决策时,如果决策者知道的任何事情都对决策造成影响,那么这样做则会减少相关的认知努力。

3.2.1 更为正式的表述

更正式地表述一下上述观点:决策者利用其存储的知识制定一定的标准,这些标准用来指导关于要实现的目标以及实现它们的策略的决策。与标准不兼容或相违背的目标和计划很快被筛选出去,决策者从剩下的选项当中选择最好的。随后要监测实现该被选中目标的过程,如果进展不如意的话,就会导致计划的替换、修改或者采用新目标。

每一位决策者储存的知识远多于决策所需。这些储备可以分为三类,被称之为"镜像"(Boulding,1956;Miller,Galanter and Pribram,1960),它们反映了决策者关于理想化的合适状态的设想。这三类的名称分别是价值观镜像(原则)、轨迹镜像(目标议程)以及战略镜像(用于实现目标的计划)。

这三种镜像的组成,可以进一步分解为与决策相关的或无关的。相关的组成成分规定了决策的框架,这些框架解释了背景的意义,并提供了制约决策的标准。

决策的类型分为两种:采纳决策和进展决策。采纳决策是关于分别对相关镜像增加新的原则、目标或计划。进展决策则是关于计划的执行是否正向着目标实现的方向迈进。

决策机制分为两种:兼容性测试和收益性测试。兼容性测试根据质量审查候选项的原则、目标和计划。事实上,这一过程关注的是候选项的质量缺失,随着候选项在不同的镜像中不合标准的数量的加权之和升高,候选项的兼容性则会降低,其中权重反映了每条被违反的标准的重要性程度。如果一个候选项通过了兼容性筛选,它将被采纳成为其对应镜像的一部分。如果有很多备选对象,并且只有一个通过了筛选,它也会被采纳。如果有很多备选对象,并且不止一个通过了筛选,这种情况下就会进入收益性测试。收益性测试聚焦于数量——选择最好的备选对象。杰伊·克里斯滕森-萨兰斯基提出的规范化战略选择模型,已经被纳入镜像理论中,用来解释选择集合中的备选项的多种评价方式,以及它们中最佳项的选择问题。

3.2.2 研究

该研究始于一项检验如何对有希望的计划进行筛选的田野调查。研究对象是公司的主管,这些主管来自成功的、拥有很强组织文化(且被组织成员拿来作为共同的价值镜像,Beach,1993)的体育用品制造企业。研究发现,利用计划与文化标准的不兼容性,可以很好地预测计划是否会被否决。

之后是一系列实验室研究,用于考察筛选的本质。例如,比奇和斯特罗姆(Beach and Strom,1989)证明:当一个选项违反了3—4个相关的决策标准时,该假设被否决;因为违反性选项对于接受或者否决没有实际影响时,这种筛选是非补偿性的。阿萨雷和克内克尔(Asare and Knechel,1995)得出了同样的结果。接着,范齐、波鲁丘斯基和比奇(Van Zee,Paluchowski and Beach,1992)发现,筛选中使用的信息不能在随后的选择中再次使用。制定决策的时候,决策者似乎认为早期的信息"已经用过"了。比奇及佛瑞德列克森(Beach and Frederickson,1989)把镜像理论应用于审计公司客户的筛选,阿萨雷(Asare,1996)的实证研究也表明这种应用是恰当的。①

1990年,比奇从华盛顿大学搬到美国亚利桑那大学,这使得我们的密切合作变得更艰难。尽管我们继续一起发表文章,但是我们的研究开始走向完全不同的方向,我们将先回顾在亚利桑那州的工作,然后再谈在华盛顿的工作。

3.2.2.1 在亚利桑那州的研究

亚利桑那州的研究涉及一系列的合作,包括与研究生和教员同事的合作。与理查德·波特的合作(Potter and Beach,1994a)表明,当无法获取某一选项中相关决策标准的有关信息时,决策者把这种情况当作违反部分标准一样的情况来处理。与波特合作的另一项研究(Potter and Beach,1994b)表明,当筛选出的一系列备选方案后来无法实现时,决策者更倾向于从一个全新的选项集开始筛选,而不是返回从他们之前拒绝的选项中选最好的。如果无法获得新的选项并且一定要做出决策,决策者就通过提高拒绝的门槛以及降低决策标准的重要性,重新筛选否决过的选项。

与同事克里斯·普托(Chris Puto)、苏珊·赫克勒(Susan Heckler)以及我们的学生(Beach et al.,1996)的合作表明,决策的标准具有不同的权重,并且估计的兼容性所反映的权重与相应的理论描述吻合(Beach,1990;Beach and Mitchell,1998)。与雷曼·本森(Benson and Beach,1996)的合作表明,时间限制会加快决策者的筛选速度,但是不会使其省略步骤。使用很简单的非分析战略从剩余项中选择最好的,可以节省他们更多的时间。与莉萨·奥多涅斯的合作(Ordóñez,Benson and Beach,1999)表明,预选择过程很"自然"地集中在筛选掉不好的选项,而不是筛选出好的选项。后者同意早期的发现(Beach and Strom,1989),即不违反决策标准对一个选项进入候选集合并没有什么帮助。

与克里斯·韦瑟利的合作(Weatherly,1995;Weatherly and Beach,1996)返回到组织文化作为一种共同的价值观镜像上,展示了文化是如何影响组织决策的。这项工作也促成了一本专著,这本专著运用镜像理论解释了组织是如何决策的。

亚利桑那州和其他地方的同事,把镜像理论作为决策制定领域的理论和实证探索的框架。辛西娅·史蒂文斯(Stevens,1996;Stevens and Beach,1996)检验了职业生涯决策、工作搜寻以及就业选择。拜伦·比斯尔和桑德拉·里士满(Bissell and Beach,1996;Richmond,Bissell and Beach,1998)检验了工作满意度、渴望改变、离职率的镜像理论解释。唐·舍佩尔斯(Schepers and Beach,1998)研究了职业设定中,兼容性评价的不同框架的效果。肯尼思·沃尔什(Walsh,1996)检验了计算机辅助的小组决策。克里斯·普托和苏珊·赫克勒(Chris Puto and Susan Heckler,1996)研究了市场营销和沟通。金·纳尔逊(Kim Nelson,1996)研究了涉及社会责任的消费者决策。斯蒂芬·吉利兰和雷曼·本森(Gilliland and Benson,1998;Gilliland,Benson and Schepers,1998)用镜像理论

---

① 在创作论文(Mitchell and Beach,1990)的过程中,我们运用镜像理论来解释直觉以及自动决策的制定,这是件很有趣的事情,尽管它并不能解决与这两个话题相关的很多哲学问题。

的兼容性测试证明了社会正义中判断和选择的区别。肯·多尼根和他的同事们（Dunegan,1995；Dunegan,Duchon and Ashmos,1995）研究了进展决策和资源分配决策。目前,保罗·费尔则（Paul Falzer）（根据个人私下沟通）正在检验镜像理论框架下的临床决策。这项工作大部分已经收录到如下两个选集中：《工作场所中的决策制定：一个统一的观点》（Beach,1996,*Decision Making in the Workplace*：*A Unified Perspective*）和《镜像理论：理论和实证基础》（Beach,1998,*Image Theory*：*Theoretical and Empirical Foundations*）。

3.2.2.2 在华盛顿的研究

比奇离开华盛顿大学之后,米切尔开始和他同学院的同事汤姆·李（Tom Lee）合作。李对人力资源感兴趣,比如人才选拔和员工离职率。所以他们把镜像理论作为一种方法,研究组织中的自愿离职者是如何决策的。

员工离职问题的研究特点是具有一个主导的理论模型：人们开始不满意自己的工作,寻找替代的工作,然后可以使用期望值类型的分析来决定是走还是留。多年的研究已经详尽说明了不满的诸多原因,以及由此产生的寻找工作的过程。但是,关于如何做出最终决策的描述基本上没有变化。

1994年,李和米切尔发表了他们有关员工离职率的新理论——演进模型（unfolding model）（Lee,1996）。其核心思想是：（1）人们离职的途径（方式）很多；（2）这些途径演进的速度随着时间的推移而不同。下面对四种途径进行说明,镜像理论在其中的三种途径中发挥了作用。

途径1：不涉及镜像理论,认为某些事件（对系统来说叫作"打击"）触发了原有计划,然后该员工就离开了。

途径2："打击"产生,导致人们使用他们的价值观镜像、轨迹镜像和战略镜像重估他们的基本属性,或者对当前组织的承诺。换句话说,人们试图把这些事件（比如,错过升迁、和同事打架）纳入其现有的镜像中。如果在一定的标准下,缺少适当的匹配,人们或者离开组织,或者调整他们的镜像。注意,这种途径不涉及搜索过程。

途径3：镜像理论在这种途径中参与了两次。首先,"打击"后,人们做出和途径2一样的重估。如果缺少适配感,人们会产生一些和工作有关的不满,这推动了对备选方案的搜索。一旦备选方案出现,人们会再次使用他们的镜像来辅助判断进程。初步筛选决策就是郑重考虑是一个还是多个备选项。这是一个兼容性测试。如果一个或者多个选项被保留下来,人们就运用收益性测试来比较这些选项以及当前的工作。最好的选项会被采纳,这可能会导致人们离开自己的工作。

途径4：是累积的对工作不满,而不是"一次性打击"启动了搜索进程。类似途径3,这个时候,人们运用他们的镜像筛选替代品,并且开始兼容性和收益性测试过程。

这种有关员工离职研究的新方法,提供了一个如何制定决策的完全不同的视角。它给出了这些决策中涉及的新结构和过程。这里面的有些想法,对有关员工离职的长期存在的观念提出了挑战,但是和镜像理论无关。米切尔和李（2001）给出了这些问题的回顾和总结。

然而，镜像理论的想法也是演化理论的核心，并已得到实证检验。在很多研究中，他们选择了护士、会计师和银行职员来估计离职过程中镜像的作用。通过定性的访谈研究和一些其他的问卷研究，他们把匹配过程作为产生工作不满的一种途径（途径2和3），以及涉及是否离开现在工作的决策的兼容性和收益性测试的一部分（途径3和4）。具体研究见李等（1996）、李等（1999）以及米切尔和李（2001）。这些研究为镜像理论思想在有关自愿离开组织的决策中的应用给予了重要支持。

3.3 镜像理论在学术领域的拓展

尽管镜像是镜像理论的核心，但镜像理论的研究更多地关注筛选机制，而不是解释镜像的本质。这一点很不幸，但是坦白地说，它是我们的一个战略性决策。我们知道，与镜像相比，我们可以在筛选方面做出更严谨的研究，并且那些严谨的筛选研究也将会被决策研究期刊所接受。在这些期刊上发表文章，将更有可能提高决策研究者对镜像理论的兴趣。如果我们从严谨性较低的镜像研究开始，我们的决策研究同事们很有可能不会认真地对待这个理论。

演进模型用的是相反的策略。因为它给出了一个特定类型的决策，相关的读者支持镜像的检验研究更多是集中在决策本身，而不是决策机制的具体细节上。

简言之，我们将研究重点精心剪裁，以适应来自两个完全不同领域的同仁所需。决策研究者喜欢等式和数字，人力资源研究者喜欢有趣的概念。通过运用合适的术语表达我们的工作，我们能够激起这两个学科学者的共同兴趣。当然，在创造了一个绝妙的理论以后，广受关注固然好，但事实上这是不可能的。学术思想领域就像其他领域一样，推广是它的一部分。我们设计研究战略就是用来解决这些推广问题，并且它相当奏效，因为其他人还在继续研究着这些问题，并且用我们从来不敢想象的方式延伸着这一理论。此外，这种接纳也意味着，我们现在可以在更广阔的范围中去继续探索这个理论的特点。

参考文献

ASARE, S. K. (1996). Screening of clients by audit firms. In L. R. Beach (ed.), *Decision Making in the Workplace: A Unified Perspective.* Mahwah, NJ: Erlbaum.

—— and KNECHEL, R. (1995). Termination of information evaluation in auditing. *Journal of Behavioral Decision Making,* 8: 21–31.

BEACH, L. R. (1990). *Image Theory: Decision Making in Personal and Organizational Contexts.* Chichester, UK: Wiley.

—— (1993). *Making the Right Decision: Organizational Culture, Vision, and Planning.* Englewood Cliffs, NJ: Prentice Hall.

—— (ed.) (1996). *Decision Making in the Workplace: A Unified Perspective.* Mahwah, NJ:

Erlbaum.

—— (ed.) (1998). *Image Theory: Theoretical and Empirical Foundations*. Mahwah, NJ: Erlbaum.

—— and FREDRICKSON, J. R. (1989). Image theory: An alternative description of audit decisions. *Accounting, Organizations and Society*, 14: 101–112.

—— and MITCHELL, T. R. (1978). A contingency model for the selection of decision strategies. *Academy of Management Review*, 3: 439–449.

—— —— (1987). Image theory: Principles, goals and plans. *Acta Psychological*, 66: 201–220.

—— —— (1990). Image theory. A Behavioral theory of decisions in organizations. In B. M. Staw and L. L. Cummings (eds.), *Research in Organizational Behavior*. 12. 1–41), Greenwich, Conn.: JAI Press.

—— —— (1996). Image theory, the unifying perspective. In Beach (1996: 1–20).

—— —— (1998). The basics of Image theory. In Beach (1998: 3–18).

—— SMITH, B., LUNDELL, J., and MITCHELL, T. R. (1988). Image theory: Descriptive sufficiency of a simple rule for the compatibility test. *Journal of Behavioral Decision Making*, 1: 17–28.

—— and STROM, E. (1989). A toadstool among the mushrooms: Screening decisions and image theory's compatibility test. *Acta Psychologica*, 72: 1–12.

BEACH, L. R., PUTO, C. P., HECKLER, S. E., NAYLOR, G., and MARBEL, T. A. (1996). Differential versus unit weighting of violations, framing, and the role of probability in image theory's compatibility test. *Organizational Behavior and Human Decision Processes*, 65: 77–82.

BENSON, L. III, and BEACH, L. R. (1996). The effects of time constraints on the pre-choice screening of decision options. *Organizational Behavior and Human Decision Processes*, 67: 222–228.

BERNOULLI, D. (1738). Specimen theoriae novae de mensura sortis. *Comentarii Academiae Scieniarum Imperiales Petropolitanae*, 5: 175–192.

BISSELL, B. L., and BEACH, L. R. (1996). Supervision and job satisfaction. In Beach (1996: 63–72).

BOULDING, K. E. (1956). *The Image*. Ann Arbor: University of Michigan Press.

CHRISTENSEN-SZALANSKI, J. J. J. (1978). Problem-solving strategies: A selection mechanism, some implications, and some data. *Organizational Behavior and Human Performance*, 22: 307–323.

—— (1980). A further examination of the selection of problem-solving strategies: The effects of deadlines and analytic aptitudes. *Organizational Behavior and Human Performance*, 25: 107–122.

CSIKSZENTMIHALYI, M., and CSIKSZENTMIHALYI, I. S. (1988). *Optimal Experience: Psychological Studies of Flow in Consciousness*. New York: Cambridge University Press.

DAVIS, J. H. (1992). Some compelling intuitions about group consensus decisions, theoretical and empirical research, and interpersonal aggregation phenomena: Selected examples. *Organizational Behavior and Human Decision Processes*, 52: 3–38.

DAWES, R. M., and CORRIGAN, B. (1974). Linear models in decision making. *Psychological Bulletin*, 81: 95–106.

DONALDSON, G., and LORSCH, J. W. (1983). *Decision Making at the Top: The Shaping of Strategic Direction*. New York: Basic Books.

DUNEGAN, K. J. (1995). Image theory: Testing the role of image compatibility in progress

decisions. *Organizational Behavior and Human Decision Processes*, 62: 79–86.
—— Duchon, D., and Ashmos, D. (1995). Image compatibility and the use of problem space information in resource allocation decisions. Testing a moderating effects model. *Organizational Behavior and Human Decision Processes*, 64: 31–37.
Edwards, W. (1954). The theory of decision-making. *Psychological Bulletin*, 51: 380–417.
Fischhoff, B., Goitein, B., and Shapira, Z. (1983). Subjective expected utility: A model of decision-making. In R. W. Scholz (ed.), *Decision Making under Uncertainty*: 183–208. Amsterdam: North-Holland.
Gilliland, S. W., and Benson, L. III (1998). Differentiating between judgment and choice using image theory's compatibility test. In Beach (1998: 241–248).
—— —— and Schepers, D. H. (1998). A rejection threshold in justice evaluations: Effects on judgment and decision making. *Organizational Behavior and Human Decision Processes*, 76: 113–131.
Hershey, J. C., and Shoemaker, P. G. H. (1980). Prospect Theory's reflection hypothesis: A critical examination. *Organizational Behavior and Human Performance*, 25: 395–418.
Isenberg, D. J. (1984). How senior managers think. *Harvard Business Review* November/December: 81–90.
Kahneman, D., and Tversky, A. (1979). Prospect theory: An analysis of decision under risk. *Econometrica*, 47: 263–291.
Keren, G. B., and Wagenaar, W. A. (1987). Violation of utility theory in unique and repeated gambles. *Journal of Experimental Psychology: Learning, Memory and Cognition*, 12: 387–396.
Lee, T. W. (1996). Why employees quit. In Beach (1996: 73–90).
—— and Mitchell, T. R. (1994). An alternative approach: The unfolding model of voluntary employee turnover. *Academy of Management Review*, 19: 57–89.
—— —— Wise, L., and Fireman, S. (1996). An empirical examination of the unfolding model of voluntary employee turnover. *Academy of Management Journal*, 39: 5–36.
—— —— Holtom, B. C., McDaniel, L., and Hill, J. W. (1999). A quantitative test of the unfolding model of voluntary turnover. *Academy of Management Journal*, 42: 450–462.
Miller, G. A., Galanter, E., and Pribram, K. H. (1960). *Plans and the Structure of Behavior*. New York: Holt, Rinehart, and Winston.
Mintzberg, H. (1975). The manager's job: Folklore and fact. *Harvard Business Review*, July/August: 49–61.
Mitchell, T. R. (1974). Expectancy models of job satisfaction, occupational preference and effort: A theoretical, methodological and empirical appraisal. *Psychological Bulletin*, 82: 1053–1077.
—— and Beach, L. R. (1976). A review of occupational preference and choice using expectancy theory and decision theory. *Journal of Occupational Psychology*, 99: 231–248.
—— —— (1990). "... Do I love thee? Let me count...". Toward an understanding of intuitive and automatic decision-making. *Organizational Behavior and Human Decision Processes*, 47: 1–20.
—— and Lee, T. W. (2001). The unfolding model of voluntary turnover and embeddedness: Foundations for a comprehensive theory of attachment. *Research in Organizational Behavior*, 23: 189–246.
—— Rediker, K., and Beach, L. R. (1986). Image Theory and its implications for policy and strategic decision-making. In H. P. Sims and D. A. Gioia (eds.), *The Thinking Organization*: 293–316. San Francisco: Jossey-Bass.
Nelson, K. A. (1996). Consumer decisions involving social responsibility. In Beach (1996:

165–180).

ORDÓÑEZ, L. D., BENSON, L. III, and BEACH, L. R. (1999). Testing the compatibility test: How instructions, accountability, and anticipated regret affect pre-choice screening of options. *Organizational Behavior and Human Decision Processes*, 78: 63–80.

PETERS, T. (1979). Leadership: Sad facts and silver linings. *Harvard Business Review*, November/December: 164–172.

POTTER, R. E., and BEACH, L. R. (1994a). Imperfect information in pre-choice screening of options. *Organizational Behavior and Human Decision Processes*, 59: 313–329.

—— —— (1994b). Decision making when the acceptable options become unavailable. *Organizational Behavior and Human Decision Processes*, 57: 468–483.

PUTO, C. P., and HECKLER, S. E. (1996). Designing marketing plans and communication strategies. In Beach (1996: 155–164).

RICHMOND, S. M., BISSELL, B. L., and BEACH, L. R. (1998). Image theory's compatibility test and evaluations of the status quo. *Organizational Behavior and Human Decision Processes*, 73: 39–53.

SCHEPERS, D. H., and BEACH, L. R. (1998). An image theory view of worker motivation. In Beach (1998: 125–131).

SELZNICK, P. (1957). *Leadership in administration*. Evanston, Ill.: Row, Peterson.

SIMON, H. A. (1957). *Models of man*. New York: John Wiley.

STEVENS, C. K. (1996). Career Decisions. In Beach (1996: 49–62).

—— and BEACH, L. R. (1996). Job search and job selection. In Beach (1996: 33–47).

TOWNES, B. D., BEACH, L. R., CAMPBELL, F. L., and MARTIN, D. C. (1977). Birth planning values and decisions: The prediction of fertility. *Journal of Applied Social Psychology*, 1: 73–88.

TVERSKY, A., and KAFIHNEMAN, D. (1992). Advances in prospect theory: Cumulative representation of uncertainty. *Journal of Risk and Uncertainty*, 5: 297–323.

TUBBS, M. E., and EKEBERG, S. E. (1991). The role of intentions in work motivation: Implications for goal setting theory and research. *Academy of Management Review*, 16: 180–199.

VAN ZEE, E. H., PALUCHOWSKI, T. F., and BEACH, L. R. (1992). The effects of screening and task partitioning upon evaluations of decision options. *Journal of Behavioral Decision Making*, 5: 1–23.

VON NEUMANN, J., and MORGENSTERN, O. (1947). *Theory of Games and Economic Behavior*. Princeton: Princeton University Press.

WAGENAAR, W. A. (1988). *Paradoxes of Gambling Behavior*. Hillsdale, NJ: Erlbaum.

—— and KEREN, G. B. (1988). Chance and luck are not the same. *Journal of Behavioral Decision Making*, 1: 65–75.

WALSH, K. R. (1996). Mitigating cultural constraints on group decisions. In Beach (1996: 133–142).

WEATHERLY, K. A. (1995). "The rapid assessment of organizational culture using the Organizational Culture Survey: Theory, research and application." Unpublished Ph.D. dissertation, University of Arizona, Tucson.

—— and BEACH, L. R. (1996). Organizational culture and decision-making. In Beach (1996: 117–132).

第4章 走向"公平"之路

罗伯特·福尔杰

就像"地理位置"对于房地产的重要性一样,"同事"显然是我们研究和理论构建的关键。在这方面,我欠下了众多人情,事实上,写这篇文章时,我很担心自己可能在无意中遗漏一些曾经帮助过我的朋友、亲戚以及同事的名字。出于这个原因,在此我先向未被提及的众位表示歉意。

我对"公平"产生兴趣的根源,可以追溯到大学时的实验心理学课程,这门课程涵盖了赫尔森(例如,Helson,1967)在适应水平方面的研究。他的研究揭示了心理学视角的核心——面对相同的刺激,不同个体的主观感受可以有所不同(例如,对物体重量的感觉是轻是重,取决于他在此之前刚举过的其他物体的体验)。在蒂博和凯利的经典论文(Thibaut and Kelley,1959)中,他们强调了相对剥夺和比较水平的概念。事实上,为了与蒂博一起研究这些课题,我来到北卡罗来纳大学(UNC-Chapel Hill)攻读社会心理学博士。但是,在1971年,我初来乍到就发现蒂博与劳伦斯·沃克(Laurens Walker)将心理学和法律放在一起研究(这些研究使他们于1974年出版了有关程序公平的著作),然而我对此却没有兴趣。当时,我也阅读了哈尔·凯利(Hal Kelley,1967)有关归因方面的研讨会论文,仍然觉得难以令人满意。我更加重视刊登在该"内布拉斯加州动机学研讨会"(Pettigrew,1967)同一期刊物上的另一篇关于相对剥夺的研究。它通篇使用了"参照物"这一术语,第二年我的硕士论文标题也借用了这个词。

之后,我开始为博士论文做规划,并希望蒂博来担任我的博士辅导委员会主席。作为先期准备,我计划花一年的时间跟随他阅读文献。于是我阅读感兴趣的任何资料,并就这些资料每隔一周与他讨论。当时我仍对相对剥夺兴趣盎然,并倾向于查阅社会比较(social comparison)方面的文献,这一方面的研究自费斯汀格(Festinger,1954)开创后逐渐兴起。这也指引了菲尔·布里克曼(Phil Brickman)的研究。我对菲尔·布里克曼非常钦佩,实际上,日后我跟随他在埃文斯顿的美国西北大学继续做博士后,他出色的学术研究是吸引我的主要原因之一。

但是,一个间接的关键事件却决定了我的论文选题。一次,在精读社会比较方面的文献时,我看到了亚当斯(Adams,1965)关于不公平的一章论述,我发现了可以细细品味、认真咀嚼的东西! 亚当斯的研究中有一个看似很有研究潜力的核心概念,而非那种可以向几个研究方向发散的想法。此外,我在这项研究中发现了重要的"突破口"。一方面,亚当斯的研究脉络几乎完全集中在"有利的"不平等("报酬过多")中"违反直觉"的方面,而我对"不利的"不平等中的相对剥夺则更感兴趣。我还认为,因为缺乏系统的研究,后者一定留下了大量尚待解决的问题。尽管亚当斯的框架构建得非常好,相关概念直截了当,可操作性强,但随着阅读的深入,我仍发现了很多尚未解答的问题,并且越来越相信自己的预测——关于过低报酬的作用效果是不确定的,卡尔·维克的一系列早期研究(例如 Karl Weick,1966)更是证实了这一印象。

那时,我的妻子帕姆在工作上得到了晋升。她毕业于维克森林大学(Wake Forest),并以优异成绩获得生物学学位,但是她受雇时仅是一位秘书(在该州的蓝十字/蓝盾公司总部)。在公司提拔部分女性员工到高级职位时,她抓住了机会并成为经理。我对此大喜过望,她完全有资格担当这个职位,而她也依靠天赋和优异表现得到了这个职位。同时,她的晋升也显著地提高了我们的家庭收入,特别是在我们的第一个儿子马克刚出生的情况下。然而让我吃惊的是,帕姆表现出了越来越多的不满(即相对剥夺这一术语的原始说法,参见 Stouffer,et al.,1949),这是一个亟须解决的现实问题。

之后,我的一个研究生同学给了我一份亚当斯的工作论文[这份草稿后来被作为《实验社会心理学研究进展》(*Advances in Experimental Social Psychology*)一书中他与萨拉·弗里德曼(Sarah Friedman)关于公平研究的一章;Berkowitz and Waister,1976]。令我非常高兴的是,我成功地与亚当斯预约去他商学院的办公室拜访他(尽管他同时在心理学方面任职,但我只在讨论会上见过他一次)。可这次面谈再次令我备受打击,当我告诉他,我是多么高兴地看到他继续研究公平理论时(在此之前,我认为他已经暂停了关于边缘性角色研究的工作),他礼貌地告诉我并非如此,他只是帮维斯特(Waister)一个忙,而且不会再进行任何有关公平的研究计划。不过,他不仅是一位学者,还是一名绅士。他慷慨地提出,如果其他研究生和我愿意与他在夏天进行非正式会晤,我们可以一起办一个有关公平的小型研讨会。我的论文方向便是从这些会面中提炼出来的。

我清晰地记得,亚当斯对我的一份草稿几乎未作任何信息的反馈,他仅仅说"还需要更多的东西"(大意如此)。我觉得自己的研究能够很好地解释我妻子先前对升职的反应——一系列改善的结果可能会比不变的状态引发更多的负面反应。偶然与艾伦·林德(Alan Lind)及另外一个研究生同学的交谈,使我想起林德、蒂博、沃克以及其他学生关于程序公平的研究。我在逛书店时,又随手翻到了赫希曼(Hirschman,1970)撰写的《退出、建言与忠诚》(*Exit, Voice and Loyalty*)一书。与艾伦的讨论让我意识到,在我的设计中需要增加一个名为"其他"的过程性因素,而赫希曼的书促使我更多地考虑"建言"这一因素,而不是过程控制(process control,蒂博-沃克用语)。

为什么是"建言",而不是过程控制呢? 因为后者会混杂着感知控制或间接影响角度的解释。我认为这种机制的本质应该让大家开放式研究,因为预先设定相关机制可能会妨碍人们对其他可能缘由的思索。从那以后,我开始尝试使用更为中性而且非排他性的术语(例如,"建言"只是简单地表示当前的情形,而并非说明会导致怎样的特定结果)。

其次,我认为"建言"可以方便地身兼二职:既可以作为预测因子(自变量),又可以作为效标变量(因变量)。在赫希曼的理论中,"建言"扮演因变量角色,也就是说,他侧重于退却或失望的情形。而实际上,对这种情形的反应可能有各种各样的形式(特别是采用退出战略,避免不好的结果,或采用"建言"战略,使自身适应这种状况,并试图努力改善条件)。另一方面,在论文中我设置了不同水平的"建言"(即"建言"与所谓的"缄默",或没有机会表达自己的意见和喜好),将其作为一个自变量。这种用法创建了一种调查研究—理论构建的方法,从那时到现在,我发现它一直非常有用。这种方法论除了强调选择中性术语的做法,还要求采用纯粹描述性的用语。之所以这样做,是为了得到具有更广泛适用性的机制。例如,赫希曼将"建言"视为"政治过程,最为卓越"(Hirschman,1970:16)。然而,在蒂博-沃克范式中,操作化过程控制似乎意味着一个更严格的限制领域,主要适用于针对第三方在冲突解决事件中行使控制权的情形。最终,这种想法使我产生了其他一些直观推断,我认为其对理论构建和研究很有用。所以,下面我先详细说明一下这种方法,然后再继续讲述认知理论(cognitions theory)的起源。

4.1　理论构建的方法论

"嗯?啊哈!"(Folger and Turillo,1999)是个描述理论构建过程的模型。这个模型包含了我在自己工作中总结的以及从别人那里借鉴而来的非常有用的核心特点。"嗯?"指的是令人费解的现象,"啊哈!"指的是提出可作为其潜在解释的假设机制或流程。"嗯?啊哈!"的研究路径有其内在逻辑(哲学家们常称之为假说推理或溯因推理),但并不一定完全按照我描述的顺序进行。

4.1.1　先想后读——基于经验的反思

当我把这个方法讲解给我的博士生时,我首先提到了西蒙顿(Simonton)的观点,他认为科学界每取得一个突破性发展,基本上要花十年的时间。然后,我提出两点:首先,学生们没有十年的时间来完成学位论文;其次,很多学院机构要求在十年内决定是否给予终身制雇用。在这种情况下,他们该怎么做呢?我告诉他们应该从与专业知识相等同的素材里面寻找,也就是他们过去十年的生活经历中去寻找。

我也常向他们提起约翰·蒂博告诉我的格言"少阅读,多思考",这则名言出自库尔特·卢因(Kurt Lewin,见 Nisbett,1990)。卢因建议,在阅读大量文献之前,要对一些现存的"结论"进行反思,即使只是提出疑问也好。在阅读材料之前就应该好好想想什么是你感兴趣的,并想想为什么。这样,你就必须改变阅读文献的方式。首先,预先的思考可以让我们不会想当然地得出文献的结论,也不会毫无疑问地接受文章的观点。这样,文章中的某些至理名言,也许就不再是明显的真理或者"终极理论"。

其次,预先的自我思考也可以为今后从阅读的内容中获得更多的感悟提供一个参考框架。埋头于文献最典型的阅读方法,莫过于只是简单地吸收信息,而非积极地提出问题。虽然预先的自我思考可以形成一个参考框架,但随后获得的信息也许会和自己之前形成的印象相反。这提供了一个很好的机会去质疑:(a)为什么我之前是这样一种想法,而(b)这篇文章似乎表达的是另外一种观点。换言之,这个问题就使得我们有机会看到两种可能的观点相互对抗。当然,文献表达的观点也可能和自己预先的想法一样,这再一次说明多思考是有益的。有时你会预测到某种特定类型的现象会发生(也许还会判断发生的时间和原因),而文献则验证了这种预测。对此该做何解释呢?你自己预想的解释是否至少大体上和文献所提供的解释说明相吻合呢?关于解释性前因变量确切的本质是什么,人们的看法与文献中的解释可能不尽相同,也许相差不多,却值得深思。

我在阅读研究论文或审阅来稿时也养成了这样的习惯。我并不是把文章从头看到尾,而是先找到看懂图表中的数据所必需的信息,这也就是说我通常从方法部分开始读。这样一来,我并不花费太大力气去理解相关概念在理论上的含义,而是关注操作的细节(例如,指导语实际上是怎样说的?问卷中的题项是怎样遣词造句的?)。然后,我会仔细地审查结果并判断出哪些内容是显而易见的(例如,忽略文中的那些"统计性显著"指示)。在阅读作者的分析前,我会自己先试着思考一些问题。同样地,当我第一次碰到某个研究项目或者是接触某个人的观点时,我会试着在知晓别人的假设之前做出自己的分析。我觉得这种习惯对理论构建有很大的帮助。

4.1.2 从因变量入手

我的第二个建议也与大多数人的想法不同。很多学生不仅直接读文章,而且总是试着从文章中找出一个或者多个相关的理论模型。他们认为,文献中的理论会对他们所要研究的问题有帮助,所以他们总是试着从文献中找到一个恰当的理论,推导那些还未成熟的猜想。这种学习习惯至少会导致两种潜在的不良结果。第一,这种方法也许可以让学生学到一些经验,有助于之后在此基础上的研究,但这样就丧失了创意。现行的方法也不可能一直给全新的理论见解提供最好的支撑。此外,学习目前的理论时,有必要追溯到此理论尚未形成的早期阶段,因为在那个时候,很多学者都是从头开始研究的。我觉得培养这种技能的能力值得多加鼓励。

第二,过多地依赖现存的理论进行演绎推导,会产生是非颠倒的风险,这会使得研究者离现实越来越远,讨论抽象内容的理论总有点脱离现实。构念变得非常具体,对构念的解说似乎显示:这些构念的定义能恰当地表达人们对该现象所需的所有知识。简言之,我发现在成熟的理论研究流派中,进行后期研究经常出现这样的研究方式:评估后期研究中有哪些内容还没有得到检验;或者用一种非常严谨或者高度精确的方式评估理论的某个关键内容,并经常会陷入人为的细节中。这两种研究方法,有人为做作的倾向。我的"从因变量开始"的建议,就是想避免这种危险的发生。我常告诫学生,从事学术研究时要确保在头脑中有一个真实的"原型"。这一点也和我前面提到的建议相吻合,即在研究前应该从自己的经验开始(自己的初始经验包括对周围事物的认知经验,以及各种各样的普遍现象,喜剧演员经常由此找到最好的演出材料)。

就这一点,我推荐弗拉纳根的《关键事件法》(Flanagan,1954, *Critical Incident Technique*)。当我解释给学生听时,常用"ABC"来说明。A 即指前因(antecedents),B 指行为(behavior),C 指结果(consequences)。ABC 概括了弗拉纳根观点的关键因素。不过,反过来看,我认为在研究某个现象时,要把它与其他因素之间的潜在关系和影响联系起来,也就是说这些现象的"结果"应当"有意义"。例如,当学生告诉我他们想要研究 X 时,我就会问他们为什么对这个问题感兴趣。这样也帮助他们分析,为什么其他人也想知道有关 X 的新知识。

关注从事件的前因和行为两个方面来进行研究,为我们提供了一种简易的方法来规范如何描述事件。举个例子,当我开始形成与自己论文相关的想法时,思考的问题包括我妻子在职位由秘书提升至经理时消极的自我表达(我觉得看上去这让她产生了愤恨)。因此,前导因素超越了升职本身。她明显的不满情绪构成了我想要研究的行为学现象。对我来讲,这是有因果关系的,因为(1) 这件事是异常的,不合直觉的;(2) 公司提升员工时并没有预料到这种反应,因而没有一种有利于双方的方式来对此进行管理。

4.1.3 哪些事件?哪些现象?

首先,我对学生强调,他们至少应该试着找到这样一个事件:在他们眼中运用"前因—行为—结果"理论,无法对这个事件做出直接的解释。尽管在其他人看来,起初也许并不觉得它特别奇怪或令人费解。我阐述的"嗯?啊哈!"方法,来源于费斯汀格(Festinger,1957)所著的一本书的序。这本书是关于失调理论(dissonance theory)的。费斯汀格在答应一家杂志写一篇有关社会科学发现纲要的文章后,就开始撰写这一"作业"。基于费斯汀格关于非正式社会沟通问题的研究工作,杂志的编辑要求费斯汀格专注于社会沟通方面的研究。这个研究题材的宽泛,让我想起了学生们称之为他们的兴趣点的课题(例如,学生认为"我对组织沟通很感兴趣",这是因为它看起来还存在值得研究的地方)。然而,费斯汀格知道什么更值得研究,转而专注于研究与谣言有关的现象。

在下面这个案例中,关键事件并不涉及费斯汀格自己的直接或者间接的经验,而是结合了发生在印度某省的两起真实的事件。这两起事件就是地震,以及地震后省内四起的乡间谣言(例如,"世界末日就要来了","要爆发海啸了")。我认为,费斯汀格和他的同事通过分析各种对谣言传播的描述,也包括分析他们自己的亲身经历,基本上已经证实了费斯汀格提出的理论。的确,乡间传播谣言有点司空见惯。就算是重大灾难(比如地震)以及随后谣言四起的情况,可能对大多数人来说也算不上特别不同寻常。在这方面,我要强调,"嗯?啊哈!"过程中的"嗯?"不一定包含神秘的、或者一开始就令人觉得深不可测的东西。相反,费斯汀格认为,我们应该从大家不以为然的事件("嗯,是啊,发生了这样的事")中发现问题,而并非简单地给出解释。具体来讲,费斯汀格将两部分内容并列起来推理。这两部分内容分别是:第一,这些谣言内容所带来的创伤;第二,(想当然地认为)大众心理总是寻求快乐,避免痛苦。那么,为什么谣言的始作俑者以及传播者会故意参与散播谣言的活动,而这种活动带来的疼痛感则远远高于喜悦感?

换句话说,这个问题产生了"嗯?"的结果,这是值得思考的。我常常把此情景描述为 A→X 及 A→Y 两种并列的因果关系。这两种情况下,假设前提 A 指的是,通常想当然地认为"寻求快乐,避免痛苦"的假设是正确的。虽然,前提条件存在于演绎的、结构化的理论链条中,但我们仍可以把它作为一个初始条件:"考虑到人们总是倾向于寻求快乐和避免痛苦……"(认为此假设是给定的),X 则是指在这样一个假设下人们一贯的行为(例如,"人总是不会把手放在很烫的物体上")。看起来这似乎印证了一些内在的前提(例如,认为灾难会带来不适)。因此,谣言使得人们希望灾难尽可能不要发生。A→X 因果关系便是在"常识"基础上进行预测的。现在 Y 表示可怕的乡间谣言确实存在,那么,这种现象看上去便和大家普遍期望的不一致了。可是,为什么 Y 这种现象如此令人惊讶,让人感到反常和费解呢?这依赖于一套背景假设(即理论前提,不论它是科学研究制定的,还是从日常生活推理得出的)。换句话说,如果期望某件事不要发生(没有谣言),那么它发生时就需要解释;同理,如果期望发生某件事(简单、普通、温和唤醒式的谣言),那么发生了对立事件,或与此大相径庭的事件(即令人震惊的谣言)时,则需要给予解释。

在各类事件中,生搬硬套地使用相同的程序,有可能无法证明这种反常现象的发生。相反,某些理论的创造力来自找到合适的方式,将各种可能存在的情况排序。例如,在地震和谣言的案例中,对各种可能存在的情况排序:第一,常识可能是错误的;第二,普遍认同的"寻求快乐,避免痛苦"的原则,也许不能直接运用在这个案例中;第三,也许谣言并没有真正带来多少不适;等等。那么,如果存在可能的情况过多又该如何处理呢?这里推荐一种大家通常认可的解决方式,即试着积累关于该问题的惊人现象(一个以上的"关键事件"),以及积累并不完全相同但情况类似的例子。这些情况展现了预先料想到的而且并非出人意料的效果(例如,在这个案例中,这种情况即指地震后没有四起的谣言)。

费斯汀格很幸运,现有的证据提供了这样一个可以比较的情况,即同一时间,发生在不同省份的地震。事实上,产生谣言的省份都位于地震所能影响到的范围之外;而从位于地震震中的省份搜集到的证据来看,这里几乎没有产生谣言。费斯汀格之后考虑了因变量(谣言及没有谣言)模式中的不同点,他的依据是位置的不同(在地震的外围及在地震的中心地带)。值得注意的是,在震中,房屋倒塌了,也有较大的人员伤亡。可是,在地震外围的省份,并没有发生什么灾难性的事件,最多只是感受到地震的余震而已。

这一事实使得费斯汀格重新构建了他最初对因变量现象本身的特征设定。他设想谣言传播这个特定事例不是激起焦虑的事件,而是缓解焦虑性质的(或者更宽泛地说是减少紧张感的)这个想法,来自没有发生灾难事件的外围省份。费斯汀格的结论是,在充斥着谣言的地区,存在以下情况:第一,当地居民处于一种紧张的状态,感到焦虑不安;第二,地震之后居民却发现焦虑完全没必要,因为没有人死亡,也没有遭到其他破坏。可以想象,如果经受了持续几分钟的剧烈摇晃,地面拱起,起伏晃动,然后一切又恢复正常,那么,虽然现在一切似乎平静,但毫无疑问,你的肾上腺素激增,交感神经系统受到刺激,这使得你仍处于一种紧张的状态。

费斯汀格认为,人们总是从某个角度观察世界,以解释各种经历。乍看起来,与往常不一致的经历和其他经历或假想之间缺乏直接的联系,但是,它激励人们为已经发生的事情寻找和"创造"(如有必要)某些可能的原因,我们称之为"事后意义建构"(如正当性)。在外围省份,地面晃动了一会儿,然后恢复到了正常,也没有带来什么损坏。但人们变得很焦虑,他们想要"找到"甚至"捏造"一种方式来解释他们的焦虑。如果未来灾难确有可能发生,感到焦虑就成了合情合理的反应,而不是愚蠢或者荒谬。因此,谣言就成了正当的或者减少失调的"认知因素",它可以用来解释一些难以解释的其他情况。通过这一观察,费斯汀格提出了认知失调(cognitive dissonance)的概念,而这一观察也成了认识失调理论的根基。

费斯汀格的一系列推理,就以此方式阐述了"嗯?啊哈!"模型的过程。这个过程从某个看起来反常的现象开始,以一个作为假定原因的假设前提来结束。如何用直觉得到一个似是而非的答案(即"啊哈!"),去解释反常现象(即"嗯?")的各种相关机制和过程呢?这个逻辑过程没必要装神秘,故意藏起来。实际上,皮尔斯(C. S. Peirce)认为,亚里士多德给这种推理形式贴上了"溯因逻辑"(abductive logic,也称假说推理或溯因推理)的标签,它本质上还包括从令人莫名其妙的结果,到作为假设前提的假定原因之间的逆向搜寻。当今的科学哲学就是通过这一逻辑寻求最好的阐释。

4.2 参考—认知理论的起源

在对公平产生最初的兴趣之后,我得到了来自朋友、亲戚以及同事们的帮助,这使得我可以在这条研究道路上顺利前行。我得到了一份美国国家科学基金会的奖学金资助,这可以让我于1978—1979年间在美国西北大学(Northwestern University)做博士后,或者利用休假年去那里做研究。我计划跟随菲尔·布里克曼做研究,同样吸引我的是此行有机会接触那里的其他学者。[例如,唐·坎贝尔(Don Campbell),汤姆·库克(Tom Cook),卡米耶·沃特曼(Gamille Wortman)——他们都进行了有关相对剥夺的研究]。

但是,后来发生了一些小问题,布里克曼于年中转去了密歇根大学。那时我们已经发起了一个"微观—宏观公平"项目(micro-macro justice;Brickman et al.,1981),鉴于这一项目尚未完成,他建议对安娜堡(Ann Arbor)进行短暂访问。另外一个吸引人之处就是卡茨-纽科姆(Katz-Newcomb)仪式,在每年的这个仪式上,都会表彰一位杰出的心理学家。与以往不同的是,此次同时安排了丹尼·卡尼曼(Danny Kahneman)和阿莫斯·特维斯基(Amos Tversky)两个人做演讲。记得在听取了丹尼"可能世界里的心理学"的演讲之后,菲尔说,如果诺贝尔经济学奖评审委员会考虑将诺贝尔奖再颁给另一位像赫伯特·西蒙(Herbert Simon)那样杰出的行为学科学家的话,那么肯定是颁给这二者之一或两人一起。

4.2.1 仿真探索法——参考—认知理论的创立源头

我开车回到了埃文斯顿,思考着两个问题:一个是促使我来到西北大学要解决的难题,另一个是丹尼演讲的相关问题,似乎答案就在某些地方。除了我的博士论文之外,这一场景代表着第二次最重要的解惑过程,目的是找寻新思路的火花。我的困惑源于汤姆·库克、卡伦·汉尼根(Karen Hennigan,一个和库克一起研究相对剥夺的同学)以及费伊·克罗斯比(Faye Crosby)的研究,这些研究中充满了看似矛盾的论证和相互抵触的结果。一方面,对境遇改善的未来预期有时可以让人产生不满和相对剥夺感(Crosby,1976),克罗斯比曾经在综述中引用了托克维尔(Tocqueville)的话,虽然处于边缘地位的人群可能会被动地承受更多的相对剥夺,但是反抗却往往爆发于境遇发生改善之时(我的博士论文也证明了这一点);另一方面,境遇的改善可能会是一种安抚和平息。

在听完丹尼的演讲之后,我认识到,可以通过两种方式感受到更好的境遇:(1)"曙光即将到来"的感觉(例如,一次小测验的糟糕成绩,可能并不会让一个学生意识到他将在未来的考试中成绩不佳,甚至垫底);(2)人们感到损失,不是因为预期到的未来的境遇变得有多好,而是源自于相比之下,现在或者过去已经拥有的一些东西——人们把这样感受到的结果当作实际经历过的"现实",尽管这种对现实的感受并非来自更好的结果。这两种现实感受的来源,与一些看起来并不是很牵强附会的事件有关。我将二者分别称为可能性预期(likelihood expectations)和参考认知(referent cognitions),以示区分。前者指的是推断结果的未来发展趋势,后者指的是当前结果与反事实结果的对比(例如,如果……将会……)。

丹尼在密歇根演讲的一部分,后来成为其专著(Kahneman and Tversky,1982)中关于仿真启发法的一章。这些启发法更多地采用简单直接的方式,描述人们如何对外界情形产生感受。这种仿真启发法谈及让人相信一些似是而非的反事实的东西,通过"实体建设"(想象状态的),让反事实的情形浮现在脑海中。他们在1982年出版的书中,有一章讲述了蒂斯(Tees)和克雷恩(Crane)先生一起乘出租车去机场的故事。他们的目的地不同,但是飞机起飞时间一样。由于交通堵塞,他们到机场时晚了半小时。克雷恩听说他的飞机已经按时起飞了,不过蒂斯听说他的飞机出发时间推迟了,直到他到机场5分钟之前才起飞。若问到此时谁更沮丧,显然所有人都会认为是蒂斯。

蒂斯听到的飞机推迟起飞的传闻,产生了一个似乎"真实的"反事实事件(即及时登上了飞机),因为这件事"几乎就要发生了"。相对克雷恩同样没有登上飞机的结果,在蒂斯的脑中,及时登上飞机这个反事实事件,更容易成为与其实际结果一起想到的并列事件。蒂斯差一点就赶上飞机的想法,使其感受到的损失感比克雷恩更强烈。比较对象这个经典问题让学生们对于相对剥夺和不公平产生困惑,而这个故事使其更易于理解。对于这个问题,大多数研究采用了社会比较的方法(例如,同级别薪金和行业平均水平薪金)来分析。作为另一种选择,人们的期望可能源于自己过去的经验。不过,蒂斯和克雷恩的例子表明,人们的情绪会受到实时变化的"赶飞机"过程的影响,亲临其境的某些环境因素的作用能够超越稳定的比较对象。千变万化的影响会促使每个人形成自己独特的参考框架,而这种概念化不需要去确定这些影响究竟是如何发挥作用的。相反,我们可以探寻究竟哪些情况会引起这一给定的反事实事件。

反事实超出了社会比较和期望的范围。蒂斯和克雷恩拥有同样的社会比较和期望,然而他们的反应却大不相同。当他们同时抵达机场的时候,他们都估计到会错过航班。那么这种情况下,哪种"比较对象"会适用呢?相对那些及时登上飞机,能够抵达目的地的旅客,他们二人会各自做出比较,也应该感受到同等的损失感。另外,他们都知道另外一个人也错过了航班(蒂斯=克雷恩;克雷恩=蒂斯),那么因同病相怜而带来的安慰感,对于两个人来说都是相同的。但是,这个故事说明了,当前事件与"仿真"的几乎就要发生的反事实事件之间的对照,产生了煽动性的影响。在反事实事件处理所带来的煽动性中,需要注意的是,意识形态(Folger,1987)同样超越了社会比较和期望。例如,政治理想可能反映了乌托邦式的梦想,而不是以往的实际经历。然而,这种理想令人信服的基本原理,却可能让现有情况看起来令人不满。

4.2.2 重提程序:画面内外

我的想法仍然以结果为重点,程序公平的作用在我的博士论文(关于"建言")中所扮演的角色可能过于重要了。但是,我仍然怀疑反事实参照对象给出的解释可能过于简化,不够全面。我感到的困惑具体说来就是:两个感受到同样损失感的人,可能会产生不同的反应——他们都面对"如果……几乎就要发生的情况",情绪都会因为此种情况而被煽动。然而,可能只有一个人会因为相对剥夺感而抱有非常不好的情绪。我想,当看到展示柜的名表时,我大概会对那些便宜的表产生不满,甚至反感,这种差异有正当性的事先基础(没钱买名表是我自己的错)。我也许会开始考虑现在如何得到这些名表,而不是必须等到自己有钱的时候才能考虑。这种在当前条件不具备的前提下,如何马上满足这种渴望的设想,看起来却是"不现实的"。例如,"如何偷走一块表"这个念头可能会闪现在我的脑海中,但是我并不会当真考虑。如此这般,我看到感知到的损失的合理性无法得到解释。上述的思维实验使我确信"你配得上你正戴着的手表——但是你还没有资格佩戴那些更好的"是合理的。"是的,你可以偷一块,但是那样你自己就成了一个什么人?"这个想法使我非常看重合理性,甚至超过了公平理论中"权利基于投入"这一原则。

这些想法导致了参考认知理论(referent cognitions theory,RCT;Folger,1986a,1986b,1987)的诞生。参考认知理论中,用参照结果(反事实的可能结果与已经发生的结果的比较)来描述相对剥夺。对于现有结果的不满,并不意味着会对其产生愤恨,也不会对佩戴名表的人产生愤恨。如果参照结果好于当前结果,愤恨感便转移到感知到的正当性上。这里,我想要列出"正当性"的构成中超越结果的部分,以区别不满和愤恨。首先,我脑中没有一些固有的结论,例如结果看起来是负面的,因此研究结果的正当性是具有重要意义的。我一直将其想象为可能向完全相反的方向发展,也可以推出完全不同的结论的(至少在一些情形下)。例如,一个找工作的人被一个工作机会拒之门外,那么刚开始时他可能并不会感到焦虑(例如,找到其他工作的机会看起来似乎比较大),但是仔细想了想后,他可能会感到不满,因为虽然不能确定,但是他感觉一些招聘流程似乎并不公平(例如,歧视)。

其次,正当性这个术语被我广泛使用。一方面,期刊发表的论文(例如,Folger, Rosenfield and Robinson,1983)将以下二者明显地区分开:(1)参照结果,以及分配或基于结果的思考方法;(2)参照物正当性,以及基于程序公正的思考方法。另一方面,当时我仍然拒绝"转变"为一个"程序公正研究者",因为在"正当性/合理性"这一概念的构想上,我认为它比程序本身更为宽泛。

在越来越关注汤姆·泰勒(Tom Tyler)和鲍勃·比斯(Bob Bies)的研究之后,我认识到,程序代表的含义比我原先的理解要多得多,且重要得多。不过,在受到他们的重要影响之前,我得到了来自南卫理公会大学(Southern Methodist University)的年轻学者戴维·罗森菲尔德(David Rosenfield)的帮助。艾德(Ed Deci,1976)有关内在激励的书,给我提出了一个有关公平的难题:在报酬过多和报酬不足的情况下,人们将如何反应和变化?艾德指出,亚当斯(Adams,1965)对公平理论的研究为其敞开了大门,因为不公平的解决方法,不是通过认知适应,就是寻求现实的改变。前者例如,教授感到报酬过低,但是他们很热爱自己的工作,可以和年轻人交流,有很大的自主权等。相对那些对老板有敌对情绪的人,这样的员工在工作中会更加勤勉努力。

我和戴维一起研究了这个问题(Folger, Rosenfield and Hays, 1978; Folger *et al.*, 1978)。我们将"选择"看作重要的调节因素,这种做法已经被我们用数据体现的交互作用所证实。例如,高选择性加上低报酬,可以导致更高水平的努力和更高程度的对工作的热爱;相对地,没有选择性加上低报酬,会导致更低水平的努力和更低程度的对工作的热爱。论文中强调了程序公平("选择"区分了两种不同的程序),不过需要承认的是,我其实只是打着程序公平的幌子而已,而不是完全忠于其理论上的意义。

一个巧合使我的上述看法发生了改变,那是我还在西北大学的时候,在收到《个性与社会心理学》(*Journal of Personality and Social Psychology*)杂志的反馈意见后,我对文章进行了修改(Folger *et al.*,1979)。我发现我和来自加利福尼亚大学洛杉矶分校的博士生汤姆·泰勒有相同的研究兴趣。哈尔·凯利曾经是他的老师之一,这位老师与蒂博的合作使汤姆注意到程序公平方面的研究,汤姆关注政治心理学以及管理机构的合法性问题。了解了他的背景后,我向他请教了他对于我的修改稿的意见。之后,在得到有关市民遇到警察的反应的调研数据后,他向我寻求了如何将其写成论文的建议。于是,我们一起合作并发表了论文(Tyler and Folger,1980)。

当时,对这样以程序公正的名义进行调查进而得出结论的方法,主流杂志是持负面态度的。因为调查的问题涉及的不是选择或者建言权,而是警察们的风度和行为举止。但是,汤姆基于利文撒尔(Leventhal,1980)所采用的程序变量,更多地从内在角度去考虑程序。事实证明,我们有先见之明,在后来的研究中,鲍勃·比斯称之为互动公正(例如,尊重他人,维护他人的尊严)。但是他在这方面的研究目前尚未发表。

鲍勃是另外一个给我巨大帮助的人。他使我认识到,我原本基于结果的构思并不完备。因为相对于做什么会得到切实利益,人们同样或者更关心事情是怎样发生的。我的思维并非是直线式前进的,而是同时思考着一些并非在这条主线上的问题(例如,Folger and Konovksy,1989;Folger,Konovsky and Cropanzano,1992)。我逐渐认识到,故意对对方做出不当的行为,会带来精神上和象征意义上的影响(例如,公然在同事面前辱骂下属)。然而,传统的关于"结果"(例如薪水)的构想并未考虑这些影响。

鲍勃的研究在好几个方面都对我产生了影响。他提出的互动公平的概念,不仅对我一直有影响,而且对组织管理学也有持续性的影响。此外,他强调的社会账户这一概念在我的研究中也同样重要。在参考认知理论中,我对"程序"类因素的处理(例如,Folger,Rosenfield and Robinson,1983;Folger and Martin,1986)有些问题,我并没有真正地控制程序的结构因素,而是将社会账户作为参与者对程序的感知的影响因素。鲍勃的研究使这个问题变得非常明显,同时也使我对此继续进行研究(Cropanzano and Folger,1989),并发现账户和结构因素之间是不交叉的。以前我直觉性地认为,在参考认知理论中,我应该用正当性作为关键的非结果要素,而不是用程序或者程序公平。鲍勃使我更加确信了自己的这种想法,应该将正当性扩展为在程序的正规结构设计特性本身之外的概念。此外,我认为这些超越组织的影响因素不仅来自社会行为,例如交流的时间、方式、内容的选择(账户所强调的因素),也来自相互之间的不论是否与沟通行为有关的人际行为(例如,冷淡一些人,故意忽视他们,或让他们看起来无关紧要,参看 Folger(1993))。

在上文中,我简单叙述了参考认知理论诞生的背景。接下来,我将谈谈由这一思路发展而来的公平理论(fairness theory,FT)。

4.3 公平理论

对于公平理论(例如,Folger and Cropanzano,1998,2001;Folger,Cropanzano and Goldman,待发表)在这里我们打算谈谈这一模型中并未公开发表的发展历程。它强调了与反事实事件有关的"责任印象"(并不要求有意识的、慎重的思考——至少在某些情况下,指的是人们对一些事件和人员的第一反应)。原则上,犯错的责任带来的效果应该是"连续的",但是,在现实中却往往是对立的两极之一。例如,清白或有罪,信任或怀疑,优点或缺点。公平理论假定意图和动机是人们行为模式的基础,公平理论认为,当一个人似乎应该为自己所做的坏事受谴责时,他做这件事的意图和动机可以影响人们对不公正的印象。

反事实要素——愿意(would)、能够(could)和应该(should)——与施伦克尔(例如Schlenker,1997)的道德责任三角模型中的元素是一致的,这三个要素互相关联。公平理论将不公平(让某人感到责任,并应该受谴责)看作这三个方面共同作用的结果。如果这三类反事实刻画的是积极的印象,与此相对,实际发生的事件看起来却是负面的,那么,总体而言,在某种意义上便产生了对不公平的谴责。

举例来说,痛苦(隐含的)反事实的负面事件就是快乐,就像清白是有罪的对立面一样。一个人对一件偶然发生的事情(例如,一个人尖刻地蔑视某人)产生了印象,感受到了不公平,那么其对立面就是,"如果"这件事从未发生。对于有潜在可能性的反事实事件,谴责同样产生了负面(例如不赞同)印象。例如,这个该死的家伙凭什么不那么做,他本来"能够"而且"应该"那么做的。

为了说明这些抽象的概念,我举一个例子(改编自 McColl-Kennedy and Sparks,2003)。在这个例子中,一名服务员用粗鲁而不公平的态度对待顾客,这名顾客感受到了不公平,而这种不公平感缘以下几项反事实参照的综合作用:"能够发生的事情(受到面带微笑的服务),应该发生的事情(被礼貌地对待),而且如果换一种方式,将会拥有的感觉(感觉高兴些)。"(McColl-Kennedy and Sparks,2003,254)与此类似,某个局外人也许也会考虑这件事情的不公平,并为此谴责这名服务员。构成这个第三方人员的印象的感觉包括:第一,这名服务员应该微笑(例如,不应该撅着嘴);第二,这名服务员应该尊重顾客(例如,服务业人员的职责和义务要求他们礼貌待客,一视同仁);第三,如果这类事情没有发生,那么他将不会卷入此事。

4.3.1 关键变量及它们之间关系的逻辑性

一些关于公平的研究着重于描述感兴趣的因变量的性质,而我的想法与之不同。大多数讨论组织公平的文献,关注于对不公平的感知是如何影响人们各种各样的行为反应的。而我的兴趣则集中于一种特殊反应目标——社会代理人(假定或者想象的某种处于非正常受损状态的参与团体)。我将首先简要概括这种代理人的构成(随后在关于"行为"一节下继续探讨),然后再讨论其条件。

4.3.1.1 当事人

简单地说,人们扮演了当事人的角色,并建构着其他人所经历的情形。人们在对此类情形进行感知的时候,会把原因归咎于某个人,或某几个人应该的所作所为(推断社会性或非社会性的影响,例如天气的影响)。对这些推论和归因产生的科学性解读仍在迅速发展中(例如,Alicke,2000),而且很多细节方面有待深入和完善。我的主要兴趣在于:第一,产生感知的众人认为目标对象的情形是不公平的,认为"其他人看起来应该承担责任",这些人是如何与其他人的情形联系起来的;第二,在观察者看来,与那些"应负责"的当事人(如果没有确认的,可以基于猜测)联系在一起的是负面态度和行为反应,这些当事人是怎样成为焦点的?

当事人最终相信自己是应该受到谴责的(负有理应受到惩罚的责任),但是,这个过程不会像法律程序那样,先是列出目标人群,然后是嫌疑人,之后起诉,最终定罪和惩罚。为方便起见,我们设想将这些人划入"罪犯"的类别,然后强调有罪。接下来是有关罪行推定的各种争论:我们认为谁的不良行为是不正当、不公平的?根据结论,我们找到了问题的答案,发现了那个人是怎样成为我们的焦点的。更具体地说,如果一名下属认为,在某种意义上,上司的行为超越了职责和工作范围,那么,他将会对这位上司产生怎样的态度(以及倾向于同时采取什么行动)?

4.3.2 超越简单不利的条件

公平理论对罪犯的反应基于对当事人的归因看法(例如,道德—责任之间的因果问题)。换言之,隐含或者明确的关于当事人及其责任的考虑,将会决定效标变量的变动(罪犯导向反应)。特别是听过丹尼关于"可能世界的心理学"的演讲后(参看卡尼曼和特维斯基描述的仿真启发法;Kahneman and Tversky,1982),我已经开始考虑沿着那些思路来创建参考认知理论。沿着这条路,我将单纯不满(mere dissatisfaction)和愤恨(resentment)从本质上进行了完全的区分。

4.3.2.1 单纯性不满

刺激具有客观特性,但经过了人们的主观处理。例如,刺激可以是可测的温度,但是这个物体相对皮肤的烫的程度可以变化(例如,神经损伤会降低敏感度)。灼伤的区域会对被烧伤的人产生负面影响(例如感染的可能)。就像导致灼伤的燃烧物体具有可测温度一样,灼伤区域也具有客观特性。例如,如果不治疗,也许会引起感染。在这样的情形下,与快乐相反的感受(例如不满)可以通过几种方式从客观条件衍生出来:首先,或多或少带有一定的自动性,不会进行过多的考虑。例如,当你的手接触到燃烧的物体时,你会大叫,同时把手迅速缩回来。其次,在感受过程中,参照物发挥的影响。例如,同样是20磅的东西,当你刚举完200磅的杠铃时,主观上你会觉得它比较轻;但是,在拿过几次回形针之后马上提起它,主观上你却会觉得比较重。

基于卡尼曼和特维斯基(Kahneman and Tversky,1982)对反事实情绪系统的仿真,我首先正式提出了参考认知理论。之后,叙述了不满情绪的产生过程,基本上继承了二人提出的反应参照系统的基础。虽然我仍然在寻找对反事实和仿真启发法有用的观念想法(例如,规范理论;Kahueman and Mifier,1986;Folger and Kass,2000),但是,我认为不满情绪的产生不再需要类似反事实的仿真——至少不必以有意识的慎重思考为前提。为了感知疼痛,人们并不需要先仔细考虑如果没有被烫到,自己感觉将会有多好,而是立马缩回手,同时大叫一声。

然而,对于接触到火炉所感到的不舒服要归功于"虚拟"反事实("这太惨了,我知道好的感觉")。公平理论认为,这种经历包含了一个"愿意"的反事实情况。例如,你感觉到了疼痛,不仅是纯粹的感觉("很疼"),而且在参照系中,你认为这比其他经历要糟糕,即便这种参照可能仅仅是不自觉的习惯,或者至少有时也许超越了有意识的认知(例如,"那样的话将会感觉好得多";或"如果拿熟悉的任何其他体验和这种疼痛做交换,我几乎都会非常愿意")。通过参照系统来"感受"触摸火炉所带来的疼痛感,显然在你刚缩回手感觉到很疼时就开始了(即有意识地认识到,这比触摸火炉之前的感觉要糟糕,比大多数的体验都要糟糕等)。因此,"愿意"的反事实情况并不需要有意识的思维处理,不需要知道作为参照状态的想象的可替代的特定情形;然而,虚拟的结果,至少在暗中符合这条思路的某些东西:"嗯,情形A和B体现的东西都很容易让人联想到,情形B是我正在体验的,B肯定比较好。"

4.3.2.2 如何把"愿意"与对不公平结果的印象关联起来

回想参考认知理论对参照的描述,这种参照有几类。到目前为止,我只提到了在某种意义上不同于常规感觉的功能,就像赫尔森的适应程度效应(adaptation level effects)阐明的那样。考虑情绪上缓和的体验,例如疼痛,你也许可以通过不同的方式估计出疼痛的类型。也许你感到了疼痛,但是你想到在以往某个时候,曾经受过类似的伤,但是那时感觉更糟糕(或者此时感觉更糟糕)。这种情况下,你用过去的经历作为参照(而且,从个人自身经历得来,而非从对他人的经历得来)。作为选择,你也许可以发现自己做出了各种各样的社会比较,例如与朋友、邻居、同事、认识的人,或者经常在新闻里出现的人的情况作比较。另外,有些比较也许可以归于我们所说的意识形态(ideological)参照,即根据想要得到的、或者可能的理想状态和情形,来描绘脑中图像的状态和情形。例如,根据来自社会、政治或者经济视角得到的人生哲学。这些思想通过四处流传的宣传册传播,并鼓动人心,或者可能直接成为共识。而这种普及会带来真正的起义和社会运动,例如类似乌托邦社会的各种概念。

这些基于意识形态的反事实事件(在乌托邦的例子中,显然是不真实的),被描述为另一种参照类型。通过参照系,人们对于过去经历的忍耐,给这种反事实事件带来了感官感受。简单看起来,这似乎就是其发挥作用的方式。但是,众多流派的研究以及大家普遍的自省都表明,参照意识形态可以产生规范性(以及道德缓和)的作用,这种作用超越了单纯的评价描述范围。受伤会引起疼痛,但是这种陈述只是简单描述了真实发生的事情(受伤),以及这种经历带来的感官感受类型。关于什么是应该的情形,这些描述没有对这种必要性的东西给出暗示。因为这属于道德规范的范畴(例如,得到意识形态参照的鼓励),超越了评价描述。

道德上的意识形态可以带来一种或两种同时存在的评价标准,古典伦理学家们将它们分别称为好的(good)和对的(right)。关于好的评价标准涉及利益,一种幸福的状态(通常指人类,但是有时也会扩展到其他生命体,甚至可能扩展到通常意义上非生命体的范围。例如,也许可以包括"行星地球的好处"这样的观念)。另外,关于对的评价标准涉及固有的价值,与直接可作用于利益、幸福的结果无关。特别是,这个例子中的效价(valence)——正面的或负面的——来源于人类"承担"的自由决定的行为背后的道德责任。道德的原则可以指出某些形式的行为是错的,而另一些是对的。

简言之,好的和对的对应的参照物分别是结果(consequences)和行为(conduct)。下面的例子可能会有助于对二者进行明确的区分。我们来考虑星期五到来前,鲁宾逊所处的被隔离在荒岛上的情形。鲁宾逊需要食物,所以他犁了一片地,并勤加看护。但不幸的是,冰雹摧毁了他的庄稼。冰雹的破坏对其利益造成了损害,显然他会感到不高兴(也就是负面效价,相对反事实事件"庄稼丰收将会给他带来多大的喜悦")。那么,关于他的道德状态,也存在一个标准吗?鲁宾逊也许简单地认为,这出于对自己福利的纯粹自利性原则就足够了,但是这个问题的答案若涉及公平的话,就不仅仅是那样了。公平的范畴是超越自利的(否则为什么要有公平这样一个概念)。公平多大程度上超越自利(或者公平这一概念存在的理由),就需要公平的印象建立在更加公平的基础之上,独立于鲁宾逊个体形成的概念之外。这符合道德的哲学定位,即道德准则应该具有宇宙普适性,居于利己倾向和个人欲望之上的位置。换句话说,在公平的标准中,印象形成的基础不是正被讨论的目标对象(例如鲁宾逊),而是中立的视角以及与之没有相关利害关系(无偏差),或者公平的第三方观察者的视角观察目标对象经历的状态。

这个故事的读者可以作为上面提到的第三方观察者角色,并思考为什么因为冰雹摧毁了庄稼,鲁宾逊遭遇的情形看起来就是不公平的。让我们注意这样一个潜在的反事实事件,它与鲁宾逊的行为形成对照:鲁宾逊很勤奋,为了种好庄稼尽了全力,但天灾不可控,并使其利益受到了损害。对于鲁宾逊受害的情况,我们是否有理由认为他应该负有道德责任呢?当我们思考这个问题的时候,上述潜在的对照让我们相信,他没有犯错,没有任何不正当的行为。确实,他承受了痛苦,没有任何正当理由——也就是说他没有做坏事。我们对他损失的状态产生了分配不公平(distributive injustice)的印象,这主要是考虑到他先前的行为。

鲁宾逊困境的变化说明了我之所以这样思考的原因。诸如社会比较理论（Adams, 1965）阐释的公平分配的原则，只包含基于事实和反事实考虑的"愿意"推论，而人类对于公平的印象的本质，至少潜在地包括了道德责任的标准。人们将行为看作一种"解释"，也就是一种印象：在给定情形下，一个人的行为对于结果的可能作用。换句话说，对于受到损害的利益，"愿意"这种印象只是关注目标人自己的快乐或不快乐，满意或不满意。然而，"应该"这种印象将人们看作可自由做决定的当事人，他们需要承担责任，依据则是道德行为准则。

4.3.3 能够和应该的行为：超越单纯的因果关系

考虑到超越单纯的因果关系，以及对他人情况的"承担"，人类行为将导致一些相应的结果（比如在牵涉到一个或者若干个体利益的情况下）。在此基础上，我们认为人类应当对他们的行为负有道德责任。由于相关的一些责任与法律尚未明文确定，过度关注道德责任的全面描述，会让我们深陷文字游戏的泥潭，正如我之前在"当事人"部分里讨论的那样（参看4.3.1.1）。道德责任实际上涉及许多应该考虑的因素（"应该的"反事实方面），而不仅仅是像以前那样只对事件的"手段—目标"进行单因素（关于"能够"）分析。

4.3.3.1 能够和应该的反事实参照对象

由于人们对他人的行为产生印象，不光根据客观事实，而且包括主观意见，因此，就像"美"一样，道德责任由旁观者进行评价与衡量。由此可以确定，这种印象常常会由于缺乏客观与公平的评价体系而带有偏见。所以，我们有必要再次研究第三方观察者的公正性，陪审员制度是一个例子。在考察公众意见之后，我们可以通过其中的一些反事实情形，总结出公众出于社会道德对审判结果的一些期待，从道义上而不仅仅是法律上确定当事人的罪责。事实上，泰洛克（Tetlock, 2002）已经从一个"直觉上的检举人"（intuitive prosecutor）的角度进行了相似的研究。

公平理论采用了过于简化（但我认为是出于当事人直觉）的观点来看待"能够"和"应该"的反事实事件（不一定经过深思熟虑）。本质上讲，这个涉及道德责任的常识基础也指导着人们日常的行为，成为人们行为是否"合理"（比较：公平的，值得赞美的）的基础。举例来说，想象把一种不可能的行为作为道德责任，比如人们应当振臂飞翔以避免撞上他人，而事实上人们不可能飞翔，那么这种道德责任就是不合理的。简言之，要规定在特定环境中人们"应该"怎么做的前提是，人们"能够"做什么。

是什么原因让这些道德责任的标准建立在了反事实的基础上呢？首先，在考虑能够做什么的时候，第三方观察者已经在潜意识中，武断地将当事人的行为定义为合理的：按照正常人的客观能力，在纵观各种方案的可行性与可能性之后，当事人当时是否别无选择？而对于那些精神能力方面有缺陷，或者心智不够成熟、缺乏是非观的人，也不应该用对正常人的要求来对他们定罪。

在认为人们能够根据实际情况做出最佳选择的基础上,人们被要求依据社会道德标准考虑社会道德,实施他们应该做的行为。而这也涉及目前组织公平研究领域的两个核心概念:程序公平与互动公平。

道德责任行为在至少以下两个时点上与程序公平有关:第一,程序的规定过程中;第二,在程序的监管与实现过程中(对尚未编码的程序进行实现)。每一项规定中的程序公平涉及事先的程序规则设计、结构蓝图。这并不像建筑蓝图那样能够直观地观察到错误(比如易坍塌)。程序上的错误有时候意味着道德上的缺陷,比如,一项法律程序不给被告任何申诉的机会。

对于程序公平印象的形成,不仅基于事先确定的公平的基础,例如考察是否出现原则错误,是否忽略被告权利,或者没有通过监督与平衡体系提供其他渠道的有效辩护等,而且根据以往经验确保了实行过程中的公平。当面对管理者或者执行官员出现不作为、照本宣科等不当行为时,可能的反事实情形将支持当事人,使之能够察觉其中的不公平。

与程序公平的正统标准和设计不同,互动公平是在人际正常互动中自发展现的道德准则。其本质的区别是,程序化的规范是在正式决策过程中的应用(比如,在执行360度考核过程中的程序化指导与规则)。我曾经指出,这种有关决策的来龙去脉的众多重要特征,都证明了事前规范的适用性(比如,确定事先设计的结构特性,诸如决策结果异议归档等)。首先,无法对决策事件的所有重要细节进行预先确定;其次,并不是组织内所有成员的行为都会涉及决策实施,他们的行为也不一定会对决策结果产生影响。总体上说,考察人际行为的道德原则,总体上反映了我对互动公平的理解。

由于"能够"和"应该"的反事实状态,从道德责任方面决定了人们行为获得的印象,我仅需要指出,通过说明它们如何能够引起对于组织中三种不同角色的注意,它们各自与程序公平及互动公平的联系:第一,对于规则制定者这个角色,诸如最高执行者,他们事先制定政策与流程;第二,对于规则实施者,他们实践这些管理决策;第三,对于剩下的群体,无一例外地参照这些标准进行人际交往。根据流程的预先设计特点,第三方观察者能够判断——管理关系的结构蓝图是否足够保障互动各方得到应有的尊严和尊敬,并形成一个印象。通过决策者与实施者之间表现的行为特点,第三方观察者能够确定双方之间的互动行为是否符合行为规范,让他人得到了尊严和尊敬,并形成一个印象。不考虑环境或者角色的影响,基于尊严—尊敬原则,第三方观察者能够对人际交互行为形成印象。

4.4 局限、适用条件和结论

最近,我对道德责任行为的适用标准的思考,已经向道义方向发展,这一点我将在之后的部分单独讨论。现在,我将用一些上文分析的公平理论来简单总结这一部分,先从一些潜在的局限性和适用条件说起。尽管参考认知理论和基于它形成的公平理论取得了成功,但是,由于两者都构建了相当宽泛的模型,因此,不可避免地具有一些局限性。这里,我着重分析公平理论。此外,在这一部分的结尾,我将指出未来进一步的研究发展方向。

虽然本质上没有明显的局限性,但是迄今为止,公平理论只专注于负面状态和类似愤怒的情感。比如,由于对某人不公平所产生的印象而导致的情绪。然而,这个理论丝毫没有提及这个局限性。原则上,把规则颠倒一下,我们能将这一理论应用于正面的事件中。很有可能,一些过度获益的事件会引起人们的内疚,而不是愤怒,正如公平理论中所描述的那样。同样,现在"愿意""能够"和"应该"这些词汇的应用占据明显的优势,丰富这些词汇需要更进一步的理论研究。我并不打算通过结合未来的研究来弥补公平理论的局限性。这些研究需要考虑更多的关于"能够"的细节,这些细节可能涉及道德责任和过失的因果效应。

与道德责任相关的一些问题,已经成为我最近一项关于道义(deonance,它的解释我会在后文给出)研究的基础,道义直接涉及"应该"的更多细节。公平理论强调人类作为道德行为者的角色,需要为他们的行为负责。公平理论专注于那些可能采取不公平行为的人,而不是将目光局限于可能看似不公平的事物。社会比较理论却恰恰相反,它将投入产出比作为衡量是否公平的标准,它忽略了行为者的过失本身可能会对投入产出比造成失衡。换句话说,社会比较理论忽视了责任,因为它把投入作为一个已知量,没有探究那些通过投入劳动或投资来换取收益的人们的行为是否恰当。从公平理论的观点来看,只有考虑了双方的行为后,指责一个人对另一人的回报不公平才显得有意义。

不幸的是,我未能在以前关于公平的著作中阐明这个观点。我现在认为,公平理论有一个适用条件,它只能用于那些谴责过失的事件中。然而,一些每天都在使用的单词,比如公平和公正,已经不仅仅只适用于那些有过失的场合。在一种特定的政治和社会意识形态下,人们很可能简单地认为,在某些事件中不可避免会产生不公平,比如一些重要物资的分配可能会不平均,从而导致某些人拥有更多物资。公平理论不能解释这些事件(更确切地说,在这些事件中没有过失的问题产生,或者过失方不明确)。公平理论只适用于以下几种场合:受损失方的行为令他们似乎显得无罪,或者尽管他们没有采取任何令他们遭受损失的不足取的行为,但是受损的情况仍然如约而至。

可能一些人会感到惊讶,我没有把公平理论中对"愿意、能够、应该"的解释,作为它最与众不同或可能最有用的一个特征。相反的是,我只把这三个概念当作便于速记的单词,以希望人们在形成对公平的印象时能考虑到这三个词。当然,我绝对没有暗示说,每当人们在形成公平的印象时,都要根据这三个词来全面深入地评估每一个合理的判断。我也不相信,这三个词必须按特定的顺序出现。比如,某些人在调查针对终身职位任免制度而设计的预先规定时可能会发现,某个大学的政策可能会不公平地危害到职位较低者的任免可能,或者可能刻意操纵这个决策制定过程。

4.5 道义理论综述

目前,我正在研究道义理论(deononace theory,来源于希腊语中的词根 deon,即责任),旨在为更广泛的现象建模,而不是只局限于那些有关不公平的现象。道义理论致力于讨论一般情况下各种各样的精神情感(例如羞愧、愤慨和懊悔),而不只是孤立地研究特定的不公平情况下反映的情感——尽管故意忽视不公正之间相互影响的多样性时,展现的就是原型。由于篇幅限制,我只能做最简略的介绍(请参看 Cropanzano, Goldman and Folger, 2003;Folger, 1998, 2001, 2004;Folger and Butz, 2004)。

"嗯?"方面的疑问来自一系列相关研究(Turillo et al., 2002),这些研究表明,75%的参与者都会通过财务上的牺牲来惩罚某些人,但是他们并没有得到相应的回报,即他们取得的结果并不利己。吉姆·拉韦尔(Jim Lavelle)提出了这样的问题:如果利己主义不能解释这个结果,那什么能解释呢?我注意到,现有的实现公平的方法都预先假定了各种利己的形式,或者以投资回报的形式(将分配公正视为公平),或者以得到他人尊敬的利己形式(被称为"关系型",但是与寻求自我实现的各种需求和感情有内在的联系)。研究中的惩罚者的行为是基于第三方意识,即一个未知的陌生人对另一个未知的对象的行为,这种行为是匿名的,并且缺乏针对性。在一些研究中,参与者通过切断所有资金来源的方式惩罚一个陌生人——一个仅仅是试图(而且失败了)占别人便宜的人。另一项研究中,他们采取了相似的行动,扣留了一个不知名公司的陌生主管的资金,原因是他愚弄了他的下属。前述两个研究结果中,"坏人"都永远不会知道他或者她已经被惩罚了(例如,本来一笔应该归他或她得到但不知具体数额的资金,最后无法取得)。因此,这种设计可以预先排除利己形式的结果,比如,为了伸张正义或得到他人称赞而采取正直的行动。

道义理论,或称为道义观的本质内涵,包含了人们有时会基于他们对道德义务的认知来做出相应反应(例如,"不要随意冒险伤害别人";Murphy, 2003),尽管因此而造成对个人自由的限制,这看上去更像是负担,而不是人们想要的东西。海德(Heider, 1958)具体地描述了需要服从、忠诚和承诺为基础的"义务强制力";与此类似,我更倾向于有一个客观的"道义制度体系",建立道义戒律来关注造成不当的人际关系的"道德意义上不该做的事"。有关公平和组织公平的文献,总是假设一些类似交换的背景或者包含决策制定者、管理者等的场景。然而,在我的概念中"道义制度体系"戒律的作用,是禁止某些类别的故意行为,这些行为应用广泛,相对独立于背景与环境。作为第三方的道义"旁观者",任何普通人都可以做出"那肯定是不正确的"的判断,而不需要认识那个做坏事的人,或者不当行为的受害者。与此类似,电影剧本的虚构情节的作者,在描写一个逼真的恶棍方面就不存在任何问题(比如,星球大战中黑勋爵的角色,其形象本身就可以轻易地引起他人的负面情绪)。

我认为对拉韦尔提出的问题的解答,可以在一定程度上解释这种能力,即自然选择的力量在进化中给予人类器官和神经结构,使其迅速地以情绪化的方式对不同的人、不同的地方,以及不同的事情进行分类(例如,区别是朋友还是敌人)。与进化论的生存和繁殖逻辑相一致,相比正面现象,负面现象需要更迅速的关注和更急切地得到资源。哺乳动物的进化轨迹可能能解释这种内在感情,即致力于制止受禁举动的行为方式。当然,"错误行为应该受到谴责"这种与生俱来的责任感,会根据特定事件的特征变化而改变。就像哲学家们对这些话题的讨论一样,道义的戒律包含一些乍看(或者假设其他条件不变时)应该禁止的行为,但是那些被指控的人可以自我辩解或者寻求辩护——由独立的证人提供。然而,一条戒律的道义越坚强有力,潜在的反驳者(涉及社会账户提供的)的举证责任也就越重。

大致说来,道义理论的目标是将与抗拒理论(reactance theory)类似的一些理论结合起来,将泰洛克(Tetlock,2002)文中隐喻的政客、检举人和(有道德的)神学家等人物的本能特质重新整合。前述隐喻的第三种人,追求的是泰洛克所谓的"神圣的价值观",同时检举人所影射的一类人,尽其所能地保护"道义制度体系"和道义戒律,道义理论将这些定位全部结合起来。

道义理论赋予道义戒律核心角色,而不仅仅单独考虑神圣的价值观,即对人们道德上难以接受的行为进行严厉处罚。人们在自己的"自由行为"受到攻击或者濒临危险时,倾向于采取对抗性行为,我将第三方、受害人和违规者的反应定义为公认的"道义制度体系"的信条(例如,针对错误举动的道德意义上的权威戒律)中的"不该做的事情"。因此,不同于抗拒理论,道义理论不只适用于针对个人自由的违规行为(参见Gaus,1999)。道义戒律要求所有人明确地忠于它,或者至少是暂时如此。于是,违规者不仅贸然滥用权力(Folger and Butz,2004)使他人处于困苦境地(包括残忍的侮辱等心理上的轻视),而且采取与"道义制度体系"赋予权力的机构相对抗的行为。

道义理论致力于研究道德情操和与其相关的行为趋势方面的各种问题。例如,泰洛克(Tetlock,2002)所比喻的本能的政客,指的是被控告的违规者为保全面子而采取防卫性的举动,而道义理论更进一步将其变成如下问题来寻求解答:是什么促使防卫心理优先于如招供、懊悔、道歉和各种试图和解的努力(如请求得到宽恕、支付赔偿、促使和解)呢?相关领域的前沿研究,可以在其他人的文献中看到(如 Folger and Pugh,2002;Folger and Skarlicki,1998),但还有很多疑问有待解决。此外,面对第三方对于违反自我道德约束,通过转移成本到别人身上,进行成本外部化(参见经济学家们关于外部效应的论述)行为的反应,道义理论试图寻找一个统一概念来描述这种反应。因此,道义理论寻找使人们更加愿意将处于困境的风险强加于他人的决定性因素,另外,当他们被控告或指责时会寻找怎样的借口或如何辩护。最后,道义理论假定人们主要通过区分有意行为所要达到的目的,来做出"这个行为是对还是错"的判断,而非仅仅甚至主要通过行为结果的标准来判断(例如,谋杀未遂仍然应该受到谴责)。目前,我与伊丽莎白·阿姆布雷斯(Elizabeth Umpbress)、拉蒙纳·波波赛尔(Ramona Bobocel)等同事一起对"克摩萨效应"进行研究(该命名取自一个玩笑,其中独行侠发现这个词,隐含着冒犯的意思)。举个例子,有些损人的话在第三方看来应该受到谴责,然而其实那些被"贬低"的对象觉得这是种称赞!我很高兴这些研究领域的问题,让我长期以来一直很忙碌,而且我希望其他人也能参与到这样的解谜活动中来。

参考文献

ADAMS, J. S. (1965). Inequity in social exchange. In I. Berkowitz (ed.), *Advances in Experimental Social Psychology*: 267–299. New York: Academic Press.

ALICKE, M. D. (2000). Culpable control and the psychology of blame. *Psychological Bulletin*, 126: 556–574. American Psychological Association.

BERKOWITZ, L., and WALSTER, E. (1976). *Advances in experimental social psychology*, vol. 9, *Equity Theory: Toward a General Theory of Social Interaction*. New York: Academic Press.

BRICKMAN, P., FOLGER, R., GOODE, E., and SCHUL, Y. (1981). Micro and macro justice. In M. J. Lerner and S. C. Lerner (eds.), *The Justice Motive in Social Behavior: Adapting to Times of Scarcity and Change*: 173–202. New York: Plenum.

CROPANZANO, R., and FOLGER, R. (1989). Referent cognitions and task decision autonomy: Beyond equity theory. *Journal of Applied Psychology*, 74: 293–299. American Psychological Association.

—— GOLDMAN, B., and FOLGER, R. (2003). Deontic justice: The role of moral principles in workplace fairness. *Journal of Organizational Behavior*, 24: 1019–1024.

CROSBY, F. (1976). Model of egotistical relative deprivation. *Psychological Review*, 83(2): 85–113.

DECI, E. L. (1976). *Intrinsic Motivation*. New York: Plenum Press.

FESTINGER, L. (1954). A theory of social comparison. *Human Relations*, 7: 117–140.

—— (1957). *A Theory of Cognitive Dissonance*. Stanford, Calif.: Stanford University Press.

FLANAGAN, J. C. (1954). The critical incident technique. *Psychological Bulletin*, 51: 327–358.

FOLGER, R. (1986a). A referent cognitions theory of relative deprivation. In J. M. Olson, C. P. Herman, and M. P. Zanna (eds.), *Social Comparison and Relative Deprivation: The Ontario Symposium*, vol. 4: 33–55. Hillsdale, NJ: Lawrence Erlbaum Associates.

——(1986b). Rethinking equity theory: A referent cognitions model. In H. W. Bierhoff, R. C. Cohen, and J. Greenberg (eds.), *Justice in Social Relations*: 146–162. New York: Plenum.

——(1987). Reformulating the preconditions of resentment: A referent cognitions model. In J. C. Masters and W. P. Smith (eds.), *Social Comparison, Justice, and Relative Deprivation: Theoretical, Empirical, and Policy Perspectives*: 183–215. Hillsdale, NJ: Lawrence Erlbaum Associates.

——(1993). Reactions to mistreatment at work. In K. Murnighan (ed.), *Social Psychology in Organizations: Advances in Theory and Research*: 161–183. Englewood Cliffs, NJ: Prentice-Hall.

——(1998). Fairness as a moral virtue. In M. Schminke (ed.), *Managerial Ethics: Morally Managing People and Processes*: 13–34. Mahwah, NJ: Lawrence Erlbaum Associates.

——(2001). Fairness as deonance. In S. W. Gilliland, D. D. Steiner, and D. P. Skarlicki (eds.), *Research in Social Issues in Management*: 3–31: Information Age Publishers.

——(2004). Justice and employment: Moral retribution as a contra-subjugation tendency. In J. A.-M. Coyle-Shapiro, L. M. Shore, M. S. Taylor, and L. E. Tetrick (eds.), *The Employment Relationship: Examining Psychological and Contextual Perspectives*. Oxford, UK: Oxford University Press.

—— and BUTZ, R. (2004). Relational Models, "deonance," and moral antipathy toward the powerfully unjust. In N. Haslam (ed.), *Relational Models Theory: A Contemporary Overview*. Mahwah, NJ: Lawrence Erlbaum Associates.

—— and CROPANZANO, R. (1998). *Organizational Justice and Human Resource Management*. Thousand Oaks, Calif.: Sage.

FOLGER, R. and CROPANZANO, R. (2001). Fairness theory: Justice as accountability. In J. Greenberg and R. Cropanzano (eds.), *Advances in Organizational Justice*: 1–55. Stanford: Stanford University Press.

—— —— and GOLDMAN, B. (forthcoming). What is the role of accountability in perceptions of organizational justice? In J. Greenberg and J. A. Colquitt (eds.), *Handbook of Organizational Justice*. Mahwah, NJ: Lawrence Erlbaum Associates.

—— and KASS, E. (2000). Social comparison and fairness: A counterfactual simulations perspective. In J. Suls and L. Wheeler (eds.), *Handbook of Social Comparison: Theory and Research*: 423–441. New York: Kluwer Academic/Plenum.

—— and KONOVSKY, M. A. (1989). Effects of procedural and distributive justice on reactions to pay raise decisions. *Academy of Management Journal*, 32(1): 115.

—— —— and CROPANZANO, R. (1992). A due process metaphor for performance appraisal. *Research in Organizational Behavior*, 14: 129.

—— and MARTIN, C. (1986). Relative deprivation and referent cognitions: Distributive and procedural justice effects. *Journal of Experimental Social Psychology*, 22: 531 546.

—— and PUGH, S. D. (2002). The just world and Winston Churchill: An approach/avoidance conflict about psychological distance when harming victims. In M. Ross and D. T. Miller (eds.), *The Justice Motive in Social Life: Essays in Honor of Melvin Lerner*: 168–186. Cambridge: Cambridge University Press.

—— ROSENFIELD, D., GROVE, J., and CORKRAN, L. (1979). Effects of "voice" and peer opinions on responses to inequity. *Journal of Personality and Social Psychology*, 37: 2243–2261.

—— —— and HAYS, R. P. (1978). Equity and intrinsic motivation: The role of choice. *Journal of Personality and Social Psychology*, 36: 556–564.

―― ―― ―― and GROVE, R. (1978). Justice versus justification effects on productivity: Reconciling equity and dissonance findings. *Organizational Behavior and Human Performance*, 22: 465–478.

―― ―― and ROBINSON, T. (1983). Relative deprivation and procedural justifications. *Journal of Personality and Social Psychology*, 45: 268–273.

―― and SKARLICKI, D. P. (1998). When tough times make tough bosses: Managerial distancing as a function of layoff blame. *Academy of Management Journal*, vol. 41: 79: Academy of Management.

―― and TURILLO, C. J. (1999). Theorizing as the thickness of thin abstraction, *Academy of Management Review*, 24: 742: Academy of Management.

GAUS, G. F. (1999). *Social Philosophy*. New York: M. E. Sharpe.

HEIDER, F. (1958). *The Psychology of Interpersonal Relations*. New York: Wiley.

HELSON, H. (1967). *Adaptation-Level Theory: An Experimental and Systematic Approach to Behavior*. Harper and Row.

HIRSCHMAN, A. O. (1970). *Exit, Voice, and Loyalty: Responses to Decline in Firms, Organizations, and States*. Cambridge, Mass.: Harvard University Press.

KAHNEMAN, D., and MILLER, D. T. (1986). Norm theory: Comparing reality to its alternatives. *Psychological Review*, 93(2): 136–153.

―― SCHKADE, D., and SUNSTEIN, D. R. (1998). Shared outrage and erratic awards: The psychology of punitive damages. *Journal of Risk and Uncertainty*, 16: 49–86.

―― and TVERSKY, A. (1982). The simulation heuristic. In D. Kahneman, P. Slovic and A. Tversky (eds.), *Judgment under Uncertainty: Heuristics and Biases*: 201–208. New York: Cambridge University Press.

KELLEY, H. H. (1967). Attribution theory in social psychology, *Nebraska Symposium on Motivation*, 15: 192–238: University of Nebraska Press.

LEVENTHAL, G. S. (1980). What should be done with equity theory? New approaches to the study of fairness in social relationships. In K. Gergen, M. Greenberg, and R. Willis (eds.), *Social Exchange: Advances in Theory and Research*: 27–55. New York: Plenum Press.

LIND, E. A., and TYLER, T. R. (1988). *The Social Psychology of Procedural Justice*. New York: Plenum Press.

MCCOLL-KENNEDY, J. R., and SPARKS, B. A. (2003). Application of fairness theory to service failures and service recovery. *Journal of Service Research*, 5(3): 251–266.

MURPHY, J. G. (2003). *Getting Even*. New York: Oxford University Press.

NISBETT, R. E. (1990). The anticreativity letters: Advice from a senior tempter to a junior tempter, *American Psychologist*, 45: 1078–1082: American Psychological Association.

PETTIGREW, T. F. (1967). Social evaluation theory: Convergences and applications. *Nebraska Symposium on Motivation*, 15: 241–311.

SCHLENKER, B. R. (1997). Personal responsibility: Applications of the triangle model. In L. L. Cummings and B. M. Staw (eds.), *Research in Organizational Behavior*, 19: 241–301.

SIMONTON, D. K. (2003). Scientific creativity as constrained stochastic behavior: The integration of product, person, and process perspectives. *Psychological Bulletin*, 129(4): 475–494.

STOUFFER, S. A., SUCHMAN, E. A., DEVINNEY, L. C., STAR, S. A., and WILLIAMS, R. M., Jr. (1949). *The American Soldier: Adjustment During Army Life* (vol. 1). Princeton, NJ: Princeton University Press.

TETLOCK, P. E. (2002). Social functionalist frameworks for judgment and choice: Intuitive politicians, theologians, and prosecutors., *Psychological Review*, 109: 451–471: American

Psychological Association.

THIBAUT, J. W., and KELLEY, H. H. (1959). *The Social Psychology of Groups.* John Wiley.

TURILLO, C. J., FOLGER, R., LAVELLE, J. J., UMPHRESS, E. E., and GEE, J. O. (2002). Is virtue its own reward? Self-sacrificial decisions for the sake of fairness., *Organizational Behavior and Human Decision Processes*, 89: 839: Academic Press Inc.

TYLER, T. R., and FOLGER, R. (1980). Distributional and procedural aspects of satisfaction with citizen–police encounters. *Basic and Applied Social Psychology*, 1: 281: Lawrence Erlbaum Associates.

WEICK, K. (1966). The concept of equity in the perception of pay. *Administrative Science Quarterly*, 11(3): 414–439.

第5章 宏大理论与中层理论：文化因素如何影响理论构建和对工作主动性的理解

迈克尔·弗里斯

　　如同所有的人类行为一样，理论的构建也是基于环境的影响和人的因素的。过度活跃的特点对我来说是福也是祸。我过于活跃的本性使我相信，能够掌控事情是件很开心的事情，因此，我迅速地接受了与这种偏见相吻合的理论。我支持的三个理论是罗特（Rotter）的认知行为主义理论（cognitive behaviorist theory）（Rotter，Chance and Phares，1972），塞利格曼（Seligman）的习得无助理论（learned helplessness theory）（Seligman，1975）和哈克（Hacker）的行动（规范）理论（action（regulation）theory）（Hacker，1973；Volpert，1974）。罗特和哈克的理论都与一个共同出处有间接关系，它就是：卢因（Lewin）对于德国和美国的影响。我所有的研究主题，都是关于对待生活与工作的积极方式（active approach）（与无助相反）的。因此，作为一种积极做法的实例，我开始对个人的主动性感兴趣，因为积极的做法意味着探索，我也开始对错误以及人们如何从错误中吸取教训感兴趣。

　　我周围的环境对我的帮助很大。我有幸同时融入了德国和美国的科学界。在德国，我和柏林技术大学的沃尔特·沃尔佩特（Walter Volpert）一起工作，沃尔特提出了将马克思（Marx）和行为理论结合起来，用来理解"工作行为"（work action）（1978年，我跟随他读博士）。这段时间里，对我产生影响的人还包括诺伯特·西莫（Norbert Semmer）、齐格弗里德·格瑞夫（Siegfried Greif）和埃伯哈德·乌里施（Eberhard Ulich）。在美国，我拥有了自己的第一份重要工作（任宾夕法尼亚大学的副教授）。不管什么时候，当人们从一种文化转换到另一种文化中时，他们会对自己处理事情的方式非常注意——惯例不再有效，而需要（重新）接受教育（这就是行动理论所提议的），这对我很有启发。美国的科学家开始进行实证研究的速度是如此之快，他们对于具体现象的思考是如此的严密而深邃。而德国人则倾向于把自己看成理论驱动型，他们常常对于宏大的包含

第 5 章 宏大理论与中层理论：文化因素如何影响理论构建和对工作主动性的理解

一切的理论（通常格外复杂）更感兴趣。霍夫施泰德（Hofstede,1991）确信，一种文化应对高度不确定性规避的方式之一，就是发展"宏大的"理论，因为理解了"全部的"情况就可以减少不确定性。德国是世界上不确定性规避最高的国家之一（Brodbeck, Frese, and Javidan, 2002），这也许是造成德国科学文化对于"简单"持怀疑态度的原因之一。德国人一般认为，要反映复杂的世界，一定程度的理论复杂性是必需的。你经常可以听到，人们谈论"这个太简单了"，仿佛奥卡姆剃刀定律（理论应该只包含绝对必要的概念，使用较少变量的更简洁理论更优）在德国①从不成立一样。相反，宾夕法尼亚大学心理系的氛围则是，对关注于具体现象的精确的中层次理论（和精确的实验）研究抱有高度的兴趣。尽管与宾夕法尼亚大学其他系相比，心理系可能对于现象更感兴趣。但是，在比德国传统更务实的盎格鲁—撒克逊传统中，对发展中层次理论感兴趣确实很普遍。一个中层次理论包含有限数量的变量，它们处于待验证的假设和包罗万象的统一大理论之间，具有有限的假设和高度具体化的问题（Weick, 1989）。维克（Weick）认为，为了有效地解决问题，科学需要向中层次理论发展。相反，宏大理论因包罗万象而不够精确。因为涉及了很多的变量，同时关系发展的精确度也不统一，可证伪性降低。德国传统中宏大理论的例子是弗洛伊德的心理分析理论，马克思的历史、社会和组织理论，卢因的场理论，或者格式塔（Gestalt）理论。难怪，作为德国的心理学专业学生，我们对宏大理论，而不是《心理评论》（Psychological Review）上刊出的那种论文更感兴趣。有一种偏见就是，德国是个墨守成规的国家。但是，德国具有高度的思想自主权（Schwartz, 1999）。人们狂热地追求独立思想，以至于试图不断地将自己区别于其他的科学家（或者他们的导师）。这使得普通方式的理论演化更加困难，学术研究的方向也不像美国那样以主流方向为导向。② 德国的教授倾向于在他们周围建立很小的王国，他们之间几乎没有合作。

我发现这种文化差异非常有趣，通过亲身融入这两种文化，我试图整合这两种方式，将包罗万象的理论作为总体指导方向——我发现行为理论正是这样的理论——这是我从德国学来的（Frese and Sabini, 1985; Frese and Zapf, 1994）。但是，将这个与发展中的层次理论（具有现象学方法）的强烈兴趣结合起来——这是我从宾夕法尼亚大学的同事马丁·塞利格曼（Martin Seligman）、约翰·萨比尼（John Sabini）、亨利·格雷特曼（Henry Gleitman）、罗布·德拉贝司（Rob DeRubeis）、保罗·罗津（Paul Rozin）身上学来的。

经历了双重文化后，我获得了如下的信息：我依然对行动理论（Frese and Zapf, 1994）的稍微简化的版本（比如，美国版）感兴趣。除此之外，我开始运用观察和定性方式，研究现实生活中的某个具体现象，对其进行思考和反省（或者至少我鼓励学生这样做）。我通常挑选那些我发现研究不够（或至少不当）的现象来研究并提炼出理论。明

---

① 德国正在发生迅速的变化，并且正在变得越来越美国化；这包括更加热衷于在国际期刊上发表文章以及发展一些更中层次的理论。然而，他们仍然对复杂的理论思考感兴趣。

② 感谢约翰尼斯·兰克（Johannes Rank）提供了这个想法。

确坦白地说,通常,我既不会通过阅读文献来发现文献中忽视的一个非常重要的问题,也不会去检查文献中理论和证据矛盾的地方。相反,我通常在对于文献不怎么熟悉时就开始研究,但是我对我想研究的对象会有一个大体的想法(不要误解我,我也是科学期刊的热心读者,但是我并不是从这里获得研究想法——它们的共鸣在于背景)。这种方式给了我为文献作贡献的机会,在某些情况下,也开启了新的方向。现象经常受到文化的影响,这一点下文将予以详述。

5.1 从错误中学习:错误管理

1984年,我从美国回到了德国,我注意到德国人是如此畏惧新技术。我发现人们用电脑工作的时候,处理错误是何等困难。德国政府资助规模宏大的项目,去研究人机互动中的错误,我和很多研究人员(最著名的有 Felix Brodbeck, Jochen Prümper, Dieter Zapf)被安排去探究出错的现象。

当时我对 GLOBE 研究(House et al.,2004)一无所知,后来我才通过这一理论了解到,德国人极度不能容忍错误——在 GLOBE 研究的 61 个国家中,只有新加坡在这一点上比德国更胜一筹。[①] 因此,如何解决错误这个问题引起了我的注意,并且非常符合我对行动理论(行动理论重视负反馈的重要性:错误是负反馈的具体形式)的兴趣。我和一群学生一起开发了一种新的培训方法,这种培训会产生一种积极的错误导向,并且促进人们积极利用错误——这与我看到的人们的日常行为以及培训师如何教授电脑技能完全相反。

我的方法是:我观察到大家感兴趣的事,接着我把它们与我的一般心理理论(行动理论)相匹配。我试图做一个实证研究,这个实证研究从理论上会促进对这个特殊现象的理解,由此产生的中层理论变成了通往工作行动理论的基石。通过这种方式,我采用美国式方法提出了一个发展完善的中层次理论,但是我还保留了自己的德国传统:继续培植一个宏大理论。

5.1.1 错误管理培训

我们对于错误的现象定位使我们发现:在培训期间,允许和鼓励人们犯错误,并且指导他们从错误中吸取教训,培训之后,与阻止犯错误相比,他们会表现得更好。这令人很吃惊,因为很多软件的培训师以及理论学者(例如,Skinner and Bandura)的建议则不同:他们支持规避错误,因为他们认为错误会令学习者变得心情沮丧和效率低下,人们很有可能只学到了错误的东西。在培训电脑技能方面,我们所谓的错误培训法(后面叫作错误管理培训)被证明优于其他方法(Heimbeck et al.,2003;Ivanic and Hesketh,

---

① 感谢保罗·汉根斯(Paul Hanges)给我提供了 GLOBE 相关项目的再分析。

2000;Keith and Frese,待出版)。

行动理论认为,负反馈是有用的(Miller,Galanter and Pribram,1960):行动意味着目标(一些需要去实现的设定点),在实现这个目标之前,人们接收到的信息是现在的状况与设定点之间的差异(目标的实现,例如,一个人想去罗马旅行,他或她会意识到自己距罗马500英里)。因此,负反馈表明了我们还没有实现的事情的信息,并且为行动提供了指导。错误用一种特殊扭曲的方式提供负反馈:错误意味着行动者本应该理解得更好,正是后者造成了对人们(包括自己和别人)的责备。

因此,我们开发了培训步骤(错误管理培训)。在这个培训中,参与者将会得到清晰的指令,把错误当作学习的工具,且同时不要责备自己。参与者在得到最少信息的情况下,探究一个系统。与探究性培训相反,错误管理培训的任务从一开始就很艰难,因为它将参与者置于很多错误之中。错误管理培训明确告知参与者错误的积极作用,这些所谓的错误管理操作指南,都是些简单的声明(因为它们允许我们处理错误的问题,我们通常称之为启发式)。这些简单的声明主要是为了减少遇到错误时的潜在挫折感:"错误是学习过程中很自然的一部分!""我犯了个错误,很好!因为现在我会学习了。"当参与者忙于培训任务时,培训师除了给予参与者错误管理操作指南的提示之外,不会提供任何的帮助。将错误管理培训与不允许犯错误的培训方法相比,错误管理培训证明在以下几种情形下都不同程度地更加有效(Frese,1995):不同的参与群体(大学生和雇员),不同的培训内容(例如,计算机培训、驾驶模拟培训),不同的培训时间(一小时培训到三天培训)。

一旦从实证角度确立了认识:我们所做的培训程序的有效性是持续一致的,我们就开始开发更具体的理论想法,来探究错误管理培训产生作用的中介机制。开始,我有点幼稚:我以为,被培训者犯的错误越多,他或者她就会有越多的学习机会。这绝对是不正确的。我们从实验中发现,错误的数量并不能完全正向预测学习效果(Van der Linden *et al*.,2001):我们应该再仔细斟酌一下,因为行动理论并没有指出何种反馈有正向价值——只有那些产生新的理解的反馈才具有价值——这只有在参与者使用系统的方式处理错误时才会产生(Van der Linden *et al*.,2001)。

很明显,错误管理操作指南很关键。如果没有这些指南,错误管理培训会如同"错误规避"培训一样低效率(Heimbeck *et al*.,2003)。认知活动受到了错误管理培训的影响,比如,错误促进了探索和元认知活动(meta-cognitive activities)。元认知活动意味着,通过使用规划、监测和评估朝向目标取得的进展等,参与者产生认知活动(Schmidt and Ford,2003)。这些元认知活动之所以受到鼓励,是因为错误使参与者停下来,开始思考错误的原因,并提出新的解决方案,执行这些方案以及测试它们的有效性(Ivancic and Hesketh,2000)。培训期间,元认知活动有助于参与者将注意力集中在与任务相关的系统特征,这样可以使他们以后掌握新的任务。元认知活动解释了错误管理培训是如何产生积极的绩效影响的(Keith and Frese,待出版)。

错误管理操作指南也应该可以降低感情上的负影响(比如,挫折),因为它们帮助学员积极锁定错误,这实际上是错误管理培训效用的一种解释(Keith and Frese,待出版)。

5.1.2 组织中错误文化的功能

我经常试着探寻上述理论的边界条件的相关知识。因此,随着时间的推移,我试图开发一些更冒险的假设。我同意波珀(Popper,1972)的观点,科学家需要对冒险的假设感兴趣,因为冒险的假设催生了有趣的想法并可能否定一些理论(当然,就个人而言,我们一直努力地验证——毕竟我们热爱我们的理论,但是我们也应该准备好篡改它们),从而推动着科学。①

为了验证一个冒险的假设,很多学生和我将控制、行为导向思想与导致错误的积极做法结合起来,研究错误管理的组织文化(Van Dyck et al.,待出版)。我们认为并且以实证显示,积极的错误管理文化会带来更高的利润率。

我们也不是非常清楚这个系统如何起作用。但是,我们的错误管理和错误预防理论带给我们思考。任何组织都应该同时使用错误预防和错误管理,尽可能地减少错误的负面后果。我们认为,错误无处不在,如果人为错误本身不可能完全避免,那么必须要问的是,错误发生之后,应该做些什么(Frese,1995)——错误管理的问题。人类推理容易出现错误,而这正是与人类认知器官的优势共生的。人类认知器官的优势,就是在不确定性的环境中快速处理的能力(Reason,1990)以及有限理性(March and Simon,1958)。既然错误无处不在,那么单纯使用错误预防方法也不能充分处理这个问题。因此,错误管理是错误预防失败后确保质量和安全的第二道防线。

错误管理的方式根据错误及其后果来区分。错误预防是通过完全规避错误来避免错误的负面后果,而错误管理聚焦于降低错误的负面后果,提高潜在的积极影响。错误管理方式试图确保:组织中的错误可以得到迅速的报告和发现,有效控制错误的负面后果并将其最小化,错误得到讨论并且进行有效的沟通,从错误中进行学习。处理错误包括预防第二次错误(即从错误中吸取教训,保证同样的错误不会再次发生),在软件系统(比如,还原能力(UNDO capability)是个很好的错误管理装置)、物理设备(例如,核电站周围的控制卵(containment egg))和组织实践中,都可以找到使用错误管理方法的例子。组织错误管理的做法,涉及使用错误信息改进工作流程,交流有关错误的问题,在错误情况下予以帮助。如果人们公开谈论错误,组织中的人们便可以迅速发现并处理这些错误。创新本质上是危险的,因此失败的可能始终存在。出于这个原因,当人们相信,他们犯错时不会遭到指责或者嘲笑时,组织的创新能力会更高(Edmondsom,1999)。迅速发现错误、有效协调地处理错误、更高的任务导向、创新和预防第二次错误,都可以提高产品或者服务质量。

---

① 我不认同波珀的观点:形成新的想法的过程超越了科学。实际上,我认为提出有趣的以及新的观点才是科学中最重要的部分。

5.2 企业家精神中员工的进取心和主动计划

我们关于错误的研究,已经从一个特定环境(德国)观察到的问题,跨越到向一般的组织建议应如何应对错误来提高利润率。研究错误的做法是基于这样一种观点:探索环境是必要的,当我们比较积极活跃时,犯错也会尤其多。我在民主德国开展的个人进取心的研究中,积极的方法是我的主题。触发点同样还是社会政治问题与事件:1990年德国统一,来自民主德国的记者对于那里缺少个人进取精神感到悲伤。

5.2.1 员工的进取心

行动理论的基本原则之一是,人们要积极参与到他们的环境中去。这有助于我们理解一个"真实的"现象:个人进取心(personal initative, PI)意味着,人们积极采取行动——通常是改变环境,而不是仅仅对环境做出反应。对于个人进取心的研究,让我更担心自己的怀疑:工作和组织心理学遵循一个过于"被动的"绩效模型(performance model)。这个绩效模型假定,当人们去做他们被告知要做的事情时,能够表现得很好("很好地完成任务")。相反,个人进取心意味着,当人们超越了让他们做的工作(额外的任务)时,他们成绩卓然。工作的任务是不固定的——每份工作都有突发因素(Ilgen and Hollenbeck,1991)。例如,如果一个人主动着手去改进生产效率,他或者她的工作就发生了变化,控制和复杂性就会增加。接下来,工作就会变得更有趣、更可控,通过开发更好的工作流程,人们就会受到进一步改变的激励(即展示个人进取心)。上司也许会参与到这个过程中来。秘书也许最开始只是受雇来打字,如果她或者他承担了越来越多的组织或者群体中的任务,上司就会对他或者她产生依赖,这样,秘书的控制力以及他或者她工作的复杂性就提升了。

我非常喜欢质疑两个假设,它们经常出现在传统的绩效模型中。第一个假设是,从外部任务到接受任务的这条路径是直接的、没有问题的。行动理论认为,情况并非如此,并且假定,一个"重新定义"过程会发生,并且通常会改变员工对于他或者她的工作的认知(Hacker,1973),一个完整的绩效概念应该考虑到"重新定义"。第二个假设是,员工对于工作情况的影响是最小的,员工的行为不会改变工作情况。我相信,人们可以通过个人进取心,明显改变他们的工作(也称为工作加工,见Wrzesniewski and Dutton,2001)。

民主德国重新统一时,有很多缺乏个人进取心的案例。民主德国的官僚社会主义鼓励员工们,不要表现出积极进取心、要被动。首创精神是会受到惩戒的,工作处于高度的监管之下,员工几乎没有控制权。有趣的是,在很大程度上民主德国的工作要比资本主义国家更泰勒制化(Taylorized)——至少比联邦德国的程度更深(Fay and Lange,1997;Frese et al.,1996)。

然而,我并不满足于仅仅记录下这些,我想知道个人进取心是如何形成和改变的。因此,我在民主德国做了一个很大规模的历时研究,目的是研究个人进取心的前提和结果,并且设计了一套培训程序。

5.2.1.1 个人进取心的概念

个人进取心是一种自我启动的工作行为,积极主动,克服困难(Frese et al.,1996)。这种积极行动的后果之一就是改变环境(即使很轻微),这将它与被动方式区分开来,被动方式具有以下特征:做被告知要做的事情,面对困难就放弃,无法制订计划来应对未来的困难,对环境需求反应被动。

5.2.1.2 个人进取心的三个方面:自我启动、先动性、坚持不懈

自我启动是指,一个人无须被告知就主动做事,没有具体的指示,或者没有具体的职责要求。因此,个人进取心是追求自己设定的目标而不是分配的目标。举例来说,一个蓝领工人试图修好一台坏了的机器,即使这并不是他或者她的工作职责。

最初,我们在将这些定义运用到企业家精神上时存在概念问题,因为通常要求他们表现出进取心,进取心就是他们"工作描述"的一部分。如果首席执行官首创了很多工序和产品革新,我们是不是仍然可以提及自我启动?他或者她是在做自己的本职工作呢,还是展示进取心?经过漫长的深思熟虑,现在我们将自我启动定义为:具有偏离"正常"或者明显路径的特征(Frese and Fay,2001)。如果某事不是很明显,如果需要一定程度的脑力参与才能认识到其重要性,这就是个人进取心。如果一个高层管理者接受一项已经开始流行的创新,而这个创新已经被其他管理者付诸实践,并且被专业杂志讨论了一段时间,那么这并不是个人进取心。

先动性指的是长期关注机会和问题,而不是等到必须对需求做出反应时才行动。长期聚焦于工作,使得个人能够预期一些事情(新需求、新问题,或者老问题、新机会),并且对它们采取先动性行动。

要做到积极行动,通常必须要通过坚持不懈来克服各种困难。每当事情发生变化时,总会有困难要克服,因为一个人不可能掌握所有需要的技能和知识。此外,其他人(上司和同事)也许不喜欢变化,这也形成了需要克服的阻力。

个人进取心的三个方面——自我启动、先动性和坚持不懈相辅相成。首先,一个先动性的观点需要自我启动行动,因为一个面向未来的先动性方向,更有可能形成目标,而这个目标超越了一个人预期要做的事情。其次,自我启动的目标导致需要克服障碍(持久的),因为变化是执行的内在成分。最后,自我启动使人们必须经常思考未来的问题,从而具有高度的先动性。因此,个人进取心的三个方面趋向于同时发生(Frese et al.,1997)。

员工的进取心并不总是得到上司和同事的欢迎。通常,进取心强的人会让同事感到令人讨厌和难以应付,每个创意都"破坏现状"并且制造变动。因为人们倾向于厌恶

变化,所以他们通常带着质疑的目光看待首创精神。上司甚至认为高进取心的人反叛性强,是个"令人头痛的捣蛋鬼"。短期看来,个人进取心并不总是得到赏识,但是长期来看,它对于组织的健康和生存非常关键。

5.2.1.3 个人进取心的几个方面

个人进取心的几个方面可以运用行动理论中的行为序列观点(Frese and Fay,2001; Frese and Zapf,1994),包括制定目标、收集信息、预测、计划、监控行动和反馈。目标制定之后,人们开始检索完成这个目标需要的信息,当处理动态系统时,对于行为环境的未来状态要做出一定的预测。这些信息用来制订执行和监控的计划。监控期间,并行反馈(concurrent feedback)用来调整行动,结果反馈也是类似使用的。这听起来像行动展开中的逻辑序列。然而,我们并没有假设这个序列是不可改变的。例如,人们也许从一个目标直接跳到计划过程,然后再返回来获取更多的信息。这个行动序列的每一部分,都可以和个人进取心的三个方面——自我启动、先动性、克服障碍——关联起来(如同表5.1描述的那样,更多细节见 Frese and Fay,2001)。

5.2.1.4 个人进取心的前提和后果

表5.1展示了个人进取心的前提和后果的一般模型。接下来的观点对于理解这个表格非常重要。首先,个人进取心被概念化为行为。其次,我们认为近因(proximal causes)和远因(distal causes)不同(Kanfer,1992)。个性和知识、技能、能力都是远端诱因,导向是近端诱因(环境支持是近因与远因的混合物)。取向具有中等层次的特异性。与远因相比,它们更特殊、更加以行动为导向,与个人积极进取心联系更密切。最后,环境支持、知识、技能和能力、个性,这些变量会影响取向,取向则影响个人进取心。进取心会对个人和组织层面上的绩效产生影响。下面,我们将从定位开始,简单地看一遍表格,因为它是模型的核心(细节参见 Frese and Fay,2001)。

表5.1 个人进取心的几个方面

行为序列	自我启动	先动性	克服障碍
目标/重新定义任务	激活目标,重新定义	预估未来的问题、机会,并转化成目标	遇到挫折时取向目标
收集信息及预测	激发探索,比如,考察、积极浏览	• 预先考虑潜在的问题区域及机会 • 用不同的方式形成认知	继续探索,即使是遇到复杂的情况和消极的情绪
计划与执行	激活计划	• 备用计划 • 为机遇准备好行动计划	• 克服障碍 • 受阻时,迅速返回计划
监控及反馈	自我反馈及积极探索反馈	开发潜在问题及机会的信号预警	保护反馈探索

资料来源:Frese and Fay(2001:144)(copyright 2001, reprinted with permission from Elsevier)。

取向。与罗特等(Rotter et al.,1972)一致,我们认为,所有个体间差异的概念,可以沿着共性的维度进行区分,概念的共性应该与研究问题相适应。取向表示的是一个具备中等特异性的概念。取向既不是高度特指的态度(例如,针对一项特定任务),也不是一般的个性特征。取向可以激发个人进取心,因为它让人们相信,展现个人进取心是可能的,同时,也可以消除潜在的负面后果。取向以控制/掌握为核心(控制评价)、自我效能、控制和责任渴求处理个人进取心的潜在负面影响——主要是变化、压力和错误。控制力主要出现在两个领域,即结果控制领域(控制评价)和行为控制领域(自我效能)。控制和责任渴求是习得无助性的对立面(Seligman,1975),无助性导致负面的激励后果。因为,当生物体不期望任何积极的结果时,其会停止对于环境控制的尝试(Seligman,1975)。只有当一个人接受了控制相关的责任时,他才会对控制产生渴望。这三个控制取向——控制评价、自我效能、控制渴求——影响了个人进取心(Frese, Garst and Fay, 2005)。影响个人进取心取向的第二类定位是关于个人进取心的潜在负面后果的:变化、压力和错误。那些视变化为负面因素的人、对错误具有负面取向的人以及不确信能否有效地处理压力源的人,不大可能表现个人进取心。

个性因素。个性因素比取向更普遍,更不易改变,也是更远端的预测变量。成就的需求(McClelland,1987)、认知的需求(Cacioppl and Petty,1982)、积极主动的个性(Grant,1995)以及保守心理(Wilson,1973)都是个性因素,这些个性因素可以预测个人进取心,但也应该不同于个人进取心。这些概念中的很多(例如,成就的需求和行动控制)并没有包含自我启动,其他概念与个人进取心高度类似,例如积极主动的个性,构成了一般性的人格变量,而不是行为。

个性问题,特别是积极主动的个性暂时困扰了我。因为我从行动理论出发,天真地假设,其他人也应该理解,个人进取心是一个行为概念,而不是个性维度(我们用面谈的方式对它进行了衡量,访谈中我们认真地考察了自我启动行为、先动性行为以及克服障碍的行为)。当我们试图在国际期刊(主要是美国)上发表我们的文章时,我们注意到个人进取心是个性维度这一误解已经很深。我们也被自己的思路搞糊涂了,但是我们困惑的方向与之相反:起初我们认为个人进取心的测量问卷仅仅是访谈的不完美版本,后来才发现它与积极人格量表非常相似。积极个性的概念最早是贝特曼(Bateman)和格兰特(Grant)于1993年提出的,是在1990年我们开始研究个人进取心一段时间后的事情。我们曾经将贝特曼和格兰特(Bateman and Grant,1993)的积极个性量表与我们的个人进取心个性问卷的题项做对比,并发现了高度的相关性。这表明,这两种方式本质上衡量的是同一样东西(Frese and Fay,2001)。

知识、技能、能力(knowledge, skills, ability, KSA)。如果一个人擅长他/她的工作,并且学习能力很强,那么他/她的个人进取心会发展得更好。因此,渊博的知识、高超的技能和能力(KSA)是个人进取心的前提条件。实际上,历时研究(Fay and Sonnentag,2002)表明,认知能力影响个人进取心。类似地,综合素质(对工作知识和技能的一个总体衡量)也与个人进取心有关(Frese and Hilligloh,1994)。

环境支持。环境支持是指有利于展示个人进取心的工作和组织的环境。个人进取心的两个重要支持是工作中的控制力和复杂性,它们影响控制渴求、控制评价和自我效能。反过来,这些因素也会导致高度的个人进取心;而个人进取心又会导致长期更高的控制力和工作复杂性(Frese,Garst and Fay,2005)。图5.1表明,压力与个人进取心具有正向关系。乍一看,这个可能与直觉不符。然而,论据就是,压力正是一些事情出现问题的征兆。因此,压力会推动员工处理消极的情况(Fay and Sonnentag,1998)改善环境——再一次改变环境。这可能是压力少有的积极作用之一。一个重要的影响可能是,公司的氛围和文化以及高层管理者支持个人进取心的表现(Morrison and Phelps,1999)。

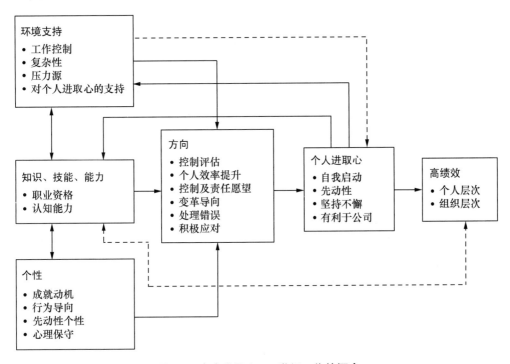

图 5.1 个人进取心:21 世纪工作的概念

资料来源:Frese and Fay(2001:154). Copyright 2001,reprinted with permission from Elsevier。

5.2.1.5 个人进取心对于环境的影响

积极的行为会对环境产生影响。个人进取心最终会对工作的特征产生影响。在这里,两种机制可能会发挥作用:第一,具有强烈个人进取心的人,对于给定的工作增加了额外的复杂性和控制力。如果有人主动开发、维护一项良好的、长期的公司主页解决方案,这样她便增加了自身工作的复杂性。同时,她也增加了对工作的控制力,因为她需要制定决策,同时还要对正常工作以外的事情承担责任。增加的控制力和复杂性可能是临时的(到她完成主页的设计为止),或者永久的(当她决定,为了保证主页的更新,她长期都会负责这个主页)。接下来,工作就会变得更有趣且更具有可控性——这可能会进一步提高个人进取心。上司在这个过程中可能会发挥作用:如果上司发现,某一团队成员打理被忽视的事情,并且只依靠自己完成任务,上司可能会感到,这是个可信赖的团队成员,可以给他指派涉及更多责任和控制力的任务。

第二个机制牵涉工作变化。具有强烈个人进取心的人,为了得到更多具有挑战性的工作,可能会放弃现在的工作。这类人在寻找具有挑战性的工作时,也更容易成功。因为他们给其他人的印象是,他们能出色地完成工作(Frese et al., 1997)。这些影响只有在长期范围内才会发生作用,这两种机制都需要一定的时间来展现。

5.2.1.6 个人进取心与个人以及组织绩效

人们偏离规定或者常规的途径越多,他们展示的个人进取心也就越强。个人进取心也意味着,任务得到有效执行,即使这个人不是按照常规的方式去做。否则,偏离规定的途径将被归咎为低效或者错误。不利于企业的行为,不是个人进取心。

具有强烈个人进取心的失业工人,能够比进取心较弱的人更快地找到工作(Frese et al., 1997)。个人进取心关系到制订清晰的职业计划并且去执行它们(Frese et al., 1997)。个人进取心也与个人的绩效有关。例如,中小企业主的个人进取心与他们公司在乌干达的成功有关系(Koop, De Reu and Frese, 2000)。

当个人进取心在公司内部广泛流行的时候,它也对该组织有利。在一家中等规模的德国公司中有利于进取心的氛围极大地提高了公司的利润率(Baer and Frese, 2003)。这就意味着,一个组织中,个人进取心的广泛存在有助于提高其应对挑战的能力。一个特殊的挑战就是引入流程革新(比如,流程再设计或者零库存生产),有研究表明,进取心的氛围起到调节作用:只有在那些具有很强的进取心氛围的企业中,流程革新的影响才会提高利润率(Baer and Frese, 2003)。究其原因,革新会带来变化和问题,员工必须避免问题,解决那些会对生产造成严重破坏的错误(有利的行为)。此外,有助于生产力的行为和想法需要自我主动开始,因为上司不可能一直在场下达指令(自我启动)。最后是坚持不懈地克服困难,解决问题,扫除障碍。所有这些要素都有助于生产的平稳增长,因此提高了公司的绩效。

有证据表明,展示进取心对组织和个人都会产生积极的结果。因为个人进取心意味着,积极地应对组织和个人的问题以及运用积极的目标、计划和反馈。这样促进了个人的自我发展,有助于组织的成功。至少,在那些必须应对不断变化着的世界的环境中,个人进取心是很重要的。现在,我的想法正在转向发展公司企业文化的问题,在这种企业文化中,个人进取心氛围是必不可少的一个方面。此外,我现在更密切地关注个人进取心和创新这个问题(特别是创新的执行),并且我想个人进取心也是优秀领导力的一个方面。

5.2.2 企业家精神：详尽而主动地做出计划

从开始研究个人进取心时，我便对某一类人产生了兴趣，因为他们表现了最高程度的个人进取心：创业者。我对这个领域产生了兴趣，也是因为我觉得这是一个很重要的社会问题。首先，与其他国家相比，德国表现出相当低的企业家精神——尤其是民主德国(Sternberg,2000;Sternberg and Bergmann,2003)。此外，有几年当中，我每年都来津巴布韦教几周课，我注意到，没有企业家精神，人们就会死于饥饿，低收入的国家就得不到发展。事实上，我开始相信在发展中国家，小企业尤其重要，因为中小型企业是这些国家就业(以及财富)的主要来源(Mead and Liedholm,1998)。在五个非洲国家中，大约17%—27%的就业人口在农业以外的小型企业工作(Mead and Liedholm,1998)——这个比例是大型企业或公共部门员工的2倍，并且与大型公司相比，这个比例正在上升。小企业还能够灵活地应对全球竞争，它们拥有足够的技术，可以充分地服务当地的小市场。最后，只有发展中国家的中产阶级成长起来，文明社会才会得到发展——这又与建设中小型企业相关。作为一名科学家，我想为中小企业的成功贡献一份力量。我确信，这个领域的心理因素亟需得到研究(参见 Baum,Frese and Baron,待出版)，同时，各国政府、发展机构和世界银行几乎完全以经济和法律因素为导向的研究是错误的。因此，我开始研究民主德国、联邦德国(Frese,1998)以及非洲(Frese,2000)的企业家精神。

我再一次转向行动理论，并注意到行动理论中发展出来的一个因素。这个因素对商业人士尤其重要，那就是计划。我花了一段时间才注意到，计划其实与反应型做法相反(我们已经将它描述为个人进取心的对立面)。在企业家精神中积极的导向意味着更高程度的计划。与员工相比，计划也许对于企业家更重要。就员工而言，总是有上司(和组织的惯例)规划他们的任务——组织等级、组织背景等。对于企业所有者来说，情况并非如此。他们的计划更重要，因为计划往往提供了小公司的唯一构架。

对于行动理论，计划具有核心的理论功能，因为它是连接目标(目的)和行动的桥梁(Miller et al.,1960)。计划的形式可以是自觉计划(conscious plan)或者非自觉(自动化或者常规化)计划(non-conscious plan)。当计划在一个复杂的环境中重复使用的时候，它将常规化和自动化。我们把自觉计划作为研究对象，因为它们涉及重要的新情况。这些计划是迈向重要目标的步骤，这些目标将在未来的几个月或者一年之内实现，例如，买一台新机器或者为非洲的露天修理店建一个屋顶。从行动理论的观点来看，自觉计划是对行动的精神模拟，这些精神模拟控制着行为以实行目标，计划使得预测行为环境和行为因素成为可能，制订计划需要一定的形势分析以及如何推动目标实现的决策(Hacker,1992)。实验研究表明，具体的计划(何时何地采取行动)能够把目标变成行动(Gollwitzer,1996)。

计划可涵盖非常不同的时间跨度——可能是几分钟，也可能是几个小时、一天、一个月、一年或者二十年。制订计划并不要求人们把计划内容写下来，或者形成具体的商业计划书——人们只要在行动之前甚至是行动期间,想好行动的步骤即可。

计划可以被概念化为一个维度,其中一端的特征是高度的计划性:计划是精心制订的、详细的、具体的,也许会包括精确的时间安排、对于环境的看法,以及以防意外的备份计划。这个层面的另一端表明,行动不会受到详尽计划的制约,而仅仅只是有一个笼统的想法。行动过程中,行为需要受到现场环境的制约。因此,它们更强地依赖于外部情况以及明显的信号,与那些进展良好的行动计划相比,外部情况和明显信号在更高的程度上决定了行动。因此,人们应对形势而不是积极作用于形势。所以,这一端叫作"反应型"。采用反应型方式的人受到临近情况需求的驱使,他们依赖于其他人,这可能就意味着,他们复制竞争对手的产品,一步接一步地听从咨询师的建议,或者等待供应商、顾客或者分销商告诉他们下一步该如何做。在公司层面上,被动反应的公司进入市场过晚(Lieberman and Montgomery,1998)。实证表明,被动反应的方式导致了失败(Van Gedleren et al. ,2000)。

计划和个人进取心有关系。一个积极的计划需要长期关注潜在的机会或者威胁。长期的关注使得我们有可能从现在开始准备,以增加机会,阻止威胁。长期关注是积极计划的前提条件,那些长期关注某事件的人们,也会制订更详细的计划。行动理论认为,如果优秀的员工(从蓝领工人到软件开发员)制订积极详尽的计划,他们会表现得更出色(Hacker,1992)。详尽的计划包括所要做的工作的广泛、深层的心智模型,其中包括了很多潜在的信号(Hacker,1992)。部分信号是所有者自己生成的,这些信号会告诉行动者,执行一个计划是否有用,它们也能预示未来的困难和机遇。例如,所有者预感到潜在的错误,便会制订备选计划,防止事情出错。详尽的计划不是指所有的重要参数都是预先详细计划好的,而是实现目标的几个重要参数都考虑到了,至少有过简单的考虑。不过,详细的计划也需要成本。制订计划需要时间,计划上所需的心理投入,也许会使人们趋向于坚持以前制订的计划,即使它们已经不再适合当时的需要。

行动理论认为,详尽积极的计划应该有助于人们取得成功,增加人们将目标转化为行动的可能性,有助于调动额外的努力(Gollwitzer,1996),增强毅力,或者降低干扰(Diefendorff and Lord,2004),更好地了解前提条件和各项任务的时间分配,更明确地聚焦重点(Tripoli,1998),减少行动期间的负担。因为行动的很多部分事先已经计划好了(因此,行动也将进行得更顺利),这激励了所有者应对额外的困难,如果事情出现问题,他们已经准备好现成的答案。详尽积极的计划可以使人们充分利用稀缺资源,从而有效应对作为一个企业所有者固有的不安全感。计划有助于人们追踪和确保目标没有迷失或者遗忘(Locke and Latham,1990),并降低过早地触发行动的可能性。另外,计划的主观能动性提高了探索和快速学习的能力(Bruner,1960),进而提升了人们对形势的分析、了解,并且可能采取行动。与消极被动的方式相比,积极的计划促使所有者探索新的战略,如果事情发展不顺利,则可以迅速地做出反应。因此,解释性概念的边界条件性知识得到强化,这有助于解决问题,因为企业的所有者收到了更多、更好的反馈。

我们的很多研究表明,公司取得更大的成功,与公司所有者对公司实行积极的计划方法有关——在欧洲(Van Gelderen,Frese and Thurik,2000)和非洲(Frese,2000;Frese et al.,2004)都是如此。凡·盖尔德林(Van Gelderen et al.,2000)的研究是一个历时研究,这项研究同样也表明了,计划随着成功而变化(它变得更详尽),成功会影响计划,计划也会影响成功(或者说,一个消极被动的方式导致失败,失败反过来会引起更消极被动的方式)。

5.2.3 改变个人进取心:开发培训课程

我并不满足于将个人进取心进行简单的记录和理论化,我还希望能够提高个人进取心。最近,我专注于改变个人进取心的培训课程,并且证明这门课程对于失业工人、雇员以及企业所有者都具有积极的影响。这些文章都还没有发表(除在德国的一项小研究之外(Frese et al.,2002)),但是我们所做的大部分研究都相当振奋人心。

例如,我们对商业人士的培训基于如下几个层面:(1)了解个人进取心的状况;(2)积极主动地设定目标;(3)积极主动地做出计划;(4)创新;(5)成功道路上遇到困难障碍时的情绪控制;(6)时间管理(Frese,Friedrich and Hass,2005;Glaub et al.,2005)。

了解个人进取心的状况。是指了解个人进取心本身是什么,回顾从前,在何种情形下,他或者她本应该表现出更高的进取心。我们同学习者分享企业家使用不同战略的案例研究。每组学习者要讨论案例中描述的企业家采用了被动消极的策略还是计划策略。在这种讨论中,参与者形成了一系列积极主动计划的学习原则。

积极主动地设定目标。通过制定明确的、有时间限制的、参与者感到具有高度挑战性的目标,可以将目标所带来的积极影响最大化。例如,第一步,要求参与者写下他们现在的企业目标;第二步,让他们把这些目标与具有高度激励效果的目标相比较。

积极主动地做出计划。为了促进目标和计划的设定,我们运用了个人项目(McGregor and Little,1998),即要求参与者制定一份个人商业项目,并且计划在两个月到一年之内执行。为了实现以行动为导向,我们要求参与者把重点放在第一个阶段,也就是他们将在下一周内执行的计划(这个短期目标已经在目标设定模块中制定好)。为了增强责任感并接收反馈,他们要把第一步的计划讲给另外一位参与者,两个礼拜之后,我们也会给他们的同伴打电话。另外,通过必须在培训教室现场执行一个自己设定的目标,受培训者获得将短期目标转化成行动的培训。

创新。作为培训的一个模块,其目的是为了说服参与者,在生成创新解决方案上多花时间和精力,同时传授一些方法和技能让他们更具有创造性和创新性。

情绪控制。情绪控制是基于埃利斯(Ellis,1962)提出的应对困难环境中的情绪的方法。例如,如果事情进展不顺利,不要灰心丧气,也不要怒气冲天。

时间管理。与计划的一个方面有关——时间的分配和应对时间不足。小企业主必须应对高度的时间压力。使用时间管理,所有者可以积极地辨别重要的任务——因此,

这也与个人进取心有一定的关系。这里,我们对传统的时间管理培训准则做了一定的修改,并把它作为我们培训的准则。

到目前为止,我们已经做了大约十期这样的培训。我们发现,这种培训会引起更高的个人进取心,更好地制定战略和计划,更强的动机,以及更多地使用新颖的方式。此外,例如从员工数量和销售增长等指标来看,参加过培训的商业人士所拥有的企业的发展速度要高于对比组(Frese, Friedrich and Hass, 2005; Glaub et al., 2005)。

5.3 结论

作为一名科学家,我在一个宏大理论和数个中层次理论上都有所贡献。在我看来,最重要的问题是用开放的心态对待各种怪异的现象和困难,以及人们在自己的环境中表现出的完美的应对策略——我认为,好奇心、求知欲及感到惊讶是良好科学家的特征。我对实际现象非常感兴趣,并且认为,人们应该更密切地关注现实生活中的现象(这些也可能是实验现象,但是就个人而言,我对构成社会的重要问题更感兴趣——不一定在我自己生活的社会)。它有助于培养跨文化的联系以及维护社会各阶层的沟通——丰富多彩的经历有助于产生令人惊讶的事情,有助于偶然发现有趣的现象,有助于建立更广阔的理论思想和方法论网络。

好的研究问题经常源于好奇和意外。然后我们必须在理论上理解经验和现象。为此,把世界看作一台试图用理论概念来理解各种各样现象的理论机器,是非常有效的。我记得,当我还是个学生和年轻研究员的时候,我的朋友和我经常就像两岁小孩拿锤子一样应用理论:我们不断试图用理论来解释每种现象的可能——用这种方法,我们很快发现了这些理论在使用当中的局限性,同时,我们对于理论的理解也更加透彻。

就能力的发展而言,最重要的能力(除了清晰的思路和方法论的把握)是在具体和抽象之间来回往复,从具体现象到抽象概念,然后再不断地反复。很多学生似乎把理论当作是一些要记住的东西,需要的时候再拿出来。而我认为,当我们独自坐在酒吧观察其他人或者组织的时候,我们应该将理论运用到其中。例如,一个称职的调酒师调制一种混合酒,在酒精的影响下,一对夫妇开始调情,另外一人则开始愤怒,而有个人却跌倒了——在我们的理论(或者宏大理论)帮助之下,我们可以理解所有这些现象。顺便提一下,卢因最重要的信条——他的很多理论和实验都是来源于和他的学生在咖啡馆所观察到的人,例如,蔡加尼克效应(Zeigarnilk effect)(Marrow, 2002)。换句话说,理论是用来理解世界的手段——作为功能性工具,理论让我们的生活变得更有趣,有时候使我们更具理解力。显然,我们想通过系统地检验我们的假设,把这种理论的使用带到科学领域。

对我而言,宏大理论是很重要的。其重要的原因包括:首先,宏大理论使不同研究领域的知识更容易聚集。把中层次理论融入宏大理论中,使知识的融合成为可能。其次,我之所以选择行动理论是因为我确信,人类的一个基本的分类方式就是他们的行动

第5章 宏大理论与中层理论:文化因素如何影响理论构建和对工作主动性的理解

(相互作用)。人类并不是坐在椅子上思考世界的生物体——他们是行动着的生物体,不停地以各种方式做出行动,并与环境发生相互作用。此外,工作和组织心理学的基本构成单位就是工作中的行动——这是人类所有发展的开始(试想,因为我们的工作,我们在多大程度上改变了环境——我们坐在办公室的电脑前,在大的办公室里工作,回家钻进房子,穿衣服,等等——所有的这些都是工作行动物质化的结果)。并且我们在社会背景下进行这些工作行动——我们正积极地组织工作行动。因此,在起始阶段,从一个宏大理论开始是有道理的。最后,任何时候,当我涉足一个新领域的时候,我的一般性宏大理论会给我带来第一组假设。例如,当我开始对工作中的情绪感兴趣的时候,尽管行动理论在情绪方面并没有什么研究,但我的宏大理论(或者我的偏见)会给我一个如何处理情绪的方法。行动理论认为,情绪和行动有一定的关系,情绪让人们处于行动状态,因为情绪提供了克服或者应对困难的动力;一定的行为会导致一定的情绪(例如,害羞或者骄傲)(Pekrun and Frese, 1992)。因此,一个宏大理论并不能总是给出正确的问题,当然也并不能总是提供正确的答案(这些应该出现在中层次理论的领域);然而,宏大理论给出了起点,并且构造了通向理论化的途径。

当然,这也有不足之处。我选择了将文章发表在国际期刊上,而美国期刊在国际期刊中占据着统治地位。因为,每一篇文章都是一种文化的交流。有时候,宏大理论和中层次理论之间的相互作用很难让人理解。我通常被要求删掉与行动理论有关的参考文献,并且要坚持中层次理论。因此,我的文章中很少描述中层次理论和宏大理论之间的关系。此外,我有时还在理论术语方面遇到困难。例如,我的所有美国朋友和审稿人都建议我,在"错误管理操作指南"里不应该用"启发式"这个术语,尽管我就是想使用这个术语,因为这是行动理论传统中使用的一个老术语,用来表示解决问题的一般方法。

就方法论而言,我开始越来越依赖于定性和定量相结合的方式。我采用结构式访谈,因为在任何问卷调查研究中,差分定位点的问题都尤其严重。对一个所有者来说是高度有计划的东西,可能另外一个人看来却是混乱得一塌糊涂。结构式访谈是有用的,不仅仅因为在元分析研究中,它们表现出高度的有效性(Hunter and Schmidt, 1996),同时因为,采访给了我一个机会去探索被访者所拥有的答案,并使我可以更精确地理解他们的意思。问卷调查有时会"引导"参与者形成确定答案。例如,问卷调查会通过直接询问计划和行动来引导参与者。在某些文化背景下,这种情况尤其显著,比如,在非洲,反驳别人被视为不合礼节,或者人们致力于创造和谐。以上都是关于访谈方法的情况。同时,我想用数据定量地检验假设,来证明或者推翻这些假设——因此,使用编码程序是必要的(我使用功能强大同时又不太复杂的内容分析)。

然而,我需要告诫大家,并不是所有的文章都能迅速转化成学术上的成功旗帜。实际上,我注意到,我最引以为傲(也许因为它们是我在理论研究上最喜欢的)的一些实证研究文章却是最难发表的。我的直觉是,它们因打破了典型的方法而受到了批判(这是审稿人乐此不疲的工作)。另外,我最引以为傲的这些文章通常也是影响力最大的。那毕竟是我们感兴趣的。我们不应该为了发表文章而发表文章(至少在我们得到职称之后不要这样）。我努力工作发表文章的动因是，我想把我发现的一些重要的东西拿出来交流一下。我们都应该有志于塑造和影响科学和知识的发展，而不是仅做科学机器上一颗循规蹈矩的小螺丝钉。

参考文献

BAER, M., and FRESE, M. (2003). Innovation is not enough: Climates for initiative and psychological safety, process innovations, and firm performance. *Journal of Organizational Behavior*, 24: 45–68.

BATEMAN, T. S., and CRANT, J. M. (1993). The pro-active component of organizational behavior: A measure and correlates. *Journal of Organizational Behavior*, 14: 103–118.

BAUM, J. R., FRESE, M., and BARON, R. A. (eds.) (forthcoming). *The Psychology of Entrepreneurship*. Hillsdale, NJ: Lawrence Erlbaum Publishers.

BRODBECK, F. C., FRESE, M., and JAVIDAN, M. (2002). Leadership made in Germany: Low on compassion, high on performance. *Academy of Management Executive*, 16(1): 16–29.

BRUNER, J. S. (1960). *The Process of Education*. Cambridge, Mass.: Harvard University Press.

CACIOPPO, J. T., and PETTY, R. E. (1982). The need for cognition. *Journal of Personality and Social Psychology*, 42: 116–131.

CRANT, J. M. (1995). The proactive personality scale and objective job performance among real estate agents. *Journal of Applied Psychology*, 80: 532–537.

DIEFENDORFF, J. M., and LORD, R. G. (2004). The volitional and strategic effects of planning on task performance and goal commitment. *Human Performance*, 16: 365–387.

DUNCKER, K. (1935). *Zuer Psychologie des produktiven Denkens*. Berlin: Springer.

EDMONDSON, A. (1999). Psychological safety and learning behavior in work teams. *Administrative Science Quarterly*, 44: 350–383.

ELLIS, A. (1962). *Reason and Emotion in Psychotherapy*. New York: Lyle Stuart.

FAY, D., and LANGE, I. (1997). Westdeutsche Unternehmen in den Neuen Bundesländern: Garant für bessere Arbeitsgestaltung? *Zeitschrift für Arbeits- und Organisationspsychologie*, 41: 82–86.

—— and SONNENTAG, S. (1998). *Stressors and Personal Inititative: A Longitudinal Study on Organizational Behavior* (manuscript submitted for publication).

—— (2002). Rethinking the effects of stressors: A longitudinal study on personal initiative. *Journal of Occupational Health Psychology*, 7: 221–234.

FRESE, M. (1995). Error management in training: Conceptual and empirical results. In C. ZUCCHERMAGLIO, S. BAGNARA, and S. U. STUCKY (eds.), *Organizational Learning and Technological Change*: 112–124. Berlin: Springer.

—— (ed.) (1998). *Erfolgreiche Unternehmensgründer: Psychologische Analysen und praktische Anleitung für Unternehmer in Ost- und Westdeutschland*. Göttingen: Angewandter Psychologie Verlag.

—— (ed.) (2000). *Success and Failure of Microbusiness Owners in Africa: A Psychological Approach*. Westport, Conn.: Quorum Books.

—— and FAY, D. (2001). Personal Initiative (PI): A concept for work in the 21st century. *Research in Organizational Behavior*, 23: 133–188.

—— FRIEDRICH, C., and HASS, L. (2005). Training entrepreneurs for higher efficiency and effectiveness: A psychological training study. University of Giessen: Report.

—— GARMAN, G., GARMEISTER, K., HALEMBA, K., HORTIG, A., PULWITT, T., et al. (2002). Training zur Erhöhung der Eigeninitiative bei Arbeitslosen: Bericht über einen Pilotversuch (Training to increase personal initiative in unemployed: a pilot study). *Zeitschrift für Arbeits- und Organisationspsychology.*

—— GARST, H., and FAY, D. (2005). Making Things Happen: Reciprocal Relationships between Work Characteristics and Personal Initiative (PI) in a Four-Wave Longitudinal Structural Equation Model. University of Giessen (forthcoming).

—— and HILLIGLOH, S. (1994). Eigeninitiative am Arbeitsplatz im Osten und Westen Deutschlands: Ergebnisse einer empirischen Untersuchung. In G. Trommsdorf (ed.), *Psychologische Aspekte des sozio-politischen Wandels in Ostdeutschland*: 200–215. Berlin: Walter de Gruyter.

—— KRAUSS, S., ESCHER, S., GRABARKIEWICZ, R., FRIEDRICH, C., and KEITH, N. (2004). *Micro Business Owners Characteristics and their Success: The Role of Psychological Action Strategy Characteristics in an African Environment.* Giessen: Dept. of Psychology (submitted for publication).

—— KRING, W., SOOSE, A., and ZEMPEL, J. (1996). Personal Initiative at work: Differences between East and West Germany. *Academy of Management Journal*, 39(1): 37–63.

—— FAY, D., HILBURGER, T., LENG, K., and TAG, A. (1997). The concept of personal initiative: Operationalization, reliability and validity in two German samples. *Journal of Organizational and Occupational Psychology*, 70: 139–161.

—— and SABINI, J. (eds.) (1985). *Goal Directed Behavior: The Concept of Action in Psychology.* Hillsdale: Erlbaum.

—— and ZAPF, D. (1994). Action as the core of work psychology: A German approach. In H. C. Triandis, M. D. Dunnette, and L. Hough (eds.), *Handbook of Industrial and Organizational Psychology*: 4. 271–340. Palo Alto, Calif.: Consulting Psychologists Press.

GLAUB, M., GRAMBERG, K., FRIEDRICH, C., and FRESE, M. (2005). *Personal Initiative Training for Small Business Owners in South Africa: Evaluation Study of a 3-day-Training Program.* Giessen: Univ of Giessen.

GOLLWITZER, P. M. (1996). The volitional benefits of planning. In P. M. Gollwitzer and J. A. Bargh (eds.), *The Psychological of Action*: 287–312. New York: The Guilford Press.

HACKER, W. (1973). *Allgemeine Arbeits-und Ingenieurpsychologie.* Berlin: VEB Deutscher Verlag der Wissenschaften.

—— (1992). *Expertenkönnen. Erkennen und Vermitteln.* Göttingen: Hogrefe.

HEIMBECK, D., FRESE, M., SONNENTAG, S., and KEITH, N. (2003). Integrating Errors into the Training Process: The Function of Error Management Instructions and the Role of Goal Orientation. *Personnel Psychology*, 56: 333–362.

HOFSTEDE, G. (1991). *Cultures and Organizations.* London: McGraw-Hill.

HOUSE, R. J., HANGES, P. J., JAVIDAN, M., DORFMAN, P. W., and GUPTA, V. (eds.) (2004). *Cultures, Leadership and Organizations: A 62 Nation GLOBE Study.* Thousand Oaks, Calif.: Sage.

HUNTER, J. E., and SCHMIDT, F. L. (1996). Cumulative research knowledge and social policy formulation: the critical role of meta-analysis. *Psychology, Public Policy, and Law*, 2: 324–347.

ILGEN, D. R., and HOLLENBECK, J. R. (1991). The structure of work: Job design and roles. In M. D. Dunnette and L. M. Hough (eds.), *Handbook of Industrial and Organizational Psychology*: 2. 165–208. Palo Alto, Calif.: Consulting Psychologists Press.

Ivancic, K., and Hesketh, B. (2000). Learning from errors in a driving simulation: Effects on driving skill and self-confidence. *Ergonomics*, 43: 1966–1984.

Kanfer, R. (1992). Work motivation: New directions in theory and research. In C. L. Cooper and I. T. Robertson (eds.), *International Review of Industrial and Organizational Psychology, 1992*: 7. 1–54. Chichester: Wiley.

Keith, N., and Frese, M. (forthcoming). Self-regulation in error management training: Emotion control and metacognition as mediators of performance effects. *Journal of Applied Psychology*.

Koop, S., De Reu, T., and Frese, M. (2000). Sociodemographic factors, entrepreneurial orientation, personal initiative, and environmental problems in Uganda. In M. Frese (ed.), *Success and Failure of Microbusiness Owners in Africa: A Psychological Approach*: 55–76. Westport, Conn.: Quorum.

Kuhl, J. (1992). A theory of self-regulation: Action vs. state orientation, self-discrimination, and some applications. *Applied Psychology: An International Review*, 41: 97–129.

Lieberman, M. B., and Montgomery, D. B. (1998). First mover (dis-)advantages: Retrospective and links with the resource-based view. *Strategic Management Journal*, 19: 1111–1125.

Locke, E. A., and Latham, G. P. (1990). *A Theory of Goal Setting and Task Performance*. Englewood Cliffs, NJ: Prentice-Hall.

McClelland, D. C. (1987). *Human Motivation*. Cambridge: Cambridge University Press.

McGregor, I., and Little, B. R. (1998). Personal projects, happiness, and meaning on doing well and being yourself. *Journal of Personality and Social Psychology*, 74: 494–512.

March, J., and Simon, H. A. (1958). *Organisations*. New York: Wiley.

Marrow, A. J. (2002). *The Practical Theorist: The Life and Work of Kurt Lewin*. German edn.: Klette-Cotta.

Mead, D. C., and Liedholm, C. (1998). The dynamics of micro and small enterprises in developing countries. *World Development*, 26: 61–74.

Miller, G. A., Galanter, E., and Pribram, K. H. (1960). *Plans and the Structure of Behavior*. London: Holt.

Morrison, E. W., and Phelps, C. C. (1999). Taking charge at work: Extrarole efforts to initiative workplace change. *Academy of Management Journal*, 42: 403–419.

Pekrun, R., and Frese, M. (1992). Emotions at work and achievement. In C. L. Cooper and I. T. Robertson (eds.), *International Review of Industrial and Organizational Psychology 1992*: 7. 153–200. Chichester: Wiley.

Popper, K. R. (1972). *Objective Knowledge: An Evolutionary Approach*. Oxford: Oxford University Press.

Reason, J. (1990). *Human Error*. New York: Cambridge University Press.

Rotter, J. B., Chance, J. E., and Phares, E. J. (1972). An introduction to social learning theory. In J. B. Rotter, J. E. Chance, and E. J. Phares (eds.), *Applications of a Social Learning Theory of Personality*: 1–44. New York: Holt.

Schmidt, A. M., and Ford, J. K. (2003). Learning within a learner control training environment: The interactive effects of goal orientation and metacognitive instruction on learning outcomes. *Personnel Psychology*, 56: 405–429.

Schwartz, S. H. (1999). A theory of cultural values and some implications for work. *Applied Psychology: An International Review*, 48: 23–48.

Seligman, M. (1975). *Helplessness: On depression, development and death*. San Francisco: Freeman.

STERNBERG, R. (2000). *Entrepreneurship in Deutschland*. Berlin: edition sigma.

—— and BERGMANN, H. (2003). *Global entrepreneurship monitor: Länderbericht 2002*. Cologne: Institute of economic and social geography, University of Cologne.

TRIPOLI, A. M. (1998). Planning and allocating: Strategies for managing priorities in complex jobs. *European Journal of Work and Organizational Psychology*, 7: 455–475.

VAN DER LINDEN, D., SONNENTAG, S., FRESE, M., and VAN DYCK, C. (2001). Exploration strategies, performance, and error consequences when learning a complex computer task. *Behaviour and Information Technology*, 20: 189–198.

VAN DYCK, C., FRESE, M., BAER, M., and SONNENTAG, S. (forthcoming). Organizational error management culture and its impact on performance: A two-study replication. *Journal of Applied Psychology*.

VAN GELDEREN, M., FRESE, M., and THURIK, R. (2000). Strategies, uncertainty and performance of small business startups. *Small Business Economics*, 15: 165–181.

VOLPERT, W. (1974). *Handlungsstrukturanalyse als Beitrag zur Qualifikationsforschung*. Cologne: Pahl-Rugenstein.

WEICK, K. E. (1989). Theory construction as disciplined imagination. *Academy of Management Review*, 14: 516–531.

WILSON, G. D. (1973). *The psychology of conservatism*. New York: Academic Press.

WRZESNIEWSKI, A., and DUTTON, J. E. (2001). Crafting a job: Revisioning employees as active crafters of their work. *Academy of Management Review*, 26: 179–201.

第6章 高阶理论的起源、迂回与教训*

唐纳德·C.汉布里克

高阶理论(upper echelons theory)的核心是,高层管理人员会对其所面临的情境和选择做出高度个性化的诠释,并以此为基础采取行动,即高层管理人员在行为中注入了大量自身所具有的经验、性格、价值观等特征。这种个性化的程度,能够决定战略的形成或影响他人的行动,组织因而成为高层管理人员的反映。

6.1 高阶理论的起源

我对于高阶理论观点的研究,源于一篇为马克斯·理查兹(Max Richards)所教授的战略研讨课而撰写的课程论文。当时我正在宾州州立大学(Penn State)攻读博士学位,刚进入第一学期。那是1975年,当时盛行正式的计划系统、精细的战略制定流程以及管理科学。作为一个对战略和公司策略充满浓厚兴趣的学生,这些内容正是我渴望了解并期待在马克斯的课程中能够学到的。对于战略科学,我充满学习热情。

但事情并非如此。课程大纲上最初的阅读文献来自卡内基学派(the Carnegie School):西蒙(Simon,1945)、马奇与西蒙(March and Simon,1958)以及西尔特与马奇(Cyert and March,1963)。这就是我当时的状况,我正准备去学习伟大的计划和出色的战略,却突然发现自己要面对的是这些管理工作的人性现实——有限理性、有限搜索、信息超载以及联盟动力。当我从最初的迷茫中回过神时,这些想法引发了我极大的共鸣。因为在我自己不多的管理经验中,我已亲身经历过卡内基学派理论家们所描述的问题。我曾经从事过基层管理工作,并感受到超出自己想象的复杂、刺激和选择。我走了不少捷径,调和了许多问题,发挥自己的强项,并祈祷我的弱点不会过于妨碍工作。此刻,在马克斯的课堂里,我非常清楚地认识到,如果我当初是按照卡内基学派学者所描述的方式行动的,那么那些负责更重要、更复杂领域的高层管理人员也同样会受到其

---

* 感谢克雷格·克罗斯兰(Craig Crossland)对于论文初稿的帮助和建议。

人性局限的限制。

当我正在构思将要交给马克斯的论文提纲时,碰巧读到一篇刊登在《财富》(Fortune)杂志上的文章,文中给出了一张有关财富500强首席执行官的列表以及背景资料,并附有完整的信息,包括他们的年龄、任期、职能背景、毕业学校与专业、宗教以及家乡。我最初的反应是想弄清楚为何我们需要关心这些人的背景,但很快就意识到这是因为这些信息非常重要。这些高层管理人员决定了公司的命运,并透过他们自身的经历、知识、价值观和其他个人偏见来看待世界。我开始为《财富》杂志上的这些列表而着迷,甚至进行了一些基础性的分析。我建立了这些首席执行官的小型子样本,如最年轻和最年长的,受过最高和最低正规教育的等。然后我登录穆迪官方网站(www.moodys.com)去研究其所在公司最近的绩效和行动。记忆中,我没能发现任何显著的模式。而且,无论如何,我那些不完善的研究方法也让我几乎不可能发现或理解这样的模式。但我仍然认为,我会发现一些东西。

为马克斯课程所写的论文,表现出我对于卡内基学派以及高层管理人员的决策与个人偏见这两方面兴趣的交融。在论文中,我提出,高层管理人员的背景特征(如任期、教育和职能背景)对其所面临的刺激起到了过滤和扭曲的作用;而且,这些背景特征可以用来预测管理人员的战略选择。虽然马克斯给我的论文评分为A,但对于我的想法显然缺乏热情。(其实,这些年来我逐渐明白,马克斯这个爱抽雪茄的古怪老头,对于任何事都甚少流露出其真实情感,他对我那篇论文的喜爱程度可能远远超出他所表现出来的态度。尽管如此,我还是对他感激不尽。)我灰心丧气地将论文搁置一旁,让它休眠了好几年。

6.2 早期阐述

1983年年初,我在哥伦比亚大学与一位博士生有过一次非正式的讨论,当时我正在那里任教。我和菲莉丝·梅森(Phyllis Mason)探讨的话题是:获得过工商管理硕士学位(MBA)的管理人员,在行为和绩效上与没有获得MBA学位的管理人员是否存在差异。这是一次非正式的、并不重要的讨论,可能当时我一时沮丧,怀疑自己是否能对MBA学生产生任何持久的影响。可以肯定的是,这次讨论起初并不是为了理论或研究。但后来,讨论变得十分有趣生动,并且很快使我想起了八年前在博士学习初始阶段时写给马克斯的那篇论文。

我找到了先前的那篇论文。再次阅读它,既畏缩于当时想法的稚嫩,也享受着其所蕴含的前景。我回想起当时这些想法曾让我多么激动。我询问菲莉丝是否愿意和我一起对这篇论文进行重大的修改、更新和拓展。短短几个月内,我们就完成了一篇高质量的稿件,并将它投到了《美国管理学会评论》(The Academy of Management Review, AMR)。在我的职业生涯中,这是第一次并且是唯一一次:论文被即刻录用并发表于

1984年4月,标题为"高阶:组织作为高层管理人员的反映"(Hambrick and Mason,1984)。这篇论文开创了随后为大家所熟知的"高阶理论"。

回顾上文中提到的这篇论文,我们试图给出三个主要论点:其一,高层管理人员基于其个人偏见、经验和价值观而采取行动。如果想理解组织为何会如此运作,为何会采取如此的方式进行运作,那就需要了解位于公司高层的管理人员。其二,整个高层管理团队(top management team)的特性比首席执行官(CEO)个体的特性能更好地预测组织的成果。例如,相对于知道该公司首席执行官的年龄为62岁,若能知道其高层管理团队的平均年龄是62岁,我们将能做出更为可靠的预测。其三,我们认为,人口统计学变量可以作为管理人员认知和价值观的预测变量,尽管这样还不够精确,需进一步处理。在实际操作中,面对获取大样本的高级管理人员心理测量数据的实际困难,学者们可以依赖人口统计数据作为另一种有效的替代方法。

与博士阶段的那篇早期论文相比,菲莉丝与我所写的这篇论文的一大重要改进是,我们尝试明确高级管理人员的个人偏见在其选择中得以显现的运行机制。这一改进是我们所声称的新理论的重要组成部分之一。毕竟,仅仅提出由X可推导出Y并不足以建立一套新理论,还必须说明该联系存在的原因,或者描述发挥作用的运行机制(Dubin,1969)。

对我们而言,将高级管理人员的个人偏见转化为其行为的机制是一种信息筛选过程。因此,高阶理论从根本上来说是一种信息处理理论,它提供了一种系统诠释高层管理人员如何在有限理性的情况下采取行动的途径。我们将所设想的过程绘制成示意图,之后我和希德·芬克尔斯坦(Syd Finkelstein)在有关战略领导力(Finkelstein and Hambrick,1996)一书中对其进行了完善,我进一步将之改进为如图6.1所示。

图6.1最左边表示高层管理人员所面对的"战略情境",或存在于组织内外的无数事件、趋势和条件,这种情境所包含现象的数量,远远超出管理人员所能够领会的范围。高层管理人员面对这些情境采用"高层取向"(executive's orientation)。高层取向由相互交织的心理特征(包括价值观和个性)和可观测到的经验(如年龄和职能背景)所组成,高层管理人员以该取向为基础,通过三个步骤的信息筛选过程,最终产生出高度个性化的"被诠释的现实"(construed reality)。

作为筛选过程的第一步,高层管理人员的取向会影响其洞察力的范围——注意力所指引的部分,即一名高层管理人员,或乃至整个高层经理团队,无法考察环境和组织的各个方面。第二步,在其洞察力范围以内,该高层管理人员将带有选择性地仅仅感知到部分现象,因此其认知将进一步受到限制。也就是说,一名高层管理人员所看到或注意到的,仅仅是位于"雷达屏幕"上的一个子集。作为这一连续筛选过程的第三步,高层管理人员会对已注意到的刺激进行诠释,或赋予意义。下面举例来说明这三步过程。我们可以想象:(1)一名高层管理人员(或高层管理团队)专注地审视着技术环境,而非客户环境(受限的洞察力);(2)接着,对于所有获得的技术信息,他只留意或理解了其

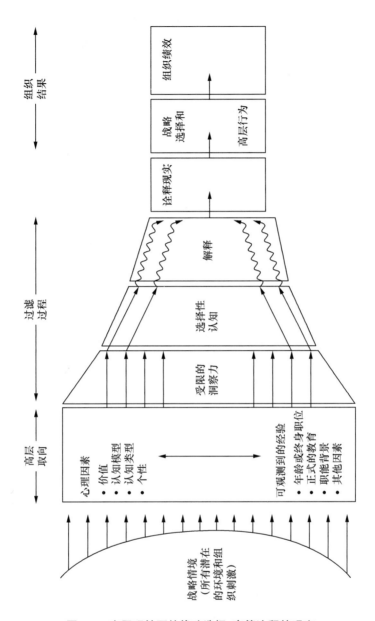

图6.1 有限理性下的战略选择:高管诠释的现实
资料来源:摘自 Hambrick and Mason(1984) and Finkelstein and Hambrick(1996)。

中的一个子集(选择性认知);(3) 然后,考虑到机遇与风险、事件发生的概率等,该高层管理人员会对那些已留意到的信息的含义进行一番权衡(诠释)。作为三步筛选过程的结果,这名高层管理人员对战略情境的最终解读或"被诠释的现实"可能和总体的客观条件仅仅有小部分的重合。或者,换种方式而言,对于某一既定的情境,两个取向不同的高层管理人员所得出的诠释可能会大不一样。

几年前,在给马克斯·理查兹的那篇论文中,我已经提出了一些初步的想法。与之相比,三步信息筛选过程的完善,意味着在理论精确性上的巨大进步。在某种程度上,这种复杂性的提升是源于我作为一名学者的全面成熟,尤其是我对于因果过程的思考能力的提高。信息筛选过程的明确化,应归因于博士学位论文对我的心智所产生的影响。

我的博士学位论文(Hambrick,1979)研究了高层管理人员所表现的环境审视行为。我感兴趣的是,根据其所处的行业特点、竞争战略、职能背景和现状,管理人员如何从事不同的审视活动。即我所感兴趣的是那些影响高层管理人员"洞察力范围"的因素,虽然当时还未借用这一术语。当菲莉丝与我重新启动高阶理论项目时,我很自然地将所积累的有关高层管理人员审视的见解,融入对进程的描绘之中,并将高层管理人员个性特征与高层管理人员选择二者联系起来。本质上,我们将高层管理人员洞察力范围这一概念,与描述高层管理人员认知的概念结合起来,这些概念曾被引入,但采用了不同的定义,包括"选择性认知"(Dearborn and Simon,1958)、"留意"(noticing)(Porter and Roberts,1976)和"意义建构"(sensemaking)(Kiesler and Sproull,1982)。

正如下文将要谈到的,高度明确的筛选过程不仅尚未得到充分的研究,坦白来说,甚至还未得到验证。但是,关于高层管理人员的个性特征如何在组织行为结果中得到反映,它至少提供了逻辑上的一致性。这种筛选过程理论在1984年出现,相应的实证研究随后才得以展开。

6.3 实证论据

6.3.1 基本论据

高阶理论的发展不仅仅是一次学术思考的空谈练习,我和菲莉丝·梅森受到了初期那些零零碎碎论据的激励,而正是这些论据指向我们正在构建的模型。我想起了三项有影响的研究。

其中之一是一项小型研究(仅有五页,并基于只包含23位经理的样本),是由德威特·迪尔伯恩与赫伯特·西蒙(DeWitt Dearborn and Herbert Simon,1958)开展的。二位作者认为,对目标的认识以及对特殊职能区域的强化,将导致管理人员对复杂商业情景中某些特定信息给予特别关注,并且,随后管理人员会用其擅长的专业术语来诠释这些信息。为了检验这些想法,迪尔伯恩和西蒙让来自同一家公司的中层管理人员阅读了一份10 000字的商业案例。该案例呈现了大量几乎没有任何结构、不加任何解释的事实。然后,他们要求这些管理人员找出该公司所面临的主要问题。正如研究人员所预期的那样,经理们倾向于那些能反映其职能背景的诠释,例如,相对来自其他职能领域的经理,销售经理提到了更多与销售相关的问题。这项研究第一次提供了系统性的论据,表明经理们透过自身的经验来看待世界。

由米勒、凯茨·德弗里斯和图卢兹(Miller, Kets de Vries and Toulouse,1982)进行的第二项研究,检验了首席执行官的控制点所产生的影响。控制点是一项个性因素,可以用来描述两类人：一类人认为,其生活中所发生的事件都在其掌控中(称之为"内控者")；另一类人则认为,事件的发生在其掌控之外,源于运气、天数或命运(称之为"外控者")。通过对一个由加拿大高级管理人员所构成的样本进行研究,米勒等人发现,相对于由外控者领导的公司,由内控者领导的公司更具有创新性,并且更可能处于动态的环境之中。他们总结道："相信命运掌握在自己手中的经理,更有可能尽量积极地控制命运。"在一份补充分析中,他们发现,通过比较,相对于首席执行官任期较短的情况,首席执行官任期越长,其控制观同组织创新、环境动态之间的相关性越强烈,从而促使研究人员得出进一步结论,即管理人员的个性塑造了战略。

当看到第三篇研究论文时,我们的论文已经在《美国管理学会评论》上即将发表,因此无法在文中引用。但不管怎样,它仍然起到了强化和鼓励的作用。古普塔与戈文达拉扬(Gupta and Govindarajan,1984)进行了一项关于部门总经理的系统性研究,发现某些管理特征与追寻"建立型"(build)战略(追求市场份额)企业的绩效有关；而另一套与此显著不同的管理特征,与寻求"收获型"(harvest)战略(寻求现金流)企业的绩效有关。特别是,最成功的"成长型"(growth)企业的总经理,具有相当丰富的市场营销/销售经验,并且对于不确定情况具有很高的容忍度。相反,最成功的"收获型"企业的管理人员,具有很少或根本没有市场营销/销售经验(相反,其可能具有丰富的运营或会计/财务经验),并难以容忍不确定情况。尽管这项研究并没有直接探讨高阶理论的核心宗旨,即高层管理人员的特征在其选择之中得以体现,但它表明,企业战略与管理人员特征的一致性有利于企业绩效,从而强化了高阶理论的普遍前提。

6.3.2 强化论据

从我们写好发表于《美国管理学会评论》的论文时起,支持高阶理论的论据开始快速稳步增长。哥伦比亚大学的学生开展了多个以此作为博士学位论文的项目,都着眼于将高层管理团队作为分析单元。理查达·巴博萨(Ricardo Barbosa,1985)发现,高阶管理层的特征可以强有力地预测林业产品行业中的创新战略与公司绩效。理查德·戴维尼(Richard D'Aveni)成功证明,当一家公司趋于破产时,其高层管理团队的素质会发生恶化(D'Aveni,1990;Hambrick and D'Aveni,1992)。希德·芬克尔斯坦研究了如何利用高层管理团队的任期预测战略持续性以及与行业规范的一致性(Finkelstein,1988;Finkelstein and Hambrick,1990)。伯特·坎内拉(Cannella,1991;Cannella and Hambrick,1993;Hambrick and Cannella,1993)研究了导致管理人员在公司被收购后离职的因素,以及此类离职对公司绩效的影响。西尔维娅·布莱克(Sylvia Black,1997)发现,拥有国际经验的高层管理团队与公司随后的国际化战略,以及由于国际化主动性所产生的绩效之间存在一定关联,这一发现很好地支持了其之前的设想。马尔塔·格兰坎兹

(Marta Geletkanycz)发现了一个引人注目的论据,即高级管理人员的外部连带(external ties)会对公司战略产生影响(Geletkanycz,1994;Geletkanycz and Hambrick,1997)。确切地说,她发现高层管理人员在行业内的连带越强,公司越倾向于追寻与行业集中趋势相一致的战略;与此相反,高层管理人员在行业外的连带越强,公司越倾向于追求与行业内盛行的方式有所差异的战略。

最近,特雷莎·赵(Theresa Cho,1999)研究了管理层的注意力模式在高层管理团队构成与战略绩效之间的调节作用。为了测度管理人员的注意力,她通过对高层管理人员写给股东的信件进行自动文本分析,发现在管制放松之后,那些对其高层管理团队进行改组的航空公司,在其注意力模式上表现出的变化最大且最快。随后,为了应对新的宽松制度,这些公司又进行了最大程度的战略改变。近期,克里斯汀·斯图克尔(Kristin Stucker,2001)进行了一项非常有趣的研究,研究高层管理人员的背景资料是否与公司剥离的成功(和失败)存在关系,所谓公司剥离是指公司突然面临独立运作的机遇和风险。所有这些实证项目,都再次强化了高阶理论的基本逻辑。

在推动高阶理论的进程中,我的博士生们显然扮演了极为重要的角色。通过他们出色的创造力和敏锐的实证工作,我们产生了大量的支持论据,且涉及范围颇广。如果没有这些异常出色的年轻合作者,我们绝不可能以如此快的速度获得如此多的论据。这群博士生推动了我的学术发展,鼓舞我不断前进,对此,我始终心怀感激。①

在哥伦比亚大学之外,有关高阶理论的研究也正在展开。一些学者研究了不同的心理与人格因素对高层管理人员行为的影响。例如,戴与洛德(Day and Lord,1992)发现,在机床公司任职的高层管理人员的认知结构与组织战略有关。特别是,在那些产品或服务范围较广的公司中任职的高层管理人员,最善于区分战略问题的各种类型(在实验情景下)。这些结果是否意味着认知复杂的高层管理人员会选择复杂的业务战略,或者他们的认知会受到战略的影响,这一点无法从数据中得知。米勒与佐治(Miller and Droge,1986)研究了首席执行官个性的影响,即首席执行官对于成就的需求对该公司结构的集中度所产生的影响。沃利与鲍姆(Wally and Baum,1994)研究了管理人员的风险承受能力对于决策速度的影响。与此同时,大量探讨高层管理人员心理特征和公司绩效之间关系的研究也正在展开。

正如我们在《美国管理学会评论》上发表的论文中所鼓励的,一些学者依赖高层管理人员的人口统计学特征来开展研究。例如,一系列的研究检验了首席执行官的职能背景和业务战略之间的联系,特别是,有一些研究采用了迈尔斯与斯诺(Miles and Snow,1978)的战略分类方法。在一项针对大型烟草公司的研究中,查干提和萨汉娅(Chaganti and Sambharya,1987)发现,相比分析者公司(Analyzer,属于 R. J. Reynolds 公司)和防

---

① 那些年,我指导了一些研究其他战略议题的博士研究生。这些学生并不研究高阶理论,他们个个才华横溢,其中包括 Jorge Vasconcellos é Sa、Diana Day、John Michel、Mat Hayward, and Eric Jackson。

御者公司(Defender,美国品牌)、勘探者公司(Prospector company,属于 Philip Morris 公司)的高层管理人员中拥有营销和研发背景的比例更高,而拥有财务背景的比例更低。托马斯、里车特与拉马斯瓦米(Thomas, Litschert and Ramaswamy,1991)研究了计算机公司首席执行官的职能背景,并得到了同样的结果。在针对勘探者公司的研究中,77%的首席执行官都具有"输出导向"的职能(即营销、销售和研发);相比之下,防御者公司中具有该种职能背景的首席执行官只占10%,而90%的首席执行官主要来自"生产导向"的职能领域(制造、会计、金融、行政管理),但在勘探者公司中,来自这类职能领域的首席执行官只占23%。

同样,一些研究检验了高层管理人员的教育水平与组织创新数量之间的关系。金伯利与伊凡思科(Kimberly and Evanisko,1981)是首次记录该模式的学者之一。他们发现,医院最高管理者所接受的正规教育水平,与医院采取的技术和管理创新正相关。随后,在商业银行(Bantel and Jackson,1989)、林业产品公司(Barbosa,1985)与电脑公司(Thomas, Litschert and Ramaswamy,1991)的样本中,都观察到了类似的高层管理人员的教育水平和组织创新之间存在正相关性。与此相关,诺本与比尔利(Norburn and Birly,1988)发现,在他们所研究的五个行业中,有三个行业的高层管理人员所受的正规教育水平与公司的成长存在正相关关系。最后,威尔斯玛与巴特尔(Wiersema and Bartel,1992)在一个多元化公司的大样本中发现,高层管理人员的教育水平与战略投资组合的变化正相关。因此,高层管理人员的教育水平对组织创新、组织变革和组织发展所产生的影响,得到了广泛的证明。

在卡彭特、格莱特坎兹和桑德斯(Carpenter, Geletkanycz and Sanders,待出版)最近关于高阶理论的研究中,他们发现了高阶理论领域受到特别关注的其他几个主题,包括:高层管理人员的异质性对于战略过程、战略行为和绩效的影响;高层管理人员任期对于公司行为和绩效的影响;高层管理人员的特征在塑造公司所追寻的国际化战略时,对其程度和形式所产生的影响。

在高阶理论发表于《美国管理学会评论》之后的二十年中,已有数十甚至可能有上百项的研究对该理论的某些方面进行了检验、测试或完善。当我正在撰写此文时,即2004年年中,据社会科学引文索引(Social Science Citation Index)显示,2004年我和梅森的论文已被引用568次。当然,并非所有这些引用都包含实证研究。但总体而言,大量论据累积表明,高层管理人员的部分行为是以其个人特征为基础的,据此,组织便成为高层管理人员的反映。

6.4 理论完善

多年来,我对高阶理论进行了两个主要改进,并认为这将提高它的预测力。其一是在高阶理论模型中引入"经理自主权"(managerial discretion)作为调节变量,这激发了大量研究,进而证明其是一个有价值的贡献;其二,提出只有当高层管理团队作为一个团队而不是作为单个经营者的集合时,高层管理团队的集体特征才会影响组织绩效。相比前一个改进而言,后者所产生的影响远小于前者。

6.4.1 经理自主权

早期关于经理自主权的工作是我与希德·芬克尔斯坦共同完成的,起源于1987年我们在《组织行为研究》(Research in Organization Research)上所发表的文章"经理自主权:一座连接起组织绩效两极观点的桥梁"。这篇论文试图调和两个当时极为对立的观点:经理对组织绩效"影响不大"与"关系巨大"。我们认为,经理的影响有时很大,有时根本没有影响,但通常应该在两者之间,这取决于经理究竟具有多少自主权,或是行动的自由范围。自主权存在的条件是没有约束,同时过程与结果之间存在高度的不确定性,即存在多项替代选择。我们认为,自主权来自环境、组织以及管理人员本身。

我们提出,高层管理人员的自主权会对组织学者所感兴趣的许多现象都产生影响。例如,在自主权很小的情境中,下列情况可能会发生:年长的首席执行官由内部晋升(大部分都充当有名无实的傀儡),高层管理人员的津贴较低,报酬毫无激励作用,首席执行官非自愿流动的比率很低,战略稳定,组织绩效的变化与所在任务环境的变化紧密相关。而在具有高度自主权的情况下,将会出现相反的结果。

然而,同样重要的是,我和希德还提出,自主权增强了高层管理人员的特征(价值观、经验等)与组织绩效之间的关系。若自主权较高,高层管理人员的取向可以通过组织绩效得以反映;若自主权较低,则无法反映。随后的研究非常清晰一致地支持了上述观点。例如,芬克尔斯坦与汉布里克(Finkelstein and Hambrick,1990)发现,在自主权高的产业中,高层管理人员的任期同战略持续性和战略同行业集中趋势的一致性呈正相关关系(这恰恰反映了任期较长的高层管理人员可能具有规避风险和模仿的倾向)。而在高层管理者自主权低的产业中,则不存在这种相关性。我们还发现,当组织条件允许其高层管理人员拥有较大的自由——可以反映为管理人员有足够运作空间,以及公司规模较小时,企业的战略选择更可能反映出高层管理人员任期长短。无论是由于行业情况还是组织环境,当自主权较低时,高层管理人员的特征都无法在其选择中得到生动的表现,这主要是因为高层管理人员很少或不需做出真正的选择。

一些研究支持了汉布里克与芬克尔斯坦的观点,认为自主权会影响高层管理人员的薪酬计划,尤其是当高层管理人员的自主权很小时,获得的工资和奖金数额相对很低。例如,拉贾戈帕兰与芬克尔斯坦(Rajagopalan and Finkelstein,1992)研究了1978—1987年间的电力行业,那段时期正是管制稳步放松的阶段,高层管理人员的自主权因而有所提升。他们发现,管理人员的薪酬(给予首席执行官和高层管理团队)以及绩效奖金也随着环境自主权的增加而逐步提高。巴尔金与高曼-梅希亚(Balkin and Gomez-Mejia,1987)发现,高科技公司往往赋予管理人员更多的自主权,比其他公司更多地运用激励薪酬计划(Hambrick and Abrahamson,1995)。内皮尔与史密斯(Napier and Smith, 1987)发现,公司经理的激励薪酬所占的比例在更为多元化(因此,自主权更高)的公司中明显增加。此外,詹森与墨菲(Jensen and Murphy,1990)发现,相比大公司,小公司首席执行官激励报酬的相对数额明显更多,从而引发他们得出结论:"在小公司中,绩效与薪酬之间的关系的敏感度更高,这反映出在小公司里首席执行官具有更大的影响力。"

值得一提的是,我和希德以一种迂回的方式,偶然发现了经理自主权这一概念。事实上,当时我们正在研究首席执行官的薪酬问题,试图寻找一种解释来说明,为何不同行业中的高层管理人员收入差距会如此之大。例如,在控制了公司规模和赢利能力后,时装、化妆品、娱乐和高科技行业中的首席执行官报酬很高,而(至少在我们正在进行研究之时)保险业、公用事业单位和商品行业中的首席执行官获得的报酬相对要少。我们最初的解释是,某些行业就是比其他的行业更喜欢炫耀,但这一解释在概念上并没有说服力。在对此进行了更多思考并更为仔细地审视了超高薪和超低薪行业的特点之后,我们最终确定了自主权这一概念作为根本的动因:在某些行业,管理人员往往有权做出非常重大的选择,并且最佳与最差的管理人员在绩效上有天壤之别。在这些行业中,董事会和股东会倾向于支付可观的报酬来尽可能聘请一位精英经理人。而在其他管理人员受到更多限制的行业中,最佳和最差的经理人之间的绩效不会存在如此之大的差异,因而董事会可能会更为保守地支付报酬。我和希德本来并没有打算研究经理自主权,但凑巧碰到了这个问题,这说明概念和理论可以产生于最意想不到的地方,有时甚至纯属偶然,我将会在下文中再次阐述这一主题。

6.4.2 行为融合

20世纪90年代初期,我在做实地研究时采访了一些首席执行官,以了解他们的高层管理团队,一个无法解决的问题逐渐清晰:许许多多高层管理团队几乎没有"团队"的属性。它们主要由独立的运营者组成,这些运营者基本上都各行其是,很少进行互动,有时甚至很少见面。这种情况为高阶理论、至少在处理高层管理团队如何影响公司绩效这一方面,提出了一个问题,因为如果高层管理团队是高度分散的,那么其团队特征对于公司绩效的影响应该很小。换言之,不同的个体高管做出了一系列范围狭窄、术业专攻的选择,由此产生了公司绩效(Hambrick,1994)。

这些观察引导我开发并进一步阐述高层管理团队内部的"行为融合"(behavioral integration)这一概念。行为融合是指一个群体内部所存在的相互之间集体互动的程度,有三个主要的元素或表现形式:信息交换、协作行为和联合决策,即行为整合程度高的高层管理团队共享信息、共享资源和共享决策。在对于实质性互动的关注上,行为融合与"社会融合"(social integration)有关,但它又不同于"社会融合",后一个概念更多地强调成员对于团队荣誉感或团队合作精神的感知(Shaw,1981)

在有关行为融合的早期讲演中,我提出了一系列因素,这些因素决定了某一既定高层管理团队行为融合的程度,包括环境因素、组织因素以及公司首席执行官自身的个性或绩效。最近,希姆谢克(Simsek)等人收集了402家中小型公司高层管理团队的数据,并验证了高层管理团队行为融合的一些关键决定因素(Simsek et al.,待发表)。特别值得一提的是,他们发现,行为融合与首席执行官自身的集体主义取向和任期正相关,并与高层管理团队的规模以及几种高层管理团队多样化的类型负相关。

最初,对于高层管理团队行为融合的一般优点,我采取了不可知论者的姿态,我相信个体责任感和企业家主动性非常重要,因此,我并不认为行为融合必然是一件好事。但随着时间的推移,我在实地研究和咨询中不断看到更多的公司案例。在这些案例中,由于其高层管理团队的分散或缺少行为融合,导致公司付出了巨大代价。因此,在1998年,我撰写了文章来论述行为融合的主要价值,或缺乏行为融合所带来的成本(Hambrick,1998)。这些成本包括以下内容:(1)没有实现潜在的规模经济;(2)不同业务中的品牌以及市场定位协调不力;(3)业务单位未能交换关键经验和消息;(4)面对重大的环境变化,改变公司战略的速度缓慢。在同一篇论文中,我提出了一些可供首席执行官用以提高高层管理团队行为融合的举措。

此外,行为融合并没有如我所愿地得到严密的检验,也没有得到广泛应用。显然,这样做需要从大量的高层管理团队中取得深入的数据,这将会是一项艰巨的任务。然而,我深受希姆谢克及其同事工作的鼓舞。我当时正与李(J. T. Li)共同开展工作,我们在一项合资企业管理团队的大样本研究中,严格测度并应用了行为融合这一概念(Li and Hambrick,待发表)。然而,即使有了这些进展,仍然无法说明我们的想法能够使行为融合成为高阶理论的核心部分:只有当存在一定程度的行为融合时,高层管理团队的特征才能够预测组织绩效。也就是说,行为融合是基础的高阶关系中的一个调节变量,而这一核心思想同样有待学术研究。

6.5 遭遇挫折

即使高阶理论在组织科学中取得了一定成绩,但对于在测试和验证理论的过程中所存在的一些缺憾,我始终感到有些失望。首先,我们没有能够更好地直接检验高层管理人员特征与其行为之间的心理学和社会学过程,对此,我感到十分失望。也就是说,关于破解"黑箱"的工作,我们做得很糟糕(Lawrence,1997;Markoczy,1997)。例如,我们观察到,任期较长的高层管理人员会采取持续一致的战略,为何会如此?是因为他们要对现在的状况负责?规避风险?疲倦了?还是其他什么原因?这些问题甚至在研究高层管理人员的心理特征时也无法规避。例如,我们发现,对于不确定性容忍度较高的高层管理人员,在追寻成长型战略(而非收获型战略)时表现突出(Gupta and Govindarajan,1984),为何会如此?究竟发生了什么?对于不确定性的容忍如何影响高层管理人员的行为?尽管长久以来,我们一直在讨论破解黑箱的必要性(乃至再谈论其必要性已成为一种陈词滥调),但是我们在这方面的进展依然微乎其微。

同样，几乎没有论据可以表明，在筛选面临的信息时，高层管理人员所采用的方式类似于图 6.1 所描绘的三阶段过程。例如，拥有技术背景的高层管理人员，是否比那些非技术背景的高管更关注技术导向的信息来源？他们是否在所查阅的信息中更多地注意或者感知到技术信息？他们是否只需更少的信息就能形成关于技术趋势的意见？简言之，我们急需收集相关数据，以揭示个人（和团队）在战略决策情境中真实的信息处理行为。对于这一观点的研究，必然需要进行实验室或实验研究的设计，并采用相关的心理学工具及概念。

与之相关，同样令人感到失望的是，我们在高阶理论研究中理清因果关系的工作仍有不足之处。是否真如理论所假定，高层管理人员会遵循其自身的经验、性格和个人偏见来做出战略选择？是否某些组织特征会产生特定类型的高管特征？随着时间的推移，可能会出现一个不断强化的螺旋，即管理人员根据其个人信念和偏好来选择战略。随后，依据其特征与战略匹配的程度来挑选继任者，等等。迄今为止，几乎没有几项高阶理论的研究，能够提供令人信服的关于因果关系的结论。

此外，我还要提起我所遭遇的另一挫败。一些评论家称，高阶理论过于重视高层管理人员的重要性，因此引发了精英颂歌以及英雄崇拜。他们继而说，整个组织内有许多人都会对组织绩效产生影响，因而都应引起学术上的重视。对后面这一点，我从无任何争议，我一直都希望并设想学者们可以对所有组织层面上的人类努力都抱有兴趣。但美化高层管理人员这一评论却充满了讽刺意味，因为高阶理论完全以高层管理人员的缺陷和人性的弱点作为前提，并戳穿了所谓的"公司高层管理人员是无所不知的经济优化大师"这一神话，而这恰恰与歌功颂德完全相反。

有趣的是，当我向高层管理人员介绍我的研究成果时，比如，对首席执行官傲慢特质的研究（Hayward and Hambrick,1997），或对首席执行官任期的研究（Hambrick and Fukutomi,1991），他们的确并未感受到褒奖。事实上，他们常常这样回应，比起我所给出的评价而言，他们更聪明、更冷静，毫无疑问也更有能力。因此，我会同时受到来自双方的批评。

高阶理论根本没有赞颂高层管理人员，但也没有贬低他们。高层管理人员通常都很劳心费神。我非常敬佩那些表现出色的高层管理人员，同时也深深为那些表现不佳的高层管理人员感到不安。我们工作的一部分目标是以管理学者的身份来形成见解，以提高管理效率。但无论我们的见解何其睿智，我们都将无法克服或逃避这一事实，即高层管理人员与我们其他人一样，也具有人性的弱点。

6.6 附记——致满怀激情的理论家

本书的主编要求我们为未来可能有兴趣开发新理论的学者们提供一些建议。我试图这样做，但感到非常勉强，甚至有些羞怯。因为（这是我的关键论点）我无法理解你们如何下定决心，投身于理论开发。你不可能在某一天里，正襟危坐，下定决心："我要开发一套理论。"理论会涌现、逐渐呈现，却无法刻意设计出来。很少有理论是刻意"理论化"的结果——至少在我的经验中是如此。

因此,理论如何出现?我的感觉是,那些掌握了开发理论技巧的人,是现象的敏锐观察者,他们察觉到在这些现象中存在谜题,然后开始思考解决的方式。这些现象或谜题引起了理论的开发,或是更简单的概念开发,其形式却各不相同。例如,在我的案例中,高阶理论的开发在很大程度上是受到了一种谜题的刺激:为何像《财富》这样享有盛誉的杂志会用大量空间来详细说明500强企业首席执行官的个人特征?而经理自主权这一概念则产生于另一种不同的困惑:为何管理人员的薪酬在不同产业间存在如此大的差异?行为融合的概念源于我与首席执行官访谈中所产生的另一种谜题,即为何很多高层管理团队并无多少"团队"属性?以及高阶理论和公司行为的含义是什么?

我非常肯定理论"不会"从哪里来。理论不会来自努力在文献中找寻漏洞的学者。年轻学者,尤其是博士生,如果沉浸在某一领域已有的理论和研究之中,那么终将被其驯服。他们往往相信,那些已有的文字是全部的智慧装备,于是他们一心想办法修补、调和,或填补文献中的漏洞。我认为,仅仅通过阅读的方式并不能开发理论,更好的方式是从现实生活中有趣的谜题开始,接着制定一套初步的设想以解决这一谜题,随后再到文献中去寻找指导和见解。

参考文献

BALKIN, D. B., and GOMEZ-MEJIA, L. R. (1987). Toward a contingency theory of compensation strategy. *Strategic Management Journal*, 8: 169–182.

BANTEL, K. A., and JACKSON, S. E. (1989). Top management and innovations in banking: Does the composition of the top team make a difference? *Strategic Management Journal*, 10: 107–124.

BARBOSA, R. R. (1985). Innovation in a mature industry. Unpublished Ph.D. dissertation, Columbia University.

BLACK, S. S. (1997). Top management team characteristics: A study of their impact on the magnitude of international operations and international performance. Unpublished Ph.D. dissertation, Columbia University.

CANNELLA, A. A. (1991). Executive departures from acquired firms: Antecedents and performance implications. Unpublished Ph.D. dissertation, Columbia University.

—— and HAMBRICK, D. C. (1993). Effects of executive departures on the performance of acquired firms. *Strategic Management Journal*, 14 (special issue): 137–152.

CARPENTER, M. A., GELETKANYCZ, M. A., and SANDERS, W. G. (forthcoming). Upper echelons research revisited: antecedents, elements, and consequences of top management team composition. *Journal of Management*.

CHAGANTI, R., and SAMBHARYA, R. (1987). Strategic orientation and characteristics of upper management. *Strategic Management Journal*, 8(4): 393–401.

CHO, T. (1999). The effects of increased managerial discretion on top executive team composition, compensation and attention: The implications for strategic change and performance. Unpublished Ph.D. dissertation, Columbia University.

CYERT, R. M., and MARCH, J. G. (1963). *A Behaviorial Theory of the Firm*. Englewood Cliffs, NJ, Prentice-Hall.

D'AVENI, R. A. (1990). Top managerial prestige and organizational bankruptcy. *Organization Science*, 1: 121–142.

DAY, D. V., and LORD, R. G. (1992). Expertise and problem categorization: The role of expert processing in organizational sensemaking. *Journal of Management Studies*, 29(1): 35–47.

DEARBORN, D. C., and SIMON, H. A. (1958). Selective perception: A note on the departmental affiliations of executives. *Sociometry*, 21: 144–150.

DUBIN, R. (1969). *Theory Building*. New York: Free Press.

FINKELSTEIN, S. (1988). Managerial orientations and organizational outcomes: The moderating roles of managerial discretion and power. Unpublished Ph.D. dissertation, Columbia University.

—— and HAMBRICK, D. C. (1990). Top management team tenure and organizational outcomes: The moderating role of managerial discretion. *Administrative Science Quarterly*, 35: 484–503.

—— —— (1996). *Strategic Leadership: Top Executives and their Effects on Organizations*. Minneapolis/St. Paul, West Pub. Co.

GELETKANYCZ, M. A. (1994). The external networks of senior executives: Implications for strategic innovation and imitation. Unpublished Ph.D. dissertation, Columbia University.

—— and HAMBRICK, D. C. (1997). The external ties of top executives: Implications for strategic choice and performance. *Administrative Science Quarterly*, 42(4): 654–682.

GUPTA, A. K., and GOVINDARAJAN, V. (1984). Business unit strategy, managerial characteristics, and business unit effectiveness at strategy implementation. *Academy of Management Journal*, 27: 25–41.

HAMBRICK, D. C. (1979). Environmental scanning, organizational strategy, and executive roles: A study in three industries. Unpublished Ph.D. dissertation, The Pennsylvania State University.

—— (1994). Top management groups: A conceptual integration and reconsideration of the "team" label. In B. M. Staw and L. L. Cummings (eds.), *Research in Organizational Behavior*: 171–214. Greenwich, Conn.: JAI Press.

—— (1998). Corporate coherence and the top management team. In D. C. Hambrick, D. A. Nadler, and M. L. Tushman (eds.), *Navigating Change: How CEOs, Top Teams, and Boards Steer Transformation*: 123–140. Boston: Harvard Business School Press.

—— and ABRAHAMSON, E. (1995). Assessing managerial discretion across industries: A multimethod approach. *Academy of Management Journal*, 38(5): 1427–1441.

—— and CANNELLA, A. A. (1993). Relative standing: A framework for understanding departures of acquired executives. *Academy of Management Journal*, 36: 733–762.

—— and D'AVENI, R. A. (1992). Top team deterioration as part of the downward spiral of large corporate bankruptcies. *Management Science*, 38: 1445–1466.

—— and FINKELSTEIN, S. (1987). Managerial discretion: A bridge between polar views of organizational outcomes. In L. L. Cummings and B. M. Staw (eds.), *Research in Organizational Behavior*: 9: 369–406. Greenwich, Conn.: JAI Press.

HAMBRICK, D. C. and FUKUTOMI, G. (1991). The seasons of a CEO's tenure. *Academy of Management Review*, 16(4): 719–743.

—— and MASON, P. (1984). Upper echelons: The organization as a reflection of its top managers. *Academy of Management Review*, 9(2): 193–206.

HAYWARD, M. L. A., and HAMBRICK, D. C. (1997). Explaining the premiums paid for large acquisitions: Evidence of CEO hubris. *Administrative Science Quarterly*, 42(1): 103–128.

JENSEN, M. C., and MURPHY, K. J. (1990). Performance pay and top management incentives. *Journal of Political Economy*, 98: 225–264.

KIESLER, C. A., and SPROULL, L. S. (1982). Managerial responses to changing environments: Perspectives on problem sensing from social cognition. *Administrative Science Quarterly*, 27: 548–570.

KIMBERLY, J. R., and EVANISKO, M. J. (1981). Organizational innovation: The influence of individual, organizational, and contextual factors on hospital adoption of technological and administrative innovations. *Academy of Management Journal*, 24(4): 689–713.

LAWRENCE, B. S. (1997). The black box of organizational demography. *Organization Science*, 8: 1–22.

LI, J. T. and HAMBRICK, D. C. (forthcoming). Demographic faultlines and disintegration in factional groups: The case of joint venture management teams. *Academy of Management Journal*.

MARCH, J. C., and SIMON, H. A. (1958). *Organizations*. New York: Wiley.

MARKOCZY, L. (1997). Measuring beliefs: Accept no substitutes. *Academy of Management Journal*, 40: 1228–1242.

MILES, R. H., and SNOW, C. C. (1978). *Organizational Strategy, Structure, and Process*. New York: McGraw-Hill.

MILLER, D., and DROGE, C. (1986). Psychological and traditional determinants of structure. *Administrative Science Quarterly*, 31: 539–560.

—— KETS DE VRIES, M. F. R., and TOULOUSE, J. M. (1982). Top executive locus of control and its relationship to strategy-making, structure, and environment. *Academy of Management Journal*, 25: 221–235.

NAPIER, N. K., and SMITH, M. (1987). Product diversification, performance criteria and compensation at the corporate level. *Strategic Management Journal*, 8: 195–201.

NORBURN, D., and BIRLEY, S. (1988). The top management team and corporate performance. *Strategic Management Journal*, 9: 225–237.

PORTER, L. W., and ROBERTS, K. H. (1976). Communication in organizations. In M. F. Dunnette (ed.), *Handbook of Industrial and Organizational Psychology*: 1553–1589. Chicago, Ill.: Rand McNally.

RAJAGOPALAN, N., and FINKELSTEIN, S. (1992). Effects of strategic orientation and environmental change on senior management reward systems. *Strategic Management Journal*, 13: 127–142.

SHAW, M. E. (1981). *Group Dynamics*. New York: McGraw-Hill.

SIMON, H. A. (1945). *Administrative Behavior*. New York: Free Press.

SIMSEK, Z., VEIGA, J. F., LUBATKIN, M. H., and DINO, R. N. (forthcoming). Modeling the multilevel determinants of top management team behavioral integration. *Academy of Management Journal*.

STUCKER, K. A. (2001). Does break up lead to break down? Effects of parent and industry influences on spinoff firms. Unpublished Ph.D. dissertation, Columbia University.

THOMAS, A. S., LITSCHERT, R. J., and RAMASWAMY, K. (1991). The performance impact of strategy–manager coalignment: An empirical examination. *Strategic Management Journal*, 12: 509–522.

WALLY, S., and BAUM, J. R. (1994). Personal and structural determinants of the pace of strategic decision making. *Academy of Management Journal*, 37(4): 932–956.

WIERSEMA, M. F., and BANTEL, K. A. (1992). Top management team demography and corporate strategic change. *Academy of Management Journal*, 35: 91–121.

第 7 章　目标设定理论：借助归纳法的理论开发

埃德温·洛克　加里·莱瑟姆

7.1　理论综述

生活是一个以目标指导行动的过程,这同时适用于生理层面(例如,一个人的内部器官)和有目的性的选择层面(Locke and Latham,1990)。有意识的思想是心理中的活跃部分,而人有意志力将有意识的思想集中在概念层级上(Binswanger,1991;Peikoff, 1991)。意志的力量能使人自觉地规范自己的思想,从而规范自己的行动。综上,目标设定理论(Locke and Latham,1990,2002)的前提是:目标导向是人类活动的一个基本属性,人们对其活动有意识地进行自我调节,虽然也受控于本身的意志,却是规范性的。

我们不否认潜意识的存在及其对行动的影响力。事实上,潜意识对人的生存必不可少,因为人在同一时间只能注意到大约七个独立的要素。潜意识能帮助我们自动地存储日常行动中所需的知识和技能,它经常被我们有意识的动机所激活,并决定我们的情绪反应(Locke,1976)。

作为组织心理学家,我们主要关心的是,人执行工作任务的好坏,这一直是我们研究的重点。此外,我们还基于绝大多数工作行为是有意识的这一假设前提,选择把研究重点放在有意识的业绩目标上。

1. 核心发现。目标设定理论的核心是:当业绩目标明确(具体)且有难度时,业绩目标能导致最高水平的业绩。通常,明确而困难的目标能比简单或含糊不清的目标(如尝试"尽力而为")带来更高的业绩。

2. 影响目标效果的中介变量。目标效果直接受到三种相对独立作用的中介影响: (1)对预期目标的关注,忽略其他目标;(2)行为控制和认知努力程度(Wegge and Dibbelt,2000),使之与实现目标的要求相适应;(3)持续努力直到实现目标。第四个中介变量是任务知识或技能,它比前三项变量更复杂(Locke,2000)。总的来看,除非个人知道如何去达成,否则这个目标就无法实现,稍后我们将更多地讨论这个问题。

3. 调节变量。目标效果至少受到四种因素的调节作用。第一，人们需要获得进展情况的信息反馈，以便了解他们是否正朝着"目标"迈进，这不仅关系到对努力程度的调整，还可能意味着行动策略的改变。第二，为使目标有效，人们必须保持对目标的承诺（Seijts and Latham,2000），而且目标必须是"现实的"目标。当目标很难实现的时候，承诺尤其重要，这是因为比起容易实现的目标，很难实现的目标需要付出巨大的努力，并且失败和沮丧的可能性较大。当人有信心、有能力实现某一目标，并坚信这一目标是重要的或适合的时候，承诺达到最高点。承诺和信心也是影响目标选择的两个因素。

产生目标承诺可以有许多方法，比如，由一位受人尊敬的领导安排任务并提供支持（Latham and Saari,1979b）；他在公开场合明确目标，通过大家的反应来检测该目标是否完备，明确期望结果和激励措施等（Latham,2001;Locke and Latham,1990,2002）。参与制定目标曾经被认为是提高目标承诺的有力决定因素，但如后所述，这是不正确的。

第三，对人们来说，设定简单、直截了当的目标效益较大，而设定复杂任务的目标效益较小。对复杂任务而言，虽然设定有很高的目标，但有些人不能很好地执行，因为他们缺乏必备的知识，尽管这些知识是可以获取的。第四，环境的限制会对目标的实现产生不利影响。

4. 满意度。目标既是要取得的结果又是判断一个人成就的标准。因此，人们在实现了自己的目标或在既定目标上取得了意义的进展时，会比失败或取得较少进展时更为满意。相对于容易的目标而言，当目标难以实现时，失败的可能性较大。因此，平均而言，当目标非常难以实现时，人们不太可能满意他们的表现。然而，他们愿意为这样的目标付出更大的努力，解释见后文。

5. 目标（与自我效能）。可充当外部刺激和个性的中介变量，因为业绩目标在特定情形下是具体的任务，因此，目标比间接的或一般的业绩决定因素更加直接。例如，研究发现，自定目标和自我效能（Bandura,1997）能作为指定目标、反馈、参与、金钱激励、工作多样性、领导力、个性变量，特别是责任心等变量对业绩产生影响的中介变量（Locke,2001）。但这并不是说有意识的目标能中介所有的动机，一些动机或特性通过潜意识来调节（例如，麦克利兰的成就动机；Collins,Hanges and Locke,2004）。

6. 分析的层面。研究发现，目标在个人、团体、组织单位等各级组织层面均会影响业绩（Baum, Lock and Smith, 2001; Latham and Locke, 1975; Locke and Latham, 2002; O'Leary Kelly, Martoccio and Frink, 1994; Rogers and Hunter, 1991）。

7. 时间。我们对目标设定理论的研究已经超过40年。理论的构建时间是一个重要的议题，我们将在本章稍后再回来讨论。

8. 普适性。目标设定效果已得到广泛证明，其中任务类型超过100种；研究方法有实验室实验、模拟和田野设定法；时间跨度从1分钟到25年；使用实验、准实验和相关设计；目标设定方式有分配目标、自定目标和参与制定目标；在8个国家有超过40 000人参与实验；采用的因变量包括数量、质量、花费时间、费用、科学家的工作行为、销售额、学生的分数以及教授的出版物等。目标设定对任何行为可控的任务都是有效的。最近一项由迈纳(Miner,2003)基于组织行为学家的评价做出的评估表明,目标设定理论的重要性在73个管理理论中位列第一。那么,这一成就是如何实现的呢?

7.2 理论的起源:埃德温·洛克

在读大学期间,我主修心理学。我在动机领域的第一堂课是由戴维·麦克利兰(David McClelland,1961)教授的。众所周知,他断言成就动机源自于潜意识。他用TAT(主题领悟测验)方法测量动机,这个方法要求受访者看图片写故事,写成的故事就隐喻成就。我没有被主题领悟测验吸引,但是他的课程确实引起了我对人类动机课题的兴趣。我的本科导师是理查德·赫恩斯坦(Richard Herrnstein)(后来我们共同写了一本有争议的书《钟形曲线》(*The Bell Curve*))。我告诉他,我不想要同老鼠和鸽子打交道的工作,而且,由于我父亲的商业经验,我对商业有兴趣,虽然我不想把经商作为我的事业。他建议我通过研究产业心理学,把心理学和商业结合起来,但这是一个我从未听说过的领域。

我听从了他的建议,于1960年进入康奈尔大学研究生院。我的第一本教科书是阿特·瑞安(Art Ryan)和帕特·史密斯(Pat Smith)的《工业心理学原理》(*Principles of Industrial Psychology*),出版于1954年。书中有一份梅斯(C. A. Mace)在英国做的研究报告,最初发表于1935年,研究内容是目标设定。尽管梅斯没有做任何统计分析,但他的研究结论中,关于具体目标与"尽力而为"目标效果的对比令我着迷。

我的看法得到了阿特·瑞安的肯定,当时,他正在写一本书,名为《有意图的行为》(*Intentional Behavior*,Ryan,1970)。他认为,解释人类行动的最好方式是从直接决定意识的因素,比如意图,开始"倒推"。

在那个时期,心理学领域的主流是行为主义。其基本原则是:(1)人的行动是由环境控制的,不必涉及意识——意识与大脑活动、环境条件之间不是因果关系,而只是一种附带现象;(2)意识是科学王国之外的学科(即它涉及对神秘现象的处理)。这种行为主义思潮形成一种威胁,不同意行为主义的许多学者只能保持缄默。

在20世纪70年代,作为心理学主导理论的行为主义崩溃了,因为它无法解释人类的行动(例如,见Bandura,1977a,1977b,1986)。幸运的是,同我的导师瑞安和史密斯一样,我从一开始就认为,行为主义者是错误的。首先,人们可以通过自我反省驳斥行为主义(即我们可以看到,我们的思想影响我们如何采取行动)。其次,我一直在学习安·兰德(Ayn Rand)的客观主义哲学观(见Peikoff,1991,是她的哲学精要),表明意识是一个不能反驳、不能简化的公理。同其他哲学家一样,她也认为,心理决定论,即否认自由意志,是自相矛盾的(Binswanger,1991)。决定论者提出了一个关于知识的声明,他们声称自己可以自由地看待证据并由此得出逻辑结论。他们同时又声称自己是无意识的个体,言词是条件反应的唯一结果。在逻辑上,这就是所谓的自我排斥的谬误。

因此,我开始以目标设定为研究课题做我的博士论文。我确信研究有意识的目标是科学的,我想看看目标设定是否可以借由统计分析证明其是有效的,结果果然得到了证实。我离开康奈尔大学后的第一份工作,是在美国研究学会(American Institutes for Research,AIR)任职。

那个时候,我不确定该如何建立一个理论。我确实有一个反面的样板——一个关于什么不能做的例子。我的榜样是弗雷德里克·赫茨伯格(Frederick Herzberg),他和毛斯勒(Mausner)以及斯奈德曼(Snyderman)在两个访谈研究的成果基础上,于1959年发表了著名的激励保健理论。我最初的怀疑是,仅两项研究不足以成为构建一个理论的基石。同其他很多人一样,我对他完全依赖关键事件法得出对工作满意和不满意因素的做法也有疑虑。

赫茨伯格曾参加一个美国心理学会研讨他的研究成果,当时我还在读研究生。弗兰克·弗雷兰德(Frank Friedlander)、莱曼·波特(Lyman Porter)和维克多·弗鲁姆(Victor Vroom)等人也参加了,对于那些对他的理论或研究方法的批评,赫茨伯格的反应是愤怒。我意识到,这并不是一个恰当的理论构建方法,因为它意味着把"自我"置于现实之上(捍卫自己的立场,无视事实)。

赫茨伯格的理论最终被否决,或者说,至少他最初提出的理论被否决(Locke,1976)。此外,他的理论还是静态的。例如,他从来没有使用其他的方法来测试这一理论,而且从未做过后续研究以探究高绩效和低绩效的原因。不管怎样,他的功劳是将研究领域的焦点,从工作本身的重要性转移到人对工作的满意度上(例如,Hackman and Oldham,1980)。

我认为理论构建的第一公理必须是:"事实第一。"这种信念被安·兰德的哲学观加强了,特别是她的"至高无上的存在"的概念(Peikoff,1991),指明了她的三个哲学公理中两个之间恰当的关系:存在(存在是存在的)和意识。存在是第一位的,意识的功能是感知存在,事实就是事实,无论人们喜欢与否。①

因此,我在美国研究学会开始了我的工作。我相信,在评价任何一个理论之前,我不得不使用各种方法做许多实验,并接受各种结果——包括别人对我工作的批评。在进行了一系列实验之后,我在1968年发表了一篇题为"走向任务动机和激励机制的理论"(Toward a Theory of Task Motivation and Incentives)的文章。我特意使用了"走向"这个词,因为我当时还不相信有足够的数据来提出一个理论。

此外,那时有一些学者对我的研究提出批评,一个主要的质疑是:"你怎么知道你的结果不仅仅只是一个实验室现象,也许根本不能反映现实世界的一般性?"(如,Hin-

---

① 安·兰德认为人造事实的存在起源于人类的选择(帝国大厦)。但是人造事实一定要以形而上学给予的认知为前提(举例来说,自然规律),否则,灾祸将降临。举例来说,建立在沙子上的一个摩天大楼将会倒塌。

richs,1970)。我没有答案,但幸运的是,加里·莱瑟姆(Gary Latham)很快就发现我的实验结果。

7.3 加里·莱瑟姆

和洛克一样,我的专业是实验心理学。我是达尔豪斯大学(Dalhousie University)的一名本科学生,在20世纪60年代,达尔豪斯大学是加拿大行为主义的一个堡垒。我的导师比奇(H. D. Beach)博士是一个临床心理学家,其专业包括行为矫正。与埃德温不同,我最初接受行为主义,是因为它强调认真的规范和行动测度,并经证实具有影响行动的能力。

我的生活深受我所敬爱的父亲影响,尽管如此,他并没有影响我的职业生涯。在我最早的记忆中,他总喜欢看着我的眼睛说:"儿子,尽你所能。"如果他给我一个具体的高目标,毫无疑问我在我的领域取得进步将快很多!

与洛克相似,我的导师比奇博士知道我对应用心理学感兴趣后,建议我继续深造产业组织心理学。同埃德温一样,我以前从来没有听说过心理学的这个领域。

我从佐治亚理工大学获得硕士学位,接受了科学家/实践者的研究模式。那里的教授反对假说演绎法。像克拉克·赫尔(Clark Hull)这样的心理学家,他们倾尽毕生精力,百折不挠致力于在收集数据之前开发理论,这引导我更加偏好归纳法。我在佐治亚理工大学的导师是比尔·罗南(Bill Ronan),他曾经跟约翰·弗拉纳根(John Franagan)做研究,约翰·弗拉纳根开发了关键事件技术(critical incident technique,CIT)。我用CIT来识别影响员工生产效率的行为。

1968年,美国纸浆协会请罗南博士帮助他们开发一种提高美国南部纸浆工人生产效率的方法。我担任他的助手。罗南博士主张对重大事件进行归纳,将类似的事件组合起来。我收集的数据显示,区分高效的纸浆生产商和低效的纸浆生产商的关键行为是目标设定。

在获得硕士学位之后,我立即作为第一个心理学工作者受雇于美国纸浆协会。有一天,我回到了佐治亚理工大学图书馆,阅读心理学文摘,希望发现提高纸浆工作人员生产效率的方法。很快,我读的一系列实验文摘表明,相对一个被要求尽力而为的人,一个树立了具体高目标的人在执行实验任务时表现较好。我很快打电话把这一发现告诉给罗南博士。通过对调查数据进行因子分析,我们还发现,设定了具体高目标的纸浆工作人员,比那些没有设定具体高目标的纸浆工作人员有更高的生产效率(Ronan,Latham and Kinne,1973)。然而,直到我在图书馆的那天,我们之前的发现才引起我们的注意。"罗南博士,"我兴奋地说,"洛克说……"

在阅读杂志时,我多次看到的另外两个名字是加里·于克尔(Gary Yukl)和肯·维克斯里(Ken Wexley)。认识到自己知识的局限性,我决定返回学校攻读博士学位。

1971年,我进入阿克伦(Akron)大学。

于克尔和维克斯里比我大不了几岁,他们和我分享了他们对应用心理学的热爱,并增强了我对该领域的兴趣及对实证研究的认知。在一年之中,我对瑞希斯·利克特(Rensis Likert)和埃德·劳勒(Ed Lawler)的著作以及新近出版的一本坎贝尔等的书进行了狼吞虎咽式的学习(Campbell *et al.*, 1970)。最重要的是,我还继续阅读埃德温·洛克撰写的一切出版物。

1973年,虽然我仍然是一个博士生,惠好(Weyerhaeuser)公司聘请我作为他们的第一个心理学工作人员,并给我的博士论文提供资源。他们对我已经获得的一个关于目标设定的研究成果印象深刻,研究对象是没有受过教育的、独立的、赚取计件工资的南部伐木工人(Latham and Kinne, 1974)。他们想看看我是否能使用目标设定,从受过教育的、参加工会的、按小时赚取工资的西部伐木工人那里获得类似的结果。我完成了这个研究(Latham and Baldes, 1975)。

与洛克相似,我也有一个进行研究的榜样,但我的榜样是正面的。不过,我长期以来从我榜样那里"学到的东西"与洛克相同。埃德·福莱曼(Ed Fleishman)——洛克的第一个老板,接受邀请到惠好公司做了一个关于领导力的主题演讲,这让我喜出望外。作为14分区(工业组织心理学)的主席和《应用心理学》杂志的编委,福莱曼给了我宝贵的意见:"在向杂志社投稿之前,将你的文章手稿给你的'敌人',因为你的朋友会告诉你,你的手稿有多好,你的'敌人'会很高兴地指出其不足之处。"简言之,不要辩解,要考虑所有相关事实。至今,我仍听从他的意见。

我参加了1974年美国心理学协会的专题讨论会,会后洛克来到会场并做了自我介绍。在那次大会上,我们成了亲密的朋友和同事,这种关系已经持续了三十多年。发生这种情况有许多原因:

首先,虽然我没有受到安·兰德哲学的影响,但我和洛克一样,深受事实的影响,事实来源于严格的方法论和实证检验,其结论可以推广。对我来说,1977年是一个分水岭。艾伯特·班杜拉寄给我他的论文预印本,此后不久,这篇论文发表在《心理学评论》(*Psychological Review*, Bandura, 1977a)以及一本书(Bandura, 1977b)上。他的工作打破了任何关于行为主义作为科学哲学的仅存的信仰。至今,我和班杜拉还在相互引用彼此的研究成果。

其次,我和洛克立刻看到了我们可以优势互补。在"科学家—实践者"连续统一体中,洛克把自己放在科学家的一端,我却自认为在实践者的一端。我们发现我们可以在学术上相互激励,这促成了持久的合作关系。我和洛克都认为,在程式化的研究中不存在理论与实践之间的冲突。目标设定研究推动理论发展,理论指导实践,实践反过来推动理论进一步发展。通过共同努力,作为科学家和实践者,我和洛克建立了一个在组织中行之有效的理论。

7.4 构建理论

我们是怎样建立目标设定理论的呢？从根本上说，借由大量的长期实验，证明我们的实验行之有效，从而激发其他研究人员对目标设定研究的兴趣；从不同的视角研究目标设定主题；从失败中寻找原因；解决矛盾和似是而非的问题；整合来自其他发展中理论的有效思想；回应那些似乎有价值的批评，驳斥那些没有价值的批评；问自己一些关键问题；区分理论中的各项因素；最后，当我们认为有足够的证据时，把它们捆绑在一起形成一个整体。

我们在一开始不知道如何建立一个真正的理论，所以我们没有宏伟的计划。但每个研究（其中许多是其他人做的）都有一个目的，而每个结果都会产生新的知识和额外的问题。我们的理论构建过程的不同方面可划分为若干条目。

7.4.1 复制最初的实验室结果

离开研究生院后，洛克想要重做他的论文结果，即具体且困难的目标的效果，会超越"尽力而为"的目标或容易实现的目标，但会有所变化。例如，在我的论文中，我设计的实验任务包括扩展物体的使用方式，这是早期在美国研究学会做的一个实验，这个实验用于测试目标设定对一个复杂的精神运动任务的效果（Locke and Bryan, 1966）。

7.4.2 进行田野研究

莱瑟姆将伐木工人组合起来并随机分配给他们两种不同的目标——具体的高目标和"尽力而为"的目标，以砍伐树木的数量来衡量绩效，所有的伐木工人获取计件工资。有具体高目标的伐木工人，其生产效率和工作出勤率均显著高于目标是"尽力而为"的工人（Latham and Kinne, 1974）。具有挑战性的目标激励了伐木工人，在他们看来，这些目标给原本没有什么意义的任务赋予了意义和目的。

7.4.3 目标属性的区分

人们总是说，目标必须具体，但他们不提目标的难度。我们通过研究证实，目标的具体性只是会给绩效带来变化，而目标的难度则会影响绩效的水平（但目标具体时影响则不明显），这样就区分了目标的难度和目标的具体性对绩效的不同影响（Locke et al., 1989）。

7.4.4 冲突

我们认识到，目标有时会发生冲突，而个体本身的目标冲突则会破坏其绩效（Locke et al., 1994）。此外，我们还认识到，团队成员的个人目标可能与整个团队的目标发生冲突。莱瑟姆的田野观察形成了实验室模拟的基础,实验室模拟的情形是,给在一个团队工作的学生一个两难选择,即使他们可以将钱分配到个人账户或团队账户(Seijts and Latham,2000)。最后,该模拟得到的结论是,与团队绩效最大化的目标相一致的高个人目标,将会增强团队的业绩;而与团队目标不一致的个人目标,则会对团队的绩效产生不利影响。

7.4.5 理解反馈的角色

为调查与目标设定相关的反馈,洛克进行了一系列研究(Locke and Latham,1990)。我发现,反馈(对知识的评分)是业绩的一个中介变量,反馈只有在它能决定目标设定时,才能改善业绩(如,Locke and Bryan,1968)。几年之后,艾雷兹(Erez,1977)从相反的视角研究了反馈。她发现,没有反馈的目标不会导致业绩的改善。因此,我们开始意识到,如果你只关注反馈的影响,那目标就是一个中介变量;如果你只关注目标的影响,那反馈就是一个调节变量。很明显,目标和反馈的共同作用会比任何一个单独作用都要好。

7.4.6 发现目标机制

我们记录并证实目标的指导效用,当反馈来自绩效的多个维度时,绩效仅在设定了目标的维度上有所改善(Locke and Bryan,1969)。设定的目标越困难,人们的工作越努力,这显示出努力这个维度是有效的,而后来其他人的研究也包含了对努力的直接评价。拉波特和纳萨(LaPorte and Nath,1976)以及莱瑟姆和洛克(Latham and Locke,1975)证实,目标会影响持续性。当然,方向、强度和持续性是激励行动的三个方面,所有这些机制都能很容易地通过反省进行核实。此外,知识是另一个目标机制,我们将在7.4.11节讨论。

7.4.7 解决如何达成目标承诺的冲突

我们很早就通过反省认识到,目标承诺对目标的有效性至关重要。我们与其他人一样,知道新年目标会被束之高阁。宏伟的目标并不一定意味着对具体目标的承诺。

问题是:你如何达成对目标的承诺?我们最初认为通过参与可以实现。第二次世界大战后,参与决策(participation in decision making,PDM)是一个热门研究课题。洛克(1968)曾预测,参与将加强目标承诺。我们有很长一段时间没有研究这个问题,然而从20世纪70年代起,关于这一课题的文献开始变得鱼龙混杂,其原因主要是政治上的(Wagner and Gooding,1987)。许多学者认为,参与不仅是一个可能有用的管理技术,而且是一个"道义上的当务之急"。因为它被视为对"民主"的实践和对法西斯主义的反抗,结果"必须"支持前一种意识形态。

洛克和施魏格尔(Locke and Schweiger,1979)做了一个文献综述。他们发现,许多关于参与决策研究的解释,被扭曲为对参与决策的支持。如果客观地解释数据,参与决策对绩效的影响极小。措辞强烈的研究文献在这个问题上的争论长达数年之久,在专家会议上也不乏关于这一问题的激烈辩论。

但是,我和莱瑟姆坚持我们的核心原则:"现实(事实)第一。"我们没有"道义"上的偏见去赞成或反对参与决策。如前所述,我们俩最初预计参与的决策将导致更高的目标承诺,因为早期文献极力鼓吹参与决策的积极影响。

采用归纳法、程序化方法开展研究,其兴奋感不亚于成为一名侦探。莱瑟姆的有关伐木工人的博士论文表明,被随机分配到参与型目标设定情景中,教育程度较低的一组工人具有最高的生产效率(Latham and Yukl,1975),这一结果支持了参与型决策的价值——但有一点是含糊的——原来,在这一组中,目标难度也明显要大,田野实验得到了同样的结果(Latham,Mitchell and Dossett,1978)。随后的一系列实验表明,当目标难度不变时,参与制定目标并没有影响目标承诺或绩效(Latham and Marshall,1982;Latham and Saari,1979;Latham andSteele,1983)。所有这一切似乎表明,最初参与型决策的效果只是目标效果,参与型决策的问题也只是得到了暂时解决。

然而,很快出现了米丽娅姆·艾雷兹(Miriam Erez)和她同事的一系列研究(Earley and Kanfer,1985;Erez,Earley and Hulin,1985)。这些工作的成果可以归纳为一句话:莱瑟姆错了,参与制定目标优于指定目标。莱瑟姆没有攻击艾雷兹,而是提出了一个问题:参与制定目标和指定目标为什么不同?

当都很有能力的研究人员获得相互矛盾的结果时,最可能的解释是研究方法的不同,我们决定以一种革命性的方式来解决这一冲突。莱瑟姆和艾雷兹将同洛克一起设计实验,洛克是双方都尊敬的密友,他同意充当助手和我们之间的调解人,结果是我们三人联合设计了一系列实验。

原来,结果差异的主要原因是在分配和参与决策条件下目标设定方式的不同。莱瑟姆给出了分配目标的理由(如,惠好需要设法增加对亚洲木材的出口),这些目标被描述为可以实现的,而任务分配也以支持性方式进行。在艾雷兹的研究中,目标分配是简洁的(例如,"做这个"),没有理由,也没有暗示他们可以实现目标。此外,只有艾雷兹的参与决策的被试者能够得到增进效能的指示。当所有这些因素得到有效控制后,参与制定目标并没有优于指定目标。

这是心理学研究中第一篇由意见对立的双方与中立的一方合作,以解决他们分歧的论文。它获得了管理学会组织行为部的最佳论文奖(Latham,Erez and Locke,1988)。

但故事并没有结束,参与型决策还可能是有益的,在非激励的方式上——通过认知。这种假设部分起源于莱瑟姆在惠好观察到的质量周期。在惠好,目的是找到"不仅用力,更要用心工作"的办法。因此,莱瑟姆、温特斯和洛克(Latham,Winter and Locke,1994)随机分配工作人员到指定目标和参与制定目标,他们可以在一个小组中工作(参与决策),也可以单独工作,完成一个复杂任务。当两个条件配合时,没有得到目标设定的主效应。但是,当考察决策与绩效之间的关系,且参与决策的绩效显著高于个人决策的绩效时,参与决策的被试互相传递了有用的任务策略信息。参与决策对绩效的主要效应,完全被自我效能和工作策略所调节。

1997年,洛克、阿拉维(Alavi)和瓦格纳(Wagner)回顾了所有关于参与决策的评论和争议。他们得出的结论认为,参与决策更富有成效的构想,是把它作为信息交流或信息共享,而不是作为一种获得目标承诺的方法。自那以后,关于参与决策的争论平息下来。

与此同时,研究人员不断发现影响目标承诺的其他因素。我们能够把大多数的因素分为两类:一类是使目标重要的因素,另一类是增强达到目标的信心的因素(Locke and Latham,1990)。

霍伦贝克、威廉姆斯和克莱因(Hollenbeck,Williams and Klein,1989)开发了一套测度目标承诺的量表,并随后完善了这套量表。他们和其他人发现,当目标困难时,目标承诺最重要。这表明,承诺在两个不同的方面发生作用:一是在难度范围可变时,作为调节变量;二是当目标维持在高水平且不变时作为主效用。

7.4.8 协调预期和绩效理论的"冲突"

麦克莱兰的学生阿特金森(Atkinson,1958)预言,当任务难度是0.50时,一个人的动机是最高的(他的模型中不包括目标)。这意味着目标难度和绩效之间的关系,有可能是曲线形(倒U形)的。

与此相反,期望理论(Vroom,1964)指出,强迫行动是效度、手段、努力—绩效预期的乘法函数。保持前两个因素不变,期望理论预言,期望和绩效之间存在线性相关性。然而,相对于容易的目标,困难的目标难以实现。因此,我们发现预期的成功(高预期意味着目标简单)和绩效之间是一种负向线性关系(Locke,1968)。

所有这三个理论可能都不正确。借助霍华德·加兰、洛克、摩托威德罗和波布科(Howard Garland,Locke,Motowidlo and Bobko,1986)的洞察力,我们解决了这个难题。当目标水平保持不变时,也就是说,在任何给定目标的群体中,期望理论主张的正线性关系是正确的。在目标群体之间,当目标水平变化时,这种关系是负的。这并不违背期望理论,因为期望理论假设参考标准是固定的。当使用班杜拉的自我效能测度(一个人对多个业绩水平的信心评价平均值)时,组内和组间的关系是正向的。阿特金森提出的期望、目标难度和绩效间的曲线关系,只有当多数人在困难目标的条件下拒绝他们的目标时才能再现(Erez and Zidon,1984;Locke and Latham,1990)。

最初,对预期(除了与目标难度相关)和自我效能的测度,不是目标设定理论的一部分。认识到自我效能概念(Bandura,1986)的重要性后,我们将其纳入我们的理论体系。具有高自我效能的人,在分配目标时可能更致力于完成困难目标,在自我设定目标时更可能设定较高的目标,在反馈显示他们没有实现目标时,他们的反应是重新努力,并制定有效战略以促使目标实现(Latham and Seijts,1999;Locke and Latham,2002;Locke et al.,1984;Seijts and Latham,2001)。

7.4.9 满意度之谜

毫不意外,目标的成功达成导致满意。但我们首先感到困惑的是重复出现的结果(第一次由霍华德·加兰发现),即尽管目标对绩效产生了积极影响,但在每一个业绩水平上,目标高的人的效价(期望理论中预期的绩效满意度)比目标低的人的效价都低。我们最终认识到,正是因为目标高的人设定的满意度标准较高,所以目标高的人比目标低的人更有效率。因此,具有较高目标的人,必须做更多的工作才能让他们对自己的表现满意。

这就提出另一个问题:如果目标高的人预期的业绩满意度低,为什么人们还设定高目标? 我们在另一个实验中找到了答案(报告源自 Mento,Locke and Klein,1992)。人们期待从高目标中获取更多的实际和心理上的收益。例如,当大学生想取得高分时,他们期望从他们自己的表现中体验比低分更多的自豪感,也期望能够获得较好的学术成绩(以便进入研究生院),以及更好的工作机会和更多的事业成功。雄心勃勃的人愿意设定高的满意度标准,一方面是因为他们会为超过标准感到自豪;另一方面,是因为现实生活的利益总是偏向争取更多而不是更少的人。

7.4.10 面对失败

我们于 1990 年出版的著作相对特别的一点是,我们分析每一个我们能找到的、未能获得预期结果的目标设定研究,如果某个研究失败了,或者是因为理论错误或不完整,或者是因为研究本身没有恰当地进行。因此,我们参考目标理论原则,试图确定每一个失败的原因。由于这些分析都是事后分析,所以我们无法证明我们的解释是正确的。然而,任何一个或所有的研究,在假设缺陷修正之后,可以重复进行以作为验证我们解释的一种手段。一些研究甚至提出新的理论观点。

7.4.11 发现对知识、技能或工作策略的需要

我们在最初几年进行的目标设定研究中,要么使用简单的任务(例如,给出物品的用途),使每个人都知道怎么做;要么使用较复杂的任务,使人们根据以往的经验也知道如何做(例如,加法)。我们知道,相对简单的任务而言,目标对复杂任务的影响程度较小(Wood,Mento and Locke,1987)。这意味着,对一些复杂的任务,一些人缺乏必备的技能或知识,因为需要学习,目标对这些任务的效果往往会延迟。然而,时间的流逝并不能保证每个人都能学会如何有效地执行任务。

关于知识或能力评估的研究成果令人费解。有些研究显示,目标和能力都有直接影响。而其他一些研究表明,知识是目标效果的一个调节变量,其证据是具有高知识、高技能和高目标的人表现出最高的业绩。还有一些研究表明,知识能够调节目标的效果,将这一点进行整理很复杂。工作知识是储存在潜意识(隐性知识)中的,也是被意识

支配的,一些知识是实验前就有的,而一些知识是在实验过程中才获得的。此外,知识获取是动态的,新的学习可能会不断发生。这使得测量知识很困难,特别是对隐性知识部分的测量。

10年后,洛克试图对1990年出版的书中的这些结果进行整合(Locke,2000)。我的结论是,目标效果都被有关任务的知识所调节。没有认知的动机毫无用处,动机可能激发一个人,但一个人如果不知道如何做,这个人将无法完成任何事。反之,没有动机的认知也是毫无用处的,因为任何不想做事的人,即使知道该如何做,他也不会去做。我认为研究文献中结论不一致的根源有二:一是没有测量人们的所有相关知识,二是使用了知识的人受到了任务目标以外的动机激励。

7.4.11.1 学习型目标

关于复杂任务,人们往往必须靠他们自己获得必要的知识。莱瑟姆的困惑是,人们如何在他人的帮助下做到这一点。一些研究表明,与"尽力而为"的目标相比,特定的困难目标不仅不能提高绩效,反而可能使情况变得更糟(例如,Earley,Connolly and Ekegren,1989)。在尽力而为的条件下,人们常常花时间系统地测试不同的任务策略,而面对那些困难的结果目标时,却疯狂地从一个任务策略转换到另一个任务策略,缺乏系统性。

莱瑟姆推测,当任务是新的并且有难度时,最好的想法不是设定业绩目标,而是要确定学习目标。为了检验这一假说,维特斯和莱瑟姆(Winters and Latham,1996)使用了一个由克里斯·厄利(Chris Earley)开发的复杂排课任务。与坎费尔(Kanfer)和阿克曼(Ackerman)的发现一致,相对于简单地鼓励人们尽力而为的做法,如果设定具体的高难度目标,要求人们完成一定数量的排课表,绩效会降低。但是,如果设定高的学习目标,以发现完成任务的方法数作为绩效考核指标,产生的绩效要比敦促人们尽力而为的绩效以及困难的结果目标产生的绩效高。更高的绩效并不总是来源于更大的努力,而是更好的理解(Frese and Zapf,1994;Latham and Saari,1979b)。

7.4.11.2 近期目标

环境不确定性是目标设定产生正面效益的最大障碍(Locke and Latham,1990)。由于环境的迅速变化,目标设定所需的信息可能无法获得或变得过时。因此,当不确定性增加时,确定并承诺一个长期的结果目标变得越来越难。莱瑟姆和圣继兹(Latham and Seijets,1999)进行了一个商业游戏,在游戏中,向学生支付酬金让其制作玩具,支付酬金的多少在没有提示的前提下不断有所改变。相对尽力而为的目标,设定具体而困难的结果目标,导致了利润显著较差。但是,在长期结果目标的基础上设定近期结果目标时,自我效能和利润均显著高于其他两种情况。这是因为在高度动态的情况下,重要的是要积极寻求反馈并迅速做出反应(Frese and Zapf,1994)。此外,多尔纳(Dorner,1991)发现,在动态任务上的绩效错误,往往源于未能将长期目标分解到近期目标上。

在后续研究中,圣继兹和莱瑟姆(Seijets and Latham,2001)研究了针对新任务,设立短期目标,同时结合长期学习型或长期结果型目标的影响。设置近期学习型目标产生了大量的策略,任务相关的策略数量继而与绩效正相关。

7.4.12 保护目标理论免受唯物主义者的攻击

在20世纪70年代,行为主义者企图通过重新标识目标设定过程的方法,将目标设定纳入行为主义范畴。因此,目标被标识为"控制"或"有判别力"的刺激,反馈是所谓的"强化刺激"。他们否认目标的作用取决于心理过程。但他们将事实上内在的东西进行外化的企图并不成功(Locke,1977)。

在20世纪80年代,控制理论作为源于工程控制论的新行为主义(例如,带有反馈回路的物理系统)开始流行,这个理论用机器语言重新阐释目标概念。因此,目标是所谓的"参考标准",目标的失败被称为"偏离",一个为实现目标而行动的人被称为"效应器",承诺是"错误敏感性",决策由一个"选择器"决定。

这种重新阐释的问题是,在它们被机器术语降低价值时,目标概念不再是认知过程。恒温设置(参考标准)和有意识地坚持目标没有任何共同之处,这种重新阐释助长了简化论者的幻想。控制理论学家,基于负反馈回路的概念,声称人们仅仅寻求消除绩效目标的差异。人不是自动调温器(Binswanger,1991:n.1),人类生活涉及不断创造差异,也就是说,确定新的目标。目标引导行动是生存所必需的。

一些控制理论家还否认人类行动中自我效能的因果关系。对于那些要抹杀意识影响的企图,我们进行了强有力的回击(如,Bandura and Locke,2003;Locke and Latham,1990)。

7.5 理论构建的意义

我们构建理论的方法是归纳法。归纳意味着从特殊到一般,与"假说—演绎法"相反。后一种观点源自哲学怀疑态度的一条长线,从休谟到康德,再到波珀、库恩。这种观点的核心前提是,对事实的认知是不可能的。波珀认为,因为理论不是基于对现实的观察,它们可以来自任何地方,以任意方式开始。因此,理论不能被证实,只能通过从它们演绎出的结论证伪。波珀主张,即使是证伪,也决不会发现真理,归纳法被拒之门外。如果波珀是正确的,那么科学发现就是不可能的。但是,历史驳斥了波珀的这一观点。

科学史是通过观察现实而做出发现,并将发现纳入规律和原则的历史。后续发现没必要使以前的发现无效,只有当以前的发现是错误的观察或情景时才予以抛弃,后续发现只是对知识进行补充。从穿超沼泽到探索星空,人类无可避免地要寻求知识,而不只是靠否定那些随意的假设。

例如,伽利略做了许多实验,包括自由下落的物体、沿平面滚下的物体、摆动的钟摆和物体的运动轨迹等,归纳出惯性、重量的恒常性、控制横向和纵向运动的规律。他还发明了改进的望远镜,发现了 4 颗木星的卫星。他证明,金星环绕太阳转——给予哥白尼日心学说更高的可信度。牛顿通过做棱镜实验发现,白光是由不同的颜色组成的,他在开普勒和伽利略的基础上发现了运动规律。颇具革命性的想法是所有物体通过力(重力)相互吸引,引力的大小同质量成正比,同它们间距离的平方成反比。具备这方面的知识,加上他发明的微积分,他不仅能够解释行星的运动,还可以解释潮汐的运动。伽利略和牛顿都通过观察来收集数据,进行实验,然后将他们的观察整合成一个理论。

爱因斯坦认为,"谈到(狭义)相对论理论话题,我想强调,这个理论并非源自深思熟虑,它的发现应归功于将理论物理和看得见的事实尽可能紧密结合的热烈愿望"(Einstein,2002:238)。

与伽利略、牛顿和爱因斯坦相反,笛卡尔认为,可以推论出事物的组成部分:行星、卫星和彗星的本质,运动的成因,太阳系的形成,光和太阳黑子的自然特性,恒星的形成,潮汐和地震的解释,山脉的形成,磁、静电和化学相互作用的性质——所有他声称的发现都是靠直觉而来的想法。因此,他的每一个理论都是错误的,这丝毫不奇怪。①

当然,理论构建也包括演绎。但是,形成任何三段论的主要前提(例如,"所有人都不免一死")都必须由归纳法建立。否则,即使"形式"上有效,结论也将是错误的。

那么,归纳法包括哪些内容呢?

7.5.1 数据采集

基于对现实的观测,积累有关疑问或问题的事实。就我们的情况而言,这意味着进行研究,包括实验室研究和田野实验(我们非常幸运的是,许多其他研究者也进行目标设定实验)。不过,如果是心理学范畴的理论,使用反省也很重要。事实上,我们认为,构建动机理论的科学家应该坦率地承认(Locke and Latham,2004),没有心理概念可以不通过反省而得以把握,自我反省显然是我们思维的助手。

7.5.2 区分

恰当的区分始于对所讨论的问题中的概念的明确定义(如目标是行动的对象或目的;Locke and Latham,1990)。定义将概念和现实联系起来,并将其概念区别于其他概念(Locke,2003;Rand,1990)。数据在整合之前还必须进行区分。例如,我们必须区分不同的目标属性(具体性和困难性),以及各种因素(例如,中介变量,调节变量),而且我们必须在每一个类别中进行区分(例如,方向、努力、反馈、承诺)。我们还必须区分目标理论和其他理论(期望理论、行为矫正、控制理论),区分是组织数据的一个关键步骤。

---

① 有关对伽利略、牛顿、笛卡尔的评论参见戴维·哈里曼(David Harriman)的一本即将出版的著作。这一部分公开发表于 The Intellectual Activist, vol. 14, nos. 3—5(2000) and vol. 16, no. 11(2002)。作者也受惠于斯蒂芬·斯派克(Stephen Speicher)提供的有关爱因斯坦的信息。

7.5.3 整合

为了得到归纳性的理论,区分后的数据必须被整合为一个有机的整体。涉及整合的一个关键逻辑定律是亚里士多德的矛盾律,事物不能在同一场合同时是 A 和非 A,如果两个或两个以上的理论是矛盾的,那么至少其中一个一定是错误的。如果数据与理论矛盾,那么要么数据错误,要么理论错误,要么两者都是错的。除了黑格尔的佶屈聱牙的学说之外,矛盾无法整合,它们必须得到解决。例如,莱瑟姆和艾雷兹之前关于参与设定目标的重要性的冲突就是这样解决的:通过发现两种不同类型的研究,使用了两种有些许差异的研究方法,并通过一套新的实验,证实研究方法的差别导致了研究结果的差异;目标理论和预期理论的冲突通过区分内外目标之间的条件而解决。我们也试图整合目标理论和其他动机理论(Locke,1997;Latham,Locke and Fassina,2002)。

7.5.4 识别因果关系

如果整合是有用的,那么必然可以建立规律或一般原则。识别一般原则要求确定因果关系。归纳不只是枚举(计数),也不只是对包括平均效果的元分析。当单独使用枚举法时,我们无法回答怀疑论者的询问:"你怎么知道这种关系将在下次出现?"

这是一个问题,在发展目标理论时,我们还没有充分理解。我们认为,任务类型、主题、环境、绩效评价等越多,意味着越好,即可以对理论有更多的信心。尽管变换条件是有益的(例如,发现调节变量),但我们没有看到,找出因果关系(我们后来的确找到了)是最根本的问题。例如,当我们知道使目标可行的手段(中介变量)和相关环境因素(调节变量)时,我们对工作目标就有信心。类似地,通过理解情绪是隐含的价值判断(Locke,1976;Locke and Latham,1990)和目标是特定类型的价值,我们现在明白了为什么目标的成功导致满足。

7.5.5 从容进行研究

归纳式的理论构建需要时间,尤其是从无到有构建时。这比演绎要难得多。在准备提出自己的理论之前,我们已经为此工作了 25 年。在此期间,我们必须整合由我们自己和其他研究者所做的数百种研究的成果,必须解决许多矛盾和悖论,不得不将许多不同的部分整合成一个整体,不得不了解许多因果关系。没有定律说 25 年是"正确"的时间段,但是,这是我们为一个具有实质内容的、有意义的理论的诞生所花费的时间。

7.5.6 保持理论的开放性

经过 25 年的研究之后,虽然我们在 1990 年提出了自己的理论,但我们没有关闭理论进一步发展的大门。今天,大约在我们的研究开始 40 多年后,我们仍然在积累有关目标设定的知识。例如,自 1990 年出书以来,正如前面所指出,我们了解了学习目标的益处(Winters and Latham,1996)。我们发现,目标影响小企业的增长 2—6 年时间(Baum,Locke and Smith,2001;Baum and Locke,2004)——第一个宏观层面的研究。我们研究了目标对冒险的影响（Knight, Durham and Locke, 2001），我们已经发现了潜意识引发目标和有意识指定目标间的一种互动关系（Stajkovic, Locke and Blair, 2004；又见 Locke and Latham, 2004）。我们还了解到，目标可能诱使一些人作弊（Schweitzer, Ordonez and Douma, 2004）。这些发现与早期的发现并不矛盾，它们同样增长知识。

我们对想要构建理论的学者的建议是：使用归纳法并准备花费几年的时间去做。我们还认为，科学发展的历史和我们自己的成功已经影响到《美国管理学会评论》。在理论开发方面，我们鼓励编辑人员减少对假说演绎方法的激励，而接纳更多的归纳式理论构建方法。

参考文献

ATKINSON, J. (1958). Towards experimental analysis of human motivation in terms of motives, expectancies and incentives. In J. W. Atkinson (ed.), *Motives in Fantasy, Action and Society.* Princeton: Van Nostrand.

BANDURA, A. (1977a). Self-efficacy: Toward a unifying theory of behavioral change. *Psychological Review,* 84: 191–215.

—— (1977b). *Social Learning Theory.* Englewood Cliffs, NJ: Prentice-Hall.

—— (1986). *Social Foundations of Thought and Action: A Social-Cognitive Theory.* Englewood Cliffs, NJ: Prentice Hall.

—— (1997). *Self-Efficacy: The Exercise of Control.* New York: Freeman.

—— and LOCKE, E. A. (2003). Negative self-efficacy and goal effects revisited. *Journal of Applied Psychology,* 88: 87–99.

BAUM, R. J., LOCKE, E. A., and SMITH, K. G. (2001). A multi-dimensional model of venture growth. *Academy of Management Journal,* 44: 292–303.

—— —— (2004). The relationship of entrepreneurial traits, skill, and motivation to subsequent venture growth. *Journal of Applied Psychology,* 89: 587–598.

BINSWANGER, H. (1991). Volition as cognitive self-regulation. *Organizational Behavior and Human Decision Processes,* 50: 154–178.

CAMPBELL, J. P., DUNNETTE, M. D., LAWLER, E. E., and WEICK, K. E. (1970). *Managerial Behavior, Performance, and Effectiveness.* NY: McGraw-Hill.

COLLINS, C., HANGES, P., and LOCKE, E. (2004). The relationship of achievement motivation to entrepreneurial behavior: A meta-analysis. *Human Performance,* 17: 95–117.

DORNER, D. (1991). The investigation of action regulation in uncertain and complex situations. In J. Rasmussen and B. Brehmer (eds.), *Distributed Decision Making: Cognitive Models for Cooperative Work:* 349–354. Oxford: Wiley.

EARLEY, P. C., CONNOLLY, T., and EKEGREN, G. (1989). Goals, strategy development and task performance: Some limits on the efficacy of goal setting. *Journal of Applied Psychology,* 74: 24–33.

—— and KANFER, R. (1985). The influence of component participation and role models on goal acceptance, goal satisfaction, and performance. *Organizational Behavior and Human Decision Processes,* 36: 378–390.

EINSTEIN, A. (2002). King Albert College lecture, June 13, 1921. In *The Collected Papers of Albert Einstein: The Berlin years: Writings 1918–1921,* vol. 7, doc. 58.

EREZ, M. (1977). Feedback: A necessary condition for the goal-performance relationship. *Journal of Applied Psychology*, 62: 624–627.

—— EARLEY, C. P., and HULIN, C. L. (1985). The impact of participation on goal acceptance and performance: A two-step model. *Academy of Management Journal*, 28: 50–66.

—— and ZIDON, I. (1984). Effects of goal acceptance on the relationship of goal setting and task performance. *Journal of Applied Psychology*, 69: 69–78.

FRESE, M., and ZAPF, D. (1994). Action as the core of work psychology: A German approach. In H. C. Triandis and M. D. Dunnette (eds.), *Handbook of Industrial and Organizational Psychology*: 4. 271–340. Palo Alto, Calif.: Consulting Psychologists Press.

HACKMAN, J., and OLDHAM, G. (1980). *Work Redesign*, Reading, Mass.: Addison-Wesley.

HERZBERG, F., MAUSNER, B., and SNYDERMAN, B. (1959). *The Motivation to Work*. New York: Wiley.

HINRICHS, J. R. (1970). Psychology of men at work. *Annual Review of Psychology*, 21: 519–554.

HOLLENBECK, J. R., WILLIAMS, C. R., and KLEIN, H. J. (1989). An empirical examination of the antecedents of commitment to difficult goals. *Journal of Applied Psychology*, 74: 18–23.

KNIGHT, D., DURHAM, C., and LOCKE, E. A. (2001). The relationship of team goals, incentives, and efficacy to strategic risk, tactical implementation, and performance. *Academy of Management Journal*, 44: 326–338.

LAPORTE, R. E., and NATH, R. (1976). Role of performance goals in prose learning. *Journal of Educational Psychology*, 68: 260–264.

LATHAM, G. P. (2001). The importance of understanding and changing employee outcome expectancies for gaining commitment to an organizational goal. *Personnel Psychology*, 54: 707–716.

—— and BALDES, J. J. (1975). The "practical significance" of Locke's theory of goal setting. *Journal of Applied Psychology*, 60: 122–124.

—— EREZ, M., and LOCKE, E. A. (1988). Resolving scientific disputes by the joint design of crucial experiments by the antagonists: Application to the Erez-Latham dispute regarding participation in goal setting. *Journal of Applied Psychology*, 73: 753–772.

—— and KINNE, S. B. (1974). Improving job performance through training in goal setting. *Journal of Applied Psychology*, 59: 187–191.

—— and LOCKE, E. A. (1975). Increasing productivity with decreasing time limits: A field replication of Parkinson's law. *Journal of Applied Psychology*, 60: 524–526.

—— —— and FASSINA, N. E. (2002). The high performance cycle: Standing the test of time. In S. Sonnentag (ed.), *The Psychological Management of Individual Performance. A Handbook in the Psychology of Management in Organizations*: 201–228. Chichester, UK: Wiley.

—— and MARSHALL, H. A. (1982). The effects of self set, participatively set, and assigned goals on the performance of government employees. *Personnel Psychology*, 35: 399–404.

—— MITCHELL, T. R., and DOSSETT, D. L. (1978). The importance of participative goal setting and anticipated rewards on goal difficulty and job performance. *Journal of Applied Psychology*, 63: 163–171.

—— and SAARI, L. M. (1979a). The effects of holding goal difficulty constant on assigned and participatively set goals. *Academy of Management Journal*, 22: 163–168.

—— —— (1979b). The importance of supportive relationships in goal setting. *Journal of Applied Psychology*, 64, 151–156.

—— and SEIJTS, G. H. (1999). The effects of proximal and distal goals on performance on a moderately complex task. *Journal of Organizational Behavior*, 20: 1–429.

—— and STEELE, T. P. (1983). The motivational effects of participation versus goal setting on performance. *Academy of Management Journal*, 26: 406–417.

—— —— and SAARI, L. M. (1982). The effects of participation and goal difficulty on performance. *Personnel Psychology*, 35: 677–686.

—— WINTERS, D. C., and LOCKE, E. A. (1994). Cognitive and motivational effects of participation: A mediator study. *Journal of Organizational Behavior*, 15: 49–63.

—— and YUKL, G. A. (1975). Assigned versus participative goal setting with educated and uneducated woods workers. *Journal of Applied Psychology*, 60: 299–302.

LOCKE, E. A. (1968). Toward a theory of task motivation and incentives. *Organizational Behavior and Human Performance*, 3: 157–189.

—— (1976). The nature and causes of job satisfaction. In M. Dunnette (ed.), *Handbook of Industrial and Organizational Psychology*. Chicago: Rand-McNally.

—— (1977). The myths of behavior mod in organizations. *Academy of Management Review*, 2: 543–553.

—— (1997). The motivation to work: What we know. In M. Maehr and P. Pintrich (eds.), *Advances in Motivation and Achievement*, vol. 10. Greenwich, Conn.: JAI Press.

—— (2000). Motivation, cognition and action: An analysis of studies of task goals and knowledge. *Applied Psychology: An International Review*, 49: 408–429.

—— (2001). Self-set goals and self-efficacy as mediators of incentives and personality. In M. Erez, U. Kleinbeck, and H. Thierry (eds.), *Work Motivation in the Context of a Globalizing Economy*. Mahwah, NJ: L. Erlbaum.

—— (2003). Good definitions: The epistemological foundation of scientific progress. In J. Greenberg (ed.), *Organizational Behavior: The State of the Science*. Mahwah, NJ: L. Erlbaum.

—— ALAVI, M. and WAGNER, J. (1997). Participation in decision making: An information exchange perspective. In G. Ferris (ed.), *Research in Personnel and Human Resource Management*, vol. 15. Greenwich, Conn.: JAI Press.

—— and BRYAN, J. F. (1966). Cognitive aspects of psychomotor performance. *Journal of Applied Psychology*, 50: 286–291.

—— —— (1968). Goal setting as a determinant of the effect of knowledge of score on performance. *American Journal of Psychology*, 81: 398–407.

—— —— (1969). The directing function of goals in task performance. *Organizational Behavior and Human Performance*, 4: 35–42.

—— CHAH, D. O., HARRISON, S., and LUSTGARTEN, N. (1989). Separating the effects of goal specificity from goal level. *Organizational Behavior and Human Performance*, 43: 270–287.

—— FREDERICK, E., LEE, C., and BOBKO, P. (1984). The effects of self-efficacy, goals and task strategies on task performance. *Journal of Applied Psychology*, 69: 241–251.

—— and LATHAM, G. (1990). *A theory of goal setting and task performance*. Englewood Cliffs, NJ: Prentice Hall.

—— —— (2002). Building a practically useful theory of goal setting and task motivation: A 35-year odyssey. *American Psychologist*, 57: 705–717.

LOCKE, E. A., and LATHAM, G. (2004). What should we do about motivation theory? Six recommendations for the twenty-first century. *Academy of Management Review*, 29: 388–403.

—— MOTOWIDLO, S., and BOBKO, P. (1986). Using self-efficacy theory to resolve the conflict between goal setting theory and expectancy theory in organizational behavior and industrial/organizational psychology. *Journal of Social and Clinical Psychology*, 4: 328–338.

—— and SCHWEIGER, D. M. (1979). Participation in decision-making: One more look.

In B. M. Staw (ed.), *Research in Organizational Behavior*. Greenwich, Conn.: JAI Press.
—— SMITH, K. G., EREZ, M., CHAH, D. O., and SCHAFFER, A. (1994). The effects of intra-individual goal conflict on performance. *Journal of Management*, 20: 67–91.
MACE, C. A. (1935). Incentives: Some experimental studies (Report No. 72). London: *Industrial Health Research Board*.
MCCLELLAND, D. C. (1961). *The Achieving Society*. Princeton: D. Van Nostrand.
MENTO, A. LOCKE, E. A., and KLEIN, H. (1992). Relationship of goal level to valence and instrumentality. *Journal of Applied Psychology*, 77: 395–405.
MINER, J. B. (2003). The rated importance, scientific validity, and practical usefulness of organizational behavior theories. *Academy of Management Learning and Education*, 2: 250–268.
O'LEARY-KELLY, A., MARTOCCHIO, J., and FRINK, D. (1994). A review of the influence of group goals on group performance. *Academy of Management Journal*, 37: 1285–1301.
PEIKOFF, L. (1991). *Objectivism: The Philosophy of Ayn Rand*. New York: Dutton.
RAND, A. (1990). *Introduction of Objectivist Epistemology*. New York: NAL.
ROGERS, R., and HUNTER, J. (1991). Impact of management by objectives on organizational productivity. *Journal of Applied Psychology*, 76: 322–336.
RONAN, W. W., LATHAM, G. P., and KINNE, S. B. (1973). The effects of goal setting and supervision on worker behavior in an industrial situation. *Journal of Applied Psychology*, 58: 302–307.
RYAN, T. A. (1970). *Intentional Behavior*. New York: Ronald.
—— and SMITH, P. C. (1954). *Principles of Industrial Psychology*. New York: Ronald.
SEIJTS, G. H., and LATHAM, G. P. (2000). The construct of goal commitment: Measurement and relationships with task performance. In R. Goffin and E. Helmes (eds.), *Problems and Solutions in Human Assessment*. Dordrecht: Kluwer Academic.
—— —— (2001). The effect of learning, outcome, and proximal goals on a moderately complex task. *Journal of Organizational Behavior*, 22: 291–307.
SCHWEITZER, M. E., ORDÓÑEZ, L., and DOUMA, B. (2004). Goal setting as a motivator of unethical behavior. *Academy of Management Journal*, 47: 422–432.
STAJKOVIC, A. D., LOCKE, E. A., and BLAIR, E. S. (2004). A first examination of the relationship between subconscious (primed) goals, time delay, conscious goals and task performance. Ms. under review.
VROOM, V. H. (1964). *Work and Motivation*. New York: Wiley.
WAGNER, J., and GOODING, R. (1987). Effects of social trends on participation research. *Administrative Science Quarterly*, 32: 241–262.
WEGGE, J., and DIBBELT, S. (2000). Zur wirkung von Zielsetzungen auf die Informationsverarbeitung bei Buchstabenvergleichsaufgaben [Effects of goal setting on information processing in letter-matching tasks]. *Zeitschrift für Experimentelle Psychologie*, 47: 89–114.
WINTERS, D., and LATHAM, G. P. (1996). The effect of learning versus outcome goals on a simple versus a complex task. *Group and Organization Management*, 21: 236–250.
WOOD, R. E., MENTO, A. J., and LOCKE, E. A. (1987). Task complexity as a moderator of goal effects. *Journal of Applied Psychology*, 17: 416–425.

第8章 工作特性理论是如何形成的

格雷格·奥尔德姆　理查德·哈克曼

1971年的一天下午,耶鲁大学的博士生格雷格·奥尔德姆走进了理查德·哈克曼教授的办公室,想和教授谈谈他们之间的关系问题。这让理查德非常惊讶,因为他一直认为他们师生之间的关系非常融洽。在理查德看来,格雷格在他自己的研究领域得心应手。作为博士论文的前期工作,格雷格最近刚刚完成一项有关领导力和目标设定的课题,而且课题完成得相当不错。他们现在的师生关系是理查德最珍视的一种状况:格雷格能够独立地就自己感兴趣的现象展开研究,经导师稍加指导后,就可以完成研究的设计和实施,并写出一篇优秀的实证研究论文。理查德认为,格雷格目前已经准备充分,可以进行博士论文开题,以对其感兴趣的现象进行深入研究了。

我们尽可能完整地重现三十多年前的那段对话,内容如下:

格雷格:不知您是否意识到一个问题,在我跟随您学习的两年多的时间里,我们从来没有合作过任何一个研究项目。

理查德:是的,这不是很棒吗?你在自己的研究领域自由发展,我非常高兴。

格雷格:哦,可是我并不喜欢这种状态。的确,我们的关系很融洽,从一起出海钓鱼到无话不谈,包括研究和理论。但是谈来谈去却没有形成任何具体的研究,甚至综述性的论文,您不觉得这有点奇怪吗?

理查德:但这正是我所希望的。我的工作就是帮助你形成你自己的研究思想和研究方向。你不是我的研究助理,也不是我的学徒。最糟糕的就是,当你从这里毕业时,看起来像我的复印件(注:这场对话进行时已经有复印技术了)。

格雷格:我不想成为任何人的复制品。但是,我知道如果我们能合作开展一些研究,我将能学到更多东西,并且这也会非常有趣,为什么您不愿意呢?

理查德:好吧!你看,两周后,罗伊·华特斯咨询公司(Roy Walters and Associates consulting)的鲍勃·詹森(Bob Janson)和肯·珀迪(Ken Purdy)将来访,他们专

门从事工作丰富化方面的咨询。他们曾经读到我和埃德·劳勒(Ed Lawler)合写的一篇关于工作特性的论文(Hackman and Lawler,1971),想看看是否能采用我们的研究成果,或是有合作的可能。你来参加这个会谈如何?也许能有一些收获。

果然收获匪浅。鲍勃和肯带来了丰富的实践经验,包括在复杂的组织中进行工作设计,并极其关注执行中的问题。在此之前,我们已经开始搭建一个合理完善的概念和实证框架,目的是研究工作任务对人们态度和行为的影响。我们和两位咨询师一起,对刚提出的工作再设计理论进行了完善(Hackman and Oldham,1976,1980),并开发出一套可以在组织情境中进行工作丰富化的操作原则(Hackman et al.,1975)。

在本章,我们首先对理论本身进行了简要论述。当然,熟悉该理论的读者可以跳过这一段。接着,根据回忆,我们描述了个人、社会和情境等方面对理论开发过程所产生的影响。最后,我们将讨论该理论在发表并引起了其他组织行为学者和实践中的管理人员的关注之后所发生的故事,其中有同情和共鸣,也有深度的批评和怀疑。

8.1 工作特性理论:概述

工作特性理论(job characteristics theory,JCT)希望能够解释,组织中工作任务的属性如何影响员工的工作态度和工作行为,以及在哪种情况下这些影响能够达到最大。由于该理论介于基础知识和组织应用之间,因此,我们也可以提出许多具体的策略,以便对工作特性进行再设计或丰富化,目的在于提高员工的工作表现以及他们自身的福利。

工作特性理论的初始模型,如图8.1所示(Hackman and Oldham,1975,1976)。从图中可以看出,该理论假定,工作任务的五种特性会对员工的三种心理状态产生影响,并进而影响多种个人和工作的结果。此外,该理论认为,这些核心特征对于具有高度成长需求的员工影响最为强烈。(例如,当他们强烈渴望成长,并希望在工作中能够有个人发展空间的时候。)

工作特性理论的核心是三种心理状态,这三种心理状态在工作特性和工作结果之间发挥了中介作用,包括:

- 对工作意义的感知:在多大程度上员工认为自己的工作本身就具有意义,认为该项工作与自己的价值体系"相吻合"。
- 对工作责任的感知:在多大程度上员工感觉到自己对工作结果负有义不容辞的责任。
- 对工作结果的了解:在多大程度上员工能够确信自己完成工作的好坏。

工作特性理论假定,三种心理状态同时作用会导致许多良好的个人和工作结果。具体而言,员工应该:(1)在工作中获得内在激励(即工作表现好时感觉良好,工作表现差时感到沮丧);(2)对工作中个人成长、发展的机会和工作总体感到满意;(3)高质量

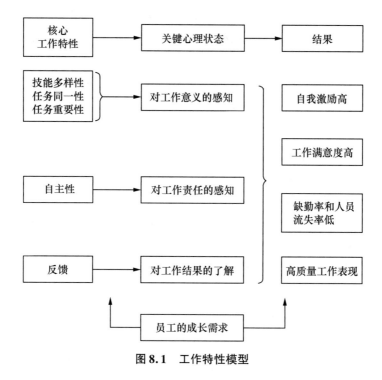

图 8.1 工作特性模型

地完成工作;(4)缺勤率和流动率低。然而,如果有一种或超过一种心理状态有所缺失,或者处于较低水平,上述理想的结果就将难以出现。

这三种心理状态都存在于员工个体内部,因此并不代表工作本身可以被改变或操纵的特性。工作特性理论指出五种工作特性,当它们出现时,会提高激发员工产生上述三种心理状态的可能性,从而影响个人和工作的结果。这些特有的工作特性对三种心理状态产生了强烈的影响,具体说明如下。

三种工作特性影响了"对工作意义的感知",包括:技能多样性、任务同一性和任务重要性。技能多样性是指完成该项工作需要哪些不同的活动,应包括使用员工的哪些技术和才能。能够拓展技能的工作比简单死板的工作更让人感觉有意义。任务同一性是指这项任务是从头至尾负责全部工作(从头至尾完成一项工作,并能够看见结果),还是只负责其中的一小部分工作。完成一项完整的工作,当然比只负责工作中的一小部分更让人觉得有意义。任务重要性体现在这项工作对周围其他人生活的影响程度——无论是组织内部还是外部环境。一项能给他人带来心理或生理上福利的活动,比一项对他人几乎没有任何影响的活动更有意义。这三种工作特性可以叠加,因为当其中任一种或这三种都存在时,工作的意义会得到提升。

对工作责任的感知受工作的自主性程度所影响。自主性是在安排工作和制定工作的实施步骤时,提供给员工足够自由、独立和随意的程度。对于高自主性的工作,工作结果取决于员工自身的努力、自我激励和决策,而非经理的命令或工作流程手册。在这种情形下,员工能够从自己的工作得失中,感受到更大的个人责任。

对工作结果的了解,是指特定工作的活动能够向员工提供直接、清晰的信息,这些信息反映了员工的工作表现。当某人从工作中得到有关他工作表现的信息时(比如,当销售人员完成一项交易,并从客户处收到付款时),这种反馈不但直接,而且迅速,因此,能够有力地促进员工全面了解工作的结果。

如果上述五个工作特性都处于高水平,就会引起更好的个人和工作结果。这种水平可以用一个指数来总结,即激励的潜在得分指数(motivating potential score,MPS)。要产生所有这三种心理状态,一项工作必须在一个或多个能提升工作意义的特性中达到高水平,同时在自主性和反馈情况上也处于高水平。按照下面的公式计算的 MPS 分数反映了这种水平:

MPS =(技能多样性 + 任务同一性 + 任务重要性)/3 × 自主性 × 反馈

因此,自主性或反馈分数偏低,将大大降低工作的 MPS 分数,若希望个人和工作结果达到高水平,就必须有对工作责任的感知和对工作结果的了解,而这两种工作特性就会产生两种相应的心理状态。相反,在有利于提高工作意义的三个特性之中,若有一项分数较低,也许不会降低 MPS 分数,因为其中任一项的低分可以由其他特性的高分弥补。

如图 8.1 所示,初期的理论指出了一个存在个体差异的特性,即成长需求度(growth need strength,GNS)作为关键工作特性对于员工反应的影响关系中的调节变量(1980年,我们在对该理论进行修改时,又增加了另外两个调节变量,参见 Hackman and Oldham,1980)。成长需求度是一个人对于个人成就、学习和发展的需求强度。理论表明,一个拥有强烈成长需求的人,对工作所提供的成就和自我导向机遇非常重视,并积极做出反应,五种关键特性都处于高水平的工作能提供这种机遇。相反,成长需求度较低的员工,对于 MPS 高的工作机遇毫不珍惜,因此表现得较为消极。

在开发理论的同时,我们还创造了两个研究工具来度量理论构念——工作诊断调查表(job diagnostic survey,JDS)和工作评分表(job rating form,JRF)(Hackman and Oldham,1975,1980)。工作诊断调查表度量了员工对于五个关键工作特性的感受、心理状态、成长需求强度,以及个人情感,包括自我激励、工作满意度和工作中其他方面的满意度。工作评分表用于获得外部观察者对于关键工作特性的评价,如主管或研究人员。这些工具可以对工作特性进行测量,而且比员工提供的测量更为客观,因为观察者并不会受到执行工作者经验的影响。JRF 不提供心理状态或对工作情感反应的测量,而且 JDS 和 JRF 都不测量员工的工作效率、缺勤率或流动率。

8.2 影响理论开发的条件

在为准备撰写本章而回顾"工作特性理论"的开发过程时,我们发现自己已经遗忘了许多曾经做过的事,连做的时间、如何做的细节等也无法再想起。更糟糕的是,我们怀疑,所记起的内容中有部分已受到"回顾性重建"的严重影响。因此,任何关于理论开发过程的详细描述,都会因为遗漏和曲解而成为谜团。对我们而言更为清晰、同时对有志于理论开发工作的读者而言或许更为有用的,是当我们在建立概念之时,已经具有适宜的个人和组织条件。接下来,我们会总结这些条件,并介绍这些条件如何影响我们模型的内容和形式,无论这些影响是好还是坏。

8.2.1 相关准备

1971—1972年,在我们开始对"工作特性理论"展开认真的讨论之时,我们都就职于耶鲁大学的管理科学系。24岁的格雷格是组织行为学博士二年级的学生,31岁的理查德是一名副教授,而且担任了格雷格的导师。

当时,我们的背景和兴趣截然不同,正如我们稍后即将讨论的,或许正是这些差异为理论的开发做出了重要贡献。格雷格在南加州的郊区长大。在来耶鲁大学之前,他曾在加州大学埃尔文分校(University of California at Irvine)获得社会学学士学位,并在普渡大学(Purdue University)完成了一年的产业关系学硕士学业。他曾做过许多暑期工,包括服务站侍应生、壁橱装配工以及肉类食品包装工。这些工作在激发潜力方面各具差异,从重复的机械性工作到相对复杂、包含从头至尾整个过程的装配工作。

尽管这些工作使格雷格认识到,工作本身非常重要,但他在研究生阶段的兴趣与工作设计毫无关联。格雷格曾读过赫茨伯格(Herzberg, 1966)和布劳纳(Blauner, 1964)等作者在这一领域的早期作品。但他在埃尔文的社会学背景,以及在耶鲁大学和普渡大学的组织行为学课程,引起了他对领导力和组织的社会背景这类的研究和著作的兴趣。他发现,这些课题比起他读过的任何关于动机和工作设计的内容都更让他兴奋。

理查德在伊利诺伊州中部的一个小镇长大,他在麦克莫瑞大学(MacMurray College)获得了数学学士学位,并在伊利诺伊大学香槟分校(University of Illinois at Urbana-Champaign)获得了社会心理学博士学位。他的工作经验非常有限,包括一些他认为很吸引人的(如在当地一个教堂当管理员,为小镇上的石油批发商经营服务站,以及在他本科就读的大学担任公共关系主席),和另外一些无趣的(例如,在州公路组工作,在服务站关闭后为石油批发商油漆家具)。他完全没有注意到,这两组工作的特性有着本质区别,直到后来才发现,这些差异对我们的模型非常重要。

在写给研究生院的申请信中,理查德说,他打算研究大众传播工具对社会态度的影响。而当他开始在弗雷德·菲德勒(Fred Fiedler)的群体有效性研究实验室担任助理后,这个题目很快就被他抛之脑后了。对理查德而言,置身于团队中总是给他带来着一些困扰。他先后与弗雷德(Fred)和乔·麦克格拉斯(Joe McGrath)一起对此问题进行了研究,从而为理解困扰存在的原因创造了机会。然而,正是团队任务的力量引起了理查德的兴趣。起初在他的硕士论文中,研究结果出人意料,竟然表明任务对于团队的成果具有强大的影响(Hackman, Jones and McGrath, 1967)。后来他的博士论文也与此相关。与托尼·莫里斯(Tony Morris)合作的博士论文研究证明,团队任务的特性有力地影响了团队工作进程(Morris, 1966)和团队绩效(Hackman, 1968)(这可能是伊利诺伊大学的第一篇,也是心理学方面仅有的一篇合作论文)。

在理查德成为耶鲁大学的教师时,他对组织行为学一无所知,也没有这方面的研究经验(他曾参加过伊利诺伊大学的一个组织行为学研讨班,但是发现,这个话题既无趣又空洞)。所以当他的新同事埃德·劳勒建议,检验任务特性在组织中是否和在实验室中同样具有显著影响是一个可能不错的想法时,他一下子抓住了这个机会。尽管理查德和埃德在当地的一家电话公司展开的研究仅是针对个体而非团队任务的,但这一研究开拓了具有生命力的研究方向(Hackman and Lawler, 1971),并且在几年之后为他与格雷格的合作提供了机会。

8.2.2 牢固的关系

长期以来,对创造性团队感兴趣的学者注意到,团队成员不同的背景和工作方式非常重要(Milliken, Bartel and Kurtzberg, 2003),该理论与我们试图建立的初始模型完全一致,即工作特性如何影响人们及其表现。我们的工作很大程度上受益于我们不同的教育背景、经历和工作方式。理查德拥有比格雷格更丰富的心理学理论和研究方法等方面的知识,而且他趋向于乐观主义:当在概念工作上遇到任何障碍时,他都觉得可以克服。格雷格则对组织行为理论更加熟悉,对于组织情境的作用更为敏感(以至于理查德曾对一群同事宣称:我们中间有一个社会学家),而且趋向于开展概念上的批评:我们提出的假说都不够清晰,无法令人信服,因而不足以让人完全满意。

然而,我们之间的差异并没有大到足以影响彼此的沟通和对彼此观点的依赖。我们非常默契,无论在工作中还是私交上。这种默契使我们可以积极地交流、批评和修正观点,在观点产生和演变的过程中都能如此——而这些对于任何创造性工作都非常关键。因为我们的关系极为稳固,所以在讨论所开发的模型特征时,我们完全可以轻松地表达不同意见,并在会上相互批评。我们从来不用担心自己的意见会激怒或伤害对方。事实上,我们的交流通常很热烈,因此非常有价值。我们的会议气氛能够让彼此都觉得安全,心理的安全感又成为在人际互动环境中学习的关键,因为它提供了试验和犯错误的自由,而这些都是学习中必需的(Edmondson, 1999)。

我们安全的心理氛围是在格雷格刚到耶鲁大学时,在彼此的私人关系上发展起来的。在利利诺纳湖(Lillinonah Lake)中,我们在理查德的船上度过了最快乐的时光——

一起钓鱼,更重要的是让我们开始相互了解、讨论想法,从而对对方的观点和风格越来越适应。交谈中我们了解到,大家起初的兴趣都不在工作设计上,或者说我们都对这个课题知之甚少。反过来看,这也许使我们的理论开发活动更加顺畅,因为我们不会再受到之前已有的或被普遍接受的组织工作设计思考方式的束缚和制约。

到1971年年底,尽管我们还没有在任何研究项目上有所合作,但我们都做好了知识和人际关系方面的准备,打算在工作设计领域开展研究。现在需要的只是让我们开始合作的推动力。

8.2.3 外在推动力

研究创造力的学者们认为,创新过程的第一步就是发现一个问题或者一个机遇(其他步骤包括收集信息和资源、形成想法、评估、修订和交流想法)(Amabile,1996;Stein,1967)。在格雷格告知理查德,他们没有进行过合作研究之后的几个星期,来自罗伊·华特斯咨询公司的鲍勃·詹森和肯·珀迪出现在耶鲁大学,从而带来了合作的机会。

具体来说,鲍勃和肯比较感兴趣的是工作丰富化(job enrichment)对员工表现和满意度的干扰。我们开始的讨论非常吸引人并富有成效,这使得我们接下来有了一系列的会面,我们探讨了跨组织合作的可能途径。他们对两个题目特别感兴趣:(1)将他们公司已经开发和正在工作丰富化咨询中使用的"实施性概念"(implementing concepts)结合到我们刚开发的工作特性模型中;(2)开发一个基于理论的工具,使之既能用于诊断已有的工作,也能用于评估工作再设计(job redesign)所产生的干扰。我们发现这两个题目都很有趣。我们最初关于工作设计的想法受到了哈克曼-劳勒(Hackman-Lawler)关于工作动机性质研究的推动。我们认为,工作本质上是静态实体。我们讨论了能实际提升绩效的激励性和员工满意度的策略,而与鲍勃和肯关于这方面的讨论,极大地拓宽了我们的思路。此外,如果想在该领域对我们的想法进行实证研究,我们还需要一些评估特定理论概念的方法。

与鲍勃和肯的交谈,对我们梳理工作特性和工作再设计两个想法大有裨益,这同时也给我们创造了一个机会,即在这些睿智的咨询师身上验证我们的想法,因为他们的日常工作和主要任务就是工作再设计。鲍勃和肯也提供了其他机会,即完善我们的诊断工具,在其客户的组织中实证评估我们的模型。此外,他们还支付所有的研究费用,以帮助招募我们所需的大量组织和研究参与者,并确保我们可以从组织的记录和高级员工那里获得所有有关员工工作行为的信息。我们意识到,鲍勃和肯所提议的安排是个令人难以置信的研究机遇,于是我们立刻抓住了与他们合作的机会。

学者和咨询师之间的关系总是很紧张,因为这两个群体在两个不同的世界里工作,具有不同的价值观。我们这个"四重奏"也不例外。例如,我们对鲍勃和肯与我们合作的商业动机不感兴趣,但这对他们两人非常重要。当我们要为自己所开发的诊断工具命名时,我们先提出应该叫"耶鲁职业目录"。鲍勃和肯对这个名字也很赞赏,他们认为,"耶鲁"对于推销这个工具和他们的服务很有帮助——我们认为这个想法有一定道理,但是对其进行审查的大学官方却不这样认为。因此,工具被重新命名为"工作诊断调查表",这个名字,我们很满意,至少鲍勃和肯也能勉强接受。

另外一种紧张与研究结果的发表权有关,这些研究结果运用了我们的工具,但却是在他们客户的组织中获得的。根据标准的惯例,我们同意鲍勃、肯和他们指定的组织有权对任何使用过他们客户信息的草稿提出修改建议,但是我们坚持一点,即我们对是否发表、在哪里发表和发表什么拥有完全的自主权。一切本来都很顺利,直到理查德和其硕士生琳达·法兰克(Linda Frank)(现改姓罗德曼(Rodman))共同发表了一篇论文。不幸的是,这篇论文命名为"工作丰富化的失败:没有变化的变革案例"(Frank and Hackman,1975,A failure of job enrichment: The case of change that wasn't)。这篇论文表明,工作丰富化在有些时候会失败,因为干扰对目标职业的实际结构并没有产生任何影响。我们没有与鲍勃和肯共同审查这篇论文,包括其标题,从而导致了一场危机。这场危机非常严重,以至于威胁到我们之间的合作基础。

我们最终度过了这场危机和其他一些小危机。我们与鲍勃和肯以及罗伊·华特斯公司的同事之间的友谊一直持续了多年,并且合作也富有成果。事实上,合作一直持续到20世纪80年代,当我们自己的研究兴趣和研究活动将我们逐渐引向新的方向后,合作才终止。我们从鲍勃和肯身上学到的东西,和我们从那些最激励我们的学术同仁们那里学到的一样多。回想起来,我们意识到,没有他们的参与,我们几乎不可能涉足工作设计这一研究领域。

8.2.4 支持背景

尽管有些关于概念发展的描述刻画了这样一种现象,某位学者经过夜以继日的独立研究,最终得出了对某些现象完全独创性的理解,但我们的经历几乎是相反的。20世纪70年代,耶鲁大学的管理科学系是学术活动和交流的温床,这里有很多知名的组织行为学者,如克莱·奥尔德弗(Clay Alderfer)、克里斯·阿吉里斯(Chris Argyris)、蒂姆·霍尔(Tim Hall)、埃德·劳勒(Ed Lawler)和本·施奈德(Ben Schneider),他们和很多其他同事对我们的想法给予了极大的鼓励和支持,这种经历对我们而言,绝对是空前绝后的。我们周围总是有人可以倾听我们的想法,并且时不时就会有人提出一些我们从未想过的观点或可能性。如果那时候我们不在耶鲁大学工作,我们的工作特性模型很可能永远也完成不了。即使完成了,也只不过会是一个实证研究,其严谨性、启发性可能会相差千里。

在一定程度上,同事的敦促促使我们开始认真研读相关的研究文献。当然,我们的出发点是理查德和埃德·劳勒最近刚刚发表的关于工作激励特性的研究(Hackman and Lawler,1971)。劳勒运用工作激励的期望理论,高度原创地解释了一些工作比其他工作更具有激励性的原因(Lawer,1969)。工作激励特性的理论基础,正是基于劳勒的这项研究。我们还研读了有关工作心理学和组织行为学的经典文献,这让我们受益匪浅,特别是沃克和格斯特(Walker and Guest,1952)、布劳纳(Blauner,1964)、阿吉里斯(Argyris,1964)、特纳和劳伦斯(Turner and Lawrence,1965)的著作。一旦我们与耶鲁大学的同事进行了广泛的交流,并研读了已有的研究文献,我们正在成型的模型看上去便不再有我们之前想象得那么富有新颖性和原创性。这种心路历程曾被心理学家唐·杜拉尼(Don Dulany)精确把握,他在介绍自己的一个新理论时说,"我最多只能说我一直在借鉴他人的研究,偶尔的原创感觉已经慢慢消失,只是增加了少许学识而已"(Dulany,1968:342)。

8.2.5 无尽的重复

我们认为所有的理论,当然也包括我们的,都不是一个瞬间的灵感。事实上,理论的开发过程似乎可以视为一个无尽的重复过程,即在选择变量和确定它们之间的联系中来来回回,希望最终微小的、勉强取得的进步,能够超过被迫放弃的次数。在接下来的段落中,我们将讨论在我们发展工作特性理论过程中,最让我们绞尽脑汁的一些选择。我们按照有顺序、有条理的方式进行讨论,从结果变量开始,然后通过将心理状态、核心的工作特性作为中介变量,将个体差异作为调节变量,依次展开。实际情况并非完全如此。事实上,构建理论的过程包括了一系列变量的反反复复的筛选,直到一个合理、简单且内部一致的模型,逐渐从一堆繁杂的变量和复杂的关系中展现出来。

8.2.5.1 结果变量

通过对工作结果方面的文献的研读(Blauner,1964;Walker and Guest,1952),我们发现,工作设计会同时影响员工的情感福利和辞职的可能性。所以我们将满足感、缺勤率、流失率作为感兴趣的结果变量,放入最初的模型之中。哈克曼和劳勒(Hackman and Lawler,1971)已经评估了内部动机,并发现这一概念在解释工作效果时相当有用。虽然我们将这一概念也纳入了我们的模型,却没有给予足够的重视。如果今天能够重新修订这个模型的话,情况将会有所不同

8.2.5.2 心理状态

在寻找哪些心理状态的存在会提升良好结果出现的可能性时,我们借鉴了认知激励理论(cognitive motivation theory)以及克里斯·阿吉里斯、埃德·劳勒、莱曼·波特(Lyman Porter)的著作,这些都帮助我们更能获得令人满意的结果(Argyris,1964;Lawler,1969;Porter and Lawler,1968)。稍微想象一下就能发现,对工作意义的感知、对责任的感知和对工作结果的了解这三个因素并不是新的发现,但它们并未在实证研究中得到系统的评估,同时实证研究也未表明,这三个因素对于产生令人满意的结果是不可或缺的,我们试图重拾这些被遗漏的观点。

8.2.5.3 关键的工作特性

特纳和劳伦斯(Turner and Lawrence,1965),以及哈克曼和劳勒(Hackman and Lawler,1971)早期的研究认为,有四种工作特性——自主性、多样性、同一性和反馈——可能会有助于产生令人满意的结果,包括出勤率、满足感和工作表现。很明显,这些工作特性应该包含在模型中,我们的任务是弄清它们和心理状态之间的联系。大部分联系是直接的——反馈自然对工作结果的感知影响最大,自主性会带来对责任感的感知。而且,阿吉里斯(1964)、哈克曼和劳勒(1971)从概念上讨论了任务的同一性和多样性可能直接有助于对工作意义的感知。但是格雷格的工作经历表明,对于工作意义的感知应该有其他影响因素。他想起即使是在生产流水线上他也能感知到工作的意义,因为他知道,如果他不能完成自己的工作流程,下游流水线上的人就会受到不利的影响。我们从格雷格的经历中总结形成了任务重要性的概念,并将其定位为通往对意义的感知的第三条路径。

8.2.5.4 个体差异

以前的研究认为,丰富的工作对于某些人更有吸引力(Hackman and Lawler,1971;Hulin and Blood,1968;Turner and Lawrence,1965)。例如,一些研究者(包括Hulin和Blood,Turner和Lawrence)认为,只有具有特定文化背景的个体(比如,来自小镇上的职员)才能在对关键的工作特性要求很高的工作中做出积极反应。但是,哈克曼和劳勒认为,个人的需求状态,也许是对这种现象的一种更为合理的解释,因为相对于常见的状态,文化背景假设职员特征具有更大的同质性。这一观察结果以及奥尔德弗(Alderfer,1972)对人类需求的研究,使我们得出以下结论:也许更应该关注个体需求的差异,而不是文化背景的差异。具体而言,我们假设,具有强烈成长和发展需求的个体,更加重视工作所提供的能够展现个人业绩的工作机会,并且当这些机会出现时,他们能够给予最积极的反应。这个结论与弗鲁姆(Vroom,1964)表述的激励期望理论不谋而合。所以,我们选取成长需求度(growth need strength)这一概念,作为个体差异的调节变量,调节关键工作特性的影响作用。

8.2.5.5 后续发展

从文章最初发表(Hackman and Oldham,1975,1976)到完成关于工作再设计的专著(Hackman and Oldham,1980)的过程中,我们仍然不断修正和改进模型。其中最大的改动是,我们强化了内部工作激励的重要性,并且将其作为模型中关键的结果变量。这促使我们在模型中增加了两个额外的调节变量——知识和技能、情境满意度,同时,也减少了模型中缺勤率和离职率的重要性,这两个变量本来是良好的工作设计的结果。

受到内部激励的员工,当他们表现良好时,他们会很开心;相反,则会很失落。那些具有天赋和技能的员工,在工作中受到积极的影响;反之,则会形成消极的影响。我们总结的模型必须清晰描述现实。格雷格在参观了一个组织,并与经理和雇员讨论了工作再设计产生干扰的可能性之后,提出应加入情境满意度。员工们告诉他,他们确实对工作再设计感兴趣,但前提是与工作情境有关的一些问题,如控制过严的监管和无法令人满意的报酬制度得到解决。格雷格意识到,这个模型忽略了工作情境的属性,而这一属性能够显著调节员工对工作的反应。我们通过实证发现,情境的确可以调节工作设计对员工反应的影响(Oldham,1976;Oldham,Hackham and Pearce,1976),我们将它加入了《工作再设计》(*Work Redesign*)一书所呈现的最终模型之中。

8.3 理论的影响

8.3.1 早期的成功

工作特性理论一经出版就得到了巨大的关注。再版的著作抢购一空,我们从同事那里收到源源不断的请求,索取工作诊断调查问卷,希望能够测试和使用这一模型。这项工具经过改编后,被应用于许多特定的群体中,如老师和学生,并被翻译成多国语言。到20世纪80年代中期,超过200项实证调查对该理论进行了部分或全部检验(Fried and Ferris,1987),而且从那时起,理论得到了更多检验。据经典引文报道,我们关于该模型和工具的三个主要出版物(Hackman and Oldham,1975,1976,1980)是整个组织行为学领域引用最多的出版物之一。直到今天,该模型还常常在组织行为、组织心理和管理学的教科书上得到探讨。

为什么这个模型会如此快地流行起来并成为主导,并且拥有很长的学术生命力?我们认为有四个原因:

1. 模型说明的现象——也就是,工作对于人和绩效的影响很重要。几乎所有的成年人都要从事某种工作,并且受到其工作经历的强大影响。此外,经理关于如何安排工作的决策,不仅影响到执行这项工作的人,还影响整个组织的成果。

2. 模型对人们很有意义。《工作再设计》这本书的读者多次告诉我们,我们所说的不仅与他们自身组织中的经历相符,而且与他们对于工作的解释一致。这些反馈结果让我们既自信又忧虑:我们构建的模型受到欢迎,难道仅仅是因为它精炼地提取了人们日常的工作经历?我们是否错过了能让我们可以构建一个更加精细的、接近本质的模型去解释工作的机会,以便人们从根本上重新认识影响工作的因素是如何作用于工作人员的?即使30年后,这些问题仍然困扰着我们。

3. 这个模型容易检验、便于操作。当它用于实证研究或实践时,无须再做很多的概念工作。尽管这个模型比较复杂,没有将检验和应用放在一个简单的步骤里,但是许多具体的假说相当直接,易于检验和应用。因此,其对于寻求成熟的研究问题的学者,以及为了更好地设计工作而寻求指导的实践者,都具有吸引力。尤其是,很多博士生发现,工作特性理论对于他们的博士论文研究,是个非常具有吸引力的题目。一些咨询公司在为客户解决员工激励和表现方面的问题时,也大量应用了该模型。实际上,有一位咨询师只对这个模型做了一些微小的调整,并添加了一些诊断工具,然后就注册版权,并出版了这份修订版。这也有力地证明了该模型在检验方面的吸引力和有效性。

4. 我们提供了一种工具,即工作诊断调查表。它直接测量了员工对工作的感知和他们的反应。我们认为,公布一个测量工具,其他人可以根据自己的目的来修正或使用,这可能是取得他人引用最有效的方法。JDS 受到欢迎让我们感到欣喜,但是也促使我们去关心该工具在使用中所表现出的有欠考虑的方面。尤其令我们担忧的是,那些用来测试工作特性理论、被我们称为"无差异"的研究,即 JDS 被用于对大量进行同质性工作的员工群体进行研究(试想一下,100 个保险公司的后台员工都在干一项工作,即检查索赔申请的准确性和完整性),计算出相关性,以检验是否支持不同的特定模型中的命题。问题是,对那些命题的正确测试,要求工作本身的特性和被测者在才能、需求以及情境满意度之间都存在差异。这是一个必不可少的条件,但至今为止,在众多使用 JDS 的研究中,尚没有遇到能满足全部条件的研究。现成研究工具简单易得的特性带来了许多优势,如可以积累大量名义数据。但是,这也可能导致欠缺思考的滥用。

8.3.2 后来的争论

当工作特性理论流行起来时,理查德提醒格雷格,"让我告诉你将会发生什么,"他说,"我们将会受到一段时间的赞扬。但是接着就会受到攻击。我们模型中的每个地方都会被质疑,并且我们还会受到严重的打击。"这正是后来发生的情况,无论在实践中还是在研究领域中,都是如此。

尽管如上文所述,许多咨询人员和经理接纳了工作特性理论,并在工作中使用它,但是实际工作人员的接纳程度却大不相同。那些基于弗雷德·赫茨伯格著名的双因素工作激励模型开展工作的实践者尤为突出。他们特别怀疑新模型挑战了传统认可的工作丰富化理论。其至连赫茨伯格本人也这样看我们,他在给其朋友和同事罗伊的信中尖锐地提出质疑。罗伊是与我们合作构建该模型的咨询公司的创始人。罗伊送给赫茨伯格一份"工作丰富化的新战略"这篇论文的复印件,这篇文章是我们与他的公司里的合作者一起撰写的(Hackman et al.,1975)。赫茨伯格给罗伊回信的部分内容如下:

> 在这个领域中,我无法相信,你竟然公开发布这种低劣、自圆其说的文章。我认为,你们现在应该抛开这些东西,去追求一流的理论。我同意,这些东西在四流层面上总有市场,但是你们应该比那些层面要强。一些主要的报道马上就会出现,我不希望看到你的证书中罗列着你和那些低俗的人合作的这类论文……

赫茨伯格信中所提到的"低俗的人",毫无疑问,包括理查德和格雷格。

学术界对于该理论提出批判的开端,是格里·萨兰西克和杰夫·普费弗(Gerry Salancik and Jeff Pfeffer)在富有影响力的重要期刊——《管理科学季刊》(*Administrative Science Quarterly*)上的一篇文章。在文章中,他们批评有些理论,包括我们的理论,过于重视人的需求(Salancik and Pfeffer,1978)。其他批评意见接踵而至,尤其是关于模型的三个问题:(1)工作感知可能更大程度上受到社会暗示的影响,而非工作本身的客观属性;(2)个体差异对工作反应的调节作用;(3)我们总结的"激励的潜在得分指数"在心理测量学上的地位并不稳定。

8.3.2.1 工作感知

在构建这个模型时,我们特别关注工作特性的客观性。因为JDS是基于员工对工作特性的描述,这引起了我们很大的担忧。尽管那时我们相信,人们能够给予其工作属性基本正确的评价,我们还认识到,需要评价员工所报告的与外部观察者的评价之间的相似程度,以从实证中证明这一点。我们构建了工作等级表,专门用于检验我们关于员工报告准确性的假设。一旦我们发现JDS和JRF的相关性确实很高,我们感觉可以继续采用基于JDS的方法来测量工作特性。

这是一个错误,这促使理查德给耶鲁大学的博士生琼·皮尔斯(Jone Pearce)提了一个糟糕的建议。琼认为,系统研究客观的工作特性与员工对于那些特性的感知之间的关系是有趣的,能获得一些信息。"这没有必要,"理查德回答到,"我们已经证明了客观特性与员工感知之间的强相关性。"不久之后,大量文献的研究结果都精确地表明了这种关系。不幸的是,其中并不包括琼的工作,这都是由于理查德糟糕的建议,使得琼在这方面的研究停滞不前。

我们所开展的许多关于工作感知的研究,都具有赛马的特性,因为我们的立场(客观的工作特性影响更多)被用来挑战萨兰西克和普费弗(社会暗示影响更多)的理论。可以预料到,同情我们的学者倾向于寻找对我们的支持,而那些批评者倾向于寻找对他们的支持。研究领域中的赛马没有绝对的赢家,尽管我们相信两项研究都提供了信息——一个是格里芬(Griffin,1983),他从实验和实证两方面提供了在各种情况下,客观影响和社会影响对工作感知影响的相对强度,这些研究是合理的、令人信服的。另一项是韦斯和肖(Weiss and Shaw,1979)所展开的研究,该研究表明,不同个体对于客观属性和社会暗示的反应也存在差异。

8.3.2.2 个体差异

一方面,工作特性理论中关于个体差异的调节作用这一问题仍然悬而未决——而且由于现实的原因,可能还是无法得到解决。正如前文所述,正确检验个体差异如何调节对工作特性的反应,需要两组变量中都存在足够的差异,然而,现实中的组织几乎无法达到这种要求。获得任何特定工作的人,都有不可忽视的同质性,这是由于吸引和选择过程确实存在,而且工作经历不可避免地会影响员工的需求和能力。只有当可以随意从异质人群中指定他们去从事动机差异很大的工作时,才能明确测定模型所假设的个体差异的调节作用——而这显然是不可能实现的。此外,我们在1980年版的工作特性理论中提出,如果高激励的工作要产生积极的影响,成长需求度、情境满意度、知识及技能都需要包含在内。但是,没有研究同时考虑了这三个调节因素,这也可以解释关于个体差异在模型中调节作用的研究,为何结果并不稳定。

8.3.2.3 潜在的激励

实证研究结果清晰地表明,我们总结的显示工作激励特性的指标——激励的潜在得分指数——相对于将五个关键工作特性的分数简单相加的结果,对结果的预测力并没有好多少(Fried and Ferris, 1987)。认识到这点时,我们觉得很惭愧,因为理查德在读研究生时,曾辅修心理测量学,因此他应该知道 JDS 的心理测量属性不允许把计算 MPS 分数的各变量进行相乘,MPS 在概念上富有意义,但它却是心理测量学的一场灾难。

8.3.3 理论(和工具)永不枯竭

从我们发表第一篇关于工作特性理论的文章到现在,已经有三十多年了,但我们仍然几乎每周都会收到信件、电话和电子邮件,询问模型的最新研究,索取无法获得的出版物,以及寻求使用工作诊断调查表的许可和技术建议。有点糟糕的是,不得不承认,我们自己对该理论目前的发展都了解不多。事实上,1980 年,就在《工作再设计》出版后不久,理查德就停止了对我们理论的相关研究,并且回到了他最初喜爱的小群体研究。格雷格的研究持续了更长一段时间,但是,当他一旦认为自己已经对影响工作设计的情境因素有了足够了解并为之满意后,他也转移到其他感兴趣的领域(比如,个人和情境对员工创造性的影响)。

然而,直到现在,我们依然为自己所构建的模型感到高兴。同时,对于那些在模型构建和测试过程中我们彼此之间、从同事和学生身上学到的东西感到高兴。尽管存在不少缺陷,该理论还是激发了他人的思维,并推动了大量研究,这些研究最终澄清了工作设计会如何影响个人和组织成果。而且,坦白而言,我们为理论开发所获得的认可感到高兴,我们感谢该理论给我们从事实地研究,甚至那些与工作设计相距甚远的课题,都提供了机会。

当进行理论开发时,有两种情况会让人误入歧途:一是无人关注;二是每个人都在关注,以至于无法摆脱。二者之中,后者显然更令人惬意,我们也不外乎如此。

参考文献

ALDERFER, C. P. (1972). *Existence, Relatedness, and Growth.* New York: Free Press.
AMABILE, T. M. (1996). *Creativity in Context.* Boulder, Colo.: Westview.
ARGYRIS, C. (1964). *Integrating the Individual and the Organization.* New York: Wiley.
BLAUNER, R. (1964). *Alienation and Freedom.* Chicago: University of Chicago Press.
DULANY, D. E. (1968). Awareness, rules, and propositional control: A confrontation with S-R behavior theory. In T. Dixon and D. Horton (eds.), *Verbal Behavior and General Behavior Theory*: 340–387. Englewood Cliffs, NJ: Prentice-Hall.
EDMONDSON, A. C. (1999). Psychological safety and learning behavior in work teams. *Administrative Science Quarterly*, 44: 350–383.
FRANK, L. L., and HACKMAN, J. R. (1975). A failure of job enrichment: The case of the change that wasn't. *Journal of Applied Behavioral Science*, 11: 413–436.
FRIED, Y., and FERRIS, G. R. (1987). The validity of the job characteristics model: A review

and meta-analysis. *Personnel Psychology*, 40: 287–322.
GRIFFIN, R. W. (1983). Objective and social sources of information in task redesign: A field experiment. *Administrative Science Quarterly*, 28: 184–200.
HACKMAN, J. R. (1968). Effects of task characteristics on group products. *Journal of Experimental Social Psychology*, 4: 162–187.
—— JONES, L. E., and MCGRATH, J. E. (1967). A set of dimensions for describing the general properties of group-generated written passages. *Psychological Bulletin*, 67: 379–390.
—— and LAWLER, E. E. (1971). Employee reactions to job characteristics. *Journal of Applied Psychology*, 55: 259–286.
—— and OLDHAM, G. R. (1975). Development of the Job Diagnostic Survey. *Journal of Applied Psychology*, 60: 159–170.
—— —— (1976). Motivation through the design of work: Test of a theory. *Organizational Behavior and Human Performance*, 16: 250–279.
—— —— (1980). *Work Redesign*. Reading, Mass.: Addison-Wesley.
—— —— JANSON, R., and PURDY, K. (1975). A new strategy for job enrichment. *California Management Review*, 17: 57–71.
HERZBERG, F. (1966). *Work and the Nature of Man*. Cleveland: World Publishing.
HULIN, C. L., and BLOOD, M. R. (1968). Job enlargement, individual differences, and worker responses. *Psychological Bulletin*, 69: 41–55.
LAWLER, E. E. (1969). Job design and employee motivation. *Personnel Psychology*, 22: 426–435.
MILLIKEN, F. J., BARTEL, C. A., and KURTZBERG, T. (2003). Diversity and creativity in work groups: A dynamic perspective on the affective and cognitive processes that link diversity and performance. In P. Paulus and B. Nijstad (eds.), *Group Creativity*: 32–62. New York: Oxford University Press.
MORRIS, C. G. (1966). Task effects on group interaction. *Journal of Personality and Social Psychology*, 4: 545–554.
OLDHAM, G. R. (1976). Job characteristics and internal motivation: The moderating effects of interpersonal and individual variables. *Human Relations*, 29: 559–569.
—— (1996). Job design. In C. Cooper and I. Robertson (eds.), *International Review of Industrial and Organizational Psychology*: 11. 33–60. New York: Wiley.
OLDHAM, G. R., HACKMAN, J. R., and PEARCE, J. L. (1976). Conditions under which employees respond positively to enriched work. *Journal of Applied Psychology*, 61: 395–403.
PORTER, L. W., and LAWLER, E. E. (1968). *Managerial Attitudes and Performance*. Homewood, Ill.: Irwin.
SALANCIK, G. R., and PFEFFER, J. (1978). An examination of need-satisfaction models of job attitudes. *Administrative Science Quarterly*, 22: 427–456.
STEIN, M. I. (1967). Creativity and culture. In R. Mooney and T. Razik (eds.), *Explorations in Creativity*: 109–119. New York: Harper.
TURNER, A. N., and LAWRENCE, P. R. (1965). *Industrial Jobs and the Worker*. Boston: Harvard Graduate School of Business Administration.
VROOM, V. (1964). *Work and Motivation*. New York: Wiley.
WALKER, C. R., and GUEST, C. H. (1952). *The Man on the Assembly Line*. Cambridge, Mass.: Harvard University Press.
WEISS, H. M., and SHAW, J. B. (1979). Social influences on judgments about tasks. *Organizational Behavior and Human Performance*. 24: 126–140.

第9章 员工对组织的态度有用吗？
——有关员工组织承诺的研究

莱曼·波特 理查德·斯蒂尔斯 理查德·莫迪

9.1 引言

20世纪60年代末至70年代初,美国社会进入了动荡与平静相互交错的复杂状态。越战及公民权利问题引发的学生运动带来了大破坏,并在很多大学校园里蔓延。学生,甚至老师通过担任纠察员*及罢工等方式,来抗议他们看到的各种社会不公正和不公平现象。有时候示威运动极其猛烈,而且运动高潮展现出的影响力,足以导致美国总统下台。然而,与此同时,我们惊奇地发现,大部分的美国公司依然处在相对稳定的状态。在这些公司中,我们看到无论是"蓝领员工"还是"白领员工",每天都在工作,努力使自己的生活变得更加美好幸福。威廉·怀特在《组织成员》（William H. Whyte, 1952, *Organization Man*）一书中描述的"组织成员"健康而充满活力。经理们（几乎都是男性）每日都西服笔挺地安稳工作着,减员也不在公司的考虑范围之内。一般情况下,人们整个职业生涯都只为一家公司工作,并在65岁退休。虽然大学校园也许处于动荡之中,但美国的商业环境似乎平静如水。

这一期间,美国社会呈现出两幅截然不同的画面:一幅是冲突和骚乱,另一幅是稳定和平静。这两种完全对立的情形,使当时的很多社会观察家感到困惑。人们在思考这里到底发生了什么？为什么有些员工（如大学教授和公司的经理们）展现出对所属组织的高度忠诚,而另外一些人却表现出了冷淡甚至敌对的态度？是什么原因导致一些员工对他们的组织产成了情感上的依赖和战略上的忠诚,而另一些员工却在出现机会时就毫不犹豫地离公司而去？就这一切来说,作为组织,该如何激励他们最优秀的员

---

* 在罢工期间,通常有一群人驻扎在工作单位外面,阻止非罢工员工或顾客进入,以表示不满或反抗。——译者注

工,长期而持久地留在组织当中？上述问题激起了当时社会学家的兴趣,因为这些情况促使各组织甚至整个社会重新思考一个根本性问题,即工作组织中员工所承担的法定角色是什么。学者们开始思考对组织做出承诺的本质是什么？同时,学者们也在思考,雇主和员工如何定义他们的相互依赖？他们如何协商和执行心理契约？从学术立场出发,我们希望探究组织承诺的起因与结果,以及随着时间的推移,这种承诺是如何形成或无法形成的。

9.2 组织承诺的早期研究

如果当代的研究者们追溯到 20 世纪 60 年代末,回顾当时关于组织承诺的文献,必定收获甚微,因为当时关于这个主题的文献远称不上丰富,事实上当时只有不到十篇研究论文(Becker,1960;Brown,1969;Etzioni,1961;Gouldner,1958;Gouldner,1960;Grusky,1966;Kanter,1968)。不过,这段时期的大部分研究都很出色,而且都从社会学家所谓的宏观层面(即群体和社会层面)进行研究。但是,社会学家或者工业组织心理学家,并没有系统地从微观层面(或基于个体)进行研究。

毫无疑问,这个时期最主要的贡献之一,就是阿尔文·古尔德纳(Alvin Gouldner)将组织成员按照"全球主义者"(cosmopolitan)和"本土主义者"(local)两个维度进行划分。基于默顿(Merton,1957)的早期研究,古尔德纳(Gouldner,1958:278)假定"除了他们显而易见的身份外,正规组织的成员可能有两种潜在的社会身份"。全球主义者被描述为"对所属公司的忠诚度低,而对其所拥有的专业角色技能承诺度高,并很可能以外部的参考群体为导向"。相对地,本土主义者被描述为"对所属公司的忠诚度高,而对其所拥有的专业技能承诺度低,并很可能以内部的参考群体为导向"(Gouldner,1958:290)。这个划分似乎引起了同时代社会学家的共鸣。人们可能很容易想到,某些已经在国内或国际拥有较高学术水平的教师,他们对其学术专业的认同度非常高,所以很少有时间,或者有兴趣关心其所在大学内部的挑战。而其他教师却显示出与之正好相反的特性。同样地,公司里的一些员工看起来似乎将公司与自己绑在一起,而对自身的地位以及是否能得到外面的专家或专业领域内的赞誉都不甚关心。可也有一些员工展示出了更强的外部导向性,他们更关心自己以专家身份获得的认同,而不是雇主的利益。

这里需要重点指出的,也是被严重忽视的是,在"全球主义者—本土主义者"的二分法中,这两个类型究竟表示了单一维度的两端,还是构成了相对独立维度的两个因素？换句话说,如果一个员工是极端的全球主义者(按照古尔德纳的描述),那么他还可能是极端的本土主义者吗？或者说,极端的全球主义者是否也就意味着不能同时是极端的本土主义者？古尔德纳(Gouldner,1958:291)显然感到这是完全相反的两极,指出"对组织的忠诚意味着:(1)愿意减少或完全放弃对专业任务的承诺;(2)以内部组织群体为最重要的职业导向"。然而,根据每天对组织内人员的观察结果,一些人既是显而易见的全球主义者,又是重要的本土主义者。相对地,也有一些人既不关心自己所在组织的繁荣,也对外部参考群体不闻不问。这些表明,二维划分的范式是可行的,任何组织成员都可以是高—高,低—低,低—高或高—低类型。如果这是正确的话,那么一个人就可以同时对所属组织和外部实体组织(如职业)负责,对任何一方的承诺都不必是排他性的。

这段时期,阿米泰·埃奇奥尼在其经典的《复杂组织的比较分析》(Amatai Etzioni,1961, *A Comparative Analysis of Complex Organizations*)一书中,做出了另一个杰出的贡献。埃奇奥尼基于成员对组织投入的多少,以及组织能够促使成员顺从组织要求的权力类型给出了一个类型划分法,分为:道义投入(moral involvement)、计算投入(calculative involvement)和疏离投入(alienative involvement)。道义投入型指的是,个体与组织有极强的正向关系,员工信仰组织价值和目标,并将其内化为自己的价值观。对于这种类型,组织可以利用规范性力量,给予其在组织成员中非常显眼的象征性奖励。与之相反,计算投入型,正如其名字所显示的那样,员工与组织的关系建立在个人与组织定量交换的基础上;个人为组织努力工作并换来组织的一些特定奖励,如薪水、津贴。这是一个清晰的交换关系类型,马奇和西蒙(March and Simon, 1958)称之为诱因—贡献(inducements-contributions)方式。组织运用其力量的方法,就是给予或扣留不同等级和类型的报酬。期望得到的和实际得到的报酬越多,成员与组织的联系越紧密。第三类疏离投入型,存在于成员对组织持消极态度时。当他感觉受到组织的严重束缚时,这种消极态度经常会加剧。惩教所就是非常好的例子,在那里,行动约束代替了目标内化及互惠。这种环境下,对于这种类型成员,组织运用的权力就是强制与强迫。

埃奇奥尼在组织承诺类型划分中的关键因素,来源于他定义的前两种投入类型:道义投入和计算投入。这两种类型与现代工作环境相关,可以出现在各类组织中——不管是工业、商业、政府还是教育界。这些类型的投入不仅常见,而且可以相互独立地存在。也就是说,尽管大多数组织依赖于某些形式的计算投入,即诱因和贡献的交换,但是,这些组织大部分也在同时提倡道义型投入。因此,按照埃奇奥尼的研究,可以视组织承诺(用他的话说,就是投入)为道义投入和计算投入这两种不同要素的组合。实际上,迈耶和艾伦(Meyer and Allen, 1997)以及卡佩利(Cappelli, 1999)最近对工作场所中的承诺进行的研究,都是基于埃奇奥尼的基本概念。

最后,除去基本分类法,埃奇奥尼的另一个贡献就是他强调从各种类型的投入程度来研究承诺问题。埃奇奥尼强调,各种类型投入的程度很关键。这就是说,在一个组织内,道义承诺可以为低、中或高,计算投入亦是如此。基于此,可以对工作场所的行为进行一系列的预测。

9.2.1 UCI 的个体—组织关联项目

从 20 世纪 60 年代开始,加利福尼亚大学欧文分校的一小群研究人员决定深入研究这个主题。这项在莱曼·波特和罗伯特·杜宾(Robert Dubin)带领下的研究称为"个体—组织关联"(individual-organization linkages)项目。这个项目得到了美国海军研究局的一系列资助。一些研究生加入了这个项目,包括约翰·范·玛伦(John Van Maanen)、约瑟夫·尚普(Joseph Champoux)、威廉姆·克朗蓬(William Crampon)、理查德·斯蒂尔斯、理查德·莫迪(Richard Mowday)以及哈罗德·安格(Harold Angle)。这个项目持续了十年之久。

我们对组织承诺性质的早期研究思路,无疑受到了古尔德纳和埃奇奥尼的影响,所以,我们决定从心理学角度出发去研究这个课题。当时,心理学家们将关注点都放到了工作满意度和工作投入度上,忽视了组织层面的态度,如承诺。在我们看来,出现这种状况的原因是,数十年来工业—组织心理学的研究都着重于个体对工作的反应,以及影响工作绩效的因素,组织本身并不是被研究关注的主要对象。对工作的态度得到了广泛的研究,而对组织态度的研究却没有。因此,我们认为这是心理学中研究不足的一个领域,值得关注。

20世纪60年代持续的社会动荡,加上社会学领域有影响力的学者和理论范式,以及在员工对雇主的态度方面缺乏系统性的研究——这些因素的结合,激发了我们的思考和研究,进而使我们迈向了组织承诺的课题。

9.2.2 组织承诺的定义

在系统性地对组织承诺进行研究前,我们首先查看了文献中已有的定义。但是,这些定义缺乏共识。例如,贝克尔(Becker,1960:32)将承诺定义为活动一致性的结果。他认为一个人通过单方面的投入,将外部的利益与自己的一致性活动联系在一起时,就产生了承诺。H.P.古尔德纳(H.P.Gouldner,1960:469)把焦点放在承诺过程受到的限制上,指出承诺是一个人自我激励、导向以及行为所产生的各种限制。A.W.古尔德纳(A.W.Gouldner,1958:200)虽然没有直接给出定义,但是他强调,对组织的忠诚是本土主义者的特征因素。坎特(Kanter,1968:499)强调个人的志愿行为,也就是社会成员为社会系统贡献自己的力量和忠心的意愿,是将个人人格系统依附到社会关系中,可以看作是"自我表达"。格伦斯基(Grusky,1966:489)将承诺视为"成员与组织总体关系的本质"。

显然,学者们对组织承诺这个术语的含义没有达成一致意见。那么,我们需要基于现有定义、观点和研究,给出自己的定义。为了给出自己的定义,我们强调三个关键理念:第一,我们关注对"组织"的承诺,将组织宽泛定义为雇佣关系产生的地方;第二,对组织的承诺是成员或员工持有的态度,我们对这种态度非常感兴趣;第三,我们认为,承诺本质必须表达的是远比对组织单纯的、被动的忠诚更深层、更强烈的东西。有了这三条限定条件作为我们的概念基础,我们进而将组织承诺定义为"个体对特定组织认同和投入的相对强度"(Mowday,Porter and Steers,1982:27)。我们进一步指出,组织承诺至少具有以下三个特征因素:(1)对组织目标和价值的强烈信仰与接受;(2)代表组织投入大量精力的意愿;(3) 维持自己组织成员身份的强烈欲望(Porter et al.,1974;Porter,Crampon and Smith,1976;Mowday et al.,1982;Steers,1977)。本质上,我们的定义强调了个体"与组织主动性的联系,他们愿意做出自己的贡献,以使组织繁荣"。

这个定义有两个方面需要格外说明。首先,我们的定义立足于成员或员工的态度。这非常重要,因为它指的是人们志愿做出贡献,选择相信组织,而不是一个人实际上做了什么,或者被强制做了什么。在我们和其他人随后的研究中,这个定义被称为"感情承诺",强调了一个人对组织的情感。利用态度或情感来定义组织承诺的方法,显然有别于基于行为的方法。例如,一位员工离开了组织,可我们并不知道他是否真的想离开,只知道他离开了。类似的,一位员工为组织付出了额外的汗水,并不意味着他真心愿意做这些,甚至这种行为可能是被迫的。正如我们在其他地方的描述,"感情承诺强调人们思考他们与组织的关系的过程……(然而)另一方面,行为承诺涉及人们被限定在某一组织,以及如何处理这个问题的过程"(Mowday et al.,1982:26)。

其次,我们的定义并没有排除个人对其他社会团体的承诺,例如某个专业团体、联盟、政党或者宗教团体。在当今越来越复杂的工作环境下,多对象型承诺随处可见。

9.2.3 组织承诺问卷

概念定义只是研究的第一步,我们必须找到一种方法,在各种情况下能够度量并且确定其相对强度。可是,在刚开始的研究中,根本找不到令人满意的方法用来在实证研究中测量组织承诺。大多数已有的量表包括了2个、3个或者是4个指标,然而,几乎没有或根本没有证明其信度和效度的数据。因此,我们的目标是建立一套改良的研究工具,这套工具既可以针对我们定义中的三要素,又可以给出组织承诺的总评分。我们的目的不是建立一套权威的研究工具,而是建立一套相对有效、方便使用的工具。这套工具可以应用在不同组织中,适用于各种各样的员工或成员。最后,我们建立了一套包含了15个题目的工具——组织承诺问卷(organizational commitment questionnaire, OCQ)。在接下来的十年里,这套工具在一些研究中对各种各样的员工使用过。

OCQ心理测量特性的详情以及说明聚合效度、区分效度、预测效度的证据,已经发表在一些杂志和著作上(Mowday, Steers and Porter,1979;Mowday et al.,1982)。整体上看,这些研究指出,OCQ展现了很好的内部信度和重测信度;同时,OCQ与其他适当的变量,如主管对员工承诺的独立评价、员工主动离职率等,有合理的相关性。虽然如此,建立OCQ并不是我们的目的,我们更深层次的意图是,利用这个工具来探索组织承诺的前因后果。

9.2.4 组织承诺的发展

我们一直认为,"员工对组织的承诺应描述为一个随着时间逐渐呈现的过程"(Mowday et al.,1982:45)。文献中,用于解释组织承诺的演变过程的,主要有两个概念性方法:第一个将承诺视为自变量,它可以预测到各种各样的与工作相关的行为可能。例如,降低缺勤率或员工离职率(Mowday et al.,1979;Steers,1977)。第二个将承诺视为因变量,即如果一个人做出了决定投入于其自由选择的行为,那么,承诺表示一组与这个决定保持一致的态度。一个人也许会认为,既然他选择承担一些令人不快的工作,他就需要对组织效忠(Salancik,1977)。因此,一种方法假设顺序为"态度—行为";另外一种假设顺序为"行为—态度"。我们认为,这两种方法并不相互排斥,态度承诺和行为承诺随着时间推移,相互影响,相互关联。这个过程的开始阶段——由态度开始或是行为开始都不重要,正如我们假设的那样,态度和行为就像一个圈,随时间循环着,相互影响,这个过程就是承诺的演变。我们断定二者在循环模式中相互影响。

9.2.4.1 预感期

我们提出,组织承诺演化的过程包括三个阶段,分别称为预感期(anticipation stage)、启蒙期(initiation stage)以及堑壕期(entrenchment stage)。第一个阶段预感期,指的是成员进入组织之前的就业求职阶段(pre-entry)。我们认为,在这个初期阶段至少有三组重要因素:个人特征、对组织的期望以及涉及入职决定的各种环境因素。这些因素相互影响,在一个新成员加入组织之前,就可以确定其组织承诺的强度。需要着重指出的是,其实这时的承诺强度并不需要很高。这些因素的结合可能会产生一个中等的、或者相当低的入职前承诺,其真实水平要由所涉及变量的具体特性和强度来决定。

决定初始承诺的其中一组因素,就是未来成员的个性特征,包括价值观、信念、人格特征等。大体上来讲,一些人对所属组织的承诺是本能的,他们的承诺来源于事先的社会道德标准,以及(或)对于有组织的活动和组织的价值的大体认知。

另外一组对态度承诺(甚至是加入组织前的)很可能有重要影响的变量,就是个人的期望。一般来说,一个人不可能在对一个组织不了解,没有印象(虽然了解和印象可能带有偏见)的情况下就加入这个组织。对于某一组织的期望可以从很多渠道得来,包括曾经使用过这个组织的产品或服务、广告媒体得来的信息,以及与现有员工或以前员工的交流。换句话说,要加入的组织通常不是一块白板,即将成为组织一员的人对该组织的看法会决定将来新员工产生承诺的速度和强度。

第三组在预感期可能有影响的变量,是涉及个人入职决定的各种环境因素。如果一个成员做出了自愿加入组织的选择,而且这个选择是清晰的、公开的、(短期内)难以改变的,那么,根据认知失调理论,他就会更想要证明他的选择是正确的。因此,更可能表示出对组织的态度承诺。

9.2.4.2 启蒙期

组织承诺的第二个阶段是雇佣初期,我们称之为启蒙期。与就业求职期,或者称之为预感期相比,一个新的组织成员将会开始品味真实经历,而不仅仅是未经考验的期望,这将成为对组织的态度的重要来源。事实上,在这个阶段,先前持有的态度将与实际情况发生碰撞。这个阶段的经历很可能将给刚入职的员工留下清晰的记忆,发生的事情也将产生重大影响。例如,一个新员工第一次见到他的上司时印象一定很深刻,而当第35次或者135次再与这个上司见面时就差多了。

这个阶段对组织承诺产生影响的根源,很可能包括:工作活动的性质、任务分配(尤其是通过任务分配让人感到的责任感的强弱,参看Salancik,1977)、直接领导、工作团队以及组织的规章制度和流程。我们假定,对个人来说,这个根源越突出越重要,对其组织承诺的影响就越大。因此,我们预期,工作职责及与上司的互动,比工作团队和组织的规章制度流程产生的影响更大。我们进一步预期,成员与这些方面打交道的经历越积极,这些经历引发的承诺越正面。

在这个早期接触阶段,除了组织因素有影响外,非组织因素也对一个新员工的组织承诺有影响,包括家庭成员的态度、其所在社会团体中重要成员的态度等。例如,配偶不喜欢这个新员工所从事的工作类型,那么,新员工将很难增加对组织的承诺。在这个阶段,另外一个被证明很重要的因素,是"存在可选择的工作机会"。其他组织提供的有吸引力的工作机会将降低员工的组织承诺。没选择这一机会的员工,为了在心理上证明自己所做决定的正确性,可能会增加对当前组织的承诺。

9.2.4.3 堑壕期

在经历了就业求职期、雇佣初期后,仍留在组织中的成员趋向于长期稳定就业,这个阶段我们称之为堑壕期。在这个阶段,启蒙期的因素依然有很重要的影响,如工作职责的变化、新领导的上任、公司规章制度的修订等。然而,为组织持续工作的阶段也产生了前两个阶段所没有的影响因素。在这一点上,我们有相当一致性的证据,表明长期工作的员工更可能表现出更高的承诺水平。

为什么会这样呢?在持续就业阶段,一些变量很关键。其中一个因素就是相对新员工,老员工更可能投入到挑战性强、结果令人满意的工作任务中。另一个因素就是一个人在组织中的时间长了,就很容易投入自己的情感资产,为组织付出心理投资。而且,一个人在组织中做的时间越长,就越容易投入重要的社会资本,去建立友谊和关系网。还有一个因素就是机会成本。随着时间的逝去,一个员工放弃了其他的工作机会,放弃了可能取得其他成就的机会,留在组织内部,这使他最终通过增加承诺水平来证明自己的选择。

随着待在组织中的时间增加,组织承诺也在增加。总的来讲,有许多可能的因素似乎在其中发挥作用。然而,个别学者指出,这很难用因果关系的形式来解释,因此也难以说明其中的现实意义,因为其他因素也在随着时间变化。不过,大家似乎都确信,存在这样一种关系。

9.3　组织承诺的影响结果:理论与研究

在上文中,我们回顾了组织承诺演变的三阶段模型,模型所涉及的时间范围,从一个人加入组织前的时期开始,一直持续到其在组织内长期任职。在这一过程中,我们提出了一组前因变量(例如个人特征、与上司的互动),这些因素可以在某一阶段增强或者减弱组织承诺。因为组织承诺是工作场所行为研究中的重要变量,因此从逻辑上讲,它也应该与工作场所接下来发生的事情(后续结果)有因果联系,而不仅仅只是关心其起因。在这一点上,我们将承诺视为中介变量:某些因素产生了组织承诺,进而不同的组织承诺作用于工作场所的心理状态和行为模式,产生不同的后续结果。从有关承诺的理论和研究中,可以找到四种可能存在的后续结果:工作绩效、员工离职、员工缺勤率、角色外行为。各变量的分述如下。

组织承诺被引入管理学领域之后,得到广泛的研究。组织承诺的两篇主要研究综述(Mathieu and Zajac,1990;Meyer and Allen,1997)总结了组织承诺的重要行为结果。近期,另一项关于组织承诺的研究(Meyer *et al.*,2002)采用元分析方法,将综述范围缩小到迈耶和艾伦开发的情感承诺量表的研究。下面的分析也将考虑这项研究成果,因为迈耶和艾伦曾指出,他们对感情依赖的测量方法,与先前提到的组织承诺问卷调查在概念上有相当大的重叠(Meyer and Allen,1997)。虽然如此,下面的定量研究结果主要取自梅休和扎亚茨(Methieu and Zajac,1990)的综述研究,因为他们关注的重点,是采用组织承诺问卷调查进行的研究。

9.3.1　工作绩效

现有理论表明,高度的组织承诺可能会带来高水平的工作绩效。不过正如我们所谈到的,当仔细读过这些理论后,会发现这种相关性相对微弱。按照推测,承诺会影响一个人在工作上发挥主动性的努力程度,这种效果就是承诺对于绩效的潜在影响。虽然一个持有高度承诺的人可能会为组织更努力地工作,然而努力虽然重要,但也只是决定工作绩效的众多因素之一。所以,承诺对于总体工作绩效的影响比较有限。其他决定绩效的主要因素,如能力、技巧、教育程度和培训等,不太可能受到组织承诺的影响。因此,我们预测在承诺和工作绩效之间,存在微弱的正相关关系。在这一点上,承诺也许可以视为提高工作绩效的兴奋剂,但是只有兴奋剂创造不了好成绩。

下面,我们看一看对于这种关系的实证研究。许多研究表明,组织承诺与工作绩效间存在显著正向关系。一项对这些研究的元分析显示,当采用上司给出的绩效评分作为测量依据时,相关性经衰减校正后的加权平均值为 $r_t = 0.135$;当采用产出作为测量依据时,$r_t = 0.054$。这个结果与迈耶(Meyer *et al.*,2002)得出的结果很相近,他们还发现,相对自我评价的绩效评分,情感承诺与上司给出的绩效评分有更强的关系。

梅休和扎亚茨(Mathieu and Zajac,1990:184)总结,"现有结果表明,在大多数事例中,承诺对绩效只有相当微小的直接影响"。这项元分析还表明,承诺与总激励、内在激励有相当强的正向关系(分别是 $r_t = 0.563, r_t = 0.668$)。这说明,承诺和工作绩效之间的关系,远比简单的直接关联要复杂得多。员工态度(包括承诺)有时不能转化为更高的工作绩效,其中的情境原因是众所周知的。例如,工作绩效经常受到一些因素的限制,比如员工技能、获取资源的能力等,此外,员工可能根本不能掌控工作中的绩效结果。因此,在个体层面上分析,尽管有充足的证据表明承诺和激励(努力)有关系,但是激励并不总是能转化为绩效。在某些情形下,承诺与绩效的关系很可能非常紧密,而在另外一些情形下,承诺与绩效的关系则弱得多,甚至没有——这些问题目前我们仍无法完全理解。

以前的研究重心主要直接集中于个体层面上的承诺与绩效关系分析。一些研究发现,在组织层面及组织的次级层面,加总的承诺与组织绩效相关(Mowday,Porter and Dubin,1974;Ostroff,1992)。此外,对具有高度承诺特征的人力资源管理系统的研究发现,在员工和雇主的关系与组织产出的关系之间,存在着有趣的关联(Arthur,1994;Huselid,1995;MacDuffie,1995)。莫迪(Mowday,1998)推测,员工承诺中介了以高度承诺为目标的人力资源管理做法与组织产出之间的关系。徐等(Tsui *et al.*,1997)发现,在雇主和员工有相互投入关系的工作环境下员工产生最高绩效的情况,且这种环境很可能会促成高水平的员工承诺。不幸的是,受到研究设计限制,我们发现这项研究未包括组织层面的绩效测量。尽管对以高度承诺为目标的人力资源管理做法到底是什么还没有形成一致看法,但普费弗(Pfeffer,1998)强调就业保障、选择性聘用、自我管理团队和分权决策、与组织绩效挂钩的较高收入水平、培训机会、减少组织内不同级别员工的地位差距以及广泛的信息共享等都很重要。

9.3.2 员工离职

组织承诺的理论内涵意味着,它对员工离职应该有显著的负面影响,因为我们认为离职在相当大程度上体现的是个人意向。这就是说,一个人做出离开组织的决定,通常不是被迫的,而是在经过深思熟悉后选择了另一份工作,他觉得那份工作会更好地实现并满足他的需求。因此,如果一个人对某一组织抱有高度承诺,就算工作不满意度较高,我们估计他也不会愿意离开。根据这些,我们预测,承诺和员工离职之间的相关性,比承诺和绩效之间的相关性要显著。

梅休和扎亚茨(Mathieu and Zajac,1990)的元分析,以及迈耶等(Meyer *et al.*,2002)的综述,证实了我们的预测。梅休和扎亚茨(Mathieu and Zajac,1990)发现二者之间的加权平均相关系数 $r_t = -0.277$。他们还发现,找工作及离开组织的行为意向与承诺之间的相关性更强(分别为 $r_t = -0.59, r_t = -0.59$)。这说明行为意向也许中介了承诺和员工离职之间的关系。这一点也不奇怪,因为相对实际行为,一个人的行为意向更接近其针对组织的整体态度。

9.3.3 员工缺勤率

员工缺勤率和离职的情况差不多:我们预计大部分情况下,它与组织承诺将有中度相关性。因为在给定的某一天,员工一定程度上可以自己选择是否上班(Steers and Rhodes,1978)。但相对员工离职,这个选择有时是受限制的。例如生病、家中突发状况、交通问题等,都可能导致缺勤,尽管员工意愿上可能并不想这样。实际上,如果缺勤率的统计分析能够较好地剔除掉确实有特殊情况的缺勤,那么,我们预计承诺和缺勤率之间将呈现非常显著的相关性。不过,如何得到如此精确的数据是个大问题。所以,关于承诺对缺勤率的影响,估计结果只是微弱的影响,但一定是正向影响。

这个预测在后来的研究中得到证实,但是结果显示关系相当弱。梅休和扎亚茨(Mathieu and Zajac,1990)发现,承诺与出席和迟到的加权相关系数,分别为 $r_t = 0.102$ 和 $r_t = -0.116$。迈耶等(Meyer et al.,2002)在情感承诺和出勤率之间,发现了稍微强些的相关性。与工作绩效和离职之间的情形类似,承诺也许只是众多影响出勤行为的因素之一,因此很难得到显著的关系。此外,与工作相关的各种因素,可能在这些关系中产生中介或调节作用。

9.3.4 角色外行为

受到承诺影响的第四个潜在后续结果,可能就是角色外行为。在文献中,学者们经常称之为"组织公民行为"。角色外行为被认定为由员工表现出来的积极自愿行为。事实上,这种行为是"角色外"的,所以从定义上来说,这种行为不是组织要求的员工工作职责的一部分。它指的是,一个员工在给定的工作环境下,超出组织预期的贡献。因此我们猜想,在四个与工作相关的后续结果里面,角色外行为与组织承诺的相关性会是最强的。如果组织承诺的确能产生哪怕是极其有限的影响,那么,它至少会对这类行为有所影响,否则就太不可思议了。

不管测量角色外行为使用的是自我评价还是独立评价,这个预期都得到了支持。奥根和瑞安(Organ and Ryan,1995)的一项元分析发现,组织承诺涉及两类角色外行为:利他主义行为($r_t = 0.226$)和符合规则、规范的行为($r_t = 0.296$)。尽管梅休和扎亚茨(Mathieu and Zajac,1990)在他们的综述中,没有涉及组织公民行为,但是迈耶等(Meyer et al.,2002)发现,感情承诺与这些行为之间存在着显著相关性。

9.4 发展方向

这一方向的研究源于一个直接的想法,即除了员工对工作的态度外,员工对组织的态度也有着行为上的影响力。自有关组织承诺概念的研究起步以来,经过三十年来的探索与研究,学者们丰富了研究内涵,揭示了员工对组织整体所持态度的作用。总的来说,我们早期的关于绩效、离职、出勤率、角色外行为的预测,大体上都已经得到了实证研究的支持。这些支持来源于几篇对数以百计的实证研究所进行的元分析报告。而且,元分析包含了测量情感承诺的不同方法,呈现出可靠的结果。此外,尽管对北美以外地区的研究数量有限,迈耶等(Meyer et al.,2002)发现,在不同国家间,感情承诺与其他因素的关联模式是类似的。

有充分的证据表明,员工对于组织的态度与行为相关。然而,这些关系的量值大小表明,组织承诺尽管很重要,但是显然不是在工作场所中影响行为的唯一态度因素。员工在工作场所行为的决定因素很复杂,包括对不同工作特征(例如职业,组织)的态度、行为意向,以及促进或者抑制员工实现他们意向的情境因素。组织承诺的这一系列研究,纠正了当时只重视工作满意度,不重视其他与工作相关的态度的研究失衡状况。之后的研究证实,为了更好地理解工作行为,必须考虑更为广泛的态度类型。

自从我们在20世纪70年代到80年代开始对组织承诺进行研究以来,工作环境发生了显著变化。为了应对强大的竞争压力,缩小规模和保持付酬员工数量最小化,成为大多数企业的战略选择,而没被裁减的员工也感受到了生产率和效率提高带来的越来越大的压力。与工作压力一样,包括自愿的和非自愿的加班在内的工作时间,也在不断增加。全球化带来的越来越大的压力,引发了跨国制造业和外包业务的显著增长,即便是白领和专业人员,也不得不向国际化发展。与此同时,年轻人,不论男女,发出了越来越大的呼声,要求在工作和家庭之间保持适当平衡——即便在这种平衡越来越难以达到的时代。最重要的是,大多数高中和大学毕业生寻求一份长期稳定工作的时代已经过去了。

在这一点上,彼得·卡佩利(Peter Cappelli,1999:ix)曾指出:"企业原有的内生式的雇佣做法,依靠长期承诺及任职来调解雇佣关系。然而,这已经让位给雇主和员工之间的谈判关系。随着劳动力市场情况的变化,谈判中的优势在二者之间徘徊。"不过,卡佩利承认,当今企业为实现企业目标,依然需要某种形式的员工承诺。为了实现这个目的,许多企业已经尝试把员工对企业整体的承诺,转向为对企业某些部分的承诺,如工作团队。"对于许多工作,针对整个企业的承诺在很大程度上变得无关紧要,只要员工们对他们的团队或项目做出承诺就可以"(p.11)。同时他指出,近些年对企业来说,"员工主动离职已经不是那么大的问题了,因为事实上,在所有企业都在缩减规模的同时,也提高了人才市场供给,这也限制了员工的主动离职"(p.6)。

卡佩利(1999)指出,这种在工作场所和经济体中发生的变化趋势,引出了一个严肃的问题:员工的态度,如组织承诺,在"快餐型社会"中究竟有何影响? 不过,其他发现这种相同趋势的学者,却针对承诺的作用,得到了与之迥异的结论。普费弗(Pfeffer,1998)强烈提倡,组织需要实行以高度承诺为目标的人力资源管理,包括提供就业保障,以实现长期竞争优势和赢利能力。他相信,有效实行这些措施的组织将会在几方面受益,包括拥有工作更努力、更睿智的员工。

最近,柯林斯(Collins,2001)研究了那些成功地实现"从优秀到卓越"过程的企业。他指出,这些成功实现转变的企业,其共性就是,着重于雇用合适的员工,并提供长期工作。柯林斯(Collins,2001)认为,成为伟大企业的关键不一定是愿景,不一定是战略,也一定不是执行。这些虽然重要,但是成功最关键的,还是拥有一个才华横溢、高度承诺的管理团队。在他看来,只要在恰当的位置拥有恰当的员工,就一定能得到更加有效的战略制定和执行。

根据普费弗(Pfeffer,1998)和柯林斯(Collins,2001)的倡议,营造组织能力就意味着需要稳定和做出承诺的员工,而这至少在表面上看起来与创造财务业绩及控制成本的需求相矛盾。然而,在竞争白热化的行业内,两家最成功的公司通过同时营造组织能力和控制成本,最终取得了更出众的财务业绩。在竞争趋于白热化的航空业,西南航空和捷蓝航空能够成为领导者,部分原因就是秉持员工第一的观念,并强调员工承诺,不过它们的人力资源管理方法有些不同。"雇用合适的员工"这一理念,被两家公司都放到了极为重要的位置,西南航空用相当传统的方法培养雇佣关系,强调使员工内部化的雇佣惯例,提供工作保障。而捷蓝公司意识到,不是所有员工都希望在航空业长期工作。所以相反,捷蓝为大学生提供特殊合同,例如那些寻找刺激和冒险旅行的人,希望在曼哈顿住上1—5年的人等。对于那些希望在工作和家庭责任间寻求平衡的员工们,捷蓝提供以兼职方式担负同样职责的工作,或者作为预订员在家庭办公的机会。虽然这样可能不能培养长期的雇主与雇员关系——通常这种关系意味着高度承诺式的工作系统。然而,随着捷蓝提供的雇佣关系的持续,也将产生高度的员工承诺。西南航空和捷蓝航空拥有高度承诺的员工,这些员工自愿更加努力工作并承担更多的个人职责。于是,这两家公司得以控制总体雇佣成本,因为相对其他航空公司,它们只需要更少的管理人员和员工。

可以证明,高度承诺的员工是竞争优势的一个来源。因此,对于组织来说也是一件好事。不过还有一个问题很重要:高度承诺对于员工是否有益?莫迪等(Mowday et al.,1982)指出,从员工视角来说,组织承诺既伴随着好处,也伴随着不利之处。高度承诺看起来很可能为部分员工提供了一种有意义、有方向、有成就的感觉,但不是对于全部员工都是如此。此外,迈耶等(Meyer et al.,2002)发现,情感承诺与工作压力及工作家庭间冲突,都呈负相关。很明显,对组织抱有承诺的员工会产生机会成本,也可能被那些对员工承诺较低的企业利用。不过,员工对组织的承诺对员工有积极意义,不管是短期还是长期来看,都是如此。

20世纪60年代,员工对组织的承诺的研究刚刚起步。然而,正如我们前面指出的那样,相较当年,这个世界发生了难以想象的变化。在这样的情形下,提出"如果从前有关联,那么现在仍然有关联"这个观点也许有些冒失。然而在我们看来,不论对组织还是对员工个人,员工对组织和工作所持有的态度依然有影响。所以,员工对组织承诺的概念,以及组织为了提高员工的这种承诺所设计的人力资源管理惯例,都依然值得给予重点关注和研究。

参考文献

ARTHUR, J. B. (1994). Effects of human resource systems on manufacturing performance and turnover. *Academy of Management Journal*, 37: 670–687.

BECKER, H. S. (1960). Notes on the concept of commitment. *American Journal of Sociology*, 66: 32–42.

BROWN, M. E. (1969). Identification and some conditions of organizational involvement. *Administrative Science Quarterly*, 14: 346–355.

CAPELLI, P. (1999). *The New Deal at Work*. Boston: Harvard Business School Press.

COLLINS, J. (2001). *Good to Great*. New York: Harper Business.

ETZIONI, A. (1961). *A Comparative Analysis of Complex Organizations*. New York: Free Press.

GOULDNER, A. W. (1958). Cosmopolitans and locals: Toward an analysis of latent social roles—I. *Administrative Science Quarterly*, 2: 281–306.

GOULDNER, H. P. (1960). Dimensions of organizational commitment. *Administrative Science Quarterly*, 4: 468–490.

GRUSKY, O. (1966). Career mobility and organizational commitment. *Administrative Science Quarterly*, 10: 488–503.

HUSELID, M. A. (1995). The impact of human resource management practices on turnover, productivity, and corporate financial performance. *Academy of Management Journal*, 38: 635–672.

KANTER, R. M. (1968). Commitment and social organization: a study of commitment mechanisms in utopian communities. *American Sociological Review*, 33: 499–517.

MACDUFFIE, J. P. (1995). Human resource bundles and manufacturing performance: Organizational logic and flexible production systems in the world auto industry. *Industrial and Labor Relations Review*, 48: 197–221.

MARCH, J. G., and SIMON, H. A. (1958). *Organizations*. New York: Wiley.

MATHIEU, J. E., and ZAJAC, D. M. (1990). A review and meta-analysis of the antecedents, correlates, and consequence of organizational commitment. *Psychological Bulletin*, 108: 171–194.

MERTON, R. K. (1957). *Social Theory and Social Structure*. Glencoe, Ill.: Free Press.

MEYER, J. P., and ALLEN, N. J. 1997. *Commitment in the Workplace: Theory, Research, and Application*. Thousand Oaks, Calif.: Sage.

—— STANLEY, D. J., HERSCOVITCH, L., and TOPOLNYTSKY, L. (2002). Affective, continuance, and normative commitment to the organization: A meta-analysis of antecedents, correlates, and consequences. *Journal of Vocational Behavior*, 61: 20–52.

MOWDAY, R. T. (1998). Reflections on the study and relevance of organizational commitment. *Human Resource Management Review*, 8: 387–401.

—— PORTER, L. W., and DUBIN, R. (1974). Unit performance, situational factors, and employee attitudes. *Organizational Behavior and Human Performance*, 12: 231–248.

—— —— and STEERS, R. M. (1982). *Employee–Organization Linkages: The Psychology of Commitment, Absenteeism, and Turnover*. New York: Academic Press.

—— STEERS, R. M., and PORTER, L. W. (1979). The measurement of organizational commitment. *Journal of Vocational Behavior*, 14: 224–247.

ORGAN, D. W., and RYAN, K. (1995). Meta-analytic review of attitudinal and dispositional predictors of organizational citizenship behavior. *Personnel Psychology*, 48: 775–802.

OSTROFF, C. (1992). The relationship between satisfaction, attitudes, and performance:

An organization level analysis. *Journal of Applied Psychology*, 77: 963–974.
Pfeffer, J. (1998). *The Human Equation.* Boston: Harvard Business School Press.
Porter, L. W., Crampon, W., and Smith, F. (1976). Organizational commitment and managerial turnover: A longitudinal study. *Organizational Behavior and Human Performance*, 15: 87–98.
—— Steers, R. M., Mowday, R. T., and Boulian, P. (1974). Organizational commitment, job satisfaction, and turnover among psychiatric technicians. *Journal of Applied Psychology*, 59: 603–609.
Salancik, G. (1977). Commitment and control or organizational behavior and belief. In B. Staw and G. Salancik (eds.), *New Directions in Organizational Behavior.* Chicago: St Clair Press.
Steers, R. M. (1977). Antecedents and consequences of organizational commitment. *Administrative Science Quarterly*, 22: 46–56.
—— and Rhodes, S. R. (1978). Major influences on employee attendance: A process model. *Journal of Applied Psychology*, 63: 391–407.
Tsui, A. S., Pearce, J. L., Porter, L. W., and Tripoli, A. M. (1997). Alternative approaches to the employee–organization relationship: Does investment in employees pay off? *Academy of Management Journal*, 40: 1089–1121.
Whyte, W. (1952). *The Organization Man.* Garden City, NY: Doubleday.

第10章 心理契约理论的开发

丹尼斯·卢梭

10.1 心理契约理论的形成

本章开篇先有一个免责声明:我关于自己对心理契约理论所做贡献的回忆,不是百分之百的准确,其中包括不可能完全去除掉的记忆偏差、偏见和归因等问题。20年前,也就是1985年,我开始积极研究心理契约理论,毫无疑问,这里所回忆的内容,偏重于我个人的动机和经历。因此,可能对其他有影响的重要因素,没有给予足够的重视,其中一个可能的因素就是时代特征,如20世纪80年代末期,裁员、收购和重组引发的就业风波。虽然如此,我仍然努力平衡个人和环境因素,以尽力反映客观现实,并力求客观地介绍我对心理契约理论的贡献。时代背景无疑发挥了部分作用。但是,为简化工作,我收集了某些毁约合同的数据,结果,我认为时代背景的作用是次要的。我一直没有把毁约合同作为研究重点——更有趣的问题是实际的履约情况,以及如何使合同满足订立者的要求。

考虑到这份免责声明,本章需要一个有关方法的小节,来阐述我如何努力提供一份准确的介绍。开始书写本章的时候,我翻阅了自己的文献、旁注、随笔、别人的笔记、我早期投寄的关于心理契约理论的论文审稿意见(其中大多数论文被退稿),以及一些帮助我成功发表论文的表格和模型草稿等。我发现实际回忆起来的内容,大部分是比较准确的,但是,当重新阅读这些旧文件时,我才发现自己仍然忘记了某些人所发挥的作用,忘记了感谢其他人对心理契约理论所做出的重大贡献。同时,我从自己布满灰尘的旧文档里,还发现了"新"的思想(比如我现在正在做的研究),这些旧笔记里到处都勾画着有关事前和事后契约(Rousseau,2005)以及个人雇佣案例(Rousseau,2004)的想法。本章描述的过程,现在仍然一如既往地进行着。

10.1.1 根源

瓦莱里(Valery,1938,1958)说过:"每一种理论都是个人经历中精心准备的一部分。"就我的情况而言,家庭背景与学术训练一样,为我研究雇佣关系的影响因素打下了强有力的基础。我父亲痛恨他的工作，他本应该成为一名高中历史老师或者篮球教练，但是为了供养家里为数众多的兄弟姐妹，他没有上大学，没有从事他感兴趣的工作。第二次世界大战期间，他在美国海军服役，其后，他到一家电话公司工作，先做线路工，然后是电缆接线工，最终在那里工作了36年。虽然父亲干的是有些辛苦的体力活，但是他在晚饭时经常谈论的却是电话公司内部主管和经理的政治斗争和滥用职权行为。(长大以后，我做过一次宗谱研究，发现在19世纪80年代后期，我的法国裔加拿大曾祖父，就曾是一家电话公司的管理者。对此，父亲感到十分惊讶。)我父亲对于他工作和职业生涯的不满，促使我把研究重点放在了员工的工作生活上，特别是那些为其他人打工的雇员。事后想来，我成为一名工业心理学家，好像是非常自然的事情。

我在伯克利分校跟米尔特·布拉德(Milt Blood)学习的这个领域的第一门课，令我大开眼界。我学习了工作环境是怎样被环境中的人所塑造，我尤其感兴趣的是环境因素、奖励、目标、准则等同样也塑造了经理们的行为方式。我学习了很多概念，比如归因偏见：实际上，人们总是按照自己的意图来判断自己，按照别人的行为来判断别人。圣诞假期回家的路上，我顺道从父亲的工作地点接了他，向他讲述了米尔特·布拉德的课程。我现在仍然记得父亲的回答："这世上一定有一种方法可以让工作不再这样折磨人、折磨人、折磨人。"我被这一问题深深吸引。我(或多或少地)知道如果我能够被工业心理学的研究生项目录取的话，应该做什么。我开始思索怎样来帮助雇主，预测他们的行为给工人们带来的影响，以及工人们站在自己的立场上应该怎么做。我又花了大约15年的时间——伯克利分校的5年博士生涯和10年教授生涯，之后，我才发现研究心理契约理论的概念，能够让我更好地实现这个最原始的动机，这就好像我内在的某种东西在说"终于来了"。

当然，学术训练教会我如何找到理论和实际问题，以及相应的研究方法。工业心理学植根于心理测量理论，盖斯利(Ghiselli, 1964)关于这个主题的著作是我学习的主要内容。本质上，工业心理学在研究的范围内定义概念，辨别其法理学系统，或者找出包含这些概念的概念网络，然后把这些观点用于实证检验。我学习了两种模型来进行这一方面的工作：成分模型阐述的是一个概念的组成部分；内容模型解释的是一个概念和其他概念的因果关系。心理契约需要一个精确定义的成分模型，因为它是一些经常研究的概念的一个特殊部分，如与交换关系相联系的期望和信任等概念(见下文)。我在伯克利分校攻读博士的最后一年里，有幸与卡勒尼·罗伯茨(Karlene Roberts)和查克·胡林(Chuck Hulin)共同著述《跨学科组织学的发展》(*Developing an Interdisciplinary Science of Organizations*)一书，这本书介绍了对理解组织现象非常重要的建模条件，其中的一个主题就是，为了理解组织现象，需要跨越不同的组织层面，这帮助我形成了下一步的思考和研究。在心理契约研究中，多层次观点包括关注个人生理和心理的过程、他(她)与其他人的交往(一对一交往和网络式交往)、人们在对他们的贡献和权利造成影响的群体和组织中所处的社会地位，以及群体和组织所呈现出来的社会准则、行为，而这些都将影响到个人的行动和他们的心理契约。

我早期学术训练的另一个重要组成部分,是由一个未曾预料的事件引起的:在我进入研究生院一年后,伯克利分校关闭了我们的博士生项目,项目成员中2/3的青年教师失去了他们的工作岗位。那些已经进入这个项目的博士生被告知,如果希望继续学业,需要联系心理学系内部或者外面的另一位教师。在这个项目宣布关闭后,我沿着办公大楼走到我为其担任助教的教授的办公室,请他帮我向心理测量学家比尔·梅雷迪斯(Bill Meredith)引荐。我屏住呼吸告诉他,我的项目被关闭了,我需要一位老师出席我的答辩和论文评审委员会(希望我当时说到了这个意思)。梅雷迪斯教授(我永远无法用其他称谓来称呼他)毫不迟疑地说:"没问题。"在接下来的一周里,我拜访了我所知道的伯克利分校其他两个研究组织理论的地方:一个是对我来说较为新颖的商学院,在那里,管理学、工业关系和社会学的教师已经开始研究组织行为理论;另一个是工业工程系的社会技术系统项目,那里的教师已经开展了塔维斯托克(Tavistock)诊所的医疗干预、工作系统设计和人性因素研究。这两个项目给予了我关于组织理论研究颇具有启示性的一系列学科观点。

在回顾的过程中,令我印象深刻的不是博士项目的巨大变动带给我的压力,而是在这些领域的学习和弄清楚它们之间的联系让我深深着迷。虽然我感兴趣的问题仍然是纯粹的心理学问题,但是我像研究工业心理学一样,运用社会学、劳资关系、经济学和临床心理学,开始研究什么情况会被定义为"雇佣关系的一致性"(Wilson,1999)。社会学深化了我关于社会地位和社会经济力量怎样塑造了劳资关系的观点,劳资关系让我看到,员工个人在他们的雇佣条件上往往影响力有限。临床心理学的重点在于心理模型和人—物关系,因而激发了我对植根于认知模式和人际关系的雇佣关系的关注。而经济学,由于假设双向约定(忽略权力和信息的不对称)指出,工人可以偷懒逃避而企业不能这样做。这似乎与我过去的经验和在工业组织心理学已有研究成果不一致,它提出了与我所理解的心理契约的动力机制相反的观点。事实证明,每一种理论都与理解心理契约在雇佣中发挥的作用息息相关。

10.2 心理契约理论简介

心理契约包括了个人持有的一种信仰,这种信仰是在他或她作为参与方在个人和雇主之间建立的交换协议(Rousseau,1995)。这些信仰的基础是明确或隐含的承诺,随着时间的推移,形成相对稳定的心智模型或模式。心理契约的一个主要特征是相互之间都相信协议的存在,实际上,他或她相信存在一种共同认知,约束双方特定的一系列活动。既然个人在此后的选择和努力,都有赖于他们对这种契约的理解,那么无论个人怎样解读对方的承诺,他们都会期待承诺执行后的收益,以及如果对方未能履行他们的诺言,他们就会蒙受损失。

心理契约理论是构念驱动的。这种构念的特征,特别是它的不确定性,导致了它的动态特性。这些动态特征对它独特的结果、预测变量以及边界条件,都至关重要。这种构念的一个重要维度,就是不完全性。因为与交易相关的全部责任在交易刚刚开始的时候,是不知道或者无法知道的,需要随着时间流逝对契约进行不断的充实。履约过程中交易双方实际约定的程序,以及心理契约在面临变故时的弹性,都会受到该过程中某些因素的影响,在此过程中,不完全契约得以完善、更新和修订(Rousseau,2001)。作为一种架构或者心理模型,心理契约在趋向完全时,会变得更加稳定,有助于契约各方对未来行动的预测,且能有效指导个人行动。然而,这种稳定性在面对变化的环境时,也带来了困难。用于发展和完成心理契约的信息源,包括个体员工所面对的企业的代理人(例如,经理和人力资源的代表)、具有社会影响力的同事和导师,也包括个人面对的管理信号(例如,人力资源实践)和组织架构暗示(例如,在非正式网络中的地位)(Rousseau,1995;Dabos and Rousseau,2004b)。

心理契约的另一个特征,是双方感知到的相互作用。当一个人相信对方认同他或她就合同承诺所做的每一项解读时,建立在这些承诺基础上的信任,就奠定了未来合作的基础。实际契约不仅能带来更好的个人和组织绩效,而且对契约各方都有利(Dabos and Rousseau,2004a)。心理契约理论中的相互作用,通过笼统的社会意义,通过在信息不完整、存在不确定性的情况下促成合作以及信任,为参与各方提供了实实在在的好处。无数的社会机制都支持信守承诺的行为(例如,名誉效应),并组成了更广泛的、超越了任何单方孤立责任的组织准则,从而创造互惠互利的范式。此外,互相认同的信仰,标志着运转良好的工作团体和更大规模的社会单位。

心理契约理论的关键边界假设是,契约各方自由参与交换,自愿交出约定自己一系列行为的个人选择权(Rousseau,1995)。个人是这个理论中的关键因素,并且不存在群体或者组织层面上的同质化假设(虽然就个人和群体层面的契约来说,功能同质化可能存在,例如,Klein and Koszlowski,2001)。我曾对运用心理契约概念犹豫不决,因为产权和个人自由是自愿协定建立模型的基本要求。关于心理契约的跨社会同质性及其变化这一问题,最终催生了一个国际小组以专门探究这个问题(Rousseau and Schalk,2000)。

10.2.1 开始

起初,我试着了解人们的看法:公司对雇员承担的责任是什么?相当一段时间,我有一种想法,基于心理契约中关于承诺交换的提法,就可以解释雇主和工人怎样对待对方。在研究生院,我已经阅读了克里斯·阿吉里斯(Chris Argyris)、切斯特·巴纳德(Chester Barnard)、哈里·莱文森(Harry Levinson)写过的关于心理契约方面的文献。因为在我着手研究心理契约的时候,心理契约概念已经激发了学者的兴趣,这有助于相关理论的成长。从我的角度出发,我并不是有意利用这一趋势。不过,回想起来,这一情况有利于我们关于雇佣关系的研究,因为这引起了大家的兴趣,推广了我们的想法。我提出的第一个正式的问题是：人们是否真的有关于雇主对于工人的责任的心理模型（对此，我贴上了心理契约的标签）？

为了探索这个问题，我不断阅读。尼克尔森和约翰（Nicholson and John,1985:398）的文章刚一发表，我就注意到其中的定义部分把心理契约的概念定义为：个体雇员和组织之间的非书面的相互预期。正如这篇文章阐述的那样，心理契约正是个人—组织联系的本质。当我把自己的注意力转向心理契约时，我开始试着考虑那些对我来说似乎是这种联系基石的东西——承诺、责任、隐含的保证等。查阅了我和同事存放在办公室里的大量教材，我发现在任何一本社会心理学、组织行为学或者人力资源管理的教材里，都没有有关这些术语的内容。这一怪异的事实令我十分吃惊，因为从年终奖金到工龄体系，关于未来的承诺对于大多数形式的雇佣和一般的交易都是至关重要的。承诺的作用在奥贝尔、范·德·科瓦季奇和道威斯（Orbell, Van de Kragt and Dawes,1988）关于讨论引发的合作研究中得到了阐述，但是，社会心理学教材却未能在合作的这个方面给予重视。我也从同事吉姆·安德森（Jim Anderson）那里了解到，营销研究者在B2B的渠道中，利用许诺的概念开展研究，但也仅此而已（例如，E. Anderson and Weitz,1992）。直到后来，在系统查阅了有关承诺和契约相关著作的心理学文献后，我才发现弗雷德里克·坎费尔和他的同事在行为修正方面，就承诺和合约所完成的重要工作（例如，Kanfer and Karoly,1972; Kanfer et al.,1974）。心理学教材似乎忽视了坎费尔对契约进行的行为研究，而我发现，这些研究作为心理契约的形成和发展的行为学基础，是非常宝贵的。

那时，我已经是西北大学凯洛格学院的一名教授了。我开始意识到，心理契约的想法可能会成为非常重要的一种方法，用于获取雇员工作时的经历和雇佣关系中的动态特征。我花费了一年半的时间，阅读任何能找到的关于契约、雇佣关系和心理模型的材料，并同当地的同事进行交谈。做完文献检索后，我知道位于芝加哥市中区的西北大学法学院的伊恩·麦克尼尔（Ian Macneil）曾研究过关系契约，这个概念在我看来与心理契约十分相像。我向麦克尼尔教授预约了一次见面。他非常爽快地答应了，并来到埃文斯顿校区在凯洛格学院进行了一次演讲，趁此机会，他会见了我们这些对这项研究感兴趣的学者。在他的办公室，他给了我他自己文章的复印件，并把我送到法学院的图书馆，去阅读两本关于契约的有创意的书籍，其中一本书的作者是科尔宾（Corbin,1952），另一本书的作者是法恩斯沃思（Farnsworth,1982）。从我打开这些书籍的那一刻起，我认识到，法律学者在书写契约时听上去就像心理学家。比如，科尔宾（Corbin,1952）曾阐述到，沉默是接受的一种形式：当一方在接受服务时，知道其他人对于所发生的责任有确定的认识，这样就具有了法律的约束性。我从作为（或者不作为）推断，认为心理契约也是这样发挥作用的。在拥有毛皮封面书籍的图书馆里，阅读有关契约的法律理论，我感觉自己仿佛身在天堂。

仔细检查我文件夹里面复印件上的那些旁注，我能就自己关于心理契约的思考是

怎样成形的,提供一幅完整的画面。比如,这里有一些关于伊恩·麦克尼尔的笔记和摘抄的段落(1985):

  P.496 阐述以承诺为中心的学问,把承诺当成契约的中心焦点。"这个焦点当然并不意味着非承诺的方面就被忽略了——这是不可能的——另一方面承诺也不可能在最后被非承诺方面淹没掉,虽然这是可能发生的。"

  P.497 麦克尼尔的观点:"所有的契约都是基于关系的。"

  但是麦克尼尔强调,以承诺为中心的方法作为解释关系契约的方法,是天生有局限性的。(P.508,"但是,我敢以我的良心来肯定,这种以承诺为中心的整体理论所创造的思想形式,几乎确定了我们不能理解高度关系化的契约行为的事实。就这个观点,我一有机会就会进行强调。")

  P.519 在承诺失去作用时,责任将发挥作用。

我也曾画线强调了一些词,比如"自愿""适度的公平"(契约定义中的元素),并在空白处写到"自愿是同契约的执行相联系的","真实自愿的可能性,是实在而现实的"。我标记了脚注,标明法院不是因为未实现的承诺,而是由于信任对方产生了实际损害而赔偿的。另一个注释强调了人们应该对哪些和他们打交道的人承担责任。

为了研究心理契约,我开始开发包含承诺、支付和依赖(在另一方做出承诺的情况下)的组合模型。其中,心理契约的元素通过雇佣过程得到了详细的体现。为完成这个模型,我阅读了帕特里克·阿蒂亚(Patrick S. Atiyah,1981)的"基础主旨",即有关承诺的道德标准体现了许多契约法律的基础特征。我在当时做的关于阿蒂亚的笔记中,主要关注于契约中同许诺和关心有关的社会观点。

  P.10 责任能够保证承诺从职责衍生得来,却不会对先前的契约造成损害。

  P.18 感知的责任并不是捆绑承诺的基础,只有诚实的人才会被契约绑定。

  P.21 互惠性是决定承诺是否绑定在一起的非常重要的元素。

  P.25 法律习惯按照"合理的第三方"的看法,而不是参与方的想法来解释承诺。

  P.32—33 在承诺和预期之间做出鲜明的区分。一个令人失望的预期是令人讨厌的,但是自由选择的准则重视承诺,因为承诺是自愿的正面行动。单纯的预期无法享受高度的保护。

  社会效应:笔记(P.140)表明在英国和美国对破坏契约存在一定的容忍(例如,条款规定如果契约遭到破坏,支付就会到期)。

  似乎有人曾提及,把承诺变成事实,就是要将其捆绑在承诺人身上。隐含的承诺来源于言语和行为。

  随着时间的流逝,承诺的道德基础已经从19世纪的契约自由,转变为20世纪的家长式制度。今天的承诺道德是什么?其基础又是什么?

在心理契约的研究过程中,接下来的一个重要里程碑,是同凯洛格一位名叫马克斯·巴泽曼(Max Bazerman)的同事的午餐谈话,他是一位著名的实验学家。马克斯曾经研究认知和判断,我知道我需要听取他的想法。在一次中式午餐时,我向他讲述了我努力将心理契约概念实现可操作化的过程。马克斯告诉我,尝试一下策略俘获技术,这是一种检查人们怎样做出判断的方法论。如果人们在面对描述雇佣环境的情景时,做出的判断符合心理契约理论,那么,这将是人们利用这种心理模型的证据。我在研究生院就知道了这种方法,见过评判官如何用这种方法检验绩效评价并做出判断。但是,我从未想到过在心理契约的情形里运用它,马克斯帮助我重新梳理了我对于心理契约的思考。这使我认识到,心理契约提供了其本身就可以通过实验进行研究的判断基础。

在接下来的几年里,我同博士生罗恩·安东和卡尔·阿奎诺(Ron Anton and Karl Aquino)一起利用MBA和高管培训项目的参与者,完成了一系列的策略俘获技术研究,这些研究展示了第三方怎样评价雇主对于工人的责任。这些研究结果一致表明,工龄创造了感知责任,挽留了员工,良好的工作业绩也起到这样的作用(Rousseau and Anton, 1988,1991;Rousseau and Aquino,1993)。这些责任不会随事先的通知或者严峻的经济形势而削减,虽然后者同有关公平的信念的联系更加紧密。这些研究同时表明,有关责任的判断与公平相关,但是又有别于公平。在证明了心理契约具有收敛性,也有区别效度之后,我觉得我们将要开始有所作为。

10.2.2 寻找答案

我怀疑,我用于新组织研究主题的方法是否典型:在工作环境中观察和倾听人们的行为和谈话,阅读大量文献,并同其他同事进行交谈,确定接下来的步骤。"指导性知识"指的是,信息收集者倾向于从最有可能知道答案的人那里开始收集信息,即使他们本身并不知道答案。我很幸运,能和许多"知道谁知道什么"的人一起共事。虽然我尽力寻找那些工作看上去与我相关的同事,但是我非常荣幸,身处的大学让我能够在第一时间接触到聪明、慷慨的学者。以下是一个学者的清单,他们曾帮助我起步,为我提供指导性知识,同我共享他们的资源。除非特别指出,以下事件都是发生在西北大学里,这说明了距离的确能决定学者之间的知识共享和相互影响。

1. 伊恩·麦克尼尔(Ian Macneil)——契约和法律——他从大方向上鼓励我们心理契约主题是值得研究的。

2. 马克斯·巴泽曼(Max Bazerman)——使心理契约可操作化的相关信念和方法论上的帮助,他曾写信给乔尔·布罗克纳(Joel Brockner),帮助我获得关于幸存者效应的文章。马克斯还向我指出,要质疑现有的有关劳动关系的完全信息理论(从薪酬的研究角度出发,把公司提供契约和工人接受它作为证据)。我们一致认为这不现实。

3. 迈克·罗洛夫(Mike Roloff)——他是关于社会心理学和沟通研究的活书架,同迈克在西北大学中心共进午餐是在最短的时间里获得所有有关文献信息的最轻松、最愉悦的方法。迈克提供了大量他在1987年论述交换关系的维度的著作章节里面的想法(例如,获得报酬或回报的时间、非偶然性等)。他还告诉我夫妻之间可以用秘密测试的方法来测度他们之间的关系是否健康(以及是否会产生不良的结果),以及夫妻之间的关系能够随着时间历经结构上的变化(例如,从朋友到家庭)。同迈克的交谈,促使我产生了研究组织变迁与心理契约的关系的想法。

4. 汤姆·泰勒(Tom Tyler)——公平和法律思维。汤姆帮助我认识到,如何用田野观察和实验室方法来研究心理契约,以及评估群体和组织身份认同如何影响人们对公平的看法。

5. 鲍勃·比斯(Bob Bies)——违约以及由此引起的敌对情绪,他让我认识到交易型公平(即偿还所亏欠的金钱)和互动公平(即对于敌对情绪给出解释)是不一样的。

6. 埃德·扎亚茨(Ed Zajac)——代理理论和交易成本经济学。通过与埃德的交谈,我更加清晰地认识到,这些特定经济学理论关于信息可获得性和工人/雇主动机的假设,不同于我认为的暗含在心理契约中的动力机制。随着心理契约理论开始应用于劳动市场的研究,与埃德的交谈是非常宝贵的,交谈中,我们认识到经济学和心理学关于雇佣关系提出了截然不同的模型,彼此矛盾,相互挑战。

7. 拉里·卡明斯(Larry Cummings)——鼓励我发表一篇关于心理契约的概念文章,并阅读了这篇文章的多个(被拒绝的)版本。他还提供机会让我为《组织行为研究》一书撰写了一章内容。

8. 吉姆·安德森(Jim Anderson)——权利/营销渠道。作为一个经常共进午餐的伙伴,他帮助我从商业伙伴和B2B渠道的角度审视契约。

9. 戴维·梅西克(David Messick)——交易准则和涉及的资源交易的种类。

10. 唐·普伦蒂斯(Don Prentiss)——关系中的无意识行为,婚姻契约相关文献。唐向我推荐塞杰(Sager,1976)关于婚姻契约和夫妇心理治疗的著作。我们讨论了当事人怎样在保持他们自己个人观点的同时,能够拥有一个普通的、非语言的、以互动为基础的契约。与他的交谈,帮助我想明白了很多相互关系中涉及的问题。

11. 朱迪·麦克莱恩·帕克斯(Judi Maclean Parks,爱荷华州立大学,明尼苏达州立大学)——交易准则、资源以及简要陈述契约是怎样签订的。朱迪寄给我一个契约生成装置的样本:安信达数据库(dBase III Plus)软件的封面,其压缩包装的包裹上面写着:"重要提示,请在打开之前阅读。"这个包裹本身就是一个授权协议,一旦打开即刻创立。朱迪在提供大量从石器时代到硅谷时代的心理契约案例方面,总是值得信赖。

12. 玛格丽特·克拉克(Margaret Clark,卡内基-梅隆大学)与我在有关交易类型(与陌生人或者朋友的,交易为基础的或者关系型的)方面的看法一致。佩吉(Peggy)的工作重点包括友情、非朋友和延迟偿还的重要性(对朋友来说不重要,但是对陌生人来说更加重要)以及交易的性质(资源越类似,当事人越倾向于把它看作偿还)。

13. 博士生们——在研究心理契约的全过程中,我无比幸运,拥有由极好的博士生组成的团队,包括凯洛格学院的罗恩·安东、卡尔·阿奎诺、马特·克拉茨、桑德拉·罗宾逊、凯西·廷斯利和金姆·韦德-本泽尼(Ron Anton, Karl Aquino, Matt Kraatz, Sandra Robinson, Kathy Tinsley, and Kim Wade-Benzoni)以及卡内基-梅隆大学的吉列尔莫·达博斯、瓦奥莱特·胡、泰·奎·金姆和艾敏·提举瑞瓦拉(Guillermo Dabos, Violet Ho, Tai Gyu Kim, and Snehal Tijoriwala),他们提供了具有启发性的意见,向我推荐新文献,找到并运用新的统计学技术,并使研究过程充满趣味。

14. 杂志评委——在持续不断试图完善文献的早期,他们提出了心理契约是怎样有别于预期这一问题(答案:前者通常是以承诺为基础,后者并没有这样的必要),暗含的、规范的协议与心理契约的区别(直到我发现可以通过参照系和分析层次来区分它们,我才巧妙地解开这个难题)。

自从我定居到离芝加哥不远的地方,我就开始约见那些我认识的近期经历过各种组织变迁的人,他们都是我通过高管课程认识的。我同他们交流他们与其雇主的关系,他们感到自己应该承担什么责任,承诺是否得到了遵守,等等。除了利用我认识的那些人和阅读我手上所能获得的任何材料,并就早期的策略俘获技术研究向一本期刊提交论文(Rousseau and Anton, 1988),我开始着力完成一篇概念性文章,试着阐明心理契约作为雇佣关系中的一个独特的概念。我需要这项任务开始梳理自己的思绪。尽管同事积极支持我,向我提供帮助,特别是阅读了这篇文章草稿的拉里·卡明斯,但我在有效展开想法时,仍然遇到了极大的困难。1986年,我开始努力写作我的第一篇概念文章(Rousseau, 1989),当时这篇论文被送去《美国管理学会评论》评审。在回顾过程中,我认识到我的文章受累于我对各种不同的契约形式的痴迷(暗含的、不明示的、心理的、关系的)。我需要花费更多的时间,把注意力集中到那些最新的东西上——个人的心理契约是怎样从互惠的交易中产生的,等等。今天,当我阅读这篇文章时,我能够看到它还需要很多加工和提炼。这篇文章阐述了构念(例如,建立一个组合模型),但是未能提供阐述假设或者暗含的因果机制的情景模型。我从这个过程中学到,在存在根本争议的地方,建立实证的基础是多么重要。例如,弄清心理契约和预期之间的区别,建立一套清晰的、能够经得起检验的假设。在《美国管理学会评论》经过几轮评审之后,这篇文章被拒绝了。我深深感觉到来自同事的同情,因为拉里和我一样失望。最终,修改稿被一本那时刚刚创刊的叫作《雇员权利和责任》(*Employee Rights and Responsibilities Journal*)的期刊发表了。一直有人询问我,为什么选择一个刚刚创刊的期刊,而不是试着把文章发表在一个更加成熟的期刊上。我认为在当时我并没有太多思考:我希望把文章公布出来(即发表),宣布胜利(!),然后继续前进。当《雇员权利和责任》接受这篇文章时,我感到一丝轻松,这样的话,我就可以在我准备发表的实证文章的引论部分,有一些东西来引用了。我急于使心理契约的研究合法化,没有在已经成熟的期刊上取得早期的成功,我选择了逐步发展的战略。这就是说,当你不能接近你喜欢的目标时,不如就喜欢上你能够接近的目标。

与此同时,随着策略俘获技术工作的继续进行,我在凯洛格学院教授1987年毕业的MBA班级,在教授人力资源管理课上开始进行了第一轮的历时研究。学生参与了其中的问卷设计和执行,这个项目的目的在于调查新员工同他们雇主所形成的关系的种类。最终这个项目调查了心理契约责任是否随着时间流逝形成了稳定的形式,个人应聘的动机(例如职业发展)是否影响了他们同其雇主之间最初的心理契约,以及随着时间流逝影响心理契约条款变化的因素。在设计这些研究的过程中,我定期在凯洛格艾伦中心为企业高管上课,这给了我极大的帮助。每个星期,我都有机会与实际负责招聘的人员接触。他们向我提供了真知灼见,告诉我他们公司想要向刚刚招聘的MBA学生提供的各种承诺。这些信息形成了我们就雇主提供的心理契约术语的初始评估的基础。必须承认的是,这项评估并不是以理论为基础,而是通过与经理和实际负责招聘工作的管理人员的访谈,一点一滴收集起来的。

第一次实地研究有两项重要的发现:第一,两个因素可以用来解释雇佣责任,它们分别类似于麦克尼尔(1985)就交易型和关系型所做的分类;第二,职业发展,即个人在其职业生涯过程中从一个雇主跳到另一个雇主,而不是呆在一个雇主那里的企图,与交易契约正相关,而与关系契约负相关。

接下来从1990年开始,我同桑德拉·罗宾逊和马特·克拉茨一起完成的研究,揭示了微观过程的作用。比如,与个人经理的互动是与整个公司的心理契约的一个来源。在第二轮MBA问卷调查对开放式问题的回答中,我们发现,当做出承诺的招聘者或者老板,在没有告诉其他任何人他所做承诺的情况下离开公司时,违反承诺的情况经常发生。这样的数据说明,完全信息的雇佣模型并不实际,因为工人们错误地假设,雇主知晓和支持所有承诺代理人对工人的承诺。

作为第二轮调查的一个副产品,后续的研究终于让我们能够终止那个不断重复发生的、关于心理契约与预期没有区别的挑战。我们曾向《美国管理学会学报》(*Academy of Management Journal*)提交过一篇文章,其编辑迈克尔·希特指出我们应当进一步获得一些额外的数据,用以判别预期和以承诺为基础的责任,是否发挥不同的作用。桑德拉·罗宾逊那时已经是纽约大学一名非常高产的助理教授了,在她的学生中收集到一些数据,表明以心理契约为基础的信念被违背,会产生比心理预期更大的负反应,失约的情况也会出现。先前提交的草稿中,审稿者已经提出了心理预期和心理契约的重叠部分,现在,我们终于可以彻底对抗这些反对意见了。

10.2.3　发展替代选择

当我和桑德拉·罗宾逊正在准备第二轮MBA调查时,心理契约理论的发展在1990年经历了新的转折点。我们感兴趣的是,那些在1987年招聘的员工,是否认为他们的雇主履行了他们的心理契约。在第二轮的问卷调查中,我们首先问了这个问题:"……

从整体上讲,请指明你的第一任雇主,以哪种程度履行了他们向你承诺的责任。"这个量表的目的在于,使心理契约的履行可操作化,这也是这次研究(预计)的主要因变量。为了收集当契约没有履行时会发生什么情况的数据,我们询问了一些有关工人过去经历的开放式问题。开始的一个问题就是"你的雇主是否未能兑现向你承诺的那些责任,"接下来是"如果是这样,请解释……"。一位受访者指出,"我认为你们这道题目的措辞有问题,因为这和问题×××是一模一样的。"第二个是非问题,仅仅为了引出那个开放式问题的转折。意外的新发现在这里起作用了:它成为我们最重要的指标。当我从受访者的评论那里意识到,我们就同样的问题询问了两次,但是并非完全相同,我们可以进行相关分析和交叉表分析。尽管这两项测试的相关系数为 $0.53(p<0.001)$,违背和履行似乎是截然不同的构念,并且因为交叉表显示了一些未曾预料的形式,所以,他们并不是同一变量指标上的两端。首先,那些在两分量表中回答没有违背情况的雇员中,28%的人回答了他们的雇主只是"某种程度上履行了"其承诺。另一方面,那些回答他们的雇主曾经违背过承诺的雇员中,22%的人回答了其雇主至少"在某种程度上履行了"某种责任。通常,我对契约履行的一方面感兴趣,但是较少对违背的情况感兴趣。可是这次的发现非常有启发性。因为它指出,即使在没有违背的情况下,也可能没有充分履行。更重要的是,违背并不需要意味着心理契约没有履行。

桑德拉·罗宾逊一直致力于研究心理契约的违背问题,她的工作激发了大量的研究,也许是这个领域迄今为止最热门的研究主题。(在最近一次心理契约研究者的会议上,桑德拉甚至被起了"违约女郎"的绰号!)我们利用以上两种方法,作为契约违背情况的替代指标来发表我们的发现(Robinson and Rousseau,1994)。因此,两个问题的不同遣词造句结出了果实,创造了心理契约大树上一个新的研究分枝。让我彻底着迷的是,已经破裂的契约存在被修复和重新协商的可能性。关于违背怎样转化为履行的想法,出现在更多近期关于个人协商雇佣案例的研究成果中(Rousseau,2005)。

违约是心理契约动态作用机制中实质性的课题。正如埃德蒙·威尔逊曾经说过的那样,"契约协定是如此深入地弥漫在人类的社会行为中,实际上,就如同我们呼吸的空气那样,直到它已经变坏,否则,我们不会注意到它的存在"(Wilson,1999:186)。毫不奇怪,对骗子的识别不仅仅在人类中很难实现,在类人猿中也是如此(Cosmides and Tooby,1992),并且是在交换关系中建立信任的一个重要动力机制(Fichman,2003)。更重要的是,坎费尔最初完成的工作(例如,Kanfer and Karoly,1972)阐述了违背情况可能会发生的条件。他把参与实验的被试和研究者签订的契约,同自我控制联系起来,在令人痛苦的环境中,利用提示承诺使实验进行。坎费尔和卡罗利(Karoly)进一步指出,应该把注意力放在实施自我控制之前的状态,这时,承诺、目的、绩效准则被建立起来。因为,它们之后可以决定自我控制的实施。他们的报告指出,承诺在促使契约履行方面不如奖励强大(例如,对于信守诺言的奖励,与信守承诺及其违背情况相联系的竞争型激励)。违约的行为和态度暗示,把心理契约研究与其他心理研究联系起来,并揭示了心理契约能够对个人和组织实施的强大影响。我自己研究的问题是，心理契约本身的性质和基础，以及影响它形成和功能的条件。

10.2.4 把碎片组织起来

四种不同的活动帮助我详细说明心理契约暗含的机制，并识别其前因后果。第一种是花费大量时间在组织中，与工作中的工人、经理和管理人员交谈和观察。第二种和第三种是申请项目，第四种是最近的高产出研究，让两个博士生维奥莉特·胡（Violet Ho）和吉列尔莫·达博斯（Guillermo Dabos）分别作为领头人，开辟新的研究领域。

从1984年开始，我每周至少花一部分时间，和培训活动中的经理一起工作，到医院或者保险公司的办公室这样的实际场所去。与组织机构保持联系，观察其人力资源的实践行为，这些做法帮助我打下了概念性工作的基础。在增加对心理契约的理解的过程中，我实际上从来没有遇到过人们在雇佣关系中对交换、制定或者接受承诺没有认知的情形。尽管流行报刊上面经常引用的管理人员的论调是，工人们什么承诺也没有得到过，这与我观察和记录的日常工作经历不一致。承诺、协议和誓言被描述为社会债券（John Locke, p.265 in Wilson, 1999）。

我决定写一本书，搭建一个体系来解释组织中有关承诺制定的关键因素。我感觉到我需要一本书，来自由阐释心理契约构念和它的含义。期刊评审的过程更多的是除去不一致性，精简、深化整套的假设或假定，而我希望深化对心理契约的研究，同时，把这种研究视野转换到日常组织生活中去。这本书也让我能够更加全面地整合前期研究者已经取得的成果，建立一个具有心理契约解释力和广泛性的例子。我在出版界的老朋友比尔·希克斯（Bill Hicks）告诉我，我计划中的那本书，看上去就像想要"在地面上放一个大书架"。他是正确的，但是我同时也非常希望我能有幸获得一个出书的项目，以此可以弄清楚心理契约的现象。最初的书名是《行动中的承诺》（Promises in Action），但是我的编辑，哈里·布里格斯（Harry Briggs）告诉我把它改成《组织中的心理契约》（*Psychological Contracts in Organizations*）会使感兴趣的读者更容易识别。（我记得弗里曼和罗杰关于知识转移的影响巨大的著作《创新的扩散》（*Diffusion of Innovation*），最初被国会图书馆分到了化学的目录下，我并不希望我的书最终被归到政治科学门类。）

我希望组合起来的那些碎片包括了一些基本的问题：关于心理契约承诺和信任之间有联系的证据；为什么要制定和遵守承诺；如果条件改变后会发生什么。我希望理解并解释人们是怎样在信任被打破的情况下继续保持关系的。撰写这本书是我一生中最令人愉悦的时光。这是创造一片新领地并探索其与早期工作的联系的机会，而这些工作别人虽已完成，但未获得应得的重视。为了挤出时间来完成这件工作，本着弗雷德里克·坎费尔的精神，我同自己签订了一项契约。我每周安排一天，既不上课也不去办公室，而是向自己"购买"了这一天（在那个时候我是这么认为的），待在家里撰写这本把心理契约构念梳理成理论的书籍。为了避免我在完成第一篇概念性文章时的错误，我试着为这本书的重点内容划定了界限。

我需要自己把心理契约是什么、不是什么,弄得至少和读者一样清楚(即把它与规范的、暗含的和社会契约区分开来)。这导致了第一个 2×2 表格的产生,启发我组织思路。有时,我认为我是这个世界上年纪最大的注意力紊乱的典型,但当时我沉湎于一个问题的太多方面,处理太多我不能用言语向其他人传达的细节。我已经学到了一些具有启发性的知识,帮助我组织思路,以便更清楚地传达给其他人。人类学家列维·斯特劳斯(Lévi-Strauss)宣称,人类具有二重性的本能(例如,男性/女性;关系的/交易的)。二分法提供了一种具有启发性的方法来组织想法。但是,雇佣关系涉及的概念比简单二分法更加复杂,所以,我开始采用 2×2 表格来组织和表达想法。(这本书籍的一位评审者后来提到,"又是一个"2×2 表格,所以很可能我对这一方法使用过度了。)

在撰写这本书的同时,我花费了大量的时间不断阅读法律、社会学、经济学、工业关系书刊,每天以手里拿着剪刀阅读《纽约时报》开始,准备随时发现一个很好的片段,来强调我想证明的观点。(每天早晨听到《纽约时报》送到前门的时候我就起床了。我逐字逐句、入迷地阅读报纸那天可能会有的心理契约的表现。)每周都会有几次,我能发现一篇阐述心理契约工作原理的文章(例如,一篇回忆录描述到,英国女王为了降低家庭开支,不再允许仆人把她的特供香皂或者她晚餐剩下的酒带回家去。取而代之的是,她在仆人们的工资单上提供额外的薪水,这一变革被大家认为是王室雇佣关系变革中的一个败笔。)

心理契约一直是一个令人满意的研究主题,因为它直接面对大量的情景,它的结论是跨学科的,受多个层面因素的影响。所有这些特征使得我们可以寻找其他领域的著作,来解释心理契约问题。我在这本书中并没有局限在自己的研究范围里,这使得这本书具有非常宽阔的视野。我的工作基本上按照从定义(心理契约是什么),到组合模型(它背后的东西是什么),到内容模型(它们的前因后果是什么),再到更宽广的环境这一顺序进行。在进程中,我感到它变成一个框架,联系起其他的模型(例如,迈尔斯和斯诺讨论的人力资源战略,克拉克和里斯的交易模型,赫希曼对不满意/违约的回应,等等)。我的回顾在不同的阶段间快速移动,虽然它肯定经历了循序渐进的过程。1993 年 4 月,我在工业组织心理协会的会议上,组织了一个专题讨论会。当时,我感到我对心理契约的构念和与它相联系的更大范围的观点,已经有了很好的理解。1996 年,这本献给我父亲的书赢得了管理协会的最佳书籍奖。在我父亲 70 岁生日的时候,我把这本书献给了我的父亲,这是生日晚会上的高潮。

在这本书提出的许多没有解决的问题中,社会作为个人关于雇佣关系产生信任的场所,便是其中之一。阿蒂亚(Atiyah,1989)曾指出,契约自由一直是程度的问题。对于大多数人来说,他们作为当事方的契约,都含有一些强加给他们的条款(例如,我们并没有就我们支付的电费与电力公司进行谈判)。更重要的是,在过去的一百年里,很多的案例中欧洲政府抛弃了雇佣契约背后的相互性原则,坚称如果给予公司太多的自由随便解雇员工,就会导致反社会的后果(Glendon,Gordon and Osakwe,1985)。政府主宰雇佣关系,给予个人和雇主很少的自由选择空间来订立协议。所以,从跨越国界的范畴来检查雇佣关系,包括制定承诺,似乎显得更为恰当。

勒内·沙尔克(Rene Schalk)是我 1995 年在管理协会会议上碰见的荷兰同事,他和我一起决定,成立一个由多个国家研究者组成的小组,共同研究不同社会在心理契约动力机制方面可能相同和不同的地方。除了部分小组成员偶尔面对面地开会(在蒂尔堡和协会的会议上),我们主要通过电子邮件,协调 13 个国家的心理契约观点,并出版了一本题为《雇佣中的心理契约:跨国家观点》(*Psychological Contracts in Employment: Cross-national Perspectives*)的选集。在所有这些国家里面,我们的学者都发现了心理契约机制的证据。这并不意外,也许,这是因为每个国家都有稳定的民主体制。但是,在雇佣关系案例中,却出现了程度上的差别(例如,工作团体对个人),关于雇主和个人在何等程序上影响了雇佣的条款,各国存在明显的差别。

这本书引出的一个想法,对我当前的工作产生了特别的影响,那就是可谈判空间。可谈判空间是指个人能够就雇佣条件进行讨价还价的程度,个人拥有的影响力大小,和谈判涉及资源的范围。例如,在法国这样的国家,就对个人能够讨价还价的东西附加了很多限制,因为政府扮演了强有力的角色,特别是在那些指明雇佣条件的情境下(Cadin,2000)。与此相反,新西兰(Peel and Inkson,2000)、英国(Millward and Herriot,2000)以及美国(Rousseau,2000b)提供了较少的标准化先决条件,并给个人—雇主的讨价还价留下了更多空间。社会中的个人在他们能够或者需要进行讨价还价的空间方面具有差距的想法,引出了这样一个问题:在同一社会内部,工人的谈判空间存在多大的差别?心理契约中的一些部分,可能对于个人来说是独一无二的。这一想法已经存在一段时间,并且可以肯定的是,在我早期的思考中,我已经有了心理契约具有个性化这一特征的想法了。(在我以往的复印件的空白处,还有一些关于"个人特有"标注的草稿。)但是,这里还有另外一个零散的想法,与个人讨价还价的想法相联系。

在我自己关于美国环境的研究中,我发现,心理契约责任在工作团队中存在严重的差异。所以,在同一个公司被同一个老板领导的工人,关于他们的责任的理念并不相同(例如,Rousseau and Tijoriwala,1999)。这些因素无法由人口统计的差异性和工作的时间来解释,这些发现令人困惑。我开始怀疑,个人的讨价还价是否可能发挥了作用,至少在美国,《劳工法》相对薄弱,我所研究的工人很少有加入工会的。异质交易的概念(Rousseau,2004,2005;Rousseau,Ho and Greenberg,待出版),即个人通过谈判,获得与同事不同的雇佣条款和条件,就是由此而来。

作为理解工人们制定心理契约的性质的方法,我和维奥莉特·胡开始调查在雇佣中交换资源的作用。维奥莉特引导了社会网络在塑造对雇主承诺的信念方面作用的研究。她开发理论,确切指出,个体员工如何运用组织范围的、个人特有的,有条件或无条件奖励等作为社会信号,来详细解释心理契约的履行(Ho,2002,2005)。

吉列尔莫·达博斯通过提出员工在社会化结构中的地位是否会影响他们对雇主责

任的认识的问题,引导人们从另一个角度看待个人心理契约差异化的思想。吉列尔莫成功地把他从戴维·克拉奇哈特(David Krackhart,我在卡内基-梅隆的同事)那里学到的方法与心理契约理论结合起来,以找出心理契约信念是怎样被工人们日常交往的同事及他们在更大社会结构中的地位所影响。在保持民主和职位因素一样的情况下,结果显示,居于高网络中心位置的人们,比起在远离中心位置的同伴,更多地认为他们自身对组织有归属感(Dabos and Rousseau,2004b)。

在维奥莉特和吉列尔莫开始这些心理契约分支的研究时,我和卡内基-梅隆的同事更多地扮演了支持者和咨询师的角色。从心理契约的角度,这项工作表明,微观过程是有影响的,例如友情纽带和工人们自身做出的局部贡献能够影响他们关于雇主回报型责任的理解。近期,同维奥莉特和泰·奎·金姆(Tai Gyu Kim)的工作进一步揭示,那些成功取得特定资源(例如晋升机会)的工人,能够产生显著的心理契约(Rousseau and Kim,2005;Rousseau,Ho and Kim,2005)。

我开始认识到,条款涉及的资源的种类和交换的特定资源,对契约的意义和性质都有影响。朱迪·麦克莱恩·帕克斯(Judi Maclean Parks)曾向我介绍福阿等(Foa and Foa,1975)的著作。我希望把那个理论以某种方式应用于心理契约理论,但是一直没能想明白该如何做。在与吉列尔莫、维奥莉特和泰工作时,我终于领悟到交换的资源表明了心理契约的性质。通过提出雇佣关系中具有可谈判性的问题,我们这一个跨国团队的工作发现了资源和个人谈判在心理契约条款生成时的作用。

10.3 理论重构:新兴的和将来的发展

随着心理契约理论的演化历程,越来越多的研究开始探索员工对责任的理解是怎样形成的以及履约及违约的影响因素有哪些。同戴维·惠顿(David Whetton,2001)形容的理论构造过程一致,如果我们把心理契约的构念放在一页纸的正中间,那么,我们可以看到构念、联系、实证证据扩展向它的左边(前因)和右边(结果)。

我关心的主要特征是相互性,也就是工人和雇主(或其代理机构)之间的实际协议。利用最近开发研究一致性的方法论(Edwards,1994),我和吉列尔莫·达博斯能够使协议实现可操作化,并检验其对工人和雇主的利益结果的影响。结果显示,它们存在强烈的正向关系(Dabos and Rousseau,2004a),同时提出了为什么在当事方之间存在信念分歧的问题。

根据惠顿(2001)的观点,所有理论的构建都需要边界条件以详细说明它的局限。心理契约建模已经排除了一般的预期,因为如果一般预期没有得到满足,所造成的影响也不像未满足责任和以承诺为基础的信任那样强烈。但是,我仍然想知道,事前承诺在多大程度上影响事后信赖关系。考虑到人们通常会对损失产生负面的回应,如果工人们没有依赖他们的承诺,那么,没有实现事前承诺是否会严重影响工人的反应。我想知道心理契约的效应有多少来自这种依赖而并非是承诺本身。另一个边界条件是，在不同国家中，承诺和责任含义的来源以及契约和契约制定的演化状态有所不同。我怀疑，在非西方社会里，雇佣责任在操作层面的单位是工作团队而不是个人。在有关雇佣关系的责任的各个层面，仍然有大量悬而未决的问题，其中包括名义契约。

另一个在理论建设和研究方面成果丰硕的领域是：证实个人相信他们一定要信守责任或者诺言的倾向。我在教学实践的早期经历表明，虽然大多数人相信他们的公司有责任遵守雇佣他们时做出的承诺，但是另一些人并不这样看待这个问题。有趣的是，这个差异似乎是与过往经历相联系的。比如，首席执行官和财务官就较少倾向于认为，这些责任得到其他层级和部门的人员的共识。把话题扯得更远一点，我认为某一天我们会在生物学和基因学中，寻找承诺制定和遵守的基础，因为有理由相信，人类的承诺和守诺行为是由物质进程推动的（参见 Wilson,1999）。

10.4 发展新理论的建议

我有点担心，从自己的经历里面做出了太多笼统的推测。这些描述与我个人的职业环境，以及我长期聚焦在同一个研究领域有关。不是每一个有趣的问题，都会在一个学者的一生中扎下根来。问题可以通过需求、机遇或者环境创造出来。我也怀疑，一个好的理论是否需要随着时间的推移，在其研究中保持一个占主导地位的主题。莫纳德和雅各布（Monad and Jacob）努力发现了基因的功能是怎样被开启和关闭的，并因此获得了诺贝尔奖。但是，他们针对这个问题并没有明显的个人研究视角，而是分别进行了大量其他内容的研究。根据我个人的经历，最好的建议就是用能够帮助你学习的方法进行试验，以及寻找其他人来帮助你并和你一起学习。下面是一些我发现的有用的工作方法。

寻找到正确的问题是最难的部分。一个好的问题能够带来新发现，因为即使答案证明是错误的，你仍然前进了一步（Wilson,1999）。同马克斯·巴泽曼的谈话，引发了这样一个问题："人们是否按照心理契约的方式进行思考？"形成这一问题是很重要的，因为它有证伪的可能性，并有可能建立收敛性和判别有效性。好问题还可以吸引大家注意到因果关系之下的过程。仅仅知道某件事与另外一件事情有联系是不够的，为什么有联系和怎样联系才是真正至关重要的东西。

同那些与自己思考方式不一样的智者交谈，能帮助我们找出重要的问题。我有计划地会见了西北大学商学院、心理学院、传媒学院和法学院的同事，寻找他们拥有的对探索心理契约可能有帮助的建议。在一所拥有多样化教职工队伍的研究型大学工作，是一笔巨大的财富。我利用这些谈话，获得阅读什么和与谁进行交谈的指导性知识。我从他们对问题的回答中学习到，"你认为怎样才能提出好问题（心理契约、雇佣关系、工人和雇主之间的协议，等等）？在试着解释我所认为的心理契约是什么和为什么它很重要的过程中，出现了一些有见地和有用的批评，即使我的一些同事可能会认为，这就是"所谓的'心理契约'。"同其他人的交谈,使得把心理契约的构念放入理论框架中变得更加容易。当这个构念变得更加细致,而且区别于看上去很相似的预期的观点时——我对预期的研究领域已经非常熟悉——这个构念对我来说,也就变得更加清晰和具体。在一系列座谈会上宣讲这个理论的过程也令我学到了很多。(注意:如果你不是在寻找一份工作,这个方法会更加有效。)

与真实环境中的真实人物接触,能够体现出现象的真实性和范围。当你理解了一个你正致力于用语言表达,或者你在实景环境中遇到的某种行为时,会让人无比兴奋。一个具有违约经历的 MBA 学生这样说道,"我正在同更高管理层沟通,为的是找到某种解释。我有地方来表达我自己的担心,而且从未感觉到需要保持沉默。"他的话让我认识到,违约对于心理契约来说并不一定是致命的。另一个人描述到,当给他的承诺没有兑现时是这样说的,"他们说,实际的情况超出了他们所能控制的范围,并给我大幅增加了薪水"。这帮助我认识到,特殊的交易可以来源于雇主对于违约情况提供的补偿方案。"招聘我进来的招聘人员离开他的职位,并未能就我们的协定进行交流……我不得不在没有任何沟通基础的情况下,从零重新开始。"这样的说法促使我们认识到,权力在决定心理契约的条款和是否兑现的问题上起了重要作用。每次离开我访问的地方时,我都获得了新的观点和对于旧观点的有趣的新发现。

我自己对于心理契约的理解,是在指导博士生的过程中完成的,而不是在我自己的工作中。虽然我有不同的学生帮助我完成自己的项目,但是我仍然花费了大量的时间帮助学生们,完成他们根据自己的问题、倾向的实际环境和方法论而立项研究。通过这种方法,有好想法的学生在他们的研究中培养了责任感并引领了整个研究,研究向我预料不到的、令人满意的方向发展。有时候,这些工作进入了心理契约问题的研究方向,有时候并没有。当涉及心理契约问题时,他们通常似乎都按照自己的想法迅速展开工作。作为学生的导师,我学到了一些我无法从其他地方学到的东西。

最后,虽然对于我来说这是一种巧合,但是启发式研究的确是理论发展的先驱。通过图表、连续体和 $N \times N$ 表格的形式,启发式研究可以帮助梳理思绪和探索我们已经知道的以及/或者我们需要知道的东西。有时,我会被关于一个概念或者行为过程的所有细节和想法所淹没。采用那些似乎可以描述数据或者观察现象的维度,并把它们放在一起考虑,可以有助于发现有意义的模型,进而提供更加精妙、丰富且可行的描述。这就是四象限代表的心理契约产生的过程,它曾有助于我形成心理契约描述,使之可操作并构建理论(Rousseau,1995;Hui *et al.*,2004)。虽然启发式研究并不总是能够带来惊喜,但是它确实可以激发新方向上的思考,并使其更易于向其他人解释。

10.5 结论

赫伯特·西蒙是一个绝好的同事和令人敬佩的学者,他曾经被问到他的工作是否产生了他所期望的那种影响。"不,"他回答道,"我从未有过追随者。"我无法想象如果没有赫伯特·西蒙的工作和影响,我们的研究领域会是什么样子,但是他的话语提醒了我,如果任何理论取得了实质性的影响,那也是因为许多人合力使之发生的。(这对于那些检索本章参考文献中的肖尔等(Shore et al., 2004)引文的读者来说,将成为一个简单可得的证据。)我想赫伯特是在表达在他的工作中,可能存在很多尚未解决的问题;即使这些问题解决了,他所希望的那种影响也没有完全达到。我能够理解他的说法,因为在员工和雇主的心理契约方面还存在很多尚未解决的重要问题。所以,我的希望是,将来的理论构建者和测试者能够像我一般享受心理契约的魅力。

参考文献

ANDERSON, E., and WEITZ, B. (1992). The uses of pledges to sustain commitment in distribution channels. *Journal of Marketing Research*, 29: 18–34.

ARGYRIS, C. (1962). *Understanding Organizational Behavior.* Homewood, Ill.: Dorsey.

ATIYAH, P. S. (1981). *An Introduction to the Law of Contract.* 4th edn., Oxford: Clarendon Press.

BARNARD, C. I. (1938). *Functions of the Executive.* Cambridge, Mass.: Harvard University Press.

CADIN, L. (2000). Does psychological contract theory work in France? In Rousseau and Schalk (2000, pp. 67–86).

CLARK, M. S., and REIS, H. T. (1988). Interpersonal processes in close relationships. *Annual Review of Psychology*, 39: 609–672.

CORBIN, A. K. (1952). *Corbin on Contracts.* St. Paul, Minn.: West Publishing.

COSMIDES, L., and TOOBY, J. (1989). Evolutionary psychology and the generation of culture: II. Case study: A computational theory of social exchange. *Ethology and Sociobiology*, 10: 51–97.

—— —— (1992). Cognitive adaptations for social exchange. In *The Adapted Mind: Evolutionary Psychology and the Generation of Culture*: 163–228. London: Oxford University Press.

DABOS, G., and ROUSSEAU, D. M. (2004a). Mutuality and reciprocity in the psychological contracts of employee and employer, *Journal of Applied Psychology*, 89: 52–72.

—— —— (2004b). Social interaction patterns shaping employee psychological contracts: Network-wide and local effects. *Proceedings of the Academy of Management Meetings*, New Orleans.

EDWARDS, J. R. (1994). The study of congruence in organizational behavior research: Critique and a proposed alternative. *Organizational Behavior and Human Decision Processes*, 58: 51–100.

FARNSWORTH, E. A. (1982). *Contracts.* Boston: Little, Brown.

FOA, U. G., and FOA, E. B. (1975). *Societal Structures of the Mind.* Springfield, Ill.: Charles

C. Thomas.

Fichman, M. (2003). Straining toward trust: Some constraints on studying trust in organizations. *Journal of Organizational Behavior*, 24: 133–157.

Ghiselli, E. (1964). *Theory of Psychological Measurement.* New York: McGraw Hill.

Glendon, M. A., Gordon, M. W., and Osakwe, C. (1985). *Comparative Legal Traditions: Text, Materials, and Cases on the Civil Law, Common Law, and Socialist Law Traditions, with Special Reference to French, West German, English, and Soviet Law.* St. Paul, Minn.: West.

Hirschman, A. O. (1970). *Exit, Voice, and Loyalty.* Cambridge, Mass.: Harvard University Press.

Ho, V. T. (2002). Evaluation of psychological contract fulfillment: A social network perspective. Carnegie Mellon University Dissertation, Pittsburgh, Pa.

—— (2005). Social influence on evaluations of psychological contract fulfillment. *Academy of Management Review*, 30: 113–128.

Hui, C., Lee, C., and Rousseau, D. M. (2004). Psychological contracts in China: Investigating instrumentality and generalizability. *Journal of Applied Psychology*, 89: 311–321.

Kanfer, F. H., and Karoly, P. (1972). Self-regulation and its clinical applications: Some additional considerations. In R. C. Johnson, P. R. Dokecki, and O. H. Mowrer (eds.), *Conscience, Control, and Social Reality.* New York: Holt, Rinehart and Winston.

—— Cox, L. E., Greiner, J. M., and Karoly, P. (1974). Contracts, demand characteristics, and self-control. *Journal of Personality and Social Psychology*, 30: 605–619.

Klein, K. J., and Kozlowski, S. W. J. (2001). *Multilevel Theory, Research, and Methods in Organizations: Foundations, Extensions, and New Directions.* San Francisco: Jossey-Bass.

Levinson, H., Price, C., Munden, K., Mandl, H., and Solley, C. (1962). *Men, Management, and Mental Health.* Cambridge, Mass.: Harvard University Press.

Macneil, I. R. (1985). Relational contract: What we do and do not know. *Wisconsin Law Review*: 483–525.

Miles, R. E., and Snow, C. C. (1980). Designing strategic human resource systems. *Organizatonal Dynamics*: 36–52.

Millward, L., and Herriot, P. (2000). The psychological contract in the United Kingdom. In Rousseau and Schalk (2000: 231–249).

Nicholson, N., and Johns, G. (1985). The absence culture and the psychological contract: Who's in control of absence? *Academy of Management Review*, 10: 397–407.

Orbell, J. M., Van de Kragt, A. J. C., and Dawes, R. M. (1988). Explaining discussion-induced cooperation. *Journal of Personality and Social Psychology*, 54: 811–819.

Peel, S., and Inkson, K. (2000). Economic deregulation and psychological contracts: The New Zealand experience. In Rousseau and Schalk (2000: 192–212).

Roberts, K. H., Hulin, C. L., and Rousseau, D. M. (1978). *Developing an Interdisciplinary Science of Organizations.* San Francisco: Jossey-Bass.

Robinson, S. L., and Rousseau, D. M. (1994). Violating the psychological contract: Not the exception but the norm. *Journal of Organizational Behavior*, 15: 245–259.

—— Kraatz, M. S., and Rousseau, D. M. (1994). Changing obligations and the psychological contract: A longitudinal study. *Academy of Management Journal*, 37: 137–152.

Roloff, M. (1987). Communication and reciprocity in intimate relationships. In M. E. Roloff and G. R. Miller (eds.), *Interpersonal Processes*: 11–38. Newbury Park, Calif.: Sage.

Rousseau, D. M. (1989). Psychological and implied contracts in organizations. *The Employee Rights and Responsibilities Journal*, 2: 121–139.

—— (1990). New hire perceptions of their own and their employer's obligations: A study of psychological contracts. *Journal of Organizational Behavior*, 11: 389–400.

—— (1995). *Psychological Contract in Organizations: Understanding Written and Unwritten Agreements*. Newbury Park, Calif.: Sage.

—— (1996). Keeping the deal while changing the people. *Academy of Management Executive*, 10: 50–61.

—— (2000a). LMX meets the psychological contract: Looking inside the black box of leader-member exchange. In F. Dansereau and F. Yammarino (eds.), *Leadership: The Multilevel Approaches*, Greenwich, Conn.: JAI Press.

—— (2000b). Psychological contracts in the United States: Diversity, individualism, associability in the market place. In Rousseau and Schalk (2000a: 250–282).

—— (2001). Schema, promises, and mutuality: The psychology of the psychological contract. *Journal of Organizational and Occupational Psychology*, 24: 511–541.

—— (2004). Under the table deals: Idiosyncratic, preferential or unauthorized? In R. Griffin and A. O'Leary-Kelly (eds.), *The Dark Side of Organizational Behavior*: 262–290. San Francisco: Jossey-Bass.

—— (2005). *Idiosyncratic Deals: When Employees Bargain for Themselves*. New York: M. E. Sharpe.

—— and ANTON, R. J. (1988). Fairness and implied contract obligations in terminations: A policy-capturing study. *Human Performance*, 1: 273–289.

—— —— (1991). Fairness and obligations in termination decisions: The role of contributions, promises, and performance. *Journal of Organizational Behavior*, 12: 287–299.

—— and AQUINO, K. (1993). Fairness and implied contract obligations in job termination: The role of remedies, social accounts, and procedural justice. *Human Performance*, 6: 135–149.

—— Ho. V. T., and GREENBERG, J. (forthcoming). Idiosyncratic deals: Theoretical implications of workers' bargaining as individuals. *Academy of Management Review*.

—— Ho, V. T., and KIM, T. G. (2005). Idiosyncratic deals and the psychological contract. Unpublished manuscript, Carnegie Mellon University, Pittsburgh, Pa.

—— and KIM, T. G. (2005). Idiosyncratic deals workers bargain for themselves. Unpublished manuscript, Carnegie Mellon University, Pittsburgh, Pa.

—— and MACLEAN PARKS, J. M. (1993). The contracts of individuals and organizations. In L. L. Cummings and B. M. Staw (eds.), *Research in Organizational Behavior*: 15. 1–43. Greenwich, Conn.: JAI Press.

—— and SCHALK, R. (2000). *Psychological Contract in Employment: Cross-national Perspectives*. Newbury Park, Calif.: Sage.

—— and TIJORIWALA, S. A. (1999). What's a good reason to change? Motivated reasoning and social accounts in promoting organizational change. *Journal of Applied Psychology*. 84: 514–528.

SAGER, C. J. (1976). *Marriage Contracts and Couple Therapy: Hidden Forces in Intimate Relationships*. Oxford: Brunner/Mazel.

SHORE, L. M., TETRICK, L. E., TAYLOR, S., COYLE SHAPIRO, J. A.-M., LIDEN, R., MCLEAN PARKS, J., WOLFE MORRISON, E., PORTER, L. W., ROBINSON, S. L., ROEHLING, M., ROUSSEAU, D. M., SCHALK, R., TSUI, A., and VAN DYNE, L. (2004). The employee–organization relationship: A timely concept in a period of transition. J. Martucchio (ed.), *Research in Personnel and Human Resource Management*, vol. 23. Elsevier.

VALERY, P. (1938, 1958): See A. Bedeian, 2004, The gift of professional maturity. *Academy of Management Learning and Education*, 3, 92–98.

WHETTON, D. A. (2001). Modeling-as-theorizing: A methodology for theory development.

In D. Partington (ed.), *Essential Skills for Management Research*. Newbury Park, Calif.: Sage.

WILSON, E. O. (1999). *Consilience: The Unity of Knowledge*. New York: Vintage.

第 11 章 承诺升级:一个组织理论的构建步骤

巴里·斯托

我将在本章阐述我在承诺升级方面的研究历程,至少从我的观点来看,它是如何开始、如何演变的,以及目前的研究主流是什么。我希望人们能够从该理论及其研究的发展历程中获得一些领悟,从相对狭隘的假设检验,转向对组织现象更为广泛的审视。幸运的话,这些描述也会为以后的研究者寻求对不同组织问题的解释,提供一些经验和教训,无论是正面的,还是负面的。

11.1 理论的缘起

1973 年夏天,作为伊利诺伊大学的一名教学人员,我刚刚完成了第一年的工作。我从未如此努力地工作,在没有任何教学经验的情况下,教授了一门关于行为科学的入门导论课程,以及几门关于组织行为学的选修课。我还开展了几项科研项目,最值得一提的是与博比·J. 考尔德(Bobby J. Calder)合作的关于外部报酬对于内在动机影响的系列研究。因此,在学年结束时,我准备花些时间远离香槟分校(Urbana-Champaign)。

我的妻子一直游说我去法国度暑假,希望这能帮助恢复她的语言技巧并重续旧的友情。她有法国文学的博士学位,需要与母文化重新联系。由于不懂法语,我自然有些担心,但想想在巴黎租间公寓度过夏天,应该是种令人愉快的经历。于是,我们在 1973 年夏天出发。我幻想坐在巴黎的咖啡馆里,撰写一篇某天能被人们记起的重要理论性论文。但这并不是那个夏天发生的所有故事。

在准备旅行期间,我意识到,很难写出那些需要依赖数据分析和大量的图书馆资料的东西。因此,到达巴黎时,我携带了一系列关于内在动机的论文,准备写一篇关于内在和外在报酬效果的概念性论文。然而,让人分心的事太多,我参加语言课程、进行观光、品尝咖啡。结果是,所设想的理论论文进展很慢,甚至根本没有进展。我开始有种罪恶感,特别是在收到伊利诺伊的资深教员肯·罗兰(Ken Rowland)的明信片之后,他在卡片的底部写道:"我非常希望你在巴黎能够有所收获和进展。"

我在巴黎的咖啡馆中所做的,是关于承诺升级研究的初步计划,推动我做这件事的力量,并非计划中关于内在动机的文献,而是每日在《纽约先驱报》(*New York Herald Tribune*)读到的,关于美国在摆脱越南战争时所遇到的困难,以及我在研究生院以前的研究和个人经历。因此,我审视美国卷入越南战争事件的视角与我同一时代的社会价值观略有不同。让我来详细说明。

在我研究生阶段的近三年的时间里,我都被列为"1A"(准备服役),我花了很多时间来躲避应征入伍。因此,当我的心理学研究方法课程要求设计一项研究时,我与我的同伴比尔·莫茨(Bill Notz)提议,研究征兵抽签数字对学生关于越南战争态度的影响(Notz,Staw and Cook,1971;Staw,Notz and Cook,1974)。甚至连我的博士论文,也充分利用征兵抽签作为一个自然发生的随机事件。这篇论文论述了那些为避免应征入伍而加入预备役军官训练团(ROTC)的年轻人所经历的事件,他们后来才知道,这只不过是得到了一个较大的抽签号码,从而使得他们可以免于入伍。论文最有趣的部分,是人们面对组织刺激时采取调整适应,并承诺在其中扮演的角色。如果年轻人最近刚刚加入预备役军官训练团,当收到一个大的抽签号码时,他们就会从组织中退出(他们经常这样做)。然而,对于那些受到签订了有约束力的军队服役协议的年轻人来说,得到大的抽签号码意味着他们必须呆在预备役军官训练团,尽管组织不再会提供像避免征兵这样的回报。对于那些受到以前承诺的约束的人而言,得到大的抽签号码会引起不和谐。这表明他们参加预备役军官训练团是一个严重的错误。虽然他们当初是为了避免被应征入伍而加入训练团的,而此时训练团已不再能避免入伍,但是他们仍无法退出。结果是,这些年轻人倾向于改变对预备役军官训练团的态度,他们宣称训练更有趣、制服更漂亮、教育的收益更好。与那些得到小的抽签号码的人相比,得到大号码的年轻人,对预备役军官训练团的态度更积极,绩效评估的分数更高。

有了博士论文的经验,我将美国卷入越南战争的事件,视为难以违背的一系列承诺。早期的参战(主要是肯尼迪执政期间)以众所周知的受挫为标志,这并不意味着撤军,而是更大范围地介入以完成任务。当林登·约翰逊(Lyndon Johnson)上任后,很明显他对于战争的投入有所怀疑,但很快与肯尼迪一样,陷入了左右为难的困境。他更多地担心撤军会潜在地损害美国的名誉(可以被视为软弱,其承诺无法得到其他国家信任),而不是担心越南所要面对的特定结果。因此,约翰逊当局选择了大量增兵,不久就深陷于战争泥潭。当约翰逊决定不再参加1968年的总统选举时,许多人认为美国会很快从越南撤军。然而,撤军又一次缓慢得令人痛苦。作为候选人,理查德·尼克松(Richard Nixon)许诺,他有一个结束战争的计划,然而在成为总统后,他也开始为结果所困扰。因此,直到1973年夏天,《国际先驱论坛报》(*International Herald Tribune*)的文章,铺天盖地都在谈论美国为结束代价深重的越南战争所面临的困境。在巴黎的一家咖啡店内,我拿着报纸开始思索,关于越南战争的承诺升级,是否代表着更为普遍的决策过程。

从一些最初的草图起步(可能在一两张餐巾上),我开始了承诺升级研究的首次设计。我最初把这个问题看作是失调理论的应用(Festinger,1957),个体可能持续投资于失败的行为过程,以避免承认错误。之前的失调理论研究,正如我的博士论文,都是检验人们关于任务的态度如何受到自我辩护(self-justification)的影响(如,Festinger and Carlsmith,1959;Weick,1964)。或许,同样的逻辑可以应用于人们在投资中对于一项行动的投入,如金钱、精力,却发现结果是负向的。如同美国对越南战争的努力,人们可以投资于股票、职业,甚至婚姻,当这些投资没有回报时,他们不一定从这一现状中撤出。相反,人们实际上会增加投资以扭转形势,来证明他们当初的决策实际上是正确的。

基于这一基本概念,升级是为了令行动的努力得以证明或合理化,我想通过一些选择来证明这一假设。我知道除了在负向反馈之后继续投资之外,我还需要更多的证明,因为这样做也可以理解为补偿损失的合理努力,而非自我辩护的结果。这就是说,个人可能选择加倍努力以挽回投资,因为巨大的经济利益使得他无法将经济和心理过程相分离。因此,经过一些考虑,我提出了一个方案,比较面临不同结果(得或失)时决策者的行动,以及那些结果的责任水平。我预测当行动不成功时,决策者将投入更多资源。我还预测那些对发动行动负有责任的人,更可能会进一步投入资源。然而,更重要的是预测责任和结果之间的关系。当那些发动行动的人也遭受挫折时,他们很有可能对失败的行动进行再投资,因为他们特别希望能为自己辩护或合理化自己的行为。

11.1.1 最初的研究发现

在我们巴黎之行结束之时,我带着关于如何开展升级研究的详细笔记,回到了伊利诺伊。我很快雇用了威廉姆·布莱顿(William Brighton)作为研究助理,帮助开发一些在决策实例中需要使用的原始材料。案例简单说来是关于一家大公司如何就在不同产品线中分配研发经费而进行的决策。我们最初的决策是按照顾客而不是工业产品来分配费用,这样,测试者就不会依赖于特殊产品的知识或技术(如计算机或电子产品)进行决策。我们还决定,将这一研究作为角色扮演的练习而展开,这样商学院的学生就可以扮演经理人的角色。尽管决策的制定可以模拟,但是,我们认为相对于学生用名义金钱进行小规模赌博或财务选择的练习,这将提供更多的外部有效性。

第一次调查的结果高度支持升级的初始假设,并发表了一篇题为"深陷泥潭:面向既定行动过程的承诺升级研究"(Knee-Deep in the Big Muddy: A Study of Escalating Commitment Toward a Chosen Course of Action)的论文(Staw,1976)。尽管对于这篇论文的反响一般是正面的,但很少有人期待这篇论文会成为一个更宏伟理论的开端。从本质上来看,这篇论文被视作升级现象的精巧演示,论文的题目得到了几乎与研究本身同样的关注。

我成功地辨识出一个行为的结果,这正是社会心理学家所应该做的事。这一研究被视为社会心理学理论在解决组织问题中的有益应用,而非一个独立的组织理论的开始。

完成《深陷泥潭:面向既定行动过程的承诺升级研究》之后的一段时间里,我意识到并非只有我一个人在研究升级的结果。乔尔·布鲁克纳(Joel Brockner)和杰弗里·鲁宾(Jeffrey Rubin)一直在研究他们称作"陷阱"的同一现象,他们用不同的游戏证明,人们如何对难以捉摸的目标,投入额外的时间和精力(见 Brockner and Rubin,1985 的评述)。艾伦·特加(Allen Tegar,1980)也使用了大量美元拍卖游戏的变化形式来研究同一结果(Shubik,1971)。在这些拍卖游戏中,被试在不同面额的美元上下注(一般为 1 美元或 5 美元),赢得拍卖的人获得美元,而出价为次高者要为奖品买单(没有拿到美元)。结果表明,一般拍卖开始时价格会较低,但通常直到参与者支付比货币的面值要高很多时才会结束(如拍卖 1 美元的价格超过其面值),因为双方都避免在结束时处于第二位。

第一次发现这些与我有竞争性的研究时,我有些沮丧。我的努力不是独一无二的,我不得不分享所取得的荣耀。关于什么人在哪段时间做什么研究的问题,可能存在争论,许多科学探索都是如此。幸运的是,这些忧虑很快被更加积极的想法所取代,三个独立的研究从本质上看发现了同样的事物。当我们设计自己的研究时,不知道其他人的工作,我们采用了不同的方法和程序。而且,我们都发现了相似的个人在失败的行为过程中增加投资的倾向。

为了避免在文献上的任何竞争,我和乔尔·布鲁克纳做了一个清晰的约定,无论何时,只要在学术或大众论坛中被问及主题,我们都要提到对方的研究。然而,许多年后,承诺升级的设计在组织文献中显得更有影响力,可能因为我们大部分的早期研究都采用了这一命名。布鲁克纳和鲁宾的"陷阱"概念则在社会心理学文献中更加盛行,无疑是因为他们的大部分研究都是为社会心理学的观众发表的。特加的"投资过多难以退出"倾向于冲突文献的范围,因为他的研究(选编成册)主要关注人际及国际争端。

11.1.2 后续研究

一般而言,当一个现象(如过度辩护、旁观者效应)是孤立的时候,最初的证明研究很快会引来一系列限制结果或者设定条件的研究论文。大量的第三方变量被发现与初始的处理相关,表明结果只能在特定条件下发生。在一组调节变量被发现之后,初始结果可以被重新解释为某些稀少的,甚至是琐碎的现象。此时,研究者转向研究其他看上去很稳健的主要结果,这不过是又重新开始新一轮的"限制过程"。

20 世纪 70 年代末,对升级结果的限制条件的研究已经开始,其中,部分研究或许是由我自己对于升级的后续研究所激发出来的。在完成《深陷泥潭:面向既定行动过程的承诺升级研究》后,我尝试记录其他可能会促进或阻碍升级的条件。一项研究(Staw and Fox,1977)通过给测试者提供获得资金的单位管理信息,控制了对行动过程增加资源的效力(Adams 和 Smith 最初的案例中的消费品或工业产品部门)。另一项研究考察了以前失败的结果以及失败的可能原因,发现当前期失败可以被归咎为不太可能继续的外生原因时,承诺达到了最高级(Staw and Ross,1978),其他限制条件很快也被其他作者分离出来(如,Conlon and Wolf,1980;McCain,1986;Northcraft and Wolf,1984)。

随着 20 世纪 80 年代大量潜在调节变量的快速增加,我向管理学会提交了一篇论文,强烈批评这种快速增加的寻求第三变量的研究。为了防止原始的升级结果被弄得支离破碎,我甚至给出一张可能出现的"假调节变量"的清单。尽管我试图阻止寻找单调节变量的研究,但是我在访问其他大学时发现,同样的清单就贴在教职员工的墙上,预示着未来研究升级现象的许多机会。

由于害怕升级效应的最后灭亡,我寻求证明这种现象不仅仅是在一些有限条件下可能发生的简单决策偏见。我之所以被最初的升级概念吸引,正是由于领导者似乎经常陷入这一陷阱。然而,我最初的研究缺乏人际或组织的机制。从表面上看,它们显得比布鲁克纳或特加的研究更为扎实,这主要是因为我要求商学院的学生在某些真实的实例中工作,而不是采用虚拟的游戏或交易任务。虽然如此,我还是遗漏了升级在组织情境中产生的社会和政治方面的决定因素。

第一次设计用来找出情境元素的研究是"管理者陷阱"实验(Fox and Staw,1979)。在这项研究中,我们证明,管理者通常增加对某项失败行动的承诺,并不是因为他们想合理化或证实自己的决策,而是因为他们的可信度受到了其他组织参与者的威胁。与认知失调(或自我辩护)文献不同(在这些文献里,个人寻求证明自己是理性的或是有能力的决策者),我们认为,证明能力的努力更多是基于外部因素。因此,在我和福克斯的实验中(Fox and Staw,1979),我们证明,当决策者面临工作不稳定或者决策阻力时(来自董事会),他们倾向于对以前所选择(或失败)的行为过程追加投资。结果表明,管理者可能尽力挽救失败的行为过程,以避免遭受批评、降职,甚至解雇。

福克斯和斯托(1979)的研究,有助于将升级从一个严格认知(如决策偏见)的过程转向更社会化的过程。另一个实验则通过证明升级通常受限于一种文化中盛行的领导力模式(Staw and Ross,1980),进一步推动了上述逻辑的发展。领导力研究的想法来自吉米·卡特(Jimmy Carter)就任总统期间的观察。那时,卡特的领导力受到攻击,一项盖洛普(Gallop Poll)民意测验表明,人们发现他的领导方式的主要缺点之一,就是他显示出的不一致。有趣的是,在那些不赞同卡特领导力的人群中,商业和专业工作者最讨厌他明显的言行不一。尽管人们认为商业和专业人群最能忍受复杂性(参见,Tetlock,1981),但是,这些数据指出了在这些人群中同样存在很强的"一致性"规范。同样的结论也可以从 2004 年的总统选举得出,乔治·布什(George Bush)的再次竞选委员会努力(大部分通过电视广告)将约翰·克里(John Kerry)描绘成一个"两面派"的人,这一努力被认为促成了布什的胜利。因此看上去,至少在美国文化中,表现出一致性的领导者会获得回报,即使这种一致性意味着,对失败的行为也固守承诺。

为了检验一致性的模式,斯托和罗斯请人们解读一位州行政官试图对抗住房危机的行为(Staw and Ross,1980)。管理者任命了一个特选委员会,为本州的住房改善出谋划策。在"实验"条件下,他选择人们推荐的第一个行动并等待结果。当他看到住房数据上没有任何改善后,他转向人们推荐的第二个措施。当看到又没有任何改善时,管理者又转向第三个选择。在"一致"的条件下,管理者被描述为与最初的政策建议保持一致,不管住房数据是否已反映出改善不利的结果。

除了领导方式,斯托和罗斯还控制了所选择措施的最终结果。根据描述,一些官员最后取得了胜利,因为住房数据最终随着时间而改善;另一些官员继续失败,因为住房数据根本没有表现出任何转折。正如所预测的那样,研究结果表明了,一致性和成功对于领导力感知影响非常显著。那些保持一致或成功的人,被测试者评为领导力高。更重要的是,这些评级也表明一致性和结果的相互作用。特别的表扬和赞同给予了那些既一致又成功的官员。他们是英雄,当面临看上去很黯淡的机会时,仍然"握紧自己的枪",他们因而受到赞誉,最后他们凭借耐心和"洞察力"而得到回报。

11.2 组织升级理论的形成

1981年,我发表了一篇论文,就有关升级的文献进行回顾,并建立了一个我认为合理的升级过程模型。尽管这篇论文(Staw,1981)经常被引用作为关于升级理论的总结,但是我现在认为该模型(如图11.1所示)包含的,只是对升级过程相当有限的看法。正如图11.1中所示,对行动过程的承诺(commitment to a course of action)是三个主要决定因素的函数:为先前决策辩护的动机(motivation to justify previous decisions)、一致性规范(norms for consistency)和预期价值推断(expected value calculations)。按照过程术语,这里存在回溯理性(主要基于为自己及他人行为辩护的需求)、建模(基于坚持文化和组织规范而形成的一致性)以及前瞻理性(基于可感知的结果概率及那些结果的效用)。因此,模型的核心内容显示了三种对某一行动过程承诺的决定因素,这三种因素既相互独立又彼此竞争。

在1981年的升级模型中,还有一些内在的细微差别(由图11.1中的虚线所示)。该模型表明,要维护某个行动的动机会导致人们夸大未来支出所产生的效果,同时,低估可能产生的困难。辩护(justification)可能导致个人改变未来结果的价值,因为结果的价值在经历失败后会变得弥足珍贵。最后,对以前决策进行辩护的需求可能会强化一致性规范,一致性自身又会导致感知更多可能的结果。就我所知,除了预测失败的经验会影响后续结果的评价,这些联系从未被研究过(如,Kahneman and Tversky,1982)。也没有很多人关注承诺如何来源于冲突过程,对于前瞻理性和回溯理性也多是如此。

直到我和杰里·罗斯开始一项关于1986年世博会的案例研究,升级理论才得到重大发展(Ross and Staw,1986)。当加拿大的不列颠哥伦比亚修建世博会馆时,杰里·罗

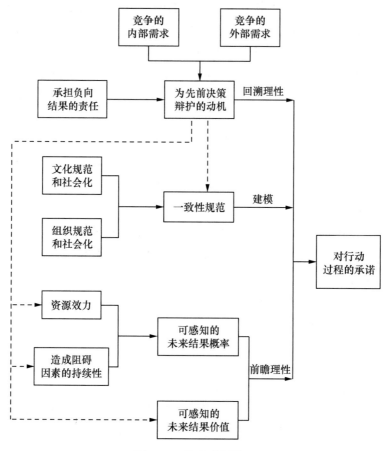

图 11.1 承诺过程模型

资料来源:Staw(1981)。

斯正在西蒙弗雷泽大学(Simon Fraser University)教书。他亲眼目睹了被广泛视为计划灾难的事件,这与对失败行动过程实现承诺升级的经典模型非常吻合。当不列颠哥伦比亚最初提议承办世博会时(1978年),项目计划要花费7 800万美元,最坏的情况是亏损600万美元。然而,随着事件的发生,项目增加到15亿美元,亏损3.11亿美元,远远超过了任何决策者在行动开始时会同意的数额。但是,该省仍然没有放弃对世博会的承诺。随着事情的发展,情况越来越糟,为了在预定的开幕日之前完成项目,开支不得不继续增加。

杰里·罗斯收集了大量世博会的背景材料(如以前的报纸、文件、出版物),并对记者和世博会的服务人员进行了大量采访。我们的共同任务是,从众多该领域所表现出的关于升级的材料中学习。因此,这一次我们不再是开发涉及升级过程的实验场景,而是考察在真实的组织和政府环境下,升级如何表现。

仔细筛选这些材料后,我们发现在世博会的案例中,有几个关键的影响力发挥了作用。项目开始时,人们对于成本和收入的估计过于乐观。然而随着财务状况逐渐转坏,不列颠哥伦比亚省长搬出来大量的辩解词,用于解释为什么忽视了预算分析家和批评家的警告。而且,随着省长的政治生涯及其党派的命运都下注在世博会上,他对于世博会的捍卫显得越来越强势。最后,由于其他团体和组织开始与世博会发生经济联系,项目受到了整个公共和私有部门广泛的鼓吹。因此,随着时间的推移,承办 1986 年世博会的承诺,似乎从一个基于(错误的)经济预期的有限决策,转变为由一群行为过程所控制的决策。

世博会的案例,迫使我们放弃关于承诺升级究竟是经济问题还是行为问题的主流争论。很显然,承诺升级既是经济问题,也是行为问题。经济预测不仅是初始计划的一部分,还在整个项目不断发展的长篇故事中扮演着关键角色。而且,经济预测不仅仅是基于客观事实的冷静估计。它们是政治弹药,可以使不同的支持者相信,世博会是一个正确或错误的行动,这样,公众的所闻所见通常都是有倾向的报导或者误传。然而,当世博会的财务状况变得非常可怕时,即使最热情的对手也不得不承认这一经济事实。不幸的事实之一是,一旦付出了一定水平的开支,就必须进行下去,以保证世博会的完成,因为举行世博会是唯一能够带来一些收入的办法,尽管收入比预期要少得多。因此,在世博会的案例中,谈论升级是一个纯理性还是非理性的过程毫无意义,两者都是。

世博会的案例还迫使我们去面对在升级环境中比较重要的变量多样性。因为世博会的复杂性,我们不得不按照某种逻辑顺序,将所有可能的情况都考虑进来。我们将不同的情况按照更广的类别进行分类,如心理学的、社会学的以及组织学的决定因素。我们还力图考虑到一组更有限的因素,在升级循环中的特定点是否会很重要,以降低复杂性。这些排序似乎描绘了世博会的特征,因为看上去在项目的不同阶段对世博会的承诺的确是被特定的力量所左右。

多年来,我和杰里·罗斯把升级的时序模型的几个变量连贯起来,将过程划分为 3—4 个不同的阶段(Ross and Staw,1986;Staw and Ross,1987;1989)。如图 11.2 所示,开始行动的决策,往往由一些对得失的预测开始。许多研究者都证明了,初始预测可能过于乐观(如,Buehler,Griffen and Ross,1994;Shapira,1995)。人们倾向于低估(或者无视)执行一项新政策或者完成一个新产品的困难,公司的政治动力实际上可能鼓励经理夸大事实。正如在"赢者的诅咒"实验中(Samuelson and Bazerman,1985),成功获得项目资助的管理者,可能正是做出了最乐观(不现实)预测的人。

如果行动的结果是清晰且非常消极的,行动上可能会有早期的撤出。相反,当初始结果有些模糊,或者至少不是消极到看不到未来的希望时,升级过程就开始了。如图 11.2 所示,心理学和社会学力量在初始时可能倾向于更为客观的经济数据。为行动辩护的动机,无论是为自己还是他人,都可能导致决策制定者忽视经济警告或是认为成功即将来临。随着结果变糟,由于其他行为力量随着时间逐步增强,形成了对行动的保护,退出将被阻止。不同的利益相关者,开始依赖项目的持续生存能力,来考虑自身的政治力量和生存。整个职业生涯可能被下注在某个项目上,部门预算可能依赖行动的

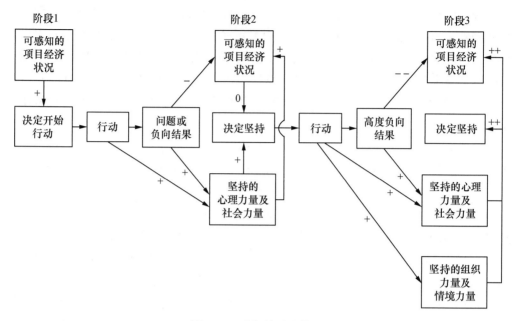

图 11.2　升级的时序模型

资料来源：Staw and Ross(1989)。

持续。在极端情况下,一个失败的项目或产品已经成为一个组织中习以为常的事,以至于它几乎无法根除。经典的案例是,目前已不存在的泛美航空公司(Pan American Airlines)。当该航空公司在航空旅游上亏损了大笔钱时,组织的反应是出售赢利的房地产、餐饮和宾馆业务,并用资金抵消由经营不善的航空业务所引起的损失。更聪明的选择,应该是出售亏损的航空业务,而投资于经济上更加可行的业务单元。

图 11.2 解释了为何一些组织一直坚持亏损直到破产,还说明了为何一些组织能够在没有经历过多长期痛苦的情况下,就从失败的行动中撤出。正如模型所描绘的,行为变量(如辩护的需求、一致性准则)并非承诺的绝对决定因素,这些变量高度保证了承诺得到履行。行为因素被简单视为可感知的项目经济状况(如预期得失)所必须克服的阻碍。因此,如果在行动执行后损失很快就发生了,在其他行为决定因素有机会发挥作用之前,经济反馈就可能较为正确,决策者对经济反馈产生偏见,对项目预期发生偏离的可能性也较少。当损失发生很早,而且非常消极时(如快餐连锁采用了一份不理想的菜单),则通常会推翻任何行为变量。相反,当结果最初由于某些合情合理的原因变得模糊不清(如广告的延误、实施问题),随着时间的推移前景更暗淡,更危险的升级循环就开始了。在这种情况下,升级的行为来源可以建立在超过消极的经济数据影响点之上。同样,特别倾向于升级的,是那些几乎所有的经济成本都是预先付款,直到后期才能获得收入的项目。比如,对建筑项目来说,一旦打下桩并且大额开支已经投入进去了,那么坚持这个项目直到其完成,有着经济和行为两方面的原因。

11.2.1 对理论的修订

一旦我们得到了升级的时序模型,我和杰里·罗斯便寻求将理论应用于另一个升级的极端例子。长岛电力公司(The Long Island Lighting Corporation)在20世纪60年代中期最先提议修建肖哈姆(Shoreham)核电站。最初预测将要花费6 500万—7 000万美元,并于1973年完工。然而,一系列的超支和延迟,包括一些极端外因,例如,三里岛(Three Mile Island)事故和切尔诺贝利(Chernobyl)灾难,迫使项目的开支成指数倍地上升到55亿美元,核电站直到1989年才完工。核电站从未商业运营过,最终以1美元的价格卖给了纽约州(为了后续的拆除工作)。

关于肖哈姆案例的历史分析,完全支持升级的时间模型(Ross and Staw,1993)。然而,图11.2所描述过程的具体排序并未得到支持。组织因素,如政治支持和制度化,比我们预期发生的要早些。我们还低估了项目绝对规模对项目可能生存下去的重要性。因为管理层将公司的赌注压在该项目上,除了坚持行动之外很少有其他选择(除非破产)。最后,我们没有预计到环境对于项目寿命的影响,因为在决定对核电站的承诺中,外部的政治团体看上去与组织的管理层几乎具有同样的影响力。

尽管肖哈姆案例与图11.2并非完全吻合,但是它还是支持了该模型的大部分原理。通过对项目的分析可以清晰地看出,承诺是行为和经济因素的联合函数,特殊因素的相对强度很大程度上依赖于项目的时间周期。不出预料,肖哈姆项目开始时的反馈是模糊的,允许心理的、社会的和组织的力量去控制。因此,等到很明显的负面结果出现时,抵消性的力量强大到可以维持对于行动的承诺。最后,肖哈姆案例(与世博会一样)阐明了在升级循环的后期,承诺如何得到经济形势的支持。在升级过程到达某点时,可能就无法逆转,因为结束一个项目就意味着组织自身的灭亡。

11.2.2 升级理论是否可被证伪

尽管升级的时序模型已经被应用到一些现实的案例中,但是期望该模型能够精确预测升级的任何特殊片断这一想法还很天真。在大多数组织环境中,存在太多的独特性,从而无法准确预测事件如何随着时间展开。因此,人们应该将图11.2更多地视为对在升级环境下所期望发生的事件的一个指导原则,而非一个严格模板。换句话说,时间模型可能代表了一个原型,但在其周围的个体事件并不相同。

上述逻辑是否意味着升级模型是无法被证伪的?并非如此。我们的模型可能会被将来的实证研究所逆转或完全抛弃,特别是如果这些实证研究是由与原始理论无关的学者所引导的。我猜测升级的未来理论将分成不同的子类,我们希望升级片断可能随着所从事项目类型的不同而有所差异(如建筑、新产品开发、现有的业务部门)。未来的模型还可能按照特别影响力位置的不同而更加专业,如那些起源于领导者的行为及与之相对的组织内外部的其他构成要素的模型。

如果我们的升级模型在时间方面并不支持实证检验,理论看起来就会像图11.3的

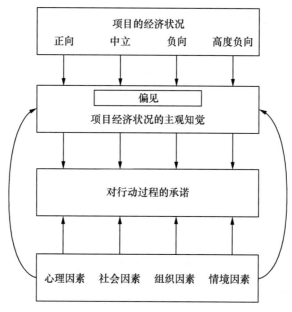

图 11.3 升级的整合模型

资料来源:Staw(1997)。

整合模型。这是一个基础的层面(或者说是,更加基础的理论),在这里不同的行为和经济因素在承诺的持续过程中竞相发挥作用。模型综合了不同的行为影响,而并非尝试随着时间分离这些影响(Staw,1997)。模型关注于一系列行动中承诺的持续起伏。假设的关键在于行为力量必须匹配或者超过任何负向经济数据的力量,以便在失败的行为过程中支持组织(以及它们的决策制定者)。然而,关于效果的精确排序或特殊力量随时间而产生的影响,在该整合模型中却鲜有涉及。

11.2.3 从实验室到田野研究

在很多方面,关于升级的实证文献远远落后于理论推理。大部分研究都包括一些实证的测验,将少数变量孤立出来作为投资决策的原因,这类研究大多建立在某一孤立的时间点上(参见 Golz,1992,1993 除外)。考虑到这些文献大部分是简单论证(和讨论)承诺的行为决定因素,而非经济决定因素,这种研究策略可以理解。然而,由于大多数现场情况的复杂性,无法保证实验室内的可控变量在真正的组织中能够抓住随着时间推移的升级现实。

鉴于这些不确定性,我期待未来主要的进展将来自更多的案例研究和定量的田野研究。后一种研究方式可能最具有挑战性,因为必须要发现包含升级关键组成部分的情境。为了现场检验升级,必须寻找到具有下列特征的情况:(1)持续决策而非一次性决策;(2)模糊或者负向的反馈;(3)随着时间承诺增加资源的机会。两项最新的研究满足了这些要求。

在我们第一次关于升级的档案研究中,我和黄河(Ha Hoang,音译)调查了职业篮球运动员所做的时间投资和金钱投资(Staw and Hoang,1995)。使用每一位 NBA 球员至少五年的数据,我们发现球队对球员的原始投资规模(由雇用价格所度量)决定了球员上场的时间。我们还发现,球员的雇用价格越高,他们留在最初雇用他们的球队的时间就越长,留在联盟中的时间也越长。表面上看,这些发现似乎非常明显,假设雇用价格最高的球员希望成为球场上未来最出色的球员(因此值得在球队投入更多的比赛时间和更长的服务年限)。然而,当用统计方法控制每一个球员的表现后,承诺指标呈现出显著结果。因此,不管球员的实际表现如何,球队对球员的承诺至少部分是由原始投资的规模所决定的。这些数据表明,当对球员的持续投资决定组织的成败时,沉没成本可能会成为个人决策的重要元素。

在第二个档案研究中,我和西加尔·巴萨德(Sigal Barsade)、肯·柯帕特(Ken Koput)分析了 132 家加州银行如何与其不良贷款进行斗争(Staw, Barsade and Koput, 1997)。采用银行九年的财务数据,我们预测高级银行经理的流动,将引起对问题贷款的承诺逐步降级。经理的流动被作为个人责任变化的代理变量,因为可以假设新的高级银行职员对以前的损失具有较小的责任(因此没有必要为他们以前关于这些贷款的决策辩护)。结果相当直接,银行高级主管(首席执行官、董事长)和其他高级经理(副总裁、财务总监、审计官)的流动,预测了随后对贷款损失的拨备和对不良贷款的核销。贷款损失的拨备和核销都无法预测后续的流动。因此,这些历时的分析,证实了升级研究的一项关键假设,即对早期损失的责任将影响到对代价昂贵的行动过程的承诺。

11.2.4　理解现象的其他方法

两项档案研究表明,分离升级决定因素是可行的,这些因素随着时间的推移,在复杂的社会形势中得以保持。当然,这些证明并不能解释所有包含在升级中的机制和过程。为了得到详细的理解,人们必须返回实验室以努力揭示这些相互作用。隐藏在循环研究背后的逻辑依据是,在可控的实验室环境(或模拟练习)下可以建立因果关系,而其普适性可由田野研究提供。顺序既可以是从实验室到田野,也可以是从田野到实验室,其结果则是同时得到具有内部和外部效度的知识。

不幸的是,这样一种实验室和田野研究的传统顺序中,通常包含了一些有问题的假设。一个典型的假设就是,更深刻的理解需要对现象更详细的知识。其目的是将一个复杂的现象分解成组成部分,以表明个体(如认知偏见)的特殊倾向如何产生大规模影响。作为这种方法的拥护者之一,我开始抱着一个想法来研究升级,这个想法就是——理解心理过程对于解释组织关于行动过程的承诺是必要的(或许甚至是充分的)。我相信强烈的个体影响将在许多组织行动中得到证实。这或许会由有偏见的领导者带入组织,或者通过人际背景中的个体倾向积聚而成。尽管这一逻辑看上去非常合理,也能够得到他人的捍卫(如,Staw,1991;Staw and Sutton,1993),但是随着升级的研究更加基于情境,我开始重视将个体影响归纳到组织现象的困难。我开始意识到,尽管心理影响可能会在组织环境中得到证实,但是它们也可能活动于更加宏观的过程之中。因此,升级的动力可能真正是一个多层次的过程,需要更多跨学科的思考,而这是大多数研究者(包括我)一直感到无法释怀的。

从实验室研究中当然可能获得一些关于升级的知识,特别是当实验室研究设计中,提取了人们真实的生活中升级的情节。通常,这需要具有情境基础的材料(如篮中演练①),以及经过多期运行的实验。然而,采用实验研究来理解升级的动力——多种变量如何随着时间交互作用——是非常困难的。在那些用来演示几种决定性因素如何发挥作用的历时型实地研究设计中,这些作用也很难看到(如我们对 NBA 和银行的研究)。无法满足这些要求的话,就很难表明不同水平的分析变量是如何影响组织对于行为过程的决策的。特别困难的是分清个体倾向如何转变(可能是非直接地)成部门和组织行动。这些调查通常需要更加软性的研究,以阐明作为整体的现象而不单单是它的组成部分。

由于有这些研究困难,我相信对于升级过程的理解,需要大量灵活的方法。通过将升级定义为一个组织问题而非个体问题,对其开展的研究必须是跨学科的。它不仅需要能够分离出现象的众多小侧面的调查方式,还需要更多的案例研究,以及更多传统的定量研究。然而,这正是这一特殊研究领域的魅力所在。升级的研究作为微观和宏观调查方式之间的连接点,极具价值——或许在组织行为领域,作为对多层次理论的检验,也是可行的。

11.2.5 从辩论中学习

尽管我力图开展升级的多层次研究,但是在相当长的时间内,单层次影响的简单证明都被视为是有争议的发现。尤其是在 20 世纪 70 年代和 80 年代,那时决策偏见还未得到行为科学的广泛认同。商学院教师非常怀疑投资决策由行为倾向而非传统的经济(或期望价值)估算所决定。例如下面这个故事。在 20 世纪 70 年代中期,在参加一家(这里未指明)商学院的工作面试时,我谈了一些我早期的升级研究,讲完后,一名该院的高级职员保证我很快将得到一份聘用书。然而,接下来的几周内没有任何动静,我询问这位职员究竟发生了什么,结果他还是在后来一个管理学术会议上喝了一些酒之后,才告诉我所有的真相。显然,在我的面试之后(在我讨论了人们在升级环境中,行为如何会表现出非理性之后),两名资深的经济学家拜访了院长,他们告诉院长,如果学院雇用我的话,他们肯定会辞职。

尽管宣扬行为决定因素而非经济决定因素已不再被视为异端,但是仍然有些尚未解决的争议。比如,一些作者证明,如果可以足够清晰地给定成本和收益,则经济学微积分可以超越行为的影响(如,Northcraft and Neale,1986)。鲍恩和怀特同样批判升级研究(Bowen,1987;Whyte,1986),因为研究提供给被试者的,是不确定的行动过程,而并非有特定结果和已知概率的选择。从某种意义上讲,这些研究者喜欢升级的情景从不确

---

① 篮中演练是指将主管日常处理的书面文件抽样送出,并要求参与演练的人员在一定时间内,写出处理行动,借以了解演练人员的能力或培养能力的一种方法。——译者注

定状态(概率可能未定)转为风险和报酬问题。他们喜欢将复杂但是更为现实的情境,转为能够应用直接计算和决策规则的背景。遗憾的是,升级只会在那些事实不清、对事件的观察可能被以前对行动过程的承诺所歪曲的情况下发生。

一个相关但更为广泛的理论问题,涉及将不同的心理决定因素和社会决定因素转变为一些普通微积分形式。例如,自我辩解的影响,必然是对自己或他人承认错误而引起的预料之中的痛苦或窘迫的结果(Aronson,1972)。同样,当行动的一致性导致他人的赞同,或不一致性导致谴责时,均可以解释为组织领导者声誉的得失。类似的声誉结果可能由组织造成,这时组织将不得不终止合同、结束业务(关闭生产线或公司运营部门)。因此,当按照不同的行为机制对行动过程承诺的影响进行评估时,人们很可能会认为,每一个机制都会影响整个成本—收益比率。

当然,如此进行成本—收益推理的问题在于,通过将各种形式的心理和社会影响提取为主观效用,是否可以获得一些新的知识。如果过于集中于微积分,我们将会错失心理或社会的机制会在特定情况下产生的真实原因。然而,通过强调一套扩展的期望得失,有可能形成升级情境下集合不同力量的标准范式。这样的范式可能允许我们预测,当存在三种承诺的中等力量且一种撤回的力量非常强大时,会发生什么。但是,运用现有模型无法预测(如图11.2和图11.3),因为相比精确预测结果而言,它们更善于指出冲突力量的所在。

11.3 一些建议

我愿意提供升级研究的下列经验,以给有兴趣开发新理论的青年学者一些建议:

第一点,我会将世界上的事件(来自商业、政府以及政治)作为与任何学术文献同样丰富的概念源泉。个人自身以及家庭的经验,同样可以作为有趣的研究宝藏。在升级的案例中,我不仅通过观察美国卷入越南战争的事件,来推动研究概念的形成,而且考虑到早期的参军经历,这些观察对我有着特殊意义。此外,当我获得关于自我辩解的特定假设时,我回想起了一些鲜活的个人经历。在大学放假期间,我的父亲曾要求我仔细察看一些财务报表,以考虑他是否应该购买一家特殊的零售店。当我研究这些数字(用我刚学的会计入门知识)并声称采购是浪费钱时,父亲在收入和成本的数字上画了一条线。他说这些财务预测过于保守。当我提出反对时,他承认实际上已经无关紧要了,因为他早在几周前就已经买下了这家商店。类似的经验可以作为构建理论的无价之宝,因为它们比细读任何研究文献都更有深度和意义。

第二点,尽管我认为经验比文献更重要,但是我仍然认为,拥有尽可能多的理论储备在面对潜在的研究问题时非常重要。当然,我最初的升级研究,大部分由我以前的博士学位论文所形成。我还相信早期的学术训练有助于理论从心理学模式到更加跨学科模式的转变。当我在西北大学进行研究生学习时,组织研究的博士生计划几乎全部都是社会学的。尽管我受到了诸如托马斯·库克和唐纳德·坎贝尔等社会心理学家的极大影响(Thomas D. Cook and Donald T. Campbell),但是我大部分同事或老师都是从事宏观问题或社会问题研究的。因此,尽管其他对升级有兴趣的心理学家更倾向于个体导向的理论,而我则转向基于社会和组织力量的理论。

第三个来自于升级研究的建议是,用尽可能灵活的方法探索研究问题。正如我在前文所言,我的研究开始时采用了一系列的实验室实验,以表明在不确定条件下,人们可能在糟糕的投资后继续投资。不幸的是,我自己的理论推理实际上并没有得到拓展,直到我进行了一些升级的案例研究后才意识到升级是一个有多层次动力作用的跨学科问题。这段经历的结果,使我现在坚信田野研究的力量(至少作为理论形成的一种方式)。这些科学研究并不需要以出版的案例研究的形式产生,它们也可以来自对组织事件的深度调查,或对社会环境中的关键人物的访问。无论如何,实地观察可能会丰富你的假设,并扩宽你对组织现象的理解。

第四点建议,涉及研究的精心安排或排序。刚进入学术界时,我天真地认为自己的发现会伴随着记者会,然后是一批追随者的研究。忘记记者会,一部分同事(和亲戚)读到这篇论文就已经足矣。忘掉跟风或追随式研究,如果你自己不愿意做这些研究的话。一个单一的研究很难引起一股研究潮流的兴趣。所以,要准备在一段时期内独自开展研究。甚至在其他人已经加入到研究队伍中来时,也不要期望他们会按照你喜欢的方式进行研究。这正是我开始关于升级的案例研究和档案研究的原因。如果不介入的话,我害怕升级研究会停滞,并最终消失在实验室中。

第五点也是最后一点建议,它与理论自身形成的过程相关。组织行为学领域喜欢用一系列的方形和箭头总结模型。我发现在阐述理论过程或机制时,它们是非常有用的工具。令我不满的是,我们的领域几乎就等于理论公式变量的图表清单,因此,我们需要一直牢记理论的目标是回答"为什么"的问题(Kaplan,1964;Merton,1967)。强大的理论深入探究现象背后的联系,这是一个关于行动和事件为何发生的故事,并伴随着一套令人信服的、逻辑上相互联系的论据(Sutton and Staw,1995)。因此,我对青年学者的建议是,将图表作为理论推理的工具,而不是将图表作为最终目的。幸运的是,你的模型可能有用肉眼无法识别(或理论不支持)的暗示,也可能会有与常识相反的暗示。一旦成功,那将符合维克的断言(Weick,1989):好的理论能够解释现象,预测未来,并令人感到愉悦。

11.4 后续的一些思考

本章中,我试图回顾我关于升级的研究的起源,以表明研究如何进化为一个组织理论。正如我所言,直到研究很好地开展起来的时候,理论才会明显成形。尽管那样,理论的形成还是经历了许多次意想不到的峰回路转。虽然外部事件推动了初始假设和实证检验,但是概念想要最终形成更广泛的理论,还要经历多年(以及一些研究)的考验。甚至到现在,经过将近三十年,升级研究已经成熟,人们还可以认为该理论是一个尚未完成的作品,它的未来无疑将取决于那些比我更有能力洞察事件和过程的学者。

参考文献

Aronson, E. (1972). *The Social Animal*. San Francisco: W. H. Freeman.

Bowen, M. G. (1987). The escalation phenomenon reconsidered. Decision dilemmas or decision errors? *Academy of Management Review*, 12: 52–66.

Brockner, J., and Rubin, J. Z. (1985). *Entrapment in Escalating Conflicts: A Social Psychological Analysis*. New York: Springer-Verlag.

Buehler, R., Griffen, D., and Ross, M. (1994). Exploring the "Planning Fallacy": Why people underestimate their task completion times. *Journal of Personality and Social Psychology*, 67: 366–381.

Conlon, E. J., and Wolf, G. (1980). The moderating effects of strategy, visibility, and involvement on allocation behavior. *Organizational Behavior and Human Performance*, 26: 172–192.

Festinger, L. (1957). *A Theory of Cognitive Dissonance*. Stanford, Calif.: Stanford University Press.

—— and Carlsmith, J. M. (1959). Cognitive consequences of forced compliance. *Journal of Abnormal and Social Psychology*, 58: 203–210.

Fox, F. V., and Staw, B. M. (1979). The trapped administrator: Effects of job insecurity and policy resistance upon commitment to a course of action. *Administrative Science Quarterly*, 24: 449–471.

Goltz, S. M. (1992). A sequential analysis of continued investments of organizational resources in non-performing courses of action. *Journal of Applied Behavior Analysis*, 25: 561–574.

—— (1993). Examining the joint roles of responsibility and reinforcement history in recommitment. *Decision Sciences*, 24: 977–994.

Kahneman, D., and Tversky, A. (1982). Psychology of preferences. *Scientific American*, 246: 161–173.

Kaplan, A. (1964). *The Conduct of Inquiry*. New York: Harper and Row.

McCain, B. E. (1986). Continuing investment under conditions of failure: A laboratory study of the limits to escalation. *Journal of Applied Psychology*, 71: 280–284.

Merton, R. K. (1967). *On Theoretical Sociology*. New York: Free Press.

Northcraft, G., and Neale, M. A. (1986). Opportunity costs and the framing of resource allocation decisions. *Organizational Behavior and Human Decision Processes*, 37: 348–356.

—— and Wolf, G. (1984). Dollars, sense, and sunk costs: A life-cycle model of resource allocation decisions. *Academy of Management Review*, 9: 225–234.

Notz, W. W., Staw, B. M., and Cook, T. D. (1971). Attitude toward troop withdrawal from Indochina as a function of draft number: Dissonance or self-interest. *Journal of Personality and Social Psychology*, 20: 118–126.

Ross, J. and Staw, B. M. (1986). Expo 86: An escalation prototype. *Administrative Science Quarterly*, 32, 274–297.

—— —— (1993). Organizational escalation and exit: The case of the Shoreham nuclear power plant. *Academy of Management Journal*, 36: 701–732.

Samuelson, W. F., and Bazerman, M. H. (1985). The winner's curse in bilateral negotiations. In V. Shubik (ed.), *Research in Experimental Economics*: 3. 105–137. Greenwich, Conn.: JAI Press.

Shapira, Z. (1995). *Risk Taking: A Managerial Perspective.* New York: Russell Sage Foundation.

Shubik, M. (1971). The dollar auction game: A paradox in noncooperative behavior and escalation. *Journal of Conflict Resolution,* 15: 109–111.

Staw, B. M. (1974). The attitudinal and behavioral consequences of changing a major organizational reward: A natural field experiment. *Journal of Personality and Social Psychology,* 1974, 29: 742–751.

—— (1976). Knee-deep in the big muddy: A study of escalating commitment to a chosen course of action. *Organizational Behavior and Human Performance,* 16: 27–44.

—— (1981). The escalation of commitment: A review and analysis. *Academy of Management Review,* 6: 577–587.

—— (1991). Dressing up like an organization: When psychological theories can explain organizational action. *Journal of Management,* 17: 805–819.

—— (1997). The escalation of commitment: An update and appraisal. In Z. Shapira (ed.) *Organizational Decision Making*: 191–215. Cambridge: Cambridge University Press.

—— Barsade, S. G., and Koput, K. W. (1997). Escalation at the credit window: A longitudinal study of bank executives' recognition and write-off of problem loans. *Journal of Applied Psychology,* 82: 130–142.

—— and Fox, F. (1977). Escalation: Some determinants to a previously chosen course of action. *Human Relations,* 30: 431–450.

—— and Hoang, H. (1995). Sunk costs in the NBA: A behavioral determinant of playing time and survival in professional basketball. *Administrative Science Quarterly,* 40: 474–494.

—— Notz, W. W., and Cook, T. D. (1974). Vulnerability to the draft and attitudes toward troop withdrawal from Indochina: A replication and refinement, *Psychological Reports,* 34: 407–417.

—— and Ross, J. (1978). Commitment to a policy decision: A multi-theoretical perspective, *Administrative Science Quarterly,* 23: 40–64.

—— —— (1980). Commitment in an experimenting society: An experiment on the attribution of leadership from administrative scenarios. *Journal of Applied Psychology,* 65: 249–260.

—— —— (1987). Understanding escalation situation: Antecedent, prototypes, and solution. In B. M. Staw and L. L. Cummings (eds.), *Research in Organization Behavior:* 9. 39–78. Greenwich, Conn.: JAI Press.

—— —— (1989). Understanding behavior in escalation situations. *Science,* 246: 216–220.

—— and Sutton, R. (1993). Macro-organizational psychology. In J. K. Murnighan (ed.), *Handbook of Organizational Psychology in Organizations*: 350–384. Englewood Cliffs, NJ: Prentice-Hall.

Sutton, R. I., and Staw, B. M. (1995). What theory is *not*. *Administrative Science Quarterly,* 40: 371–384.

Tegear, A. (1980). *Too Much Invested to Quit.* New York: Wiley.

Tetlock, P. (1981). Pre-to postelection shifts in presidential rhetoric: Impression management or cognitive adjustment? *Journal of Personality and Social Psychology,* 41: 207–212.

Weick, K. E. (1964). Reduction of cognitive dissonance through task enhancement and effort expenditure. *Journal of Abnormal and Social Psychology,* 68: 533–539.

—— (1989). Theory construction as disciplined imagination. *Academy of Management Review,* 14: 516–531.

Whyte, G. (1986). Escalating commitment to a course of action: A reinterpretation. *Academy of Management Review,* 11: 311–321.

第 12 章　期望理论的起源

维克多·弗鲁姆

12.1　引言

　　本章阐述的心理学理论,有着不同的名称——期望理论或效价—手段—预期(VIE)理论。它的首次提出是在我 1964 年所著的《工作与激励》(Work and Motivation)一书中。该书以期望理论为组织的重点,尝试对先前众多不同的研究成果进行梳理,这些研究成果包括:人们为何选择不同的工作,他们从工作中获得的满意度如何,以及他们的工作绩效如何。尽管期望理论充分适用于其他领域的行为,但由于其最初出现在《工作与激励》一书中,所以它更多地应用于工作行为的研究。

　　简言之,期望理论认为,人们在诸多自然结果或状态中有自己的偏好,人们强烈喜好的结果对人们具有正效价,而那些人们避免的结果则具有负效价。这些效价的根源,在于相对稳定的动机或需要,每个人对这些动机或需要的强度有所差异,人与人之间也各有不同。一些结果有效价,是因为其固有的特性;而另一些结果有效价,是因为它们被视为实现其他结果的手段。有效价的结果本身对行为没有任何影响,除非人们同时存在预期——预期自己所采取的行动,有可能实现正效价结果或避免负效价结果。

　　与本书其他章节一样,我们的目标是试着揭示作者经历的理论创造的过程,该理论对作者的影响,以及作者目前对期望理论的评价。由于期望理论属于心理学理论,所以我将从我最早作为大学生时学习心理学的经历开始谈起。正是在这段时期,我对心理学理论产生了浓厚的兴趣,特别是那些跨越了基础心理学和应用心理学边界的理论。

12.2　学术起源

　　我第一次真正接触到心理学领域,还是在我刚进入加拿大蒙特利尔的乔治·威廉姆斯学院(George Williams College, Montreal, Canada)的时候,这所大学就位于我的家乡。如同所有新跨入校门的学生,我也参加了一项关于智商、能力和职业兴趣的测试。

在与辅导员进行了一小时的面谈后,我得到了测试结果。我唯一还能记起的是,我在职业兴趣强度测试的两个量表上获得了非常高的分数。其中第一项是"音乐家",这并未让我感到意外,因为我五年前就开始学习演奏萨克斯管和单簧管。我喜欢音乐,尤其是爵士乐,之前我曾放弃了大学教育(而我的两个哥哥选择了大学教育),就是为了能够获得和诸如汤米·多尔西(Tommy Dorsey)、史丹·肯顿(Stan Kenton)或艾灵顿公爵(Duke Ellington)等大乐队一起工作的机会。我高中毕业时,却发现没有一个乐队领队愿意给我一份工作。正是从音乐演奏中储存下来的微薄收入,让我支付了乔治·威廉姆斯学院的学费。

这两个量表中的第二项是"心理学家"。我对这个领域只有模糊的接触,但我很明显感觉到辅导员更倾向于让我选择心理学家。他本人正在攻读这个领域的高等学位。他还认为爵士乐是一个非常不确定的职业,因为人们对爵士乐有一种社会歧视,这种歧视源于许多著名爵士乐艺术家都过着狂野不羁的生活(我必须承认,狂野不羁的特点恰恰是爵士乐吸引我的部分原因)。

我决心更多地去了解被称为心理学的领域,但乔治·威廉姆斯学院并不是个理想的地方。它只是一所小小的学校,当时设在蒙特利尔市中心青年会大楼中的三楼。(与罗耀拉(Loyola)学院合并后,现在称为肯考迪亚(Concordia)大学)。学校里唯一的心理学教授正在休假,他的课程通常被安排在三年级或四年级。

出于各种原因(包括缺乏更多了解心理学的机会),我在一年级结束时申请转学到麦吉尔大学(McGill University)。麦吉尔大学虽说仅仅在几个街区外,但就学术方面的机会而言,远远优于乔治·威廉姆斯学院。之后三年,我学习了所有心理学课程,并在三年级时参加了一个特殊的心理学"荣誉计划"项目。这个项目给了我和项目中其他四个人一些学习的机会,这些机会往往仅限于研究生。其中一个机会是,每周可以和唐纳德·赫布(Donald Hebb)共进午餐,他是当时的系主任。赫布当时写了一本非常重要的书,题为《组织行为》(*Organization Behavior*, Hebb, 1949),这本书在当时具有开创性,它试图通过一套来自神经和生理过程的简单构念,来组织不同领域的心理学。我一直非常钦佩赫布,既包括他谦逊、不张扬的性格,也包括他非凡的才智。虽然我还不确信我是否将追随还原主义理论这一方向,但我离开麦吉尔和"荣誉计划"时,就坚定决心成为一名心理学家,而且希望成为心理学理论家。音乐依然是我生命的一部分,但仅是一个次要部分。

12.2.1 成为工业心理学家

我对于自己能否成为理论家心存疑虑,因为我渴望对现实世界而不仅仅是学术世界有积极影响。当时,我已经读过霍桑实验(Roethlisberger and Dickson, 1939),读过库尔·卢因的著作和他经常引用的一句话"没有什么比一条好理论更实际了",甚至阅读了新出版的由卢因弟子做的哈伍德(Harwood)实验(Coch and French, 1948)。也许一个人没有必要在关乎现实世界和关乎学术尊严之间做选择。但是,在哪个领域我可以随时运用心理学理论呢?

那时,麦吉尔大学正在制订一项工业心理学研究生培养的新计划。由爱德华·韦伯斯特(Edward Webster)教授牵头,该计划针对心理科学硕士或博士。作为计划的一个组成部分,学生们被要求到当地公司进行实习,并应用心理学概念和方法来解决实际问题,这听起来就像是我正在寻找的方向,而且就位于我的家乡。我成功申请了为期两年的硕士项目并被录取。

我第一次实习是在卡纳迪有限公司(Canadair Ltd.)的招聘部。当时韦伯斯特教授已经与卡纳迪公司建立了咨询关系,该公司正尝试用现代化的方法,挑选制造 F-86 战斗机的小时工。我的任务是找到对申请表格内含信息进行评分的方法,来预测员工流动率。这项任务很单调,就是筛选旧的记录来找出就业申请表上的信息,从而可以将那些雇用后短期内就离开的员工和那些在公司待五年或五年以上的员工区分开。唯一能缓解这种工作带来的无聊感的一个机会是,我发现了法籍加拿大申请人群的非常规答案。其中有些人误解了要求的信息,例如,申请者的"性别"(sex)一项偶尔被答复成"从不"或"每周二次"。

在对数以百计的申请进行排序并与雇佣时限进行比较后,我发现了区分项并制定了给申请表格打分的方法。然后我开始了交叉验证这一打分体系,这一切似乎都是盲目而机械的。为什么人们从公司辞职?为什么对装配钳工和打铆钉工人要分开打分?所有这一切都与心理学有什么关系吗?

工业心理学在我的脑海中呈现的是一套方法和技术,这对将招聘决策合理化有明显的价值,但对理解或解释行为没有多大的意义。我没有看出我在卡纳迪公司所做的一切与我在实验心理学和社会心理学课程上所学的内容之间存在什么联系。人们在工作行为之下潜藏的心理过程,真的有别于心理学家在实验室、诊所或学校所做的研究吗?

1955 年,国际应用心理学大会(International Congress of Applied Psychology)恰好在蒙特利尔召开,我顺便参加了这次会议,这使得我有机会把工业心理学和我本科生"荣誉计划"中所学的知识建立起某些联系,焕发了新生。在会上,我遇见了卡罗尔·沙特尔(Carroll Shartle)并了解了美国俄亥俄州关于领导力的研究。我还遇见了伦西斯·利克特(Rensis Likert)和丹尼尔·卡茨(Daniel Katz),他们帮我了解到在密歇根的调查研究中心的工业员工关系研究。会上弥漫着探索与发现的气息,令人兴奋。大家一直在研究人们的行为方式与原因,以及工作如何可以更令人满意和更富有成效,也许应用心理学和基础心理学还是可以联系起来的,甚至认知理论、动机、学习以及人们如何感觉、如何被激励、如何在工作环境中学习等都可以产生联系。

我清楚地知道,现在是越过边界进入美国的时候了。这一次我不是追求爵士音乐的职业,而是为了追求心理学博士学位。在可选择的大学中,我选择了密歇根大学,主要是因为那里的调查研究中心。

密歇根大学对我来说是一个伟大的地方。在这里,我随杰克·阿特金森(Jack Atkinson)学习动机,随海伦·匹克(Helen Peak)学习态度结构,随杰克·弗伦奇(Jack French)和道客·卡特赖特(Doc Cartwright)学习群体动力学,随泰德·纽科姆(Ted Newcomb)学习社会心理学。最接近工业心理学家的是诺曼·梅尔(Norman Maier),他著有教科书《产业心理学》(Psychology in Industry, Maier, 1955)。他也是一位杰出的实验心理学家,这使得他致力于用心理学概念和过程来解释工作中的行为。

我在密歇根大学时,李·克龙巴赫(Lee Cronbach)在《美国心理学家》(American Psychologist)上发表了他在 APA 年会上的主题演讲,谈到了心理学的两大学科分支(Cronbach,1957)。其中一个分支关注个体差异结构,称为 R-R(反应—反应)心理学,其核心方法包括研究不同心理测试之间的相关性,也研究测试与绩效标准之间的相关性。R-R 心理学是大多数心理学实际应用的来源,但理论很少。另一个分支是 S-R(刺激—反应)心理学,关注的是行为方式影响,其方法主要是实验。它既是实验心理学的核心,也是社会心理学的核心。克龙巴赫认为,S-R 心理学是大多数心理学理论的来源,但实际应用发展比较慢。

克龙巴赫的区分对我来说有巨大的意义,它帮我解决了调和工业心理学(这体现了 R-R 传统)与我所接受的实验训练的难题。但克龙巴赫的影响不仅如此,他主张将这两个学科结合起来,探索每个学科的独特作用,以及它们的联合影响或相互作用。在我看来,关键是找到了一种方法——这种方法可以描述个体的差异,并将这些差异与对应的情境之间建立理论联系。我试图解决这一难题,这最终指引我开发了期望理论。

20 世纪 50 年代末期,密歇根大学最伟大的事情之一,是调查研究中心提供为大型组织设计和执行实际项目的机会,这些组织包括底特律爱迪生公司(Detroit Edison)、德州仪器(Texas Instruments)和美国联合包裹服务公司(United Parcel Service)。通过参与每个公司的项目实践,我能够测试我的一些想法对解释组织行为的适用性。我的博士论文使我第一次有机会追随克龙巴赫的号召,在同一调查中融合人格变量和情境效应的研究。

在寻找博士论文题目时,我读到了关于卢因、利皮特与怀特所做的一次实验的详细描述(Lewin, Lippitt and White, 1939),它测试了领导风格对 8 岁男孩行为的影响。我发现其中一段,描写一名男孩对专制式风格表现出强烈偏爱,而所有其他男孩更偏好民主作风。这个男孩被描述为一名军官的儿子,这可能影响也可能没有影响到他的偏好。克龙巴赫呼吁整合情境和性格来源的差异,据此,我想到可以测度一个或多个人格变量,这些变量可能和决策参与度交互作用,共同影响工作满意度和工作绩效。

当时,我正在设计一项在美国联合包裹服务公司开展的调查,调查上司的领导风格对下属的影响。我选取了两个人格变量,我认为它们有可能与人们的参与度交互作用。其中,一个是激励变量,叫作独立需求,来自坦嫩鲍姆和奥尔波特的研究(Tannenbaum and Allport,1956);另一个是权力变量,也称 F-量表(Adorno et al.,1950)。令我高兴的是,这两个变量都起到良好的作用且彼此无关,参与度和工作满意度之间的相关性分别为 +0.73(高独立需求和低权力需求)和 +0.04(低独立需求和高权力需求)。以工作业绩为因变量,结果与此类似。我的预感是正确的,参与度似乎对一些工人产生有利影响,而对另一些工人则并非如此。此外,我们可以事先预测谁将会受到积极影响,谁不会受到影响。

这些惊人的成果,再加上作为新近获得的博士学位给我带来的骄傲,使我把这一研究当成研究工作行为新方法的雏形。这种新方法包括情境变量和性格变量,并且预期两种变量可能相互影响。在我的博士论文的最后一章(Vroom,1960:71—74),我猜测其他情境变量的影响时(如工作内容、奖励制度以及工作组特点),也可能会发现个性特征和情境变量之间类似的交互作用。我推测期望理论最有用的方法是,对人格方面的动机强度进行概念化。同样,工作情境也可以概念化——形式可以是,情境"对每种动机产生满意的有用性",或者也可以是情境"创造出某种期望,预期到行动能够使得人们取得回报",从而激发人们的动机(Vroom,1960:72)。期望理论尚未见到曙光,但在1957年,它正开始在我的脑海中逐渐形成。

我在麦吉尔大学的训练,特别是作为一名本科学生的训练,帮助我在很短的两年半时间内完成了我的博士工作,但是还未到离开密歇根大学的时间。在安阿伯(Ann Arbor)的第一年,我已经与一名心理学博士研究生结婚,但她还需要两年才能完成临床心理学的学习。这两年我的学术发展没有浪费,恰恰相反,我被聘为心理学系的讲师,并成为调查研究中心科研项目主任。在前者的工作中,我讲授"工业社会心理学"和"态度与动机"两门课程;在后者的工作中,我加入一个研究小组,从事一项关于组织心理健康的新研究计划。在开发该计划的理论框架时,我有机会与罗伯特·卡恩(Robert Kahn)、斯坦·西肖尔(Stan Seashore)、道客·卡特赖特(Doc Cartright)和杰克·弗伦奇(Jaok French)一起紧密合作,这是一次非常重要的学习经验。我的角色是指导一项关于轮班工作影响的研究,毫无疑问,我对这个研究的设计是带有偏见的,我认为大部分的差异在于人格特质和轮班工作性质之间的交互作用。

一些人可能对轮班工作高度满意,而另一些人认为轮班是个大麻烦,这取决于他们满意和享受的来源。如果轮班工作使一个人可以做他(或她)喜欢的事的可能性增加,那么它将是令人满意的;相反,如果轮班工作使人们更加难以从事那些能带来享受的活动,那么它会产生有害的影响。

为了验证这一想法,我提议以效价形式描述人们业余生活中的每一项活动,如打高尔夫球、与朋友喝酒、与子女娱乐等,然后将每项活动描述成唯一的时间模式(一天当中可以从事每项活动的时间段)。为了预测人/环境适配的概念,我引入了一个新术语——个人对于特定班次的"一致性/不一致性"。我甚至以数学形式阐述了我的理论,特定班次对每个人的效价,是每一项活动的效价乘以该活动效价"一致性/不一致性"的一个单调递增函数。虽然由始至终没有明确使用"工具性"这一术语,但是轮班工作研究背后的概念结构是期望理论的一种特殊情况,而期望理论也近在咫尺了。

12.2.2　前往宾夕法尼亚大学

我的轮班工作模型的实证检验一直没有发表。在1960年年初,我收到了来自宾夕法尼亚大学(University of Pennsylvania)心理学系的一份颇具吸引力的聘书。然而,某些问题延误了我接受该聘书,最严重的是访问学者的地位迫使我在离开密歇根州后要返回加拿大至少两年。此外,是我太太的论文,她什么时候能够完成她的论文?一点点运气加上许多艰苦的工作,这两个障碍解决了,我们在1960年夏天前往美国宾夕法尼亚大学。

宾夕法尼亚大学与密歇根大学不同,密歇根大学是非常团结、友好和同事型的,宾夕法尼亚大学似乎充满了怨恨、政治和不信任。唯一的工业心理学家是莫里斯·维特列斯(Maurice Viteles),他的时间分为在宾夕法尼亚大学教学和在费城电力公司工作。心理学系系主任罗伯特·布什(Robert Bush)是位数学心理学家,他引进了邓肯·卢斯(Duncan Luce)和吉恩·格兰特(Gene Galanter),每人都处在数学心理学理论发展的前沿。他们的观点不大被年长的保守派接受,也不受新人的欢迎,这些新人代表着心理学的"软科学"领域。

在宾夕法尼亚大学,教职员保持各自为政。这对我而言很好,因为我是有使命的,就在离开密歇根前我已经写下了我的宣言——一本150页专著的第一章,书名暂定为《工作与激励》(Work and Motivation)。该专著是为了对前人所了解的动机方面的知识以及他们所做的工作进行述评,同时,也将梳理我所要研究的动机理论的周边领域,这能够既整合已知的结论,又引出没有解决的问题。

现在回头看所计划的专著,我认为这是个非常疯狂的想法。我那时28岁,在该领域内是一个新手,只是第一次承担了真正的教学工作,就开始计划写一部专著,来对工作动机方面广泛而分散的文献进行整合。实质上,我可以看到赫布对我产生这个愿望的影响,那就是找到一个可以整合以前不同的研究领域和调查方法的基础架构。我还可以看到李·克龙巴赫、杰克·阿特金森和海伦·匹克以及科特·卢因的弟子对我的影响。但是,这种任性从何而来?不知从哪冒出来的信念(即预期),让我能够大胆尝试,兼收并蓄,整合到我的宣言中所设想的那个领域中。

部分信心可能源于1959年的一次机会。诺曼·梅尔(Norman Maier)同意在即将发行的《心理学年度评论》(Annual Review of Psychology)中写一章,题为《工业社会心理学》(Vroom and Maier, 1961)。接受约稿之后,他同意去比利时根特大学待一年,他问我是否能在他回来之前,为他的评论写出这一章的初稿。我这样做了,他一个字都没有改就接受了!

我猜想答案的另一部分,来自一些基金会的鼓励,我的博士论文《参与度影响的人格决定因素》(Some Personality Determinants of the Effects of Participation)在一个旨在提升商学院的研究的博士学位论文竞赛中，成为社会科学入选的五篇论文中的一篇。该论文竞赛，带来了许多赞誉。这篇学位论文由 Prentice Hall 出版社出版(Vroom,1960)。我接到了来自我的许多偶像的电话，其中包括耶鲁的唐纳德·泰勒(Donald Taylor)、康奈尔的威廉·富特·怀特(William Foote White)和麻省理工学院的道格拉斯·麦格雷戈(Douglas McGregor)。此外，我还获得了一个研究补助金，以支付我未来三年内可能所做的任何研究或作品的费用。

40 多年后，回顾这些事件，我一直认为接受博士学位论文奖和之后的事件，给了我必要的信心来从事《工作与激励》的写作和期望理论的构思，期望理论正是《工作与激励》的组织框架。

12.3 动机和期望理论

我早期在宾夕法尼亚大学分到的任务之一，就是给博士生讲授动机方面的课程，我不得不去熟悉该问题涉及的心理学方面的许多内容。在寻找一个能够整合以下问题(包括为什么人们选择他们所做的工作或职业、他们对工作的满意程度、他们的工作效率)的研究理论时，我发现动机似乎是一个自然的焦点。正如我在《工作与激励》第二章中讨论的，动机的研究在历史上归结为两个问题，第一个问题是行为的发起：什么事件启动了活动模式，决定了活动持续时间，最后决定停止活动？第二个问题是选择：一旦行为发起，什么决定了行为的方向，对不同行动的选择？

在构建理论时，我选择了把重点放在后者，我认为对心理学家来说，后者是两个问题中更为重要的一个(Vroom,1964:9)。这里，我不讨论目标制定和倾向的问题，这些问题将是洛克教授在这本书的另一章所要讨论的。

我将动机界定为在不同行为中做出选择的解释，这些行为都处在中枢控制或自愿控制之下。因此，我排除了反射，因为它是由自主神经系统调节的、由情感状态表达的行为。动机是选择背后的一个过程，我们假设它受其预期后果的影响。

早在密歇根大学的学习历程中，我修读了访问教授古斯塔夫·伯格曼(Gustav Bergmann)的课程，使用的是他撰写的科学哲学方面的书籍(Bergmann,1957)。伯格曼曾参加维也纳圈子(Vienna Circle)的逻辑实证主义讨论，然后，在库尔特·卢因的邀请下，转到了爱荷华大学。他寻求一种理想的、语义特征将反映基本现实结构的语言。伯格曼支持库尔特·卢因的场理论，该理论断言，行为是在特定时间点的作用力场的结果。

与早期读到唐纳德·赫布的著作经历相同，这门课程加强了我对理解现象的基本结构的兴趣，同时它也加强了我的信念，那就是要理解因果关系，最好排除历时作用的影响。早期的活动确实会产生影响，但它们是以现在的表现形式来体现影响的，库尔特·卢因的格言"行为是人与环境的函数"，本身就是一个非历时解释的明显例子，它成为我对期望理论的描述方式。

期望理论往往被视为是原创,其实相反,它来源于我读研究生期间许多导师的著作。在《工作与激励》中,我向卢因(Lewin,1938)、罗特(Rotter,1955)、匹克(Peak,1955)、戴维森、修斐士和西格尔(Davidson,Suppes and Siegel,1957)、阿特金森(Atkinson,1957;Atkinson,1958)和托尔曼(Tolman,1959)表示了敬意。我的提法和他们所有这些理论家都不相同,但是和每一位都有一些相似之处。其中,与库尔特·卢因理论的相似性无疑是最大的,我从来没有见过他,只是通过他的著作和他的密歇根州群体动力学研究中心(Research Center for Group Dynamics at Michigan)同事来了解他的工作。

从卢因那里,我借用了力的概念。通过采用空间或地理的隐喻,我将人们的选择看成力场作用的结果,力场中每一个力都有方向和大小。在卢因的理论中,假设作用于人并使其在特定方向上移动的力,是生活空间区域效价和人在该区域的心理距离的函数。我也从卢因那里借用"效价"这个词,将它和结果相联系,以避免涉及区域和生活空间的概念。

我不知道如何处理心理距离的概念,我在卢因的著作中从没有搞清楚这个词的意思。它是为达到效价的结果所需做出的努力,是为实现目标所需区域的数量,还是实现结果的主观概率?这里,我选择把重点放在主观概率上,并且借用了阿特金森和托尔曼早期提出的"预期"概念。在我的两个中心命题中,使人行动的力等同于预期与结果效价的乘积,这里的预期是指行为导致结果。将两方面乘在一起,我就可以表达我的想法——预期不会影响行为,除非效价不为零;效价不会影响行为,除非存在一些关于个人行为可能会影响其实现的预期。

第二个期望理论的命题来源于观察发现——并非所有的正效价结果都会因为其固有的特性而被人们想要得到。当人们认为某些结果与其他效价结果有手段上的关联时,该结果也可以获得效价,因此,"人们可能会加入某个群体,因为他们相信,作为其成员将提高他们在社会上的地位。人们愿意有效地工作,可能是因为他们认为这将让他们得到升职"(Vroom,1964:18)。

在阐述这一主张时,我受密歇根大学海伦·匹克教授的影响最深。她假设态度或有效的目标导向与能够达到其他目标的手段有关,同时与每个目标的强度和方向影响也有关系(Peak,1955)。虽然这个论述明显涉及力学的命题,但它似乎是说,预测人们的职业效价和对于目前工作的满意度的背后机理很重要。该命题指出,结果效价等于该结果作为获得其他结果的手段与其他结果效价的乘积。

在这里,这两个命题是以文字方式而不是以《工作与激励》中正式的数学语言来表示的,这些数学公式更多地体现出那时宾夕法尼亚大学环境下的数学文化,而不是说它们的确有用或可测,这些数学公式仅有的作用,是指出了许多与决定力和效价相关的结果,指出了每一种可能同时拥有积极和消极元素的情况的概率。

在《工作与激励》中,我用一个图示(Vroom,1964:图2.1)列出期望理论的核心命题,包括各种测量变量、操作变量和那些已经或可能被用来测试行为的变量。如果没有这些实证坐标,该模型无法进行测量。只有通过将内在状态和实证陈述联系起来,该模型才能做出可证实的行为预测。我相信该图示呈现了大部分选择行为的实证文献,涵盖了许多情境操作和行为措施之间的关系。

该模型是否能够从众多文献中弄清楚人和所做工作之间的关系,是否能够指出新问题和研究的新思路,这些都尚无定论。从我个人角度来看,这是期望理论公式背后的目标。一个根植于实验心理学的理论,能够在新兴的组织心理学领域找到一席之地吗?

12.3.1 拟合理论和数据

读者可能还记得,我对融合个体差异心理学、实验心理学和社会心理学的关注。卢因提出,行为是人与环境的函数。其中,"人"的下面包括个体差异,"环境"下面包括更为瞬态的情境变量。但我们如何才能将效价、预期和手段的概念,引入特质影响和情境影响呢?

我做的假设尽管比较简单,但非常便捷。预期和手段是有情境的,对于从事各项工作的人,手段—目的的关系也许部分是通过实际情况下对应关系的经验而习得的。人们可以从经验中学习到,一个人的努力是否能产生更高的业绩,同样高业绩是否将带来更高的收入。然而,在把理论运用到职业选择时,我无法假设这种紧密的对应性。毫无疑问,人们了解不同职业中的工作是什么样的,但他们的信息并非基于实际经验,所以可能是严重错误的。

一方面,结果的效价是与动机或需求相联系的,动机或需求都是相当稳定的,它们在早期生活中被人们习得并在各种情况下都保持一致。动机是诸如成绩、归属感或权力这些相似结果效价的简单累积。

这种简单化产生了一个有趣的启示:职业选择的研究,几乎全都是基于对个性因素的考虑,有极少数研究尝试评估人们对职业的看法,评估进入该职业的难易程度以及进入成本。然而,在少数测量这些因素的研究中,预测的准确性大大提高了(Vroom,1964)。

另一方面,对工作满意度和有效绩效的动机的研究,在很大程度上忽略了个体差异,而是依靠对情境因素的测量,如工资、监督、工作组属性或工作内容等。在一些测量了个性动机的研究中,预测的准确性也有所提高(Vroom,1964)。

通过《工作与激励》中庞杂的文献综述,我们发现了一个奇怪的现象:研究人们的动机和工作角色的匹配问题,必须同时考虑人的特性和工作角色。为什么那些涉及职业选择的研究仅仅关注人的特性,而那些涉及满意度和工作角色业绩的研究仅仅关注工作角色性质?期望理论不仅将预测人的特性和工作角色两方面因素都包含在内,而且还显示出它们相互作用的一个具体方式。如果期望理论的作用之一是指出现有研究的不足和未来的研究方向,那么它似乎已经起到了这一作用。

在期望理论所应用的三个领域(职业选择、工作满意度和工作绩效)中,工作绩效得到了最广泛的关注。虽然尚未进行系统测试,但是期望理论可以确定的是,四个变量影响了个人有效工作的动机强度,它们是:(1) 对增加努力将产生高绩效的预期;(2) 高绩效的效价(不考虑其手段性质);(3) 高绩效成为获得其他奖励的手段;(4) 其他奖励的效价。

其中,每一个变量都是提高绩效的一种干预手段。第一个变量,可以通过旨在提高员工对自身能力信心的训练来提高,可参见伊登(Eden)在"皮格马利翁效应"方面的广泛工作(Eden,1990)。第二个变量,可以通过工作再设计来加强(Hackman and Oldham,1980)。第三、第四个变量,将通过改变奖励条件或代以员工更重视的奖励来实现(Lawler,1981)。

此外,期望理论假定,这些变量中的一些变量存在相互作用。例如,如果个人认为组织为高绩效所提供的报酬没有价值,和/或如果这种业绩对个人没有内在价值,那么,增强个人对自己通过增加努力来获得高业绩的信念,应该不会影响个人动机。

同样,该理论假定激励性报酬计划的引入,将对高度重视金钱的个人有更大的激励效应。我不知道有哪些实验对这些预测做过测试,但是我认识的许多管理人员认为在发现和解决激励水平低下的问题上,这一框架有很高的价值。

12.3.2 期望理论:自我分析

让我将话题从正式介绍理论起源,转到一个更为个人角度的主题。理论是否有助于我描述或理解我自己在开发这一理论过程中的行为?如何用期望理论框架搞清楚我自己的选择?

现在很清楚,我以非常高的积极性来完成《工作与激励》一书。许多个夜晚,在大学图书馆午夜十二点关门时,我仍然在工作,直到被要求离开。建立一种理论,能够用以解释不同的发现,这就像开创神经心理学的赫布所做的一样,虽然我们是在两个完全不同的领域付出努力。此外,它代表了整合两个心理学学科的实际努力——这是克龙巴赫倡导的。最后,它把理论与应用以某种方式结合起来,这种方式可能拜库尔特·卢因所赐。由于这些以及很多其他方面可能的原因,写作《工作与激励》成了我不得不做的事情。有时候,感觉它像是一件心甘情愿的工作;另一些时候,感觉它像是一次神经质的强迫症,这是完全正向效价的努力。

同样明确的是,这种强烈的愿望是发自内心的,而不是基于一个周密策划的职业策略。我在宾夕法尼亚大学的同事们不停地告诉我,我所做的一切是拿到终身教职的人所做的事情,而对一份为期三年的合同来说,实证性的研究文章更为安全。如果他们是正确的,至少在宾夕法尼亚大学我所做的一切正危及我获得晋升的机会。

获得积极的结果必须要有一个合理的预期,那就是我能够"把它完成"。我曾提到在我早期学术研究期间获得过许多支持和鼓励。这些使我坚信我能够完成任务,并且能够忽视身边那些所谓"走向危险"的声音。我也得到我在宾夕法尼亚大学的博士研究生的支持,他们阅读了完成的章节并提出了许多有益的建议。离开宾夕法尼亚大学之前,我拜会了戈登·伊尔拉蒂(Gordon Ierardi),那时他是一位享有很高声望的威立(Wiley)公司心理学系列图书的编辑。戈登审读了我快完成的《工作与激励》手稿,随后延长了我的合同。

关于围绕这一项目是受内在而不是外在动机影响的进一步证明是——事实上,在全部完成并提交了最后的手稿之后,我关于期望理论的工作就彻底停止了!对于我来说任务是完成了,但这本书激励了其他学者关于这个主题的大量研究。从1964年以来我已经发表了大量作品,但没有一件涉及或甚至提到效价、预期或手段。①

我现在相信,这实际上指出了一种动机现象,这种现象在期望理论中没有讨论,它将在本章后面有所叙述。我曾以为结果效价就像其根本动机一样是相对稳定的特质,在不同的人身上表现不同,但在同一人身上是相对稳定的。但是,现在一旦墨水干了放下笔,我的兴趣就转移到其他事情上,在决定把重点放在选择而不是诱因时,我忽略了动机的一个方面——行为的开始和停止——它在我自己的行为上表现得如此生动!

12.3.3 《工作与激励》的后续

虽然同事们的意见不是特别有帮助,但这些意见是正确的,我本不希望如此。在宾州的第三个年头,我将专著各章节的草稿提交给我的评审委员会。经过适当的讨论后,委员会要求我与他们见面。虽然没有明确排除助理教授的连任,但他们鼓励我去寻找其他的出路。

幸运的是,我并不缺乏其他选择。其中最具吸引力的,是当时被称为耶鲁大学工业管理系和卡内基技术大学(后来成为卡内基-梅隆大学)的工业管理研究生院。他们都提供了一个晋升为副教授的机会。我选择了卡内基,在那个时候那里似乎是新兴组织行为学科的麦加圣地。我不愿离开心理学系的熟悉领地,但是这两个中没有一个似乎是传统意义上的商学院,不过他们似乎都重视我的学术品牌价值。

12.3.4 期望理论:重新开始

本章的最后一节,得益于后见之明,以及对人们的行为进行了40年阅读和研究的经验,我将描述现在我如何评价期望理论,我也尝试着做一些马后炮的工作,描述现在如果重写这本书我将对理论所做的更改。这样做,我将部分参考约翰·威立(John Wiley)公司为1995年再版的《工作与激励》所做的序言。

自1964年以来,期望理论在不断的争议当中成为工作动机的主流理论之一。其基

---

① 我在《工作与激励》出版后写的两篇文章(Vroom,1966和Deci and Vroom,1971)使用了态度测量方法,这需要未来的管理者权衡他们的目标和实现目标的感知手段,然而,两篇文章的重点都是检验后决策失调理论的(Festinger,1957)。

本概念经过少许变动已经被纳入其他人的理论,如劳勒(Lawler,1973),在内勒、普里查德和伊尔肯(Naylor,Pritchard and Ilgen,1980)那里改动更少。这也激发了许多实证调查,他们当中很大一部分都请我在投稿期刊之前做指导或评阅,其中,许多文章的目的是"验证"期望理论。人们将预期、手段和效价的问卷量表相乘再相加,用以预测结果,完全不顾所用量表的限制范围。这些研究较多地预测工作选择、工作偏好或工作绩效。一般情况下,该理论对工作选择和工作满意度的预测,要比对工作努力或工作绩效的预测更好。另外,当应用更为合适的同一主体设计时,这样的预测更有可能得到确认(Kanfer,1990)。

如果我说我对《工作与激励》得到关注和频繁而持续的参考并不高兴,这绝不是事实。在《工作与激励》出版10年或更长时间后,它被科技信息委员会选为经典引文,它仍然在组织心理学、组织行为学和管理学课本上得到引用。从它完成到现在已经超过了40年,但是根据最近一项对95位组织专家和管理专家的调查,发现它仍然被评为最重要的动机理论(Miner,2003:252)。

更为可喜的是,人们已经越来越多地认识到,把心理学理论与工业心理学和组织心理学联系起来的重要性。我相信现在与20世纪50年代和60年代相比,有更多的人会赞成我们需要通用型理论来指导该领域的研究。1995年,我在《工作和激励》修订版或经典版的引言里写了下面的意见。

> 这个领域的变化都被很好地载入了最近出版的《工业和组织心理学手册》(*Handbook of Industrial and Organization Psycholoqy*)中(Dunnette and Hough,1990),动机理论、学习理论、判断和决策理论的章节占据了第一册中很大一部分,每一章都广泛使用了一般的心理学概念和过程,来尝试解释工作场所的行为。此外,与此相关的各种理论比以前(包括早期的版本)描述得更加严谨(Dunnette,1976)。工作场所的行为不再像其他情境中的行为那样,得到林林总总、大相径庭的解释。工业和组织心理学现在已经融入了心理学(Vroom,1995:xvii)。

期望理论可能促成了这一发展,这令我感到极大的欣慰。对我而言,这意味着工业和组织心理学的新兴领域,可以充分利用我们其他科学的相关理论发展,也许更重要的是,这意味着新理论的发展,可以来源于现实世界而不只是实验室中收集到的知识。

虽然我对期望理论可能产生的任何积极影响感到很骄傲,但是如果我今天要对它进行修订,我仍将做一些修改。首先,也是最为重要的,我肯定会删去理论中的数学和公式,我可能受到当时宾夕法尼亚大学数学思潮的过度影响了。不幸的是,我相信我的数学表述导致了许多试图通过使用缺乏比率/规模属性的测试手段来验证理论的不明智的尝试。删除公式可能有助于表达我的想法,我认为理论应该使用其启发性价值,即提供一套语言,用来提问:在工作绩效上,信念与动机都演了什么样的角色。

我也感到遗憾,工作绩效动机因素仅仅以活动(努力)的数量,而不是活动的类型来认定。可以肯定的是,人们可以选择他们投入工作的时间以及他们执行这些任务的持续性,然而,他们也可以决定如何处理他们分配到的任务。教授决定是否要强调研究、教学或公民身份;经理选择是否遵循现有的做法或寻找新的和更有效的做法;领导人决定选择决策形式和团队成员参与决策的程度。如果行为实际上受控于人们的信念或预期,以及他们追求的目标,那么,这些选择应该是可以通过 VIE 构念的测度来预测的,也应该是可以通过更改一个或多个成分来改变的。令我尴尬的是,虽然我在领导力类型的研究中,说明了这些选择的情境变化,但是我没有检验由不同情境而产生的不同预期的方式(Vroom and Yetton,1973;Vroom and Jago,1988;Vroom,2003)。

10 年前,我曾在下列这段话中强调过:"不幸的是,期望理论的论述,被集中在数量上而不是努力的方向上。"这样的预测限制了无向行为所产生有效绩效的动机(这使人联想起赫尔提出的"驱动"概念(Hull,1951),而且它将剩下的归结到一个相当模糊的"能力"概念)。我相信如果有机会的话,理论研究可以做得更好(Vroom,1995:xxii)。

如果可以的话,修订后的期望理论将更重视激励由何产生的问题——行为的开始和停止——之前我放弃这一方面而侧重于选择。前面我曾谈过这一点,当时,我试着以完成《工作与激励》和理论建构之后完事大吉的感觉来解释。现在该转换到另一个目标了。按照卢因的说法,引起效价的紧张系统消失了。对个人和组织行为随意的和更系统的观察,也揭示了类似的情况。它们有次序地去关注目标。火灾发生提升了对安全问题的关注,质量缺陷刺激寻找原因和补救办法,中断的任务强化了紧张系统,任务完成则减少了紧张感。更完整的关于动态效价的描述,将提到其在个人内部以及人与人之间的变化。

我希望原始理论和更高层次的动机概念等同起来,这来自一种强调这些情感导向是因人而异,而不是一个人的事情的需要。这种强调让我联系到克龙巴赫划分的两个心理学学科之一所提出的个体差异部分。效价几乎等同于效用,效用通常被认为是基于选择情境相对稳定的。

除了这些修改,新的期望理论将不得不认识到过去几十年间心理学领域所发生的"认知革命"。20 世纪 60 年代,我转到卡内基时,通过和赫伯特·西蒙的讨论,我第一次知道信息处理的观点。在解决代数文字题和下象棋问题时,人们所做的口头协议不局限于我假定的方案,而是积极寻找选择方案。用西蒙的说法,他们追求"达到满意的最低要求"而不是优化,也就是一直寻找,直到找到符合期望的替代方案。接着,人们以一种较慢的速度依次评估选择方案。对于简单选择来说(比如在执行一项考察绩效的任务时,选择努力程度),这些理性认知限制似乎并不是很大的问题。但在将期望理论用于工作上解决问题或者职业选择时,理性认知的有限性就成了问题。

前景理论的发展(Kahneman,Slovic and Tversky,1982)也暴露出期望理论在选择行为领域的局限性。人类的选择会因为一些显而易见的谬误和偏见而误入歧途,背离主观上的理性判断。

但这就是科学的方法。理论很少能经受时间的考验。充其量它们能够比较符合现有的证据,但通过引入和有目标地收集更多必要的证据,就可以驳倒或扩展它们。期望理论是有益的,它第一次接近我们的奋斗目标——理解和解释在工作场所之内及周围的行为。但是,还有许多工作要做。

12.4 尾声

每周我至少收到一封世界某地学生的电子邮件,询问我目前对期望理论的思考,具体要求各有不同。他们被要求写一篇关于理论家的论文或做一次关于理论家的报告,他们选择向我询问。我是将理论简单解释给他们呢,还是告诉他们我是怎样想出理论的呢?或者透露一些我个人的生活趣闻来给他们的报告增加"亮点"呢?我通常对如何回复进退两难,我很少有时间公平处理这些要求,那么本章就可用来回答他们的问题。

我的困惑不止于此。事实是,我难以回头拾起25岁时的使命。虽然撰写这一章并不容易,但幸运的是,以前的回忆录使工作变得便捷。期望理论是我生命中的一章,但不是生命的全部。随后发生的事件令我个人的历程产生了显著变化,有人说,我仍然被不同的目的"鞭策"着:在20世纪50年代和60年代早期,我以心理学作为标签,认为这是我个人通往真理的唯一道路。当时在我看来,商学院和管理学院是不了解科学方法的较低层的学术机构。

也许正是在卡内基-梅隆大学的9年,或随后在耶鲁大学创立新的管理学院并执教的30年里,使我产生了不同的看法。或者,也许只是时间的推移,使得年轻人率真的理想已经变淡,代之以一个更加稳定的、受社会因素限定的追求。我花了40年时间致力于将行为科学与当前和未来的管理人员建立起联系,这使我非常同情管理人员的需求。促进心理学发展不再是我的首要目标,而是一种手段,目的是帮助管理人员更好地了解他们自己、他们的同事以及他们供职的组织。我认为我没有放弃科学方法。相反,我曾尝试利用它从多方面来帮助管理人员处理他们的世界里的复杂问题(Vroom and Yetton, 1973;Vroom and Jago,1988;Vroom,2003)。

随着科学在我生活中作用的变化,我已经越来越不愿意深陷在正规的科学陷阱之中,我青年时的原理、假设、推导以及数学模型,似乎是对模仿物理科学的一次过早尝试,无助于发展我们的知识,特别是可操作的知识。此外,我不再寻求某种视角或理论来解释或统一这一切。多元化和各种矛盾的思维模式的相互影响,已经取代了我对秩序和传统的需要——也许爵士音乐家和心理学家终于合二为一了!

参考文献

ADORNO, T., FRENKEL-BRUNSWICK, E., LEVINSON, D. J., and SANFORD, R. N. (1950). *The Authoritarian Personality.* New York, Harper.

ATKINSON, J. W. (1957). Motivational determinants of risk-taking behavior. *Psychological Review*, 64: 359–372.

—— (1958). *Motives in Fantasy, Action, and Society.* New York: Van Nostrand Reinhold, 288–305.

BERGMANN, G. (1957). *Philosophy of Science.* Wisconsin: University of Wisconsin Press.

COCH, L., and FRENCH, J. R. P. JR. (1948). Overcoming resistance to change. *Human Relations*, 1: 512–532.

CRONBACH, L. J. (1957). Two disciplines of scientific psychology. *American Psychologist*, 12: 671–684.

DAVIDSON, P. E., SUPPES, P., and SIEGEL, S. (1957). *Decision Making: An Experimental Approach.* Stanford, Calif.: Stanford University Press.

DECI, E. L., and VROOM, V. H. (1971). The stability of post-decision dissonance: A follow-up study of the job attitudes of business school graduates. *Organizational Behavior and Human Performance*, 6: 36–49.

DUNNETTE, M. D. (1976). *Handbook of Industrial and Organizational Psychology.* Skokie, Ill.: Rand McNally.

—— and HOUGH, L. M. (eds.) (1990). *Handbook of Industrial and Organizational Psychology*, vol. 1. Palo Alto, Calif.: California Consulting Psychologists Press.

EDEN, D. (1990). *Pygmalion in Management: Productivity as a Self-fulfilling Prophecy.* Lexington, Mass.: Lexington Books.

FESTINGER, L. A. (1957). *A Theory of Cognitive Dissonance.* Stanford, Calif.: Stanford University Press.

HACKMAN, J. R. and OLDHAM, G. R. (1980). *Work Redesign.* Reading, Mass.: Addison Wesley.

HEBB, D. O. (1949). *The Organization of Behavior.* New York: Wiley.

HULL, C. L. (1951). *Essentials of Behavior.* New Haven: Yale University Press.

KAHNEMAN, D., SLOVIC, P., and TVERSKY, A. (eds.) (1982). *Judgment Under Uncertainty: Heuristics and Biases.* New York: Cambridge University Press.

KANFER, R. (1990). Motivation theory and industrial and organizational psychology. In Dunnette and Hough (1990: 1. 75–170).

LAWLER, E. E., III (1973). *Motivation in Work Organizations.* Pacific Grove, Calif.: Brooks/Cole.

—— (1981). *Pay and Organization Development.* Reading, Mass.: Addison Wesley.

LEWIN, K. (1938). The conceptual representation and measurement of psychological forces. *Contributions to Psychological Theory*, 4: 247.

—— LIPPITT, R., and WHITE, R. K. (1939). Patterns of aggressive behavior in experimentally created social climates. *Journal of Social Psychology*, 10: 271–299.

MAIER, N. R. F. JR. (1955). *Psychology in Industry.* Boston, Mass.: Houghton Mifflin.

MINER, J. B. (2003). The rated importance, scientific validity, and practical usefulness of organizational behavior theories: A quantitative review. *Academy of Management Learning and Education*, 2: 250–268.

NAYLOR, J. C., PRITCHARD, R. D., and ILGEN, D. R. (1980). *A Theory of Behavior in Organizations.* New York: Academic Press.

PEAK, H. (1955). Attitude and motivation. In M. R. Jones (ed.), *Nebraska Symposium on Motivation*: 149–188. Lincoln, Neb.: University of Nebraska Press.

ROETHLISBERGER, F. J., and DICKSON, W. J. (1939). *Management and the Worker.* Cambridge, Mass.: Harvard University Press.

ROTTER, J. B. (1955). The role of the psychological situation in determining the direction of human behavior. In M. R. Jones (ed.), *Nebraska Symposium on Motivation*: 245–268. Lincoln, Neb.: University of Nebraska Press.

TANNENBAUM, A., and ALLPORT, F. H. (1956). Personality structure and group structure: an interpretative study of their relationship through an event-structure hypothesis. *Journal of Abnormal Social Psychology*, 53: 272–280.

TOLMAN, E. C. (1959). Principles of purposive behavior. In S. Koch (ed.), *Psychology: A Study of a Science*: 2. 92–157. New York: McGraw-Hill.

VROOM, V. H. (1960). *Some Personality Determinants of the Effects of Participation*. Englewood Cliffs, NJ: Prentice Hall.

—— (1966). Organizational choice: A study of pre- and postdecision processes. *Organizational Behavior and Human Performance*, 1: 212–225.

—— (1995). *Work and Motivation* (rev. edn.) San Francisco, Calif.: Jossey-Bass.

—— (2003). Educating managers in decision making and leadership. *Management Decision*, 41(10): 968–978.

—— and MAIER, N. R. F. (1961). Industrial Social Psychology. *Annual Review of Psychology*: 12. 413–446. Palo Alto, Calif.: Annual Reviews.

—— and JAGO, A. G. (1988). *The New Leadership*, Englewood-Cliffs, NJ: Prentice Hall.

—— and YETTON, P. W. (1973). *Leadership and Decision Making*. Pittsburgh: University of Pittsburgh Press.

第二部分

组织的行为

第 13 章 组织中的双环学习：一个行动视角的理论

克里斯·阿吉里斯

在观察到几个令人感到困惑的问题后，我开始了在组织行为领域的研究工作。第一个问题是，人们制定了一些抑制组织有效性的政策和做法，但为什么人们会制定并实施这些可能会降低生产率的政策和做法呢？

第二个问题是，人们对于改变这些政策和行为会有一种无助感，其原因是人们受制于组织压力，而难以改变它们。那么，人们是如何创造出这些组织压力，以至于他们不能去改变阻碍生产力的现象？是否可能帮助个体和组织，将其从这些明显的自我束缚中解放出来呢？

我的研究始于探索各种行动是如何产生的，不论其对生产是有利还是有弊。然后，我调查了学习发挥的作用，尤其关注那些挑战常规和现状的学习。随之，我提出一个行动理论模型来解释上述困惑，并对这个行动理论进行了描述。接下来，我描述了由这一理论所推导出的可广泛应用的干预流程，讨论对开发理论和从事实证研究的学者的某些启示。文末，我将以这些年我在开发理论和开展研究的艰难过程中的一些个人观察作结。

13.1 行动由何而来

人们通过激活储存在其头脑（思想/大脑）中的设计来产生行动，借此产生能执行其意图的必要行动。人们也开发一些设计，来评估他们多大程度上能够实现自己的意图。如果他们实现了自己的意图，那么意图和行动之间就是匹配的；反之，则不匹配。为了能够对行动的有效性做出正确评估，人们必须察觉上述不匹配的现象并予以纠正。而行动有效性的核心，就是学习。此外，当人们的行动首次产生了一个新的结果时，则可以认为学习在其中出现。为了更好地理解本文开头所描述的那些问题产生的原因，我将重点关注对不匹配现象的察觉和纠正。然后,我将描述建立有效行动的新模型所要求的干预,并将聚焦于新匹配的生成。

13.1.1 单环和双环学习

为了有效地实现组织目标,组织创造出可以教会个体熟练生产的行动设计,这种设计是决定和构成组织效力的主程序。因为人们不可能在每次遭遇问题时,都重新设计他们的行动,所以,主程序就成为指引人们行动的向导。但与此同时,凡事都按主程序行动,却可能会使组织失去及时行动的机会。即便如此,主程序依旧是引领组织有效管理常规事务的基础。每个主程序都有着明确的行动策略和正确实施后产生的结果。此外,需要补充的是,主程序还决定着操控行动和意图的价值观。

如图 13.1 所示,单环学习仅仅是察觉并纠正了不匹配的错误,而没有改变主程序中的价值观。双环学习为了纠正组织运行中出现的错误,还对主程序中操控行为和意图的主导价值观进行了必要的修正。

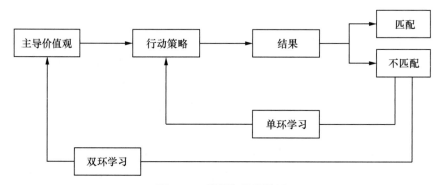

图 13.1 管理和组织学习

单环学习的一个例子,就是改正组织现有战略下的错误时,不会改变控制组织战略的潜在变量。而双环学习如果要改正错误,还会对控制行动策略的潜在假设和价值观做出修正。比如,自动调温装置就是一个单环学习者,它始终根据外界温度的高低,来调整温度。当然,当自动调温器可以质疑当前衡量热度的程序时,它就成为一个双环学习者。

这种方法的前提在于,所有带有明确意图的行动,都是通过激活大脑中储存的与行动相匹配的设计而产生的。这些设计都是通过人们在有意识的行动中,不断追求熟练化而发展起来的。那么,那些被认为不利于生产的行动是怎样产生的呢?我们是否具有某些设计,一旦被激活,就会产生不利于生产的结果呢?这一切都让人感觉困惑,人们不会明知故犯地设计和制造错误,因为任何行动的产生都是一种匹配,而匹配本身并不会错。所以,人们是在无意识的情况下制造错误的结果的。

但是,如果无意识是一种行为,那么它也必然是从大脑里构思出来的。这怎么可能呢?一种方法是让人们拥有有效性的微观理论,使得人们做出他们不想做也没有意识到自己在做的行动。因此,我们就会具备熟练的无能力(skilled incompetence)。在这种情况下,我们的困惑就会有所加深,因为如果无意识也是一种行为,那么它也必须是经过设计的。因此,熟练的无能力需要结合熟练的无意识一起考虑。

上述困惑是双环学习的核心问题。回顾本章开始所提出的问题,为何人们会创造和实施抑制他们意图的行动? 为何这些不利于生产的情形一直存在? 它们是如何存在的? 我将描述一个关于有效行动的微观理论或主程序,这样可以帮助我们解释和纠正这些困惑。

13.1.2 应用理论模型 I

行动理论中有两套主程序。第一套即行动所得到的支撑理论,第二套是应用理论,即人们实际运用的行动理论。在此,我们提出应用理论的模型 I,模型 I 被认为具有很重要的地位,因为各种性别、种族、教育、社会地位、财富、类型、年龄、组织规模和文化都能适用(Argyris,1982,1985,1990,1993,2000,2004;Argyris,Putnam and Smith,1985;Argyris and Schön,1996)。应用理论模型 I 的主导价值观或者说变量有四种:(1)实现预期的目标;(2)收益最大化,损失最小化;(3)抑制消极的感受;(4)坚持理性。

最流行的三种行动策略是:倡导思想和定位、评价绩效,以及寻找自身和他人行为的动因。行动策略在应用时与主导价值观是保持一致的,这意味着深入其中调查和测试各种主张都没有任何意义,因为我们得到的结论都是利己的。检验的逻辑基础是自我指认。用于测试某种主张的逻辑,应该和产生这种主张的逻辑相同(如:相信我,我的结论是有用的,因为我了解组织、团队或者个体)。

核心价值观和假设		策略	结果
• 通过单边控制实现目标 • 成功,拒绝失败 • 最小化所能表达的消极感觉 • 理性地行动	• 我看清了形势,那些与我观点不同的人则没有 • 自己是正确的,那些不赞同的人是错的 • 我的动机单纯,那些不赞同的人动机可疑 • 我的感觉是合理的	• 拥护我的地位 • 保护合理的隐私 • 不询问他人的行动原因 • 轻松地 • 留脸面	• 误会、矛盾和防卫性 • 不信任 • 自我履行,自我封闭过程 • 限制性学习 • 降低有效性 • 降低工作质量

图 13.2 模型 I:单边控制

模型 I 行动策略的结果,包含了误会和错误升级、自我预言的实现和自我鼓励的过程,这些反馈强化了主导价值观和行动策略。模型 I 的运用是一种防卫型的推理思维。前提和推论都是隐性且低透明度的。检验主张和结论的目的是自我保护。自我保护的思想使人们获得某些不利于有效学习及对真相进行系统性否定的技能。这种无能力、无意识或者否定是有技巧的,而且必须如此。否则,它就无法作为应用理论的设计存在于人们的头脑中,而产生可见的行动。

应用理论模型 I 和防卫型的推理思维,共同导致了组织的防卫性常规。组织的防卫性常规,是用来保护个体、群体、群际或者作为一个整体的组织,使其避免尴尬或威胁,以及通过各种方式预防尴尬或威胁的出现的行动或政策。组织的防卫性常规是反学习的,具有过度保护主义的色彩。例如,组织常呈现出混杂的信息,而产生这些信息的应用理论就是:(1) 讲出混杂的信息;(2) 行动的时候对这些混杂信息视而不见;(3) 使得前述(1)和(2)不可行;(4) 使得人们无法讨论为何这些都不可行。

组织的防卫性常规通过反馈来加强模型 I 和防卫性的推理思维。由于个体应用理论和群体、群际以及组织因素之间,都存在紧密相连的关系。这往往导致过度稳定、自我激励、自我封闭的状况。在这样的情况下,我们很难把哪个因素(个体、群体、群际和组织)认定为最重要的,因为这些因素之间是高度相关的。通过观察主体的行动,我们得到这样的结论,如果我们要进一步研究主体如何创造出行为模型,那么我们就必须得到主体头脑里的设计构思。研究表明,我们得到的设计构思与模型 I 所推导出来的结论是一致的。若此,我们可以预测,如果我们给人们一个机会,去帮助他人或他们自己来创造一个双环学习的系统,即使环境已经非常适合双环学习,人们也可能会失败,而且意识不到自己的失败。例如,38 位首席执行官聚集在一起学习有效的领导力(Argyris,2000),他们被要求去帮助一个叫"安迪"的人,安迪正寻求如何战胜其领导方式中的盲目和无能。因而首席执行官们就被置身于一个安迪寻求帮助的情景下。这样的情景下,首席执行官领导力的可信度并没有被置于危险的境地,同时,也没有存在带来具有防卫性常规的组织历史和文化。更重要的是,这个情景不是层级性的,其行动是不受单边控制的,而且他们也不会受日常工作生活压力所迫而不得不遵守模型 I,应用防卫性推理思想以及创建组织防卫性常规。然而,他们仍然得到了失败的结果。事实上,他们采取的行动和许多文献中记载的不同组织类型中存在的行为是一致的(Argyris,1990,1993,2003,2004;Argyris and Schön,1996)。

13.1.3 克服模型 I 的无效性和组织的防卫性常规

如前文所述,学习意味着察觉和纠正错误。为了纠正模型 I 的无效特征,从双环学习的角度考虑,有必要构建一个纠正无效特征的模型和描述其中过程的理论。首先,我应当描述一下该模型,应用理论模型 II 特别关注如何在第一时间减少甚至杜绝影响学习和有效行动的无效因素产生。模型 II 与模型 I 拥有同样的行动理论框架结构,包含主导价值观、行动策略和结果三个方面。模型 II 的主导价值观是:(1) 有效信息;(2) 自由而灵通的抉择;(3) 对抉择的内在承诺。模型 II 的价值观与模型 I 的价值观并不对立,这是早期经验学习和训练群体所犯的错误。

行动策略是为模型 II 的主导价值观服务的,它的重点放在解释个人的主张和观点,鼓励进行深入调查和尽可能稳定的验证。该行动策略不鼓励出于自我保护而进行的自我指认逻辑。这样的好处是自我实现、自我封闭、错误升级过程的减少,以及相关问题的有效解决。反过来,这些结果通过反馈加强模型 II 的主导价值观和行动策略。这样,我们就有了一整套能够推动学习的自我激励、自我强化的行为。这反过来促成了鼓励并不断加强学习的模型 II 的行为系统,特别是在潜在困难、理性上窘境或者受到威胁的形势下。

应用理论模型 II 鼓励有效的推理思维。其假设前提是显性的,推论也比较明确,结论取决于稳定的自变量检验。模型 I 和模型 II 得出的主导价值观、行动策略和结果之间存在因果关系。每个模型产生的结果,都应该服从各自相应的观点和主张。例如,模型 I 的主导价值观和行动策略的结合就不可能产生模型 II 的结果。

主导价值观和假设		策略	结果
• 有效信息 • 自由和见多识广的选择 • 内部承诺 • 同情	• 各人有不同的信息 • 各人看的问题不同 • 差异化是学习的机会 • 根据境况,人们努力表现出正直	• 检验假设和推论 • 共享相关信息 • 重要单词上使用特定的案例和意见 • 解释原因和目的 • 强调兴趣而不是定位 • 结合辩护和调查 • 共同设计方法 • 讨论难以启齿的问题 • 运用产生必要承诺的决策规则	• 加强理解,降低矛盾和防卫性 • 增强信任 • 较少的自我满足和自我封闭过程 • 加强学习 • 提高有效性 • 提高工作生活质量

图 13.3 模型 II:单边控制

13.2 由此及彼

根据模型 II,有效的推理思维,以及提倡良好辩证性的双环学习的组织行为系统,都需要双环学习。相关的教育经验的本质和设计,在一些文献中已经有所描述(Argyris,1982,1984,1990,1993,2000,2004;Argyris and Schon,1974,1996)。以下,我们将简单介绍其设计和实施过程。

13.2.1 给参与者提供机会来精确诊断其应用理论

如果组织的行动和结果中存在差异,那么它就符合应用模型 I。不管差异如何,模型 I 中都不应该包含与模型 II 一致的行动和结果。尽管变化最终关注的是可以相对直接观察到的行为,但这种变化却随着应用理论和行为者思维的改变而实现。人们已经通过经济的、有意义的方式,开发收集相关数据的工具。这些工具的设计原则就是,参与者不能由其他人为自己写下的内容或者采取的行为负责。

举个例子:我们使用案例法,请人们描述他们希望解决的具有挑战性的、非常规的问题,接下来要求他们用一段话描述如何解决这个问题,如果他们能够随心所欲地设计这个世界。进而,他们被要求将纸张分成左右两栏,在右手一栏描述与他人的谈话内容(或者假设事件尚未发生时),在左手一栏描述个体想表达但却没表达出来的想法和感受。在这个过程中,他们不需要解释自我审视的原因。

自1974年以来,我们估计完成了1万多例这样的案例,用以设计和开展了很多学习研讨会。就像我们看到的,每个人描述的谈话内容和实际感觉的差异很大,但原因差异却不大。我特别关注左手一栏的内容。例子如下:

1. 不要让这些人烦你。
2. 这次没有做好,那就忘掉这次的失败,等下次机会好好做。
3. 显然他是防卫型的。
4. 他态度强硬,害怕失去权力。
5. 这个人不能相信。
6. 你并不像你所想的那样好。
7. 请支持我,这对你来说并不难,既然他很在意信任,那就经常谈论信任吧。

这个清单包含了人们在评价他人行动以及行动动机的来源时的感觉和想法。他人的行动很隐秘,因此行动的有效性无法检验。第一,参与者真诚地相信他们自己的观点是有效的。如果有效性存在问题,那么也不是自身的问题。第二,参与者认为,检验自己的观点会引起麻烦,也无法带来建设性的结果。的确,他们是对的,左手一栏意味着潜在的防卫型对话。他们做了什么呢?他们在兜圈子。表13.1给出了左手栏及对应的右手栏内容。

表13.1 人们所言和所思(所不言)举例

左手栏(所思,所不言)	右手栏(所言)
(1) 坦白地说,我将要受到攻击。	(1) 我很高兴和大家见面,相互了解。我认为我们将有很好的合作关系,可以相互学习很多东西。
(2) 我可不想参与这样的废话讨论。	
(3) 他是说我们的计划吗?他肯定是指自己的计划,难道他不知道我反对他的决定吗?	(2) 我希望你们知道,我更喜欢开放直接的沟通。
(4) 获得诺贝尔奖并不一定有利于公司,现在应该加强扩张发展,缩小研究之类的事务。	(3) 没问题,似乎我们正处于关键时刻。
	(4) 我相信大家都知道,我们是营利性的行业,必须以现实为导向。

人们在处理潜在的或实际的尴尬、苦恼甚至是威胁等难题时,似乎有系统性、技巧性的策略。这种观念构建的策略包括以下规则:

1. 为了解正在发生的事而进行的评估和归因。
2. 当这些评估和归因有问题时进行遮掩,却表现出没有遮掩它们的样子。
3. 在不伤害别人和继续手头任务的前提下,用自我指认的逻辑,私下检验评估和归因的有效性(用于检验的逻辑与用于评估和归因的逻辑是一样的),并遮掩自己正在做的事情。

具有讽刺意味的是,这种观念的构建过程,阻碍了对构建观念和采取行动的有效性进行检验的学习历程。更具讽刺意味的是,其他所涉及的人员也用同样的观念构建策略,对行动进行扭曲和掩盖。我们归纳出一个系统性的、自我强化的行为模式。

上述来自各种研讨会和讲座的调查结果,尚未被田野研究所否认。用于设计组织研究的理论就是刚刚所描述的,主要研究方法是观察和评述实际事件、组织会议的录音以及雇主和雇员的交谈。这些方法的细节可以在一些出版物中找到(Argyris,1982, 1985,1990,1993,2000,2004;Argyris,Putnam and Smith,1985;Argyris and Schön,1996),在所有这些文献研究中,来源于我们理论的假设和预测都尚未被否认。

以下的研究成果,已经在相关的实证研究中得到重现。这些研究包括:

1. 超过 11 年的高层管理决策和战略发展的研究。高层管理人员和他们直接下属的互动关系,是符合应用理论模型 I 的。这导致了两者的误解、误传和不信任,特别是在双环议题中。这些都被隐藏起来,而隐藏本身又被隐藏起来。在上述案例法的基础上,我们得以执行一种改革项目,这种项目减少了模型 I 的结果,而增加了模型 II 的结果。模型 I 结果的减少程度是有差异的,而这种差异正好成为继续学习的基础(Argyris,1982)。

2. 第二项对咨询公司的研究以同样的方法开始。它通过在组织中关注更大的范围而超越了第一项研究。更重要的是,它还重点关注了新产品研发、服务,以及更有效的客户关系(Argyris,1993)。

3. 还有一系列的研究被用来对不同咨询公司案例团队的内部动力进行评估。研究的重点放在模型 I 的关系上,进而研究这种关系如何阻碍咨询师将新方法应用于更有力的战略制定以及客户关系的建立上(Argyris,1985)。

4. 在几年时间里,我们研究了某些专业部门,如金融、会计、IT 以及这些部门生产线管理的效率。例如,在一项 IT 部门的研究中,我们能够描述产品线高管和 IT 组织间的自我激励、自我封闭以及无效过程。如 IT 团队认为,IT 能够推动更加有效的知识管理,而产品线高管对此漠视不顾。产品线管理层则认为,IT 团队里都是自私自利的技术人员,他们无视组织作为一个整体遭遇的生存挑战(Argyris and Schön,1996)。

5. 我们针对负责变革和组织发展的专业人员,进行了几次田野研究。对这个已经存在 12 年的模型,他们都具有 5 年以上的经验。他们都在各自的组织设计和执行各种变革和组织发展项目。这些项目侧重于诊断理论应用模型 I 和组织的防卫性常规。我们能够通过磁带录音记录下他们的行动,尽管他们支持模型 II,但他们的应用理论还是模型 I 的形式。他们很难意识到这两者之间的差异。因此,当与客户的对话陷入复杂的困境时,不用惊讶,他们肯定会精准地使用他们自己建议各级管理者不去使用的方式进行(Argyris,2000)。

13.2.2 应用案例数据进行诊断

我先阐述一下上文所述行动理论中涉及的干预方法的特征。每个案例都是由研究小组的成员集中讨论,他们作为案例分析的顾问,帮助案例作者认识到其中的差距和不一致。我们用磁带记录了小组成员们的讨论,以便对他们作为顾问的行为进行调查和测试。每个案例的讨论通常持续两个小时。

有趣的是,尽管案例作者都表现出有技巧的无能或者无知,但同一个人在诊断其他人的案例时,却表现得更加准确。然而,当与别人接触、交谈并提供帮助时,他们又会返回模型 I 和防御性逻辑的心态。

另一个重要的结论是,个体经常会为他们的防御性逻辑和行为做出辩解,将其归咎于组织的防卫性常规。他们声称自己是现实的,也是受害者。因此,正如理论所预测的那样,超越个人因素的亲密关系就形成了,如组织中的防卫性常规。

下一个问题是,这些参与者希望改变他们的理论应用模型 I 和防御性逻辑的心态吗?如果他们希望继续学习,那么一些练习可以有效地帮助他们。例如,每个人从他们自己所做的案例中选几个模型 I 式的对话,每个人都用五分钟左右的时间,重新设计对话使之与模型 II 更加一致。每一位参与者花五分钟左右的时间重新写对话,并与小组成员分享他们的对话,让他们评估。当然,每个成员的对话都要受到询问。这样,每个成员不仅有机会重新设计自己的讲话,还可以帮助他人也这样做。

一般情况下,在研讨会结束时,大部分小组成员开始领会到,怎样才能应用模型 II 设计谈话。然后,他们可能通过定期地研究自身的行为,来继续其学习。如果他们不是在同一个组织的小组中,他们之间通常通过邮件或磁带录音进行沟通。有些小组还会通过每三到六个月一次的聚会,获取对彼此有用的建议。

学习不是简单的,也不是线性的。每个人都在混合方式下前进,有时候是模型 I,有时候则是模型 II。随着能力的提升,他们逐渐能够以模型 II 的方式进行对话;或者,他们至少会意识到,在开始时他们没有做到模型 II。在我们的经验里,大部分人的能力要变得相对称职所需的时间,与达到中等网球水平所需的时间差不多。此外,人们不会忘记他们在模型 I 下的能力,这样,他们现在就有了选择两种不同程度能力的自由。

如果双环学习没有给组织的发展带来变革,那么,双环学习也不可能在组织中持续下去。参与者花费很多时间在诊断上,如诊断组织防卫性常规以减少这种症状。这就使他们能认真审视那些可能增强反双环学习的组织政策。例如,在他们发展竞争战略、使用新的会计程序、设计新的 IT 构架、改变营销策略以及制定新的治理程序时,他们都会审视自己的行为(Argyris, 1982, 1990, 1993, 2002, 2004; Argyris and Schon, 1996)。未来的一个挑战是,如何将管理领域和双环学习的有效实施真正结合起来,以使得变革不断持续下去。

13.3 对学者们的建议

有一点非常重要,那就是学者们需要更加主动地构建理论,提出质疑现状的实证研究。原因在于:第一,它减少了学者们潜意识安于现状的可能性;第二,发现可能存在的不一致和内在矛盾,是检查我们自身存在的不一致和内在矛盾的有效方法。例如,我们主张尽可能完整、准确地描述我们自己建造的这个世界。这就意味着,我们应该开展相关研究,分析当这个世界受到威胁时世界如何行动。为了推行这种研究,我们需要对存在的现状是如何阻碍学习,以及导致内部矛盾这两点进行实证研究。反过来,这需要我们开发出关于稀有的新生事物的可检验的理论,因为这些理论的实施可能会影响现状。

如果长期致力于对现实世界的描述,则将会阻碍对新世界的学习,而这样的学习恰恰是鼓励开发替代品和双环学习的。例如,企业行为理论的核心概念,包括联盟对手的存在和有限学习。有限学习部分是由于人脑有限的信息处理能力所导致。我个人认为这种观点是成立的。另外一种可能导致有限学习的观点是竞争性联盟(以及其他组织的防卫性常规)。据我所知,学者们还没有检验这种观点。更重要的是,他们似乎并不会去检验,因为他们(比如,马奇)认为,这种由于竞争而产生的不信任因素是无法减少的(Argyris,1996)。伯格曼(Burgelman)也对组织的防卫性常规可以减少的观点表示了怀疑,但他同时也表示,如果不检验这种观点,有可能导致反学习和自我封闭的后果(Argyris,2004)。

有关实施严格实证研究的规则和准则的问题也许会得到关注。例如,严格实证研究的应用理论(非名义理论)与模型 I 是一致的。这是因为研究者是单边控制的。而结果发现,实证命题的实施确实会产生一个与模型 I 一致的情况(Argyris,1980,1993)。例如,通过沟通产生信任的研究就建议:和"聪明人"沟通时要多给予几个意见;而与"被认为不那么聪明的人"沟通时,只要给一个意见就够了。实施这些建议时,实施者要掩饰其背后的推理,而这同样还需要这些实施者隐藏他们所做的掩饰。所有的这些结果,研究者都没有去探究,然而,他们却都与应用理论模型 I 这种促进不信任的应用理论一致。

对挫折和衰退的研究表明,轻度的挫折往往会产生创造性的反应;而当挫折越过某个临界点后,就会产生能够预见的衰退(Argyris,1980,1993)。假设一个领导者(她)希望创造出初始阶段预想的创造力,这就意味着她要创造出较低或中等程度的挫折。这也很可能意味着,她不能告诉大家她的真实意图,因为这样做会使她的属下认为是她在操纵,从而做出消极的反应。如果下属没有做出消极的反应,那么她就应该制造下属小组之间的冲突。总之,领导者要隐藏她所做的掩饰。如果一些下属成员认识到她是在掩饰,那么他们同样会隐藏他们的想法和感受,这些多层的隐藏将使领导者很难估计衰退产生前的临界点。

当试图去实施这些最初实验得出的理论知识时,就会产生一些问题。这些结论似乎认为,人文研究试图超越应用理论模型 I。事实上,在解释性研究中也是如此,解释性研究中验证故事是主要的研究方法(Argyris,2004)。

这些观点和类似的观察,质疑我们的理论和研究方法在对日常生活的标准特征方面不是中立的。这些理论和实证研究方法,受模型 I 和组织防卫性常规的影响很大。只要社会科学家局限于模型 I 创造理论,并且使用应用理论模型 I 的研究方法,上述理论和实证研究方法就不是中立的。此外,学术环境中的某些规范,对社会科学家这样的做法褒奖有加,这就使他们有技巧地忽略自己说法的局限性,尤其是忽略对追求真理的科学探索来说非常重要的中立和承诺(Miner and Meziac,1996)。

13.4　干预的作用

在双环学习里,干预是实证研究最有效的方法。干预是社会实验,在这种实验中理解和解释是为其有效实施而服务的。如果干预者事先声称这种研究也许有所帮助,但是在提供这种帮助前却停止这种说法,那么干预者是很难从"主体"那里获得允许并获得合作的。"主体"会感到背叛,因为承诺提供帮助就包括了执行(Argyris,2003)。这种被背叛的感觉,是因研究人员承诺要提出有效的、可行的知识却没能履行他们的承诺,而在社会上(包括国会议员和基金会)建立起来的(Argyris,1993;Argyris and Schon,1996;Johnson,1993)。

干预需要能够产生内部效力和外部效力的技巧。这种技巧可以发展和传授。如果干预者选择给予可实施效力以对等的地位,那么他就需要发展模型 II 的技巧。可实施的效力有其内部和外部特征。内部可实施效力,取决于命题的主张在多大程度上导致特定后果。例如,它声称理论应用模型 I 是导致组织的防卫性常规的重要原因,这些具有因果关系的声明,可以通过观察来检验。外部可实施效力,取决于当人们掌握了模型 II 的应用理论后,在多大程度上能够降低组织特定的防卫性常规。前面的预言在没有得到实施的时候,一直会局限在内部。而当我们实施了这种主张时,实施效力就体现出外部性了。

大多数情况下,社会科学家都被教导要更加重视内部效力的实施,因为他们理论的可信性,来源于他们的预言还没有被否认(Popper,1959)。但是,正如我们已经看到的,预言受到环境现状的限制。当做出无法检验的预言时,因为人们没有检验所需的特殊技能,也因为周围的环境不鼓励人们用这些特殊的方式工作,所以,外部实施效力对干预的成功,以及对理论检验的成功,都变得非常关键。

艾柯夫(Ackoff,1999)曾经提出一个组织结构理论,如果实施有效,就应该减少组织防卫性常规对学习的影响。他和他的同事的尝试展现出了积极的效果,但是,这些效果却是有局限的。造成这些局限的一个重要原因是,新的理论创造需要采取模型 II 的行为模式。因为执行"民主等级制度"的高级管理人员并不具备这种技能。即使是董事会主席和首席执行官,即使当他们的直接报告与他们想法的目的和有效性一致时,这样做的困难依旧很大(Argyris,2004)。

13.5　一些个人反思

我把我的研究工作分成了前期和后期两部分,前期工作主要是依据正常的科学规则进行研究。我不能回忆起特别的挫折,除了我对跨学科研究的关注。导师们提醒我把研究的重点要放在一个学科的理论深度上,这一政治上正确的建议让我十分受挫,因为当时的学术领域不能囊括和组织双环学习的问题。

当其中一位导师告诉我,通过应用干预作为我首选的实证研究方法,加重了我在现状中寻找变化的罪恶感,这使我更加受挫。更加危及我职业生涯的是,我需要创造出能广泛应用到个案中的有效知识。和卢因一样(Lewin,1933),我坚信,如果社会学家以创造执行者能在日常事务中实施的学问为追求,那么,为大多数案例创造一种理论,而为个案创造另一种理论就没有什么学术意义。不幸的是,对于一些认为采取这种方法会危害到他们事业的年轻学者来说,这种建议仍然是一个强大的恐惧源(Argyris,2004)。

在这个观点里还隐藏着另一个担忧。致力于双环学习研究和努力成为干预者的社会学家们发现,必须面对自己在日常生活和学术研究中也使用理论模型 I 的现实。在双环学习的问题上,他们表现出有技巧的无能,并对自己无能有技巧地无知。此外,虽然他们生活的这个世界很可能赞同模型 II,但是模型 I 却仍然作为被应用的理论占据统治地位。他们所在社区在实践中的防卫性常规(例如,描述这个世界时重点放在内部效力和外部效力上,却排斥了可实施效力)阻碍了他们去面对这些问题,就如同组织的参与者制造组织的防卫性常规去阻碍他们发现类似的问题一样。

回忆起多年前,我还是一名在陆军通信部队仓库(Signal Corps depot)领导近 300 名雇员的军官,当我发现自己有技巧的无能和无知时,感觉非常震惊。我的雇员隐瞒他们对于我这个领导的真实想法,还送礼给我,说我是一位仁慈的好官员。对此,我的第一反应就是指责他们。当我询问他们为什么隐藏起自己真正的想法时,那些送礼的雇员解释道,对所有的上司他们不得不这样伪装,因为他们是被领导的。在他们看来,自己也是受害者(Argyris,2003)。

这些都是我觉醒之前的经历了,它们引导我关注那些我可能能够施行影响力的人们,帮助他们更有效地创造开放性的选择。当我把所在组织的防卫性常规反馈给高级行政人员后,高级行政人员觉得这个报告很有趣,希望这有助于我得到晋升。然而,这个报告并没有帮助他们创造开放性选择。这其中的问题在于,我提供了很少的关于如何实施这些建议的知识(Argyris,2003)。

早期的知识来源

在我职业生涯的早期,关于双环干预方面的研究很少,我觉得库尔特·卢因和威廉·怀特的作品,对这方面的研究很有帮助。

我最大的学习,来自于那些旨在帮助参与者成为更有效的双环学习者的研讨会和学习班。作为教职员工,我们必须开发出基于认知经验的内容,因为现成的文献非常少。我能回忆起在研讨会之前或研讨会中的许多讨论。此外,还有我们制订计划,执行干预,以及在组织内部开展一些活动的回忆。

如果我必须重新开始所有的研究,我仍然会把重点放在观察日常生活以及开展研讨会和学习班上,其主题仍然是双环学习。但我会更加重视与管理相关职能的连接,如会计学、经济学、金融、战略和信息技术。如果能够整合这些学科的博士生和年轻的教师们,将会更加有效地推动双环变化,因为他们更有能力整合管理的职能要求和双环学习的要求。

最近的研究结果表明,学界正渐渐重视对组织的积极方面的研究,如斯奈德和洛佩斯(Snyder and Lopez)的《积极心理学手册》(*Handbook of Positive Psychology*)。这是一个很重要的趋势。我希望这种趋势能够持续下去,并将组织的双环学习和开放性选择纳入研究中来。该书表明,社会学家们有兴趣解决双环学习的问题(如减少暴力和滥用药物)。不幸的是,关于组织的各章节里,都没有包含双环学习的干预内容(Snyder and Lopez,2002)。

13.6 结束语

当我们审视如安然、安达信、壳牌、天主教会、美国联邦调查局、中央情报局、《纽约时报》《今日美国》以及联合国石油换食品计划等案例时,就会发现,这些不同的组织有两个基本的共同特征。第一,它们遮掩了它们的不诚实,并隐藏了它们的这种遮掩行为。第二,一旦被发现,这些当事人都否认个人责任,并声称他们是整个系统的受害者。

我们的社会以两种方式对这些问题做出回应。一种是组建委员会制定一些新的目标。新的政策、新的结构和新的指令在从严治理的同时,警告当事人承担更多个人责任。这些行动的效果会为情况带来好转,但是却很有限。我们似乎没有意识到这些局限,例如,挑战者号航天飞机的悲剧,使相关部门进行各种各样的纠错,以确保类似的错误不再重复。然而几年后,尽管有了这些规则、政策和结构,哥伦比亚号航天飞机的灾难依然发生了。

第二种是更加重视文化。在哥伦比亚号事件之后,美国国家航空航天局承诺改变它的文化。在改变文化上我们能做到多好呢?理论上说我们可以做得非常好,但是实际上我们能做的却非常有限。ABB集团是近几年围绕整个公司改变企业文化最成功的案例,这种新的文化强调开放、主动、信任、承担风险和个人责任。几年以后,《金融时报》采访ABB集团新的首席执行官时,他说他面临的最大挑战是,创造这种开放、主动、信任、承担风险和个人责任上的新文化,而这恰恰就是公司前首席执行官在呼吁创新时提到的特点(Argyris,2004)。

几十年来,3M公司是一家公认的鼓励创新的公司。去年,这家公司新的首席执行官对《华尔街日报》的记者说,他面临的最大挑战是,重新创造已经遗失的创新文化。创新文化是怎样遗失的呢?为什么遗失的事件没有被预见呢(Argyris,2004)?

解释这些疑问的方法之一,是去认识所有组织里公开或私下的管理成分,在组织里这些公开的成分,由有效的推理、透明性和有难度的业绩考核管理构成。真理固然好,但是组织里的秘密成分是由防御性思维统治着,旨在保护当事人不处于尴尬境地或受到威胁。它鼓励有技巧的否认和承担个人责任。当真理不会带来麻烦时,它就是个很好的概念;而一旦真理带来了麻烦,人们就会软化它、扭曲它,并把它藏起来。

私下的组织有几个迷人的特点。它发展着,即使它违背了现行的有效管理的概念;它存在着,即使高层管理人员没有学过任何课程帮助它存活;它兴盛着,通过参与到那些企图扼杀它的规则和条例中。它继续存活的主要保障就是:在组织的防卫性常规保护下,人们会不断运用防卫性思维。

这些自我封闭的过程会对有效的推理思维产生负面的结果,它们使组织难以产生信任、开放、透明和对观点的检验,而这些特点在未来将越来越为组织的设计和管理所需要。

参考文献

ACKOFF, R. L. (1999). *Re-creating the Organization*. New York: Oxford University Press.
ARGYRIS, C. (1980). *Inner Contradictions of Rigorous Research*. San Diego, Calif.: Academic Press.
—— (1982). *Reasoning, Learning, and Action: Individual and Organizational*. San Francisco: Jossey-Bass.
—— (1985). *Strategy, Change and Defensive Routines*. New York: Harper Business.
—— (1990). *Overcoming Organizational Defenses*. Needham, Mass.: Allyn Bacon.
—— (1993). *Knowledge for Action: A Guide to Overcoming Barriers to Organizational Change*. San Francisco: Jossey-Bass.
—— (1996). Unrecognized defense of scholars' impact on theory and research. *Organization Science*, 7(1): 77–85.
—— (1997). Field theory as a basis for scholarly research-consulting. *Journal of Social Issues*, 53(4): 809–824.
—— (2000). *Flawed Advice and the Management Trap, How Managers Can Know When They're Getting Good Advice and When They're Not*. New York: Oxford University Press.

—— (2002). Double loop learning, teaching, and research. *Academy of Management Learning and Education*, 1(2): 206–219.

—— (2003). A life full of learning. *Organizational Studies*, 24(7): 1178–1192.

—— (2004). *Reasons and Rationalizations: The Limits to Organizational Knowledge*. Oxford: Oxford University Press.

—— Putnam, R., and Smith, D. (1985). *Action Science*. San Francisco: Jossey-Bass.

—— and Schön, D. (1974). *Theory in Practice: Increasing Professional Effectiveness*. San Francisco: Jossey-Bass.

—— —— (1996). *Organizational Learning II*. Reading, Mass.: Addison-Wesley.

Johnson, D. (1993). Psychology in Washington: Measurement to improve scientific productivity: A reflection on the Brown Report. *Psychological Science*, 4(2): 67–69.

Lewin, K. (1933). *A Dynamic Theory of Personality*. New York: McGraw-Hill.

Miner, A. S., and Meziac, S. J. (1996). Ugly ducking no more: Pasts and futures of organizational learning research. *Organization Science*, 7(1): 88–99.

Popper, K. (1959). *The Logic of Scientific Inquiry*. New York: Basic Books.

Snyder, C. R., and Lopez, S. J. (2002). *Handbook of Positive Psychology*. Oxford: Oxford University Press.

第14章　不平等从何而来？
——资源基础理论的个人和智力根源①

杰伊·巴尼

有人说,所有的写作都是自传。如果此言属实,那么一个人的研究(它是一种强烈聚焦的写作)必定是一种特别私密形式的自传。从这个意义上讲,所有的学问都是自我启示的,这就如同在一个人发表的作品中嵌入一个隐藏的罗夏测验②,它有时能够揭示出比作者本人所知的更多的东西。

我认为,最有影响力的学者信奉研究具有自我启示的性质。他们理解,"寻求真理"往往以我们的个人经验为前提条件,那些组成"有趣问题"的定义,仅仅是逻辑和认识论的一部分。毕竟,在一个人可能面对的所有"有趣的问题"中,为什么单单挑选了某一特定的问题呢?

对于我来说,这个"有趣的问题"是:为什么一些公司会超越其他公司? 首先,这似乎是一个只有企业管理人员和学者会关心的问题,很难在社会上引起广泛的共鸣。然而,对我来说,了解为什么有些公司超越其他公司只是一个更广泛问题的特例。这一问题是社会科学、哲学和政治学中几百年来一直讨论和争辩的中心议题,也是我记忆中最关注的内容。这一更加广泛的问题就是:社会中不平等现象的前因后果到底是什么?

我成长于20世纪60年代的旧金山湾区,当时面临两种截然不同的关于社会不平等的"理论"。一方面,当时的主流意见是,不平等在本质上对社会是有害的。这种观点认为,任何一个社会,如果能容忍或颂扬任何形式的不平等,建立于摇摆不定的道德基础之上,终将无法维系。另一方面,这种平等的看法似乎并不符合我个人的经验,就我

---

① 感谢沙龙·阿尔瓦雷斯(Sharon Alvarez)、迈克·希特(Mike Hitt)、迈克尔·雷布蕾(Michael Leiblein)和肯·史密斯(Ken Smith)对这一章较早版本的评论意见。

② 罗夏测验(Rorshach Test)是一种人格测验方法。在临床心理学中使用得非常广泛。通过向被试者呈现标准化的、由墨渍偶然形成的模样刺激图版,让被试者自由地看,并说出由此所联想到的东西,然后将这些反应用符号进行分类记录,加以分析,进而对被试的各种人格特征进行诊断。——译者注

个人的经验来说,社会中的不平等不仅是不可避免的,有时甚至是一件好事,它通过奖励成就来鼓励创造和创新。

例如,我记得我的一个高中同学,我们叫他"花冠"(Posy)(我不记得他的真名了),花冠是我所知道的最具直觉的数学家。他有一套思考数学问题的方式,坦率地说,我从来都不如他。他的解题办法总是正确、巧妙、精当和具有创造性,但是花冠缺乏人际交往技巧,他在中学其他学科中的学习能力最多也就达到中等水平。即使是在高中阶段,我已经认识到,我们——我和花冠——最好承认我们之间的差别,并在各自擅长的领域各领风骚。因此,我决定,让花冠去做花冠吧,我努力成为一个出色的我,而不是平庸的花冠。

花冠只是我的日常生活中的许多例子之一;在生活中人们之间的差异不可避免地导致不同的结果,有时这些成果是不平等的,甚至是严重不平等的。但是,因为我永远不能像花冠,他也永远不可能像我,所以粉饰我们之间的不平等是一件坏事,坦率地说,是愚蠢的。① 此外,只有我们每个人都努力专注于自己擅长的领域,劳动的自然分工才能形成。这种劳动分工,比每个人都试图同质化,更能保证我们每个人都有更大的进步,从而保证作为一个整体的社会,比每个人都试图同质化有更大的进步。

我在高中高年级时,两种关于不平等的意识形态之间的冲突大大减弱。在那一年里,我是"校中校"实验的一部分——让我自己确定课程,从事独立的研究和学习。在"校中校"的那学期,我制定和执行了关于各种主题的一系列项目。就我所知,在我努力的时候,我的大多数同学只是"闲逛"。因此,在学期结束前一个星期,我的同学们开始白热化地完成他们以前承诺过的项目。毫无疑问,在我心里,我和我同学们的工作质量是明显不同的,这就是差距。然而,最终我们都得到了相同的成绩。

回想起来,这个结果不应该使我吃惊。对那些管理教育程序的人来说,人人平等的神话是根深蒂固的。实际上他们没有能力认识到学生之间的差异,给每个人相同的分数只是他们确保"没人落后"的方法。当然,在这个"乌比冈湖效应"(Lake Wobegon Effect)*的世界里,所有的学生都高于平均水平,没有精益求精,没有独特性,没有差异化的空间。而且,事实证明,也没有我的空间。一个学期后,我离开了"校中校"项目。

因此,对我来说,不平等的"是非观"一直是至关重要的。事实上,在许多方面,我的学术生涯——确切地说,是我在战略管理领域中开发资源基础理论的努力——可以被理解为了解两个社会不平等"理论"之间的关系所做的努力。——这在道德上是错误的,但这既是不可避免的,同时也可以是好的。我选择在商业企业背景下来思考这些问题,至少部分是由于机会和好运。我可以选择在完全不同的背景下思考这些同样的问题,比如说,社会主义与资本主义的思想斗争。无论我们研究"为什么一些企业优于其

---

① 甚至在我写这篇论文时,我很惊讶我和花冠的经历,与"为什么有些公司的业绩好于其他公司"的理论之间的平行关系。

* 也称沃博艮湖效应,意思是高估自己的实际水平。——译者注

他企业"还是"为什么有些经济体的表现好于其他经济体",在一定程度上,这些都是关于不平等的前因后果。①

事实上,我最初的学术选择没有着重研究企业之间的不平等,而是更广泛地研究社会中的不平等。这是在大学选择专业时,我选择社会学最主要的原因。正是我在社会学领域的学习为我武装了有助于发展资源基础理论的知识工具。

14.1 准备工具

当然,我对社会不平等的前因后果和资源基础理论之间关系的理解,是经过多年的研究和工作之后才形成的。引领我通向所谓资源基础理论学术道路的是我在犹他州普罗沃的杨百翰(Brigham Young)大学攻读社会学专业的经历。1972年9月至1975年12月,我是杨百翰大学的学生。

回想起来,杨百翰大学有四门课程对我的智慧之旅特别重要:由吉纳维夫·德荷耶斯(Genevieve DeHoyos)和詹姆斯·杜克(James Duke)讲授的两门社会学理论课程,由唐·索伦森(Don Sorenson)讲授的社会科学中的哲学,以及由菲利浦·孔茨(Phillip Kunz)讲授的组织社会学。这四门课程中的每一门,都给我的智力工具箱中添加了特殊的工具,为我以后开发资源基础理论提供了有力的帮助。②

从我的社会学理论课中,我学会了欣赏理论和理论的发展过程。为理论而构造理论的概念,对我这个在中产阶层家庭中长大的人来说是陌生的。坐在一起互相交流关于社会如何运作的奇妙思想,让我的大部分朋友和家人感到有意思也有难度。③ 但是我发现建立和推广抽象概念带给我巨大的喜悦。虽然我一直认识到实证检验对开发和测试理论的重要性,但我也一直注意理论思考的纯粹性,我在社会学理论课中第一次发现了这种纯粹性。

我们在社会学课程中学习了"高端理论"——涂尔干(Durkheim)、帕森斯(Parsons)、马克思(Marx)、韦伯(Weber)这些学者对社会及其制度的最大疑问是:"什么是社会现实?""社会组织如何影响个人和制度?""什么是组织社会道德的基础?""社会组织能被研究吗?"这些伟大思想家对这些问题的回答往往是晦涩难懂和抽象的——但是提

---

① 我的兴趣是在了解不平等的结果的前因后果方面。在高中时期,我不太关心机会的不平等——在我所在的以白人中产阶级为主的中学里,机会不平等不太可能是一个很大的问题。不过,回想起来,我的高中教师采用了同样的逻辑,我将在SCP(即结构—行为—业绩)学者中描述这种逻辑——任何异质性成果必须反映非均质性的机会。这一结论仅在人/公司是完全同质时才有意义。

② 我怀疑这些早已退休的教授是否还记得我,但我记得他们。我一直有个秘密的愿望,希望我对一些学生至少有像这些教授对我一样的影响。

③ 但我的父亲不在其中,他在学术上曾经遭遇挫折。1947年,他不得不在继续在太平洋电话公司做中层管理人员从而延续职业生涯,或是接受奖学金到斯坦福大学研究工业心理学之间做出选择。经历了大萧条的父亲选择了相对安全的出路,留在太平洋贝尔公司继续工作——我想这是他至今仍然遗憾的选择。而我成为了我父亲一直想成为的教授。

出问题本身似乎就是有价值的。毕竟,如果一个人只问很小的问题,他只能够得出微不足道的答案;如果有人问大问题,至少可能出现一些意义重大的答案。

在社会科学的哲学课堂上,老师给我介绍了另一种不同的理论——理论的理论。如果理论的发展是单纯的,那么哲学是所有知识的本源。但是,我很快就认识到,在理论的理论中,"因变量"十分难以琢磨,因此,从字面上看,我所涉猎的大多数哲学讨论,都已经盛行长达数个世纪。我不太可能为这些讨论做出多大的贡献。

然而,正是这个课程给我介绍了归纳法,并使我对归纳法深信不疑。我丢弃了偶像爱米尔·涂尔干(Emile Durkheim)和他的社会事实的概念。我开始相信,归根结底,做出决定的人、人的行动和人本身是社会科学的最终分析单位。这并不否认研究集体现象的重要性,比如企业和市场。但是需要重申,企业和市场是人及其决策的集合,而不仅是他们本身所具有的。

在我的组织社会学课程中,老师介绍了曼瑟尔·奥尔森(Mancur Olson)的小书——《集体行动的逻辑》(The Logic of Collective Action)。在这本书中,奥尔森使用一个简单的概念——集体物品——将其拼凑在一起成为令人印象深刻的理论,来覆盖和解释一切,从小团体的行为,到工会的行为,再到社会中的阶级冲突。奥尔森的书界定了我理想中的理论开发概念:一个简单的想法具有强大的、广泛的和反直觉的含义。我的学术梦想是开发这样一个理论。奥尔森的理论同样聚焦社会不平等,这真是一个意外收获。

我在杨百翰大学读大学三年级的时候,发现了有关做学问的两件事:我所喜欢的和我所擅长的。所以,我决定再也不离开学术。我更改了计划,决定申请社会学博士项目,而不是法学院博士项目。我申请了几所学校,并最终前往耶鲁大学——因为他们为我提供的奖学金最多。因此,一辆小型拖车拉着我们在地球上的所有财产——我、我的妻子和我们3个月大的女儿,穿过整个美国,搬到康涅狄格州的纽黑文。与我们同行的还有著述"优雅的理论"和了解社会不平等的前因后果的雄心壮志。我当时还不理解,这个宏大的计划在变成一个可行的研究问题之前,还需要相当的磨砺。

14.2 发现研究问题

对于我来说,研究生院的生活在某种程度上是一个复杂的经历。一方面,我对社会学的幻想迅速破灭。作为一个学生,我的工作聚焦"高端理论"。然而,耶鲁大学的社会学家将默顿(Merton,1949)所谓的"中等范围的理论"推向极致。事实上,我得出的结论是,至少在耶鲁大学,社会学理论还是松散连接的各种想法,用于研究各种互不相关的现象——医学社会学、体育社会学和宗教社会学。社会学成为了应用统计学!

一个简单的故事可以支持这一观点。社会学系的博士研究生决定成立一个垒球队参加研究生院举办的垒球锦标赛。在组织会议上,我们必须为我们的团队取一个名字,但15个社会学博士研究生不能拿出一个独特的社会学概念来命名我们的球队。最后,我们决定用"卡方"命名——我们放弃了用社会学理论作为鼓舞士气的动力之源,而使用一个统计学概念![1]

我还发现,社会上不平等的观念是不可避免的,并且可能是有利的——这种信仰甚至在杨百翰大学的社会学家中也相当常见——但在耶鲁大学,我的同事完全不能接受,20世纪60年代平均主义假说在耶鲁大学受到极端追捧。在耶鲁大学社会学系,我不能就社会不平等的不同道德观念进行辩论。因为我的大多数同事认为,在这一问题上没有两个合理的观点。在他们看来,社会主义赢了,而资本主义正在衰亡。

我现在知道,我关于社会学的初步结论可能过于草率。事实上,我现在最能认识到社会学家们——组织社会学家们——已经对战略管理领域做出了非常重大的贡献,帮助我理解为什么有些公司超越其他公司。但是,我在1977年没有看到这一点。

另一方面,在社会学系最初的日子里,我也开始与当时最有名的社会网络学者之一——斯科特·布尔曼(Scott Boorman)合作。从他那里我学到了所有关于组合建模、社会网络理论以及各种相关的议题。看起来,斯科特读过所有关于社会网络的文献,并对其中的大部分议题都做出过贡献。我钦佩他的理论和数学技能,尽管我推断,社会网络理论——除了格兰诺维特(Grannovetter,1973)对强连接和弱连接的区分之外——在本质上是"社会网络方法",一个难以用于开发或测试理论的描述性方法。实际上,社会学家们,包括布莱恩·乌兹(Brian Uzzi)、阮吉·古拉蒂(Ranjay Gulati)、托比·斯图尔特(Toby Stewart)和艾迪·扎亚茨(Ed Zajac),用了近二十年的时间,才突破网络隐喻的描述性力量,用它来开发和测试新的理论。

在我的社会学研究项目中,对我来说有必要选择除了网络理论以外的第二个重点领域。那个学期,社会学系举办的研讨会没有引起我的兴趣。所以,我穿过街道,到崭新的耶鲁大学组织与管理(SOM)学院,在那里参加了由鲍勃·迈尔斯(Bob Miles)主持的关于组织理论的博士生研讨会。关于鲍勃的课,我记得三件事:第一,他有一个我曾见过的最长的阅读清单;第二,他需要两个学期论文,而不仅仅是一个;第三,他是我曾见过的知识最丰富的学者。鲍勃·迈尔斯把我引进了真正意义上的严谨的组织研究。

我很快认识到,我在社会学系和组织与管理学院的经历之间的两个重要差别。首先,从方法论的角度看,几乎没有什么疑问,社会学系比组织与管理学院更严格,至少就我在组织与管理学院学到的那部分而言是这样。社会学中,我接触到的是绝对艺术级的方法论,无论是统计分析还是网络方法论。组织与管理学院的同事在统计分析领域受到了合理的培训,但在网络方法论方面几乎没有受过训练。然而,我还发现,组织与管理学院的学生——尤其是在职学生(当时,耶鲁大学的在职学生相当于MBA学生)——受到意识形态的约束比社会学的学生少。事实上,至少有一些组织与管理学院的学生承认,社会现实中人与人之间的不平等,可能是不可避免的,也可能有利于社会。

---

[1] 我个人很喜欢我的同学的孩子提出的名字——"剑!"

出于这个原因,我觉得组织与管理学院比社会学系更像我的家。

其次,我有机会能攻读耶鲁大学的唯一一个行政学系和社会学系之间的联合学位。① 我的大多数方法和社会网络课是在社会学系听的,而我的大多数理论课是在行政学系听的。在参加完鲍勃·迈尔斯的研讨会后,我又参加了由约翰·金伯利(John Kimberly)主持的组织理论研讨会。我还参加了两个组织社会心理学研讨会——一个由罗莎贝斯·坎特(Rosabeth Kanter)(由社会学系和行政学系共同聘任)主持,另一个由克莱·奥尔德弗(Clay Alderfer)主持。尽管这两门课程都以"组织社会心理学"为题目,但是它们大相径庭。我还听了克蕾·奥尔德弗的组织变革管理课程。

作为联合学位课程的一部分,我参加了为期三天的通试——一天考网络社会学,一天考研究方法,一天考组织理论。我为三天的考试做了充分准备,但我每天对考试过程的反应有显著的不同。关于网络社会学,我得出的结论是,就利用当时所能使用的工具开发我想开发的理论的机会有限。虽然我准备完成我的网络社会学博士论文,但我不认为这是一个我能最终取得多少成绩的领域。

至于研究方法,我觉得自己颇具天赋,但我并不想成为系里的"方法高手"。虽然我知道我永远想在研究方法和统计学上与时俱进,直到今天,我在研讨会上关于统计学提出的合理而清晰的评论仍然令我的同事们感到震惊——但我同时也知道,这不是我想要做出贡献的地方。

最后剩下组织社会学,或是今天所说的组织理论,我在通试中的回答非常令人不安。对组织理论奋笔疾书大约八个小时之后,我的结论是,这个领域的东西真的不是很多,记住时间——我的考试是在1978年。我认为,当时组织理论中唯一一致的理论观点是资源依赖理论,这是在种群生态学之前——汉南和弗里曼(Hannan and Freeman,1977)在我刚刚完成考试之后,发表了他们的第一篇论文——在制度理论之前,并且可以肯定也在新制度经济学为管理领域众所周知之前。

那时,我认为组织理论的主要问题是,它没有满足曼瑟尔·奥尔森在他的著作《集体行动的逻辑》中所确立的理论标准。作为一个博士研究生,在我的心中,组织理论并不十分入流,没有产生有趣的反直觉的预测,也没有对广泛的现象产生影响。虽然我认识到,资源依赖理论对社会不平等研究确实有一些借鉴意义,但这些想法并不像我在社会学中所看到的那样精妙和有趣。

当然,自20世纪70年代中期以来,组织理论取得了重大的进展。一些由组织理论家开发的理论——特别是种群生态学理论——在我看来是一流的,能够解释相当广泛的现象。但我为了准备资格考试所阅读的文献,并不符合我立志追求的工作应有的标准。我深切关注我的学术生涯——我该学习什么?

---

① 获得联合学位的机构是社会学和行政学系,行政学系又为组织与管理学院提供教员。在组织与管理学院学习的学生获得公共和私人管理专业硕士学位,又称 MPPM。这是我与这些专业学生间的互动——既作为教学助理,又作为同学一起上课——这使我重新考虑我与社会学系的独特联系。

第14章 不平等从何而来？

后来，比尔·乌奇(Bill Ouchi)来耶鲁大学演讲。他介绍了一篇论文的早期草稿，后来这篇论文刊登在《管理科学季刊》(Administrative Sciences Quarterly)上，名为"市场、官僚机构和部族"(Market, Bureaucracies, and Clans)。关于他的演说，我有三个喜欢的地方：首先，比尔条理分明——从原理开始，到理论发展，再到意义，一个非常明确和合理的路径。他的论文对理论的开发表现得极其仔细，这样的论文在我读研究生时并不多见。其次，我很清晰地知道，比尔讨论的组织的研究方法是全新的。虽然那个时候锡德·温特(Sid Winter)和迪克·纳尔逊(Dick Nelson)均在耶鲁大学，但是，我还没有接触到他们的思想或任何在耶鲁大学的经济学家的思想。因此，当比尔讨论市场失灵和"公司理论"时，我确实没有听说过这些想法。最后，也是最重要的，我不明白比尔在谈论什么。这是个好消息，因为它事实上暗示，在组织研究方面，我有很多东西需要学习。毕竟，有一些东西可能值得我研究！

在他的讲座之后，我问比尔，为了理解他的论文我还应该阅读什么。他告诉我阅读威廉姆森(Williamson,1975)的《市场和等级制度》(Markets and Hierarchies)。所以，我去图书馆借了一本，首次阅读了交易费用经济学。我发现这本书非常费解，在《市场和等级制度》的第1章，威廉姆森综述了他的观点——该综述令我一头雾水。在该章末尾，他运用他的框架提供了几个例子。我记得我的自言自语，"嗯，我可能无法理解他的总结，但我将能够看到他如何在他的例子中应用理论"。但读完例子之后，我比以往任何时候都更加困惑。

所有这一切都非常令我兴奋！显然，这是我作为一个研究生曾经看到的一种"高端理论"。虽然我不明白他的大部分观点，但我的直觉是，威廉姆森正在处理一个重要问题。有一点是明确的，他认为他的论点有广泛影响——第1章中的例子是非常广泛的。在那个时候，我还没有看到威廉姆森的论点如何可以扩展到理解社会的不平等现象，但似乎有一点是可行的——利用威廉姆森对《市场和等级制度》的讨论要素。听了乌奇的谈话和阅读威廉姆森的书之后，我的脑海中一片混乱，所以，我决定把交易费用经济学领域作为我应该更多学习的领域。[①]

在完成我的博士论文的过程中——凭着从数学网络分析和应用统计学训练中学到的一点关于组织的知识——我去找工作了。我面试过的一个地方是加州大学洛杉矶分校——比尔·乌奇离开斯坦福大学后去了那儿。我的直觉再次告诉我，如果我去了解这个新的"制度经济学"，加州大学洛杉矶分校也许是一个好去处。我很高兴他们给了我一个工作机会。我、我的妻子和两个孩子飞越美国大陆，开始了在洛杉矶的职业生涯。

[①] 在研究生院读书时，我曾经有过一个"高端理论"的经验，在学习交易费用经济学之前，我阅读过约翰·罗尔斯(John Rawls)的《正义理论》(John Rawls,1971, A Theory of Justice)。有趣的是，对这项工作和交易费用经济学，我的最初反应是一样的：首先，我并不理解它，但我的直觉是它很重要并且应用广泛。罗尔斯还开发了一个理论，这个理论界定了在什么条件下社会不平等是有利的。然而，他的论点过于抽象的哲学特征让我觉得，基于他的工作很难在社会科学中建立研究。也就是说，罗尔斯的理论继续对我关于"不平等"的想法产生着影响。

加州大学洛杉矶分校是理论家成长的天堂。这份名单上的人,无论是在管理学研究生院还是来自加州大学洛杉矶分校的更大部分社区,我从他们那里学到的东西都值得一提。仅举几例,在不同的时间,我的直接同事包括比尔·乌奇(Bill Ouchi)、比尔·麦凯尔维(Bill McKelvey)、迪克·鲁梅特(Dick Rumelt)、芭芭拉·劳伦斯(Barbara Lawrence)、康妮·格西克(Connie Gersick)(从耶鲁大学开始的一个亲密朋友)、斯彭德(J. C. Spender)和史蒂夫·波斯特莱尔(Steve Postrel),这只是其中一部分。汤姆·科普兰(Tom Copeland)、迪克·罗尔(Dick Roll)、谢尔丹·蒂特曼(Sheridan Titman)是比邻而居的金融学同事。经济系变成了一个新制度经济学中的"名人录":阿曼·阿尔奇安(Armen Alchian)、哈罗德·德姆塞茨(Harold Demsetz)、本·克莱因(Ben Klein)和杰克·赫舒拉发(Jack Hirshleifer)。林恩·祖克(Lynne Zucker)在社会学系,比尔·乌奇同奥利弗·威廉姆森和戴维·蒂斯(David Teece)的关系密切,这意味着这两个学者访问加州大学洛杉矶分校的频率较高。我们的一些博士研究生包括凯特·康纳(Kate Conner)、托德·曾格(Todd Zenger)、比尔·赫特利(Bill Hesterly)、朱莉娅·利贝斯金德(Julia Liebeskind)和吉姆·罗宾斯(Jim Robbins)(仅举其中几个)都非常出色。

我记得比尔·乌奇组织的一次关于新制度经济学的会议——由波兹、艾伦和汉密尔顿咨询公司赞助。我同阿曼·阿尔奇安、迪克·鲁梅特和奥利弗·威廉姆森在同一个小组。回想起来,我认为该小组——我,一个初来乍到的助理教授,同这些人坐在一起——不由让我想到一支古老的芝麻街歌《找找这些里面哪个与众不同》。

对我来说,20世纪80年代早期是一个集中接受教育的时期。在这一时期的最初几年,我比以前任何时候都读得多、争论得多、写得多。在此期间,我自学了一点过去曾经了解的微观经济学。事实上,我达到了某一境界——我能理解威廉姆森,运用他的理论,向其他人解释他的理论,甚至可以对它做出一点贡献——至少我想我可以。

当然,事实证明,交易费用经济学至少对一种类型的社会不平等有不错的解释:当经济交易的完成需要交易专属投资时,交易各方会发现,为了自身的利益,他们的交易需要有实施监控的第三方——老板。将剩余控制权分配给老板,层级制度使得无法预见所有交易方式演变路径的人们,仍然能够进行交易。随着时间的推移,层级制度成为调节交易的重要变量。① 因此,交易费用经济学解释了组织层级的存在性,其中一些人告诉其他人在预先指定的范围内该做什么。这也就解释了为什么长远来看,这种类型的社会不平等是有效率的,并有利于所有社会成员。

另外,在这期间,发生了完全不曾预料的事件:比尔·乌奇的书《Z理论》(Theroy Z)突然成了第一本由商学院教授撰写的畅销书。在《Z理论》畅销之前,比尔已经有丰富的咨询实践,在《Z理论》之后,他有了更多的咨询机会,他忙不过来。一开始,比尔带我

---

① 具有讽刺意味的是,我认为威廉姆森和罗尔斯的逻辑之间存在一些有趣的相似之处,这些相似之处在文献中并没有被研究过。

一起——作为高薪学徒——进行咨询。后来,我开始自己做一些这方面的工作。

咨询对我产生了深远的影响。在我的学术生涯中,当我非常熟悉新制度经济学和企业理论后,我发现在咨询生涯中所处理的大部分问题,较少是交易费用理论家所研究的那类不平等——由等级管理所造成的不平等,较多的是企业之间的不平等——这部分企业能够超越其他公司。虽然有可能扩展交易费用逻辑来研究公司业绩的差异,但是这不是该理论原来的目的,这种扩展似乎有点牵强。当时我并不知道这一点,但我的咨询经验实际上将我引导至一个我其后20年中孜孜探索的学术问题——为什么有些企业能够卓越超群?我已经开始发现我的研究问题了。①

除了我在新制度经济学所受的通识教育外,我读过的四篇文献给了我特定的工具和动机——我要开始后来被称为企业资源基础观的工作。其中第一篇是詹森和麦克林(Jensen and Meckling, 1976)发表在《金融经济学期刊》(Journal of Financial Economics)上的关于代理理论的论文。从这篇论文中,我学到了有效资本市场的概念,管理者们要通过愚弄这个有效市场而获得优异的经济效益是非常困难的。

第二篇是迪克·鲁梅特和罗宾·温斯利(Robin Wensley)的一篇不起眼的论文,发表在1982年《管理学会"最佳论文"论文集》中,题目是"市场份额的影响研究"(In Search of the Market Share Effect)。我从这篇论文中学到了理性预期,以及在一个市场中的竞争态势可能受以前市场竞争态势的影响。市场理性预期的概念,暂时从根本上扩展了有效市场的概念。

这四篇论文中的第三篇给我提供了非常宝贵的观点。哈罗德·德姆塞茨于1973年发表在《法律和经济学学报》(Journal of Law and Economics)上的一篇论文"工业结构、市场竞争和公共政策"(Industry Structure, Market Rivalry, and Public Policy)表明,公司业绩和市场份额的不平等,根本不是超乎寻常或不符合社会福利的,反而有可能是普遍现象,并且符合社会福利的。德姆塞茨的观点是,企业在满足客户需求方面的能力,可能会有系统性差异,这些差异可能无法在公司的竞争对手间迅速扩散。因此,同一行业的不同公司,可能有不同的业绩水平——均没有诉诸反竞争策略。此外,德姆塞茨认为——在他内涵非常丰富的九页论文中——远远不符合社会福利的原因是,在公司满足客户需求的能力有差别的情况下,公司最大化其业绩,由此产生的任何非均质性的绩效,实际上完全符合社会福利。

正在我记住这三篇论文时,我第一次读到了第四篇影响了我思想的作品:迈克尔·波特(1980)的《竞争策略》(Competitive Strategy)一书。我并没有对波特的论点做出积极反应。我在《竞争策略》一书的页边空白处,写满了他的论点不讨人喜欢之处。我对这些论点的第一反应是,波特忽视了有效市场、理性预期市场和从我自己的研究中

---

① 在开始的时候,我没预料到咨询工作对我的理论开发工作有如此大的影响。自从那些早期的日子之后,我常常能预测到咨询工作对我试图开发或精炼的理论产生意想不到的洞见。

得出的公司技能差异的观念,我认为这使他的论点的理论基础摇摇欲坠。

回想起来,我想我所针对的,其实是波特著作中的论点所依据的理论框架。这一理论框架——被称为结构—行为—业绩范式(Structure-Conduct-Performance,SCP)——在最简单、最极端的情况下断言,在某一行业中,对同质公司业绩的任何偏离,都反映了破坏社会福利的反竞争行为。这是旧的平等理念——虽然穿着漂亮的、严格的经济逻辑的外衣——是我在高中已看到的,也是使我对社会学失望的那部分,在这里再次出现——否认公司之间的差异,否认这些差异可能导致不平等的自然结果,以及否认这些不平等的结果在一些环境中实际上可能造福社会。

当然,我对波特的工作的初步反应被夸大了——我还年轻,并且充满激情,从而容易夸大和夸张。但是,即使在今天,虽然承认SCP的逻辑可以适用于某些环境,但我更加偏好的理论是,假设市场是合理竞争的,公司在自己的能力方面有系统差异,即使在竞争最激烈的环境中,这些差异也可能导致不同的业绩成果,而这种结果是完全符合社会福利的。在贝恩和德姆塞茨之间的争斗中,我站在德姆塞茨一边。而波特描述了贝恩的论点对管理者的影响,尚没有人对德姆塞茨的论点做相同的工作。

我找到了自己的研究问题。

14.3 开发资源基础观

1983年,我在日本东京的地铁上写出了我的第一篇资源基础观论文的第一稿大纲。该论文最终于1991年发表,那时我已经是《管理学报》(Journal of Management)的一个副主编,我录用了我自己的论文。

这并不是因为在为期八年的时间里我没有努力工作,我通常在同一时间撰写或重新撰写不少于四篇或五篇的论文。其中一些是交易费用/代理理论论文,但大部分集中在发展一个理论,解释为什么有些企业超过其他企业是符合市场有效性的,并且与企业绩效的异质性可能对社会有利的概念一致。但是,我在这方面的工作很难成功地发表。

在1982年,我在《美国管理学会评论》(Academy of Management Review)上发表了一篇论文(与戴夫·乌里克(Dave Ulrich)合作),这篇论文集成了组织理论领域内的三种理论模型。1986年,即四年之后,我在一个高质量的期刊上发表了我的下一篇论文。1986年,我在《美国管理学会评论》上发表了两篇论文(一篇研究组织文化是否是可持续竞争优势的来源(Barney,1986a);一篇研究战略管理理论的三种竞争(Barney,1986b))。在《管理科学》(Management Science)上发表了一篇论文(这篇论文将战略生产要素市场这一概念引入文献(Barney,1986c));我还与比尔·乌奇共同撰写了《组织经济学》(Organizational Economics,1986)一书。

所有这些论文都有一个曲折的历史。然而,与发展这一新的理论方法相关的最大挑战,来自我发表在《管理科学》上的那篇论文。论文的第一个版本收到喜忧参半的评语:第一个评阅人认为,它并没有什么新的内容,应予以拒绝;第二个评阅人认为,论文过于抽象,应予以拒绝;第三个评阅人认为,论文是他/她曾经阅读过的关于战略的最重要的论文之一。阿里·卢因(Arie Lewin)是该论文的副主编,我将永远感谢他,是他给了我修订并重新提交的机会。经过多次修订——我认为论文发表的版本是第四次修改稿——所有三位评阅人保持其原有的评价:第一个评阅人更加清晰地表明,为什么他认为论文没有任何新意;第二个评阅人更加深信,这篇论文对战略管理领域来说过于抽象;第三个评阅人更加相信它的重要性。

尽管评审意见不一,阿里·卢因还是接受了这篇论文。阿里始终理解,好编辑不是单纯的会计——根据票数的多少来决定一篇论文是否发表。好的编辑总是行使编辑的判断。阿里的结论是,任何造成如此多评审争议的论文都必然值得发表。

因此,1986年,我的被称为资源基础观的第一批工作的部分成果发表了。当然,这些论文并不是该领域内发表的第一批论文。第一批发表的该领域论文是战略学者迪克·鲁梅特1984年的著作中的一章"转向企业的战略理论"和伯格·沃勒费尔特(Birger Wernerfelt)1984年发表在《战略管理期刊》上的论文"企业的资源基础观"(A Resource-based View of the Firm)。另外,还有一些其他人的工作,包括彭罗斯(Penrose)1959年和德姆塞茨(Demsetz)1973年的作品,已先于所有上述战略出版物发表。但是,我确信我发表在1986年的论文,特别是《美国管理学会评论》上的那篇关于组织文化的论文和《管理科学》上的那篇关于战略要素市场的论文,帮助建立了后来被称为资源基础理论的基础工作。

当然,在所有这一切艰苦的工作之后,所有这些论文和1986年出版的专著的结果就是——无声无息。波特的框架和基于SCP范式的支撑波特框架的研究,完全占据了战略管理领域的主导地位。学者们研究产业结构、战略群体和一般战略,对企业特定资源和能力并没有什么兴趣,尤其是当那些资源和能力最重要的部分,在属性上有可能是无形的时候。

到1986年,我已经从加州大学洛杉矶分校到了得克萨斯A&M大学。当时,我正决定是否继续留在加州大学洛杉矶分校并申请终身教授职位,那时我仍然只是于1982年在《美国管理学会评论》上发表了一篇论文。看来对我来说较好的选择是离开,尽管在接受得克萨斯A&M大学职位的两个月内,我有三篇论文被录用,并有一本书出版。但是,到得克萨斯A&M大学是一件好事,原因有很多,其中比较重要的一个原因是,我并不希望我现在的三个孩子在南加州成长。我被得克萨斯A&M大学允诺的小城镇学院生活所吸引。因此,我、我的妻子和我们的三个孩子打包了我们的物品,搬到了得克萨斯州。①

---

① 当时,我还有任教宾夕法尼亚大学沃顿商学院的机会。我把选择得克萨斯A&M大学还是沃顿商学院的机会留给我的家人进行讨论。我的儿子,那时大约7岁,问我"到哪里你的旅行更多?得克萨斯州或费城?"我说:"如果我们搬到费城,我可能会有更多的旅行——预期在沃顿商学院可能会存在咨询机会。"他答道,"那么我们就应该搬到得克萨斯州!"这是一个7岁孩子了不起的智慧!

事实证明，A&M大学对我来说很不错。例如，在加州大学洛杉矶分校，战略教师和学生在学问上相当孤立，我们觉得没有为管理学会会议做贡献的强烈愿望，而与当时称为BPP的部门保持联系。① 因此，在加州大学洛杉矶分校，我没有觉得学会推广新的理论观点有多重要。在得克萨斯A&M大学的教师——包括迈克尔·希特（Michael Hitt）、鲍勃·豪斯克森（Bob Hoskisson）、汤姆·特克（Tom Turk）、巴里·贝森尔（Barry Baysinger）、格里·凯姆（Gerry Keim）、哈维尔·吉迈勒（Javier Gimeno）和伯特·凯内莱（Bert Canella）——是管理学会的专家，他们的角色是传播新的研究，我从他们那里学到了很多关于这些问题的知识。而这些是我在来到A&M大学之前没有预想到的。

另外，我在A&M的时候，里基·格里芬（Ricky Griffin）——管理系一个组织行为学同事——被任命为《管理学报》的主编。里基问我是否愿意成为期刊的副主编。我在接受这一职责后不久建议里基由我编辑"资源基础观"的研究特刊，他同意了。

有几个事件导致我决定编辑这个特刊。首先，20世纪80年代末，沃顿商学院的青年教师在新泽西海岸举办了两次会议，我受邀参加，这是我第一次见到康妮·海尔怀特（Connie Helfat）和玛吉·皮特罗夫（Margie Peteraf）。除其他人外，我在这些会议上还结识了辛西娅·蒙哥马利（Cynthia Montgomery）和瑞佛·阿米特（Raffi Amit）。在这些会议上，我第一次在公开场合报告那篇后来成为我1991年发表在《管理学报》上的论文。那篇论文中的想法在会议中的反响似乎相当不错。我和瑞佛·阿米特至今仍津津乐道当时在海滩上的长时间散步。在那一个多小时的时间里，我与他争论资源基础逻辑的理论基础。

基于这一经历，我和玛吉·皮特瑞夫于1990年在旧金山举行的管理学会年会中组织了一个专题讨论。小组成员包括我、玛吉、瑞佛·阿米特、戴维·蒂斯和加思·萨隆（Garth Saloner）。我介绍了后来发表在1991年《管理学报》上的论文，瑞佛介绍了后来成为非常有影响力的发表在《战略管理期刊》上的论文（Amit and Schoemaker, 1993），玛吉介绍了她的具有影响力并屡获殊荣的SMJ论文（Peteraf, 1993）的早期版本，戴维介绍了他后来获奖的发表在《战略管理期刊》上的论文（Teece, Pisano and Shuen, 1977），加思（Garth）发表了一场热烈又很幽默的捍卫博弈论的演说。本届会议，至少可以说，是使人震撼的。

在有了海岸会议和学会的经历之后，我深信，一个具有竞争优势的新理论需要一个论坛发布这些创新的想法，而且，因为我现在是一个副主编，我有能力建立这样一个论坛。

最终，一些论文发表在《管理学报》1991年的特刊上，并且成为在战略管理领域引用最多的论文。事实上，如果我接受了玛吉·皮特罗夫的论文"竞争优势的基石"（Margie Peteraf, 1993, Cornerstones of Competitive Advantage）和蒂斯、皮萨诺和苏恩的论文"动

---

① BPP代表商业政策和规划。

态能力"（Teece, Pisano and Shuen, 1997, Dynamic Capabilities）——两者都已经提交给《管理学报》特刊，后来都发表在《战略管理期刊》上，这个特刊可以有一个更具实质性的影响，但我面临一些空间和时间的限制，没办法尽我所能去争取接受这些论文，这是一个重大错误！

当然，出版这一特刊也给了我一个发表自己论文的机会——在日本第一次提出，被《美国管理学会评论》拒绝了两次，被《战略管理期刊》拒绝了一次。然而，除发表在这个特刊的论文本身的贡献之外，这些论文还引起了对其他一些论文的关注——我和沃勒费尔特、鲁梅特原先发表于 1984 年和 1986 年的论文，这部分工作在 20 世纪 80 年代中期和 90 年代初成为资源基础理论核心。

14.4 回顾与概括

回头来看，我常常想，我在过去二十五年左右的工作是否符合我作为杨百翰大学的一个社会学本科生时为自己设立的标准。在某种程度上，这些标准太高以至于无人能够实现。这并不奇怪，在通常情况下，青年学者为自己和他人所定的标准，往往是不切实际的。这就是由博士研究生评阅的论文几乎都被拒绝了的原因。

然而，如果更合理地看待一个学者应取得的成就，我对资源基础理论的发展、演变以及它的应用情况是感到满意的。资源基础理论很简洁，这有赖于几个看来是非常合理的假设。入流与否纯属个人喜好，所以，在此我将不对其优雅与否做出判断。

它当然有广泛的影响——远远超出我开始这项工作时的预料。例如，当迪克·鲁梅特首先在其 1984 年那本书的章节中，利用资源基础逻辑谈论到一个新的企业理论时；凯特·康纳（在她 1991 年的《管理学报》论文）和凯特与普哈拉德（在他们的《组织科学》论文中）使公司议题的理论成为资源基础观的核心工作。当我致力于我 1986 年和 1991 年的论文时，我并没有预见到这一进展。在战略管理中，资源逻辑用于分析理解公司与行业的影响、特定的资源和能力对绩效的影响，以及企业和公司战略、国际战略和战略联盟的影响。[①]

资源基础逻辑也适用于战略管理以外的领域（Barney and Arikan, 2002）。例如，资源基础逻辑已经成为战略人力资源管理研究的一个核心（例如，Huselid, 1995），它同样影响了管理信息科学文献（例如，Ray, Barney, and Muhanna, 2004）、营销文献（例如，见 Ghingold and Johnson, 1997）、创业文献（例如，Alvarez and Busenitz, 2001）、运营管理文献（例如，Powell, 1995）以及技术和创新管理文献（例如，Stuart and Podolny, 1996）。

而且，令我本人满意的是，资源基础理论确实是一个关于社会不平等的理论。虽然认识到不平等的结果有时可能是低效的，甚至是邪恶的，但资源基础理论的核心信息

---

① 见巴尼和阿瑞肯（Barney and Arikan, 2002）的综述。

是:结果的异质性在社会上是普遍存在的、自然的,并且对我们所有人都是有益的,不管我们处于优势地位还是不利地位。如果企业因为善于处理客户的需求而变得"更好",那么这种不平等的结果完全符合社会福利最大化。

我也想知道,如何概括开发资源基础理论时我的部分经验。毫无疑问,很多经验是——使用资源基础逻辑语言——特殊的,并且有路径依赖的。然而,我还认为,我的经验可能有一些模式会对其他寻求创造新理论的人有所启示。如果将这些观察称为"怎样产生理论的理论"太过于雄心勃勃,更恰当地讲,我将它们描述为从我自己的经验得出的一些关于理论发展进程的假设。①

14.4.1 文献在理论发展中的角色

显然,开发一个好理论的先决条件是对文献的了解。强调这一点,并不意味着学者必须知道关于某个主题的每一篇论文——只有乔·马霍尼(Joe Mahoney)可以做到这一点。但重要的是,要知道文献中的重大理论问题,它们的相关性如何,尤其是文献中缺失的东西。

记得我约见一个很早来到校园的新的博士研究生,他的兴趣是如何在阅读上有一个良好的开端。他来到我的办公室,问我应该阅读什么。沿用比尔·乌奇的例子,我建议他读威廉姆森的《市场和等级制度》,并要求过几个星期再来谈论。这个学生再来时带着他想给我的40页的关于威廉姆森观点的总结。我感谢他,但拒绝了他。我对他的回答是:"我知道你读过这本书,并且能够总结书中的内容。我现在问你的唯一问题是——书中缺少什么吗?"这是这个新博士研究生还没有考虑过的一个问题。一个星期后,我们再次走到一起,并就威廉姆森的书中没有涉及的内容,进行了热烈的讨论。

对于我个人来说,如果我没有深入了解新制度经济学,要对发展资源基础理论做出贡献是非常困难的。尽管这些想法之间的联系是微妙而复杂的②,但情况就是这样。制度经济学为我提供了工具,但更重要的是一种思考问题的方式,这是我在资源基础工作中的利器。但是,制度经济学所缺乏的是——一个严格的关于竞争公司之间不平等的理论——这使我对资源基础的逻辑进行更多的思考。

这说明,一旦人们理解文献,其基本任务是学会忽略已经掌握的。已有的文献既是一个指南,又是一个眼罩。我发现对我自己来讲,太熟悉文献会阻止我产生新的见解。

例如,我记得同马克·汉森(Mark Hansen)会面时,他还是得克萨斯A&M大学的一名博士研究生。③马克写了一篇论文认为——尽管以一个不完整的方式——信任不仅是一种"有效的治理手段"——像威廉姆森和其他人所描述的——它也可以是竞争优势

---

① 因此,这代表我发展"扎根理论"有限的努力。
② 确实,交易费用经济学和资源基础理论之间的联系仍然是今天讨论的话题。例如,见 Lieblein and Miller, 2003。
③ 马克现在是杨百翰大学马里奥特管理学院的教师。

的来源。但是,我已经花了许多年,将交易费用的"眼罩"牢固地戴在我的眼睛上。我花了好几年,加上马克不懈的毅力,才理解他的论点,并能够一起撰写我们发表在《战略管理期刊》上关于可信赖性和持续竞争优势的论文(Barney and Hansen,1994)。

我自己的感觉是,如果博士研究生在做优秀的理论研究时有共同的缺陷,就是他们过分依赖接触到的文献。如果一切仅是回答文献所定义的问题,那么将很少有可能超越文献的研究。只有无视接触到的文献,才有可能除去我们的眼罩,从而在理论上做出创造性的工作。

14.4.2 实证研究在理论发展中的角色

战略管理领域已经被我所说的"完整性规范"所蒙蔽。这一规范表明,一篇单一的论文可以发展一个新理论,从这一理论可得出具体的、可检验的假设,开发适当的数据和方法来检验这些假设,报告结果,并讨论这些成果的理论意义——所有这些都在32页的手稿中完成,这是疯狂的。

写作符合完整性规范的论文,通常意味着作者必须在论文的某些方面做出妥协。一般而言,我们大多数的期刊,论文被简化的部分是理论章节。对于大多数实证性工作,理论意味着:你的研究问题与以前的大量文献相关,并发展了一些新的假设;这些假设通常需要不超过一个段落的理由予以说明。事实上,不太夸张地说,大多数实证研究论文几乎没有新的理论。

看看战略研究中开创性的理论论文和书籍,如比尔·乌奇常说的那样,"这些开创性的贡献中,唯一的数字就是页码"。[①] 向理论的传统实证检验过快地转移,可以毁灭创造性努力。

例如,我记得20世纪80年代早期的某个时候,我提交了一篇关于交易费用的论文到管理学会会议。在介绍完一个我认为不错的观点后,有人在房间的后面举手并提问说:"我真的很喜欢你的观点及其意义。我只有一个问题——你如何测量交易费用?"现在我知道,这是错误的问题。即使可以测量交易费用——如果它们很容易被测量,测量的结果真的是交易费用吗? 这一理论的目的是,告知在广泛的经验现象分析中,许多内容可以用传统的经验方法研究。

我于1991年发表在《管理学报》的论文中报告问题框架时碰到了这个问题。博士研究生们经常问我如何测量价值、稀有性、模仿性和可替代性。我笑着回答,他们真正要问的,是如何容易地测量这些变量。答案显然是,这个框架从来没有设计以价值、稀有性、模仿性和可替代性作为自变量,以公司业绩作为因变量的直接检验。相反,我总是认为,这个框架的目的是要引导学者思考资源的属性,这些属性使得资源成为宝贵

[①] 这一断言的一个例外是科格特(Kogut,1991)关于实物期权的论文,论文开发了新的非常有趣的理论并且有实证检验。

的、稀有的、高模仿成本和不可替代的东西,并通过这一努力,使得资源基础逻辑的实际意义可以被建立和检验。如果我觉得我写的每一篇理论论文,都应包括一个实证检验,就没有多少理论可以发展。

所以,如果你想专注于开发理论,就要避免过快地转向传统的实证研究。另一方面,我的经验是,让自己沉浸在实际组织现象中是非常重要的。从这个意义上讲,如果没有咨询经验,我就不会那么快地提出问题:"为什么一些公司的绩效比其他公司好。"咨询给了我一个机会去探索,我现在称之为"理论的机会"。

理论的机会是任何表面上不符合现有理论的实际商业现象。在这种环境中,只有两种可能的解释:第一,你没有真正理解现象,通过更多的了解,该现象和现有的理论之间并没有真正的冲突;第二,要么现有理论是错误的,要么现有理论需要以新的方式拓展,以处理这些现象。其中,任何一种结果都与重大的学习机会息息相关。

在我的职业生涯中,我很少做传统的实证研究。相反,咨询就是我的实证研究。通过试图理解为什么在一个特定环境中理论并不适用,我学到了很多相关的理论,有时不得不开发新的理论。①

14.4.3 管理实践与理论发展

在这个商业畅销书时代,许多战略管理学者似乎相信,有可能通过解决管理问题开发好的理论,但这不是我的经验。我的经验是,最好的理论源于解决由理论衍生而来的问题,而不是解决实践中的问题,学者们解决理论问题,而不是经理们所关注的实践问题。

首先,这一原则似乎与咨询在我自己的理论发展进程中所发挥的作用相矛盾。的确,当一个人被聘请为顾问时,人们期望他/她帮助管理者解决问题。解决管理问题的过程——就像任何好的实证工作一样——可能有助于开发新的理论。然而,对我来说,发展这一新的理论的首要目的,是解决一些理论问题,其次才是解决实际问题。

当然,如果我们开发的理论对管理人员和公司产生影响,我并不感到震惊。事实上,战略学者开发的有着广泛管理影响的理论并非罕见。我认为这是一种"幸福的意外"。我开发理论的动因是解决理论问题,而不是解决管理问题。

我承认,这一观点与一些被广泛认同的商业学者和实践者之间的关系相矛盾。其中的一个观念是,实践者通常会引导学者——那就是,最好的学者描述实践者的行动并合理地将这些行动与理论相联系。因此,可以肯定的是,实证研究者假设管理人员按照与某种特定的理论一致的方式行事,以便产生符合理论预期的数据。

然而,在我的职业生涯中,我只遇见了极少数同时也是很好的理论家的管理人员。事实上,他们通常在这方面的表现相当差。例如,如果问任何成功的企业家,为什么他

---

① 当然,学者们可以使用其他机制将自己嵌入实际的组织现象,包括深入的案例研究。但是,我个人有点怀疑学者们通过研究大量的二手数据而发现许多理论机会的能力。"嵌入在一个数据集中"对我而言,同"植根于组织的现实"是不一样的。

们成功,他们将提供一些如下回答版本:"我工作努力,敢于承担风险,我周围有好的人才。"到一个失败的企业家那里问究竟发生了什么,他们会说,"我不知道。我工作努力,敢于承担风险,我周围有好的人才。"理论表明,仅仅是勤奋工作、承担风险和周围有好的人才,对创业成功是不够的。事实上,由于运气在企业家努力过程中的作用,这些特征可能根本不是企业家成功的必要条件。然而,很少有企业家有足够广泛的经验,以便能够发展这种一般性的理论。

那些从事具体实践的人和那些从实践中抽象出理论的人之间存在着社会分工。正如经理人——而且应该——怀疑理论家管理一个真实公司的能力,理论家也应对经理人产生理论的能力持怀疑态度。

14.4.4　开发理论工作体系

最后,我认为那些真正对开发理论感兴趣的人,必须学会问大的理论问题,一篇论文一个问题。为了将你自己研究的特定领域与社会科学中更广泛的领域相联系,问大问题是非常重要的。在商业界像"为什么有些公司超越其他公司"这样有趣的问题,在我看来实际上是试图了解社会不平等时,它便成为一个更有趣的问题。从某种程度上说,如果战略管理学者可以说一些与社会基本问题有关的这样或那样的问题,我认为作为学者,我们的影响将大大增强。

然而,从更实际的角度来看,在一篇单一的论文中,很难回答"大问题"。即使该论文存在纯理论的贡献,也避免不了这种情况。在一篇单一的论文中回答"大问题"通常是抽象和模糊的,也很难被理解,而且几乎从来不会被发表。所有这一切都表明,那些对攻克"大问题"有兴趣的人,自己必须学会把大问题分解成小的组成部分。其中,每一项在一个单独的论文中处理。

例如,在我的资源基础观工作中,有一点很明显,即为了表述整个模型,我会撰写并发表八篇论文。这是在发表了1991年《管理学报》上的论文后不久,我才意识到的。在接下来的三年中,我开始写作和修改这些论文,以便它们能够发表。当我完成这些论文后,我相信,资源基础理论的重要观点已经在这些文献中了。

14.4.5　理论发展过程中的同事和朋友

除了这些有关如何创建新理论的意见,我认为在过去的25年中最重要的事情,是我知晓了同事和朋友们在我做学问的进程中所扮演的角色。在我的职业生涯刚开始时,我把其他教授看成是竞争对手。认为发表论文的过程几乎就是一个"零和"游戏——如果他们发表了一篇论文,我将无法发表。当然,这完全是无稽之谈。

事实上,你的同事可以是你的朋友,在非常孤独的学术旅程中,他们可以为你提供重要的支持。此外,这些同事和朋友可能是新的思想和见解的来源。我认为,一旦改变观点,将其他教授看成我可以学习的同事,而不是竞争对手,我的理论贡献的质量就有所改善。

当然,我并不是说我和我的同事之间没有强烈的分歧,这是有益的和自然的——部分不可避免的不平等结果,在生活中让我着迷。这些辩论丰富了我的论点,并加强了我的理论选择。但是,这些辩论和朋友之间的分歧,旨在加强各方的理解,而不是零和成果辩论——我赢你输!

14.5 结论

最后,我自己的经验与我所有的书面表达相一致。特别是研究,它本身是自我启示性的。写作本章给我一个独特的机会,以反映我自己工作的基本核心问题。在这个过程中,我有机会重新发现过去的影响,它将我塑造成我想成为的那种人,以及我所做的事。

不平等的问题——它的存在、公正性以及更广泛的意义——是我做的所有工作的核心。我在商业企业背景下检视这些问题,纯粹是个人喜好和机会使然——毕竟,耶鲁大学管理学院的街对面是社会学系。在我的方法中,我迷恋交易费用和新制度经济学(伴随着最初的困惑),并大量采用经济学观点(这表明我早期对组织社会学的不满)。虽然严格说来,资源基础理论并非新制度经济学的一个例子,但是,这两个理论拥有思考经济问题的共同方法。

我希望将来能够将我的兴趣从研究各组织之间的不平等拓展到研究更普遍的社会不平等现象。这需要回到我学术和个人的本源。或许从本源上可以诞生一些新的想法——这些想法也许会关于企业和企业在其中运作的广大社会之间的关系。

参考文献

ALVAREZ, S. A., and BUSENITZ, L. W. (2001). The entrepreneurship of resource-based theory. *Journal of Management*, 27: 755–775.

AMIT, R., and SCHOEMAKER, P. (1993). Strategic assets and organizational rent. *Strategic Management Journal*, 14: 33–46.

BARNEY, J. B. (1986a). Organizational culture: Can it be a source of sustained competitive advantage? *Academy of Management Review*, 11(3): 656–665.

—— (1986b). Types of competition and the theory of strategy: Toward an integrative framework. *Academy of Management Review*, 11(4): 791–800.

—— (1986c). Strategic factor markets: Expectations, luck, and business strategy. *Management Science*, 32: 1231–1241.

—— and ARIKAN, A. (2002). The resource-based view: Origins and implications. In M. A. Hitt, R. E. Freeman, and J. S. Harrison, *The Blackwell Handbook of Strategic Management*: 124–188. Malden, Mass.: Blackwell.

—— and HANSEN, M. H. (1994). Trustworthiness as a source of competitive advantage. *Strategic Management Journal*, 15: 175–190.

—— and OUCHI, W. (1986). *Organizational Economics: Toward a New Paradigm for Studying and Understanding Organizations*. San Francisco: Jossey-Bass.

CONNER, K. (1991). An historical comparison of resource-based theory and five schools of thought within industrial organization economics: Do we have a new theory of the firm here? *Journal of Management*, 17(1): 121–154.

DEMSETZ, H. (1973). Industry structure, market rivalry, and public policy. *Journal of Law and Economics*, 16: 1–9.

GHINGOLD, M., and JOHNSON, B. (1997). Technical knowledge as value added in business markets. *Industrial Marketing Management*, 26(3): 271–280.

GRANNOVETTER, M. (1973). The strength of weak ties. *American Journal of Sociology*, 78: 1360–1380.

HANNAN, M. T., and FREEMAN, J. (1977). The population ecology of organizations. *American Journal of Sociology*, 82(5): 929–964.

HUSELID, M. (1995). The impact of human resource management practices on turnover, productivity, and corporate financial performance. *Academy of Management Journal*, 38: 635–672.

JENSEN, M. C., and MECKLING, W. H. (1976). Theory of the firm: managerial behavior, agency costs and ownership structure. *Journal of Financial Economics*, 3: 305–360.

KOGUT, B. (1991). Joint ventures and the option to expand and acquire. *Management Science*, 37(1): 19–33.

LIEBLEIN, M. J., and MILLER, D. J. (2003). An empirical examination of transaction- and firm-level influences on the vertical boundaries of the firm. *Strategic Management Journal*, 24: 839–859.

MERTON, R. K. (1949). *Social Theory and Social Structure*. New York: The Free Press.

PENROSE, E. T. (1959). *The theory of the growth of the firm*. New York: Wiley.

PETERAF, M. (1993). The cornerstones of competitive advantage: A resource-based view. *Strategic Management Journal*, 14(3): 179–192.

PORTER, M. E. (1980). Generic competitive strategies. *Competitive Strategy*. New York: Free Press, 34–46.

POWELL, T. C. (1995). Total quality management as competitive advantage: A review and empirical study. *Strategic Management Journal*, 16: 15–37.

RAWLS, J. (1971). *A Theory of Justice*. Cambridge, Mass.: Harvard.

RAY, G., BARNEY, J. B., and MUHANNA, W. A. (2004). Capabilities, business processes, and competitive advantage: Choosing the dependent variable in empirical tests of the resource-based view. *Strategic Management Journal*, 25(1): 23–38.

RUMELT, R. (1984). Toward a strategic theory of the firm. In R. Lamb (ed.), *Competitive Strategic Management*: 556–570. Englewood Cliffs, NJ: Prentice-Hall.

STUART, T. E., and PODOLNY, J. M. (1996). Local search and the evolution of technological capabilities. *Strategic Management Journal*, 17: 21–38.

TEECE, D. J, PISANO, G., and SHUEN, A. (1997). Dynamic capabilities and strategic management. *Strategic Management Journal*, 18(7): 509–533.

WERNERFELT, B. (1984). A resource-based view of the firm. *Strategic Management Journal*, 5: 171–180.

WILLIAMSON, O. (1975). *Markets and Hierarchies*. NY: Free Press.

第15章 组织有效性:在积极组织学说中的湮灭与再生

金·卡梅伦

在过去的20年间,组织研究的文献发生了一个根本性的转变。尽管组织有效性(organizational effectiveness)的概念曾经在组织研究中作为主导决定变量,并在有关组织成功的讨论中处于中心位置,但它已逐渐失宠,在很大程度上被对单一成果指标的重视取代,这些指标诸如股票价格、生产率、财务比率、差错率或客户忠诚度(Cameron and Whetten,1996)。一位著名的研究组织有效性的学者得出结论:事实上,组织有效性作为一个研究主题已告完结(Whetten,2004)。将其终结的是"有效性警察"(validity police)(Hirsch and Levin,1999),它们往往倾向于丢弃无用的和不可测的概念。组织有效性在理解组织绩效的过程中,被看作是无趣和徒劳的而遭弃用。

由于有效性是一种"构念"(即,其含义是人为创建的,并没有统一的有效性指标),在组织研究的文献中,其他更为直接和可量化的概念已经在很大程度上将其取代。具有讽刺意味的是,亚马逊网站上的一个不经意的综述,揭示了超过60本书籍的标题中出现了"组织有效性",然而,只有大约20本出现在过去的10年间。此外,在ProQuest上使用"组织有效性"一词搜索,可以产生过去5年内发表的36篇学术期刊论文,却没有任何一篇出现在最著名的组织研究期刊中(例如,AMJ,AMR,ASQ,*Organizational Science*,ROB)。此外,事实上,这些新近的参考文献,没有任何一篇把组织有效性仔细、精确地定义为一种构念,或在研究调查中视其为中心变量。相反,有效性被用来作为一项一般化的成功指标,并且最常作为一个单一维度的结果变量被使用。

本章的目的,是为了确定组织有效性这一概念的学术发展——其在组织研究文献中的兴起与陨落——并介绍一种新兴的方法,该方法有望重振人们对这一主题的兴趣。本章的第一部分综述了主要的组织理论方法,从这些方法中,引出了五个关键的组织有效性模型。这些模型在近几十年中产生了大量组织有效性文献,并最终整合到一个整体框架中。第二部分着重突出与对有效性进行实证研究相关的一些方法问题,以说明有效性研究几乎消失的另一个原因。本章的最后一部分介绍了一种新兴的有效性研究方法,该方法补充并有望重新引起对组织有效性这一一般性课题的兴趣。这一新方法聚焦于积极的组织学说,即积极的偏差与出色的业绩,这一研究延伸并超越了在过去被认为是有效绩效的传统水平。本章最后简要概述了这一有效性研究的新方法,并在结论部分为今后的研究方向提供了建议。

15.1 组织有效性的基础

组织有效性的早期模型强调"理想类型",即将某些属性最大化的那些组织形式。韦伯(Weber,1947)对于官僚制度的特征描述,是最明显也是最著名的例子。这种组织的"合理—合法"形式的基础是,规则、平等对待所有的员工、将人与其岗位分离、基于技能和专业知识进行人员配置和提升、具体的工作标准以及将工作业绩记录在案。这些原则被转化为官僚体制的维度,包括程序正式化、工作专门化、做法标准化以及决策集中化(Perrow,1986)。

官僚模型在有效性课题上的早期应用提出,效率是对于绩效的恰当衡量。例如,避免不协调的、浪费的、模棱两可的活动。也就是说,一个组织越接近理想化的官僚特征,就越有效(即有效率的);越专业化、正式化、标准化以及集中化,就越佳。

然而,随后的学者们质疑了这些假设,他们认为,最有效的组织实际上并不官僚。例如,巴纳德(Barnard,1938)认为组织的核心是合作系统。因此,一个有效的组织主要是通过制度化的目标和决策过程建立渠道并指导合作进程来取得富有成效的结果。巴纳德的工作导致了另外三个理想类型组织的研究方法:塞尔兹尼克(Selznick,1948)的制度学派、西蒙(Simon,1956)的决策学派、罗特利斯伯格和迪克森(Roethlisberger and Dickson,1947)的人类关系学派。每个学派都代表了一个组织追求的理想状态。例如,共享的目标和价值观念、系统化的决策过程,以及协作实践。尽管其信徒们在判断有效性时,对于理想化的绝对标准持不一致态度,但他们都赞成,依据某种理想化的标准,有效性应是可测的。

多年来,理想化类型不断发展衍生,包括目标达成(Price,1982)、一致性(Nadler and Tushman,1980)、社会公平(Keeley,1978)和解释系统(Weick and Daft,1983)。然而,理想类型的倡导者们相互矛盾的主张所累积起的挫败,导致组织有效性的"权变模型"的提出。这一观点认为,有效性不是一个组织在多大程度上所反映出某一理想状况品质的函数,而是由组织的属性与其环境条件的匹配性所决定的。

伯恩斯和斯托克(Burns and Stalker,1961)对于有机式和机械式组织类型的区别,代表了从理想类型到权变模型的一个早期过渡。这些作者认为,机械式组织(如,那些反映了韦伯官僚维度的组织)最适合于高度稳定和相对简单的环境。与此相反,有机式组织(例如,那些反映巴纳德协作维度的组织)更适合于迅速变化、高度复杂的情况。这个想法产生了若干基于有效性的权变观点的重要研究项目。在劳伦斯和洛尔施(Lawrence and Lorsch,1967)针对多个行业的研究中,差异性和整合度被用来预测有效性;在英国的阿斯顿(Aston)研究项目(Pugh, Hickson and Hinings, 1969)中,结构性安排被用来预测有效性;在范德耶和费里(Van de Yen and Ferry, 1980)开发《组织评估调查》(Organizational Assessment Survey)时,不同的流程和设计特点被用来预测有效性。所有这些研究都得出结论:有效性评估因环境情况而有所不同。与稳定且要求不高的环境相比,复杂且变化的环境会引致更多适当的有效性标准。

当经济学家与组织理论家开始对解释跨越组织边界的交易,以及组织与外部相关各方的相互作用产生兴趣时,第三个变化发生于组织概念之中。这强调突出了在解释一个组织的绩效时,多种利益相关者的相关性(例如,Williamson, 1983; Connolly, Conlon and Deutsch, 1980; Zammuto, 1984)。有效的组织被视为,拥有战略性关键利益相关者需求和期望的准确信息,并且因此而调整其内部组织活动、目标和战略,以符合这些要求和期望。这一观点认为,组织是在动态的力场中弹性运作的实体,力场会在不同方向上塑造组织的形态和做法,即依照强大利益集团的要求塑造组织。这些利益团体包括股东、工会、监管机构、竞争对手和客户等。因此,有效性是一个多种品质的函数,这些品质包括学习、适应能力、战略意图和反应能力。

15.2　组织有效性模型

从这些关于组织本质、相关特征及维度,以及其关键的有效性标准的不同观点当中,自然地产生了多样的组织有效性模型。关于何种方法最佳、何种模型最具预测性,以及何种标准最适合测量的争论,常见于20世纪70年代和80年代最典型的组织研究文献。

其中,五种模型成为科学调查中最著名且最被广泛使用的代表。例如,普赖斯(Price, 1982)和布鲁顿(Bluedorn, 1980)认为,目标模型是最适当的选择模型,即组织是否有效取决于其完成既定目标的程度。西肖尔和余诗曼(Seashore and Yuchtman, 1967)以及普费弗和萨兰西克(Pfeffer and Salancik, 1978)提出资源依赖模型,即组织是否有效取决于其获取所需资源的程度。纳德勒和托什曼(Nadler and Tushman, 1980)以及卢因和明顿(Lewin and Minton, 1986)提出了一个内部和谐模型,即组织是否有效取决于其内部职能化是否一致、是否得到有效组织、是否没有过度使用情况。康诺利、康伦和多伊奇(Connolly, Conlon and Deutsch, 1980)以及徐(Tsui, 1990)主张,战略区域模型是最好的,即组织是否有效取决于其是否满足其主要利益相关者或战略相关者。利克特(Likert, 1961)和阿吉里斯(Argyris, 1960)倡导人与人之间的关系模型,认为组织是否有效取决于其是否能使员工投入,并提供一种协作的环境和氛围。其他一些不太知名的模型也不断出现(例如,合法性模型、故障驱动模型),表15.1概括了在这段时期内五种最被认可的组织有效性模型。同时,也指出了每种模型在何种条件下最有用。

表 15.1 最著名的组织有效性模型

模型	定义	适合程度
	组织有效,如果:	模型最有效,当:
目标	它实现了既定目标	目标是明确、公开、协商一致、有时限和可衡量的
系统资源	它获得了需要的资源	资源和产出明显相连
内部过程	它能够顺利运转,没有紧张感	过程和结果明显相连
战略性团体	所有的团体至少是最低程度的满意	团体拥有在组织中或组织之上的权力
人类关系	成员对此感到满意并且产生合作	协调的努力与和谐直接和结果相连接

资料来源:改编自 Cameron,1984。

一个有助于整合这些不同的模型并已考虑到其不同假设的框架,是竞争价值框架(Quinn and Rohrbaugh,1981;Cameron,1986;Cameron and Quinn,1999)。这一框架在实证开发之前,已经提出了一份全面的标准列表(该列表在 1980 年之前已被用于评估组织有效性),用于设立多维度量程序。这些有效性的标准集中在一起,形成四组,分别通过垂直和水平的维度分隔开来(见图 15.1)。这些标准集显示出,如果某些组织表现出弹性、变化和适应性,它们就是有效的。另一些组织如果表现出稳定、秩序和控制,它们也是有效的。在垂直维度上,一端是强调可预测性、稳定性和机械过程的有效性标准;另一端是强调活力、调整和有机过程的有效性标准。此外,一些组织如果保持有效的内部流程和一致性,就是有效的;而其他一些,如果保持竞争的外部定位以及与利益相关者有关的好斗性,则是有效的。在水平维度上,一端是强调内部维持的标准,另一端是强调外部定位的标准。横轴和纵轴的每一端所代表的相互竞争或相互冲突的强调点,构成了"竞争价值框架"的雏形。

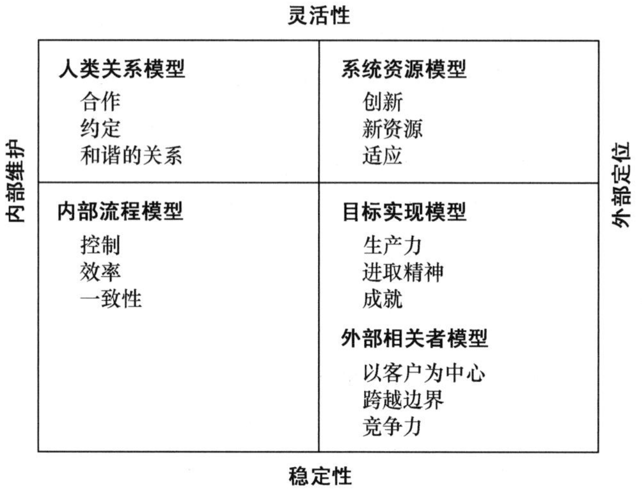

灵活性

| 内部维护 | 人类关系模型
合作
约定
和谐的关系 | 系统资源模型
创新
新资源
适应 | 外部定位 |
| | 内部流程模型
控制
效率
一致性 | 目标实现模型
生产力
进取精神
成就
外部相关者模型
以客户为中心
跨越边界
竞争力 | |

稳定性

图 15.1 组织有效性的竞争价值框架
——五种著名模型的整合

这些标准集中在由此产生的四个象限中,代表了对立的或相互竞争的有效性模型。具体来说,位于对角象限中的关键有效性标准,是相互对立的。例如,左上象限与人类关系模型一致,即强调团结、和谐、协作和协调的标准。右下象限与目标实现以及外部相关者模型是一致的,即强调生产力、达成结果、竞争和盈利的标准。一个象限强调柔和、以人为本的标准,而另一象限强调刚性、竞争的标准。类似地,右上象限与有效性的新资源获得(系统资源)模型相一致,即强调增长、创新、新产品和改变标准;而左下象限强调内部流程模型,即错误减少、标准化进程、测量和成本控制标准。一个象限聚焦于变化、创新和新的资源;而另一个强调效率、质量控制和耐久性。

这些在每个象限中相互竞争或对立的标准,揭示了竞争价值框架一个最重要的特征:矛盾的存在性与必要性。卡梅伦(Cameron,1986)、维克(Weick,1976)、彼得斯和沃特曼(Peters and Waterman, 1982)以及艾森哈特和韦斯科特(Eisenhart and Wescott, 1988)都认为,效率本身就是自相矛盾的。有效的组织同时在竞争性的象限中运作,并显现出矛盾的特征。例如,我对若干实证研究综述所得出的结论是:

> 这些一般性的发现表明,组织中存在这些同时发生的对立面,而且是十分高效的,或者说提高了有效性,尤其是在不稳定的条件下……这不仅是因为存在着相互排斥的对立面而使其变得有效,更是其创造性的跳跃、灵活性以及统一使其所带来的卓越成为可能……矛盾属性中所产生的创造性张力,有助于培育组织有效性(Cameron,1986:549)。

除了确认矛盾张力的必须性是组织效率的一种条件,竞争价值框架还提供了关于有效性的几种其他理论预测。例如,有证据表明,当管理能力最强的象限与组织文化占主导地位的象限相匹配时,组织有效性较高。运用竞争价值观四分象限考查并购,发现兼并收购的有效性和成功,与兼并组织文化概况的一致性是密切相关的。当各个象限都最大限度地追求财务战略时,公司的财务绩效比只有一个或两个象限追求财务战略(这是最常见的状况)明显要高得多。从长远来看,根据一个组织生命周期的不同阶段中成为主导的象限情况,有效性可以得到显著预测。当与创新和创造力相关的活动作为改善战略的一部分,与所有的四个象限都相互关联时,组织有效性显著提高(具体解释,参见Cameron and Quinn,1999;Cameron et al.,2005)。

15.3 有效性小结

尽管竞争价值框架很可能被认为是最全面的,但是实际上,没有任何有效性模型显现出普适性。关于有效性模型的困惑,使一些学者已经变得非常沮丧。事实上,为此他们提出了一个建议,"对所有组织有效性的研究、组织有效性的书籍,以及组织有效性的章节延期再议"(Goodman,Atkin and Schoorman,1983:4;Hannan and Freeman,1977)。

针对这种混乱和抵制,组织研究的文献和管理学会年度会议上的讨论提供了一系列建议,以解决问题和澄清方法(Cameron and Whetten,1983)。其主要目标是为了澄清这一构念,促进更多的研究。文献中出现了五个结论(见 Cameron,1986)。

1. 尽管被含糊不清的定义和模型所困扰,组织有效性的概念是组织科学的核心,在理论和研究中均不能被忽视。一切组织理论都依赖于有效业绩和无效业绩之间的一些概念差别。究其核心,组织理论试图去解释有效绩效。因此,有效性具有重要的理论相关性。根据经验,有效性通常是组织研究的最终决定变量。例如,结构和环境、设计和创新、适应性和不确定性之间的关系十分重要,因为其结果最终导致组织有效性。从实用角度来说,消费者、客户、资源提供者、管理人员、监管机构、成员以及组织中的其他利益相关者,正不断面临对有效性做出判断的需要。获得最大的价值、最好的回报或最好的结果,很大程度上取决于判断哪个组织运行最有效。

2. 由于没有任何一个组织的概念化是全面的,所以,没有任何一个有效组织的概念化是全面的。作为描述一个组织变化的隐喻,组织有效性的定义或适合模型也是如此。由于使用了新的隐喻,20世纪出现了许多有深刻见解的科学性突破。例如,通过借鉴来自生物学的开放系统隐喻(如 McKelvey,1982),来自政治学的社会契约隐喻(如 Keeley,1978),来自经济学的交易成本隐喻(如 Williamson,1983),来自工程学的力场隐喻(如 Lewin,1951,1997),或来自计算机科学的网络隐喻(如 Baker,2000)。每当有新的隐喻被使用,组织现象的某些不明显的方面就得以揭示,而用其他隐喻则无法做到这点。事实上,隐喻的有用性,在于它们拥有某种程度的不真实,从而使新的图像和联系出现。对于组织的概念化来说也同样如此。例如,当视角从一个作为社会联结点的组织变为一个开放的系统设计时,有效组织的概念化发生了变化,随之变化的还有表明成功绩效的合适标准。组织有效性的多重模型,是多重组织概念的产物。既然没有任何一个组织的概念可以证明比其他的好,那么也就没有任何有效性的模型从本质上优于其他模型。例如,把组织作为连接各有关方的网络,相对于把组织作为一个信息处理实体,并不存在孰优孰劣。

3. 一套多数人一致认为最好的、充分的有效性指标,是不可能得到的。标准是以个人的价值观念和偏好为基础的,不存在特定的概念范围。从定义上来说,构念本身没有客观的所指,它们是个人用以解释现实的主观抽象。因此,有效性的判断基于个人所持有的对于组织的价值观和偏好,这些价值观和偏好往往在不同的领域中相互矛盾,并且偏好很难得到个人自身的确认。几名研究人员已得出结论,人们所说的偏好,与其行为所表明的偏好,并不总是一致的(Slovic and Lichtenstein,1971;Nisbet and Wilson,1977;Argyris and Schon,1978)。偏好会随时间变化,并随环境的变化而不同,并且最重要的是,个体会同时具有自相矛盾的偏好,这些偏好为组织所同时追求。举例来说,增长和稳定、效率和弹性、高投资和高回报、自主权和控制,以及关怀互爱和激烈竞争往往同时在组织中被追求,所以,它们必须通过先后顺序(Cyert and March,1963)、满意度(Simon,1948)和渐进的方式(Lindblom,1959)进行管理。

然而，需要特别关注的是，有效性的评估者往往武断地选择模型与标准，这主要取决于便利与否。最近一篇有效性的文献综述发现，超过80%的用于评价有效性的标准，与其他研究中的标准大相径庭。最常用的标准是一个单一的、由组织内受访者所给出的有效性整体评级。很少有评估者对其为何选择正在使用的标准的假设做出清楚解释，并且很少有作者描述对于有效性的最适当替代指标的任何理性思考。由于有效性的概念边界不明，有关何种标准是有效性指标，何种标准是有效性的预测指标，以及何种标准是有效性的成果指标，往往并不清楚。例如，客户的满意度可以是三者之中的任何一个。总而言之，在许多使用有效性一词的文献中，其报告的结果不仅不一致，而且有失严谨。

4. 不同的有效性模型对于在不同环境中的研究是有用的，其效用取决于组织有效性调查所设置的目的与约束条件。对于每一个受欢迎的有效性模型，其最有可能应用的情况（例如，当目标是具体的、可测量的、有时限的、公开的时候，便使用目标模型）不具有普遍性。没有一种模型可包含所有突发事件，或适用于所有场合。每个模型都有其自身的侧重点和优势。尽管已在一些研究中发现了某些标准组合的使用，但没有任何模型可在评估中直接取代其他模型。关于何种有效性模型最佳或正确的争论，很大程度上是离题的，因为各种模型更可能是相互补充而非相互取代。即使是试图包含和组织其他受欢迎的模型的竞争价值框架，也不能被称作评估有效性的普适模型。

5. 组织有效性是一个问题驱动，而非理论导向的概念。如上所述，由于组织有效性并不存在单一的模型或标准，所以不可能有单一的有效性理论。这并不意味着不能为特定的有效性模型发展多重理论。这只是说，预测变量以及与一种模型相关的关系，可能无法适用于其他模型。尽管这样，围绕组织有效性的基本问题不是理论问题，而是标准问题。个体正不断面临对组织有效性做出判断的需要，并不断做出有关有效性的实用性选择，如将关闭哪所学校，投资哪家公司，等等。因此，任何一个有效性调查者所面临的首要任务，在于决定适当的指标和标准，这是评估的问题而不是理论的问题，这是评估者和管理者的主要关注点。

更具体而言，研究人员所选择的有效性指标，其界定往往过于狭窄或过于宽泛，或者根本与组织的业绩无关。例如，个人或团体的有效性，不一定必须与组织的有效性相同。然而，诸如个人需求满意度（如Cummings, 1983）、小团体凝聚力（如Guzzo, 1982）、经济福利（如Nord, 1983）或社会正义（如Keeley, 1978）之类的指标，作为单一组织的有效性指标出现在一些文献中。此外，诸如组织架构、决策过程、文化、就业设计、质量、客户满意度和环境响应之类的变量都等同于有效性，但它们可能是有效性的前因或后果，也可能是有效性的指标。甚至是最普通的标准，如盈利能力、生产力、股东价值，不一定必须与有效性同义。关于这一点有许多著名的例子，有的公司有着高额收益或股票价格不断上涨，结果发现它们并非有效（如安然、泰科）。因此，围绕有效性的关键问题，通常是一个实际问题：如何确定适当的指标、标准与衡量方法。

换言之，与有效性相关的实际问题，主导着理论关注点。因此，调查人员更可能沉浸于评估和标准的选择问题，而非对理论的关注之中。

15.4 关于有效性的方法论挑战

由于严格的有效性评价，比仅仅用单一的、普遍性的评估（如对于有效性的认知判断），或单一的数值指标（如盈利率）作为有效性的代理要复杂得多，人们创建了许多指导方针以协助有效性的研究者系统性地评估这一构念。这些指导方针以七个问题的形式展现，目的是协助研究人员选择适当的有效性标准，并帮助他们建立一套可比的有效性研究（Cameron and Whetten, 1983, 1996）。也就是说，通过仔细和系统性地选择有效性标准，来比较有效性的定义和方法是有可能的，积累性的发现能够出现理论命题。

任何关于组织有效性的评估，都应当考虑这七个指导方针。也就是说，每个有效性的研究者，自觉或不自觉地关于这七个问题进行选择，并特意阐明其所做出的哪些选择，将大大提高比较研究的可能性。

1. 何时应用框架？短期影响可能与长期影响有所不同，在组织生命周期中的不同阶段，可能会产生不同水平的绩效。例如，与运用长期标准或评估一个成熟的生命周期阶段的有效性相比较，短期的标准或衡量早期开发阶段的有效性，可能会导致非常不同的结论。

2. 使用何种层次的分析？在一个组织中，不同层次的有效性分析（如分支单位的活动、个人行为、组织业绩）可能是矛盾的、不一致的。例如，分支单位可能会茁壮成长，尽管其上级的组织可能相对于行业的表现处于衰退状态。

3. 从谁的观点来做出有效性判断？不同的利益相关方定义有效性时所采用的标准往往显著不同（如客户的偏好与董事会的命令），一般会遵从某一特定利益相关方的利益。不同相关方的有效性标准偏好，可能相互冲突。

4. 有效性判断应聚焦在哪些活动领域？没有评估能说明一切，在一个活动领域实现高水平的有效性，可能会妨碍另一个领域中的有效性。例如，财务标准可能与员工福利标准相冲突。

5. 判断有效性的目的何在？评估目的的变化，可能改变结果和最相关的标准。例如，与为了降低成本或缩小规模的目标相比较，若评估的目的是为了改善组织主动性，可能需要不同的指标。

6. 哪种类型的数据被用于判断有效性？正式文件、组织成员的观点、参与者的观察，或是文化性或象征性器物，都可能产生关于组织有效性的不同结论。例如，众所周知的一个不幸消息就是，主观感知调查和客观财务措施具有极弱的相关性。

7. 何为有效性判断的参照物？不存在通用的绩效评价标准，并且不同的标准会产生不同的有效性结论。例如，与行业平均水平比较，与过去的增长曲线比较，与最佳竞争对手比较,或与定期目标比较,可能会得到不同的结论。

阐明关于有效性的五个主要结论,以及开发用于评估有效性的七项指导方针的目的在于,直接引起那些倡议在组织研究中丢弃有效性构念的人的关注。我们假设,对关于有效性的知识做一小结,将有助于组织有效性工作的蓬勃发展。寻求有效性研究的关键论点是:第一,组织有效性位于所有模型和组织理论的中心位置。第二,有效性是组织研究中的最终决定变量,并且在大多数关于组织的研究中,都需要有效业绩的论据。第三,个人不断面临做出组织有效性判断的需要,并不断做出关于有效性的实用性选择。第四,自觉根据七个评估指导方针来创建参数,从而使得有效性评估可用于做比较(Cameron and Whetten,1996)。

然而,尽管拥有这一目标,学术研究仍在很大程度上中止了始于20世纪90年代的组织有效性的课题。从1975年至1985年期间,管理学会的各类期刊(期刊、评论和实践)和《管理科学季刊》上发表了总数超过20篇题目中出现"组织有效性"的论文。但自那以后只有一篇论文(Tsui,1990),而没有学术性著作出现。而在从2000年开始至今的36篇学术期刊论文中,只有1篇出现在组织研究的主流期刊上(*Journal of Management Studies*)。此外,在亚马逊网站上的650多本标题中有"组织有效性"的书目中,只有20本是在过去的10年里出版的,并且其中没有1本是学术著作。代表性的标题包括:《组织有效性的人类工效学设计》《通过宽带改善组织有效性》《组织有效性:心理学的作用》《通过转型的领导力改善组织有效性》。教科书或咨询论文占据了列表的主导地位,并且没有书籍声称,对组织有效性的定义或维度做出了实质性贡献。

当然,弃用有效性的原因难以猜测,但至少组织研究文献中有一个主要趋势,可能有助于解释关于组织有效性概念和方法的检验为何中止。这是由于过去十年中,在组织研究中大大加强了对于实用主义的关注。有研究生院的商学院中,关于实用性的呼声不断升级,学术型研究被认定为落伍的,并遭到抨击;大型企业和标杆型的首席执行官反常和不道德的行为;政府在学校、组织中的信任不断被侵蚀。在所有这些现象的推动作用下,对组织有效性的研究自然停止了。尽管早先学术工作聚焦于适当的定义、标准和框架,但学者们最近更关注确定最佳做法、管理含义以及实用的指导方针(如Collins,2001;Pfeffer and Sutton,2000;Weick and Sutcliffe,2001)。对于定义性标准讨论的关注,已经让位于对于为管理人员和领导者寻求适当指导方针的关注——一种由目的至手段的转移。

15.5 有效性研究的新方法:积极组织学说

必须强调的是,褪色的仅仅是组织有效性的概念,而不是对于评估组织业绩、做出关于卓越的判断,或提高组织绩效的需求。换言之,有效性作为一种现象,并没有被弃用,而是被研究者们用其他概念替换。最近有效性研究的一个耐人寻味的替代品(来自于组织科学的一个新运动),被称为积极组织学说(positive organizational scholarship, POS)。这一新运动预示着将为有效性课题注入生命活力,并为组织绩效带来新的洞见。

POS 主要关注研究组织尤为积极的结果、过程以及属性。POS 并不代表一个单一的理论,但它关注通常被冠以卓越、欣欣向荣、蓬勃发展、丰富、灵活应变或高尚等描述的动向。POS 代表一种观点,包括对实用性的关注,但提升了对于"优异"的想法与人类积极潜力的强调。它包括关注促成正面绩效的因素(如流程、能力、结构、方法)、动机(如无私、利他、不考虑自我的贡献)以及结果或影响(如活力、意义、愉快、高品质的关系)。POS 有别于传统的组织有效性研究,因为它旨在了解什么代表和近似于最佳人类条件。在试图了解此类现象时,POS 存在一些偏见。这些偏见可以从其名称中的三个概念来理解——积极的组织学说。

15.5.1 积极的

POS 寻求理解积极的状态,如乐观或有意义,以及与这些状态相关的动向和结果,如积极的能量和积极的联系。这并不是指责传统的组织研究侧重于负面或不良的状态,只是说在传统的组织研究中,积极的状态、动向和结果通常较少受到注意。POS 包括考察典型的行为和交流模式,还倾向于强调实现潜力、优秀的模式,特别是超出预期模式的正向偏差。POS 倾向于强调寻找产生积极的个人、团体和组织结果的因素。POS 更多关注超出预期的良好结果,它的兴趣点是特殊的:良好的、新生的、蓬勃发展的现象。"积极的",换言之,通常有三种指向:(1)肯定偏见(远离消极现象);(2)侧重于良好的或最好的人类条件;(3)正向的偏差,或特别成功的结果。尤其是第三点,与有效性研究最相关。

15.5.2 组织的

POS 聚焦于与组织背景相关的积极进程与状态。它检验组织内部积极的现象,以及组织自身积极的背景因素。POS 汲取各式各样的组织理论,以理解、解释和预测积极特征的发生、原因和结果。POS 拓展了这些理论的界限,从而使得通常在组织研究内被忽视的积极状态、积极进程以及积极关系,变得显著可见。例如,POS 聚焦于组织内的高尚品德,如何在减员缩编的背景下与财务绩效相关联,而不是聚焦于更为典型的主题:组织如何尝试减轻减员缩编的有害影响(Cameron,2003);或组织怎样做才能使得组织成员通过培养"欲望"来做有意义的工作,而不是关注更常见的员工生产力或士气(Wrzesniewski,2003);又或者,在公共组织内部如何通过授权机制纳入更广泛的利益相关者,而不是更常见的关注利益相关者需求的政治动态(Feldman and Khademian,2003);再或者,如何打造组织实力,使其能够在不同的场合中产生更积极的结果,如课堂学习、员工承诺、领导力发展以及公司盈利能力,而不是像更常见的那样聚焦于管理或克服弱点(Clifton and Harter,2003)。借助 POS 看问题,是为了揭露一些新的或不同的机制,通过这些机制,积极的组织动态和积极的组织过程将产生非常积极的或意想不到的结果,而不仅仅是有效的结果。

15.5.3 学说

我们并不缺乏旨在开出相对简单的处方,以获得成功、完成计划或达到有效性的自圆其说的说法。然而,关于如何以及为何这些处方得以见效,大多缺乏实证上的可信度以及理论上的解释。此外,这些处方型的说法并没有谈及权变问题,即这些学说没有指示何时将产生期望的结果,何时不会。拥有一种科学方法是大多数的概念、关系以及处方才能得以大力发展的基础。POS 并不反对这一系列自圆其说型的发表结果,许多这类文献都述及了积极的动态和成果。但 POS 在此基础上加以延伸,聚焦于为积极现象发展出严格的、系统化的理论根基。POS 要求认真定义各类术语,说明各类处方和建议的基本原理,用科学的程序得出结论,并以过往的相关工作作为基础。对 POS 的兴趣,意味着对于研究的投入与承诺。

当然,POS 在价值观上并非处于中立,它所倡议的立场是改善人类生存条件,这一渴望是普遍的,并且这样做的能力几乎潜伏在所有的系统之中。对于通过何种途径释放和组织这一潜在能力,在何种程度上实现人类能动性,以及在何种程度上系统产生非常积极的结果,人们尤为感兴趣。POS 不排斥那些通常在组织研究中标示为积极的现象——如组织的改进、目标的实现,或盈利——但其更偏向于新生的、极具生命力的可以推动人类发展的现象。通过这种方式,POS 有可能为组织有效性研究正在减弱的兴趣注入活力。通过 POS,之前已变得平庸而乏味的那套涉及组织业绩的研究问题,很可能再次获得关注和能量。

POS 并非一项新发明,它对于在组织研究中已进行了几十年研究的积极现象给予了认可。然而,关于肯定、促进和上升的过程,以及结果的相关研究仍未得到规范。在学术文献中,这些研究已远不及非积极的主题的研究。例如,沃尔什、韦伯和马戈利斯(Walsh, Weber and Margolis, 2003)报告说,积极术语(例如关怀、同情、美德)在过去的 17 年中已经很少出现在商业媒体上,而消极倾向的词语(例如优势、击败、赢得)同期已增加了四倍。梅恩(Mayne, 1999)发现,对于消极现象与健康之间关系的研究数目,以 11:1 的比例超过了对于积极现象与健康之间关系的研究。察平斯基(Czapinski, 1985)对心理学论文进行编码后发现,消极议题与积极的或中性议题之比为 2:1。POS 的目标之一是要纠正这种偏差,使积极的现象在严格和系统的调查之中,得到其所应得的公平份额。截至目前,组织科学中对于积极现象的有意识的研究远远不足。

15.6 有效性的 POS 方法

说明 POS 采用何种方法研究组织有效性的方法之一,是在一个连续体中将其定位,如图 15.2 所示。这种连续体描绘了一种正常的状态,或表现居中的效果绩效,同时,将负的绩效偏差表现在左边,正的绩效偏差表现在右边。正负偏差是指从有效运作或常态偏移;有害的与有利的偏差各居一端。

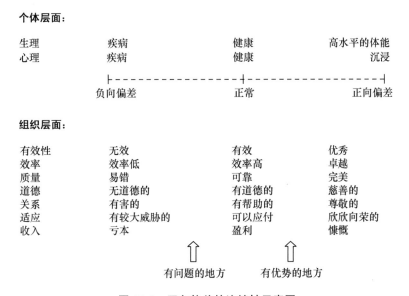

图 15.2 正向偏差的连续轴示意图

详细说明的话,在个体分析层面上,图 15.2 关注的是生理和心理条件——左侧表示疾病,中间表示健康正常(即没有生病)。右侧是正向偏差,可用高水平的生理体能和心理沉浸来说明(Csikszentmihalyi,1990;Fredrickson,2001;Einsenberg,1990)。在组织层面上,这个图描绘的条件,从左侧无效、低效和容易出错的绩效至中间的有效、高效和可靠的性能,右侧是非常积极的(或良性的)组织绩效。在连续体上的极右和极左点,在本质上有别于中心点。它们不只是代表中间属性在量上的更多或更少的关系。

塞利格曼(Seligman,2002)的报告说,超过 99% 的心理学研究在过去的 50 年都集中在图 15.2 中的连续轴的左侧以及中间点上,绝大多数医学研究领域已发表的成果也都集中在左侧和中间点上(如认识和治疗疾病)。大多数组织和管理的研究,也同样研究了负偏差以及中间点所代表的现象。更多的关注被放在解决问题、克服障碍、打击竞争对手、提高质量、谋取利润、激励员工或弥补赤字缺口,而不是确定组织繁荣与生机以及控制盈余的方面(Cameron,Dutton and Quinn,2003;Walsh,Weber and Margolis,2003)。因此,对于连续轴的右侧以及其代表的现象知之甚少。尚不存在发展得很好的概念,来解释连续轴右侧的现象。因此,以 POS 方法考察有效性,聚焦这些不明确和尚未被调查的现象,即正偏差以及卓越的绩效。

因此,传统的有效性构造在 POS 中,被诸如"繁荣""美德"和"丰裕"这样的构造所替代。当然,这些替代概念经常与非学术性的对策或非评论性的普适主义联系在一起(Peterson and Seligman,2003)。例如,美德经常被视作过分情感化的、反学术的或道德上教条主义的而遭否决(Sandage and Hill,2001)。繁荣和乐观被解释为痴心妄想或天真的(Scheier, Carver and Bridges, 1994)。亲社会行为以及过当做法(abundance approach),已被当作为了谋取私利的虚伪而世俗的动机(Cialdini et al., 1987)而摒弃不用。另一方面,一些初步的 POS 研究已经开始处理与这些概念的定义和度量相关的问题,将某些组织活力与非常积极的绩效水平联系起来的实证已开始出现。

例如,施普赖策等(Spreitzer et al., 2005)关于组织的蓬勃发展,实现充满活力的、积极的势头,以及学习的概念进行了一些工作。这种情况通过考虑与组织过程和结果相关的、尤为积极的组织动态来超越单纯的有效性。与事情仅仅是"顺利"或"有效运作"的条件相比,在蓬勃发展的条件下,员工反映说感到更富有活力,体验到更积极的情绪,表现出更好的生理和心理健康,并在其工作中感受到沉浸其中。蓬勃发展作为一种构念往往代表了图 15.2 连续轴的右端。类似地,卡梅伦和拉维恩(Cameron and Lavine, 2005)分析了一个在美国科罗拉多州被分配去清理核武器工厂的组织的绩效。这项任务在该地区从来没有被完成过。美国能源部估计,该项目将花费超过 70 年和至少 360 亿美元来完成,因为超过 100 吨的钚和浓缩铀残留物污染了几千英亩的地方。但是,该公司将在 2005 年年底,提早 54 年以及比预算少花费 300 亿美元来完成这项工作。对于这一非常积极的绩效及其有效手段和解释性因素的分析发现,新的变量和组织过程与以往的组织有效性研究无关。

除了正偏差的结果,其他的 POS 研究主要集中于先前未经检验的、有助于解释有效性的积极因素。例如,洛萨达和希菲(Losada and Heaphy, 2004)报告了一项研究,基于如生产率、利润率和高管的相关有效性评级这类指标,60 家企业被归类为高、中、低绩效水平。每个组织中的高管团队在目标设定、预算和战略规划会议中进行互动时会被观察一天。其交流活动(例如,发言、反应、动作)会被观察员记录和编译。高绩效企业与中低绩效的企业,在积极沟通(例如,支持的、赞赏的和鼓励性发言)的表现上有很大的区别。在观察会议中,高绩效企业的积极沟通活动与消极活动的比率为 5:1,而低绩效企业显示出的比例为:三个消极沟通活动(即反对、指责和沮丧性发言)对应一个积极活动。对于积极沟通的识别,是预测绝大多数特别是高绩效公司的最有力的预测指标。

贝克、克洛斯和帕克(Baker, Cross and Parker, 2003)在许多类型的公司中研究了社会网络联系,这些公司所属的行业包括金融服务、咨询、软件以及技术等。他们基于诸如信息交流和影响力等因素来测度通常的网络联系。然而,用 POS 观点来看,他们增加了一个对于"积极能量"的测量,以反映人们在与他人互动时在何种程度上感到充满活力或缺乏活力。这项研究发现,与在信息和影响力网络的位置相比,能量网络的位置对绩效的预测能力是前两者的四倍之多。那些可以给予他人积极活力的人,其个人表现更好,并且其所在单元的绩效,也明显优于那些居于信息或影响力网络中心的单元。此外,高绩效企业拥有低绩效企业三倍的积极能量网络。研究报告给出结论,积极的能量是高绩效的主要预测指标。

卡梅伦(Cameron,2003)公布了两项研究。在研究中,对于组织美德的测量,可以显著预测组织绩效和从缩编中的恢复情况。一项研究在运输行业的一家大公司内,任意选定的8个独立的商业单元中进行。另一项研究,包括来自16个行业的组织的大样本(例如,汽车、咨询、金融服务、医疗保健和零售),所有这些组织当时都在进行裁员。调查通过这些公司的员工样本(即在各级层、各职能)来完成,测量了组织美德的许多方面:同情、诚信、宽恕、信任和乐观。组织绩效的测量包括对于生产力(效率比率)、质量(客户要求)、雇员承诺(自愿营业额)等源自公司记录和公开可获得的盈利性方面的客观测量,以及对于生产力、质量、效益、客户保留和补偿的感情测量。受访者将自己公司在上述五项可感知的绩效表现与四个基准值进行比较——最佳竞争对手、过去的表现、行业平均水平以及既定目标。

统计结果显示,与预测的一样,当控制了所有其他因素时,裁员就会导致组织绩效恶化。然而,统计意义上发现,组织美德与客观测量的结果(如盈利能力)以及感知有效性(如超越最佳竞争对手的绩效)之间存在显著关系。相比竞争对手、行业平均水平、目标和过去的表现,在组织美德方面得分较高的盈利性更好,组织美德也减轻了裁员的负面影响。组织美德得分较高的组织,具有显著更高的客观的和感知的绩效。

吉泰、卡梅伦和林(Gittell,Cameron and Lim,2005)还发现,美国航空公司在"9·11"袭击后的复苏,与美德文化的存在之间有显著关系。由于悲剧发生后的五年间,乘客平均减少20%,几乎所有主要运营商都通过临时裁员和削减人手来应对财务上的紧急情况。只有两家公司选择拒绝裁员:西南航空公司和阿拉斯加航空公司,它们引用道德动机作为其决定的原因。例如,尽管每天损失100万美元,西南航空公司的总裁说,"显然,我们不能继续无限期地这样做,但我们愿意遭受一些损失,甚至是损害到我们的股票价格来保护我们员工的就业机会……我们想要表现给我们的员工看,我们非常重视他们,我们不会只为了在短期内获得稍微多一点的金钱而伤害他们。没有被解雇的员工会培养出忠诚度。它会产生一种安全感和信任感"(Conlin,2001)。

对股票价格的恢复和盈利能力的分析表明,运营商之间的良性应对策略与财务复苏之间存在近乎完美的关系。航空公司诸如美国航空公司和美国联合航空公司违反了其劳动合同,并拒绝提供遣散费,理由是必须维护公司的财务基础。而西南航空公司和阿拉斯加航空公司把对员工的考虑放在首位,吸收损失,保留工作。股票价格回升与航空公司解雇的雇员人数显著相关——西南、阿拉斯加、西北、达美、美国、美西、大陆、联合和全美航空公司,以此顺序——价格回升水平也与企业在其复苏战略中对人权情况的考虑相关;盈利能力也与整个行业中企业应对危机的方法显著相关,西南航空公司是美国唯一一家每个季度都盈利的航空公司,与此同时,美国航空公司却持续在每一个季度亏损。

关于从各类研究中总结发现的一个理论解释，可集中归因于两个积极偏差、美德、积极能量和积极沟通：其放大化的性质，促进了逐步增强的积极影响；其缓冲的性质，抵御了消极的侵犯。几位作家曾研究这些素质（Sutcliffe and Vogus, 2003；Fredrickson, 2003；Dienstbier and Zfflig, 2002；Masten and Reed, 2002；Hatch, 1999；Seligman et al., 1999），结果表明，当积极偏差、积极能量和积极沟通在组织中展现出来，当组织认识并合法化这类型动力时，它们将会自我强化（即其会扩大积极结果）；它们还形成对消极和挑战情况的回弹，并提供一个加强的动力，帮助系统抵御消极后果（即其帮助组织在恶化的结果中获得缓冲）（见 Cameron, Bright and Caza, 2004）。

15.7 通过 POS 提振对组织有效性的兴趣

这一新 POS 方法的优点是，可用来揭示预测绩效的新变量（例如，积极能量网络），提出有效性的新定义（例如，积极偏差）。由于以下几个因素，组织有效性作为一个专题调查被放弃了，这些因素包括：其模棱两可的概念界限、与测量相关的困难、向实用性的转变，以及对有关哪个模型最合适的概念性争论的偏离。鉴于这些问题并不会消失，积极组织学说有关内在意义和积极向上现象的新重点，具有重振对组织有效性兴趣的潜力。与重心放在实现目标、获取资源、避免内部约束、满足利益团体或促进合作的有效性定义和模型完全不同（所有的都位于图 15.2 连续轴的中点位置），POS 强调了一套全新的有效性考量。它强调了实现最好的人类条件、非常积极的表现，以及提升和振兴人类系统（在图 15.2 的右侧）。由于放大和缓冲的性质与这些新现象相关，因此复苏和扩大组织有效性研究的潜力很大。它们代表了当个体和组织处于最佳状态和自我强化时所热切期望的结果，并能促进更强大和更有弹性的系统的产生。因此，通过把 POS 选择引入有效性研究，研究人员可能对理解组织绩效再次产生兴趣。

由于之前所列举的四个原因，有效性研究的复苏是必要的：组织有效性处于所有组织模型以及组织理论的中心；有效性在组织研究中是最终决定变量；个人正不断面临做出组织有效性判断的需要；确定评估准则创造出可比较的评估。这些原因依然存在，并且既适用于传统的有效性研究，又适用于 POS 的变量。因此，在有效性工作中对于积极变量的研究，应当借鉴在更为传统的有效性文献中已经完成的工作，还需要明确概念、严格的评估技术以及适当的框架。

鉴于开始出现的一些进展，以下问题需要引起新的有效性研究人员的注意。当然，这一清单未必全面，仅仅是用来说明与 POS 方法相关的问题。

1. 框架：传统的有效性模式与积极偏差之间的关系是什么？目前的模式是否可以进行修改以用于积极性偏差结果（即一个转变的目标模式是否仍然是相关的），或是需要新的模式？

2. 新概念：个体和组织现象的哪些方面，在解释绩效时尚未纳入考虑之中？当积极偏差被视为有效性的指标时，应强调哪些新的现象？

3. 测量：如何能够最好地确定、测量并解释积极偏差的概念和变量？有哪些主要的衡量指标？有效性研究的七个准则在何种程度上有助于 POS 现象的调查？

4. 定义：什么是 POS 概念的概念边界和精确定义，如美德、积极能量、高品质关系、同情、蓬勃发展和弹性，等等？这些可以建立在哪些组织学术文献的研究之上？

5. 动因：什么是积极偏差的关键动因？结构、过程、文化、领导行为、环境和资源的何种属性，最有利于或最不利于组织中的正动力？

6. 因果方向：什么是与各种积极现象相关联的因果关系（方向性）？孰先孰后？比如，是美德还是组织的高绩效？在相互加强的条件下将预测因素与其影响分离开来，并查明哪个是哪个，这些都需要澄清。

7. 分析的层次：积极的个体动力是否会在组织中自我复制？反之亦然？在何种程度上，个人绩效或卓越的组织绩效尤为领先？反之亦然？

8. 时间：积极动力需要多长时间得以展开、表现，并产生影响？积极偏差的发生能有多迅速？

9. 积极螺旋：积极动力如何出现在自我强化的循环中？放大和缓冲作用的基础是什么？

10. 结果间的关系：积极偏差连续轴上各点之间的关系是什么——例如，无效、有效，还是优秀？积极偏差是否依赖于达到基本有效性的状态，或连续体上各点是否相互独立？

概言之，组织有效性的研究，似乎目前正处于一个转折点。传统的有效性研究正濒临消亡，而替代方法可能正处于上升边缘。另外，组织研究有被学术热潮影响和带动的传统，但长期学术贡献却有限。因此，POS 方法是一时热潮，还是有效性研究的一种合理补充，是一个悬而未决的问题。POS 是否是有效性的救星，能否再次刺激并维持组织有效性中新的兴趣，可能不是那么关键。或许更重要的是，我们需要去关注非凡的积极性，从而有助于产生更强烈的兴趣。

参考文献

ARGYRIS, C. (1960). *Interpersonal Competence and Organizational Effectiveness.* Homewood, Ill.: Irwin.

—— and SCHON, D. (1978). *Organizational Learning: A Theory of Action Perspective.* Reading, Mass.: Addison-Wesley Series on Organization Development.

BAKER, W. (2000). *Achieving Success Through Social Capital.* San Francisco: Jossey-Bass.

—— CROSS, R., and PARKER, A. (2003). Energy in organizations. *Sloan Management Review,* July.

BARNARD, C. I. (1938). *The Functions of the Executive.* Cambridge, Mass.: Harvard University Press.

BLUEDORN, A. C. (1980). Cutting the Gordian knot: A critique of the effectiveness tradition in organizational research. *Sociology and Social Research*, 64: 477–496.

BURNS, T., and STALKER, G. M. (1961). *The Management of Innovation*. New York: Barnes and Noble.

CAMERON, K. S. (1984). The effectiveness of ineffectiveness. In B. M. Staw and L. L. Cummings (eds.), *Research in Organizational Behavior*: 6. 276. Greenwich, Conn.: JAI Press.

—— (1986). Effectiveness as paradox: Consensus and conflict in conceptions of organizational effectiveness. *Management Science*, 32: 539–553.

—— (2003). Organizational virtuousness and performance. In Cameron, Dutton, and Quinn (2003: 48–65).

—— BRIGHT, D., and CAZA, A. (2004). Exploring the relationships between organizational virtuousness and performance. *American Behavioral Scientist*, 47: 766–790.

—— DUTTON, J. E., and QUINN, R. E. (2003). *Positive Organizational Scholarship*. San Francisco: Berrett Koehler.

—— and LAVINE, M. (2005). *Making the Impossible Possible: The Case for Positive Deviance in Organizations*. Working paper, Center for Positive Organizational Scholarship, University of Michigan.

—— and QUINN, R. E. (1999). *Diagnosing and Changing Organizational Culture*. Reading, MA: Addison Wesley.

—— —— DEGRAFF, J., and THAKOR, A. (2005). *The Structure of Value*. Center for Positive Organizational Scholarship, University of Michigan.

—— and WHETTEN, D. A. (1983). *Organizational Effectiveness: A Comparison of Multiple Models*. New York: Academic Press.

—— —— (1996). Organizational effectiveness and quality: The second generation. *Higher Education: Handbook of Theory and Research*, 11: 265–306. New York: Agathon.

CIALDINI, R. B., SCHALLER, M., HOULIHAN, D., ARPS, K., FULTZ, J., and BEAMAN, A. (1987). Empathy based helping: Is it selflessly or selfishly motivated? *Journal of Personality and Social Psychology*, 52: 749–758.

CLIFTON, D. O., and HARTER, J. K. (2003). Investing in strengths. In Cameron, Dutton, and Quinn (2003: 111–121).

COLLINS, J. (2001). *Good to Great*. Boston, Mass.: HarperCollins.

CONLIN, M. (2001). Where layoffs are a last resort. *Business Week*, October 8.

CONNOLLY, T., CONLON, E. J., and DEUTSCH, S. J. (1980). Organizational effectiveness: A multiple-constituency approach. *Academy of Management Review*, 5: 211–217.

CSIKSZENTMIHALYI, M. (1990). *Flow: The Psychology of Optimal Experience*. New York: Harper Perennial.

CUMMINGS, L. L. (1983). Organizational effectiveness and organizational behavior: A critical perspective. In Cameron and Whetten (1983: 187–204).

CYERT, R. M., and MARCH, J. G. (1963). *The Behavioral Theory of the Firm*. Englewood Cliffs, NJ: Prentice Hall.

CZAPINSKI, J. (1985). Negativity bias in psychology: An evaluation of Polish publications. *Polish Psychological Bulletin*, 16: 27–44.

DIENSTBIER. R. A. and ZILLIG, L. M. P. (2002). Toughness. In C. R. Snyder and Shane J. Lopez (eds.), *Handbook of Positive Psychology*: 515–527. New York: Oxford University Press.

EISENBERG, E. M. (1990). Jamming: Transcendence through organizing. *Communication Research*, 17: 139–164.

EISENHART, K. M., and WESCOTT, B. J. (1988). Paradoxical demands and the creation of excellence: The case of just-in-time manufacturing. In R. E. Quinn and K. S. Cameron (eds.), *Paradox and Transformation*. Boston: Ballinger.

FREDRICKSON, B. L. (2001). The role of positive emotions in positive psychology: The broaden-and-build theory of positive emotions. *American Psychologist*, 56: 218–226.

—— (2003). Positive emotions and upward spirals in organizations. In Cameron, Dutton, and Quinn (2003: 163–175).

GITTELL, J. H., CAMERON, K. S., and LIM, S. G. P. (2005). Relationships, layoffs, and organizational resilience. *Academy of Management Executive* (forthcoming).

GOODMAN, P. S., ATKIN, R. S., and SCHOORMAN, D. F. (1983). On the demise of organizational effectiveness studies. In Cameron and Whetten (1983: 163–186).

GUZZO, R. A. (1982). *Improving Group Decision Making in Organizations*. New York: Academic Press.

HANNAN, M. T., and FREEMAN, J. H. (1977). Obstacles to the comparative study of organizational effectiveness. In P. S. Goodman and J. M. Pennings (eds.), *New Perspectives on Organizational Effectiveness*. San Francisco: Jossey-Bass.

HATCH, M. J. (1999). Exploring the empty spaces of organizing: How improvisational jazz helps redescribe organizational structure. *Organizational Studies*, 20: 75–100.

HIRSCH, P. M., and LEVIN, D. Z. (1999). Umbrella advocates versus validity police: A lifecycle model. *Organization Science*, 10(2): 199–213.

KEELEY, M. (1978). A social justice approach to organizational evaluation. *Administrative Science Quarterly*, 22: 272–292.

LAWRENCE, P., and LORSCH, J. (1967). *Organization and Environment*. Cambridge, Mass.: Harvard University Press.

LEWIN, A. Y., and MINTON, J. W. (1986). Determining organizational effectiveness: Another look, and an agenda for research. *Management Science*, 32: 514–538.

LEWIN, K. (1951). *Resolving Social Conflicts*. Washington, DC: American Psychological Association.

—— (1997). *Resolving Social Conflicts: And, Field Theory in Social Science*. Washington, DC: American Psychological Association.

LIKERT, R. (1961). *New Patterns of Management*. New Work: McGraw Hill.

LINDBLOM, C. E. (1959). The science of muddling through. *Public Administration Review*, 20: 79–88.

LOSADA, M., and HEAPHY, E. (2004). The role of positivity and connectivity in the performance of business teams. *American Behavioral Scientist*, 47: 740–765.

MCKELVEY, W. (1982). *Organizational Systematics: Taxonomy, Evolution, Classification*. Berkeley, Calif.: University of California Press.

MASTEN, A. S., and REED, M. G. J. (2002). Resilience in development. In C. R. Snyder and Shane J. Lopez (eds.), *Handbook of Positive Psychology*: 74–88. New York: Oxford University Press.

MAYNE, T. T. (1999). Negative effect and health: The importance of being earnest. *Cognition and Emotion*, 13: 601–635.

NADLER, D. A., and TUSHMAN, M. L. (1980). A congruence model for organizational assessment. In E. E. Lawler, D. A. Nadler, and C. Cammann (eds.), *Organizational Assessment*. New York: Wiley.

NISBET, R. E., and WILSON, T. (1977). Telling more than we can know: Verbal reports of mental processes. *Psychological Review*, 143: 231–259.

NORD, W. R. (1983). A political-economic perspective on organizational effectiveness. In Cameron and Whetten (1983: 95–134).

PERROW, C. (1986). *Complex Organizations*. New York: Random House.

PETERS, T., and WATERMAN, R. H. (1982). *In Search of Excellence*. New York: Harper and Row.

PETERSON, C. M., and SELIGMAN, M. E. P. (2003). Positive organizational studies: Lessons from positive psychology. In Cameron, Dutton, and Quinn (2003: 14–27).

PFEFFER, J., and SALANCIK, G. R. (1978). *The External Control of Organizations*. New York: Harper and Row.

—— and SUTTON, R. I. (2000). *The Knowing–Doing Gap: How Smart Companies Turn Knowledge into Action*. Cambridge, Mass.: Harvard Business School.

PRICE, J. L. (1982).The study of organizational effectiveness. *Sociological Quarterly*, 13: 3–15.

PUGH, D. S., HICKSON, D. J., and HININGS, C. R. (1969). An empirical taxonomy of structures in work organizations. *Administrative Science Quarterly*, 14: 115–126.

QUINN, R. E., and ROHRBAUGH, J. (1981). A competing values approach to organizational effectiveness. *Public Productivity Review*, 5: 122–140.

ROETHLISBERGER, F. J., and DICKSON, W. J. (1947). *Management and the Worker*. Cambridge. Mass.: Harvard University Press.

SANDAGE, S. J., and HILL, P. C. (2001). The virtues of positive psychology: The rapprochement and challenges of the affirmative postmodern perspective. *Journal for the Theory of Social Behavior*, 31: 241–260.

SCHEIER, M. F., CARVER, C. S., and BRIDGES, M. W. (1994). Distinguishing optimism from neuroticism (and trait anxiety, self-mastery, and self-esteem): A reevaluation of the Life Orientation Test. *Journal of Personality and Social Psychology*, 67: 1063–1078.

SEASHORE, S. E., and YUCHTMAN, E. (1967). Factorial analysis of organizational performance. *Administrative Science Quarterly*, 12: 377–395.

SELIGMAN, M. E. P. (2002). *Authentic Happiness*. New York: Free Press.

—— SCHULMAN, P., DERUBEIS, R. J., and HOLLON, S. D. (1999). The prevention of depression and anxiety. *Prevention and Treatment*, 2. http://journals.apa.org/prevention/

SELZNICK, P. (1948). Foundations of a theory of organizations. *American Sociological Review*, 13: 25–35.

SIMON, H. A. (1948). *Models of Man*. New York: Free Press.

—— (1956). *Models of Man*. New York: Wiley.

SLOVIC, P., and LICHTENSTEIN, S. (1971). Comparison of Bayesian and regression approaches to the study of information processing judgment. *Organizational Behavior and Human Performance*, 6: 649–744.

SPREITZER, G., SUTCLIFFE, K., DUTTON, J., SONENSHEIN, S., and GRANT, A. (2005). Thriving at work. *Organizational Science* (forthcoming).

SUTCLIFFE, K. M., and VOGUS, T. J. (2003). Organizing for resilience. In Cameron, Dutton, and Quinn (2003: 94–110).

TSUI, A. S. (1990). A multiple constituency model of effectiveness: Empirical examination at the human resource subunit level. *Administrative Science Quarterly*, 35: 458–483.

VAN DE VEN, A. H., and FERRY, D. L. (1980). *Measuring and Assessing Organizations*. New York: Wiley.

WALSH, J. P., WEBER, K., and MARGOLIS, J. D. (2003). Social issues in management: Our lost cause found. *Journal of Management*, 29: 859–881.

WEBER, M. (1947). *The Theory of Social and Economic Organization*, trans. A. M. Henderson and T. Parsons. New York: Oxford.

WEICK, K. E. (1976). Educational organizations as loosely coupled systems. *Administrative Science Quarterly*, 21: 1–19.

—— and DAFT, R. L. (1983). The effectiveness of interpretation systems. In Cameron and Whetten (1983: 71–94).

—— and SUTCLIFFE, K. M. (2001). *Managing the Unexpected*. San Francisco: Jossey-Bass.

WHETTEN D. A. (2004). *In Search of the 'O' in OMT*. Distinguished Scholar Address, Organization and Management Theory Division, Academy of Management, New Orleans.

WILLIAMSON, O. E. (1983). *Markets and Hierarchies*. New York: Free Press.

WRZESNIEWSKI, A. (2003). Finding positive meaning in work. In Cameron, Dutton, and Quinn (2003: 296–308).

ZAMMUTO, R. F. (1984). A comparison of multiple constituencies models of organizational effectiveness. *Academy of Management Review*, 9: 606–616.

第16章 管理与组织认知学:连贯性群岛①②

安妮·哈夫

认知学非常重要,对其最为深入的探究大都出现在心理学领域。心理学在大多数大学的行为科学中占据重要份额,其比例通常高于其他主要竞争学科:社会学和经济学。当认知学在20世纪70年代和80年代成为一门独立的学科时,其发展受到了社会心理学分支的极大影响,也在一定程度上得到了计算机和信息科学以及若干其他学科的推动。人们都认同这一领域具有巨大潜能。这一新兴领域里的工作者之所以信心十足,原因有两点:一是源于计算机科学的快速发展;二是人们认为,人脑的工作机理与(当时的)计算机类似。精神表达——框架、图式、公式,等等——促进了注意、记忆和其他认知活动的形成,受到了特别的关注。(主要内容参看 Hodgkinson and Sparrow, 2002: 21—25)。

虽然早期的热情浪潮已经减退,人脑和计算机之间类同的假设也失宠,但是我仍然深信,对人类活动的研究离不开对认知学的了解。认知学对管理特别重要,它涉及影响人类行为及其结果的思想企图(Barnard, 1938)。这一领域的存在,不仅依赖于对组织过程的持续性研究,而且有赖于近期在组织经济学和社会学理论中出现的认知学变量。

理解管理和组织认知学(MOC)的研究基础,形成于20世纪80年代。由西姆斯(Sims)和杰奥亚(Gioia)编写的《思考组织》(*The Thinking Organization*, 1986),是该领域早期具有里程碑意义的著作,其中阐释了管理学者如何将认知视角应用于广阔的管理领域。我希望我编写的《战略思想图解》(*Mapping Strategic Thought*, 1990)能成为下一个重要的里程碑。这本书介绍了该领域的工作组织体系,并且将该组织框架与现有方法相联系。本章的第一部分总结了这本书的关键概念,以及我在MOC研究"黄金年代"中所做的其他工作。第二部分描述了我在认识上的转变:起初我将认知学视作战略决

---

① 感谢吉姆·哈夫(Jim Huff)、加布里埃尔·苏兰斯基(Gabriel Szulanski)和肯·史密斯对本文提出的建议。

② 连贯性群岛:原文为 islands of coherence,意指不同视角形成局部相对连贯的岛屿,而不是宏大的研究项目。本章的第3节和第4节将对此进行更深入的分析。

策的中心部分,此后则认为认知学是支撑战略行为研究的基石。后者所涉及的范围更大。这种转变也代表了战略和组织理论向动态模型的转变。我提出,由于这些模型的需要,我们可以进入一个重燃认知研究热情的新时代。

我的研究兴趣和目标受到他人工作的启发,伊利诺伊大学的同事们对我的影响尤为深刻。该大学是20世纪80年代重要的认知研究中心(包括管理学和其他领域)。本章无法对MOC进行详细描述,但将MOC的要义与科学哲学的学术发展历史相联系将非常有趣。本章的最后,我将谈到科学哲学的学术发展历史,并据此在结论中给读者一些建议。

16.1 战略思想图解

影响多数MOC研究的一个基础理论,是赫伯特·西蒙(Herbert Simon,1947,1976)提出的人类理性(很多人将其等同于"知识"或"认知")不可避免地有其局限性。他指出,每个环境或背景,即使内容相对贫乏,所包含的刺激源也要超出人类观察者的认识或范围。[①] 一些MOC研究者将这个论断视为一个有用的出发点,用以大致区别"准确"或"有用"的感知。研究重点之一是判断感知偏见以及后续认知操作中出现的直觉和偏见(参看Tenbrunsel et al.,1996)。支撑这一工作的基本假设与逻辑实证主义者的研究传统一致,即如果外部观察者能够认真对待其自身潜在的偏见,就可以根据普遍接受的标准来评价感知和其他认知任务中的绩效。

其他研究者则认为,这一假设非常有问题。社会建构学者(Berger and Luckman,1967)特别指出,环境并不独立于行为者而存在,而是个体的感知和后续行为"造化"了环境或背景。我们一般假设,个体会做他们自己看来有意义的事情。在这个意义上理性是存在的,但情感、矛盾和生活的其他方面也是图景中的一部分。研究者不能对这一行为做出孤立的评价,他们只能进行解释性观察,并且认识到自己的存在也在一定程度上影响了他们对事物的描述。

从解释性角度来看,弄清楚发生了什么并不容易,认知也不总是能够作为依据的。卡尔·维克(Karl Weick,1969,1995)较早指出,人们通过剖析外部刺激来理解他们及其所处的环境可能是困难重重的。他指出,行为者(组织成员和研究者)倾向于随时间推移逐渐形成对事物的了解。比尔·斯塔巴克(Bill Starbuck,1983,1993)的说法也有一定的影响。他认为管理者和研究者最好能关注催生感觉的行为,而不是指导行为的感觉。

简单说来,上述分歧提出了一个重要观点:在有关世界的各种假设(存在论)以及我们对世界的认识(认识论)的影响下,MOC研究可以通过不同的,甚至差异巨大的方法

---

① 格拉德和弗洛雷斯(Winograd and Flores)讨论西蒙的观点如何在整体上影响认知科学,尤其是在人工智能的研究上。

进行。① 该领域中,各种观点之间并没有严格的区分,但存在一个主要的分歧:一些人认为研究者可以成为一个独立的观察者;而另一些人则感到,行为者和环境之间界限模糊,并且受到观察者自身认知行为的影响。

16.1.1 战略框架

我的一篇早期论文"产业对战略形成的影响"(Huff,1982,Industry Influences on Strategy Formulation)指出,产业背景应该对战略制定者的环境感知和战略选择产生重大影响;有相似战略的企业(产业内处于相同"战略群"的企业)的行为具有特别影响力。具有可比性的企业绩效容易受到密切关注,因为这可以用来研究组织环境中哪些是成功因素。直接的互动——包括在产业协会的会议、跨企业雇佣以及客户共享——提供了大量的这类信息,并且增加类似结论和行为长期持续的可能性。

本文引用了斯彭德(Spender,1980,1989)的观点,即企业倾向于遵循既有的产业"诀窍"。但我主要强调的则是将战略当作一个"框架",帮助人们进行意义构建以及做出后续的决策。鲍尔和多斯(Bower and Doz,1979)指出,首席执行官的中心任务是"为其他执行者的想法奠定基础"。受这一思想启发,我将战略框架描述为一个竞技场,在这里,其他人(企业内的决策者、顾客、供应商等)便可以在其内部或其基础之上做出自己的决策。随着时间的推移,实践同有关如何有效行动的初始观念相互作用的战略框架也就逐渐演变。整理这些思想的变化,是追踪战略意向到战略现实转变过程的途径(Mintzberg,1978)。

当产业影响论出现时,人们对环境不确定性的讨论还较为泛泛,对不同类型环境中的组织也未做出详尽区分。但我相信,这可以帮助我们更好地认识影响个体认知的较为广义的制度因素,同时也解释为什么不同个体可以得出相类似、相协调的结论。

然而,回顾往事,我认为产业影响论可以有以下两种解释:一是在时间、地点、外部独立环境的某些方面更容易理解;二是在某一产业,特别是某一战略群中,参与者通过长期的互动创造出更为协调统一的环境。这里先讲一下本章后面要讨论的一个结论,对我来说,两者虽然看起来逻辑上相互冲突,但都既有趣又有用。然而,MOC 研究中的这两种传统说法并没有合二为一,而是沿着互不相关的方向各自发展。我把自己看成这种分类体系的阐释者,但也尝试过各种方法,其中包括一些实证主义假设的方法。

16.1.2 框架的五个方面:关注、分类、因果推理、论据和图解

《战略思想图解》一书提供了一个组织框架,用以描述 20 世纪 80 年代各种管理分支领域涌现出的大量认知研究,也为利用不同图解方法开展的各类研究工作提供实践

---

① 这里我深受鲍勃·德·威特(Bob De Wit)和罗恩·迈耶(Ron Meyer)的鼓舞,他们把矛盾事物作为推进战略研究的重要工具。

指导。"框架"一词的重新使用是有意图的。这本书收录了大量我自己的作品,其自身就是一个战略框架:意在通过在复杂环境对类似行为的鼓励,增强连贯性。本书将战略和组织理论中的工作与其他社会科学领域的类似研究联系起来,提升 MOC 的合理地位,并且对其他研究问题提出建议。我想鼓励更多的人采用认知视角。该书分为两部分,理论文章在前,其余章节列出研究方法。我希望初涉这一领域的人对此接受起来不会太难。

更现实地说,《战略思想图解》一书提供了一个让我们展示在伊利诺伊大学所做的部分工作的机会。我们认为要发表那些新出现的、相对不为大家所知的领域中的研究成果很困难。虽然我现在知道,这种被排斥的感觉广泛存在,但当时我的想法是,不应该再试图发表单篇论文,而是应该编写一本书,将宏大的社会科学中的一系列有意义的工作呈现出来,这一想法让我为之振奋。

该书提出描述和理解组织认知学的最直接方法是,假设:(1) 概念或"想法"是认知活动(比如决策)的基石;(2) 一些词汇充分概括了这些想法;(3) 相对于其他一些不太常用的词汇,反复使用的相关词汇能够表明某一观点在认知上占据优势地位。

从这些假设中发展出的理论主要强调"关注",最早记录的"认知研究"就是以这些假设为基础的:18 世纪瑞典的一群异教徒表明,反抗群体所吟唱的赞美诗中有不被接受的观点(Woodrum,1984)。在管理学研究中,尼德·鲍曼(Ned Bowman,1976)较早通过研究公司年报中的词汇得出结论,陷于麻烦的企业会寻求风险。在我的书中,伯恩鲍姆和韦斯(Birnbaum and Weiss)分析了将近 100 名业界专家的谈话,表明竞争行为在不同的产业和技术背景下呈现出系统性差异。

描画单词使用的方法非常简单。词根法是识别词族的典型方法。在演讲、书面文件、访谈或者被记录的谈话中使用一个数据集中的某一词汇,就计为该概念的出现。或者再由研究者或熟悉课题的人归类到更广的主题中。为进行解释和分析而开发出来的"地图"通常是一个简单图表,用以说明重要概念的使用情况,有时也会配图说明概念使用是如何随时间变化的。

例如,在《战略思想图解》中,我和卡伦·弗莱彻(Karen Fletcher)列出 20 世纪 80 年代 AT&T 在向证券分析师做介绍时,如何逐渐减少使用"电话"产业这一说法,取而代之使用"电信"一词的(Huff and Fletcher,1990)。用词上的改变以及时机证明了认知变化的发生。这种变化使 AT&T 签署了打破其垄断地位的同意判决书。

然而,这一例子又引出更大的复杂性。通常,某个词语的意义不仅仅是"它是什么"的直接描述,比如"电信"一词。这个词也能够表明"它不是什么"的意思,即不是"电话"。在一个手机可以当作照相机使用的时代,电话这个词听起来奇怪得令人难以置信,因此对于大多数人来说,电话已经不再是电信有意义的对立面。尽管如此,逻辑很清楚:我认为手机与固定电话类似,但又不完全相像。手机可以传送信息,传真或电子邮件也有这样的功能。

受到凯利(Kelly,1995)的影响,MOC研究者认为,有必要对组织中的认知行为进行分类,因为它涉及很多重要的任务,如相对于竞争者的产品定位。他们还认为,分类的变化过程也可能是学习的过程。

凯利的个人构造理论的追随者们,利用强制的选择比较,发展并检验了存储网格技术(repertory grid technique)用以发现认知结构。管理研究者们一般提供给被试三种刺激物,要求他们回答哪两个最相似,为什么。通过重复提供不同的三元组合,一组描述性分类被用于识别并思考物体属类。

伦达·雷格(Ronda Reger,1990)在她所撰写的章节中,利用这一方法来识别总部位于芝加哥的地方银行控股企业间的竞争维度。产业和学术专家把人们用于描述竞争情况的单词分类,提炼出少数概念,以便能够基于数据达成关于竞争者间相对差异的一致意见。总的来说,该研究表明,产业中的参与者是具有类似战略的集群企业。一些经济学家已经识别出企业的战略群,但有人对此提出批评,认为他们的做法仅仅是数据分析的人为结果。有证据表明,竞争者感知到类似的企业集群证据,这为战略群的观点提供了有趣的支持。

我和伦达对数据所做的进一步分析表明,通过认知群方法,人们可以达成关于战略轨迹的一致性观点,而通过战略群现有的经济学定义做到这一点却并不容易(Reger and Huff,1993)。但鲍瑞克、托马斯和艾米(Porac,Thomas and Emme,1987),鲍瑞克、托马斯和巴登-富勒(Porac,Thomas and Baden-Fuller,1989)的论文中均有介绍。鲍瑞克和托马斯(Porac and Thomas,1990)提出,在竞争环境下,管理者倾向于认为他们自己的企业更具有代表性,这影响了他们对竞争者选择的分析。

分类研究比关注研究更难实施,因为前者强调的是发生在口头表达之前的认知过程。因此,相对于关注领域的研究者,对分类感兴趣的研究者必须更加明确自己的认知行为。他们所用到的数据收集手段也很可能与被研究者的日常经验相去甚远。管理研究常用的存储网格技术的一大优点是,它能反映被研究个体使用的词语分类方式,而不是由研究者提供的分类方式。这提升了分类研究的表面效度,但必须记住的是,研究者做了一个重要(并且难以得到直接支持)的假设,即对强迫选择比较所做出的反应是基于某些理解的,而这些理解确实影响组织中的决策。

对因果关系的研究是我在图解一书涉及的第三个认知方法,一般需要研究者更多的参与。我们假设,因果关系的信念对管理者尤其重要,因为它们是评估过去绩效和未来行为过程可能结果的基础。我与来自伊利诺伊大学的另一位学者查尔斯·施文克(Charles Schwenk,1990)合写的一章,分析了石油产业高管演讲中的归因图解。为了进行这一研究,我们给一个由政治科学研究者使用的因果分类集合(正/负影响、具有一些影响、没有影响等)增加了一些额外的条目。

利用这一编码系统的因果研究,编码者之间的信度通常非常高。他们首先找到一个数据集(在我们的研究中,是对证券分析家的演讲),然后对它进行逐句检验,找出直接或者间接的因果联系。接着用箭头连接短语的方式画出图解,显示因果关系链。这一方法需要编码者的解释性判断,因为演讲者经常利用非直接的、带修辞色彩的方法来引出因果主张。因此,编码者之间的信度是可靠性的一个重要来源,并且需要一些训练才能达到。

MOC 研究者所画的许多认知地图都采用这种因果形式。我在《战略思想图解》一书中指出,MOC 作为一个领域,应当发展多种图解方法,但管理研究者们特别关注因果关系也是无可厚非的。然而,奇怪的是,在因果图中几乎未出现反馈环,也很少是矛盾关系的(Huff,1990:31),这让人不禁怀疑这一方法是否反映了战略制定所需的全方位的认知活动。

我对于与查尔斯·施文克合作的研究特别感兴趣,因为它提出了此前因果研究中的因果论证可能忽略的一个复杂性问题。和我们一样,几乎所有归因研究都发现,个体认为自己促成了积极的结果,但同时认为外部因素是导致消极结果的重要原因。这是一种典型的人类偏见,但我们对此提出另一种同样与数据一致的解释。积极结果是组织通过努力期望达到的结果,这样关注某一执行行为具体细节的讲演者就可以理所当然地认为(不需要太多有意识的思考或参考),一个更大的示意性框架得到了支持。然而,当事情并没有按计划进行时,他们被迫重新评估自己对世界的理解。管理者在谈论外部原因时,可能会被认为在逃避责任,这不无道理。但同样说得通的是,负面事件会导致人们重新考量既定的假设,这通常需要更多的外部参考。这与人们已经接受的系列研究得出的结论形成了有趣的反差。在我看来,这种观点表明了认知研究可能发展的新方向。

对论证或问题解决的探索,也有着巨大的发展潜力。这种类型的研究主要关注推论并将其视为认知的重要方面。理论假设认为,在做出行动决定之前需要依据某些证据权衡行动的利弊。需要加以思考和讨论的证据,都是非结论性的。事实上,值得研究的通常不是事实本身,而是选择背后隐含的推论和对事实的解读。

我认为,这种对论证的描述很好地解释了什么是战略,但对它进行研究却是极具挑战性的。因为相对于已经总结的三种方法,阐释论证的认知内涵需要更多的来自研究者的干预。对论证感兴趣的研究者必须特别注意的是,他或她从童年时期就建立起来的关于理性的假设,会对数据收集和分析造成干扰。当然,来自西方文化的被试可能已经学过类似的理性论据。但问题是,如果(在数据中)发现这一论证结构,他们会将其进行认知上的处理,还是视作政治影响的"后认知"表现。

可以认为,相比论证来说,在词语选择中体现的关注,以及对特定激励做出响应时体现的分类,甚至是语言使用中蕴含的因果联系,所受到的意识控制都更少。但在我们的 AT&T 研究中,我和卡伦·弗莱彻(1990)感到,接受垄断已经打破的事实,必定涉及复杂的认知变化,并且这种变化无法在关注、分类或因果理解的变化中得到完全的解释。虽然很清楚这一事件的政治性质,我们还是提出,参与者在一个快速变化的环境中坚持内外部论证,将是一个非常困难的认知壮举——一方面评价"实际"发生了什么,另一方面要使企业看来状态良好。虽然公共演讲显然要涉及对自身的正面表述,但我们也认为,当听众具有较高的知识素养时,应该对意图明显的自我美化进行限制。

我们使用的方法,基于史蒂文·图尔明(Steven Toulmin, 1958)和图尔明、里克和詹尼克(Toulmin, Ricke and Janik, 1979)的研究工作,将演讲分为多项"陈述"——演讲者为让听众接受其观点而做的陈述。与每个主张相关的部分被再次划分为:支持数据(可能包含解释为什么该数据应该被作为证据的潜在论据)、修饰语和详细阐述。

数据显示,随着时间的变化,论证中出现了有趣的相似和差异。早期反对打破垄断的论证中提及了公共服务的重要性(例如,对偏远地区的服务);后期的论证中提出,竞争可以提供更多的商品和服务,从而为客户带来方便。我们发现了两次论证存在相似之处。这对解释认知框架的转换具有重要意义。我们分析认为,有关服务的观点的连续性为不同战略间架起桥梁。我现在相信,大多数变化行为都需要以搭建这样的桥梁为目的。

然而,从研究的角度看,有关论证的各类研究需要更多地加入研究者的判断。而许多研究只是对此做了概括性的提及。本书总结的一套正式规则为图示法提供了支撑,但编码者之间的信度并不会像因果关系图解研究中那么高。通常文本可以用不同的方法划分,且每种方法都有其意义。故对编码者提供突破性的规则比较困难,我认为这并无不妥,因为我参与的是解释性研究,而不是实证性研究。

《战略思想图解》中涉及的第五个,也是最后一类图解方法最为复杂。研究人员认为,基于以往经验的期望(不管被研究个体是否意识到这一点)会影响认知行为。这些图式被储藏在记忆中,不仅影响对事物的感知,而且影响通过"填补所接受刺激的空缺"做出的推断。非常有趣的结果是,人们通常"记住"的刺激物实际上并非具体情形的一部分——一个著名的例子来自一个实验室实验,被试记起,在一些高档酒店的照片中,出现了银烛台和其他在这类场所中经常能看到物体。但实际上,向被试所展示的图片并不包含这些物体。

在人们的感知、回忆以及其他认知活动背后的知识结构,值得我们细致研究。因为这可能是主体(也许是研究者)忽视的。这里讲一个特别有趣的发现,史蒂夫·巴利(Steve Barley, 1983)在他对殡仪馆的研究中举了这样一个例子。当要求这个场景中的工作人员选出与他们工作领域相关的词语时,他们给出的"代码"把相反的事物联系起来:小礼拜堂是家,尸体在睡觉,等等。与此类似地,在《战略思想图解》一书中,马勒琳·费厄尔(Marlene Fiol)利用符号语言学,来比较来自化学产业的中等规模企业的年报。他的分析(过于复杂,无法在此概括)表明,活跃和不活跃的合资企业所展现出的认知结构之间存在系统性差异。

16.2　黄金时代的终结

吉姆·沃尔什(Jim Walsh)1995年在《组织科学》(*Organization Science*)发表的一篇领域综述,对MOC研究做出了重要贡献。他的组织框架将理论研究和实证研究进行分类,依据就是分析研究层次(个体、群体、组织和产业)和对三种知识结构(或图示)内容的关注:信息环境的表述、表述的起源或发展以及它的应用。

该论文通过编目分类的方法,反映有多少努力被用于进行环境表达。它利用至少77种不同标签(除了"图式"之外)阐释"认知有助于使环境刺激结构化"的观点,文章一刊出便立即产生了影响。沃尔什非常正确地指出这一领域在继续发展之前应当先缩小其词汇表。他还提出了一个重要观点,即"管理领域研究者所关注的一系列问题总体上超出了基本的心理学研究范围"(Walsh, 1995: 282—283),这使我坚信,MOC研究已经找到了一个需要独立理论体系和方法基础的研究课题。

此论文对该领域做了详尽且有价值的概要,直到现在仍然被MOC研究者使用。然而,十年后,我认为这一重要论文其实在无意中划分了一个时代。当沃尔什将过度关注编入MOC图式时,此概念在认知科学中显得有点问题。新的隐喻被探索:有一种论点认为,没有必要对个体或群体有目的的行为形成一个概括性的框架(比较具有说服力的论点是,利用近似规则描画出鸟类结群飞翔的方式,而不必假设它们具有相同的思维图谱)。图式作为重要概念逐渐在认知科学领域降温,人们开始探索这样那样的想法。在我看来,这一领域似乎已经分裂。但我的这种解读也可能只是因为我本人渐渐对思维图解失去了信心,不再将其视作战略制定的指导性要素。

MOC研究在沃尔什发现的每一个领域中延续并且扩展(Naryanan and Kemmerer, 2001),并开始涉猎更复杂的领域,我们的基础学科开始在这些领域中攻城略地(Eden and Spender, 1998)。同时,有趣的是,认知理论开始出现在以其他学科为基础的管理研究中。我对从经济学角度阐释战略研究中的认知变量尤为感兴趣。虽然简单,但是从MOC领域现有的研究来看,认知学和其他行为科学一起逐渐成为管理学研究的来源。

MOC领域的研究者为将认知学拓展到更广泛的范围做出了诸多努力,对此我深受鼓舞。做了大量的竞争者分类工作的杰勒德·霍奇金森(Gerard Hodgkinson)最近和保罗·斯帕罗(Paul Sparrow)(2002)合著了《有能力的组织》(*The Competent Organization*)一书,被选入英国开放大学出版社"管理工作和组织"系列图书中。这一标题定位具有重要意义——进一步表明认知学在管理研究中越来越被认可。该书的第一章题为"认知视角时代的到来"——一个"黄金时代"确实结束。

16.3 行为的认知锚定理论

到沃尔什 1995 年的综述发表时,我已经将我初始对认知学关注的焦点,通过与我丈夫吉姆·哈夫(Jim Huff)共同开展的一项"异常"艰难的课题进行了扩展,使其包含进了社会、政治、经济和法律变量。新的重点在行动上。更具体地说,我们想开发一个能更成功地预测战略变化的模型。做这个项目花费了 10 年时间,之所以称它异常艰巨,是因为该项目仅取得了一个阶段性结果,而并未彻底完成。

在此过程中,我开始认识到,认知学比我从前所认识的更复杂,但更不集中。虽然我听过卡尔·维克、比尔·斯塔巴克和其他研究者提及的有关思想和行为之间的必要联系,但只有在亲自尝试同时考虑了认知和行为后,我才对其有了更彻底的理解。一个关键且实际的进步是,我开始认为战略框架的构成与社会—政治交互之间有着必然的联系。

16.3.1 认知、意愿、技能和价值

我们 2000 年出版的《企业何时改变方向》(*When Firms Change Direction*)一书,包含来自伊利诺伊大学的帕姆·巴尔(Pam Barr)和其他研究人员的贡献,也有来自我们已离开的卡罗拉多大学学者的贡献。此书提出企业认知锚定的理论,该理论表明个体认知(图 16.1 矩阵左下角)能够触发一系列更大范围的因素,或被这些因素触发,这些因素是管理学研究者必须考虑的。

	意义 (认知和社会心理学)	控制 (政治)	控制 (经济和技术)	合法化 (法律和社会学)
产业	产业诀窍 很多企业使用的创造和服务市场的假设和方法	产业协会和联盟 企业间为改进资源获取而建立的关系	市场/知识 商业机会和科学机会的组织	规章制度 通过立法对行为的约束
企业	战略框架 广泛接受的定义关键问题和任务的方法	领导能力(阶层) 组织个人和群体活动的能力和权威	社会—技术系统 可靠的结果的设备和程序	合同和预算 针对资源获取和利用的可实施约束
群体	参与者平台 共享的问题定义和首选解决方案	联合 为完成期望结果的协作	分享的经验和工具 通过正式和非正式网络增加的知识储备	意识形态 共有的对适当行为的评判标准
个体	认识 关注、解释及基于经验和创造的期望	动机 识别和形成期望结果的能量和愿望	知识/技能 执行特定行为模式的能力	价值 有关价值、重要性、适当性等的标准
	交流	能力	能力	支持

图 16.1 结构化框架中的个人认知

资料来源:Huff and Huff (2000)。

在个体水平上，图16.1底行的文字表明，个体行为不仅是认知的结果，而且是意愿、技能和价值的结果。早期MOC研究中，这些概念有助于解释为什么意在连接认知与行为产出（如绩效）的努力经常受挫。换言之，思考（MOC的基本领域）对解释有目的行为的发生和结果是必要的，但不是充分的。

价值观包含在认知学的一些定义中，但在图16.1中被视为一个单独的概念。因为在更宏观的分析层面上，它与规则之间存在联系。那些了解结构化理论的人会认识到，与个体价值观之间存在相互影响关系的"合法化"概念出自吉登斯（Giddens，1984），它与"意义"和"控制"一起是行为的三种模式。它体现了吉登斯的核心概念——"组织的二元性"。

16.3.2 规则和资源的战略框架

虽然结构化理论是一个复杂的元理论，结构的二元性是相对直观的：行为或"代理者"和"结构"（Giddens将其定义为"规则和资源"）之间存在递归联系。个体总是可能以独特的个体动机方式活动，他们的活动也体现着能够影响其他人行为的社会规则和资源。因此，任何给定的行为，都会以某些方式反映来自先前经验的规则和资源，这些可能是行为者和观察者所未知的。

认知科学在社会心理学的根基保证了多数研究者能够理解个体认知受社会背景影响，但结构理论给了我具体而有用的方法。惠廷顿（Whittington，1992）写过一篇有关结构理论在战略管理中的应用的见解深刻的文章。例如，文中提到，即使最具有创造性的破坏性创业行为，也需要借鉴来自其他背景中的规则和资源。

然而，恰如吉登斯描述，规则更像儿童游戏中的非正式规则，而不是国际象棋的正式规则。这意味着，先前经验对于行为的影响并非刻板的、完全可预测的"资源"包括许多无形事物和可交易物品，它们对行为的影响同样不是完全可预测的。

这些思想可以更具体地应用到战略框架的本质属性上。从特定行为者群体的视角来看，我现在把战略理解成促成积极变化而做出的高度分散化的努力；它涉及思想，但核心在于行动。战略框架存在的唯一原因和前提是行为者需要以其为参考。它包含对行动的想法，也包含在行动中可能用到的资源。这一框架不仅与个体思想，也与个体意愿、技能和价值观之间存在着松散的、概率性的相互影响关系。同时，图16.1显示了更多的总合分类（比如预算），这对战略可能有利，也可能有弊。

图16.1比较复杂，但它突显了更为复杂的现实。我们发现它在《企业何时改变方向》一书中提供一个分析用的便利工具。任何给定单元都可能影响其他单元，并且可能受到其他每个单元的影响。这不是实证分析的简化版式，这本书介绍了多个层面的研究。研究利用了一系列方法，包括因果图示、模拟和定量分析。我们的理论进程旨在从多个分析层面上提出一套关于组织变化的连贯性解释。

16.3.3 压力和惰性

我并不想在本章总结一本复杂的书,而是想提出一个额外的问题——压力和惰性的交互作用——这种作用尤其有助于我们理解个体认知或相关思想在更高水平上发生变化的条件是什么。压力和惰性的交互作用是动态的。作为一位经济地理学者,吉姆在对住宅迁移的研究中,首先探讨了这种动态性。这里,惰性与邻里友谊一类的因素相关,而压力则与家庭人口增长这样的因素相关(Huff and Clark,1978)。"惰性"是指基本上满足于当前做事方式的结果。当这些结果在正方向或负方向上严重偏离预期时,压力将增加。

图 16.2 总结了这两个概念的交互作用如何影响个体计划、群体共识、企业层面战略框架和产业秘决。我们以这种动态关系来计算战略变化的概率,但真要做出预测,还需要机会的存在性以及其他条件,需要写一本书才能详尽说明。最后,我们非常高兴基于这些动态交互作用模型预测 20 年间的战略变化。

	惰性	压力
产业	当成功诀窍在提供相似产品和服务的组织中扩散时,惰性增加	当独立的和新进入的企业通过采用不常用的诀窍实现成功时,压力增加
企业	当某个战略框架的使用允许个体和群体在不打破现状的情况下自由来去时,惰性增加	当前战略框架的使用不能满足关键股东的绩效期望时,压力积累
群体	当个体强化了对共识和普遍做法的信心时,惰性增加	当特立独行者、新进入者,或其他群体看似可信地挑战了共享的认知时,压力增加
个体	当对社会环境中既有的且从自身经验发展而来的图式加以重新利用时,惰性产生	当既定的或新创造的图式框架无法解释引起关注的刺激时,压力增加

图 16.2 压力和惰性对认知框架的影响

资料来源:Huff and Huff (2000)。

图 16.2 表明,我对于持久的规律性(计划、框架等)一直很有兴趣,虽然许多管理和其他领域的认知科学家认为它们存在问题。有趣的是,这是由于我们的研究方法不同所致。我们的研究工作始于来自不同的本体论和认识论的假设。很高兴,一段卡尔·维克的论述佐证了我们的做法:

> 研究意义建构(sensemaking)的学者在本体论上盘桓良久,因为本体论帮助他们理解日常生活中人们的行动,而人们本身并不太关注本体论……如果人们具有多重身份,处理多种现实,我们为什么一定要求他们成为纯粹的本体论主义者?这样做会限制他们建构意义的能力。随着时间的推移,人们很可能变成阐释主义者、机能主义者、激进的人道主义者和激进的构造主义者(1995:34—35)。

维克清楚地说出了非常自由化的研究观点。起初我由于脱离认知研究图式理论而感到的危机其实并没有想象中的严重。可供选择的研究方法有很多，包括维克自己对意义建构的强调，这些都可以帮助我们找到相对连贯的"岛屿"。然而，这种"百家争鸣"（Huff，1981）的观点偏离了许多关于理论发展和科学做法的预期。

16.4　如何与科学理念相联系

本书主编要求作者将他们自己构建理论的努力与科学哲学联系起来。我深受托马斯·库恩（Thomas Kuhn，1970）工作的影响。库恩强调，"范式"是一系列为大家所接受的假设和做法的集合。在我看来，他显然受到新兴的认知科学的强烈影响。此外，我相信管理研究对库恩的大量引用，至少部分是由于他对图式框架理论的精通。

本章大多数的观察可以被放到库恩的理论框架中：认知科学作为一个学术领域，在20世纪70年代围绕图式理论发展出一个强大的范式。MOC领域的研究以此为源头，但它作为一个分支，在接下来的十年间也发展了其自身的关注点和方法。管理学会的MOC分会通过举办论坛为该领域学者定期交流提供了一个重要平台，这有效地推动了相关方法和理论的讨论。其他类似的会议也在欧洲召开。这些国际会议丰富了该领域的学术思想。

我的《战略思想图解》一书，尝试着为这一领域的理论论证做出贡献，并提出系统化工具和方法。该书得到伊利诺伊大学，特别是其商学院，以及心理学和其他领域的研究活动和相关讨论的支持。其他重要的认知研究中心，尤其是纽约大学、宾夕法尼亚大学、克莱菲尔德大学、巴斯大学和斯特拉斯克莱德大学，都在其他方面为我们提供了帮助。

虽然所有这些与库恩的范式科学的解释相一致，但MOC的发展历史中也在某些方面驳斥了库恩的观点。尤其是理论的发展并不像库恩所指出的那样具有连贯性。即使是在研究工作最集中的环境解释和竞争者分析领域，许多后续的研究主题都没有充分展开。一方面的原因可能是，为该领域争取独立的强烈愿望，减少了横向引用的几率，并且诱使很多人在并未完全开发其当前课题的情况下便进入新的方向。另一方面，各类学术期刊鼓励独立性研究成果，这削弱了学术活动的积累。但这二者似乎都不能提供充分的解释。

库恩虽然为理解管理和组织认知领域给出了交互作用类型，但我不得不超越它来看问题。卡尔·波珀（Karl Popper，1970）提出，科学家并不像库恩所认为的那样受到范式的限制。我也同意。同时，我也指出，一个范式（或图式，或理论框架）一旦被发现，它的重要性就发生了变化，很可能会逐渐削减（Huff，1981）。

费耶尔本德（Feyerabend，1970，1978）也指出，儿童在改变焦点和方向方面有巨大能力，科学家亦是。这一类比也得到了吉登斯的支持。他在解释结构化理论中规则的性质时,认为它们与儿童游戏中的规则类似。焦点和方向能够快速转变的理论,也适合于充满迅猛变化的当今世界。更具体来说,人类与生俱来的转变焦点和方向的能力,解释了为什么我们只能在战略实践和战略理论中体会到"连贯性群岛"。

就我的理解而言,科学哲学的对话也脱离了库恩所在的连贯性群岛(Suppe,1979)。图尔明(Toulmin,1972)、图尔明等(Toulmin et al.,1979)和赫尔(Hull,1988)主张,科学是科学家所做的事情。最近一系列的科学哲学家大会(如 http://www.temple.edu/psa2004)提供的证据表明,具体科学实践的研究继续吸引人们的注意。这种对行为的强调与我的研究重点类似,也与本书的指导性原则类似:通过要求个体反思他们自己的做法,编者收集微观层面的数据,以帮助今后的理论开发。

16.5 结束语

本书的主编希望作者们可以根据影响他们活动的因素,为对开发理论感兴趣的读者提供建议。应他们的要求,在本章最后,我想基于自身经验为大家提出几点建议。

做你感兴趣的事。我一直想知道如何将事做得"更好"。而找到一种好的策略正是把事情做好的基础。随着认知理论的发展,我逐渐理解,策略是一种高度分散化的努力。它从特定行为主体群的角度出发,推进积极的变化。它涉及思想,但聚焦于行动。不管你出于何种兴趣阅读本章,我强烈地建议找一个你最感兴趣的课题,就像我喜欢战略这一主题一样。大部分学术工作是寂寞的,即使有多人合作,在研究上付出的努力并不一定能保证取得成功。对自己研究的课题感兴趣,有助于你坚持到底。

这一建议大概对阐释主义者和致力于并未得到完善阐释的课题的研究人员特别重要,但我想它具有更广泛的意义。"关注现象"这一建议主要是希望大家不要为名利分心——内在动力比身外之物更能让人振奋(Deci,1995)。作为学术领域的一员(我们都是其中一员),我相信我们应该认识到自己有责任取得成果,但不必过度强调它。目前,对于在"A"类杂志发表文章的强烈要求,可能会造成一个功利性的目标,削弱了构建理论的核心要求,即个人和个人兴趣与研究课题之间存在激励性的关系。

选择与专注的人共事。知识对话的多少明显受工作环境的影响。例如,我在大学二年级时为一个富裕家庭当厨师。幸运的是,那个家庭的丈夫和妻子本身就是优秀的厨师。通过在周末为他们当帮手,我的烹饪技能得到了提高。到了年底,出于友好和善意,他们提出支付我大学最后两年数目可观的学费,并在毕业时送我去欧洲就像对待他们自己的孩子那样。然而,这项工作不仅耗费了我大量的时间,而且使我远离大学氛围。我很高兴自己当时婉拒了他们慷慨的提议。

第二年,作为研究助理,我更加努力工作。这使我有机会为著名的政治学家海罗德·古斯格尔(Harold Guetzgow)工作。他的研究和他周围的人都很活跃,我又一次从我的工作中获得了巨大收获。我想说的是,知识上的贡献取决于环境。我的建议是,放弃那些耗费学术精力而又不能丰富学术经验的工作。找一些能让你学到新东西的工作。

专注,但愿意做出改变。当然,重新定位是重大一步。我从没有发现"完美"的位置,虽然事后我认为,在伊利诺伊大学的时光非常接近于理想状态,并且现在的工作似乎也充满希望。在采纳赫希曼(Hirschman,1970)的退出选择之前,明智的做法就是发现工作环境中有趣的人和事。我在我所做过的每份工作中,都试图寻找新的想法,并且都如愿以偿。

利用几所不同大学所提供的机会,我扩充了自身的发表列表。然而,回然起来,这在策略上也许并不是最明智的。虽然我仍然认为自己已经发表的东西很有趣,但仍建议缩小范围,将研究做得更专。这个建议看来像是为了迎合目前重视产出的趋势,但这并不是我的本意。从做学问的意义上来看,在少数几个研究领域做深入探究更有意义。聚焦能够增强专业知识的积累,可以更好地建立研究论点间的联系(Huff,1998),即在寻找自己感兴趣的新研究课题时,应当把目光投向自己现在的研究领域。

对于新兴的研究领域,持续的关注特别重要。它需要一群有责任心的人对某领域的发展方向抱有一致的看法。随着他们参加相同的会议,组织小型会晤,使用相同的语言,支持彼此的思想,建立网站,发表类似题目的文章,安排将公众注意力集中于新方法的专题,编写概论性质的著作,大家对该领域的了解逐步加深。

所有这些都有意义,但它伴有一个矛盾的推论。这个推论建立在这样一个事实之上:创造性贡献经常来自研究领域的外部。结构理论帮助解释了:为什么把某种逻辑从一个领域转到另一个领域时能够获得成功(Whittington,1992)。布莱克(Black,1962)更直接地提出,所有的科学模型都是一种隐喻——通过将某种事物比作另外一种事物来引发思考和观点。因此,偶尔不连续的步骤能够给理论带来新的、重要的内容,也能给个人带来全新的启示。

我的每次专业转换都具有这种有益的效果。我在加州大学洛杉矶分校时研究的是决策制定;到伊利诺伊大学后转为研究认知学;我在科罗拉多州大学学到了有关创业的很多知识;在伦敦商学院,我将研究的重点扩展到一个国际范围。在慕尼黑技术大学,我研究的是德国的竞争优势以及创新与动机之间的联系。每一次,我都能够为过去的观点赋予新的形式。

接受你的工作可能无法取得预期效果的现实。我尽最大努力所做的许多工作都未能产生我所期望的结果。我选择威利(Wiley)出版社出版《战略思想图解》一书基于两个主要理由。该社是一个令人信服的国际出版者;同时,编辑承诺以每本35美元的价格出版该书。然而,当我完成手稿时出版条件变了。结果是,该书以那时看似天文数字的每本138美元的价格零售,这使得许多博士研究生望而却步,而我原本希望这本书能够引起他们的关注。

同样令人失望的是,几乎在我完成手稿的同时,我意识到,即使我选择一家国际化的出版社,我还是没能对美国以外的研究者的工作给予充分的关注。很遗憾,在我开始更加深入地进行 MOC 研究时,我没能充分把握推进该领域研究的国际化机会。

然而,尽管有这些不尽如人意的地方,回顾起来,这本书除了影响了美国的资深学者之外,对博士研究生和国际读者也带来了同样的影响。为什么?大概因为在本书出版之时,认知学在这两个群体中正逐渐获得关注。本章的一位审稿人问道,该书在影响力上是否能够与西姆斯和基奥娅(Sims and Gioia,1986)或沃尔什(Walsh,1995)相媲美。我无法回答这一问题。我知道它有一定的效果。不过令我感到惊奇的是,相比我对定义认知的不同方法所做的分类,有关方法论的部分得到了更为广泛的认可。当然,该书的出版和其他文章的发表为我带来了新机会,包括受邀撰写本章内容。有趣的是,吉登斯(Giddens,1984)关于在代理者和组织之间存在关联的观点也可以应用到这里。我对这位审稿人的回复大意是:我最初关于代理行为的观点,成为 MOC 结构资源的一部分。其实,我们必须承认,我们只是当下各种观点的临时保管人。这些观点经我们之手,在此过程中被重塑;接着,我们继续把它们传递到其他人手中。

考虑理论发展日渐复杂的受众。我的审稿人没有问《企业何时改变方向》一书是否产生了显著影响,但我还是要提一下。它是特里图书奖(Terry Book)的候选书目,也引发了一些有趣的新观点。不过,它比我的第一本书要复杂得多,体现在它的多样性和相对特质性,它所阐释的问题越来越构成对管理学和社会科学领域有效理论化的挑战。

理论化的观点显示出越来越多的漏洞。大学课程和学术会议上日益增多的跨学科交流,跨领域的引用,数字化搜索引擎加速了这一进程。然而,其结果是,理论学家要建立和维持具有显著影响力的观点将更加困难。

这段时间,我在教学上花了大量时间来帮助人们撰写拟发表的学术论文。学生最初的观点几乎总是太模糊,初期手稿的题目经常类似于《在复杂的全球环境中领导多学科 IT 团队:一个动态的视角》。这将会成为一篇有关领导力的论文吗?还是关于多学科团队?IT?复杂性?全球环境?动态?所有这些,甚至更多的主题,皆有可能。但要在一篇文章、一本博士学位论文甚至是一本书中,同时推进所有这些领域的知识,几乎不可能实现。即使一个人能够将大量相关概念保存在脑子里,一个相关的问题还是:谁关心这个?几乎没有人会认为,这些观点都同样值得关注。

在当今世界,学者会接触来自诸多学科的信息,也要同时考虑过多的问题。因此,效率也打了折扣。要取得进步至少需要两件事。第一,我认同维克(Weick,1995)的观点,没有身份就不可能弄清楚情况,因此,最重要的是,理论家要确定"你自己是谁";第二,要发展新的理论就必须清楚,相对于其他学者来说"你自己的立场是什么"。关键在于,不要为了做出一致的贡献就将关注点局限在某一方面,而是要与其他学者建立连接,以便取得集体的进步。在我的学者生涯刚开始之时,我认为理论构建的重担压在我的肩上,但现在发现其实是压在"我们"的肩上——但首先必须找到"我们"。

团体制度化。比尔·斯塔巴克(Bill Starbuck)和马琳·斐尔(Marlene Fiol)在管理学会上,率先组织了对认知学有兴趣的团体的第一次会议。这一努力促成了 MOC 分会的创立,分会每年均会举办研究成果介绍会和相关专业发展活动。如我本章前面所提,MOC 作为一个新兴的研究领域,我深感这个分会对它的重要性。在我的同伴中,许多人在过去的十年里已停止了管理和组织认知学的研究工作,还有相当多的人转向行政管理和其他工作,也都彻底停止了学术研究。幸运的是,管理学会 MOC 分会定期举办的这些活动推进了这一领域研究的持续性,并对组织认知方面具有启发性的新观点给予了支持。

类似的制度支持在大学里也是重要的。在撰写本章时我曾想到,《战略思想图解》是否提供了一个机会,让我更清楚地认识并发挥领导力。回顾过去,我希望我曾经考虑过建立一个管理学认知研究的中心。它将使我的工作具有更强的结构性,也能够推动其他人的工作。本章提到的两本书在一定程度上达到了这些目的,正如我所期望的那样,但我现在更清楚地认识到,有一个常设的社会组织对于学术交流非常重要。

最近几年,我将大量的注意力放在为管理学研究基础设施的建立上。在管理学中,这一点特别必要,因为我们研究的组织,与商学院和它们支持的研究类型相比过于庞大。因此,我们的工作范围也要相应地扩大。这不仅关乎社会政治组织的拓展,也关乎思想的拓展。

从教学和实践中学习。卡尔·维克(1995:12)指出,"你只有讲出来以后,才能知道你在想些什么"。我经常是在教室里提出新观点。因为在我的职业刚开始时,我刚刚成家。我因此选择少做顾问咨询的事情。但我通过研究和教学,逐渐增加了与高层管理人员的接触。

有些研究方法提倡将组织内部人员视作合作研究者(Bartunek and Louis,1996;Balogun,Huff and Johnson,2003)。接受了这些研究方法后,这些接触变得越来越重要。例如,在 20 世纪 80 年代,我和娄·庞蒂(Lou Pondy)连续两年近距离地观察了三位学校管理者,那时所学到的东西至今让我受益匪浅(Huff and Pondy,1985;Pondy and Huff,1988)。例如,他们能够在多种分析层面上制定战略,这激励我尝试以更为复杂的方式构建理论。我现在提到这个,是因为本章的内容主要涉及理论构建和其他学者的影响,而没有充分强调从实践中获得的启发。

为针对评估的讨论做出贡献。我开始担心对评估的过度关注会阻碍而不是推进管理学的学术研究(Huff,2000)。有了这种想法之后,我开始更多地考虑对实践的贡献。当前,人们对期刊排名非常关注,其有利的一面是激励作者寻找广泛的读者群体。其负面影响是,顶级期刊的读者过于学术化。甚至,早期的发表压力会扰乱研究者的注意力,对研究带来消极影响。

如果学者,特别是那些尚未获得终身教职的学者,感到发表论文的压力而向编辑和审稿人的意见妥协,便失掉他们与研究成果之间的学术的联系。把学术贡献狭隘地定义为在少数期刊上出现的次数,使得上述问题几乎不可避免。从全世界来看,越来越多的商学院采用这种定义方法。理论的应用也受到影响,因为顶级期刊的数量太少,不能提供多样化的成果来满足理解复杂多变的组织的需要。

我担心,在现有的评估体系下,评判学术成果越来越多地依赖于刊物的级别,而不是文章被阅读的次数。甚至更有问题的是,仅凭期刊文章并不能涵盖要理解复杂的组织互动行为所需的复杂能力。我们需要更多地讨论这些问题。在我看来,迫切需要建立能够满足课题多样性要求的评估体系(Ashby,1956)。

以此为乐。我不想以悲观的论调做最后的总结。在我当前的工作中,我对动机做了很多思考。夏天,我阅读了莱纳斯·托沃兹(Linus Torvald,2001)的《以此为乐》(*Just for Fun*)一书。他是 Linux 的创始人,或者更广义地说,他是一个开放资源运动的重要代表,他既不是哲学家、心理学家,也不是认知科学家。然而,当受邀请与一群哲学家座谈时,托沃兹讲了一段在我看来是至理名言的话。他说,人们的行为动机往往出于以下三种原因:保障、社会关系或乐趣。我很幸运,我们夫妇都有工作,因而不必特别担心基本保障问题。我希望你们也有同样的好运——没有保障是很难做理论的,当然,也有少数例外。

考虑到第二个动机,虽然没能一一列举在情感和智力方面带给我影响的人们,但我相信,社会关系对我的学术工作有着显著的影响。科学哲学强调,科学本质上是社会性的。我认为可以更具体地解释为人际交往对理论构建具有重要意义。

在此,我还要以托沃兹没有提到的一点作为总结:愿望,不仅仅是获取知识的愿望,还有把事物变得更好的愿望。这是开放资源的重要动力。托沃兹对开放资源运动的解释,主要基于从人际关系中获得的愉悦(既包括亲密的同事间的关系,也包括与未知使用者之间的关系),以及他关于动机的最后一点:乐趣。学术生涯(与大学生的经历不同)看来并不是令外人羡慕的乐趣来源。然而,我之所以投入其中,是因为它能够带给我与乐趣类似的力量和裨益。在一本强调理论构建的艰辛和努力的书中,以此作结再合适不过了。

参考文献

ASHBY, W. R. (1956). *Introduction to Cybernetics.* London: Wiley, ch. 11.
BARLEY, S. R. (1983). Semiotics and the study of occupations and organizational cultures. *Administrative Science Quarterly*, 28: 393–413.
BARNARD, C. I. (1938). *The Functions of the Executive.* Cambridge, Mass.: Harvard University Press.
BALOGUN, J., HUFF, A. S., and JOHNSON, P. (2003). Three responses to the methodological challenges of studying strategizing. *Journal of Management Studies*, 40(1): 197–224.
BARTUNEK, J., and LOUIS, M. (1996). *Insider/Outsider Team Research*, Thousand Oaks, Calif.: Sage.
BERGER, P. L., and LUCKMAN, T. (1967). *The Social Construction of Reality.* New York: Doubleday.
BLACK, M. (1962). *Models and Metaphors.* Ithaca, NY: Cornell University.

Bower, J. L., and Doz, Y. (1979). Strategy formulation: a social and political process. In D. E. Schendel and C. W. Hofer (eds.), *Strategic Management*. Boston: Little, Brown.

Bowman, E. H. (1976). Strategy and the weather. *Sloan Management Review*, 17(2): 49–62.

Deci, E. L., with Flaste, R. (1995). *Why We Do What We Do*. London: Penguin.

De Wit, B., and Meyer, R. (2004). *Strategy: Process, Content, Context*, 3rd edn. London: Thompson.

Eden, C., and Spender, J. C. (eds.) (1998). *Managerial and Organizational Cognition: Theory, Methods and Research*. London: Sage.

Feyerabend, P. (1970). Consolations for the specialist. In I. Lakatos and A. Musgrave (eds.), *Criticism and the Growth of Knowledge*: 197–230. Cambridge: Cambridge University Press.

—— (1978). *Against Method*. New York: Schoken.

Giddens, A. (1984). *The Constitution of Society: Outline of the Theory of Structuration*. Berkeley: University of California Press.

Hirschman, A. O. (1970). *Exit, Voice and Loyalty*. Cambridge, Mass.: Harvard University Press.

Hodgkinson, G. P. (2002). Comparing managers' mental models of competition: why self-report measures of belief similarity won't do. *Organization Studies*, 23: 63–72.

—— and Sparrow, P. R. (2002). *The Competent Organization*. Buckingham, UK: Open University Press.

—— (1981). Multilectic methods of inquiry. *Human Systems Management*, 2: 83–94.

—— (1982). Industry influences on strategy reformulation. *Strategic Management Journal*, 3: 119–131.

—— (ed.) (1990). *Mapping Strategic Thought*. Chichester: Wiley.

—— (2000). Presidential Address: Changes in Organizational Knowledge Production. *Academy of Management Review*, 25: 2.

—— and Fletcher, K. E. (1990). Strategy reformulation at AT&T. In A. S. Huff (ed.), *Mapping Strategic Thought*. Chichester: Wiley.

—— and Huff, J. O., with Barr, P. S. (2000). *When Firms Change Direction*. Oxford: Oxford University Press.

—— and Pondy L. R. (1985). Achieving Routine in Organizational Change. *Journal of Management*, 11(2), 103–116.

—— and Schwenk, C. R. (1990). Bias and sensemaking in good times and bad. In A. S. Huff (ed.), *Mapping Strategic Thought*. Chichester: Wiley.

Huff, J. O., and Clark, W. A. V. (1978). Cumulative stress and cumulative inertia: A behavioral model of the decision to move. *Environmental Planning*, 10(10): 101–119.

Hull, D. (1988). *Science as a Process: An Evolutionary Account of the Social and Conceptual Development of Science*. Chicago: University of Chicago Press.

Kelly, G. (1955). *The Psychology of Personal Constructs*, vols. 1 and 2. New York: Norton.

Kuhn, T. S. (1970). *The Structure of Scientific Revolutions*. Chicago: University of Chicago Press.

Mintzberg, H. (1978). Patterns of strategy formation. *Management Science*, 24: 934–938.

Naryanan, V. K., and Kemmerer, B. (2001). A Cognitive Perspective on Strategic Management: Contributions, Challenges and Implications. Presentation at the Academy of Management.

Pondy, L. R., and Huff, A. S. (1988). Budget cutting in Riverside: Emergent policy reframing as a process of conflict minimization. In L. R. Pondy, R. Boland, and H. Thomas (eds.), *Managing Ambiguity and Change*: 177–200. New York: Wiley.

Popper, K. R. (1970). Normal science and its dangers. In I. Lakatos and A. Musgrave (eds.), *Criticism and the Growth of Knowledge:* 51–58. Cambridge: Cambridge University Press.

Porac, J. F., and Thomas, H. (1990). Taxonomic mental models in competitor definitions. *Academy of Management Review*, 15: 224–240.

—— —— and Baden-Fuller, C. (1989). Competitive groups as cognitive communities: The case of Scottish knitwear manufacturers. *Journal of Management Studies*, 26: 397–416.

—— —— and Emme, B. (1987). Knowing the competition: Mental models of retailing strategies. In Johnson, G. (ed.) *Business Strategy and Retailing:* 55–79. New York: Wiley.

Reger, R. (1990). Managerial thought structures and competitive positioning. In A. S. Huff (ed.), *Mapping Strategic Thought.* Chichester: Wiley.

Reger, R. and Huff, A. S. (1993). Strategic groups: A cognitive perspective. *Strategic Management Journal*, 14: 103–124.

Simon, H. A. (1976). *Administrative Behavior*, 3rd edn. New York: Free Press. (Originally published in 1947.)

Sims, H. P., and Gioia, D. A. (eds.) (1986). *The Thinking Organization.* San Francisco: Jossey-Bass.

Spender, J. C. (1980). Strategy making in business. Unpublished doctoral dissertation. Manchester University, UK.

—— (1989). *Industry recipes: an enquiry into the nature and sources of managerial judgment.* Oxford: Blackwell.

Starbuck, W. H. (1983). Organizations as action generators. *American Sociological Review*, 48: 91–103.

—— (1993). Strategizing in the real world. *International Journal of Technology Management*, 8: 77–85.

Suppe, F. (1979). *The Structure of Scientific Theories.* Champaign-Urbana, Ill.: University of Illinois Press.

Tenbrunsel, A., Galvin, T. L., Neale, M., and Bazerman, M. (1996). Cognitions in organizations. In S. Clegg, C. Hardy, and W. Nord (eds.), *Handbook of Organization Studies.* London: Sage.

Torvald, L. (2001). *Just for Fun.* New York: HarperCollins.

Toulmin, S. (1958). *The Uses of Argument.* Cambridge: Cambridge University Press.

—— (1972). *Human Understanding*, vol. 1. Princeton: Princeton University Press.

—— Rieke, R., and Janik, A. (1979). *An Introduction to Reasoning.* New York: Macmillan.

Walsh, J. P. (1995). Managerial and organizational cognition: Notes from a trip down memory lane. *Organization Science*, 6(3): 280–321.

Weick, K. E. (1969). *The Social Psychology of Organizing.* Reading, Mass.: Addison-Wesley.

—— (1995). *Sensemaking in Organizations.* Thousand Oaks, Calif.: Sage.

Whittington, R. (1992). Putting Giddens into action: Social systems and managerial agency. *Journal of Management Studies*, 29(4): 693–712.

Winograd, T., and Flores, F. (1986). *Understanding computers and cognition.* Norwood, NJ: Ablex.

Woodrum, E. (1984). Mainstreaming content analysis in social science—methodological advantages, obstacles, solutions. *Social Science Research*, 13(1): 1–9.

第 17 章　开发关于理论开发的理论

亨利·明茨伯格

关于"我是如何开发理论"这一问题,我并无头绪。我不去想这个问题;我只是努力去做而已。事实上,去思考这个问题可能会相当危险:

> 蜈蚣原本相当开心
> 直到蟾蜍和它开了个玩笑
> 说,"请问,先迈哪条腿呀"
> 这个问题让它如此心烦意乱
> 躺在沟里
> 冥思苦想该怎么行走
>
> 　　　爱德华夫人(Mrs. Edward Craster),1871

我可不想躺在沟里心烦意乱地思考怎样去开发理论,何况,这是认知心理学家的工作:他们研究概念获得、模式识别等诸如此类的问题,但却甚少真正告知究竟我们是如何进行思考的。不过,这一次应本书主编之邀,我还是铤而走险,因为我在理论开发的道路上大概不会走得太远了。

我想先从"理论不是什么"着手,然后说说"理论开发不是什么"(至少对我来说),再尝试谈谈理论和理论开发像什么。

17.1　理论并非真理

首先,非常重要的是,要意识到所有的理论都是人为的作品——究其根本,理论只是为了描述特定的现实而记录下的文字和符号,而非现实本身。因此,理论简化了现实。这意味着我们必须根据有用性而不是根据其真实性来选择理论。举个简单的例子就能说明这一点。

1942 年,我们发现了一个真理:地球是圆的而不是平的。可是,我们真的发现了吗?

真是这样的吗？

为了获得这一发现，哥伦布在海上航行。航海队的造船者，至少之后的那些造船者，是否根据海平面的曲率而修正了造船工艺呢？我猜想他们并没有这样做。直至今天，地球是平的这一理论，对于造船业而言仍完全适用。

但对于船队航行来说，地平说就不适用了。此时，地圆说更为适用。不然，我们就无法再次收到来自哥伦布的消息。事实上，地圆说也并非真理，一次前往瑞士的旅行很快就能对此进行说明。地圆说不是由瑞士人提出来的，这并非巧合——对于瑞士而言，"地球崎岖不平说"这一理论才是相当准确的。最后，即便从整体来看，如果从人造卫星上看，地球也不是圆的，它在赤道部分是向外膨胀的（尽管我并不确定该如何利用这一理论）。

如果地球不是很圆，也不是很平，甚至不是很均匀，那么，我们又怎能期望其他理论是正确的呢？著名心理学家唐纳德·赫布（Donald Hebb）很好地解决了这个问题："所谓好的理论，就是在你找到更好的理论之前，一直能够站得住脚的理论。"

但正如我们刚才举例所示，后来出现的理论并不比原有理论好很多，而只是在另一个领域的应用更为有效而已。例如，我们平时应用更多的可能仍然是牛顿物理学，而非爱因斯坦的物理学。这就使得社会科学中的流行学派大都有些机能障碍，无论是经济学家当下对于自由市场的执著，还是心理学家早期对于行为主义的痴迷，都是如此。人们付出了如此之多的努力来研究市场公平交易和狗的唾液分泌！理论本身可能是中性的，将任何一种理论推崇为真理都是教条主义，这是在以教条来抑制思考。

因此，我们需要百花齐放的理论——越多越好。作为研究者、学者和教师，我们有义务来激励思考，一种很好的激励思考的做法，就是提供各种不同的理论，即对于同一现象的多种不同解释。学生在离开我们的课堂或读者阅读完我们所发表的文章时，应当是在沉思、怀疑和思索——而不是仅仅是知晓。

17.2　理论构建并非客观而演绎的

如果理论并非真实的，那么又如何能做到客观呢？我们对于科学与研究中的客观性，过于小题大做了，这样做往往混淆了两种完全不同的过程，即理论的创建与理论的验证。其中，前者——也正是本文所要探讨的——注重归纳这一过程，即从特殊到一般，从具体数据到一般概念；而后者则根植于演绎，即从一般到特殊。

这两个过程实质上可以相互激励。事实上，至少在自然科学方面，伟大的学说往往在这两个过程间来回反复，但未必由同一人完成。我很高兴会有其他人进行理论检验，也就是演绎研究——这是非常有用的。如果不是为了找出某个理论与事实有出入（因为所有的理论都是如此），那么我们至少需要找出：与其他理论相比，某一理论如何、为何、何时何地才能发挥更好的效力。我只是相信，在我们的领域中，对比少数创建有趣理论的研究者(稍后阐述这一现象存在的原因),我们不需要那么多人来检验理论。

就我个人而言,我一直认为人生短暂,不足以进行对理论的检验。我总是惊讶于我们领域中为何会有如此多的人纠结于假设检验,或者检验"计划能带来回报吗?"或者"企业从事慈善活动会带来好业绩吗?"也许问题就在于,与那些研究分子和石头的学者相比,我们的理论是关于自身的。对此,我们又如何能保持客观呢?

最令我痴迷的是归纳研究,即发明关于事物的解释,而非发现解释——这是真理——发明解释。我们无法发现理论,我们创造理论。这是非常有趣的。若有更多的博士生去尝试一下,碰碰运气多好!而实际情况却非如此。他们被教导要客观、科学(狭隘的角度),这意味着,请不要发明,只能演绎,才是学术上所谓的正确做法。

17.2.1 波珀研究

几年前,《战略管理期刊》的编辑在一篇社论中写道,"如果我们的领域正如其所必需的那样继续增长,并在研究与实践之间发展出重要的联系,那么,我们就需要改善我们的研究,并理解相关性来自严谨"(Schendel,1995:1)。这种说法本身并不严谨,因为缺乏有力的事实根据。于是,和往常一样,它被看成是一篇宣扬信条的文章。

在阅读"严密的"文献时,你可能会得出相反的结论:这种严密——方法上的严谨——妨碍了理论的相关性。那些太过注重研究方法的正确性的人,往往无法富有洞察力地进行研究。

当然,智力上的严谨——清晰的思考——并不会影响相关性。这位编辑还在他的其他社论(如《谨慎的逻辑》)中也提及了这一问题,但他的意思如下,"在此领域的研究不能投机取巧、主观臆想和耍小聪明;它应该如同重复劳动一般,不论由谁来做,这项研究或应用研究的成果,都可以独立地得出同样的结论"(p.1)。

我认为这是官僚的研究,因为它试图摒弃人的因素,包括想象力、洞察力以及发现力。如果我研究一种现象并随之提出一个有趣的理论,难道因为其他人无法得出同样的理论,我的理论就不严谨了吗?如果接受这种说法,你就得摒弃从物理学到哲学的几乎所有理论。因为所有这些理论都是标新立异的研究成果,都是富有创造力头脑的发明创造。("对不起,爱因斯坦先生,您的相对论属于投机臆测,缺乏实证根据,所以我们无法出版。")苏曼德拉·戈沙尔(Sumantra Ghoshal)在写给同一编辑的信里,谈到他早先审查过的一篇文章时说:

> 我已经看了三遍这篇文章……在多次的反复中,审稿过程已经大大改变了文章的风格。我相信新的论据……很有趣,但未免有些肤浅……我很喜欢第一稿的丰富多样和几乎所有的推测,但这版引文与文献引用几乎将原有这些都剔除出去了。虽然文章可能看起来更'学术',我还是不确定究竟谁能真的从中获益……描述、洞见和思考竟然被引文、定义和缜密性所取代,对此我深感遗憾(Reprinted in Mintzberg,2004:399)。

这样的情况却经常发生，因为我们混淆了严谨性与相关性、演绎与归纳。事实上，我所收到的此书的提案就是这样："……理论构建与检验的过程是客观的，并且具备科学所特有的自我纠偏特征。因此，理论发展和检验中的纠偏和平衡机制是如此有说服力和被广泛使用，以致它们能够以一种客观的、独立于科学家的方式控制和查证知识的发展。"它们当然起到了这样的作用：这就是为什么在我们的领域中，所看到的归纳研究与有趣的理论创造如此之少。

卡尔·波珀（Karl Popper），我的一位秘书曾将他的名字错拼为"Propper"，独著了一本著作《科学发现的逻辑》（*The Logic of Scientific Discovery*，1959）。在前四页中关于"归纳法的问题"的部分里，他否定了归纳这个过程，或者更准确地说，他以极端讽刺的语气否定了所谓的"归纳逻辑"。但他关于理论发展本身的看法和我上述看法是一致的。

> 在我看来，在最初阶段，构思或创立一个理论既不需要逻辑分析，也不能采用逻辑分析。一个人如何产生一种新的想法——无论是音乐的主旋律，还是戏剧冲突，或者科学理论，这是实验心理学的重要研究课题，但与科学知识的逻辑分析无关。与后者不关注事实问题（康德所谓的 quid facti?），但关注正当性或效度问题（康德所谓的 quid juris?）有关……因此，我将从根本上对构思新想法的过程与合乎逻辑地检验想法的方法和结果进行区分（Popper，1959：31）。

已然，非常清楚。但为什么，尽管该书的其余部分都在论述"检验的演绎方法"，波珀还是把他的书叫作《科学发现的逻辑》呢？演绎法会产生怎样的发现呢？也许会发现特定的理论如何、为何、何时以及何地有效（如上文所述），而不会发现理论是什么——理论本身的创立。（波珀为什么把他的著作叫作《科学发现的逻辑》，而在上述段落更加确切地用了"科学知识"这一短语？）既然这本书只谈了科学研究的一个侧面，而这个侧面与该书起始就用寥寥数语排斥在外的另一个侧面是完全不可分割的，那么，为什么数不清的尚在求学阶段的研究者都被要求去读这本书，仿佛这才是科学，才是研究？这将给该领域的博士生们留下什么印象？（读读期刊就知道了。）正如卡尔·维克援引萨默塞特·莫姆（Somerset Maugham）的话，"她跳进陈词滥调的大海，用渡峡游泳者有力的蛙泳，自信地游向显而易见的悬崖峭壁"。

为了可以给理论证伪，波珀整部书都致力于探讨演绎研究法。但正如前所述，证伪本身并没有增加什么；只有在证伪后创立新理论的时候，或至少是大幅度修正原有理论的时候，我们才获得了必要的洞见。阿尔弗雷德·赫希曼（Alfred Hirshman）说得好："无论事实怎样具有破坏性，模型永远不会被事实摧毁，模型只会被另一个模型摧毁。"

17.2.2 定性研究

关于这个问题，我要澄清另一个混淆之处，即我们将"定量"和"定性"分别指向"演绎"和"归纳"。仿佛所有的演绎研究都是定量，而所有的归纳研究都是定性。实则不然。不用数字也可以评价理论(我甚至敢说,评价的结果还会很准确。顺便说一句,大多数七级量表实际上就是这样判断的),正如数字可用来归纳理论一样。事实上,我受邀参与《管理工作的实质》的写作,是因为我曾做过一个内有大量数字的归纳研究(*The Nature of Managerial Work*,1973);作为一个更好的例证,可以参考我与亚历山大·麦克休(Alexandra McHugh)合著的"暂时体制中的战略形成"一文("Strategy Formation in an Adhocracy",1985),它经常被看作定性研究,尽管它是一项基于3 000部影片的巨细靡遗的研究。

这种混淆让我们觉得"定量"研究似乎更加恰当(或者"更加波珀式")——也就是更加科学——即使这种研究并没有提出什么见解,而定性研究最多也只是在具有代表性的时候勉强可以接受。这就是败坏我们学术期刊名声、随处可见的双重标准。这也以惯例的形式在教授定量方法(大多为统计学)的博士课程中被破坏性地展现出来。那些无法掌握这些深奥技术的人就拿不到博士学位,即便他们做出了各种各样的、没有使用数字的绝佳研究。为什么就不能把那些没有能力提出精彩思想的人从在读博士生的队伍中剔除出去呢?试想一下吧!

17.3 理论更像一个连续体

我也没有考虑过什么是理论,我所感兴趣的是解释,并不太在乎称之为理论或者其他。

当我思考这个问题的时候,我发现解释是一个连续统一体(continuum),从清单(分类)到类型划分(详细目录),到各种因素(并不一定是"变量":这一名称对于我所研究过的因素而言太过具体化了)之间关系的印象,再到这些关系彼此间的因果关系和模式,最后,到可以充分解释的模型(这一模型整合了需要研究的所有因素)。

我觉得自己是一个痴迷的分类者——我喜欢明确的类型划分——尽管我也做确定关系和模型。

正如前文所述,我应该在此谈谈我关于管理工作的研究,我第一次提出该理论大约是在1973年。在该研究中,我描述了管理工作的各种特征,以及关于管理者主要角色的一个框架,并讨论了管理工作中的各种变化。其中,大部分工作都是有关目录和类型的,包含很多印象和数字,而不是一个成熟的模型。(更确切地讲,也许该书中的模型是整个研究中最薄弱的部分。)很久以后,我通过运用我早期研究以及他人研究中提出的分类方法才构造出一个更加正式的模型。

在我所发展的理论中,令我更为自豪的一个理论——我认为它是我最为简洁的一次研究——是我的著作《组织结构化》(Mintzberg,1979,*The Structuring of Organization*)。我首先运用五种基本组成部分和五种基本的协调机制描述了组织的运作过程。在描述了组织设计的基本参数(职位、上层建筑、关系等)以及可能影响组织设计的因素(组织的年龄和规模、环境的复杂性和动态等)之后,我把这些因素全部用一个五种模型组成的分类体系联系在一起:组织形态,或者说组织的"构造"(即模式),每种形态都有自己的详细解释和因果关系理论。直到后来(第二部分,1989年),我才运用我所谓的"组织形态的力量",把这些不同的模型整合成了一个模型,用以讨论构造、组合、转化、矛盾和能力,最终提出了组织的生命周期模型。

17.4　理论构建更像意外所得

当我们暂时把科学上的正确性放在一边时,我们就能得到有趣的理论,用一句名言来说就是:暂缓我们的怀疑,让思维自由而富有创造力地驰骋——疯狂思考,沉溺于有趣而富启迪的情境之中。伟大的生理学家汉斯·塞里(Hans Selye)曾引用由一个著名的生理学分支创造的"智慧不朽"清单中的一条,非常棒地陈述了观点:"超越数据的概括。"他引用了一位评论家的话来说明这一点,这位评论家曾问他"不要超越数据进行概括"这样的理解是否更加正确(1964:228)。不超越数据进行概括,就没有理论;没有理论,就没有见解;而没有见解,还做研究干什么?

令人惊奇的理论往往具有洞察力,因为它使得我们非常规、富有想象、深刻的观察我们自以为已经理解的现象。借用威尔·亨利(Will Henry)的话就是,"研究就是一场与知识的相亲"。不管理论最终多大程度被认可,如果它最初不令人惊奇——改变传统认知——那它就一无是处。(我的一位教授曾经说,理论要经历三个阶段:最初是错误的,接着会具有颠覆性,最终将显而易见。)

所有这些都是在说,真正的科学中包含了大量的艺术和技巧。事实上,过分痴迷于狭义的科学,只会阻挡科学的发展。"在科学中,就像在爱情中一样,过分关注技巧很可能导致性无能"(Berger,1963:13)。

17.5　有关理论构建的一些(新兴)假说

那么,该如何来做这些超越数据的概括,做这些主观的、异想天开的疯狂思考,从而把清单转化为模型呢?如上所述,我对在我脑海里浮现的事情并没有什么概念,但是,我可以把在我脑海以外发生的一些事情,以一系列的命题描述出来,并在我的头脑中开始形成概念。让我们来看看什么是可以说清楚的,但需接受这是一个"只可意会,不可言传"的过程。

第一,我的研究始于一个有趣的问题,而并非花哨的假设。假设会使我封闭起来,而问题则能让我思想开阔。例如,我曾从以下问题着手:管理者们做些什么?组织如何自我构建?战略怎样形成?而现在我思考的问题是:我们如何才能使这个在经济中疯狂的世界恢复平衡?

我认为这是一种"拉"而不是"推"的方法,我认为这是理论发展的关键所在。让你自己被外在的重要问题所拉动,而不是由内在的华丽概念所推动。让你自己被实践活动中的行为所指引问一些大问题。根据我的经验,博士论文研究的问题,以及人们后续所做的研究,并不是吸收太多,而是根本切入太少。或者我们可以用另外一个比喻,我欣赏那些想建造大教堂而不仅仅只想垒几块砖头的研究者。正如弗里兹·卡普拉(Fritjds Capra)在《转折点》(*Turning Point*)一书中所说的,"如果我询问一个粒子的问题,电子就会给我一个粒子的答案"(1982:77)。

第二,我需要用丰富的描述来激发我的思维。一些小说家只拿一本空白的便笺本坐下开始写——我想一些管理理论学家也是这样,但我做不到。我需要输入眼前丰富的事物,以激发自己的思维。最好是确凿的数据——这就是克利福德·吉尔兹(Clifford Geertz)提到的"深度描述"——而不是整齐而系统化地罗列数据。罗伯特·达恩顿(Robert Darnton)曾经把克利福德·吉尔兹的作品描述为"开阔性的,没有条条框框的"。故事是最好的,因为硬数据也许能指向某一关系,但只有丰富的描述才最有利于解释它。因此,轶事趣闻类的数据,对理论发展来说并不是无关紧要,而是不可或缺。

但并不是非得数据不可,我最喜欢的一部自己的作品《组织结构化》,就是在别人的一些理论、研究发现和描述的基础上完成的——换句话说,基本上是以现存的文献为基础。但即便如此,对我理论开发过程的帮助是很大的,还是最有深度的、最接近于数据的描述性文献,特别是琼·伍德沃德(Joan Woodward)的著作(后面我会提到)。高度结构化的描述,例如,围绕两个抽象变量收集的数据,其有用性却差得很远。试想,想成为理论家,应该游弋在一池碧水中,还是一堆碎纸里?

第三,这也许是最棘手的,要逐步形成一个大纲。也就是,我必须有提纲写下我的观点,即使观点的写作是为了提炼出一个大纲。这是理论创造最根本的问题(而且我怀疑这通常也是创作出有趣作品的核心)。

不论我们怎样看待自己的理论,最终还是要以线性顺序传递给他人,即用文字的形式。莫扎特主张,创作一首交响乐,最棒的就是一下子听到整首曲子。(他还写道,看一眼就能在脑海里浮现出全篇。)哇!我想知道那是怎样的情形!但即使是莫扎特,他也必须把他的曲子线性地写在纸上,其他人才能演奏。

当然,线性顺序的问题在于,我们要解释的这个世界,并不以线性顺序在运转。现在,如果我不是用一张空白的纸开始,而是以所有写满我或者其他人的发现和想法的小纸条开始,我该如何处理它们呢?如果开始没有提纲,我该如何组织它们呢?然而,如果我无法把这些要素编入提纲,我又怎能得出大纲呢?还有,如果我确实有了大纲或者理论,我又怎样才能停止我能够获得更好理论的疑虑,从而得出一个更好的理论呢?理论就是信念。

我想,这个解鞋带似的问题,就像是"你是如何举起自己"这样的问题一样无法解决,除非是每次一点点地动用你能抓住的所有东西。(爬上一块石头?把绳子系在树上?)

线性提纲很棒。我仍然保存着那个最终使我完成《组织结构化》一书的提纲,这提纲约200页之长!它是如此详细,以至于我3个月就完成了500页作品的初稿。此后,我再也没有写过这样的提纲了,也因此付出了沉重的代价。我用了一些更加马虎的提纲,因此我不断地重写,重写,再重写。重新修改松散的提纲真是一团糟。至少我那提纲一出来,我的《组织结构化》很快就完成了,或者我应该说,它比起我的其他作品更像是一气呵成的。从开始的题词到最后一句,它都浑然一体。从另一个角度来说,混乱也是件好事,因为它使内容更加丰富。用伏尔泰的话来说:怀疑并不是令人愉快的状态,但它必然是有趣的状态(Seldes,1983:713)。

第四,尽管这很线性思维,我还运用了各种图表表达我所研究的概念之间的相互关系。(让我们暂停下来,思考这里正在发生什么。我正在用手写作,个中的原因我会在后面解释。(看看我所理解的线性。我总是把自己观点的顺序弄乱,非常痛苦。这都是为了我和你能像莫扎特那样在脑海中一眼看清整件事情。)写完前面一点之后,我决定每开始一个新的观点都写在一页新纸上,那样我可以很容易地翻回去专注于前面没有思考清楚的观点,这在写作中经常会出现。这是一个十分明智的点子——我只是开玩笑——然而它并不真的是个点子,只是前面的观点正好是以新的一页开始,因为它之前的观点刚好在页底完成,然后我就发现:嘿,这样很好,每个观点我都应该以新的一页开始。你看,这里我又对我眼前的事物有所反应了。我确有一个提纲——是基于我以前写的关于研究的文章(Mintzberg,1973:Appendix C,1979a,1982,1991,2002,2004:250—252,Mintzberg and Miller,1983)随便写的一些我要表达的观点。但我没怎么看这份提纲,因为当我看到第一点时,其他观点就一起涌现在我脑海里了,这些纸上呈递的文字促成了我脑海里的观点。——请把这作为第五点。)

我的作品里加入了许多图表,旨在表达我的每个思想是怎样形成的。亚里士多德曾经说,"灵魂……思考是离不开图画的"(2001:594)。我尝试着让我自己的灵魂思考。几年前,我曾为贝迪安(Art Bedeian)的文集写过一篇叫《25年之后……虚幻的战略》(Twenty-Five Years Later...the Illusive Strategy)的自传(Mintzberg,1993:网址 www.mintzberg.org)。当翻阅我自己的出版物时,就像我追踪组织战略那样追踪我自己的写作规律,我发现一些很有趣的事情:我做的图表有很清晰的阶段性,就像画家的作品(如毕加索的"蓝色时期")。我在早年(如《管理工作的实质》一书中)用了矩形方框(流程图和类似的图形),在下一时期的作品(如《组织结构化》一书)中,我用了墨点来描述组织,随后我用到各种各样的圆形。

这些图表给了我莫大的帮助,即不在脑海里的东西,我也可以一眼就看出来。但别人并不能一眼看出。我对那些被图表弄糊涂的人一直心存疑惑。他们并不这样思考,也不能在别人的作品中生成这些理解。甚至我的一些博士生,有时包括那些成绩最好的,当我鼓励他们使用图表来表达自己的思想时,他们除了一两个2×2的矩形外,想不出其他的。也许与我工程师的教育背景有关——那可能是我这段教育所仅存的——或者是我接受这一类型教育的倾向,因为我喜欢看事情的整体,用著名作曲家的话来说:一览无遗。

(再来看看这里正在发生什么。当我疯狂地写下前一点时(或许我只是一个媒介?),由于新的思想不断形成,我在页边空白处做了一些笔记,以免忘了它们。现在我回顾这些笔记,然后对照我的提纲看我是不是走得太远了。我知道我真的离题了,但首先要指出的是,我事先并没有记下我要插入括弧里的这些字——这些此时此刻你在阅读的内容。因为它出现在我脑海里,就像我开始第四点那样(前面的一点),于是我即刻把它写了出来,在第二个方括弧中,我意识到我所做的是用这个经历本身说明我是怎样发展我的理论的(如果你称这些为冥想理论)。明白了吗?!(如果上述内容看上去如同我在重读时那样非常混乱,我不能责怪你,这样你也应该重读一遍!——然后你应该会对发展理论有更深入的想法。)想想看,比起30年前我写的书,这篇文章写作经验本身是何等的丰富多彩。与此相比,我又怎能把此时此刻发生的事情理论化呢?理论化又有什么好处呢?所以,我回头更改了这篇文章的题目。它之前的题目为《抱歉——没有理论的理论》,现在更名为《开发关于理论开发的理论》。)

(现在,这很有趣。我刚回顾我的笔记,发现其中有关于什么是理论化素材的源泉。"总之——你永远也不知道什么行得通。"我开始没有意识到这句话是多么的准确:这篇文章最好的素材就是写这篇文章的过程!)

(多年前,我听说有研究者找到一位知名的澳大利亚陶艺家,想研究他的创作过程。他想要在陶艺家工作时得出创作的规则。但这根本没有用——陶艺家自己表达不出来。后来他有了一个创想,这与他的创新过程一致。他打算连续做一千个壶,每一个都受前一个的影响,这样他可以目睹创作的过程。如果我像这样写999篇类似的文章,也许对我是如何发展理论就有概念了。同时,估计出版商不会有这样的耐性,那么也只能有一篇这样的文章。(补记:我这篇文章是不会像我往常那样一稿一稿地写。我并不想把它整理得太明了清晰,我希望留下它的提纲和思维要点的发展过程。光给你1000篇文章又有什么用呢?太多这样的关于理论开发的理论了——这仅是整个混乱过程的整洁化、合理化。而这里你可以看到第一稿形成的整个混乱过程了!))

第六(回到最初的提纲,这是为什么这一点看上去和上文不连贯),想要发展好的理论,你就必须具有连贯性和不连贯性。换言之,你必须尽量贴近现象,把内在的素材(数据、故事,还有许多相关的信息)挖掘出来,然后你才能回过头来把有趣的东西从中分离出来。

连贯性过了头,你可能会被表面现象所蒙蔽。在我看来,这就是为什么所谓的"动作研究"并没有从中产出多少有趣的理论来,当然也有一些明显的例外。

但是,连贯性不够同样也发展不出有趣的理论。如前所述,丰富的想象是由丰富的描述、细致入微的接触所激发:故事和轶事趣闻,总好于七级量表或类似的测量。如果你要进行测量,那么,尽可能地贴近真实——接近实际发生的事情去测量。例如,要去测量管理者在邮件上实际花费的时间,而不是所声称的用时长短(除非你是研究感知的)。这是我认为至今困扰着经济学的问题。在社会科学中,研究人员对于他们要描述的行为无法获得一手数据,于是,他们从抽象中进行抽象。(当然是存在水产市场,但具讽刺意义的是,经济学家们所认为的市场都和我们所到过的和看到的彻底不一样。市场就是汇聚了经济、社会和文化因素的社区。现代经济学中近在咫尺的市场,过分强调经济,牺牲了社会和文化:这和社区对立。)

我们是否鼓励研究者去联系所有的实际呢?几乎不可能。以博士生为例,我们把他们关在图书馆里多年,然后告诉他们去找研究的主题。世上最不好找研究主题的地方,就是图书馆了,即使是曾经生活在真实世界里的学生,在那里也会迷失。

结果是,大量的研究被理论构念或视角所推动:博弈论、网络概念、公司社会责任信条(又来了)——学术界中一切时尚的东西,在这种单一的镜头下观察,组织看上去是扭曲的。回想"工具规则"——如果你给小孩一把锤子的话,所有的东西在他看来都是钉子。狭隘的概念并不比狭隘的技术好,组织不需要被二者中的任一种敲打。

第七,对于联系,你必须保持简单、直截了当的方法。例如,去观察(当然,要仔细地记录所看到的)。约吉·贝拉(Yogi Berra)说得最好:"单单去看,你就能观察到很多。"或者用一句比较阴暗的俄罗斯谚语:"与其相信你的兄弟,还不如相信你的瞎眼。"

我读博士时,我的第一位导师告诉我,我的论文要"优雅"。他指的是方法上的优雅。我总为我自己方法上的不优雅甚至直截了当而感到自豪——我称之为"结构性观察"(在《管理工作的实质》一书的附录中有写到)。我坐在管理者的办公室里,把他们一天所做的事情记下来。我相信,这样做有利于我得出更优雅的结论。

在我们的领域和一般的社会科学上,我们都太执著于高深的方法,它们通常会导致仅具有统计意义的平庸结果。优雅的意思是以优雅的方式结束。人们只追求正确往往会误入歧途。例如,至少在归纳上,单一的样板又有什么问题呢?皮亚特(Piaget)研究的是他自己的孩子,一位物理学家曾经分离过一个原子——如果结果是有意义的,谁会介意方法呢?另外,有比一群学者争论统计检验更无聊的事情吗?当然,我们需要正确的结论,但我们像波珀那样把它们和科学发现混淆了。

第八,研究是一种侦探式的工作:你必须对你所能得到的信息不断地深挖,深挖,再深挖。不要忘了"你永远也不知道"。

第九,做大量笔记。[现在我从第六点中发现,我改变了句子结构,使其变成更加说教的形式。但这只是反映在我第十点上(并非我的记录)。在早期,就让它乱七八糟的。我说过这只是初稿!]我把我能想到的都写下来。当我做一件事情的时候,通常,记录着各种各样想法的碎纸满天飞。有时,只是怎样更好地表达某种想法的方法,我已经在别的地方有所记录。我在准备那我叫作《史密思和马克思》("Smith and Marx")的小册子时,一些想法我也许已经写过15次了,这不是因为我已经忘记了最初的版本:是因为我觉得每次的表达都变得更好。}这让我提醒我自己——[记住第十一点(也不是在我的笔记里),那是因为光光有好的想法不足以写出成功的理论,还要用很好的方式把它表达出来。威廉·舒尔茨(William Schultz)精彩地指出,如果不用行话术语就不能把思想表达出来,那么你就没有真正拥有这样的想法:"当我回头看我自己写的书时,我清楚地知道我写的时候哪部分我自己是懂的,哪部分是不懂的。我自己理解较差的部分看起来有科学味道,完全没有弄懂的部分,我用了科学术语来表达。而我真正掌握的知识,我可以给任何人用他们能理解的语言去解释……理解的演变经历三个阶段:简洁、复杂和深刻的简单。"}

第十二,随着工作的进展,我会尽可能地把自己记录的内容写成提纲。这就是我在写作前为什么要写提纲的原因——我怎能应付成千上万无序的记录呢?事实上,除非我对大纲有个概念,不然我怎么会有这些记录?因此,我需要提纲来思考我自己的想法,然后编写记录。也就意味着,为了强化编码,重新编写已经编过的素材,我必须不断地绕回去,重新打造提纲,提醒自己我有着怎样的提纲。明白了吗?

幸好,许多写下来的文字不需要改动——否则我又得干上好几年。(到2020年再回顾一下《史密思和马克思》。那可是十年前写的首稿!)所有的努力,其实都是为了用线性的顺序把想法表达出来,把所有的笔记按顺序编辑,或者至少把这大量的字条按顺序编写。那么,我写各章的子提纲时,就可以挨个按顺序地把它们抽出来编写。但当我抽到第32条时,我发现前面的31条都需要改动,该怎么办?我应该继续写吗?我猜许多人都会这样做,我也怀疑他们中的大多数从此默默无闻。然而,这也是我要说的最重要的一点。如果你只能在这篇文章中得到一个信息的话,那就是它了。

第十三,珍惜反常现象。如果你想在15年内得到终身教职的话,你也许不愿意不断地整理那些笔记,更别说让你重写了,但有些写作你是不能着急结束的。

你很难单从笔记里获得突破。当你整理笔记时,如果能有序地整理所有的笔记,当然最好。你愉快地前进,一切尽在掌握中,也许还包括终身教职。但同时,你也可能很平庸。也可能遇上恶心的笔记:一些格格不入的观测值、想法和范例。我想,一些平庸的学者会扔了这些笔记。他们不想处理模糊性,他们希望笔记整整齐齐。

保存好这些笔记,珍惜它们,不断回顾它们。要问:为什么?为什么?为什么?要坚持己见。(这实际上就是第十四点。)永远不要放弃把它们弄明白。如果你掌握那些反常的信息,也许你会有重大发现。诗人叶芝(W. B. Yeats)就完美地表达了这一含义:"我们用与他人的争论创造雄辩,但用与自己的争论创造诗歌。"作诗吧!

反常现象之所以重要,是因为写作可以继续向前,却不是一成不变。第十五点,一切取决于创造性的飞跃。第十六点,飞跃可能就在琐碎之处。弗莱明(Fleming)在他的部分样本中发现了某种霉菌,这是大事情!于是,他回顾一些以前曾经发现类似问题的报告,发现有31个类似的脚注(如果我印象正确的话,这些是他已经忘却的资料)。对于那些研究者来说,这当然不是一件大事,他们继续往前,但弗莱明停下来了。谁会知道他或者所有其他研究员后来的研究会怎样。但是,历史却记载了弗莱明的停顿所带来的成果:人类有了青霉素,它最终成了广泛使用的抗生素。

一开始打算做什么并不重要,重要的是你收尾时做了什么。我指导过的许多优秀论文,结尾往往令作者和我感到惊讶。这就是为什么我不追求非常详细的研究计划,因为没有留下任何惊喜的余地。再回到汉斯·塞里,在加拿大科学政策大会(Canadian Senate on Science Policy)上的发言,他又引用了一个精彩的评价:"我想弗莱明并没有用发现青霉素这一课题申请到经费。因为他总不能说:'我计划在培养菌上制造意外,让培养菌被落在上面的霉菌污染,然后,我计划可能会从这个霉菌上提取抗生素。'"

我发现我带的许多博士生,他们都用实证工作良好地证明了论文的假设。可是,在他们实际去做之前,又怎么知道他们将要做什么呢?我正等着,有人在早上开题,然后下午开始进行答辩。

弗莱明是因为他的洞察力成为天才的吗?我敢打赌,其他31名研究员大部分都被认为是天才(至少当时如此)。我们有太多研究天才,但缺乏开放的普通头脑。

我觉得这世上并非没有富有创造力的人,而是大部分人都受到阻碍。毕竟,我们每个人都有奇怪的、不修边幅的梦,只是当我们醒来时,大部分人的创造力都不见了。(这就是为什么最好的创造力通常发生在梦醒时分。大梦初醒时,我们主管做梦的、偏向于视觉的右脑开始和组织语言的、分析主导的左脑联系起来。这是我们联系莫扎特式的图像和线性顺序的词语能力最强的时候。再重复一次,具有创造性并不仅仅是拥有创造性的思想,还要把创造性的思想表达出来。)

随着时间的流逝,我们与这个真实的世界碰撞着——我们挤着交通工具去上班;遇到一个焦虑不安的老板;接到"正确主义者"对我们新投出的期刊论文的反馈意见——创造力就这样被终结了。我们变得小心翼翼,或者说胆战心惊,这两种情况都阻碍了创造力的发展:我们变得正确了,那些梦也到此结束了。

我并不认为我自己是很富有创造力的人,我在那些米老鼠创造力测试中表现很差——如"想出32种方法去……"。看我一种也想不出来。另外,我在想法上也不是那么容易被吓倒。此外,我觉得我能够开始自己的学术生涯就很幸运了,而加拿大麦吉尔大学是一个特别宽容的地方。(我还在法国休学术假时,院长来电告知我得到了终身教职。我甚至想都没有想过他们会考虑给我终身教职!时代变了,即使在麦吉尔。)于是,我又可以对我所见做出反应——让它们为我发言。这世界是多么多姿多彩,又充满了变数。如果你用她本来的面目去看待她,那么,你一定显得有创造力。[另外,我对大家说我很勇敢并不以为然。把东西写下来并不需要多大的勇气(当然,除非你生活在被正确主义者拒稿的精神恐惧中)。那么多的同事对与众不同感到恐惧,这让我很惊讶,这种恐惧在学术中不是一个好品质。]

我心目中的英雄是安徒生童话故事里的小男孩,并不是因为他说出了国王没有穿衣服,那是很容易的,因为他看见国王确实没有穿衣服。其他人因为害怕而不能看见这个事实,而只有这个小男孩是开放的。

恐惧阻碍了理论的发展——恐惧与众不同,恐惧鹤立鸡群,恐惧没有归属感,恐惧犯错,或者是恐惧去颠覆(如果并不明显)。然而,我们已经把恐惧筑进了我们做研究和评估研究的过程中,尤其是终身教职的评估。翻开期刊看看结果吧。

我不怎么关心那些做所有事情都正确的、规规矩矩的博士生——他们拿到正确的学分,沿着阶梯四平八稳、一步一步往上爬,诸如此类——一切都在预料之中。如保罗·谢泼德(Paul Shepheard)在《何谓建筑》(*What is Architecture*)一书中提到:"主流就是一股强大的水流,令陷在其中的人无法思考。"我很欣赏那些做事出人意料的人。[这里我要补充一下,我一直引以为荣的是,我所带的博士生没有一人重复我的任何研究。如果他们在博士论文中不能有所突破,那么,他们还能在什么时候这样做呢?你可以从我的学术简历中(www.mintzberg.org)看看他们的论文题目。]

换言之,我喜欢那些有点怪异的博士生,这表明他们不畏惧与众不同。(但不能太怪异,提醒你:他们还是需要具有进入这个世界,亲身观察这个世界,进而做出总结的能力。)任何的"正确性",即使自称为另类,都会妨碍开放性。在研究工作中,我们有很多人都用平常人的观点去看待事物。我们确实需要一些人,他们会退一步去看一些别人看不到的显而易见的东西。巴克敏斯特·富勒(Buckminster Fuller)也说了:"敢于表现幼稚。"

理论的发展,实际上就是发现模式[让我们把这叫作第十七点],在事物间看似不同的地方找出相似性,就是找出意想不到的联系。理论就是联系,越多,越有趣,越好。

在我的第一项研究中,也就是我的博士论文中,我发现管理者都受到很多干扰,他们大部分的工作都是口头的,他们花了很多时间在横向关系上,我只是把这些写下来。这一切对于那些花时间在管理者办公室里的人来说,是显而易见的。(这有点不光彩,因为太少的管理学者这样做过,或者打算这样做。)这一发现不同于当时(而至今仍然这样)盛行的管理工作的观点,这种观点可追溯到亨利·法约尔(Henri Fayol)1916 年的著作:计划、组织、协调和控制(四个关于控制的词汇)。这里哪有横向关系?这里为干扰预留了空间吗?当然管理者在控制(这是我们的"地平说"),但是,他们所做的大都跟控制没有关系。我只是把它记下来了,然后设法将其作为对国王明显的观察(并不是光着身子,只是穿了不同的衣服),我是多么幸运。这并不难。没人会说:"你是在开玩笑吗?"至少有些人会说:"他们在过去 50 年里一直在开玩笑吧",至少在那些他们没看到的事情上。(又回到那位国王这里——我想,你不会把他和那些穿制服的人搞混吧。)

在我写《组织结构化》时,我读过最好的研究是琼·伍德沃德写的《工业组织:理论与实践》(*Industrial Organization*: *Theory and Practice*,1965)。但是,我无法把她对加工业的发现与我的提纲协调起来。我并没有去思考这些反常,我只是回顾我关于这点的笔记。最后,我找到了方法去调和她的发现与我的提纲,她所描述的结构适用于高度自动化产业,而我所描述的"灵活性"或者"项目组织"适用于研发和顾问这类领域,我已经在我的框架上取得突破。我认识到,伍德沃德实质上是在描述后官僚制过程,这个过程其实是很正式、很完美的机械官僚制,这种科层不需要人类,这样就把人类解放出来到项目团队里去设计和维护设备。因此,在机械科层制组织之上将是灵活性组织。

第十八点,如果你把所有的笔记都编排好了,而反常事物杂乱地放一边,你必须把它们编织在一起。我上文列举的伍德沃德和弗莱明的例子可能给人留下错误的印象,至少在社会科学领域里可能如此。有趣的理论很少来自某一种观点,而通常是来自许多观点的交织融合。很多融合会带来飞跃,大部分是小的,但也有少数大的,这一切都通过融合而来。对于我来说,这会在写作,或文本本身(我希望你在这里看到),或详细提纲。至少对我来说,这些引出了第十九点——清理技术:逐字逐句地写。

没有比这该死的键盘更阻碍整合了,它把所有的东西推到一边。这里,只有你和那些按键,其他任何东西,所有那些你已经记下或还没有记下的光辉笔记,所有的那些你需要珍惜的反常之处,都被推到一边——你根本找不到它们了。

很显然,很多伟大的诗人,都是用手写下他们伟大的诗篇。他们本来可以用键盘。这些诗篇都是从他们的头脑里涌出来的。但如果这些诗人要做91次修改才完成他们伟大的诗篇,那么该怎么办呢?在那些岁月里,他们只能用平板桌。如果是用倾斜的键盘和直立的屏幕的话,他们能写出那样的诗篇吗?

我在一张平板桌上写作[就像我现在这样],纸张围绕着我。我可以把它们拉到任何方向。我也习惯用键盘(我在学生时代曾是《麦吉尔日报》体育版的编辑,尽管报道曲棍球和编写理论是两回事)。我甚至比任何其他人都更早使用文字处理器,因为麦吉尔大学有位教授有一套非常早期的系统。(这几乎让我发疯——例如,我们必须从结尾处开始校正!)但在那时,如同现在那样,我手写,而我的助手把我写的打出来(现在我的助手叫桑婠,她是圣诞老人给我的礼物)。事实上,我在纸上也改动,依然需要桑婠再打出来。现在,我们总算明白键盘对于理论发展的阻碍了吧?

最后,第二十点(如前所述),重复,重复,再重复。我一稿又一稿地写。我不断地更正、修理、调整、重新构思、改动,直到它没有问题为止[当时,如同我在管理工作著作中所写,我会在17年以后再回顾——看我1991年的文章《管理工作:四十年以后》(Managerial Work: Forty Years Later)]。我自然是我自己最严格的评论员,没有人能对我的作品像我这样大改特改。很可惜,你不能看到我对最新著作《管理者,而非MBA》(*Managers not MBAs*)上千页的重写了。这本书有462页,而每一部分都至少重写了五次。其中有一章很长,最终分成了四章(第3—6章),这一章至少重写了九次。我不断修改,直到没有问题为止。

但这篇文章并不是如此,最好让它保持这样的混乱状态,就像理论开发本身那样,更好地阐明了我的观点。这是一千篇文章的第一篇,但我永远都不会写后面那些篇章了。

那么,关于理论开发的二十个要点,就是关于理论开发的理论吗?我是在描述理论开发的"地平说","地圆说",或是在谈论某些山峰的垂直面就是整个世界？谁在乎呢？如果你学到了一些有用的东西,那才是最重要的。

如果你什么也没有学到,我至少给了你一个可以检验的假设——就在这里。如果理论创建真的可以复制,那么这本书另外一章的作者一定会写出一模一样的关于理论开发的理论。(当然,除非我所写的不是真的。)正确主义者们去检验这个假设吧。

参考文献

ARISTOTLE (2001). *The Basic works of Aristotle*, trans. J. A. Smith. New York: Modern Library.
BERGER, P. L. (1963). *Invitation to Sociology: A Humanistic Perspective.* Harmondsworth: Penguin Books.
CAPRA, F. (1982). *The Turning Point: Science, Society, and the Rising Culture.* New York: Simon and Schuster.
FAYOL, H. (1984). *General and Industrial Management* (first pub. 1916), rev. edn., trans. I. Gray. New York: Institute of Electrical and Electronics Engineers.
—— and MINTZBERG, H. (1983). The case for configuration. In G. Morgan (ed.), *Beyond Method: Strategies for Social Research* : 57–73. Beverly Hills, Calif: Sage.
MINTZBERG, H. (1973). *The Nature of Managerial Work.* New York: Harper and Row.
—— (1979a). *The Structuring of Organizations: A Synthesis of the Research.* Englewood Cliffs, NJ: Prentice-Hall.
—— (1982). If you are not serving Bill and Barbara, then you're not serving leadership. In J. G. Hunt, U. Sekaran, and C. Schriesheim (eds.), *Leadership, beyond Establishment Views*: 239–259. Carbondale, Ill.: Southern Illinois University Press.
MINTZBERG, H. (1991). Managerial work: Forty years later. In S. Carlson (ed.), *Executive Behaviour.* Uppsala, Stockholm: Upsaliensis Academiae.
—— (1993). Twenty-five years later...The illusive strategy. In H. I. Ansoff and A. G. Bedeian (eds.), *Management Laureates: A Collection of Autobiographical Essays*: 2. 323-374. Greenwich, Conn.: JAI Press.
—— (1994). Rounding out the manager's job. *Sloan Management Review*, 36(1): 11–26.
—— (2002). Researching the researching of walking. *Journal of Management Inquiry*, 11(4): 426–428.
—— (2004). *Managers not MBAs: A Hard Look at the Soft Practice of Managing and Management Development.* San Francisco: Berrett-Koehler.
—— and MCHUGH, A. (1985). Strategy formation in an adhocracy. *Administrative Science Quarterly*, 30(2): 160–197.
POPPER, K. R. (1959). *The Logic of Scientific Discovery.* New York: Basic Books.
SCHENDEL, D. (1995). Notes from the editor-in-chief. *Strategic Management Journal*, 13(3): 1–2.
SELYE, H. (1964). *From Dream to Discovery: On Being a Scientist.* New York: McGraw Hill.
SELDES, G. (1983). *The Great Quotations.* Secaucus, NJ: Citadel Press.
WEICK, K. E. (1969). *The Social Psychology of Organizing.* Reading, Mass.: Addison-Wesley.
YEATS, W. B. (1969). *Mythologies.* New York: Collier Books.

第18章　管理组织知识:理论与研究方法的基础*

野中郁次郎

有关知识创造的一系列论文的发表,至今已有十年之久(Nonaka,1991,1994;Nonaka and Takeuchi,1995),从那时开始,我们看到管理科学领域发表了大量有关知识的文献。作为企业最重要的资源之一,知识被管理科学领域所研究和谈论,如战略、营销、财务、组织科学、组织学习和经济学。

尽管有这么多关于知识的讨论,我们还不能说我们已充分了解知识以及如何创造和使用知识。建立知识创造理论的难度部分在于,知识不能仅由作为经济学和管理科学哲学基础的实证主义来处理。我们需要观察其他本体论和认识论的范例,从而真正理解知识的性质和组织处理知识的方式。

像社会科学的其他领域一样,管理科学一直试图仿效自然科学。为此,实证主义有意或无意地被选为一个主要的范式,在其基础上发展管理科学。尽管,它在自然科学发展中的局限性已被指出,更不必说对社会科学的局限性。实证主义给研究者一定的"科学"方法来感知世界,包括:主观和客观自然主义的划分、对象之间合理因果关系的说服力、发现结果的一般性和可复制性的说服力。它建立在如下信仰的基础上,即客观"事实"和关于这些事实如何联系的一般规律。在管理科学中,一个组织被视为一个信息处理器,并且这一领域的学生被告知,为使管理成为科学,需要从价值观前提中分离出事实前提(Simon,1945)。

作为加利福尼亚大学伯克利分校的一名博士研究生,我当然受这样一种组织观点的影响。我在弗朗西斯科·尼科西亚(Francisco Nicosia)的门下学习市场营销学,他的主要贡献是从信息处理角度,对消费者决策过程进行概念化。自从我学习了三门基于尼尔·斯梅尔瑟(Neil Smelser)的理论观点和阿瑟·斯蒂克朗勃(Arthur Stinchcomb)方法观点的社会学课程,并且了解到我们必须构建我们自己的社会理论,我的兴趣从市场

---

* 我希望感谢在写这一章的时候富山凉子和佩尔托科皮(Ryoko Toyama and Vesa Peltokorpi)给予的无私帮助。

营销转移到了组织科学。

那时,我的主要研究焦点是权变理论。该理论认为,组织是以必要的变化来适应环境的一个整体(Nonaka and Nicosia,1979)。在这种观点中,一个组织试图根据环境的复杂性尽可能有效地处理信息。然而,当我与我的同事竹内弘和今井健一(Hirotaka Takeuchi and Kenichi Imai)继续研究日本公司的创新过程时,我开始感到,我们不能以信息处理模型来解释创新的复杂过程。这些公司不仅仅是适应环境,而且是通过创新主动改变自身和环境(Nonaka and Takeuchi,1986)。

因此,我提出了"信息创造"的概念(Nonaka,1985,1988a,1988b)。在这一概念中,企业被视为通过信息创造达到有目的进化的实体。组织并不是像权变理论所言通过减少不确定性努力达到一个均衡点,而是有时通过扩大不确定性和变化来创造新的均衡。

然而,我不能满足于信息创造的概念。在我研究的几乎所有的创新过程中,我们发现,涉及创新的人们具有的强烈信心或决心,为了处理这样的信心和决心,我们不能忽略人们的价值观体系,而这正是西蒙坚决要求我们研究人员必须从研究中精心剔除的。就在那时我认识到,我们还需要知识创造理论,而不仅仅是信息创造。

本章,我将重温并提出进一步发展相关理论和方法来研究组织创造知识的复杂过程。基于认识论和本体论,该理论试图融合价值、背景和权力,反映所创造的知识适应环境,并且反过来改变环境的动态过程。长期以来,传统的认识论将主观认识解释为超越主观性对"真理"的认识。知识创造理论与此不同,它认为,主观性建立在看到真理的人们的价值观和背景之上。它也必须建立在哲学的另一个分支,即本体论之上。这里,本体论不仅仅是关于"是否存在",而且是关于"为什么存在"。正如弗林布杰格(Flyvbjerg,2001)所建议的,当我们研究社会科学时,我们不能忽视如价值观、背景和权力这样的问题。

为了上述目的,本章首先分析了关于知识/真理、人类主体、组织和环境相互交织的本体论和认识论假设。我们从自然科学继承的实证主义假设,将与另一个哲学范式——现象学的假设进行对照。当实证主义通过形式逻辑,从主观性中分离出客观性来创造客观知识时,现象学以非二元方式来看待现象,并且把客观性和主观性看作如时间和空间相互交织那样密不可分(Husserl,1931;Heidegger,1962)。基于实证主义的研究旨在,客观地表述世界,而现象学研究寻求通过行动者的眼睛发现意义。在现象学观点中,所有的认识停留在主观水平上,因为它总是与进行认识的人相关,并且由他们实施。这种观点主张,社会科学本质上是辩证的,因为他们关心的是嵌入的但有意图的人类主体的生命世界。

然而,本章的目的不是来论证哪种范式是研究知识创造过程的更好选择。复杂的社会现象的有效描述,并非非黑即白的二元选择,而是基于黑格尔命题与反命题合成体中非二元的、多元的兼容并蓄的方法论。本章列出各种如现象学、唯心论、唯理论和实用主义等哲学范式,并且说明,它们如何综合构成知识创造的理论和方法。本章也讨论作为知识创造过程中推动力量的领导问题。

18.1 知识/真理

传统的知识定义是"被证明正当的真实信仰"。存在于各种认识论流派中的一个基本问题,是人们如何判定他的主观信仰为客观"真理"。换言之,该问题是人类是否曾经完成独立于他们主观构建的任何形式的知识,因为他们是感知或体验知识的主体(Morgan and Smircich,1980)。当作为实体结构世界的实证主义的本体论定位支持客观知识时,现象学哲学家们看到了具有内在主观性的世界的一部分。

笛卡尔推理的分解和力量,支持实证主义中客观知识和真理的观点。约翰·洛克(John Locke)和其他学者认为,人类知识可以用语言符号、数学推理和解释外部世界的内部精神表达(或镜像)。所有超越思想或感知的事情从不存在,并/或与此不相关。大致按照这一概念,传统经济学和心理学理论局限于可以通过形式逻辑和实证检验处理的客观知识。这种单维知识概念的优越性是使学者进一步断言,所有真正的人类知识都包含于科学边界内。

相反,对现象学哲学家来说,知识是主观的、具体的、有形的、相对的,并且是可解释的(Heidegger,1962;Husserl,1970,1977;Merleau-Ponty,1962)。他们相当一致地认为,精神和物质世界,以辩证的方式共同发展。当含义通过体验显现出来时,处于首要位置的是主观隐性知识,而不是客观先验式知识。实践知识经常先于理论知识(Hayek,1945;Polanyi,1952,1966),在个人和环境间的辩证互动中积累的隐性知识,是非常难以表达的(Polanyi,1952,1966)。胡塞尔(Husserl,1977)相信通过"悬置"(epoche)或"加括弧"(bracketing)可以获得真实知识,即看到事情的原来面目,并且通过一种直接的洞察力抓住其本质。有学者甚至声称,纯粹的现象经验是先于认知的(Nishida,1970)。

实证主义和现象学在本体论和认识论间已确知的宽广而深远的差异产生了方法上的挑战。可以说,实证主义者占主导地位这一现实,限制了管理科学中在具体背景下有关知识的综合性讨论。伊迪思·彭罗斯(Edith Penrose,1959)也已注意到这一问题,他声明,相对的忽略是由于很难将知识考虑在内。这是因为实证主义者的认识论是建立在以下假设之上,即活生生的体验可以在语言上雕琢,以系统分析和追根溯源为目的被归入现有的概念分类中。实际上,基于实证论的社会科学,试图将动态的、活生生的社会世界僵化地固定在现有的静态结构中。

与人类精神和环境的无背景实证主义镜像相反,知识创造理论根植于如下信仰,即知识本身就包含了人类价值观和理想。知识创造过程,不能仅以一个标准的因果模型来反映,因为人类价值观和理想是主观的,并且真理的概念取决于价值观、理想和背景条件。

然而，知识创造理论并不认为知识完全是主观的。它认为知识创造是一个连续的过程，在此过程中，主观的隐性知识和客观的显性知识互相转换（Nonaka，1991，1994；Nonaka and Takeuchi，1995）。显性和隐性知识的边界相互渗透，因为所有知识和行为都根植于隐性的成分（Tsoukas，1996）。隐性知识又部分地建立在现有的显性知识上，因为隐性知识是通过有形世界中的体验和观察而获得的。

将知识创造过程视为隐性知识和显性知识之间相互转换的过程，意味着将它看作验证真理的社会过程（Nonaka，1994；Nonaka and Takeuchi，1995）。当代哲学家宣称，群体验证创造了共有的主观知识（Rorty，1979）。只要知识停留于隐性和主观阶段，它就可以仅通过直接感性体验获得，且不能超越个人自身的价值、理想和背景。在这种情况下，很难创造新知识或获得普适性知识。通过知识转换过程，也称为社会化—外部化—组合化—内部化（socialization—externalization—combination—internalization，SECI）过程，个人主观知识在社会中得到验证，并且与其他人的知识整合，以使知识持续发展和延伸（Nonaka and Takeuchi，1995）。

与实证主义不同，知识创造理论并不将知识视为绝对的、可靠的事物。可以说真理是不完全的，因为任何知识的当前状态都可能是错误的，并且受诸如意识形态、价值观和多数人的兴趣等历史因素的影响。知识创造理论，视知识和真理为一个长期的、未完成的质疑现状的结果。当绝对真理可能无法达到时，知识的验证产生更加真实、更少差错的结果，从而增加其合理性。注重实效的方案，是集体接受"客观化的"知识为"真理"，因为它在一定的时间和背景下发挥作用。因此，知识创造理论将知识定义为一个以不断将个人信仰调整为"真理"的动态过程。

18.1.1 人类主体

人类主体的性质，在实证主义和现象学哲学上是有差异的。主观—客观二元论使得人类行为的先验概念在实证主义中占据主导地位。实证主义强调理性，并且将人类主体看作可以分离的部分，并以部分的形式和谐运行。因此，人类行为被减化为仅由科学定律就可以解释的"刺激—行动"循环。这使人类主体成为其所处环境中外部力量的产物（Morgan and Smircich，1980）。在否定/排除了个体在价值、道德、经验和选择的新古典经济学中，人类静态和原子式的性质以及其与环境的联系是显而易见的。事实上，英国经验主义者戴维·休谟（David Hume）指出，我们在个体身份这种事情上的信念是不公正的，因为任何个体仅仅是一个感知的集合，并非价值观集合。

在现象学中，人类主体表现为整体系统的一部分。人类的天性决定了，人们不能理性地将现实中的复杂世界看成一个概念性的简单世界。当被投放到这个世界（Heidegger，1962）后，人类通过追求他们的利益和事务，在每天的经历、方针和行为中表现出主观的探索目标的行为。社会变化的过程，由嵌入在对世界的感知和基本定向范畴中的人类意向所解释。诸如信念、需要、愿望的意向，可以理解为人们归结于其他人的事物

（Dennett,1987），或者通过现象（经历的事情）和认知（经历事情的途径）来理解（Husserl,1970）。

人类理性行为的无规律使得建立社会科学模型变得非常困难,因为这是人和通过不同类型建设行为构建的存在和实体的领域。当人类倾向于不像机器那样控制规则的方式行动时,因果关系不能准确地反映复杂的社会现象,如知识创造。基于实证主义的管理科学,试图通过如下方法来处理源于有限理性和人类机会主义的无规律性,即视人类为信息处理机器的不可靠部件,并且研究如何精确调整这一机器使之理性运行。

另一方面,知识创造理论基于如下假设,即人类不是信息处理机器的不完美部件,他们是可以通过知识创造过程拥有共同成长潜力的存在体。人类本性和行为不是处于静止状态,而是通过环境的辩证逻辑而进化的（Heidegger,1962；Merleau-Ponty,1962）。个体通过知识创造超越自己（Nonaka,Toyama and Konno,2000；Nonaka and Toyama,2003）。在组织的知识创造过程中,个体与其他人交互作用,以超越他们自己的边界,并因此改变他们自己、其他人、组织和环境。在组织上创造知识,并不仅意味着组织成员相互补充以克服个体的有限理性。

人类主体先验的本质通过个体头脑和集体相互主观性之间的辩证逻辑而发生。当人类主体呈现社会化特征时,个体头脑由于独立的经历和解释而呈现个性。社会验证个体主观知识的知识创造过程,是综合了社会和人类主体个性的过程。

18.1.2 组织

遵循实证主义和现象学两极观点,社会机构可以被解释为确定性的"实证主义机器"或现象学的"先验有机体"。社会科学中的客观方法呈现出:实证主义的组织机器是为某些确定目的而存在的同质实体。当它们在新古典经济学中的基本功能是将投入转换为产出时,转换过程本身和管理决策对所有参与者来说是给定的且共享的。行为经济学中的有限理性概念,使学者能够将社会机构概念化为集合的实体,在这个实体中,个体以不完全知识/信息进行行动（Simon,1945）。现实被分解为足够小而简单的能由个人处理的信息片断,并且组织是由人类这一不完美部件构成的信息处理机器。

作为现象学"先验的有机体"的组织,具有不同的历史、心智模型和其他明显的、形成的集体特征。在现象学里的人类主体,作为由个体和集体行动构建的相关联的系统的一部分而生活。人们以及他们所创造的物理和社会人造物品,与被自然科学检验的物理实体有着根本差别。除了客观性之外,组织为人们提供了基于网络关系、名誉和价值的不同的主观意义。隐性含义是通过个体与个体组成的群体之间反复循环的对话体验和网络,来获得并且构建的（Mingers,2001）。公司以组织和价值观交互作用,也是建立在集体谈判的行为期望和相互主观性意义的基础上。

与基于实证主义的经济学和管理学不同,知识创造理论并不把组织看作单纯的经济结构。它也不像现象学哲学家建议的那样,将组织看作创造意义社会过程的单纯聚集、收集。相反,知识创造理论视组织为一个有机结构场(大致意味着"场所")。场是知识创造行为的一个基础,在其中发生辩证的对话和实践。

场的概念首先被用来解释持续推动知识转换过程的能量。哲学家们讨论过,场所的重要性,从柏拉图的存在起源的场所"Chora"、亚里士多德的"Topos",到海德格尔人类存在的场所"Ort"。然而,我们认识到,它不只是一个物理场所,而是发生知识转换过程需要的意义空间。基于日本哲学家西田几多郎(Kitaro Nishida,1921,1970)首先提出的概念,我们定义知识创造理论中的场为一个共享的活动环境,在这里,知识被分享、创造和使用。如同讨论的那样,知识是有特定背景的,并且知识的创造需要一个物理背景,或是情境化的行为(Suchman,1987)。当个体由共享环境产生同理心时,他们的主观知识被分享和验证,以此获得客观性并得到扩展。

场的精髓是通过交互作用分享与创造的情境和意义。这种交互作用发生在特定的时间和空间,而不仅仅是空间本身。日本语的"场"不仅仅意味着是一个物理空间,也是一个具体的时间和空间,或身处具体时间和空间的人们的关系。场可以出现在个体、工作群、项目组、非正式集团、临时的会议,如 E-mail 群这样的虚拟空间,以及与顾客的前线接触。场的参与者带来他们自己的情境供分享,并且通过交互作用创造新的意义。因为情境处于交互作用中,而非个人认知(Ueno,2000)。

场被定义为一个活动的共享情境,是因为场经常移动。通过与其他人和环境的交互作用,场与参加者的情境共同成长。通过意义和情境的迅速变化,新知识就这样被创造出来。

参加场意味着介入并超越一个人自己有限的视角。西田声明:场的精髓是"虚无"。这并不意味着场中一片空白,而是意味着在场中,一个人存在于和他人的关系中,而不是存在于一个原子式的、绝对的"自我"中。在场中,一个人可以通过放松自我对他人开放。这里,自我是关于自己的绝对真理的预设概念。这里的关系是一个"我—你"(I-Thou)关系,而不是一个"我—它"(I-It)关系。"我—你"关系是一种直接的、高度个人的关系。其中,一个人向其他人敞开心扉,与他们建立联系,而"我—它"关系是非个人的且遥远的(Buber,1923)。通过这种关系,一个人可以看到与他人发生联系时的自己,并且可以接受其他人的观点和价值观,使得主观观点被理解和分享。如前所述,知识创造需要主观性来分享,且与其他人的主观性交互作用。因此,场支持这样的分享和主观性的整合。为此,场需要具有浸透性的边界,以便它可以接受必要的情境。场也需要具有多维观点和背景的参与者,以便他们能够通过对话和实践分享各种情境。

场并不意味着一个会议或一个项目。场通过参与者之间的交互作用而发生联结。因此,在企业的知识创造理论中,企业可以被视为多层场的有机结构。

视组织为多层场的有机结构的观点,综合了视组织为经济结构和是意义创造过程的两种观点。这一观点有助于解决那些同时适合常规和非常规任务的结构的解释困境(Thompson,1967)。企业的组织结构,以正式命令和信息交互作用。然而,这样的交互作用仅是创造知识的交互作用的一部分。当社会集体通过场被概念化为意义流(内部观点)而非静态实体(外部观点)时,情境化的真理对根植于其中的主体开放。意义通过相互主观性和辩证环境互动而出现和进化。因此,组织可以被部分视为有机意义网络。当客观方的层级决定资源客观配置和正式权力时,社会交互模式使主体能够配置和利用知识。

当"场"的有机结构渗透出企业的经济边界时,非二元感知会挑战实证主义的边界假设。有形资源使实证主义理论中"这里"和"那边"有了清晰的分界。边界通常是由基于将组织视为客观可测实体的经济感知的所有权(Arrow,1974)。然而,当组织被视为具有演进性和相关主观性质的、多层场的有机结构时,边界的设定就变得更加复杂。知识通过交互作用被创造出来,而交互作用不能被身处其中的人们所拥有。当企业可以被解释为通过合约安排获得知识时(Williamson,1975),获取知识的价值和其相互关联的意义远远超出无情境的客观边界。因此,主观的"那边"对"这里"的经济绩效来说可能至关重要,并且当描述一个组织的存在和功能时不能被客观分离。

18.1.3 环境

实证主义者和现象学哲学家倾向于承认,人类主体和组织不存在于隔离的环境中。然而,他们在主体与环境间交互作用的性质和机制的观点上存在差异。实证主义者视环境为独立存在于人类主体之外的原子化物体,而现象学家以整体且相互依赖的形式描述了主体和他们环境之间的关系。

实证主义的目的是将环境分解为可管理的部分,以便解释各部分间的因果关系。通过这种方式,研究者寻求产生有助于操纵组织变量和环境变量的一般知识。例如,定位学派强调环境分析,以使一个公司能够占据优于竞争对手的优势地位(Porter,1980)。在这一观点中,竞争者们和环境被视为以事先确定的规则运动的机械实体。利用环境客体的原子化,外部世界可以用很大的精度来描述。然而,获得精度的潜在风险是,忽略人类世界的重要性和环境对根植其中的每位人类主体的意义。

相反,战略规则形成于现象学世界,因为对行为者来说,环境意味的东西是依赖于情境的。在这一过程中,所有事情作为整体的一部分存在,而不是不连贯的、分离的实体。这意味着员工和公司是整体中的相互连接的组成部分,并且影响着他们现在的生存和未来的可能性。反过来,这种生存和可能性是以历史(即累积的经历)为条件。管理者们被认为是将战略决策制定作为一种生活方式,而不是客观地看待环境。

知识创造理论的核心是,通过人类主体和环境的交互作用实现的社会世界的辩证进化。当人类主体通过与环境的交互作用发现新机会时,他们创造了知识,并且通过知识创造改变了环境。这种共存意味着主体—环境的辩证(Nonaka and Toyama,2002,2003;Nonaka,Peltokorpi and Tomae,待出版)。理论是整体的,如同客观和主观不可分,并且以世界中人类的全体形式而存在(Heidegger,1962)。这样,组织和环境应该被理解为共同进化,而不是以分离的实体形式进化。频繁的知识积累和处理有助于企业重新定义其视野、对话和实践,这些反过来通过新的或改进的服务/产品来影响环境。

18.2 有关方法论的考虑

18.2.1 过程(SECI)

如上所述,知识是通过如图 18.1 所示的主观隐性知识和客观显性知识的连续转换创造出来的。知识转换过程利用几个哲学学派的见解,而不是对知识采用单一的客观方法。图 18.2 展示了知识转换过程的四个模式中方法的哲学背景。

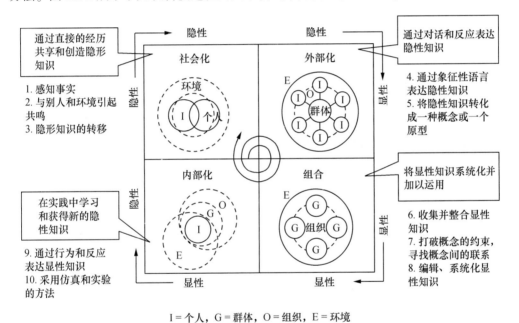

I = 个人,G = 群体,O = 组织,E = 环境

图 18.1　知识创造和利用的 SECI 过程

知识创造始于社会化,它在每天社会交互作用中分享经验来转换成新的隐性知识的过程。在社会化过程中,将事情看作它们表现得那样的现象学方法是有效的。知识创造包括现象学、唯心论、唯理论和实用主义的元素。辩证过程开始于参与者对环境的依附,以此能够获得隐性知识。现象学和东方哲学概念所倡导的,暂时放下所有个人偏见、信仰、先验概念或假设,以实现纯粹的体验过程(Nishida,1921;Husserl,1931),通过体验,难以形式化并且经常是有特定时间和地点下的隐性知识可以被获得和分享。通过抛弃事先感知的概念并且"生活在"或"存在于"这个世界,个体积累并分享有关其所处世界的隐性知识。生命—世界的概念使实证主义者克服行为—环境的二分法(Heidegger,1962)。例如,一个人可以通过他/她自己作为顾客的经历,来积累关于顾客的隐性知识。一个人能够通过分享经验来建立同理心,以此分享有关顾客、供应商甚至竞争者

图 18.2　构成 SECI 的哲学方法论

的隐性知识。这里,个体们包容矛盾,而不是与之对抗(Nonaka and Toyama,2003;Varela and Shear,1999)。这使行为者能够通过行为和感知来吸收他们社会环境中的知识。

　　隐性知识通过外部化和一个思想的辩证过程,被表达为客观的显性知识。隐性知识被显性化供其他人分享,成为如概念、图形和书面文件等新知识的基础。外部化过程的哲学基础是唯心论,因为隐性知识是通过追求个人主观经历的精髓来实现理想的方式表达出来的。这里,对话是表达个人隐性知识和与其他人分享被表达知识的有效方法。人们倾向于在谈话中通过逻辑为他们的情况辩论,并且试图改变他人的观点。相反,对话基于有效的倾听和改变观点的开放性。为了在社会场合使主观的隐性知识被更深层次外部化,诱导或追溯检验法比归纳和演绎更有效。在诱导中,比喻、类推和模型的系列应用是一个基本方法(Lawson,1997)。这里,行为者试图将自身积极地置身于能够看清现实与理想内在矛盾的情境,从而将他们自己从常规事务中解脱出来追求理想;理解这一点是非常关键的。行为者的方法,诱导和逆推法的顺序使用是非常有效的(Lawson,1997)。

　　显性知识是从组织的内部或外部收集起来的,然后通过整合、编辑和处理的整合过程,形成一个更复杂、系统化的显性知识集合。随后,新的显性知识将在组织成员间传播。知识转换的组合模式,也可以包含"分解"的概念。分解概念,如将公司愿景分解到可操作的商业或产品概念,也将创造系统的显性知识。这里,矛盾通过逻辑而不是整合来解决。唯理论是整合、编辑和分解显性知识的有效方法。外部化的隐性知识在组合阶段被系统化、被验证和结晶,从而以外显的形式为集体意识和实际应用服务过程还包括监督、检验和精炼,以便能使创造的知识与存在的现实匹配。知识的组合和分布可以通过信息技术、劳动分工和层级制度来实现。计算网络和大规模数据库的创造性使用,有助于企业边界内部和外部显性知识的转移。然而,应该注意到,信息技术本身不可能是可持续竞争优势的来源,因为它在知识管理中仅起到部分作用,并且相当容易复制。

组织内部创造的和分享的显性知识通过内部化,即行为的辩证过程转换为个人的隐性知识。这一阶段可被理解为实践,这一过程中知识应用于实际情况,并且成为新常规的基础(Nonaka and Toyama,2003)。因此,如产品概念或制造步骤这样的显性知识必须通过行动、实践和思考来实现,使其能够真正成为个人自己的知识。例如,训练项目可以帮助被训练者理解组织和自身。通过阅读有关工作和组织的文件或手册,并且通过对它们的思考,被训练者可以将记载在这些文件上的显性知识内部化,以此丰富他们的隐性知识库。显性知识也可以通过模拟或实验体现出来。边干边学的实用主义是检验、修正和收录显性知识为个人隐性知识的有效方法。内部化的知识影响个人和环境,因为它改变个人行动和他们看待环境的方式。在这个层次上也将发生个人和环境的综合。

有一点非常重要,那就是通过知识转换四种模式的运动形成一个螺旋,而不是一个圆。在知识创造的螺旋上,隐性知识和显性知识之间的互动通过知识转换的四种模式被放大。当它提升了本体论的水平时,螺旋的规模变大。通过 SECI 过程创造的知识,能够引发知识创造的新螺旋,当知识超越地区、部门甚至组织的边界时,该螺旋将纵横发展。知识可以被传送到组织边界之外,并且来自不同组织的知识交互作用可以创造新知识(Badaracco,1991;Wikstrom and Normann,1994;Nonaka and Takeuchi,1995;Inkpen,1996)。通过个体间和个体与环境之间的动态交互作用,由组织创造的知识能够引发由外部要素——如顾客、联盟公司、大学或分销商——主导的知识调动。例如,创新的制造过程可以带来供应商制造过程的变化,反过来又在组织内引发新一轮产品和流程创新。另一个例子是,表达那些自身不能表达的顾客所拥有的隐性知识。当顾客通过购买、改变、使用或弃买的方式赋予产品意义时,这个产品便成了引发隐性知识的触发器。它也可以改变顾客的世界观,并且最终重构环境。然后,他们的行动反映在组织的创新过程中,并且开始知识创造的新螺旋。组织知识创造是一个永无止境、不断自身升级的过程。

如前文所提到的,知识创造是一个超越自我的过程。在这里,一个人超越了他自身存在的边界(Jantsch,1980),主观观点被社会检验从而获得客观性。在社会化过程中,超越自我是基本的,因为隐性知识只能通过直接体验来分享,它超出个体之外。例如,在社会化的过程中,人们与他们的同事和顾客产生同理心,这种同理心缩小了个体之间的障碍。基本上,频繁物质互动和感知,帮助个体创造共享的精神表达和常规。在外部化过程中,个体通过走进群体并成为其中一员,超越了内在和外部的边界。这里,全部的个体意图和观点融合,并与群体精神世界整合。这个阶段是整体的,因为知识的外部化经常帮助人们看到,同样的现象可以用多种不同甚至相反的途径来看待。在整合过程中,通过外部化产生的新知识,超越了群体。在内部化中,个体将置身于获得新知识的情境和应用知识的环境,而进行自身的反思,这再一次需要自我超越。

18.2.2 通过领导力的合成

那么,是什么推动着如此连续的知识创造过程呢?熊彼特(Schumpeter)认为,改革由具有企业家精神的领导者带来。然而,熊彼特视领导阶层为精英,因此企业家的能力是一种个人倾向(Peukert,2003)。

然而,在知识创造型企业内的领导力,是基于更加灵活分布的领导力,而不是作为一种固定控制机制的领导力。因为知识是通过个体间及个体与环境间的动态互动创造的,知识创造型企业的领导力是需要即兴发挥的。它要求来自组织所有成员,而非来自少数精英。在一个知识创造型公司中,战略计划和实施通过主观和客观之间的交互作用整合,而不是如战略和组织的存在理论所建议的那样处于分离状态。

这并不意味着每个人即刻开始创造知识。让知识领导发挥作用,承上启下的机制是非常关键的(Nonaka,1988b)。在这个过程当中,中层管理人员将知识愿景分解为具体的概念或者计划。建立场,引导对话和实践来推动 SECI 过程。中层管理人员起着小世界网络中引爆点的作用,将以前没有连接的场连接起来,掀起创新的浪潮(Gladwell, 2000;Watts,2003)。

领导力的问题和权力的问题是紧密联系的。然而,这里的权力并不一定意味着来自层次地位的权力。知识本身也可以作为权力的来源,存在于组织层级之外。知识作为权力的来源,也意味着知识是脆弱的,需要被谨慎对待。领导人的人格魅力取决于他/她的世界观和价值观,比合法权力在更大程度上影响知识创造过程的效果和效率。研究表明,有效的领导人能够理解"矛盾的想法是一种生活方式",因此具有合成矛盾的能力,他们激发了组织的情感和精神资源。

领导力在知识创造的过程中扮演着各种各样的角色,比如提供知识愿景,发展和推动知识资产的共享,创造、激发、连接场,提升知识创造的连续螺旋。本章主要讨论领导力在提供知识愿景和场的两方面作用。

18.2.3 知识愿景

领导人通过知识愿景,整合知识创造过程中的本体论和认识论。知识愿景决定着集体的理想使命和涉足领域,这种观点基于"我们为什么而存在"这一基本问题。知识愿景对一个组织来说,是理想实践的价值表达。知识愿景旨在实现一组共享的信念,通过信念的作用和互动获得未来某一规定的理想状态。这将使公司聚集创造那些能够超越产品、组织结构和市场界限的知识。通过回答一个现实问题"我们能够做什么",在组织各个层面彰显实现未来实践的可能性。通过个人抱负和集体意义构建,领导人为选择未来的方向开发出组织未来理想状态的精神形象。随之发生的跟知识愿景相关联,显性、隐性的层面出现确定了知识螺旋方向。

虽然知识愿景指向未来,但它也将过去的经验联系到当下的活动。根据马丁·海德格尔(Martin Heidegger,1962)的观点,时间性最重要的维度是将来,因为它代表了存在的潜力。类似的,知识愿景构成了过去、现在和未来三者之间的联系。

知识愿景激发组织成员的智慧激情,鼓励他们"更进一步"去创造跨越产品、组织、市场和技术极限现有边界的知识。正如里斯彻尔所说,"理想的结果,往往只能通过努力追求更多和超越可能性的极限来达到。人类是现实与可能王国的双重公民"(Rescher,1987:143)。

知识愿景同时也定义了组织中评估和验证组织所创知识的一致性价值体系。如上所述,当组织中的知识创造于个人主观知识之外的时候,就需要验证知识的社会过程。为此,组织需要价值体系去定义真、善、美。因而,为了组织生存,知识愿景应该建立在一种绝对价值之上,这种价值超越了主张赢得竞争、利益最大化的华尔街价值。

18.2.4 建立、激发和连接场

场可以人为建立,也可以自发产生。领导者通过提供物理空间(比如提供会议室、电脑网络的信息空间)和诸如共同目标的精神空间来推动场的建立,同时促进空间中参与者的相互作用。成立任务小组是人们主动建立场的一个典型例子。建立场的时候,领导者会选择合适的人员组合参与其中,这些人能够带来不同的情境供分享。同样重要的是,管理人员也要能够"发现"并且利用自发形成的场,这些场可能会很快变化或者消失。因此,领导人必须要从组织成员间如何互相作用、如何同外部环境作用的角度来观察当前形势,这样才能够敏锐地抓住这些自发形成的场,或者有效地建立场。

然而,在管理知识创造的动态过程中,仅仅依靠建立发现场是远远不够的。场需要被激发才能够为SECI过程注入活力和品质。为此,领导人必须提供必要的条件,比如自治权,创意性混沌,后备力量,必要的多样性、爱心、关心、信任和承诺。

更进一步说,不同的场通过相互连接形成一个更大的场。为此,领导者必须在知识愿景的基础上促进各个场之间、参与者之间的相互作用。很多情况下,场之间的相互关系不是预设的。人们不能明确哪些场以怎样的方式连接起来。因而,随着场之间的关系展现出来,领导者就要认清形势,连接不同的场。

场需要有边界,这样,有意义的共享情境才能够出现。因此,领导者应该保护场不受外部情境干扰,促使场能够产生自己的情境。尤其当场正在试图创造不属于组织当前准则的那些知识时更是这样。与此同时,场还需要有开放的边界,这样它才能够和其他的场相连接。要让参与者们认识并接受应向场的共同情境中引进不同情境是很困难的。对于场外的领导者来说,发现并且建立场之间的联系是非常重要的任务。合法的权力能够有效地被用来保护边界(cocooning),并保持边界的开放。

18.3 结束语

本章主要论述了建立知识创造理论,需要认识论和本体论的讨论,而不仅仅是依靠实证主义这一社会科学隐含的范式。实证主义的理性等同于聚焦通过形式逻辑提出和检验假设的分析思维。尽管实证主义为理论建立和实证检验提供了明确的规范,但它在分析一些复杂动态的社会现象,比如知识创造时会带来很多问题。在以实证主义为基础的研究中,知识仍然被视为外生变量,或者是线性经济原理的干扰项。替代概念的相对缺失,意味着管理学正慢慢脱离周围的社会现实。对社会系统的理解不能完全建立在自然科学的事实上。

本章提出了捕捉知识创造动态过程的一种框架,所含概念包括 SECI 过程、场,以及处理有关情境、价值、理想和权力等问题的知识领导力。因为知识产生于对世界的主观认识,因此很可能不能达到那个无与伦比的绝对"真理"。因此,我们对知识应该实事求是——只要知识对使用者来说是实用的,它就可以暂时被称为"真理"。然而,知识创造过程同时又很理想化,因为知识创造需要通过孜孜以求却永远都不能到达真理的社会验证过程。我们可以这样说,知识创造理论基于理想的实用主义,它综合了适当目的的理性追求,且适当程度地由理想决定(Rescher,2003)。

本章中,认识论和本体论的原则,是管理科学中建立关于知识的更加综合的解释的第一步。它仍然需要概念和理论上的发展,特别是组织中的权力问题。我们也需要用定性和定量相结合的方法进行更多的实证研究(Nonaka et al.,1994)。本章的目的并不是追求有限的解决方法,我希望本章能够在社会科学,尤其是管理科学关于知识角色的讨论中起到抛砖引玉的作用。

参考文献

ARROW, K. J. (1974). *The Limits of Organization.* New York, W. W. Norton.
BADARACCO, J. L., Jr. (1991). *The Knowledge Link: How Firms Compete Through Strategic Alliances.* Boston: Harvard Business School Press.
BUBER, M. (1923). *I and Thou.* New York: Charles Scriber's Sons.
DENNETT, D. C. (1987). *The Intentional Stance.* Cambridge, Mass.: MIT Press.
FLYVBJERG, B. (2001). *Making Social Science Matter: Why Social Science Fails and How it Can Succeed Again.* Cambridge: Cambridge University Press.
GLADWELL, M. M. (2000). *The Tipping Point: How Little Things Can Make a Big Difference.* Boston: Wheeler.
HAYEK, F. A. (1945). The use of knowledge in society. In F. A. Hayek (ed.), *Individualism and Economic Order.* Chicago: University of Chicago Press.
HEIDEGGER, M. (1962). *Being and Time.* New York: Harper and Row.

HUSSERL, E. (1931). *Ideas: General Introduction to Pure Phenomenology*, trans. W. R. Boyce Gibson. New York: Macmillan.
—— (1970). *The Crisis of European Sciences and Transcendental Phenomenology.* Northwestern University Press, Evanston. (First pub. 1954.)
—— (1977). *Cartesian Meditations.* The Hague: Martinus Nijhoff.
INKPEN, A. C. (1996). Creating knowledge through collaboration. *California Management Review*, 39(1): 123–140.
JANTSCH, E. (1980). *The Self-Organizing Universe.* Oxford: Pergamon Press.
LAWSON, T. (1997). *Economics and Reality.* New York: Routledge.
MERLEAU-PONTY, M. (1962). *Phenomenology of Perception.* London: Routledge.
MINGERS, J. (2001). Combining IS research methods: Towards a pluralistic methodology, *Information Systems Research*, 12(3): 240–259.
MORGAN, G., and SMIRCHICH, L. (1980). The case for qualitative research. *The Academy of Management Review*, 5(4): 491–500.
NISHIDA, K. (1921, 1990). *An Inquiry into the Good*, trans. M. Abe and C. Ives. New Haven: Yale University Press.
—— (1970). *Fundamental Problems of Philosophy: The World of Action and the Dialectical World.* Tokyo: Sophia University.
NONAKA, I. (1985). *Kigyou Sinkaron: Jouhou Souzou no Management (The Theory of Evolving Firms: Management of Information Creation)*, Tokyo: Nihon Keizai Shinbunsya (in Japanese).
NONAKA, I. (1988*a*). Creating organizational order out of chaos: Self-renewal in Japanese firms, *California Management Review*, 30(3): 57–73.
—— (1988*b*). Toward middle-up-down management: Accelerating information creation, *Sloan Management Review*, 29(3): 9–18.
—— (1991). The knowledge-creating company. *Harvard Business Review*, Nov.–Dec.: 96–104.
—— (1994). A dynamic theory of organizational knowledge creation. *Organizational Science*, 5(1): 14–37.
—— BYOSIERE, P., BORUCHI, C., and KONNO, N. (1994). Organizational knowledge creation theory: A first comprehensive test. *International Business Review*, 3(4): 337–351.
—— and NICOSIA, F. M. (1979). Marketing management, its environment, and information processing: A problem in organizational design. *Journal of Business Research*, 7(4): 277–300.
—— PELTOKORPI, V., and TOMAE, H. (forthcoming), Strategic knowledge creation: The case of Hamamatsu photonics. *International Journal of Technology Management.*
—— and TAKEUCHI, H. (1986). The new new product development game. *Harvard Business Review*, Jan.–Feb.: 137–146.
—— —— (1995). *The Knowledge-Creating Company: How Japanese Companies Create the Dynamics of Innovation.* New York: Oxford University Press.
—— and TOYAMA, R. (2002). Firm as a dialectic being: Toward the dynamic theory of the firm. *Industrial and Corporate Change*, 11: 995–1109.
—— —— (2003). The knowledge-creating theory revisited: Knowledge creation as a synthesizing process. *Knowledge Management Research & Practice*, 1(1): 2–10.
—— —— and KONNO, N. (2000). SECI, Ba and leadership: A unified model of dynamic knowledge creation. *Long Range Planning*, 33: 1–31.
PENROSE, E. T. (1959). *The Theory of the Growth of the Firm.* New York: Wiley.

Peukert, H. (2003). The missing chapter in Schumpeter's *The Theory of Economic Development*. In J. Backhaus (ed.), *Joseph Alois Schumpeter*: 221–231. Berlin: Springer.

Polanyi, M. (1952). *Personal Knowledge*. Chicago: University of Chicago Press.

—— (1966). *The Tacit Dimension*. Garden City, NY: Doubleday.

Porter, M. E. (1980). *Competitive Strategy: Techniques for Analyzing Industries and Competitors*. New York: Free Press.

Rescher, N. (1987). *Ethical Idealism: An Inquiry into the Nature and Function of Ideals*. London: University of California Press.

—— (2003). *Rationality in pragmatic perspective*. Lewiston, NY: Edwin Mellen Press.

Simon, H. (1945). *Administrative Behavior*. New York: McMillan.

Suchman, L. (1987). *Plans and Situated Actions: The Problem of Human–Machine Communication*. New York: Cambridge University Press.

Thompson, J. (1967). *Organizations in Action*. New York: McGraw Hill.

Tsoukas, H. (1996). The firm as a distributed knowledge system: A constructionist approach. *Strategic Management Journal*, 17(Winter Special Issue): 11–25.

Ueno, N. (2000). *Interaction*. Tokyo: Daishukan Shoin.

Varela, F., and Shear, J. (1999). First-person accounts: Why, what, and how. In F. Varela and J. Shear (eds.), *The View from Within: First Person Approaches to the Study of Consciousness*. Thorverton: Imprint Academic.

Watts, D. J. (2003). *Six Degrees: The Science of a Connected Age*. New York: W. W. Norton.

Wikstrom, S., and Normann, R. (1994). *Knowledge and Value: A New Perspective on Corporate Transformation*. London: Routledge.

Williamson, O. (1975). *Markets and Hierarchies*. New York: Free Press.

第19章　理论开发之旅：以意义建构为主题和资源[①]

卡尔·维克

理论开发之旅，在很大程度上与意义建构的旅程相似。两者包含的行动都是解释性的、启发性的、减少多义性的、注释的、短暂的、叙述的、根植于某种范式且有意义的，正是这种相似性，构筑了本章的主题和资源。而这种相似性，就是本章将要讨论的理论开发实际过程的特征。这种相似性值得注意，因为在人们试图开发理论的时候，它通常都会在精简版的步骤指南中被忽略（例如，Donaldson，2003）。这种忽略的后果，就是理论只拥有比它们本应具有的少得多的影响，因为作者们不去深挖自己的经历和直觉，而这些经历和直觉也许能够产生具有强大影响力的想法。我将采用以下的方式，讨论这些问题：首先，我将讨论意义建构的现象，主要讨论那些与理论开发有直接联系的特征；其次，我将转而对理论开发的本质进行仔细研究，这些本质进而继续推动关于意义建构观点的详细讨论；最后，这些关于意义建构和理论开发的讨论，被转化为对理论开发的指导方针。

19.1　关于意义建构

意义建构是不断展开的持续解释活动的集合，人们认为，它对于理论开发过程和日常组织生活的行为都至关重要。要定义这种"不断展开"（活动），就像走一根细细的钢丝，不仅要给看似一致的多元行动集划定一个合理的边界，同时还要试图囊括足够多的特质，使得一致性得到独特和显著的体现，但又要少于所有人类条件的加总。这种界定边界的做法，在理论开发中是至关重要的一步，它很早就开始，永无休止。理论开发包

[①] 我非常感谢凯瑟琳·萨克利夫（Kathleen Sutcliffe）为本章初稿所提出的建议，同时感谢兰斯·桑德兰（Lance Sandelands）、哈里·楚卡斯（Hari Tsoukas）、巴巴拉·奇尼沃斯卡（Barbara Czarniawska）、约翰·范·曼恩（John Van Maanen）、戴维·惠腾（David Whetten）、鲁本·迈克丹尼尔（Reuben McDaniel）和杰弗里·普费弗（Jeffrey Pfeffer）帮助我更好地理解了理论化。

括了对于现象边界不断的重新设定,对新近加入和删除内容的重新调整。理论开发过程如同日常生活一样:真相大白的时候总是有点太迟了。描述、认知和分类全部位于早期行动的路径上,这意味着定义和理论倾向是对持续研究的回顾性总结,而不是在未来研究上的决定性限制。这些难题在定义意义建构的努力中非常显著。

一些意义建构的描述建议,与盲目变异和选择性保留的进化过程相似。"进化的认识论暗含在组织意义建构中,这包括了在互动过程中建立的回顾性解释"(Weick,1995b:67)。这里,我们把意义建构与这样的观点联系起来,"通过在其自身内部模仿进化过程的基本动力特征,选择性地对环境做出反应的系统"(Warglien,2002:110),或者是一种直接与理论开发相联系的观点,把理论开发形容为"训练有素的想象"(Weick,1989)。

一些意义建构的描述,暗示意义建构是由构造事实的活动所组成。比如,意义建构的概念:

> 关注这样的想法:日常生活中的现实应当被看作持续的"完成",它在个人试图创造次序,以及对他们自身所处的环境做出回顾性的解释时,会显现出独特的状态和形式……意义建构这个隐喻鼓励对人们创造和使用符号的过程进行工具性关注。它集中注意对这一符号性过程的学习,因为人们通过它来创造和维持现实。人们看起来并不是在相对广阔的现实世界中生活,并根据现实来创造生活,而是通过创造和维持对广阔现实的印象,部分地合理化他们所做的事情。他们通过在自己的情境类型上"读入"各种形式的重要意义来认识现实(Morgan,Frost and Pondy,1983:24)。

这里,我们甚至更清楚地看到了理论开发和意义建构之间的紧密联系,当人们在任何环境中进行意义建构时,他们利用符号来记录含义,对持续事件的变化保持敏感,并找出可以再现的格式,试图在这些变化中建立秩序。

意义建构的其他描述还强调,它与意外所获和模棱两可的紧密关系(例如,Mills,2003:35)。例如,马格拉(Magala,1997:324)表示,意义建构的基本意思是"为那些已经在组织过程中发生的事物引入一个新的含义(解释),但是到现在为止还没有正式的名字,也从未被认为是一个独立的过程、物体或事件。"命名、解释和引入含义,是位于理论开发核心地位的活动。当这种理论开发指向组织意义建构的现象时,理论家会问这样的问题:"何种事物对组织成员来说才能算作一个事物?"当组织行动者面对意外所获和模糊的相似情境时,他们问一个同样的问题:"这里的故事是什么?"他们的意义建构在他们得到答案时并没有停止,因为目前为止他们所做的全部事情都是在让一个事件浮现出来。他们面对更进一步的问题:"如果事情就是这样,我们应当做什么?"现在,问题在于要找到一种意义,能够持续稳定地起作用,同时对可能出现的新故事保持敏感。

有些关于意义建构的描述是有害且具有误导性的。例如,在我 1995 年总结意义建构重要思想的书中就有这样的错误(Weick,1995b),这本书的书名是《组织中的意义建构》(Sensemaking in Organizations),暗示如果意义建构停止后组织将会继续。事实却不是这样。这也是关于曼恩峡谷山火事件中意义建构崩溃的那篇文章的观点(Weick,1993a),正是由于意义建构的崩溃,救火队员的组织同样解体了。一个削弱的同时将会使另一个也削弱。意义建构和组织几乎从一开始就被认为是相互构成的(例如,Weick,1969)。但是,正如我自己的失误所表明的那样,这种统一性很容易被忽略。

说到统一性,在无辜的标点符号中,连接号承载着更深远的误会。连接号用于强调两个单独的单词,例如 sense-making(意义—构建),被读作一个复合词。我于 1979 年在意义建构之间加了连接号,但是在 1995 年去掉了连接号,而用一个单词 sensemaking(意义构建)取代。为什么?加了连接号的单词 sense-making 依然按照复合词的阅读过程,由至少两个部分组合而成,各部分之间独立,没有明确的组合规则。如果你去掉连接号,你就可以去掉那些让你分心的事情,比如什么是 sense(意义),什么是 making(构建),在什么样的情况下两者可以结合起来?那些不是我要做的事情。相反,我希望了解与组织相联系的相互依赖的状况如何影响人们处理意义太多或太少的情形。当人们遇到这样的情形,他们已经处于"全意对付"式的参与模式(或者如海德格尔指出的那样,"即在手头"式的参与模式)。他们的行动并不是复合型的,相反,人们意识到,世界是整体存在的,是一个由相互联系的项目、可能出现的任务以及"受阻潜能"组成的网络(Packer,1985:1083)。如果一个持续的项目被打断了,那么经验就变成了"并非即在手头"的模式,但是它仍然不是一个复合物。"整个情形的特定方面凸显出来,但是只是在我们参与的项目提供的背景以及相关利益和其裙带关系的"(Packer,1985:1084)。尽管有这些干扰,但那些能够坚持下来的是项目及常规性的解释、解读和恢复常规(Weick,Sutcliffe and Obstfeld,1999)。直到人们采取"即在手头"分离模式时,复合物才会显现出来。在意义建构之间加上连接号,就如它在日常生活中弯弯曲曲地来回编织那样,就是在不是连接点的地方切断了这个进程。

尽管描述多种多样,但它们都有一个共同的假定,那就是意义建构是一个复杂的过程(Patriotta,2003;Mills,2003),其中包括演化(Campbell,1965;Warglien,2002)、解释(Lant,2002)、行动(Laroche,1995)和互动(Taylor and Van Every,2000)。我们可以认为这些都是正确的,在本章范围内,我们定义意义建构是对看似合理的影像的持续的回顾发展,这些影像能够合理化人们正在从事的事情。这个定义提醒我们:回顾、似是而非、影像、原因、身份和大多数持续性的行为,对意义建构是至关重要的,就如同它们在理论开发中的地位一样。

意义建构不仅仅是根据总结其性质的文字来定义,而且也依据其外层现象来定义。任何理论开发,都建立在支撑它的细节的质量和广度上。进行意义建构就是学习,例如,要迅速对大量混乱的事件做出判断的指挥官,"根据定义,紧急状况和危机是在没有预料到的情况下突然发生的;这些事件的特征是陌生、规模、扩张速度……对于事件指挥官的挑战是,持续对未预料的和动态的情景进行意义建构,以便最有效率地部署可以获得的资源"(Flin,1996:105)。军事指挥中的问题,与理论开发中的一样,可能会在人们忽略对意义建构具有重要影响的七种性质时发生(Weick,1995b:17—62)。这七种性质包括:(1) 社会情境(social context),(2) 身份特征(identity),(3) 回顾(retrospect),(4) 显著的线索(salient cues),(5) 持续的项目(ongoing project),(6) 似是而非(plausibility),(7) 实施(euactment)。这七种性质可以用英文首字母缩写的形式表示为 SIRCOPE。它们很重要,因为它们会影响人们更新和发展他们对环境认识的程度。这些性质,换句话讲,能够影响人们抛弃他们最初的故事,而采用一个对当前环境特定部分更加敏感的新故事的意愿。面对一个令人疑惑的世界,一个令理论学家倍感困惑的世界,重要的是在制定决策时,不要把这种混淆当作决策时的问题。

保罗·格利森(Paul Gleason)被公认为世界上五个最好的野外消防队员之一,他将如何超越决策的必要性阐述得非常清楚。格利森说,在灭火的时候,如果他把领导者的努力看作意义建构而不是决策制定的话,他将处于更加睿智的境地。用他的话说,"如果我做出决定,那么这就成为我的领地,我就会以此为荣,我会保护它,并不理会那些质疑它的人们。如果我进行意义建构,那么这将更加动态,我将能够倾听并改变它。对于决策你可以不断进行润色,而意义建构为下一阶段指明方向"(私下交谈,1995 年 6 月 13 日)。当格利森意识到他自己正在做决策时,会通过推迟行动来保证他能够做出正确的决定。在他做出决策之后,他发现他是在捍卫它而不是重新调整他的决策以适应变化的环境。修正和捍卫都会消耗宝贵的时间,并导致盲点的存在。与此相反,如果格利森认为他自己在对正在燃烧的大火进行意义建构,然后他给他的队员在不明确的期限内指出方向,那么这个方向从定义上看是动态的,可以在任何时间进行再次调整、自我修正、积极响应的,并具有透明的逻辑依据。

当某项事件被当作一个可以进行修改的方向,而不是为了正当性唤起选择性的关注时,类似的灵活性在理论开发过程中重现。在其他条件相同的情况下,意义建构将在下列情境下更富有成效:环境允许更多的互动、更清晰的身份特征、更多地利用过去的行为作为指导、线索可无障碍地获取、对持续变化环境的密切关注、用包含更多观察的故事替代那些相对不合理的故事,以及对人们边思考边行动这一现实的接纳,这意味着他们不能通过单一决策来构思、执行和实现。

我自己对于意义建构现象的认识,如同我对这些外部现象共同模式的理解。我试图理解的意义建构的外部现象包括:大学生对未预期的或有奖励的意义建构(Weick,1964;Weick and Prestholdt,1968);爵士音乐家对新音乐和不完美演出的意义建构(Weick,Gilfillan and Keith,1973;Weick,1995a);士兵试图对混乱战场局势的意义建构(Weick,1985);空中交通管制员试图对飞行中飞机一次不寻常的通报进行意义建构(Weick,1990);理疗病人试图对理疗师不受欢迎的宽慰的意义建构(Weick,1992b);空降森林消防员对突然爆炸的小火焰的意义建构(Weick,1993a);航空母舰上的战斗指挥官对陷入困境的飞行员的通话的意义建构(Weick and Roberts,1993);消防队员对于让他们丢下工具赶紧逃命的恐吓性命令的意义建构(Weick,1996a,2001);医务工作者对于未预期的不利医疗事件的意义建构(Weick,2002;Weick and Sutcliffe,2003)。

这当中,有些例子比其他例子更加引人注目,这对于理论开发具有微妙的影响。一个引人注目的事例激励理论家深挖这个例子,产生的解释往往能更加紧密地匹配和适应这个事例,但是只能松散解释其他事例。考虑到不可能找到同时具有普适、精确和简洁这三点特征的解释(Thorngate,1976),而且一个引人注目的例子能够实现精确性的可能性也不大,所以得到的结果要么是一个精确的解释,勉强实现普适性却完全没有简洁性;要么是一个精确的解释,勉强实现简洁性却完全没有普适性。曼恩峡谷悲剧的案例也许是我经历过的最引人注目的意义建构例子,其中存在着一个有趣的扭曲现象。一些读者认为,它是普适性和精确性的混合体;但另一些读者认为,它是普适性和简洁性的混合体。当曼恩峡谷事件被解读为"一个关于组织怎样拆解,这样拆解的社会条件是什么,怎样才能使组织更具韧性"的故事时,这一故事具有普适性和精确性(Dougherty,2002:852)。当曼恩峡谷事件被解读为"一个松散的组织中领导力的故事提供了四种方法可以减少组织面对意义建构干扰时的脆弱性"(Gililand and Day,2000:335)。

这里存在两个有关外层现象和理论开发的教训:第一,没有任何一个理论家可以实现所有的标准,这里的"所有"是指一个同时具有普适性、精确性和简洁性的解释。在开发理论时,这三个维度中的一个取值较低,不是能力不足的体现,而是对任务本身不愿意妥协的标志。第二,一群理论家有可能完成一个理论家不可能完成的事情。在一群人中,每一个都有不同样式的取舍,能够在他们中间把弱点分散掉,并集体对一组想法进行三角验证,得到一种具有普适性、简洁性和精确性的强大解释。

假想一个理论家能够通过起草不同版本的解释来完成同样的事情,每一个版本都试图实施不同组合的取舍。我怀疑这种解决方法会比我们预计的更加常见。纵观整个职业生涯,一个人可能会从精确的解释开始。他们清楚地知道一件事情,比如,他们毕业论文所研究的内容。他们从精确的解释出发,努力地推广它,这意味着他们的解释变得更加复杂。随着他们持续从事复杂而普适的解释,他们开始看到那些在所有复杂普适的解释中难以看到的主题和样式——可能是关键的激发因素、推动因素和时间因素。一旦形成这样的简单性,他们可能回到他们出发的地方,首次明确地审视它。无论理论家是从精确性出发,向普适性,再向简洁性迈进,还是从精确性到简洁性,再向普适性推进,都有可能是从肤浅的简洁性出发,经过困惑的复杂性,再到深奥的简洁性的过程(Schutz,1979:68—69)。这里的诀窍是,不要因为肤浅的简洁性而狂妄,也不要因为困惑的复杂性而气馁。

如果为了思考和回顾过去的经历进一步审视谈话,我们可以发掘关于理论开发过程更多的见解并以之作为意义建构的例子。

19.1.1 见其所言

意义建构理论的信号是一个问题:"在我明白我所言之前,如何知道我所想?"人们交谈并审视他们的谈话内容,以此看懂他们所思考和他们谈话可能的含义。他们谈话使用的语言,他们观察利用的范式,以及他们在早期意义建构过程中引入的图像,都会影响意义。这些文字和范式受文化、制度、项目、习惯、假设和身份等因素的影响,进而被社会化和塑造成形,尽数囊括其中。少量含义十分坚定并导致固定思维、证实性偏差、选择性感知和教条的真相信奉者产生。很清楚,见其所言并不像我们希望的那样,具有开放性和创造性。组织依赖那种稳定性和惰性,尽管被理论家所摒弃,后者通过各种方式做到了这一点:为了思考而写作,用不同方式的观察来开展实验,特别是当他们表达时尽量采用不同的词汇。

词汇量和遣词造句在我对意义建构的观点中(例如,Weick,1995a:ch.5),以及在我作为理论家的工作中(参见韦克对于理论是外在表象的讨论,1981),占据着非常重要的地位。例如,短语"认知失调"(Festinger,1957)在 1957 年是一个新术语,它同时强调认知和打断,从那时到现在,它已经足够成为我理论的根本性组成部分(例如,Weick,1995b:11—13)。我对组织和意义建构之间联系进行理论开发的努力,被总结为一个由 36 个术语组成的清单(Weick,1979:241),这些术语定义了这种联系的结果。设计这个清单是为了引入新颖的区分方式,开始构建一种语言去描述和认识组织化,并把意义建构与其他文献联系起来。对组织进行理论创建,就是部分地起草用于组织描述的词汇和语法。当这种语法被用于具体的事件时,个人的思想倾向于被引导到表征理论语言所强调的关系方向上。所以,说着组织语言的人们,从字面上讲把组织说成了现实。这样,他们能够暂时性地思考组织如同理论中定义的那样运转。这个想法可能会被证明是有用的,也可能没用,这与意义建构任何其他环节的结果没有两样。

在我自己建构理论的过程中,我通常试图在表述事物的时候,不用"将会"(to be)这样的字眼。这种战术被称作一种省略 be 动词的英语表达方式(e-prime)(Kellogg, 1978),意味着我不允许自己说"罗本是一个很难对付的竞争者"。相反,我强迫自己清楚地阐述那些导致总结判断被禁止的行为。现在我会这样进行描述,"罗本薄利多销,快速将新产品推向市场,进行更多离岸生产,提供更多的回扣,等等"。当我不得不进一步采用"将会"这样的词汇时,我会更加注意细节、环境和状况。我同时倾向于更加清楚地看到那些我并不适合去评述的事物。如果我说罗本薄利多销,这可能会也可能不会意味着他就是一个竞争者,这完全取决于其他有关其行为的明确描述。

有关这种表达形式的更重要的一点是,它帮助理论家接近正在绘制的领域。我对于"阐述"部分的迷恋,可以用罗伯特·欧文(Robert Irwin)著名的格言进行总结,"看见就是忘记人们所看见事物的名字"(Weschler,1982:203)。在欧文的观点中,意义建构开始于对无差别感受的感知,这些感受在它们被命名、系统化和规范化时,逐渐具有含义。特别是,当人们参与意义建构时,他们沿用了越来越多的抽象概念,这意味着离他们最初的印象越来越远。这种转变对于分享和协调感知是必要的,但是人们也要为此付出代价。随着社会复杂程度的增加,人们从以感知为基础的认识,转移到为了协调而采用的以分类为基础的认识(Baron and Misovich,1999)。随着协调需求的增加,概念为了传播的方便变得更加简洁和普适。虽然这些改变有利于协调,但是代价却是与直接感知的现象之间产生了更大的智力和情感距离。

所以,与罗伯特·欧文的格言相反,那些在协调方面成功的人们可能在感知上失败。他们失败是因为他们记住了名字,却忘记了原来经历的实质内容。这意味着,每当事件超越了人们分享的标签范围时,他们都是最后认识这些事件的人。如果一个协调的小组很少对它的标签进行改变,那么很有可能它将受制于那些尚未注意到的变化。这就是当美国航空航天局的工程师坚持在 O 型圆环上烧注"任务参数以内"的标记(Vaughan,1996)时所发生的事情,以及更近的事件:他们反复在哥伦比亚航天飞机上用泡沫打上"内部事宜",意指人们完全了解(Gehman,2003)。事实并非如此。就如维克(Weick,1983)和坎贝尔(Campbell,1979)在研究学者团队时所讨论的凝聚力—精确度的妥协关系时争论的那样,协调一致的理论开发也会在精确度上产生同样的问题。相对于联系松散的研究团队,更有凝聚力和紧密联系的团队倾向于开发精确度较低的理论。紧密的结合关系容易在各个传感器之间产生更多的冗余和更多的内部依赖,这意味着这些传感器能注意到的事物比观察到的更少(Heider,1959)。

19.1.2　回顾过去的经历

见其所言不仅仅只是文字、交谈和语法的问题,也是一个回顾自身的问题。我对回顾的关注是我对反应现象更广泛的兴趣的一部分。从字面上讲,反应现象意指行动较少由内部激发,而更多的是对产生于别处的对行动和环境的反应和反响。如我们先前看到的那样,人们通常改变他们的环境。但更重要的是,我们也注意到,这同时意味着人们是其自身约束条件的主宰。对反应现象的关注在我的一系列作品中都有体现:灾难、愉悦、即兴创作、恢复、调整、回顾和灭火。例如,考虑这个问题,"什么将成为下一场艾滋病"。这并不是一个让我感兴趣的问题。让我感兴趣的,回答这个问题的不可能性以及人们怎样处理这种不可能性。

> 直到第一波人类感染发生之前,你不可能做太多的事情。你不可能阻止下一场流行病。尤其是信号被掩盖在其他的疾病中。如果你发现了一种新病毒,你在人类流行病发生之前并不知道这种病毒是否具有显著性。问题是在你确认它是显著的时候,这种病毒已经侵入寄主、贮主和载体,并已经被放大了。埃德温·卡尔波尼(Edwin Kilbourne),一个斯纳医院的微生物学家,阐述了诊断的反应特性,"我认为在某种意义上,我们不得不准备做疾病控制中心已做得很好的事情,并且这只是在救火……等待对某种情形做出反应,从理智上讲,不是一个令人满意的方法,

但是,我认为你也只能进行一些初步的计划。我想这些初步计划应该把重心放在紧急情况发生时你会做的事情上:你的救火公司是否训练有素? 他们是否准备好进行行动,或者他们数月都坐在消防局里面无所事事"(Henig,1993:193—194)。

这幅图像只是经常出现的情景的缩影。格尔茨(Geertz)对日常生活的反应特性非常敏感,他这样评论,"那些广泛形成的马后炮、事后聪明、对生命的本质的意识,通常事发在先,然后再形成……[理论家做出]持续的努力,来设计推理系统使之或多或少地与可能进行中的事物保持同步"(Geertz,1995:19)。

这里有一个清晰的冲突,它在理论开发中非常普遍,当我们回过头来检查结论或者数据,弄清楚它们是连贯起来以及可能的含义时,我们通常都会看到,那些通过我们自己的努力才建立的结果(Weick,2003a)。所以,回顾和代理同时存在,但是通常很难让主动实施和反应性回顾协调起来。此外,我们通常很难区分那些我们能够有意愿促成和实施的事与那些不能的事。在我自己的文献中,我倾向于更多地归因于代理者而不是轻视它。当我将组织成员描述成是那些发明、即兴创作、创造、构想、实施、建造、改变、开创、制作和获得小胜利而有重大结果的人时,制度主义者和批判理论家倾向于持怀疑态度。这些代理者的属性明显被过度决定了。它们来源于我对一些事物的着迷,比如,产生大后果的小结构(Weick,1993b)、宏观心理学和社会心理学的社会化。在我自身意义建构的过程中,我努力抵消Myers-Briggs心理测试中INTJ人格特质的偏见(Weick,1992a)①,怀疑线性的刺激—反应型分析单元是有用的理论开发过程(Dewey,1998);同样,怀疑庞大的外部环境是解释人类功能更为有效的构念。

一种把所有这些转化为理论开发经验的方法是,借鉴亚当·菲利普斯(Adam Phillips)对起草精神分析理论并把它应用到组织研究中的那些人的忠告。菲利普斯说,那些精神分析学家"并不需要任何更加深奥或者情绪化的抽象——任何新的范式或者激进的修改——它仅仅需要更多的好句子"(Phillips,2001:xvi)。后来,他在自己的书中引用了莱斯利·法伯(Leslie Farber)写出的这样一个好句子。我援引这个句子出于两个原因:第一,它展示了语言怎样对思考分类和提升;第二,这段引述的内容是对现实的一个完美描述,同时具有主动性和反应性。这个句子是对我可能被主动式想象诱跑的警示。人们面临

> 不断被诱惑去实施他们的意愿……对于人生的某些部分来说,不仅不会顺从,而且在这种胁迫下会变得扭曲。让我举几个例子:我将会获得知识,但是不能获得智慧;上床睡觉,但不能进入梦乡;吃东西,却不饥饿;温顺,却不谦逊;谨慎,却无美德;虚张声势,却缺乏勇气;有欲望,却没有爱;怜悯,却无同情;祝贺,却不赞赏;虔诚,却没信仰;阅读,却没理解……我能演讲或者沉默,却不会交谈(Phillips,2001:318—319)。

---

① Myers-Briggs 心理测试开发了 16 种人格类型,其中 INTJ 以内向、直觉、思考、判断为特征。——译者注

19.1.3 意义建构作为时代精神

所有的理论开发都始于某一点,但是因为生活是连续的,人们总是被扔向正在进行的事件之中,很少能够肯定地说出,哪里是事件的起点,哪些是事件形成的影响因素。但是可以肯定的是,理论开发反映时代特征,即使理论家是最后注意到这一点的人。让我通过一个偶然得到的对意义建构"起源"的评论来说明这点。关于意义建构,我说的每一件事都打上了当代西方社会及其价值观的印记。我们都知道,时代影响我们的求知,虽然对于这一点有些人比其他人更有准备(Kenneth Gergen 在这一点上特别清醒)。意义建构的观点当然反映了时代,这个观点是一代人的历史遗产,马格拉(Magala, 1997)观察到了,但是我却没有。他指出,意义建构中两个核心的思想是,每一个意义建构者都是一个"自我们的议会"(个人拥有多重身份);组织就是对各种意见进行检查的"谈判会堂"。结合起来,这两个观点相对于其他观点,考虑到了"一种关于组织进程更加平等的方法,以及主体含义和主体间沟通更加民主的评论"(Magala,1997:333)。关于这个浓缩的核心,历史的代际扭曲就是

> 维克把组织定义为意义建构的过程[起草于 20 世纪 60 年代末,发表于 1969 年],这可以看作 60 年代末和 70 年代初,政治反独裁的抗议运动的理论等价物(类似于黑格尔的历史哲学被当作标有"法国革命"标签的政治经历的理论等价物)……人们猜想如果举行一个公开的辩论,让维克(Weick)、科恩·本迪特(Cohn-Bendit)和沃勒斯坦(Wallerstein)在一边,福山(Fukuyama)、圣吉(Senge)和波特(Porter)在另一边,可能会揭示出不同代际抗议的隐秘"集群",以及以此形成的现代社会科学的主要分界线(Magala,1997:333)。

尽管意义建构的观点早期被放置在 20 世纪 60 年代显赫的社会科学理论中,例如,认知失调理论和民族方法学(Weick,1995b:10—12)和显赫的哲学领域,例如实用主义和存在主义,但是马格拉的观点第一个把意义建构放入更大的文化和社会力量中。马格拉强调 20 世纪 60 年代的事例(例如,越南)产生了代理者概念的变化和较少集权的方法,这种方法生成组织更加多样化的选择。这些变化重新把注意力从决策(例如,我们是否应当增强在越南的武装力量)转移到"选择的背景和软件"(Magala,1997:333)(例如,究竟是怎样发展到我们现处状态的;我们感到军队的规模是一个需要抉择的关键事件)。马格拉"选择的软件"的一个版本是——代理者如同"自我们的议会"那样行动,在"谈判会堂"里面互动以产生集体行动的过程。

通过这样定位,意义建构不仅仅是个人层面上的主观现象,它并不是对被组织的"真实"世界中冲突重重、权力驱动、利益导向等特征一无所知。相反,意义建构如同所有社会科学定位,是社会科学术语中对社会生活中可见性低和情境敏感的动力特征的情境化描述。通过多种方式把这些动力特征翻译成意义建构的语言,就是并仍是微小

的干扰会产生重大结果的断言。这种翻译可能会长久地持续下去。更有可能会改变的是,有关形成这些干扰时发生了什么的观点。

为了进一步审视这些观点的改变是如何实现的,我们将转向对理论开发的讨论。

19.2 关于理论开发

到目前为止,意义建构已经交代清楚,这也为理论开发的探究打下了基础。在这个章节中,我们将反转关系聚焦前面分析中隐含的理论质量上。理论的含义和理论开发活动是微妙的,并且完全不是人们希望的那样整齐或者简单。

最符合前面讨论的"理论"的意义是雷伯(Reber)的陈述,理论是"一般的准则或者互相联系的一般准则的集合,用于解释一套已知事实和经验发现……"这个术语是"用于几乎任何对事实和数据提供解释的诚实企图"(Reber,1995:793—794)。

这个定义符合我目前用几种方法所阐述的内容。它没有讨论公理、定理或者变量,这些特征在理论创建的规则里被普遍提及,虽然在实际理论开发中很罕见。例如,尽管在理论发展中都有关于"变量"的讨论,但是宇宙被抽象为可以根据行动者的意愿进行操纵的变量是不可靠的(Guba,1990:373)。变量并不是传达解释的唯一媒介,相关的媒介还包括"准则"、互联的观点、图像、样式、隐喻甚至寓言(Van Maanen,1995)。

理论"解释"的"已知事实"和"经验发现",可以领先或者滞后于理论构造。理论构造是一种回顾性意义建构的事实,并没有把它和事实分离开来。相反,它意味着真实性经常就是一个成就。理论家发表谈话之后,当他们更加仔细地审视那些谈话时,发现他们一直在思考的东西。近距离审视谈话,通常意味着那些谈话是关于先前没有通过表达清楚来理解的例子、经历和故事。那些谈话改变了事实,因为它让理解变得可见、明示和方便,让深思熟虑变成可能。但是,那些谈话没有创造理解。相反,它通过把"知道如何"变成"知道它"来清楚地阐述了理解。意义建构,连同它所坚持的回顾性意义建构,是理论开发的一个宝贵观点。因为它为理解和解释保留了恰当的顺序(理解在解释之前,Sandelands,1990:241—247)。它提醒研究者保持说话和写作,以便他或者她能够看见某一事物,进而理论性地进行思考。

通过这种方式描述理论开发,"停止规则"变得更加重要。持续不断的演讲和思考,迟早会清楚地阐明有重要影响的解释。但是,人们怎样识别那个时刻?如果已经见其所言,"撞上"了理论,他们怎样才能知道已经发现了理论而不是废话?同样,这里不存在快速便捷的硬规则。但是,以下的任何一条都将会有帮助:

1. 有人告诉他们这是一个理论。
2. 这些言论与他们见过的其他理论相似。
3. 这些言论解释了没有用于构造这些言论的事件。
4. 这些言论描述了抽象的、概念化和可推广的模式。

5. 这些言论符合默顿四条近似理论分类中的一条(参见下面)。
6. 这些言论能够有效地指导人们对未来的事件进行预测。
7. 这些言论作为更高层次的框架,它与较低层次线索连接起来。
8. 作者宣称它是一个理论,并且其他人有自己的真实性检验来作为证据。
9. 作者忽略"它是否是一个理论"的问题就简单地使用它。

这不像听上去那样随意,相反,这些理论的停止规则简单地认为,理论是事件条理清楚的介绍、整套的抽象、一致确认了的解释和格言式思考的体现。

雷伯的定义同样令人感兴趣,因为它认为,理论是"授予"几乎任何诚实的解释企图的标签。这里,我们得到了理论是一个连续体和近似体的暗示。理论作为连续体的图像来自朗克尔(Runkel)。

> 理论属于一个包括猜测、推测、假定、猜想、命题、假设、概念、解释、模型的词汇的家族。辞典允许我们对任何从"猜测"到假设的系统事物使用理论……(社会科学家)自然地希望,用更多经验数据而不是凭空猜测来支撑他们的理论。他们自然地希望,一个理论能够包含的内容超过一个假设。我们辩解道,他们并不仅仅保存理论来作为他们最终胜利的标签,也用其来标注他们暂时的困境(Runkel and Runkel,1984:130)。

正如我们看到的,大多数标注为理论的产品,实际上近似于理论。罗伯特·默顿(Robert Merton,1967:143—149)敏感地发现了这一点,并建议至少存在四种近似理论的方式。它们是:(1) 一般倾向中的大框架,定义了人们应当考虑的变量的种类,但没有对这些变量之间关系的详细说明(例如,Scott,1998 年分析理性、自然和开放的系统);(2) 分析详细说明但未互相关联的概念(Perrow,1984,分析常态性意外的概念);(3) 从单一观察得到的特定假设的事后解释,没有努力探索新观察或替代解释[例如,维克(Weick,1990)对特纳利夫岛空难行为的回归分析];(4) 对总结两个变量之间关系孤立命题的实证推广,但是,没有能够进一步揭示其相互关系[例如,普费弗和萨兰西克(Pfeffer and Salancik,1977)分析权力是怎样流向那些消除极大不确定性的人们的]。

雷伯使用的短语"任何对于解释的诚实企图"值得商榷,因为它强调了理论开发的社会维度。这个维度在早期关于统一性—精确性妥协的讨论中曾被提及。早期讨论中暗含的争议,在于个人经历和他人经历的叙述赋予相对的权重(例如,模式、间接学习和社会影响)。问题是当这些模式相互冲突并需要整合到包括理论开发的收纳、排除和连接的网络决策时,人们给予他们自己相对于他人感知的权重。唐纳德·坎贝尔称这个问题是"一致问题的理性侧面"。他的意思是,很多情况下"所谓的一致行为是理性搜索的理智部分,目的是找寻有效知识解释这个充满假象、难以直接领悟的世界,而不是不分对错一味效仿他人"(Campbell,1961:108)。坎贝尔随后注释"当每一个人的做法都表现为成为其他人能够有效依赖的模范时,集体知识得到最大化。每一个行为都成为榜样和观察者"(p.123)。这意味着对于集体确认的理论开发,一个人必须如实地汇报,以便让别人能够依赖他/她的报告,并且尊重其他人的报告作为有关世界的信息的来源。这样做的同时,人们也必须以某种方式协调各种不同的输入,以维持自尊、保持信誉、协调稳定,通过三角测量产生有效感知、有效绩效,促进团队生存。

在理论开发的过程中,我们将经验和直觉作为有效输入,它们是信心与执著的背后推动力。人们相信第一手经验如果他们想成为值得信赖的理论贡献者,那么就需要建立在经验之上。丹尼斯·杰奥亚(Dennis Gioia,1992)脚本理论的开发,就建立在他在福特Pinto汽车起火时充当召回协调员的经历之上,这是我对于这一点所知的最好例证。不论对于杰奥亚的分析,或者对于他当召回协调员行为的反应是什么,没有人会质疑这个经历的解释。杰奥亚充当了值得信赖的报告者,其他人相信他的解释,并提供他们自己值得信赖的解释,不同意见也没有遭到拒绝和抛弃。

在我关于理论的其他作品中,同样包含我对于理论的务实理解。例如,在"对组织理论开发的修正"(Amendments to Organizational Theorizing)这篇论文中,隐含的信息是理论工作由持续不断修正现存工作的理论开发组成(Weick,1974)。这篇评论的信息是紧凑和非传统的:"如果你希望提升组织理论,停止学习组织学。"(p.487)论据在于组织的功能难以理解,而在其他地方的相似功能却没有如此难理解(例如,在由陌生人组成的消防人员中的集体意义建构)。换言之,建议将人们可以理解的单位和事件理论化。一旦你理解了,总结对机理的理解,然后向其他环境推广(也许不知羞耻地)这些机理。这就是人们在日常的意义建构中所做的事情,他们从生动的经历中提取了经验,并在接下来的经历中得以确认和证实。

这篇有关修正的论文也是理论开发中另一个关键要点的代表。这篇文章具有一定的不连续性,我们鼓励理论家紧密注意不同的环境。例如,日常事件、日常地点、日常问题、微型组织和荒谬组织,以及多样性的主体,如自动扶梯、汽车收音机、纪念碑、贿赂、拍卖、生命历史的图画、乐队或银行。这个分类看上去很像现场旧货出售或者拱廊画展(Benjamin,1999)。但是,这比仅仅用手边的材料构建一个剪贴簿要复杂得多。看上去碎片化的东西可能仍然是互相联系的,因为它们按照同一思路收集和放置。这种联系可能难以找到,可能是人们手边分类标准的延伸,但是这些联系不会消失,相反,它们等待被当作准则和解释写出来。你可能会想起来,宽松联系的框架是能够记载微妙复杂事件的良好载体。

我对理论的其他讨论表明,通过旨在对实践产生影响的方式,与意义建构相联系的理论开发,是解释和整合前人工作的中间层次理论(Weick,2003b)。这是在理论发展的讨论中相当标准的长篇大论。但我的观点是,这些就是长篇大论中能够付诸实施的那部分,至少在我的例子里面就是如此。

试着把意义建构和理论开发的复杂性转换为练习用的一套指导方针,这是充满挑战和不确定性的。让事情更加复杂的是,我的经验表明,每当我起草了对我来说看上去像具体的指导方针时,同样的指导方针看上去像对其他人不可理解的"公路杀手"(参见Weick(1996b),一个犹他大学的学生描述钻研我的著作,就像在夜晚碰撞了某个东西:"你知道你撞了某个东西,但是你不知道到底撞上了什么!")如同宣传免责声明中的真理,这里有一些更有头脑、更丰富地对待称为理论开发的意义建构的方法:

1. 将理论开发看作更新的方向,而不是修饰的决定。因为思维定势延缓了更新,所以要对各种观点轻拿轻放,准备好丢弃造成思维定势的工具。

2. 保持谈话的习惯,并在你的谈话中保持变化,以鼓励更新和丰富化。理论开发很大程度上是关于环境的写作问题,因为它是关于如何发现现成的结构的。

3. 放弃你分析的双手,开始做一些事情。直到你做了事情并从你做的事情和说的话语中得出了推论,你才知道你理解了什么。理论家以他们的方式进行有意义的归类。

4. 把现象的边界当作可以进行再调整和再定义的临时限制。

5. 可以在行进的过程中提出解释,进行杜撰,可以两眼一抹黑直至很晚,再一次猜测,感觉被抛弃。这些都是人类特性,不会因为你在从事理论研究而停止。

6. 密切注意惊喜、打扰和崩溃,因为这些是你进行意义建构和理论开发最好的机会。

7. 参与真相制造而不是真相寻找,因为真相是人们创造、强加和沟通而不是发现的东西。

8. 在理论开发的过程中模拟演化进程。

9. 小心地命名现象并忘记它以往的名字,以便于你能够更加全面地认识研究对象。

10. 为理论性的意义建构设计背景,以便于为意义建构提供"SIR COPE"总结的种种支持。

11. 在普适性、简洁性和精确性中,根据不同的取舍来起草你的解释。

12. 降低你对人们认同你的定义的需求,以便他们对正在概念化的现象过分演绎。

13. 对你已经理解的内容进行理论开发,大声说出你的一系列的思想。然后,审视你已知的东西,这就是你的理论。

14. 遣词造句。

这些指导方针并不很像烹饪书中常见的步骤。对于那些头脑中被无数论文计划包围的博士生、焦急地追寻影响力的非终身制学者、根深蒂固地寻找确定性的实证主义者,或者在学术论文修改和重新提交之间反复徘徊的失望作者,这些指导方针是否真的对他们有所帮助,有待于他们来决定。以上内容对我起作用,这个判断来自我曾工作过的特定主题:意义建构。在我持续进行理论开发的大约一百万个其他的工作时刻,这一判断却悄无声息。然而,如果读者把我所讲述的内容看作一种有可能推动后期革新的方法,如果读者在职业的不同时段能采撷这些新的观点,如果读者利用些许这些观点去对比和锐化他们真正相信和希望传达的观点,如果这里呈现的独立反叛精神验证了源自其他地方的一致性,如果本文某处的一个短语或者言论激发了大家的思考,如此等等,那么本文对于"如何更好地进行理论开发"这一问题就算有所交代了。因为,我所能做的只是控制输入,而不是输出。

19.3　结论

综上所述,组织理论开发和意义建构,比简单地把变量放在一起要复杂得多,这不足为奇。因为组织本身就令人难以捉摸,组织从未真正作为可辨识的实体存在。相反,存在的是组织过程,"一个持续不断的中庸过程,其中我们生活和互动的客观世界框定了我们所做的事情,并且提供给我们用于对其重建的材料。我们认为的组织,是昨天组织化留下的痕迹或者记忆……直到我们认识到组织时,它已经不在这里了。留在这里的是我们对它的变形;让它变得可辨认——再次可辨认——准确地说,它已经不复存在"(Taylor and Van Every,2000:163)。当研究者就组织、其准则或者其文化对参与者进行小测试时,参与者头脑中的是昨天的组织和他们在其中的经历。但是,那个组织已经不复存在了。事后看来,昨天的组织进程,是我们很有可能生存其中和进行理论开发的所有有形社会现实。

当人们对组织进程的任何方面进行理论开发(包括意义建构)时,他们的注意力集中在那些被认为至关重要的概念性质上。虽然他们的结论可能被称为"发现",但是这个标签只是在某些意义上才合适。如果调查者要寻找诸如回顾的运用、对竞争框架的协调,或者对模棱两可的反应,那么,考虑到他们正在寻找的东西,他们几乎都会惊诧于自己的"发现"。这些条件下的惊奇等同于轻微的弄虚作假,因为基于理论的预感尽管不错,也往往不够充分。稳定地积累典型案例(这些案例的不足各不相同)就能够增强我们的信念——认定意义建构是组织生涯中有希望的突破点。迟早(有时永远不会实现),意义建构的案例,会推出让人信服的简洁、有用的思想。有效性在这样的条件下,会浓缩成感觉和直觉,如同它对理解所做的那样。感觉得到分享的那一刻,它会变得重要起来。分享的感觉是一种"一致的有效性",如同鲁思·门罗(Ruth Munroe)所说的那样,等同于"高等常识——人们达成一致的事物,因为他们共享的感觉器官和人际经历,让他们似乎客观上能够如此"(Weick,1979:3)。如果能够正确实施理论开发和意义建构,那么将产生大量的高等常识。"正确"做到意义建构和理论开发,意味着要认识到它们之间的紧密关系。

参考文献

BARON, R. M., and MISOVICH, S. J. (1999). On the relationship between social and cognitive modes of organization. In S. Chaiken and Y. Trope (eds.), *Dual-Process Theories in Social Psychology:* 586–605. New York: Guilford.

BENJAMIN, W. (1999). *The Arcades Project.* Cambridge, Mass.: Belknap Press.
CAMPBELL, D. T. (1961). Conformity in psychology's theories of acquired behavioral dispositions. In I. A. Berg and B. M. Bass (eds.), *Conformity and Deviation*: 101–142. New York: Harper.
—— (1965). Variation and selective retention in socio-cultural evolution. In H. R. Barringer, G. I. Blanksten, and R. Mack (eds.), *Social Change in Developing Areas*: 19–49. Cambridge, Mass.: Schenkman.
—— (1979). A tribal model of the social system vehicle carrying scientific knowledge. *Knowledge: Creation, Diffusion, Utilization,* 1(2): 181–201.
DEWEY, J. (1998). The reflex arc concept in psychology. In L. A. Hickman and T. M. Alexander (eds.), *The Essential Dewey: Ethics, Logic, Psychology,* vol. 2: 3–10. Bloomington, Indiana: Indiana University Press.
DONALDSON, L. (2003). Organization theory as positive science. In H. Tsoukas and C. Knudsen (eds.), *The Oxford Handbook of Organization Theory*: 39–62. Oxford: Oxford University Press.
DOUGHERTY, D. (2002). Grounded theory research methods. In J. A. C. Baum (ed.), *The Blackwell Companion to Organizations*: 849–866. Oxford: Blackwell.
FESTINGER, L. (1957). *A Theory of Cognitive Dissonance.* Stanford: Stanford University Press.
FLIN, R. H. (1996). *Sitting in the Hot Seat: Leaders and Teams for Critical Incident Management.* New York: John Wiley.
GEERTZ, C. (1995). *After the Fact.* Cambridge, Mass.: Harvard University.
GEHMAN Jr., H. W. (2003). *Columbia Accident Investigation Board: Report, Volume One.* Washington, DC: U.S. Government.
GILILAND, S. W., and DAY, D. V. (2000). Business management. In F. T. Durso (ed.), *Handbook of Applied Cognition*: 315–342. New York: Wiley.
GIOIA, D. A. (1992). Pinto fires and personal ethics: A script analysis of missed opportunities. *Journal of Business Ethics,* 11: 379–389.
GUBA, E. G. (1990). *The Paradigm Dialog.* Newbury Park, Calif.: Sage.
HEIDER, F. (1959). On perception and event structure and the psychological environment. *Psychological Issues,* 1(3): 1–124.
HENIG, R. M. (1993). *A Dancing Matrix: How Science Confronts Emerging Viruses.* New York: Vintage.
KELLOGG, E. W. (1987). Speaking in e-prime: An experimental method for integrating general semantics into daily life. *ETC,* 44(2): 118–128.
LANT, T. K. (2002). Organizational cognition and interpretation. In J. A. C. Baum (ed.), *The Blackwell Companion to Organizations*: 344–362. Oxford: Blackwell.
LAROCHE, H. (1995). From decision to action in organizations' decision-making as a social representation. *Organization Science,* 6(1): 62–75.
MAGALA, S. J. (1997). The making and unmaking of sense. *Organization Studies,* 18(2): 317–338.
MERTON, R. K. (1967). *On Theoretical Sociology.* New York: Free Press.
MILLS, J. H. (2003). *Making Sense of Organizational Change.* New York: Routledge.
MORGAN, G., FROST, P. M., and PONDY, L. R. (1983). Organizational symbolism. In L. R. Pondy, P. J. Frost, G. Morgan, and T. C. Dandridge (eds.), *Organizational Symbolism*: 3–35. Greenwich, Conn.: JAI.
PACKER, M. J. (1985). Hermeneutic inquiry in the study of human conduct. *American Psychologist,* 40: 1081–1093.

PATRIOTTA, G. (2003). Sensemaking on the shop floor: Narratives of knowledge in organizations. *Journal of Management Studies*, 40(2): 349–376.

PERROW, C. (1984). *Normal Accidents*. New York: Basic.

PFEFFER, J., and SALANCIK, G. R. (1977). Organizational design: The case for a coalition model of organizations. *Organizational Dynamics*, Autumn.

PHILLIPS, A. (2001). *Promises, Promises*. New York: Basic.

REBER, A. S. (1995). *Dictionary of Psychology*, 2nd edn., London: Penguin.

RUNKEL, P. J., and RUNKEL, M. (1984). *A Guide to Usage for Writers and Students in the Social Sciences*. Totowa, NJ: Rowman and Allanheld.

SANDELANDS, L. E. (1990). What is so practical about theory? Lewin revisited. *Journal for the Theory of Social Behaviour*, 20: 235–262.

SCHUTZ, W. (1979). *Profound Simplicity*. New York: Bantam.

SCOTT, W. R. (1998). *Organizations: Rational, Natural, and Open Systems*, 4th ed. Upper Saddle River, NJ: Prentice-Hall.

TAYLOR, J. R., and VAN EVERY, E. J. (2000). *The Emergent Organization: Communication as its Site and Surface*. Mahwah, NJ: Erlbaum.

THORNGATE, W. (1976). Possible limits on a science of social behavior. In L. H. Strickland, F. E. Aboud, and K. J. Gergen (eds.), *Social Psychology in Transition*: 121–139. New York: Plenum.

VAN MAANEN, J. (1995). Style as theory. *Organization Science*, 6: 133–143.

VAUGHAN, D. (1996). *The Challenger Launch Decision: Risky Technology, Culture and Deviance at NASA*. Chicago, Ill.: University of Chicago Press.

WARGLIEN, M. (2002). Intraorganizational evolution. In J. A. C. Baum (ed.), *The Blackwell Companion to* Organizations: 98–118. Oxford: Blackwell.

WEICK, K. E. (1964). The reduction of cognitive dissonance through task enhancement and effort expenditure. *Journal of Abnormal and Social Psychology*, 68: 533–539.

—— (1969). *Social Psychology of Organizing*. Reading, Mass.: Addison-Wesley.

—— (1974). Amendments to organizational theorizing. *Journal of Academy of Management*, 17: 487–502.

—— (1979). *The Social Psychology of Organizing*, 2nd edn., Reading, Mass.: Addison-Wesley.

—— (1981). Psychology as gloss. In R. Kasschau and C. N. Cofer (eds.), *Psychology's Second Century*: 110–132. New York: Praeger.

—— (1983). Contradictions in a community of scholars: The cohesion-accuracy tradeoff. *The Review of Higher Education*, 6(4): 253–267.

—— (1985). A stress analysis of future battlefields. In J. G. Hunt (ed.), *Leadership and Future Battlefields*: 32–46. Washington, D.C.: Pergamon-Brassey's.

—— (1989). Theory construction as disciplined imagination. *Academy of Management Review*, 14: 516–531.

—— (1990). The vulnerable system: Analysis of the Tenerife air disaster. *Journal of Management*, 16: 571–593.

—— (1992a). Agenda setting in organizational behavior: A theory-focused approach. *Journal of Management Inquiry*, 1(3): 171–182.

—— (1992b). The management of closeness in Jungian training societies: An organizational analysis. In H. A. Wilmer (ed.), *Closeness*: 181–202. Denver: Shambala.

—— (1993a). The collapse of sensemaking in organizations: The Mann Gulch disaster. *Administrative Science Quarterly*, 38: 628–652.

—— (1993b). Sensemaking in organizations: Small structures with large consequences. In J. K. Murnighan (ed.), *Social Psychology in Organizations: Advances in Theory and Research*: 10–37. Englewood Cliffs, NJ: Prentice-Hall.

—— (1995a). Creativity and the aesthetics of imperfection. In C. M. Ford, and D. Gioia (eds.), *Creative Action in Organizations*: 187–192. Newbury Park, Calif.: Sage.

—— (1995b). *Sensemaking in Organizations*. Thousand Oaks, Calif.: Sage.

—— (1996a). Drop your tools: An allegory for organizational studies. *Administrative Science Quarterly*, 41(2): 301–313.

—— (1996b). Speaking to practice: The scholarship of integration. *Journal of Management Inquiry*, 5: 251–258.

—— (2001). Tool retention and fatalities in wildland fire settings: Conceptualizing the naturalistic. In E. Salas and G. Klein (eds.), *Linking Expertise and Naturalistic Decision Making*: 321–336. Mahwah, NJ: Erlbaum.

—— (2002). The reduction of medical errors through mindful interdependence. In M. Rosenthal and K. M. Sutcliffe (eds.), *What Do We Know about Medical Mistakes?* 177–199. San Francisco: Jossey-Bass.

—— (2003a). Enacting an environment: The infrastructure of organizing. In R. Westwood and S. Clegg (eds.), *Debating Organization*: 183–207. Oxford: Oxford University Press.

—— (2003b). Theory and practice in the real world. In H. Tsoukas and C. Knudsen (eds.), *The Oxford Handbook of Organization Theory*: 453–475. New York: Oxford University Press.

—— GILFILLAN, D. P., and KEITH, T. (1973). The effect of composer credibility on orchestra performance. *Sociometry*, 36: 435–462.

—— and PRESTHOLDT, P. (1968). The realignment of discrepant reinforcement value. *Journal of Personality and Social Psychology*, 8: 180–187.

—— and ROBERTS, K. H. (1993). Collective mind in organizations: Heedful interrelating on flight decks. *Administrative Science Quarterly*, 38: 357–381.

—— and SUTCLIFFE, K. M. (2003). Hospitals as cultures of entrapment: A re-analysis of the Bristol Royal Infirmary. *California Management Review*, 45(2): 73–84.

—— —— and OBSTFELD, D. (1999). Organizing for high reliability: Processes of collective mindfulness. In B. Staw and R. Sutton (eds.), *Research in Organizational Behavior*: 21. 81–123. Greenwich, Conn.: JAI.

WESCHLER, L. (1982). *Seeing is forgetting the name of the thing one sees: A life of contemporary artist Robert Irwin*. Berkeley, Calif.: University of California Press.

第三部分

环境事件和组织

第20章 利益相关者理论的开发:一种特殊的方法

爱德华·弗里曼

20.1 导言

本章的目的是追溯所谓"利益相关者理论"的开发历程。我打算用"自传体"或"特殊"的方式,因为我想从哲学层面阐明"理论开发"的一般议题和"作者"的重要性,强调作者在管理理论开发中的重要作用,既不是强化特定个体的自负,也不是否决主体间协商的一致(这种一致在科学中必不可少),这是为了声明情境因素和偶然性在理论开发过程中至关紧要。

在20.2节中,我将就自己对利益相关者理论的兴趣,进行一个简短的解释。围绕我于1984年出版的最终成果《战略管理:一种利益相关者的方法》(*Strategic Management: A Stakeholder Approach*),我将特别聚焦促成它的情境因素。20.3节对该书进行了综述,评价了它的优缺点并分析了一些"歪曲",正是这些"歪曲"引出了我们现在所了解的利益相关者理论。20.4节是对利益相关者理论当前发展状态的评估,以及对理论未来开发的一些建议。[①]

20.2 利益相关者理论:我的早期经历

在完成杜克大学的哲学和数学本科学习,以及圣路易斯华盛顿大学的哲学研究生

---

① 最近我写了有关利益相关者理论的发展以及它当前在许多方面的发展状态。见"The Stakeholder Approach Revisited," *Zeitschrift für Wirtschafts- und Unternehmensethik*, forthcoming. Freeman and J. McVea, "Stakeholder Theory: The State of the Art," in Hitt, Freeman, and Harrison(eds.) *The Blackwell Handbook of Strategic Management*, Oxford: Blackwell Publishing, 2001; and Freeman, McVea, Wicks, and Parmar, "Stakeholder Theory: The State of the Art and Future Perspectives," *Politeia*, Anno XX, No.74, 2004。我要感谢编辑、发行人以及合著者,他们允许我重新改动和利用这些作品中的一些材料。

学习后，我接受了一个职位，成为宾夕法尼亚大学沃顿商学院布希中心（Busch Center）的研究人员。该中心由拉塞尔·艾科夫（Russell Ackoff）管理，他是一位运筹学和系统理论领域公认的先驱。① 在布希中心几个月里，我完成了几个项目，之后转到一个新的小组，由詹姆斯·R.艾默雪佛（James R. Emshoff）发起，他以前是艾科夫的学生。这个新组被称为"沃顿商学院应用研究中心"（Wharton Applied Research Center），其任务是充当"沃顿商学院通向世界的窗口"——它是一支在真实世界中开展咨询的队伍，联合了研究人员、学生和沃顿的教师。我们组织的这个新中心，更像是一个传统的咨询公司，它通过项目和开发区域（这是概念上的区分）来运作。在这里我们要开发专门知识，发展新客户并试验我们的想法。②

在布希中心，利益相关者概念更多地处于悬而未决的阶段。艾科夫在《未来再设计》（Redesigning the Future）一书中，已经充分阐明了他的想法。③ 这个想法是中心正在进行的几个项目的核心。特别是，由国家科学基金会（National Science Foundation）资助的"科学交流和技术转让项目"（Scientific Communication and Technology Transfer Project），作为一种未来设计的项目库，采纳了在激进的系统重构中将利益相关者贡献考虑在内这一想法。该想法更多地与商业相联系，曾用于评估一家大型墨西哥啤酒制造厂的战略方向。该厂当时正在处理与政府和其他关键利益相关者的关系。然而，当时这一思想的大多数用途是作为一种方法来组织有关外部环境或者系统设计的思想。

大约在同一时间，伊恩·米特罗夫（Ian Mitroff）正在布希中心访问。他和艾默雪佛以及理查德·梅森（Richard Mason）正进行战略假设分析。在这个项目中，利益相关者的想法被用来组织关于高管对外部环境的作为的假设。利益相关者的想法，作为一个组织概念来使用，这与早先斯坦福研究所（Stanford Research Institute）的应用相一致。在斯坦福研究所里，利益相关者想法是在罗伯特·斯图尔特（Robert Stewart）、玛丽昂·杜塞尔（Marion Doscher）、伊戈尔·安索夫（Igor Ansoff）、埃里克·瑞安曼（Eric Rhenman）和其他人的领导下，作为由斯坦福研究所发表的组织"环境审视"的一种形式发展起来。

在管理方法方面，很少有方法能够帮助高管进行实际决策，除非在非常高的层面上。同时，艾默雪佛和艾科夫围绕着"我们应该怎样理解利益相关者的想法"，举办了一次教师研讨会。埃里克·特里斯特（Eric Trist）、霍华德·帕尔穆特（Howard Perlmutter）（管理）、艾伦·沙博理（Alan Shipiro）（财务）以及其他几个人参加了会议。我是个新人，洗耳恭听了这些资深人士讨论如何解释利益相关者的想法。在我看来，研讨会达成

---

① 在此说明一下初期我所谈的偶然性的作用。我本来不可能接受沃顿商学院的职位，我甚至不知道沃顿商学院怎么样、在哪里。但是我选择了沃顿商学院，事实上是为了我的女朋友莫琳·韦伦（Maureen Wellen）（她现在是我的妻子，我们结婚已经超过25年），她当时要去宾夕法尼亚州美术研究所学习。

② 见詹姆斯·R.艾默雪佛——布希中心文件。

③ 艾科夫，1974年。继续注释①的故事。我最初在沃顿商学院接受了面试，因为理查德·鲁德纳（Richard Rudner）教授的儿子（一个宾夕法尼亚大学人类学的学生）认识布希中心的人，而且鲁德纳知道艾科夫拥有哲学学位（鲁德纳是我的论文委员会成员）。我们没有人知道艾科夫此时正与学院派哲学家进行有理有节的抗争，但是这一切都无关紧要，因为我面试时他正在国外，将这些招聘决策留给了其他人。

了一项共识,就是这些管理思想家都避免谈及价值观、伦理或正义等问题。我清楚地记得,有人在板上画了一个利益相关者的轮辐图,他们高举双手并且宣称:"噢,这是一个有关分配公平性的规范问题,我们对它不好说什么。"按照一个哲学家的标准,我当时还相当稚嫩。我没有经历过对"方法""实证"和"经验主义"的狂热关注,而这些正是大多数商学院研究人员的特点。我记得我当时的想法是,"嗯,我当然可以谈谈规范和正义的问题"。

艾默雪佛鼓励我开始研究他们的这些想法和作品。我们准备了一篇论文,题为"利益相关者管理"(Stakeholder Management),并且发给了邮件清单上的企业和个人。1977年的某一天,美国电话电报公司(AT&T)人力资源部的经理来到应用研究中心,商议为他们为期四周的研讨会"未来领导者"提供材料。他们对自己贝尔系统的高级职员进行了一次调查,其中,"如何管理外部环境"一项在这些未来领导人提交的所需技能名单上排名靠前。虽然我和艾默雪佛在高管教育方面都是新手,但是我们相信自己有东西可以分享,这主要基于我们正在思考的如何将利益相关者的想法引入管理决策问题。当时,西北大学的拉姆·查兰(Ram Charan)、俄亥俄州立大学的弗雷德·斯特底旺(Fred Sturdivant)和哈佛大学的梅尔·霍维奇(Mel Horwitch)也与美国电话电报公司合作这个项目。我们设计了一次为期一周的课程,目的是唤醒管理人员处理与利益相关者的关系的需求。我们为他们提供一些工具和技巧,来解决诸如如何区分利益相关者优先次序等任务,并且安排他们进入决策模拟环境,在该环境中,他们不得不面对公司的现实重大战略问题。我们在训练中安排了许多真实的利益相关者,随着时间的推移,培训非常成功,我们也从中获得了宝贵经验。

我们在两篇论文中发表了这些想法。第一篇是概念型论文,针对"管理者为什么需要采用积极的管理方法来思考利益相关者"展开了讨论。我们在广泛的战略意义上,将"利益相关者"定义为"可以影响公司目标实现或受公司目标实现影响的任何团体或个人"。虽然这个定义在随后几年中引起了许多争议,但其基本思想却非常简单。我们站在经理人的角度看问题,并主张如果一个团体或个人可能会影响企业(或受到企业的影响,以及彼此相互影响),那么,公司高管就应该考虑需要一个明确的战略,来处理与利益相关者之间的关系。

在一辑管理科学应用的专刊中,我们发表了一篇论文,其中列出一些"利益相关者管理"(沿用我们一开始的命名)方法。在"利益相关者管理:美国酿酒业和集装箱发行业的个案研究"(Stakeholder Management:A Case Study of the U.S. Brewers and Container Issue)一文中,我们着眼于自己和美国啤酒协会正在进行的合作工作,以及他们如何努力寻求解决税收、回收和饮料容器管制等问题。那时,我们沉迷于这样的允诺——将管理科学技术应用到利益相关者中间,以进行更准确的资源分配。而现在,我相信这种看法是完全错误的。但是,我们也开发了关于利益相关者行为有益的思考方式,即通过利益相关者群体的具体实际行为、合作潜力和竞争威胁来进行思考。

在同一时间我们撰写了论文的管理实践版，它与在《沃顿商学院杂志》(*The Wharton Magazine*)发表的论文的材料相同。我们为它起了一个自命不凡的题目——"谁在插手您的业务"(Who's Butting into Your Business)。这试图告诉管理者，利益相关者至少有着"管理合理性"，即从战略角度来看，经理人需要落实明确的战略。我们从贝尔公司获得了客观的经验，在20世纪70年代末期成功举办研讨会后，我们开始了许多咨询和应用研究项目。此外，我和拉姆·查兰在美国管理协会(AMACOM)的一本杂志上发表了一篇论文，题为"与利益相关者谈判"(Negotiating with Stakeholder)，集中讨论我们所了解的与各种不同利益相关者群体的谈判过程。

这段时间内，我亟待解决的问题非常简单，包括：(1) 我是否能为经理人开发一种方法来从战略上管理利益相关者关系，并作为他们目前日常活动的一部分？(2) 战略管理作为一门学科，是否可以重新梳理利益相关者脉络，而不是延用申德尔和霍弗(Schendel and Hofer)提出的六个任务？(3) 既然在我看来这些想法似乎完全是"常识"，为什么还会引起争议？

1980年，偶然事件又一次打破了平静。我哥哥死于车祸，我和许多人一样面对这样一种个人损失，"被迫"开始思考我到底想要什么样的生活。我应该继续做咨询(兼职教学)吗？或者我应该负责去尝试解答这些亟待解决的问题，过上一种更学术型的生活？我选择了学术道路，并且很幸运地获得了一个沃顿商学院管理系助理教授席位。我给自己制定了相当清晰的任务，去解决书中谈到的利益相关者战略方法，并尽可能撰写更多论文来发展思想。

正是在这里，我跨进了管理理论的学术世界。虽然我并不是完全不懂管理理论，但是我对管理理论的任何分支都没有系统的知识。我开始广泛阅读战略、组织理论、管理历史、系统理论和企业社会责任方面的新文献，进而，我接触到了我认为在哲学上过时的诸如"理论""证据""规范性—惯例性"的区分、"事实—价值"的区分等概念以及一整套方法论思想，它们将我带回到20世纪20年代的实证主义。

本质上，我无视所有这些"研究规则和方法"。我知道，我正在解决一个实际问题："高层管理者如何在面对现实世界多重利益相关者需求时，做出更好的决策？"而且我知道，我在咨询项目里与真实的高管一起来解决这一实际问题，已获得了客观经验。因此，我决定从我的经验出发建立更普适的思想，使利益相关者的研究变得系统化。

例如，当我与某些企业合作时，其高管正在努力处理与关键利益相关者的关系，使他们改变对公司的整体印象。这时，一个观点突然闪现在我脑海中：也许，在行为方面做小的改变，比在态度方面做大的改变，更富有成效。当公司专家保证说，他知道哪些是特定利益相关者集团希望从该公司得到的东西时，结果证明那是完全错误的。我开始质疑——组织利益相关者专家小组是执行战略规划过程必要的、最好的方式吗？客观的教训数不胜数。不幸的(或许是幸运的)是，我不知道利用定性研究、基础理论或者其他一些方式，为敏锐的观察包装上科学外衣。我笃守着榜样的示范行为，如格雷厄姆·艾利森(Graham Allison)的《决策本质》(Essence of Decision),塞尔兹尼克(Selznick)论述田纳西河流域管理局的专著,弗洛伊德(Freud)的临床研究,以及其他更多"社会科学"经典作品。

我也开始通过管理学会加入管理学术团体,波士顿大学的吉姆·波斯特(Jim Post)曾邀请我在1980年底特律召开的管理决策会议上提供社会问题方面的论文。尽管我不大知道这个团体,但是我同意了,因为我阅读过波斯特和李·普雷斯顿(Lee Preston)合著的书,并且知道那是一本重要的书。我提供了一篇关于利益相关者管理想法的论文,并提出这是一个很好的分析单位而不仅是一个"议题"。我还记得这篇论文在当时引发了很多争议,有很多激烈的争论以至于使我想起了哲学会议。显然,在学问上我找到了知识领域的"家",即使我不能确定为什么我所说的东西会产生争议。

在此期间,我开始和威廉·埃文(William Evan)教授一起工作,他是宾夕法尼亚大学一位卓越的社会学家。有一天,埃文给我打电话,约我见面一起讨论利益相关者的想法,我感到非常荣幸。埃文把这个项目视为一种使大公司民主化的方式,尽管他是一个无可挑剔的实证研究者,但是他立即看到了将商业视为"为利益相关者服务"这一想法的规范性影响。我们开始每周碰面,讨论在《战略管理:利益相关者方法》(Strategic Management:A Stakeholder Approach)之后的下一步该做什么,尽管当时这个项目尚未完成。我们开始了一项实证研究,旨在发现首席执行官怎样在利益相关者之间做权衡。我们开始筹划一本书,论述以利益相关者术语重新定义公司治理争议的规范性影响。虽然我们从未完成这本书,但是我们发表了许多论文,其中一篇在商业伦理教科书上被无数次引用。我从比尔·埃文(Bill Evan)身上所学到的东西非常宝贵——我,还是要做本色的哲学家,而不是社会科学家的实证版。埃文给予我从规范角度处理问题的勇气,在学问圈子里,20世纪的现代商学院一度轻视这种分析方法。

总之,1978—1983年我花了大部分时间给企业高管授课,并与他们合作开发非常实用的方法,理解如何让他们在处理与关键利益相关者的关系中变得更为有效。1982年夏天,我坐在普林斯顿和新泽西州交界的家中,着手起草《战略管理:利益相关者方法》的初稿。我尝试着给经理人提供一种方法或一套方法(技术),用来更好地理解如何管理关键利益相关者关系。此外,我想追溯利益相关者概念的起源,向它的发明者以及其他成果为我所用的人致谢。

20.3 《战略管理:利益相关者方法》

我不确信是哪些关键因素造就了现在所谓的"利益相关者理论"。我从来不确信我的书里包含了本章中展示的管理思想家们所理解的"理论"。最近,我在管理学会听到一个小组在辩论利益相关者理论究竟是一个理论、框架还是一个范式。作为一个实用主义者,这些问题对我来说并不十分有趣。我逐渐相信,无论怎样对现在所谓的利益相关者理论进行学术定论,至少从"管理角度"看,这仅仅是"对经理人和利益相关者有所帮助的一个好主意"。在写这本书时,我对开发理论缺乏兴趣,更愿意努力将所做的工作描述得更加系统。

《战略管理:利益相关者方法》包含着一个关于如何成为更有效的执行者的基本陈述或故事,这一方法的"证据"是过去七年中我与上千名高管的交谈,再加上商业报道上无数关于好的和坏的利益相关者管理的故事,以及我自己与许多客户的诊断经验。

本书的观点在过去和现在对我来说都非常明确——如果经理人和学者认真采纳利益相关者概念,或者将此作为应用到任何框架内的基本分析单元,他们将怎样思考战略或战略管理?一个基本认识是,建议将利益相关者关系视为一个更有益的战略思考分析单位,而不是"制定、执行、评估等"的任务或"产业"的想法以及那个时代其他无数的想法。我认为这是一个常识和实际问题,并非深层次的学术见解。与我一起工作的高管发现,思考利益相关者关系,对应付他们企业所面临的各种变化非常有帮助。

本书的写法仿照我所读过的最优秀的作品,努力将诊断案例、事实与见解和想法的形成综合在一起。因此,我依赖于这些年来与大量公司合作的诊断案例、我所阅读的商业新闻、他人撰写的个案研究,以及我与其他为同样现象而担忧的人(专家)进行的交谈。我再次被训练成了哲学家,所以对我来说,最重要的是论证的总体逻辑。我发现有些同事对实证方法的坚持和对方法论的痴迷是非常可笑的,充满了逻辑错误。当然,一些思想家的见识之所以无可争议,如管理领域中的弗洛伊德、哈里·莱文森(Harry Levinson),或政治领域中的格雷厄姆·艾利森,并不是因为他们的方法,而是因为他们的逻辑。对理查德·罗蒂(Richard Rorty)所谓"方法论"的痴迷,继续存在于批判研究、后现代主义、实用主义以及其他各类智力活动的后实证主义论辩中。我承认,自己丝毫不关注方法。也许,如果我一直认真地记录、访谈并且有一组专家对所有数据排序,则可以更深入地洞察企业处理利益相关者关系的现象。但我认为,所有这些材料只是愚蠢的粉饰,我对这种问题从来没有兴趣:"你所做的是对公司行为方式进行描述,是指导公司应该如何采取行动,还是暗示如果他们采取这种方式将会导致这些结果?"唐纳森和普雷斯顿(1995)认为,利益相关者理论可分为描述类、规范类和工具类。我认为我做的包括所有这三类,任何好的理论或叙事都应该满足它们。简言之,利益相关者方法,一直就是唐纳森和普雷斯顿所说的"管理上的"。对这个方法有足够多的哲学辩解,而我和安迪·威克斯(Andy Wicks)(1998)试图阐明一个实用主义的方法论。

我用下面的逻辑纲要来概括《战略管理:利益相关者方法》:

1. 无论你的立场为何,无论你的最终目的可能为何,你必须考虑你的行为对他人的影响,以及他们的行为对你的潜在影响。

2. 这样做意味着你必须了解利益相关者的行为、价值观和背景/情境(包括社会情境)。为了一直保持成功,我们最好对"我们主张什么"有一个明确的答案。

3. 有一些关键点可以作为"我们主张什么"或企业战略的答案。(这本书中列出了一些没有人认真考虑过的分类方法。)

4. 我们需要了解利益相关者关系是如何在三个层面分析中起作用的:理性层面,或者"作为一个整体的组织";过程层面,或者标准作业程序;交易层面,或者每日的讨价还价。[这些层次正好是格雷厄姆·艾利森《十月导弹》(Missiles of October)的三个层次。]

5. 我们可以应用这些想法来思考新的结构、流程和业务功能,特别地,我们可以重新考虑如何在战略规划过程的工作中,将利益相关者考虑进去。

6. 利益相关者的利益需要在时间的推移中保持平衡。

这种论证有以下几点含义:如果它是正确的,那么"企业社会责任"的想法可能是多余的。既然利益相关者界定得如此宽泛,并且被整合到商业过程中,那么简直没有必要提出一个单独的企业社会责任方法。"社会问题管理"或者"问题",根本就是错误的分析单位,是群体和个人在行动,而不是问题。问题正是通过行为和利益相关者的互动显现出来的,因此"利益相关者"是一个更基本、更有用的分析单位。最后,这种说法的主要含义是,"利益相关者事关商业,商业也事关利益相关者"。考虑到利益相关者理论的发展,今天怎样强调这一含义也不过分。

在随后的20年间,我继续努力阐释这一基本观点的含义,并更多地集中在利益相关者方法的伦理方面和规范方面。同时,我坚决主张规范性和描述性之间的差异并不是难以跨越的鸿沟。1983年,我来到明尼苏达大学,很明显,我将教授更多的博士生和更多的伦理课程。在沃顿商学院,我主要教授商业政策和管理原理。我有机会沉迷于商业伦理方面的文献,尝试着在这个方向努力做出成绩。我在反思,假如将"商业"和"伦理"分裂或者分离可能是一个错误,因为它会导致对许多基本争议的误解。

偶然性再次在决策中发挥了很大作用。我的妻子正为一家咨询公司工作,到处出差。当一切顺利时,我们每天要在路上花三个小时。在明尼阿波利斯工作意味着我们可以有更多相处的时间。我们坚信,"利益相关者理论"应该更多地根植于"商业"伦理而不是战略管理。

1986年,我们决定连同9个月大的儿子一起,搬到弗吉尼亚州达顿商学院。在达顿,我的职责就是帮助学院和成立于1967年的奥尔森中心(Olsson Center)培养研究能力。在我看来,这次个人迁居有助于将"利益相关者理论"更多地归于伦理学而非管理学。① 在过去的18年里,我有幸与达顿的许多同事合作。达顿的环境更像是沃顿商学院的一个应用研究中心,非常注重商业导向。"利益相关者理论"的基本观点认为,该理论有助于高管做出更好的决策,这使它在达顿拥有一个友好的环境。

---

① 偶然性在这里发挥了巨大的作用。我们当时对是否搬到弗吉尼亚州不是很确定,并且有着相当激烈的讨论。我妻子的职业生涯面临停滞,除非她愿意变动。我对明尼苏达不是很满意。真实情况是,有一天我们眺望窗外,看到了旅行车,它已经快成为一个郊外中年人的标志了。我们坚信自己需要一些新的挑战,因此我们搬到了位于夏洛特维尔的弗吉尼亚大学。

为了回应一些明显错误的解释(至少从我的角度来看),我和罗伯特·菲利普斯(Robert Phillips)、安德鲁·威克斯(Andrew Wicks)(2003)发表了一篇论文,题为"利益相关者理论不是什么"(What Stakeholder Theory is Not)。较明显的错误解释包括:(1)利益相关者是评论者和其他非商业实体;(2)在股东和其他利益相关者之间存在着冲突;(3)利益相关者概念可能应该被用来建立一个新的、非股东的企业理论。显然,说法(1)完全割裂了理论的实际表达和它开发过程精神之间的联系。我和安德鲁·威克斯、比德翰·帕马(Bidhan Parmar)(2004)对说法(2)提出了反驳。因为股东们也是利益相关者,整体上说,随着时间的推移,利益相关者的利益都将在一个总的方向上发展。说法(3)是一个复杂的问题。我发表了一些论文。在这些论文中看起来我好像是主张,存在一个"利益相关者理论"。然而,我认为将"利益相关者理论"作为一个流派更为有用(Freeman,1994)。可能存在很多独特的"利益相关者叙述",事实上,那是企业战略背后的原始洞察力。当然,企业运营的方式很多,所有这些运营方式最终都必须产生利润和满足某些利益相关者,但是关于哪一种陈述方式最好则很可能是由情境和其他因素决定的。

虽然我相信这本书中大部分基本逻辑仍然是有效的(特别是如果一些误解被澄清),但是也存在一些明显的不足。第一,这本书的大部分语言,总体上采用战略规划的习惯用语来表达,特别地,采用了范希尔和罗让(Vancil and Lorange,1975)的战略规划版本。罗让当时在沃顿商学院,我深受他的思想影响。因此,存在着太多"过程表达"和"咨询顾问式的表达",它们都成为理解该书的基本思想的一个障碍。第二,这本书过于注重分析。亨利·明茨伯格似乎永远不厌其烦地重复着这样的批评,那就是——我似乎相信,如果我们将利益相关者的图画得足够准确,并模拟和预测他们的行为,我们就可以从战略思维过程中消除不确定性。虽然这不是我的目的,但是我明白,明茨伯格和其他人是怎样误解了我的意思。我只想表明,我们可以系统地考虑利益相关者。我们的分析能力明显有所局限,就像我们明显是在以分析作为挡箭牌,而不是走出去积极创造来处理利益相关者关系。同样,我相信,这种不足来自对当时战略规划文献的依赖。第三,本书表达的"管理思想"和"学术思想"之间存在巨大差异。我认为,学者仅仅对第二章感兴趣,而那些努力做事的管理人员仅对第五章和第六章感兴趣。我担心这种差异对两种读者都没有好处。第四,我渐渐相信,我从德鲁克、申德尔和霍弗那里自然继承来的所谓"企业战略"中的目的、价值、伦理和其他元素,要比我原先估计的重要得多。战略管理作为一个领域,多年来普遍忽视了这些问题,许多人今天仍然如此。一旦我把这看作整本书最重要的部分,我开始明白我所希望完成的书稿是我与丹尼尔·R.小吉尔伯特(Daniel R. Gilbert, Jr.)1988年合著的《公司战略和对伦理的探索》(Corporate Strategy and Search for Ethics)的续集。① 不幸的是,今天几乎没有人阅读或参考那本

---

① 偶然性再次发挥了作用。我在明尼苏达州时,吉尔伯特还是博士生。为了评估他的教学我听了他的一节课。在我选择的那堂课上,他使用了我编的书,在学生面前将我说成是一个功利主义者。作为一个热心的罗尔斯主义者,当时我感到震惊,并下决心解决书中的这一不足。因此我们开始撰写《公司战略和对伦理的探索》。本来有许多其他的课可供我选择,而且这门课又涵盖了大量其他议题。

书。第五,遗漏了一个分析层面。事实上我没有讨论过商业或资本主义应该是什么样的。我们将其理解为包含着"为利益相关者创造价值"。第六,在书中对结构过于关注。虽然我仍然发现一些有关企业治理的真知灼见非常有趣,但是沿着利益相关者线索来重新梳理商业职能的章节很有误导性。根本问题在于,商业和道德在商业基本学科中相互分离,而在实际组织和运营中却是联系在一起的。我肯定在本书中还有相当多的缺陷、行文不佳、错误和坏想法,但是,在我看来至少存在上述一些主要缺点。

由于我目前正在重新写作《战略管理:利益相关者方法》,因此,我想表明我当下的想法,以及我将如何运作这个新项目。首先,建立一个由我、杰弗里·哈里森(Jeffrey Harrison)、罗伯特·菲利普斯和安德鲁·威克斯组成的团队,并共同撰写出两本著作。第一本的书名初定为《为利益相关者而管理:21世纪的商业》(*Managing for Stakeholder: Business in the 21st Century*, Freeman et al., 2008)。这完全是为管理者和高管所写,没有学术观点,没有讨论如何更好地定义利益相关者,没有提及过去20年发展的大多数文献和争议。基本观点保持完整,除此之外,将全球化、信息技术以及最近的伦理丑闻纳入本书的讨论中。人们更加迫切需要掌握利益相关者方法来评估创造和交易(我们称之为"商业")。我们花费了大量时间阐述这一观点——关注利益相关者正是商业所要做的。我们暗示,存在着"利益相关者思维",它包含着若干关键原则,可以更明确地指导利益相关者思维的实施。我们明确地将利益相关者想法与伦理和价值观联系在一起,并且提出企业战略的一个关键问题是,"你的公司如何改善每个利益相关者,你如何在利益相关者之间更好地权衡?"我们通过整理早期书籍,总结过去20年的经验,收集相关过程和技巧,提炼出为利益相关者创造价值的八种方法。我们以明确呼吁"诚信领导"作为结尾,这也是利益相关者思维所要求的。我们不希望在本书中加上一个常见问题的附录,防止对书籍的一些误解。第二本书暂时命名为《利益相关者理论:发展现状》(*Stakeholder Theory: The State of the Art*, Freeman et al., 2010)。我们计划使这本书涵盖"一个博士生想要了解的关于利益相关者理论的一切内容"。我们将涉及一系列学科,从法律到市场营销,包括一些商业主流之外的内容,如医疗保健和公共管理。我们计划既总结和评估已有的研究,又要建议一些有趣的研究方向。如同我在早期书籍中尝试所做的一样,我想强调,这些书籍所基于的想法是多年来大家(包括学者和管理人员)共同完成的。我们正在做的是将思想提炼成有用的形式,秉承思想奠基人的精神继续前行。考虑到这一点,我想罗列出一系列学者对此理论的发展,他们采用了利益相关者概念,并将其正式置于主流管理思想中。不过,我在这里需要谨慎地指出:这一部分是非常简略和不完整的。

20.4 利益相关者理论:目前境况和未来趋势

自1984年以来,学术界对利益相关者方法的兴趣已有所增加和拓宽。事实上,按照唐纳森和普雷斯顿(1995)的说法,引用利益相关者这个词的数量大大增加了。利益相关者的概念研究,大多数集中在四个分支领域中:(1) 商业的规范理论;(2) 公司治理和组织理论;(3) 企业社会责任和业绩;(4) 战略管理。①

20.4.1 商业规范理论的利益相关者方法

这种方法强调对公司的利益相关者关系进行投资的重要性。这些关系的稳定,取决于至少一个核心原则或价值观的分享,因此,利益相关者理论允许管理者把个人价值观融入战略规划的制定和实施。这方面的一个例子是,企业战略的概念。企业战略(Schendel and Hofer,1979,基于德鲁克)通过回答"我们主张什么"的问题,描述了企业和社会之间的关系。在早期形式中,利益相关者方法强调制定一个企业战略的重要性,而未解决"哪种类型的价值观是最合适的"这一问题。

> 上述分析很容易再次被误解成为企业社会责任或商业伦理的呼吁。虽然这些问题自身很重要,但是企业层面的战略是不同的概念。我们需要为企业层面战略担心,因为一个简单的事实是,企业生存部分取决于公司和管理人员的价值观、利益相关者对企业的期望和社会问题之间的匹配程度,它决定了公司销售产品的能力(Freeman,1984:107)。

然而,关于"价值观是战略管理的一个基本要素的说明"事实上已经准备就绪,我们将对利益相关者理论的规范性根源展开研究。

这个研究流派试图回答的问题是,"除了利益相关者管理的后果之外,是否存在这种管理风格的基本道德要求?"人们做出各种努力,为利益相关者管理奠定广泛的哲学基础。埃文和弗里曼(1993)基于康德哲学原则,为利益相关者方法辩护。这种方法用最简单的形式,可以表述为"己所不欲,勿施于人"。这一框架在诺曼·鲍伊(Norman Bowie,1999)那里,发展成一个完全成熟的商业伦理理论。从不同角度出发,菲利普斯(1997)将公平原则作为利益相关者方法的基础。其他学者(Wicks,Freeman and Gilbert,1994;Burton and Dunn,1996)曾试图通过关怀伦理来证明利益相关者方法。最后,唐纳森和邓菲(Donaldson and Dunfee,1999)基于社会契约理论,为利益相关者方法进行了辩护。

最近,科昌和鲁本斯坦(Kochan and Rubenstein,2000)基于对土星(Saturn)汽车制造商的广泛研究,开发了规范性利益相关者理论。在这项研究中,他们试图回答这个问题:"为什么在这个历史时刻,应该给予利益相关者模式认真的考虑?"只有当领导者希望去响应利益相关者,并且利益相关者的合法性能够克服那些社会意识形态上对利益

---

① 本节部分引自罗伯特·爱德华·弗里曼和约翰·麦克维(R. Edward Freeman and John McVea)的"利益相关者理论:发展现状"(Stakeholder Theory: The State of the Art)一文,原文出自迈克尔·希特、弗里曼和哈里森(M. Hitt, E. Freeman, and J. Harrison (eds.))所编著的《布莱克韦尔战略管理手册》(*The Blackwell Handbook of Strategic Management*, Oxford: Blackwell Publishing, 2001)。感谢我的合作者、合作编辑和出版商,他们允许我在这里引用相关素材。

相关者管理的怀疑传统时,利益相关者的公司才是可持续的。

20.4.2 公司治理与组织理论的利益相关者方法

这个研究流派的发展,已经超越了对比旨在保护股东利益的管理信托责任的传统观点和认为管理部门应该为所有利益相关者的利益做决策的利益相关者观点。威廉姆森(Williamson,1984)使用交易成本框架表明,考虑到资产的专用性,股东相比其他利益相关者应该被给予特别的考虑。弗里曼和埃文(1990)认为,相反,威廉姆森的公司治理方法可以被用来解释所有利益相关者关系。许多其他利益相关者拥有股份,这在一定程度上是专用的。此外,股东相比其他大多数利益相关者,有着更多的流动市场(股票市场)来退出。因此,资产专用性本身,并不应该以牺牲其他所有利益相关者为代价,来对股东承担主要责任。

古德帕斯特(Goodpaster,1991)概述了利益相关者方法上的明显矛盾。管理层似乎是按照股东利益以契约责任来控制公司,同时,管理层似乎在道义上又有责任将其他利益相关者一并考虑。这种利益相关者的矛盾一直受到博特赖特(Boatright,1994)、玛尔斯和威克斯(Marens and Wicks,1999)的抨击,却得到古德帕斯特和霍洛兰(Holloran,1994)的捍卫。另一些人探究了针对股东的管理信托责任的法律地位(Orts,1997;Blair,1995)。许多这一类的辩论至今还在进行。一些人主张对公司治理的根本性改变;另一些人则认为,所有这些针对利益相关者方法进行的辩论毫不相干。

也有许多人尝试将利益相关者理论扩展到琼斯(Jones,1995)所说的"中心范式",从而将诸如代理理论、交易费用理论和契约理论连接成为一个有机整体(Jones,1995;Clarkson,1995)。从这个角度来看,利益相关者理论可能成为传统股东基础理论的一个对应理论。虽然人们普遍认为利益相关者理论能够建构良好的管理实践,但是它对理论家的主要价值在于,揭露传统模式在道义上站不住脚,或者至少过于迁就不道德行为。最近,琼斯和威克斯(1999)已明确试图在他们的论文"整合利益相关者理论"(Convergent Stakeholder Theory)中整合不同的研究流派。

20.4.3 社会责任和社会绩效的利益相关者方法

社会责任理论家感兴趣的一个重要领域,是定义合法利益相关者。有人指出"一个明显的缺点是利益相关者的身份问题。也就是说,理论往往无法区分出个人和团体中的利益相关者"(Phillips and Reichart,1998)。米切尔、艾格尔和伍德(Mitchell,Agle and Wood,1997)为了应对这个问题制定了一个涉及利益相关者身份的框架。他们运用权力、合法性和紧迫性这些定性标准,开发出他们所谓的"关键人和关键事物原则"。这样的研究思路在诸如环境和基层政治活动相关领域中,显得特别适用。关键问题是——是否存在非法利益相关者,如果存在的话,合法性又应该如何界定。艾格尔、米切尔和索南菲尔德(Agle,Mitchell and Sonnenfeld,1999)采用了相反的思路。他们不是试图在理论上界定利益相关者的合法性,而是进行实证研究以确定管理人员实际认为哪些利益相关者是合法的。

人们展开大量研究,目的是测试管理利益相关者是好的管理实践这一"工具类型"的主张。这一主张认为,实行利益相关者管理的公司,将在业绩上超越那些不实行利益相关者管理的公司。伍德(1995)指出,因果关系是复杂的,企业社会绩效和财务绩效之间的关系是不明确的。格雷夫斯和沃多克(Graves and Waddock,1990)表明,在过去的20年中,机构利益相关者的重要性得到增强。在进一步调查中,他们发现企业表现出高度的公司社会绩效(corporate social performance,CSP),往往会导致投资于其股票的机构数量大增(Graves and Waddock,1994)。

最近一系列的研究已经开始使用新的数据和方法,试图揭示利益相关者管理和社会绩效以及财务绩效之间的联系(Berman et al.,1999;Harrison and Fiet,1999;Luoma and Goodstein,1999)。在更专业的层次上,奥格登和沃森(Ogden and Watson,1999)已经对英国水产业的企业和利益相关者管理展开了详细的案例研究。目前,大多数在这方面的结论是尝试性的。方法的精确性和数据来源将得到进一步的发展。

20.4.4 战略管理的利益相关者方法

哈里森和圣约翰(Harrison and St. John,1994)在为众多主流战略理论的概念框架开发出一个综合性方法方面处于领导地位,而我在1984年的书籍出版后很快放弃了这项工作。

哈里森和圣约翰之所以能够整合传统方法和利益相关者方法,是因为他们使用利益相关者方法作为总体框架,而让传统方法在其中担任战略工具。例如,他们将环境划分为经营环境和更广泛的环境。在经营环境中,"以资源为基础的观点"可以作为一种有益的框架来研究诸如管理层和员工的内部利益相关者的关系。同样,波特五力模型(Porter,1998)可以用来揭示许多诸如竞争对手和供应商的外部利益相关者的关系。然而,战略管理并没有停留在这个分析描述阶段。给利益相关者排序是一项复杂的任务,需要基于经济力量或政治力量评估它们股份的实力。公司价值观和企业战略可能赋予特定伙伴关系优先权,并且降低其他企业的优先级。因此,利益相关者方法允许管理层在传统战略分析中注入企业特有的价值观和方向性。

20.5 结论

关于利益相关者理论,有许多很有潜力的新发展。本节的目的是阐明其中一些想法,并给读者指明这些不断涌现的议题。桑德拉·沃多克(Sandra Waddock)和许多同事将利益相关者想法作为概念的核心,用于他们对企业公民的研究,其中涉及大量非政府组织(如联合国),希望达成企业自愿采用的利益相关者原则的共识。论文纲要"理解利益相关者思想"(Understanding Stakeholder Thinking, Andriof et al.,2002)对这个非常有前景的工作而言,是一个不错的起点。我和珍妮·利特克(Jeanne Liedtka)、劳拉·邓纳姆(Laura Dunham)认为:如果公民身份仅限于用来分析"社区"利益相关者,它很可能是一个棘手的概念。然而,沃多克有充足的理由为这一困境提供出路。"社区"很可能成为利益相关者理论的"软肋",因为在当今世界上很难界定其含义,今天的世界似乎缺乏"住所"的准确意义(Dunham, Liedtka and Freeman, 2005)。

安德鲁·威克斯和比迪汉·帕马建议,利益相关者理论和商业伦理的一个中心任务是,把"商业"和"伦理"以一种连贯的、实用的方式联系在一起(Wicks, Freeman and Parmar,2004)。柯尔斯滕·马丁(Kirsten Martin)建议,商业和伦理相互割裂的问题,在利益相关者争议中如此重要,它需要扩展开来,以将技术明确纳入考虑范畴(Martin and Freeman,待发表)。文卡塔拉曼(Venkataraman,2002)认为,对创业者的思考将加速这种融合,这加强了作为重要研究领域的利益相关者理论和创业研究。

悬而未决的问题依然存在,例如:

1. 有关企业战略及其目的是否存在有用的分类方法?

2. 有关"企业如何为利益相关者创造价值"的细致描述,以及将利益相关者理论思想视为流派或者一组松散联系的叙述——我们如何能够理解二者之间的关系?

3. 如果我们把商业广泛地理解成"为利益相关者创造价值",那么什么才是合适的背景学科?尤其是传统的"社会科学"和"人文科学"之间有何联系?

4. 传统商业学科诸如市场营销和金融,如何才能开发出不会割裂"商业"和"伦理"的概念框架,而利益相关者概念有助于开发这些框架吗?

5. 如果我们将"商业"广泛地理解为"为利益相关者创造价值",那么在什么情况下价值创造将随着时间推移保持稳定?

6. 我们是否可以采用政治哲学的基本问题"价值创造和交易如何做到弥久不衰"而不是"如何证明现状正确"?

我确信还有许多其他研究问题,除了我在这里提到的以外,还有更多的人正在为这些问题工作。我希望本文已经说清了一些我自己在利益相关者方面的作品,并起到抛砖引玉的作用。

如果我为管理学理论家总结有关利益相关者理论开发的经验,大概有四点:第一,不要低估偶然性和情境的作用。如果几个关键生活事件发生了变化,我的角色将会非常不同,甚至可能不存在。第二,不要低估他人的贡献。实际上,我自己的贡献就是尝试综合许多其他人的贡献。当我在会议上被称为"利益相关者之父"时,我一直感到很好笑,还有点儿惶恐。很多其他人做了更多的工作,比我所做得更重要。随着利益相关者理论在许多领域开花结果,这种情况一直持续到今天。第三,关注现实世界中的经理人、高管和利益相关者的言行举止。我们作为学者的任务是,解释正在发生的事情,并为管理实践提供更好的、更一致的解释,以至于最终我们能够从根本上改进我们为彼此创造价值的方式和我们的生活方式,我相信这是实用主义者的信条。第四,作者难免对管理理论生搬硬套,过分强调评论、评论者、修改以及论文写作过程的社会化,可能导致一种集体主义的群体思维。我相信自己无法将《战略管理:利益相关者方法》一书中的成果作为一组 A 类期刊的论文发表。通过出书,我设法创造一个建立在其他声音基础之上的声音,以此表达一个观点。我相信,在当今商学院的世界里,这将更加困难,因此在管理学理论上,我们需要回归更为古老的思想。

参考文献

ACKOFF, R. (1974). *Redesigning the Future.* Hoboken, NJ: John Wiley and Sons.

ANDRIOF, J., WADDOCK, S., HUSTED, B., and RAHMAN, S. S. (eds.) (2002). *Unfolding Stakeholder Thinking.* Sheffield, UK: Greenleaf Publishing.

AGLE, B., MITCHELL, R., and SONNENFELD, J. A. (1999). "Who matters to CEOs? An investigation of stakeholder attributes and salience, corporate performance, and CEO values." *Academy of Management Journal,* 42(5): 507–525.

BERMAN, S., WICKS, A. C., KOTHA, S., and JONES, T. (1999). "Does stakeholder orientation matter: An empirical examination of the relationship between stakeholder management models and firm financial performance." *Academy of Management Journal,* 42: 488–506.

BLAIR, M. (1995). "Whose interests should be served?" In M. Clarkson (ed.), *Ownership and Control: Rethinking Corporate Governance for the Twenty First Century*: 202–234. Washington, DC: The Brookings Institution.

BOATRIGHT, J. (1994). "Fiduciary duties and the shareholder–management relation: Or, what's so special about shareholders?" *Business Ethics Quarterly,* 4: 393–407.

BOWIE, N. (1999). *Business Ethics: A Kantian Perspective.* Oxford: Blackwell.

BURTON, B. K., and DUNN, C. P. (1996). "Collaborative control and the commons: Safeguarding employee rights." *Business Ethics Quarterly,* 6: 277–288.

CLARKSON, M. (1995). "A stakeholder framework for analyzing and evaluating corporate social performance." *Academy of Management Review,* 20: 92–117.

DONALDSON, T., and DUNFEE, T. (1999). *Ties That Bind: A Social Contracts Approach to Business Ethics.* Boston: Harvard Business School Press.

—— and PRESTON, L. (1995). "The stakeholder theory of the corporation: Concepts, evidence, and implications." *Academy of Management Review,* 20: 65–91.

DUNHAM, L., LIEDTKA, J., and FREEMAN, R. E. (2005). "Enhancing stakeholder practice: A particularized exploration of community." *Business Ethics Quarterly* (forthcoming).

EVAN, W., and FREEMAN, R. E. (1993). "A stakeholder theory of the modern corporation: Kantian capitalism." In T. Beauchamp and N. Bowie (eds.), *Ethical Theory and Business.* Englewood Cliffs: Prentice Hall.

FREEMAN, R. E. (1984). *Strategic Management: A Stakeholder Approach.* Boston: Pitman.

—— (1994). "The politics of stakeholder theory." *Business Ethics Quarterly.* Vol. 4(4).

—— and EVAN, W. (1990). "Corporate governance: A stakeholder interpretation." *The Journal of Behavioral Economics,* 19(4), pp. 337–359.

—— and MCVEA, J. (2001). "Stakeholder theory: The state of the art." In M. A. Hitt, R. E. Freeman, and J. Harrison (eds.), *The Blackwell Handbook of Strategic Management.* Oxford: Blackwell.

—— Wicks, A. C., and Parmar, B. (2004). "Stakeholder theory: The state of the art and future perspectives." *Politeia*, Anno XX, No. 74.

—— Harrison, J., Phillps, R., and Wicks, A. C. (forthcoming). *Stakeholder Theory: Business in the 21st Century.*

—— —— —— —— (forthcoming). *Stakeholder Theory: The State of the Art.*

Goodpaster, K. (1991). "Business ethics and stakeholder analysis." *Business Ethics Quarterly*, 1: 53–73.

—— and Holloran, T. (1994). "In defense of a paradox." *Business Ethics Quarterly*, 4: 423–430.

Graves, S., and Waddock, S. (1990). "Institutional ownership and control: Implications for long-term corporate performance." *Academy of Management Executive*, 37: 1034–1046.

—— —— (1994). "Institutional owners and corporate social performance." *Academy of Management Journal*, 37(4): 1034.

Harrison, J., and Fiet, J. O. (1999). "New CEOs pursue their own self-interests by sacrificing stakeholder values." *Journal of Business Ethics*, 19: 301–308.

—— and St. John, C. (1994). *Strategic Management of Organizations and Stakeholders.* St. Paul: West Publishing.

Jones, T. (1995). "Instrumental stakeholder theory: A synthesis of ethics and economics." *Academy of Management Review*, 20: 92–117.

—— and Wicks, A. C. (1999). "Convergent stakeholder theory." *Academy of Management Review.* 24: 206–221.

Kochan, T., and Rubenstein, S. (2000). "Towards a stakeholder theory of the firm: The Saturn partnership." *Organizational Science*, 11(4): 367–386.

Luoma, P., and Goodstein, J. (1999). "Stakeholders and corporate boards: Institutional influences on board composition and structure." *Academy of Management Journal*, 42: 553–563.

Marens, R., and Wicks, A. C. (1999). "Getting real: Stakeholder theory, managerial practice, and the general irrelevance of fiduciary duties owed to shareholders." *Business Ethics Quarterly*, 9(2): 273–293.

Martin, K., and Freeman, R. E. (forthcoming). "The separation of technology and ethics in business ethics." *Journal of Business Ethics.*

Mitchell, R. K., Agle, B. R., and Wood, D. J. (1997). "Toward a theory of stakeholder identification and salience: Defining the principle of who and what really counts." *Academy of Management Review*, 22: 853–886.

Ogden, S., and Watson, R. (1999). "Corporate performance and stakeholder management: Balancing shareholder and customer interests in the U.K. privatized water industry." *Academy of Management Journal*, 42: 526–538.

Orts, E. (1997). "A North American legal perspective on stakeholder management theory." In F. Patfield (ed.), *Perspectives on Company Law*: 2. 165–179.

Phillips, R. (1997). "Stakeholder theory and a principle of fairness." *Business Ethics Quarterly*, 7: 51–66.

—— and Reichart, J. (1998). "The environment as a stakeholder: A fairness-based approach." *Journal of Business Ethics.* 23(2), 185–197.

—— Freeman, R. E. and Wicks, A. C. (2003). "What stakeholder theory is not." *Business Ethics Quarterly*, 13(4): 479–502.

Porter, M. (1998). *Competitive Advantage.* New York: The Free Press.

Schendel, D., and Hofer, C. (eds.) (1979). *Strategic Management: A New View of Business Policy and Planning.* Boston: Little Brown.

VANCIL, R. F., and LORANGE, P. (1975). "Strategic Planning in Diversified Companies." *Harvard Business Review*, 53(1): 81–91.

VENKATARAMAN, S. (2002). "Stakeholder equilibration and the entrepreneurial process." In R. E. Freeman and S. Venkataraman (eds.), *The Ruffin Series #3, Ethics and Entrepreneurship*: 45–57. Charlottesville, Va.: Philosophy Documentation Center.

WICKS, A. C., FREEMAN, R. E., and GILBERT, D. (1994). "A feminist reinterpretation of the stakeholder concept." *Business Ethics Quarterly*, 4: 475–497.

—— —— (1998). "Organization studies and the new pragmatism: Positivism, antipositivism, and the search for ethics." *Organization Science.* 9(2): 123–140.

—— —— and PARMAR, B. (2004). "The corporate objective revisited." *Organization Science.* 15(3): 364–369.

WILLIAMSON, O. (1984). *The Economic Institutions of Capitalism.* New York: Free Press.

WOOD, D. (1995). "The Fortune database as a CSP measure." *Business and Society*, 24(2), 1997–1999.

第21章 开发资源依赖理论:理论如何受环境影响

杰弗瑞·普费弗

资源依赖理论(resource dependence theory)开发于20世纪70年代,当时,有关组织与环境关系的重要理论正在迅速兴起。正如戴维斯所言(Daivs,2003:5),短短四年时间,就见证了交易成本理论(Williamson,1975)、企业代理理论(Jensen and Meckling,1976)、组织生态理论(Hannan and Freeman,1977)、组织的新制度理论(Meyer and Rowan,1977),以及资源依赖理论(Pfeffer and Salancik,1978)等重要理论的奠基宣言,这的确有些非同寻常。然而,从某种意义上来讲,当时开发了如此之多的理论也并不意外。显然,那时组织与环境之间的关系亟须研究,以上每一种理论的兴起都是为了应对这一需求。在当时的研究背景下,组织作为开放系统的理念日益得到认同(例如,Katz and Kahn,1966;Yuchtman and Seashore,1967;Terreberry,1968;Lawrence and Lorsch,1967),而现有的分析组织与环境之间关系的成熟理论非常匮乏,对理论的需求催生了相应的理论探索。资源依赖理论就是其中之一。

对理论的需求——从某种意义上讲,组织的某些重要方面或关键的组织现象尚未得到探索和解释——这并不是理论开发的唯一理由或动力。人们之所以想要提供新理论,不论是否有需求,另有诸多原因。在这个问题上,对于职业生涯的考虑占比甚多,开发某个被普遍接受、广为引用的理论观点,不仅是一种树立自己威信的方法,而且根据组织科学的发表惯例,这至少在某种程度上成了必要条件。许多组织科学的博士生被鼓励去做原创工作,开发全新的理论领域,以此开始他们的职业生涯。物理学甚至心理学领域就较少强调发表新理论或创造新术语,人们更乐于接受对现有理论范式的实证探索。

当然,开发好的理论对于任何科学或社会科学的进步都至关重要。显而易见,组织科学也不例外。尽管如此,在开始讨论资源依赖理论开发之前,我要声明,在组织科学发展的现阶段,发展更多崭新的、与以往不同的理论是否值得鼓励,对这个问题我并不确定。默恩和麦肯利(Mone and McKinley,1993)说得很好,组织研究对于独到的见解给予嘉奖。这就引起人们对于理论创新本身的追求,并导致人们把相同的概念或是基本的想法标以不同的名称,在发展新想法和理论的过程中很少考虑现有的概念领域。结果出现大量的思想、概念框架和理论,在不断分化的知识范畴里彼此之间居然鲜有联系。正如普费弗(Pfeffer,1993,1997)之前所言,我鼓励那些寻求推动组织科学发展的学者,认真思考哪一种做法更可取,是发展更多新理论、概念框架和术语,还是采用与之相反的做法:完善现有的理论,甚至更重要的是对比、检验现有理论以及它们的预测能力,并将其作为查看理论是否可行的方法。

比较组织研究与经济学的情况,经济学中不但有更高程度的范式共识(Lodahl and Gordon,1972),还有一组简约的公理和理论原则——这一事实既有助于解释其高度一致性的方法,同时也是共识的结果。有一点我确信无疑,即在一定程度上存在着一个思想市场,组织研究与其他社会科学在这个市场上竞争,尤其当研究领域试图影响社会和组织政策的时候,如果我们提供的理论工具过多过杂,实际上可能会导致竞争劣势。

有时候拥有更多选择会带来负面的结果,这对于关心社会心理学最近的替代选择的负面影响研究的人并不陌生(例如,Iyengar and Lepper,2000;Iyengar and Jiang,2004)。研究表明,与常识预期及经济选择预测不同,选择过多时,消费者福利反而下降,因为决策者被选择的任务所限制或淹没。我们可以在研究背景上做一个平行论证,可以看到,概念模型、术语和理论视角过多,不但会使得研究生们产生困惑,无法决定研究方向,甚至会困扰更资深的学者,不知道如何对他们的作品进行界定。在理论视角、术语及概念上有太多的选择,会导致选择研究题目上的风险厌恶(Iyengar and Jiang,2004),对研究过程的满意度降低,甚至降低了选择最重要的研究题目的可能性(Iyengar and Jiang,2000)。

我的同事戴尔·米勒(Dale Miller)认为,我们需要系统性地努力寻找一套最基本的、所有(至少是大部分)学者认同的原则,然后基于这些基本原则与合理的衍生理论开始建立组织行为的集成模型。这种从基本原理发展的逻辑化的集成理论,正是种群生态学所遵循的道路(例如,Peli,Polos and Hannan,2000),尤其是近期它对形式推导和逻辑推理的重视日益提升。戴维斯和马奎斯(Davis and Marquis)这样评价种群生态学研究的独特之处:1990年以来,大部分宏观组织学家抛弃了在特定范式内的积累工作,值得注意的是,只有种群生态学家没有这样做。种群生态学的具有逻辑结构,统一的一组测量方法、术语、理论构念和理论共识,部分解释了为什么种群生态学对组织研究领域的持续影响,这既超过了越该理论实践者的数量,又超越了它的实际效用甚至理论效用。

尽管如此,对于那些寻求建立组织理论的学者而言,资源依赖理论的历史为我们提供了经验和教训,告诉我们应该做什么和不应该做什么,也许还有哪些事可以做,从而使得该理论在思想的市场中得以繁荣。所以,下文内容本着从经验中学习的精神展开,这些经验至少是来自一位资源依赖理论的开发者的尚不够完善的理解。

21.1 基本原理及资源依赖理论的起源

资源依赖理论是从观察到某个现象,进而寻求现有文献中对于该现象的解释开始的。这一点基本上与其他所有和我相关的理论概念一样,如组织人口学(Pfeffer,1983)、社会信息处理理论(Pfeffer and Salancik,1974,1992)以及组织权力(Pfeffer and Salancik,1974;Pfeffer,1992)。当现有理论已经无法合理解释,或者根本无法解释该现象时,相关文献的缺乏就会引发我们建立并检验某一理论方法,使之能够更有效地解释所观察到的现象。

现象驱动的理论开发,正是明茨伯格(Mintzberg,2004:401)以及其他学者所推崇的方法:好的研究根植于它试图描述的现象。问题驱动型的工作以解释现象中发生的事件为目的(Davis and Marquis,待发表),被认为提供了有用的聚焦,以解释和理解复杂而又快速变化的环境。

现象或者问题驱动的研究,将理论和周围的世界表象联系起来。这种理论开发的方式重视密切观察组织世界,然后用现有理论视角分析观察到的问题。尽管就我所知在这方面还没有系统的数据,但我相信,对现象的密切观察,加之对文献的深刻了解,共同推动了新颖而重要的理论开发。

因此,引发了我们开发组织生态学理论的观察是:伊利诺伊大学商学院的助理教授对学院的管理过程具有很强的影响力,而加州大学伯克利分校的助理教授却基本上没有任何影响力。为什么会这样?结果发现,伊利诺伊大学近年来的发展使其拥有大量新教师,而伯克利则拥有更多老资历的教师。这一观察引发我们搜索相关文献和事例中年龄和资历分布对组织的影响,继而引起了后续关于人口分布对组织过程的重要性的实证研究。

对于权力的研究,源自对伊利诺伊大学管理系和商学院的观察。尽管它们为了承担越来越多学生的教学任务增加教师的职位数量,但提高师资数量获取的资源增加量似乎比增加的工作量要少得多,由此产生了"录取经济"(enrollment economy)这一概念。实际上,有权力的系获得了更高比例的预算资源(Pfeffer and Salancik,1974),更有能力给予教师工作量和学术威望。那时候,现有的权力理论大多是检验个人权力的基础,并未谈及分支部门和院系的交互作用,显然,这其中有许多内部权力在起作用。另一个例子是,社会信息处理理论起源于我们的观察:高质量的教学是社会建构的;更进一步的观察是:从事相对乏味的常规工作的人(至少从典型的工作设计维度来评估)并不全认为他们的工作是常规的或是乏味的。

至于资源依赖理论,点燃该理论开发的火花,来自20世纪60年代后期、70年代早期组织对于结束妇女和少数民族的雇佣歧视,并采取平权行动以接纳那些以前被排除在外的群体。我们观察到,各组织不仅对来自政府的外部压力的反应和反应能力各不相同,而且对于其他外部群体的反应也不一致。这引起了"为什么"会如此的问题。

那时,许多今天看来理所当然的主要理论视角还没有出现,比如种群生态学、制度理论以及交易成本经济学。对于组织行为差异的主流解释,将归于组织领导人的价值观和行为(Pfeffer,1977),或是其他内部组织的动力,如激励和团体过程。对于组织间行为的研究刚刚起步。在所有后续理论和实证工作都从社会环境的角度来解释组织行为,像我和萨兰西克(Salancik)那样研究的特色仍然很少见(例如,Weick,1996)。例如,库拉纳(Khurana,2002)最近的描述寻找公司救世主的书中,很好地刻画了在接下来的数十年间的事情,至少在实务界几乎没什么变化,一直强调个体是组织绩效的合理解释。

但对于我和萨兰西克而言,强调个体领导人拥有无限的选择权,这种解释似乎并不正确。首先,这一观点无法回答随处可以观察到的现象:公司的业务与不同级别政府的联系越紧密,对政府的压力越敏感。其次,认为组织行为源自高级领导人的价值观和信念,这一解释随着时间的推移显得越来越不堪一击,因为不同意识形态和政治信念的人都能随机地获得领导地位,并做出他们的决策。

"组织对于外部压力如何反应?""组织如何试着去管理这些约束?"为了构建理论以回答这些问题,资源依赖利用了大量现有成熟理论思路。现有的权力模型(例如,Emerson,1962;Blau,1964)将权力概念化为双边依赖关系的对立面。于是,资源依赖寻求利用权力和依赖的模型,并将其转变成更宏观层次上的分析。汤普森(Thompson,1967)写到,组织必须减缓外部冲击对技术核心的冲击,以保证内部过程可以用更加有效、不受干扰的方式进行。因此,资源依赖理论的研究内容,不但包括权力和依赖如何影响组织选择,而且根据汤普森的精神,也涵盖了研究组织应该如何减少依赖和相互依赖带来的影响,以获取更多的独立性。

开放系统观念强调组织从外部环境获得输入,如人和原材料等,然后经过内部转换,再将产品或服务输出给环境,以获得更多的资源,保证交易过程的进行。因此,输入与输出的概念、与环境中的外部代理进行交易的重要性,在资源依赖理论中占有重要地位。资源依赖理论正是要将这些现有概念融合在一起,并表明这些概念可以解释一些有意思的现象,包括兼并类型(Pfeffer,1972b)、合资企业(Pfeffer and Nowak,1976)以及董事会连锁(Pfeffer,1973),还可以解释内部组织动力,比如经营者继任,甚至特定的组织决策。资源依赖理论代表了试图探索一种单一的合理概括性的方式,能够多大程度上解释这个组织与环境世界里可见的实践规律的努力。

21.1.1 基本理论思想

资源依赖最核心的思想,是组织作为一个开放系统必须获得资源,并经过一些转换后将生产的产品和服务输送给广义定义的顾客,顾客之后会提供资金,使得组织可以获得更多的输入继续该循环。假定生存是组织和组织成员追求的目标,为了生存,组织必须有效。但有效并不能简单定义为效率高或赢利能力强,而是组织满足它所依赖的外部实体需求的能力(Pfeffer and Salancik,1978)。从定义上讲,只要组织能够从外部环境中吸引足够的资源,以继续获得生存所需的输入,从最低限度上看组织就是有效的。因此,很有可能会看到,一些组织从某种意义上讲总是失败的,但这些组织却有能力通过政治或其他途径,获得赖以维持的足够资源(Meyer and Zucker,1989)。

因为组织在获取输入和处理输出的过程中必然要与外部主体发生交易,由这些交易或是通过这些交易产生的相互依赖,成为一种潜在的权力及其对立面约束的来源。外部环境的集中度越高,组织对于必需输入的选择性越小,对于从某一集中来源获取特殊资源的依赖程度越高,组织越会受到限制,从而倾向于同意强有力的外部主体的需求。外部约束,如果由拥有足够权力的主体行使,会影响内部组织的决策以及赢利能力(例如,Burt,1983)。伯特(Burt)分析赢利差异的时候,不是从生产或管理的内部因素,或是产业集中度的传统测量维度考虑,而是能够利用约束以及与之相对的自主性,测度经济领域各部门之间的关系类型,这一做法对产业结构和战略做出了伟大贡献。

21.1.2 早期的实证研究

资源依赖理论早期的实证发展,受到尤金·韦布(Eugene Webb)的影响,他曾影响了我和萨兰西克的心智发展。在我还是斯坦福大学的一名博士研究生时,韦布是我的毕业论文委员会的成员。韦布也曾在西北大学给萨兰西克上过新闻课。韦布是《非干扰性度量》(*Unobtrusive Measures*)(Webb et al.,1966)一书的合著者。该书提出,除去其他问题,几乎没有任何单一的实证研究可以完全阐释所有的理论命题。因此,用于开发和检验理论的可行方法之一,就是获取一个理论尽可能多的经验含义或者表面事实,然后尽可能跨期检验这些实证预测的结果。一个人能够获得与某一理论观点相一致的实证结果越多,他对该理论方法有效性的信心就会随之增强。

因此,为了检验资源依赖如何影响组织决策,一项实证研究利用调研数据研究以色列公司在销售和财务方面对于政府的依赖程度,如何影响这些公司对于政府所筹划开发区的投资意愿(Pfeffer and Salancik,1978:54—56)。萨兰西克(Salancik,1979)的另一项研究采用一种实地激励的方法,检验了公司对于平权运动的反应,这种方法假装向各公司咨询信息,并将其提供给女性MBA毕业生。对于某些大公司而言,如果政府采购产品的生产不受控制(公司依赖政府,但政府并不依赖公司),公司对政府的销售水平和它们对平权运动调研的反馈之间的相关系数为0.84。对于那些可以控制政府采购产品生产的小公司而言,公司对政府的销售水平与对调研的反馈之间成反比。

组织在环境约束中所面临的决策问题,不仅仅是环境约束限制了管理的自治,尽管事实上的确如此。更大的问题在于,来自不同环境的主体的需求通常是不一致的(Friedlander and Pickle,1996),这使得组织在决定如何作为时,趋向于满足自己所依赖的主体的需求。为解决这些问题——寻求对汤普森(1967)所争论的自治和缓冲,以及自治所带来的确定性和可预测性,同时,尝试处理冲突的需求——资源依赖理论提出,组织应尝试管理环境并构建它们,使得它们变得更加有利可图。

从逻辑上来说,资源依赖理论引发了相关实证研究,描绘资源依赖的类型和组织管理相互依赖所采取的行动两者的关系。因此,组织应尝试与所依赖的实体共同选举,比如,安排强大的外部主体代表进入董事会(Pfeffer and Salancik,1978:ch.7),兼并或设立合资公司,以完全或部分吸收相互依赖的资源,或者通过立法或其他政府措施尝试获得自治。组织也可以尽量说服强大的外部主体,相信组织会实施早期制度理论中所描述的行动,来满足他们的需求(Meyer and Rowan,1977)。

这些想法的实证检验相当明确。关于兼并,原始数据(Pfeffer,1972b)和后续的复制数据(Finkelstein,1997)均表明,兼并类型与交易的相互依赖类型保持一致,即某一给定的产业部门与其他产业部门之间的交易越多,两个部门之间兼并的比例越高。甚至在控制了诸如行业相对赢利性、公司数量和行业潜在兼并类型等替代解释之后,结果亦然。同样,董事会的构成也与资源依赖的类型保持一致(Pfeffer,1972a,1973)。

资源依赖理论的最关键之处在于,将组织—环境的交互与内部组织动态相联系,特别是,我和萨兰西克(Pfeffer and Salancik,1978:ch.9)注意到,随着时间的推移,那些最有能力管理环境约束和权变因素的内部子单元,随着时间推移将在组织内部获得更大的权力。这个观点与希克森等人(Hickson *et al.*,1971;Hinings *et al.*,1974)的论点相似,细微的差别仅在于,希克森及其同事认为,权力应授予组织内部那些最有能力应对不确定性的单元,而资源依赖理论则认为,权力应授予那些最能成功应对某一不确定性的特定来源,即资源的提供。

内部子单元的权力可以通过首席执行职位人员的背景和来源显现出来。例如,由于电力设备厂面临的应急事件从电厂设计和运行等技术问题,转为财务和与强势监管者交流等问题,该厂高管的背景从工程转为法律和商务(Pfeffer,1992)。随着医院较少地依赖医生服务于病人,而较多地依赖政府、大型保险商和健康管理组织支付医疗费,医院管理者的背景也相应从医生转向具有合同管理和会计经验的人员,更好地满足新环境的需求。桑顿(Thornton,2004)对于学术出版业动力机制变化的研究,从关注高质量的图书转向关注赢利能力,追踪了环境变化所引起的领导者继任动力机制的变化。

从上述讨论可以清晰地看出,资源依赖理论起初被认为具有广泛的研究范围,它力求解释外部环境对于组织决策的影响。为保持决策的自主性,组织进行了各种努力,如试图缓解外部约束,外部约束在充满相互依赖的环境中如何影响内部组织的动力机制,特别是权力的动力机制,如哪些子单元会拥有最大的权力。同样可以确定,这一理论建立在许多优秀的理念基础之上,特别是组织社会学。如果说资源依赖理论对组织理论有所贡献,主要是因为该理论将各种理念放在一个综合框架之中作为理解组织的方式,有力地论证了组织与环境交易的物质条件。

21.2 理论构建的社会情境

为理解资源依赖理论的构建,或是除此以外,其他理论的起源和进化,应该对理论构建的地点和时间有所了解。正如戴维斯(2003:6)所言,在整个20世纪50年代到70年代,组织都是强大的社会主体,人们生活在组织社会的理念得到了更广泛的认同。因此,为理解社会和经济制度,理解组织就显得非常重要。而且,在美国的企业经济中,"企业的规模和范围都在增加……企业所有权逐渐分散在原子化的股东手中,使得公司经理人毫无疑问成为他们所在领域和官僚过程中的主宰者……并驱使这些大公司产生了相对的惰性"。这一时期所形成的理论,恰恰反映了其所处时期的组织图景。

此外,20世纪60年代后期和70年代,当资源依赖理论原创概念和实证工作完成时,美国正处于政治骚动期。越南战争、约翰逊总统(Lyndon Johnson)当政(例如,Caro,1982,1990),然后是尼克松(Richard Nixon)的水门事件,经济一直受到通货膨胀和停滞不前的损害,这些因素使得主要议题转为权力、政治和冲突的问题,而政治和社会问题亦成为关注的热点。曾经的博士生、我的同事理查德·哈里森(Richard Harrison)首先向我指出,该时期的理论构建有时会相当直接地反映学术之外的领域。

例如,巴里·斯托对于"承诺升级"的研究(Barry Staw,1976)直接借鉴自乔治·鲍尔(Geroge Ball)①对越南战争的富有先见之明的评论,他评论美国是进越南容易出来难,而且决策一旦做出,即使(或者可能)当初的决策看上去是有缺陷的,美国也要通过增加投资为当初的决策找到辩解的理由。斯托的文章(Staw,1974)对不充分辩解的想法进行了田野实验。他将抽签作为自然发生的田野实验,他的兴趣在于一个人在抽奖上的运气如何影响他对后备军官训练队(Reserve Officers' Training Corps,ROTC)的态度。妇女进入劳动力市场以及后来所遇到的困难,引起了对于各种歧视的研究(例如,Bielby and Baron,1986)。沃尔什、韦伯和马戈利斯(Walsh,Weber and Margolis,2003)从实证上表明,在组织科学领域,对于社会福利和结果而非经济绩效的兴趣,在20世纪70年代达到了顶峰,随后急剧下降,这一点至少从管理期刊上发表的论文就可以看出。这些数据与下面的观察一致,即20世纪70年代是一个社会激进主义的时代,对社会议题高度关注。

正如上所述,资源依赖理论源于对组织如何影响其他组织,组织的反应又如何受制于这一影响的兴趣(例如,Salancik,1979)。于是,资源依赖理论作为理解那个时期一系列行动的一种直接的方法应运而生。一方面,组织尝试和其他组织捆绑在一起;另一方面,其他组织尽量设法抵御外部压力。但资源依赖理论是那段时期中更为基础的理论。资源依赖是权力的理论并在权力(包括组织和制度的权力)成为关注焦点的时期形成。

---

① 美国外交官。

它关注组织间的权力,比如,社会代理机构的权力影响其从联合基金(United Funds)获取资源的能力(Pfeffer and Leong,1977),同时还关注环境中权力动力机制如何影响诸如子单元权力以及组织内部的经营者继任。

另一个影响资源依赖理论形成的情境因素,是我和杰拉尔德·萨兰西克、巴里·斯托在伊利诺伊大学的合作。当时,伊利诺伊大学的管理系竭尽全力发展自己,站稳脚跟,但它并不是优秀的商学院之一。因此,初级职员更愿意承担智力风险,包括构建新理论的风险,因为这样不会失去任何东西。

萨兰西克作为一位来自耶鲁大学的社会心理学家,正好和我的工作风格互补。我喜欢有条不紊,从不丢弃任何资料,而他有时没有章法,但一直自由思考和有创造力。但在理论导向上,我们非常相似,包括对于环境的重视,喜欢从观察中学习,喜欢问挑衅的问题等。我们两人在性格方面也具有相似性,即使其中一人否定了对方新写的稿件,这种做法也能被接受,而不会激起对方的自我保护意识。我们的目标更强调撰写最有力度的文章而署名权的重要性相对没有那么高。最近,在我和罗伯特·萨顿(Pfeffer and Sutton,1999)的合作中,有许多方面都重复着我和萨兰西克的合作模式——互补的技能、交叠的理论观点,以及互动交流的方式。每一次合作中,我们都关注最终作品,采纳流行观念,形成既有原创性又直面现象、有潜力影响政策和实践的想法,共同促成了最终作品的形成。

理论在开发阶段依赖于背景,因此,总会存在因背景变化而导致理论失效的风险。戴维斯认为(例如,Davis,2003:10),资源依赖理论是一系列关于企业和环境的社会学理论,描述了一个庞大的、垂直一体化、相对独立的公司世界,而这些已经不复存在。这恰如我将论述的,用这一说法来解释为何有关资源依赖理论的实证研究正逐渐式微是不正确的,戴维斯自己的数据有说服力地表明了这一点。但在戴维斯有关环境已经发生了变化的观察是正确的。然而,环境的变化程度并不会影响资源依赖理论在那段时期的正确性,只是环境的变化使得一些概念更多地被接受和构建理论,而另一些概念则更少一些。至少,权力暂时看来已经成为过时的概念。

21.3 在对比中提炼

如我们熟知的,组织研究领域因为不能对比理论与理论预测而错失了理论构建的良机。正如麦肯奇和豪斯(Mackenzie and House,1978)所言,所有的理论最终都会失败,至少在某些条件下如此。因此,理论开发应该寻找理论在哪些条件下是正确的,在哪些条件下是错误的。最好的方法是将理论延伸到其极限,或者将一个理论与其他理论进行对比。对比的意义要远超过仅仅决定至少在特定领域内哪个理论更好。理论对比的缜密性促使论证更加精确,以推动被比较理论的发展和完善。

由于在其他可供选择的、关于组织和环境的理论出现之前,资源依赖理论就已经被开发出来,且大部分实证工作业已完成,因此,资源依赖理论的早期研究寻求以经济学作为对比。这一选择格外恰当,因为经济学同样可以清晰地解释一些因变量,如兼并。从更深层次来看,经济学的重点在于将效率作为解释,这与资源依赖理论对权力的关注形成了鲜明的对比(Williamson and Ouchi,1981)。

分析兼并类型发现,总体来看,在特定行业中的兼并比例与行业的赢利能力无关(Pfeffer and Salancik,1978:118)。这一结果表明,赢利性行业并不见得总会吸引到更多的收购行为,这和经济学的说法有分歧。经济学认为,利润鼓励新进入者,包括以兼并方式的进入。相反,减少不确定性,包括减少竞争的不确定性和交易的不确定性,比利润更能解释横向和纵向兼并行为。这一发现预示着后续的实证工作将展现大多数兼并如何损害股东的价值。尽管多年来一直有证据表明,作为经济活动重要形式之一的兼并与公司赢利能力无关或者负相关,关于兼并的经济学理论一直都具有吸引力。

很少有兼并研究对比不同理论的预测。今后,尝试检验不同组织—环境的理论的预测更加稀少,这是非常不幸的事。在很多例子中,没有任何关系的原假设对理论预测而言,并非是有力的替代。更稳健的检验应该是,研究既定理论的解释程度不仅优于偶然情况,而且在理解所研究的现象时也应优于其他可供选择的概念。

21.4 资源依赖理论的成功与挫折

从20世纪70年代最初发表至今,资源依赖理论的进化历史具有指导意义。实际上,最初的陈述在组织间行为的众多分散方面,有着相当精确、明确可证伪的预测。比如,哪一种相互依赖的形式在不同环境对组织间行为的解释更为重要,资源依赖理论有非常详细的预测。

> 组织在一个相对集中的环境中运作时,我们认为组织对于输入供应商的依赖,相比对顾客的依赖显得更为重要,也更易产生问题。(因为组织对于顾客拥有更多权力,行业集中度高时,顾客的选择更少。)因此,我们预测,当组织经济环境的集中度越高时,兼并和采购的相互依赖的相关度越高(Pfeffer and Salancik,1978:121)。

同样,该理论预测了哪些情境会推动以多元化为目的的兼并。由于以吸收相互依赖性为目的的兼并,必定发生在有能力减少相互依赖性的具有多元化目标的公司中。因此,可以预测,相对于吸收交易相互依赖性的兼并而言,赢利能力更好地解释了以多元化为目标的兼并,该预测已经得到数据的支持。

随后,伯特(Burt,1980,1983)清晰地运用网络术语表达资源依赖观点,验证了约束这一概念的独特的专一性。伯特研究发现,约束能预测利润,约束的类型也能预测行动的发生或者缓和约束的战略,比如兼并和共同选举。

尽管有研究利用实证检验直接发现该理论的核心概念,在资源依赖理论后续的历史中，人们更多地将它的观念作为隐喻或者通用的理论导向，而不是检验非常精确、可证伪的预测和估计理论模型的参数（Pfeffer，2003）。其中，部分原因在于，该理论的两个主要创立者各自转向其他课题的研究，探索和开发其他研究领域，而不是仅关注资源依赖理论概念。另一部分原因则在于，一旦表达清楚，并出现了一些充满希望的早期实证工作，资源依赖理论将从直觉上判断是正确的，并不需要更多的检验和开发。

这种现象在许多其他的研究领域中也能看到——一个讽刺的结果是，如果理论在最初显得越成功，这一理论后续的工作就会越少。如果竞争能通过加强对理论的研究，使得理论更加强大，那么竞争和相关的研究的匮乏则会阻碍理论的前进。随着时间的推移，还会阻碍理论吸收新的实证研究。在这些方面，巴里·斯托曾向我评论道，尽管存在多种可替代解释，这些解释在何种条件下或多或少是正确的，其他可用来理解承诺升级，并且更精确地说明和描述承诺升级想法的工作尚未完成。承诺已被提出，合理的解释已经存在，再加上学术领域追求新奇（一方面是因为学术期刊其实并不像他们所提倡的那样只愿意发表复制研究，它们更喜欢发表新的、不同的想法），使得人们几乎没有什么动力继续开发承诺升级相关的数据和想法。

所以，从某种意义上讲，资源依赖理论作为社会科学的理论是非常成功的。截至2004年夏，《组织的外部控制》（*The External Control of Organizations*）作为该理论的最典型文献，已经被引用了2 665次，而且其中54%是近十年当中被引用的。这表明，尽管这本书出版至今已有25年，但仍然经常被引用。

此外，资源依赖理论的概念和题材继续为一些进行中的实证研究课题提供概念基础。例如，贝克曼、豪恩席尔德和菲利普斯（Beckman，Haunschild and Phillips，2004）对同盟和连锁伙伴的选择进行了实证研究。他们注意到，一些理论假设社会结构稳定，认为公司与过去的交易伙伴保持联系；其他理论则强调社会结构的变化，即公司与新的合作伙伴建立联系。他们旨在解决这一理论上的冲突，认为生成联系的类型依赖于公司所面临的不确定性类型——公司层面或市场层面。公司层面的不确定性产生了新的联结，而市场层面的不确定性更易让公司加强已有的联系。古拉蒂和加吉罗（Gulati and Gargiulo，1999）研究3个行业、9个国家的联盟，发现资源的相互依赖可以预测联盟形成的类型。

金、豪斯克森和万（Kim，Hoskisson and Wan，2004）研究了日本"企业集团"中权力依赖的关系对于绩效和战略的影响。他们发现，强大的公司能够更加重视增长和国际多元化，而弱小的公司不得不重视赢利能力，并受到更加严格的监督。克里斯滕森关于市场领导者为何经常创新失败的研究，强调外部组织，特别是现有客户的约束。公司战略变化的范围受到外部利益实体强有力的约束（在本研究中指客户），这些实体提供了公司赖以生存的资源（Christensen and Bower，1996：212）。

舒勒、瑞贝恩和克莱姆（Schuler，Rehbein and Cramer，2002：668）分析公司的政治活动，发现严重依赖政府合同的公司，通过游说和竞选捐赠运动来维持与那些影响自身生计的政策制定者之间的紧密联系。桑顿和奥卡索(Thornton and Ocasio,1999)注意到,高等教育出版业从关注图书及其质量转为更加关注财务业绩,高级经营者继任的决定因素也随预期发生相应的变化。

简言之,对上述几个研究有选择性的简要回顾表明,资源依赖理论的基本预测正持续不断地得到实证检验,并经常得到支持——例如,对于依赖的反应、环境依赖对于继任的影响、依赖对于决策的影响(本案例中体现为现有的客户),等等。

对于资源依赖理论而言,也有一些坏消息。特别是公司连锁方面的研究中,关于董事会连锁的决定因素和角色的具有挑战性的替代观点已经出现;最近的数据也与资源依赖理论的预测不一致。帕尔默(Palmer,1983)注意到,如果公司连锁是为了建立相互依赖,那么联系在破裂时应该被重建,但证据表明,事实并非总是如此。帕尔默并不是将公司联系视为组织间的联结,而是作为资本主义阶层集合的场所。弗里德兰和帕尔默也认为(Friedland and Palmer,1984),资源依赖理论与大多数组织理论一样,都忽略了地理因素中的邻近效应(由共同位置决定的友谊网络)在理解董事会组成方面非常重要。戴维斯(Davis,1996)注意到,截至1994年,对美国最大公司连锁类型的研究(这些公司不单单包括工业企业,还包括金融组织和服务型企业)表明,不存在横向连锁,在公司和客户或采购者之间几乎不存在连锁。研究还发现,几乎没有证据支持银行是这一连锁网络的中心。在对早期兼并研究进行修正时,弗里德兰(1997)使用了更复杂的测量方法和更少量的汇总数据,发现资源依赖理论用于解释兼并活动类型的最初预测是可复制的,尽管预测结果并不是很明显。

但资源依赖理论的主要挑战,并非因为经过检验发现它在实证上有所欠缺,也并非因为该理论很难运作或采用实证检验。相反,问题在于,资源依赖理论被宣布是无关紧要的。资源依赖理论因为断言而死,而不是因实证检验而死(或完善)。例如,卡罗尔(Carroll,2002:3)做了资源依赖理论已死的两个断言:其一,制度理论的大部分实证研究与资源依赖理论没有任何差别;其二,交易成本经济学包含了资源依赖理论。(这是否表明,从逻辑含义上讲,交易成本理论也包含了制度理论?)

戴维斯(2003)认为,资源依赖理论不再激发大量的实证研究,因为该理论描述的世界——强大的拥有自治权的经济组织(股东拥有至高无上的权力,公司变得更小和聚焦)——不再存在。然而,戴维斯的论点与弗里德兰(1997)的发现并不一致,弗里德兰认为,资源依赖预测近期兼并时的效果并未随着时间的推移而减弱,反而变得更加强大。实际上,他的论点与自己的数据和断言也不一致。

尽管有证据表明经济集中化不再继续增长,可能还有些衰退,集团化和垂直一体化的程度也发生了变化,戴维斯在文献中详细地论述了(Davis,1996;Davis and Marquis,待发表)组织的自治和权力并没有衰落,事实上正好相反。跨国公司在许多情况下比许多国家都大,并不受政府的控制。因为地区在工作和税收上的竞争,公司跨国界的运作让政府难以调控。他以通用电气和西屋公司为例,表明公司几乎完全可以自由自在地通过剥离旧业务、获取新业务让自己获得重生。公司也可以自由地解聘雇员,避免工会化,甚至采用许多由戴维斯描述的战略去避税。全球贸易的增长使得公司不再依赖供应商,因为它们有无数来源用以获取生产所销售商品的资源。实际上,研究发现,对供应链上的组织施加压力,比对处于内部的制造主管施加压力更加容易。

很重要地,需要注意到在资源依赖理论最初的构建时期,没有主张公司可以脱离约束、完全自治。也没有观点认为,环境、依赖和约束的类型一直保持不变,相应地,组织对环境中权力动态机制变化的反应都会保持不变。实际上,资源依赖理论被精确地开发,用以评估约束对公司决策的影响以及组织对于约束的反应。机构投资人和他们作为约束组织行为的权力,以及组织对于投资人的反应,都在资源依赖理论的主要领域之内。同样在领域之内的还包括组织不断增强能力,用以塑造那些驾驭自身及其竞争者活动的法律和规则。

也有观点认为,制度理论和资源依赖理论在很多观点和预测上都是相同的。实际上,普费弗和萨兰西克(1978)认为,合法性是组织生存的一种重要资源,它可以和其他资源那样通过与合法的社会主体结盟来获得(Dowling and Pfeffer,1975),也可以通过政治行动获得,甚至通过兼并来获得。当然,这两个理论存在的差别,不仅体现在分析单位上——制度理论更倾向于关注领域,资源依赖理论更关注焦点组织,而且体现在对权力机制的明确关注上。制度理论趋向将规则和标准看成是既定的,而资源依赖理论则将制度结构本身视为组织利益主张和竞争交互作用的结果。

尽管如此,这给那些开发理论的人提供的教训是明确的,如果他们希望自己的理论历久弥坚。正如罗纳德·伯特曾经说过的,理论的成功或者占据统治地位,特别是在社会科学领域,无疑需要大批的助手,他们不但推动该理论在实证和理论上的开发,而且同样重要的是继续理论的传播和辩护。在这里,我们可再次从种群生态学学习到经验和成功之处。就这件事而言,我和萨兰西克、伯特都没有大量的博士研究生,我们也没有兴趣给学生灌输所谓"正道"或是"孝道"——我们许多学生写的都是完全无关的主题,甚至还有一位学生戴维斯,最后变成了资源依赖理论的批判者之一。

21.5 社会科学理论的政治考虑

我相信,在组织和社会科学中存在着理论和理论开发的误解,特别是对部分年青学者而言。在结束讨论资源依赖理论的开发和演化时,我们需要回顾这些理念,看看它们如何影响我们理解资源依赖理论的成长和开发。

第一,最强烈坚持的,同时也可能是最有害的错误观点,是认为理论成功或失败、盛行或被抛弃,主要或者有人说完全取决于它们在多大程度上能够解释或者预测作为理论核心的行为。此外,有观点认为,如果其他竞争理论覆盖同样的解释变量,则理论是否能够成功地预测或者解释现实就显得格外重要。这一观点至少在两个层面上是错误的。

首先,正如他人讨论的(Ferraro,Pfeffer and Sutton,2005),理论可以创造它们所期望的环境,从而构建现实,而并非与其试图去解释的世界天生是一致的。人们越相信某一特定理论,他们就会创造基于理论的制度安排,从而通过实践和制度结构将理论变为现实。人们越相信该理论是真实的,就会按照该理论行动,并希望其他人也按照理论行动,从而创造一个规范性环境,使得不按照理论行动变得很困难,因为这样做就会违背一些明确或隐含的行为期待。人们越坚持该理论,就越会使用来自该理论的语言并与该理论保持一致,理论就可能成为现实。因为语言决定了我们如何看待和理解我们周遭的世界,因此,使用特定理论的术语进行谈论使理论成真。

其次,尽管存在科学哲学,理论的确有能力在未经证实的情况下存在。行为决策理论及其无数的实证检验表明,许多经济学基础的、关于选择和决策的根本性公理都是错误的(例如,Bazerman,待发表),但是经济学不会消失。经济学中一些假设已被证明是错误的,但基于这些假设的部分经济理论仍被人们相信和使用,而且程度并没有降低。相似的情况在金融学中也同样存在,关于资本市场有效性、信息即时扩散,以及因此而生的证券市场价格包含了当时可用的所有相关信息,这些假设经历过无数实证和理论的攻击。近距离观察组织研究,不管是外部社会,还是学术文献中都依赖和坚信外部激励和金钱回报的效力。因此,希思(Heath,1999)极具洞察力地指出,外部激励的偏见不仅存在于实际管理者和外行人中,而且还存在于相关学术领域的学者身上。

这意味着对于资源依赖理论而言,在某种程度上该理论已经死亡(Carroll,2002),而且该理论已被交易成本理论所包含。这种状况绝不是说,人们可以期待交易成本理论在实证上的相对成功和在理论上的连贯。正如戴维斯和韩(David and Han,2004:39)在对 63 篇实证检验交易成本理论的文章进行回顾时所总结的,"我们……发现,在如何操作一些交易成本理论的核心结构和命题时出现了不一致,在其他核心领域也只有相对低水平的实证支持"。实际上,关于资源依赖理论和交易成本理论的相对地位更能说明社会科学中的政治性。权力不再流行,效率、环境决定论(在种群生态学和其他视角中被具体化为非人格化的环境)以及所有它们保守性的含义在目前得到了更多的青睐。

记录某些理论的兴起(这些理论回避考虑权力,甚至经常性地回避考虑人的因素),以及这些理论如何影响组织科学中理论开发的形式:已经远非一篇文章可言,需要的是一本书。在此,我简单谈谈保守经济学目前的抬头趋势,它回避混合经济体、管制以及对市场的干涉。正如柯特(Kuttner,1996:33)在 20 世纪 50 年代所指出的,米尔顿·弗里德曼(Milton Friedman)不再被视为新奇的。直到 20 世纪 80 年代,弗里德曼及其追随者获得了诺贝尔奖。新经济学开始统治许多社会科学领域的课程和分析(Bernstein,2001),如政治科学(Green and Shapiro,1994)、法律(Posner,2003)以及社会学的一些分支(例如,Coleman,1993)。

对于任何理论(包括非人格化市场经济学),回避政治上的解释,而依赖于非人格化机制,如市场竞争或"它的表亲"——自然选择,就会因为它们能够从理论上提供处理社会秩序、协调和控制的问题的友好见解而广受欢迎。正如格兰诺维特(Granovetter,1985:484)所写的:

> 长期以来一直认为,理想的市场经历了理智的考验,部分是因为自我调节……对许多人而言,其结构从政治上看非常吸引人……竞争决定交易的方式,个体交易无法人为操控……社会关系及其细节因而变得无足轻重。

正如一些分析表明(例如,Kuttner,1996;Blyth,2002),更为保守的社会科学的兴起,得益于保守基金的赞助。社会科学理论反映了时代的政治环境,这点应该毫无疑问,也不会引起争执。毕竟,理论依赖于概念和支持,而所有这些都来自环境。

第二,理论成长和繁荣的能力,主要依靠其支持者吸引同盟的意愿和能力,其方式则是通过提供支持研究的资源、论文发表的途径或是良好的职业发展机会。柯林斯(Collins,2004:560)这样描写过程:

> 事实上……从表面上来看,关于管理过程的利他性探索在实际上,理解为对于管理研究垄断权的战争更加恰当……拉图尔(Latour,1978)认为,学术……刻画而不只是反映了真实的本质。事实上,拉图尔告诫我们,科学家就像巴尔干半岛的政治家,必须为计划而招募他人,如果他们想获得并保持忠实的追随者,就必须保护这些理论免受跨边界的入侵。

对资源依赖理论开发和延续的讽刺是极其有趣的。该理论将权力作为最重要组成元素之一,其开发者是两个继续做了众多关于权力的实证研究,并教授组织权力的学者(Pfeffer,1992)。但该理论却在与其他关于组织和环境理论的竞争中落败,因为它的提出者没有拥有足够意愿和技能,并愿意花费大量时间获得同盟者的支持。

当然,正如巴利和古达(Barley and Kunda,1992)在管理控制的逻辑上所示,理论概念也有潮起潮落。这并不是如人们所期待的真理的胜利,而更像是想法的流行。正如本章写到的,用于组织分析的经济学方法经受着不断增强的攻击(Ghoshal and Moran,1996;Ghoshal,待发表;Ferraro,Pfeffer and Sutton,2005)。组织理论,如种群生态学将人类主体(包括权力)从组织研究中剥离,因此也受到挑战:一方面,有观点认为,组织研究有义务为职业、管理和行政提供指导;另一方面,一些学者注意到(Podolny,Khurana and Hill-Popper,待发表)目前对行动理论的蔑视,以及诸如领导力等概念的厌恶,从根本上看是不正确,与组织社会学的历史也不符(Selznick,1957)。

这对所有做理论的人来说,教训非常清晰,特别是事后看来。有好理论很有帮助,这里"好"是依据传统科学准则。如果理论概念清晰,具有直觉上的吸引力,那么解释现象的能力比竞争者更好。但最好莫过于理论在其基础假设上与时代和流行的政治观点合拍。不幸的是,对于有抱负的学者,预测概念的周期是非常困难的,特别是因为极度缺乏反思型的实证研究来检验这些想法的兴衰,以及它们对社会科学的影响,也没有实证研究分析组织科学的理论开发和演化。最后，我们可以恰当地利用资源依赖理论自身的想法富有成效地进行分析。

参考文献

BARLEY, S., and KUNDA, G. (1992). Design and devotion: Surges of rational and normative ideologies of control in managerial discourse. *Administrative Science Quarterly*, 37: 363–399.

BAZERMAN, M. H. (forthcoming). Conducting influential research: The need for prescriptive implications. *Academy of Management Review*.

BECKMAN, C. M., HAUNSCHILD, P. R., and PHILLIPS, D. J. (2004). Friends or strangers? Firm-specific uncertainty, market uncertainty, and network partner selection. *Strategic Management Journal*, 15: 259–275.

BERNSTEIN, M. (2001). *A Perilous Progress: Economists and Public Purpose in Twentieth Century America*. Princeton: Princeton University Press.

BIELBY, W. T., and BARON, J. N. (1986). Men and women at work: Sex segregation and statistical discrimination. *American Journal of Sociology*, 91: 759–799.

BLAU, P. M. (1964). *Exchange and Power in Social Life*. New York: Wiley.

BLYTH, M. (2002). *Great Transformations: Economic Ideas and Institutional Change in the Twentieth Century*. New York: Cambridge University Press.

BURT, R. S. (1980). Autonomy in a social topology. *American Journal of Sociology*, 85: 892–925.

—— (1983). *Corporate Profits and Co-optation*. New York: Academic Press.

CARO, R. A. (1982). *The Path to Power*. New York: Knopf.

—— (1990). *Means of Ascent*. New York: Knopf.

CARROLL, G. R. (2002). Williamson and organizational sociology. Presentation at a conference to celebrate the 70th birthday of Oliver Williamson. Berkeley, Calif.: October, 2002.

CHRISTENSEN, C. M., and BOWER, J. J. (1996). Customer power, strategic investment, and the failure of leading firms. *Strategic Management Journal*, 17: 197–218.

COLEMAN, J. S. (1993). The rational reconstruction of society. *American Sociological Review*, 58: 1–15.

COLLINS, D. (2004). Who put the con in consultancy? Fads, recipes, and "vodka margarine." *Human Relations*, 57: 553–572.

DAVID, R. J., and HAN, S. (2004). A systematic assessment of the empirical support for transaction cost economics. *Strategic Management Journal*, 25: 39–58.

DAVIS, G. F. (1996). The significance of board interlocks for corporate governance. *Corporate Governance*, 4: 154–159.

—— (2003). Firms and environments. In N. Smelser and R. Swedberg (eds.), *Handbook of Economic Sociology*, 2nd edn., October 9, 2003 (forthcoming).

—— and MARQUIS, C. (forthcoming). Prospects for organization theory in the early 21st century: Institutional fields and mechanisms. *Organization Science*.

DOWLING, J., and PFEFFER, J. (1975). Organizational legitimacy: Social values and organizational behavior. *Pacific Sociological Review*, 18: 122–136.

EMERSON, R. M. (1962). Power-dependence relations. *American Sociological Review*, 27: 31–41.

FERRARO, F., PFEFFER, J., and SUTTON, R. I. (2005). Economic language and assumptions: How theories can become self-fulfilling. *Academy of Management Review*, 30: 32–35.

FINKELSTEIN, S. (1997). Interindustry merger patterns and resource dependence: A replication and extension of Pfeffer 1972. *Strategic Management Journal*, 18: 787–810.

FRIEDLAND, R., and PALMER, D. (1984). Park Place and Main Street: Business and the urban power structure. *Annual Review of Sociology*, 10: 393–416.

FRIEDLANDER, F., and PICKLE, H. (1968). Components of effectiveness in small organizations. *Administrative Science Quarterly*, 13: 289–304.

GHOSHAL, S. (forthcoming). Bad management theories are destroying good management practice. *Academy of Management Learning and Education*.

—— and MORAN, P. (1996). Bad for practice: A critique of the transaction cost theory. *Academy of Management Review*, 21: 13–47.

GRANOVETTER, M. (1985). Economic action and social structure: The problem of embeddedness. *American Journal of Sociology*, 91: 481–510.

GREEN, D. P., and SHAPIRO, I. (1994). *Pathologies of Rational Choice Theory: A Critique of Applications in Political Science*. New Haven: Yale University Press.

GULATI, R., and GARGIULO, M. (1999). Where do interorganizational networks come from? *American Journal of Sociology*, 104: 1439–1493.

HANNAN, M. T., and FREEMAN, J. (1977). The population ecology of organizations. *American Journal of Sociology*, 82: 929–964.

HEATH, C. (1999). On the social psychology of agency relationships: Lay theories of motivation overemphasize extrinsic incentives. *Organizational Behavior and Human Decision Processes*, 78: 25–62.

HICKSON, D. J., HININGS, C. R., LEE, C. A., SCHNECK, R. E., and PENNINGS, J. M. (1971). A strategic contingencies' theory of intraorganizational power. *Administrative Science Quarterly*, 16: 216–229.

HININGS, C. R., HICKSON, D. J., PENNINGS, J. M., and SCHNECK, R. E. (1974). Structural conditions of intraorganizational power. *Administrative Science Quarterly*, 19: 22–44.

IYENGAR, S. S., and JIANG, W. (2004). Choosing not to choose: The effect of more choices on retirement savings decisions. Unpublished thesis. New York: Columbia Business School.

—— and LEPPER, M. R. (2000). When choice is demotivating: Can one desire too much of a good thing? *Journal of Personality and Social Psychology*, 79: 995–1006.

JENSEN, M. C., and MECKLING, W. H. (1976). Theory of the firm: Managerial behavior, agency costs, and ownership structure. *Journal of Financial Economics*, 3: 305–360.

KATZ, D., and KAHN, R. (1966). *The Social Psychology of Organizations*. New York: Wiley.

KHURANA, R. (2002). *Searching for a Corporate Savior*. Princeton: Princeton University Press.

KIM, H., HOSKISSON, R. E., and WAN, W. P. (2004). Power dependence, diversification strategy, and performance in keiretsu member firms. *Strategic Management Journal*, 25: 613–636.

KUTTNER, R. (1996). *Everything for Sale: The Virtues and Limitations of Markets*. Chicago: University of Chicago Press.

LATOUR, B. (1987). *Science in Action*. Cambridge, Mass.: Harvard University Press.

LAWRENCE, P., and LORSCH, J. (1967). *Organizations and Environments*. Boston: Harvard University Press.

LODAHL, J. B., and GORDON, G. (1972). The structure of scientific fields and the functioning of university graduate departments. *American Sociological Review*, 37: 57–72.

MACKENZIE, K. D., and HOUSE, R. (1978). Paradigm development in the social sciences: A proposed research strategy. *Academy of Management Review*, 3: 7–23.

MEYER, J. W., and ROWAN, B. (1977). Institutionalized organizations: Formal structure as myth and ceremony. *American Journal of Sociology*, 83: 340–363.

MEYER, M. W., and ZUCKER, L. (1989). *Permanently Failing Organizations*. Newbury Park, Calif.: Sage.

MINTZBERG, H. (2004). *Managers Not MBAs*. San Francisco: Berrett-Koehler.

MONE, M. A., and MCKINLEY, W. (1993). The uniqueness value and its consequences for organization studies. *Journal of Management Inquiry*, 2: 284–296.

PALMER, D. (1983). Broken ties: Interlocking directorates and intercorporate coordination. *Administrative Science Quarterly*, 28: 40–55.

PELI, G. L., P los, L., and HANNAN, M. T. (2000). Back to inertia: Theoretical implications of alternative styles of logical formalization. *Sociological Theory*, 18: 195–215.

PFEFFER, J. (1972*a*). Size and composition of corporate boards of directors: The organization and its environment. *Administrative Science Quarterly*, 17: 218–228.

—— (1972*b*). Merger as a response to organizational interdependence. *Administrative Science Quarterly*, 17: 382–394.

—— (1973). Size, composition, and function of hospital boards of directors. *Administrative Science Quarterly*, 18: 349–364.

—— (1977). The ambiguity of leadership. *Academy of Management Review*, 2: 104–112.

—— (1983). Organizational demography. In L. L. Cummings and B. M. Staw (eds.), *Research in Organizational Behavior*: 5. 299–357. Greenwich, Conn.: JAI Press.

—— (1992). *Managing with Power: Politics and Influence in Organizations*. Boston: Harvard Business School Press.

—— (1993). Barriers to the advance of organizational science: Paradigm development as a dependent variable. *Academy of Management Review*, 18: 599–620.

—— (1997). *New Directions for Organization Theory: Problems and Prospects*. New York: Oxford University Press.

—— (2003). Introduction to the classic edition. *The External Control of Organizations: A Resource Dependence Perspective*: xi–xxix. Stanford, Calif.: Stanford University Press.

—— and LEONG, A. (1977). Resource allocations in United Funds: Examination of power and dependence. *Social Forces*, 55: 775–790.

—— and NOWAK, P. D. (1976). Joint ventures and interorganizational interdependence. *Administrative Science Quarterly*, 21: 398–418.

—— and SALANCIK, G. R. (1974). Organizational decision making as a political process: The case of a university budget. *Administrative Science Quarterly*, 19: 135–151.

—— —— (1978). *The External Control of Organizations: A Resource Dependence Perspective*. New York: Harper and Row.

—— and SUTTON, R. I. (1999). *The Knowing–Doing Gap*. Boston: Harvard Business School Press.

PODOLNY, J., KHURANA, R., and HILL-POPPER, M. (forthcoming). Revisiting meaning of leadership. *Research in Organizational Behavior*.

POSNER, R. A. (2003). *Economic Analysis of Law*, 6th edn., Aspen: Law and Business.

SALANCIK, G. R. (1979). Interorganizational dependence and responsiveness to affirmative action: The case of women and defense contractors. *Academy of Management Journal*, 22: 375–394.

—— and PFEFFER, J. (1978). A social information processing approach to job attitudes and task design. *Administrative Science Quarterly*, 23: 224–253.

SCHULER, D. A., REHBEIN, K., and CRAMER, R. D. (2002). Pursuing strategic advantage through political means: A multivariate approach. *Academy of Management Journal*, 45: 659–672.

SELZNICK, P. (1957). *Leadership in Administration*. Evanston, Ill.: Row, Peterson.

STAW, B. M. (1974). Attitudinal and behavioral consequences of changing a major organizational reward: A natural field experiment. *Journal of Personality and Social Psychology*, 29: 742–751.

—— (1976). Knee-deep in the big muddy: A study of escalating commitment to a chosen course of action. *Organizational Behavior and Human Performance*, 16: 27–44.

TERREBERRY, S. (1968). The evolution of organizational environments. *Administrative Science Quarterly*, 12: 590–613.

THOMPSON, J. D. (1967). *Organizations in Action*. New York: McGraw-Hill.

THORNTON, P. H. (2004). *Markets from Culture: Institutional Logics and Organizational Decisions in Higher Education Publishing*. Stanford, Calif.: Stanford University Press.

—— and OCASIO, W. (1999). Institutional logics and the historical contingency of power in organizations: Executive succession in the higher education publishing industry, 1958–1990. *American Journal of Sociology*, 105: 801–843.

WALSH, J. P., WEBER, K., and MARGOLIS, J. (2003). Social issues and management: Our lost cause found. *Journal of Management*, 29: 859–881.

WEBB, E. J., CAMPBELL, D. T., SCHWARTZ, R. D., and SECHREST, L. B. (1966). *Unobtrusive Measures: Nonreactive Research in the Social Sciences*. Chicago: Rand McNally.

WEICK, K. E. (1996). An appreciation of social context: One legacy of Gerald Salancik. *Administrative Science Quarterly*, 41: 563–573.

WILLIAMSON, O. E. (1975). *Markets and Hierarchies: Analysis and Antitrust Implications*. New York: Free Press.

—— and OUCHI, W. G. (1981). The markets and hierarchies program of research: Origins, implications, and prospects. In A. H. Van de Ven and W. F. Joyce (eds.), *Perspectives on Organizational Design and Behavior*: 347–370. New York: John Wiley.

YUCHTMAN, E., and SEASHORE, S. E. (1967). A system resource approach to organizational effectiveness. *American Sociological Review*, 73: 261–272.

第 22 章 制度理论:对理论研究项目的贡献

理查德·斯科特

制度理论致力于研究社会结构更深层次和更具弹性的方面。它考虑结构(包括计划、规则、规范和常规)如何成为对社会行为的权威指导的过程。制度理论研究这些元素如何在时间与空间中创造、扩散、采纳、改变,以及如何失去作用,最后被废弃。尽管表面的问题是社会生活的稳定和有序,但制度领域的学生们必须不仅仅关注社会结构的一致和顺从,同时还要关注冲突和变化(Scott,2004b)。

制度理论的根基主要来源于社会科学多年的积累,囊括和综合了学者们创造性的见解,从马克思和韦伯、库利(Cooley)和米德(Mead),到维布伦(Veblen)和康芒斯。许多著作在 19 世纪末和 20 世纪初提出,当时淹没在新古典经济学、政治学的行为理论和社会学的实证主义迅猛发展的洪流中,不过在我们这一时代却又经历了一波引人注目的复兴浪潮。(回顾早期的制度理论,请见 Bill and Hardgrave,1981;Scott,1995,2001。)

当代的制度理论吸引了广大社会科学学者的关注,并且用于检验从微观人际互动到宏观全球框架的系统。尽管制度主义学者在很多学科中出现,提供了重要的交流和学科交叉的机会,但是过度多元的方法,以及有时彼此相悖的论断,限制了这一领域的学术对话。

考虑到现有理论的复杂性和多样性,我在本章中更多地把注意放在由组织社会学家和管理学者近期提出的制度理论上。而且,在这个领域,我着重于宏观视角,检验广阔环境的结构以及它们对于组织形式和过程的影响。[相关的着重于微观基础的制度理论,参见祖克(Zucker)和达比(Darby)的研究(本书第 25 章)。对于紧密联系的应用交易成本经济学和演化经济学方法的章节,参见威廉姆森(Williamson)(本书第 23 章)和温特(Winter)(本书第 24 章)的研究。]整体来看,我相信这一体系的工作构成了一个"不断积累的理论研究项目"(Berger and Zelditch,1993),它在其发展过程中成长和成熟。理解、解释和推动这一项目,是过去 30 年我的学术工作的核心。

22.1 搭建理论论据

22.1.1 早期的见解

在我完成博士学位的芝加哥大学，我与埃弗里特·C.休斯(Everett C. Hughes)和彼得·M.布劳(Peter M. Blau)一起研究和工作。休斯最初指引我注意到围绕和支持工作活动的制度框架，尤其是协会和专业组织在职业和组织塑造过程中所起的作用(Hughes, 1958)。尽管我的博士论文为检验组织对工作小组的情境影响提供了数据支持(Blau and Scott, 1962, 2003)，但是它的主要理论聚焦于专业雇员与科层规则和科层监管之间引发的冲突(Scott, 1965, 1996)。我过去和现在都把这个议题作为解释两种对立观点的重要例子——今天我要说的是"制度逻辑"——如何对一系列活动赋予最合理的解释。

在20世纪60年代的一个对组织权威系统的研究中，我与斯坦福大学的同事共同开发关于适合的工作结构的竞争概念(Dornbusch and Scott, 1975)。在对一系列组织的研究中，我们检验理想和实际的权威系统之间的区别，以及拥有不同级别权力的工作者在实施他们偏好上的差异。我得出结论，工作安排不是被自然经济规律预先决定的，而是被文化、社会和政治过程塑造出来的。

22.1.2 更广阔的构想

然而，直到20世纪70年代，我和约翰·W.迈耶(John W. Meyer)以及斯坦福大学教育学院的同事合作后，才开始有一种很强烈的感觉：制度的力量塑造着组织系统。我们的早期研究设计来源于当时占统治地位的范式——权变理论(Lawrence and Lorsch, 1967; Thompson, 1967, 2003)，因为我们检验了更复杂的教学方法("技术")对于课堂和学校的结构的影响(Cohen et al., 1979)。但是，当试图分析数据时，我们认识到现存理论的局限性，并且开始考虑结构来源的替代解释。参照早期的社会理论学家涂尔干(Durkheim, 1912, 1961)和韦伯(1924, 1968)的见解，以及伯格和卢克曼(1967)的观点。迈耶(1970)认为，许多社会秩序是社会规范和规则的产物，它们构成了行为者的特别类型，并且设定了他们以何种方式行动。这些行为更像是社会构成的，而不仅仅是受社会影响。

这些观点被我和迈耶，以及许多合作者在教育系统的分析中丰富和应用(Meyer, 1977; Meyer and Rowan, 1977; Meyer et al., 1978, 1988; Meyer and Scott, 1983; Meyer, Scott and Deal, 1981)。与常规描述一样，组织被认为是"合理化"的系统——设置一系列的角色和相关活动，从中反映为达到具体目标的方法和结果之间的关系。然而，最主要的看法就是认识到合理化模型本身是一套文化系统，是为了反映实现目标的适当方法而构建的。更广泛的制度体系在时空中存在,给社会行为提供多种多样的指南,大多数都会制裁任意性行为;但是现代世界被合理化的系统主宰,而它们反过来也支持组织扩散。合理化的标准,在创造正式组织时扮演着因果的双重角色(Meyer and Rowan,1977)。

许多关于组织的模型都基于"合理化神话"——规则似的体系,它们的存在"效力取决于它们实际上是否被广泛地分享,或者被那些有权对该事项做出决策的个人或群体宣布"(Scott,1983:14)。这些模型提供了组织结构设计的模板,"现代组织的定位、政策、程序和步骤"(Meyer and Rowan,1977:343)。这些模型的力量,并不是作用在组织参与者的任务活动上(工作活动常常脱离规则系统或是相关描述),而是作用于那些组织外部的利益相关者和观众。组织采用这些模型,才能保障其社会合法性。

22.1.3 一个东海岸的变种

当这些观点在斯坦福大学得到构建时,在国家另一端的耶鲁大学,其他两个社会学者保罗·M. 迪马吉奥(Paul M. DiMaggio)和沃尔特·W. 鲍威尔(Walter W. Powell),也在开发他们自己的制度理论。基于一些关于联系性和结构等价的网络化观点(White, Boorman and Breiger,1976),迪马吉奥和鲍威尔提供了相关的解释,以此说明"让组织更相似,但不一定让它们更高效"(1983:147)。虽然斯坦福模型的优势在于广泛共享的符号化模型,但迪马吉奥和鲍威尔强调了明显的网络联系的重要性,这种联系带来了来自如州立机构和专业机构等制度主体的强制或者规范压力,或来自相似或相关组织模仿的影响。

与此同时,海岸两边的研究者都认识到关注一系列更多特定组织的价值。尽管早期的公式化(Meyer and Rowan,1977)推进了论点在所有组织中的应用,但是,迪马吉奥和鲍威尔(1983)的"组织场"的观念(受 Bourdieu 的"社会场"观念的影响,1977)以及我和迈耶的(Scott and Meyer,1983)"社会部门"的概念(受公共政策分析者和社群生态学家的工作的影响)同时认识到,文化和网络系统都会形成一个由社会构建的舞台,在这个舞台上,各种各样相互依赖的组织履行着特定的职能。正是在这些领域里,制度力量才会产生它们最强的影响,因此最容易被检验。

早期的实证工作围绕三个主题:影响机构形式扩散的因素(Tolbert and Zucker, 1983;Hinings and Greenwood,1988;Dobbin et al.,1988;Meyer et al.,1988),冲突或者分裂的制度环境对于组织形式的破坏性影响(Meyer,Scott and Strang,1987;Powell,1988),以及构建起贯穿组织场的规则和逻辑的工作过程(DiMaggio,1983;Leblebici and Salancik,1982)。论点不是凭空制造出来的,而是越来越多地受数据检验的。制度理论走到了一个生机勃勃发展的阶段(Scott,1987)。

22.2 搭建综合框架

我受邀在社会和行为科学高级研究中心做 1989—1990 年学术年度的研究员。这是一个国家级的研究中心,尽管位于斯坦福大学的外围。这为期一年的与其他 50 多名学者一起共事的研究员工作,回报非常丰厚而且对学术研究也非常有利。由于前几年忙于教学、研究和写作(也参与学院和项目的行政工作),因此我选择在这一年进行阅读。我知道制度理论有多样的根基,而且可以用社会学科的许多方法进行研究。我想找到这些方法是否有共同之处,以此决定制度理论是否能放入一个综合的框架里。那一年我让自己定位于广泛地阅读制度理论的文献,无论是经济学家、政治科学还是社会学者关注的古老的和最新的版本。

为了使得这一事业保持连贯性,我采用的是构建蒂莉(Tilly,1984:81)所谓的"包含性"框架,它包含相关但是不同的概念和论证,并且把它们定位于一个更广阔的理论系统。我假定制度是包含"文化认知、规范和管制的元素,连同相关的行为和资源一起,为社会生活提供稳定和意义"(Scott,2001:48;又见,Scott,1995:33)。尽管制度学者在这些因素中强调的重点与分析层次不同,但他们都承认的共同主题是,社会行为和相关资源被规则体系和文化模式所锚定。社会结构的关系和物质特征由虚拟的元素构建、授权和制约。反过来,它们又生产及再生产(Giddens,1979;Sewell,1992)。

如表22.1总结的,支柱框架主要坚持制度由多样元素组成,它们在许多重要方面不同。它们的假定次序和服从的基础不同,机制和逻辑不同,实证指标不同,建立合法声明的立论依据亦不同。

表 22.1 制度的三大支柱

	管制元素	规范元素	文化认知元素
服从的基础	方便	社会责任	理所当然 一致的理解
秩序的基础	管制规则	绑定期望	制定模式
机制	强制的	规范的	模仿的
逻辑	工具性	合适	正统
指标	规则 法律 制裁	证明 认证	共享的行为逻辑
合法性基础	合法制裁	道德约束	可理解的 可辨别的 文化支持的

资料来源:Scott,2001:52,Table 3.1。

尽管所有制度都是由不同元素组合而成,但它们不尽相同,并且主导元素也会随着时间的变化发生改变。不同的理论家也倾向于给一类或另一类元素以更高的权重。因此,大部分的经济学家和理性选择理论家强调管制元素(Moe,1984;Williamson,1975;North,1990);早期社会学家偏好于规范元素(Hughes,1939;Parsons,1934,1990;Selznick,1949);而近期的组织社会学家和文化人类学家,则强调文化认知元素(Zucker,1977;DiMaggio and Powell,1991;Douglas,1986;又见Scott,2001:83—88)。

表 22.1 勾勒的框架不是理论,而是概念图解。它描绘和区分了三种观点,每一种提供了制度可供选择的概念和解释的组成部分。框架试图捕捉制度在过去和现在理论化的共同点和多样性。它不是简单地指出理论的不同,而是指出它们如何不同。它没有提供一个完整的制度理论,而是指出寻求这一理论的方向。它试图使我们更好地比较和对比制度理论多样化的概念,同时区分这些论点的不同层次。

尽管我的理论和研究着重把文化认知因素作为制度分析的基础,但我看到了采纳管制或者规范方法的研究的巨大价值。的确,我参与的许多研究考虑政府组织、法律和法院裁决——所有主要的管制主体——对组织结构和行为的影响。并且我一直关注和研究规范主体,例如专业协会,在塑造组织形式和过程中的力量。尽管方式不同,但所有三个因素都在起作用,以此稳固包括从成对互动到遍及全球系统在内的社会行为。

22.3 设计和修正研究计划

大约在 1975—1985 年,制度理论进入形成期——制度理论得到复兴,并且建设性地与组织相联系,在此阶段形成的观点和方法持续影响着这个领域的发展。我们不能低估基础工作在塑造社会领域后续发展过程中的巨大力量。许多社会现象,包括社会理论,展现出路径依赖的效应。虽然大多数效应是有益的,但在我看来,有些并不是这样。我认为有三个领域在很大程度上需要重新考虑和纠正(Scott,待出版)。

22.3.1 更加互动的模型

太多早期有关制度的理论和研究假定"从上至下"的社会影响模型。学者们用不同的方法检验制度、规范和共同信仰对组织形式的影响。这种强调可以理解,因为要唤起人们关注制度的重要性,一个先决条件就是显示出制度对组织的影响力。然而,当时用到的语言主要是"制度影响",好像一个给定的环境力量组合能够单边影响顺从的组织。我们需要对两方面进行修正,它们目前都正在进行中。

首先,我们需要认识到制度环境不是单一的,而常常是变化和冲突的。权威主体可能是有分歧的——的确,在自由国家,它们常常被设计成提供"检查和平衡"的——框架和模式可能是相互竞争的。制度的元素——管制、规范和文化认知——可能不统一,彼此还可能相互削弱。组织场的边界常常模糊或很薄弱,允许不同的逻辑渗透和支持多样的行为模型。被压抑的团体和利益可能被调动,以成功推进新的结构模型和行为方式。过去 20 年里最有趣的一些工作,帮助分析给定场之间和内部的制度安排的多样性,在参与者和观点跨越场边界的情况下,检验结构的交叉和记录模型的可换位性(Friedland and Alford,1991;Sewell,1992)。这些过程的实证研究从检验美国州结构的分裂(Meyer,Scott and Strang,1987;Abzug and Mezias,1993),到可选的专业模式之间的竞争(DiMaggio,1991),再到模糊的、新兴的管理制度间的斗争,如在社会主义国家里市场模型的出现(Campbell and Pedersen,1996;Stark,1996)。显然,竞争的规则和模式,使从属主体有了选择和议价的可能。

其次,当认识到主体是被制度构建时,有必要肯定它们在重建规则、规范和信仰上的潜力,这些规则、规范和信仰引导——但不是决定——他们的行动。巴利(Barley,1986)进行了一项有影响力的、关于医院中主体对引进新技术的各种反应的研究(假定技术是决定性的),这项研究帮助我们把注意力更多地转移到"主体"可实施的力量上来。这个观点早在1988年迪马吉奥发表的文章中就强调过,该文章重新在制度理论中引进"代理"概念,即在自我处境中"有所改变"的潜能。渐渐地,制度理论的语言慢慢地从制度效应转移到制度"过程"的讨论上来;并且理论学家们也开始刻画循环模式,意识到"自下而上"模式的影响,用以补充或代替"自上而下"的普遍模式(Scott,1995,2001)。

代理主体的引入需要在多个层次上进行。其不仅仅是指出"广泛共享"的信仰系统或者规范的存在,更重要的是我们能够说明谁——何种主体——持有这些信仰或者执行这些规范。类似地,正如前面所说,分析者们必须认识到制度影响下的主体能够以各种方式反馈。后一种努力在奥利弗(Oliver,1991)的研究中得以强化和提升,她认识到将资源依赖观点与制度模型联系起来的价值。她认为各个组织及领导者对制度要求的反应不仅仅是消极的服从(指只是服从时下的理论),而是采用了一系列"战略性"的回应态度——比如默许、妥协、逃避、挑战和操纵。面对拥护战略观点的分析者,古德里克和萨兰西克(Goodrick and Salancik,1996)认为,应该采取合适的、警示的关注态度,现存的信念和标准不支持所谓的"战略性"反应。尽管如此,奥利弗的观点也许对职业学校的制度观点能起到一定的有益作用。(职业学校很少使用理论否认或严格限制组织管理者来影响他们组织所处的环境。)

当然,这两个修正的理论彼此影响。一个充满冲突和模棱两可的环境更需要战略性行为和代理性行为的存在。此外,认识到多层次水平上的代理可鼓励关注主体在组织场内的解释、意义建构、翻译和谈判(Edelman,1992;Dobbin et al.,1993;Weick,1995)。

在这些发展中,制度理论显示出从经典到现代理论学家关于社会结构和行为的趋势(Alexander,1983)。相关和循环模型逐渐代替了单路径、决定论观点。在我看来,吉登斯的研究(Giddens,1979,1984)对日后社会科学家开发一个在自由和秩序之间更平衡关系的概念特别有帮助。

22.3.2 限制性条件解耦

斯坦福大学的初始理论公式提出,为了应对制度需求的正式结构在常规上与技术工作是解耦的(Meyer and Rowan,1977;Meyer,Scott and Deal,1981)。虽然结构因素间"松耦合"的概念在组织研究中有着漫长和丰富的历史(Weick,1976;Scott 2003b:88—89),但是解耦有着更强的智力和情感的包袱,也招致许多批评,认为这一概念隐含骗术、欺诈以及阳奉阴违等含义(例如,Perrow,1985;Hall,1992)。

一个与最初争论有关的长期事实是,现代组织构架不仅仅是复杂技术带来合作要求下的产物,而且是理性规范使得采用恰当的结构模式合法化的结果。的确,这些可以被看作两个半独立的结构来源,缺少其中任何一个,组织的努力都会受损(Scott and Meyer,1983)。另外,每种来源与不同层面的结构相联系。在帕森斯(Parsons,1960)和汤普森(Thompson,1967,2003)之后,我认为制度力量塑造更加"边缘化的"结构,例如管理和治理系统,而技术力量塑造"核心"功能,包括工作单元和合作安排(Scott,1981b,2003b:chs.10—11)。组织反映了这两个稍显独立的结构来源,同时它的参与者必须尽力综合它们。

换言之,我相信我们早期讨论的关于解耦的范围和深度被夸大了。虽然组织可以利用会计、控制和其他评估系统解耦工作活动,但其范围在时间上和组织间是多种多样的。一些制度要求来自权威机构或者有效力的监视系统,如制裁;另外一些则来自身处其位的、执行它们的组织参与者的同情。事实上,其中一些挖掘(或者构建)了组织中关键主体的基本前提和组织逻辑。反馈也取决于何种元素占主导地位:管制系统更多地依赖于外部控制监控和制裁,且更多地引出战略反应。的确,研究表明,是否服从规则取决于在执行上投入的资源(Mezias,1995)。规范性因素更多地依赖于内部过程,不大可能带来口头的应付或是抗拒反应;文化认知因素更多地依赖于深入人心的信念和假定,战略反应对大多数人来说是"无法想象"的。因此,对于许多制度理论学家来说,"要做到制度化,结构必须产生行动"(Tolbert and Zucker,1996:179)。

维斯特法尔和扎亚茨(Westphal and Zajac,1994)构建了一个模型,通过实证调查检验组织中解耦的程度和原因。他们研究了美国最大的570家公司的行为,其中很多公司在过去20年中采取长期激励计划,试图更好地统一管理人员激励与股东利益之间的关系。追随早期结构模型和过程的研究,他们试图识别伴随采纳(包括早期和晚期采纳)或不采纳行为的组织特性。然而,事实上,他们评估组织在高管薪酬项目上的实际改变程度,而并非解耦。发现这些不同后,他们试图检验哪种组织特性能够预测观察到的执行程度。解耦不能作为对制度环境压力的(可能)反应。相反,它被看成一个变量——组织间需要解释的不同反应。他们发现,相似或不同的因素都可以用来解释采用和执行:例如,首席执行官的影响与采用和不执行正相关;同时,公司表现与采用负相关,但是与执行没有相关性。

22.3.3 重新思考理性

经典的、奠基性声明将组织和后期的制度理论版本联系起来,对比了制度和基于理性或效率的观点。因此,根据迈耶和罗恩(Meyer and Rowan,1977:355),"制度化的正式结构与高效的结构是完全不同的……绝对的规则与效率逻辑相冲突"。迪马吉奥和鲍威尔(1983:147)同时声称:"制度使结构发生改变,使结构更加相似,而不使它们更加高效地运行。"这些相关的评论重点放在"神话"、"仪式行为"和盲目一致上,这使社会制度学家很容易陷入只关注组织非理性和表面内容的境地。

与此同时,我与迈耶的合作也开始了(Scott and Meyer,1983)。我们引入上面提到的中间论点——理性的(或技术上的)业绩压力并不是必须与制度压力相悖的,它们可能是相关的——它们都有利于理性的结构安排。我们声称,所有的组织都面临这两种压力,尽管在不同组织部门中的程度会有所不同。因此,教育组织通常服从更强的制度压力而不是技术压力,这与许多工业界的考虑相反。其他的组织,例如银行和核武器厂,面对的两种压力都很强,结果产生非常复杂的结构。最后一个类型的组织团体,例如美国儿童看护中心,由于缺乏强大的技术和制度压力(和支持),就会变得脆弱而不稳定。

当20世纪90年代许多学者各自独立的观点逐渐汇合成一种新的构想时,关于合理性和制度性两种作用力间的关系出现了一种更宽泛、更令人满意的解释。学者们提出一个关于制度安排在构建合理性过程中所扮演的角色的概念,这个概念不仅仅适用于有效性工具,更是作为一种概念性框架定义和支持从途径到结果的整个链条。对效用、效率和其他业绩指标的关心,不是空中楼阁,而需要对比、标准、公共定义和理解——所有这些都是制度概念。更广泛的文化认知、规范和管制的制度方面,决定了竞争和市场的本质,也决定了有效绩效和运作效率的含义(Fligstein,1990;Orrù, Biggart and Hamilton,1991;Powell,1991;Whitley,1992)。总之,制度框架约束和界定了理性的论点和方法。

不过,一个客观现实是,在这些更为广阔的框架下,其他各种制度性条例可能会有助于创造某些结构,使其更适于确保义务,获得合法地位,保证社会适应性,而不是直接提升产品和服务的质量或数量。这些要求,虽然不是直接与核心技术相关,但还是能够给采用它们的组织做出重要的贡献,例如,提升组织知名度、被接受度以及声望等。各种制度的作用及其行之有效的层面都是不同的。

除了为理性和制度观点之间的联系重新确定方向以外,许多当代学者致力于扩展理性的概念。作为以前狭窄功利主义观点的补充和修正,他们认为,应该承认在规则追随、程序和规范导向行为中理性的作用(Langlois,1986;March and Olsen,1989;DiMaggio and Powell,1991;Scott,2001)。许多智慧蕴涵于风俗、习惯和准则之中,制度逻辑必须用社会智力补充。

在学术视角初创期,持续出现的错误带来的问题,并不是制度理论独有的。问题通常都是那些原始文献中难以更正的错误陈述。它们看上去像内置于组织中,并且面对它们需要有巨大的力量和勇气。但是,我认为,这是构建理论的实证研究中一个重要的角色。当预测由于新的发现而变得混乱时,建议重新审视前提和假设,以及命题和逻辑。实证研究不仅仅是检验论点,它还提供了重新表达它们的基础,虽然有时是以非常基本的方式。

22.4 学习制度变革过程

22.4.1 收敛型变革和分裂型变革

在重要性上,制度学理论家从现代阶段一开始,就从理论和实证角度关注制度变革。然而,最终所有的早期研究都关注于"收敛型"变革——解释和证明为什么组织结构和流程越来越相似。因为这些"自上而下"的模型非常流行,人们预设了制度观点以主要用于解释与给定规则或模型的日趋一致性。越来越多的同质化成为制度化过程中的核心指标(Scott,2001)。因此,早期的理论和研究关注现有制度模型的传播(Tolbert and Zucker,1983;Baron,Dobbin and Jennings,1986)。当然,这种强调不包括制度化过程中的关键阶段(Tolbert and Zucker,1996),如始端、终端和中间过程。

22.4.2 起始和终端

对制度模型始端的关注,不久便补充了对中间过程的关注。在对"高文化"组织(艺术博物馆)的形成阶段进行的颇具影响的分析中,迪马吉奥(1991)研究了当有关各方推举出不同的组织方案时经常出现的争端过程。迪马吉奥敏锐地观察到,对早期结构化过程缺乏关注,会导致:

> 得到一种对制度变革的片面看法,这种看法重视想当然的没有方向、没有矛盾,却忽略了有意的(有限理性的)、方向明确的、有矛盾的过程,后一过程才真正能够界定场,并将它们放置于对参与者和观察者而言"自然"发展的轨道(1991:268)。

越来越多的研究者认识到,研究新组织(一个组织新的模型或组织典型例子,以及新的组织场和行业)的起源时,使用制度理论是很有优势的(Aldrich and Fiol,1994;Dezalay and Garth,1996;Greenwood and Hinings,1993;Suchman,1995;Ventresca and Porac,2003)。这一兴趣与早期的组织生态学家的工作相联系,他们像早期的制度理论学家一样关注成功形式的传播,而不是起源,因此给种群生态学(现存模型的竞争)注入了新的种群基因(新形式的创造)(Baum,1996;Suchman,2004)。制度学家也开始关注政治科学家、社会学家和社会运动理论学家有价值的研究,这些学者致力于研究竞争利益、受压制团体的出现,以及组织新模型和行动集合的开发(Clemens and Cook,1999;Clemens and Minkoff,2004;Davis et al.,2004)。

现有的研究开始关注制度化缺失的第三阶段——研究去制度化阶段,以及制度和常规的倾覆。祖克(1988)长期坚持认为,制度性持续不是规则,而是特例。就像所有的系统一样,制度安排取决于熵力的推动,并且要求持续的资源和能量输入,以阻止退化和侵蚀。旧的组织形式和场被淹没,新的又出现了。对于构建和瓦解的起始和终结的观察是非常有意义的,冲突和代理也更加明显。

和别人一样,我近几年也花了大量的精力研究这个过程——曾经稳定的制度安排被挑战、破坏,并逐渐被别的信仰、规则和模型所取代。在近期的一项研究中,我和我的同事们选取的研究目标是 20 世纪后半叶美国卫生保健服务。因为这个领域曾经很稳定,但是近几十年经历了巨大的变迁(Scott et al.,2000;Scott,2004a)。在制度改变的实证跟踪中,我们发现,应该重点关注三个可度量部分——行为者的类型或组织模型(文化认知和规范因素的组合)、制度逻辑(主要是文化认知因素)和管制结构(管制和规范因素的组合)。我们描绘了过去几十年参与者的类型和数量(个人角色、组织形式及其相互关系)、制度逻辑的本质(为参与者提供行动指南的组织原则(Friedland and Alford,1991))以及治理结构(在可见领域的私人和公共控制)几个方面的系统变化,提供了一系列指标来预测制度改变。

与其他对比研究一样(Campbell and Pedersen,1996;Holm,1995;Stark,1996;Thornton,2004),我们发现去制度化和重新构建的过程被内外部力量强化,并且重新构建反映了新的因素——新的发明或从外部场引进——和现存因素的新组合。并且,像其他研究一样,我们也发现观点和其他类型的概念模型,不仅跨行、跨场,甚至跨国界传播(Dacin,Goodstein and Scott,2002)。例如,当代新自由主义逻辑往往渗透那些最初与市场和管理逻辑绝缘的逻辑(例如,专业化、公共和非营利)(Campbell and Pedersen,2001)。

这些以及相关的研究指出,组织研究中制度理论方面的研究依然任重而道远。在我们生活的世界越来越相互依赖的今天,制度理论的概念和论点业已成熟,正准备为复杂过程揭开谜底。

22.5 前进,提升

22.5.1 扩展范围和层次

我长期认为,智力革命中塑造现代组织研究的最重要因素是开放系统模型的引入(Scott,2003b,2004c)。从 20 世纪 60 年代早期起,关于更广阔环境中对组织结构和功能重要性的认同逐渐增长,并且持续到现在。这个过程可以分为三个发展阶段。第一,人们越来越意识到环境的多样性和差异性,从一开始对技术特征和物质资源的认识,到政治上和关系上的相互依赖,再到包括文化和符号的特征。第二,研究单元的层次从个人或者组织内的团体,到组织本身,到组织集(一个由商品和服务交换所连接的主体系统),再到组织种群(执行相似功能和竞争同一资源),最后到组织场(在相同领域运营的相似或不相似组织相互依赖的聚集)。

22.5.2 非本地知识

第三,更少被广泛意识的是,今天的组织更开放,更易接受非本地活动和观点。因为信息技术的改变,以及更多的资金、劳动力、意识形态、信仰和消费偏好和流行时尚流动性的增加,环境中充斥着各种各样的信息。国家和人民在过去很长时间中不受竞争模型的干扰,现在他们本土的制度面临诸多以移民、媒体、咨询和互联网为载体的新想法的挑战(Appadurai,1996;Sahlin-Andersson and Engwall,2002;Scott,2003a)。

一个单一组织现在更有可能同时在众多制度环境中运行,就像跨国公司一样(Westney,1993;Nohria and Ghoshal,1997)。甚至那些没有离开本土的组织也会受到"外国"行动者、信念和实践的影响。第二次世界大战以后,欧洲盟国经济在美国马歇尔计划的帮助下重建时,都被鼓励采用美国的商业模式(Djelic,1998)。创新者如戴明(Demming)不能在美国获得名声就到日本,他的观点在那里受到欢迎并被采用,随后这些模型因为成功而回流至美国,美国本土的组织被要求加入"质量革命"(Cole and Scott,2000)。组织越来越多地成立合资公司以推动更加复杂的项目——水坝、地下运输系统、摩天大楼——跟国外伙伴一起在陌生的土地上合作,并因此服从于各种可能的冲突、文化、管制和规范方面的规定(Levitt and Scott,2004)。还有什么想法或研究能够比制度理论更好地解决这些问题呢?

然而,理论的效用并不只局限于组织层面。国家、国际和全球的层面上也发生着翻天覆地的变化,制度理论有助于学者们更好地描述和解释这些变化。我的同事,约翰·迈耶和他的同事们以及其他人,已经利用制度理论卓有成效地检验了国家层面的特性和动态(Meyer et al.,1997;Thomas et al.,1987)。随着政府间的制度安排(条约和委员会)、国际非政府组织(international non-governmeatal organizations,INGOs)的增加,以及国际职业团体在每个领域对关注度和影响力的竞争,人们越来越多地关注跨国和全球层面的结构和过程(Boli and Thomas,1999;Djelic and Quack,2003)。制度构建业已成为全球层面的过程。因为在跨国层面缺乏集中化的权力和权威,文化认知和规范模型的影响——"软实力"——是可以选择的武器。例如,职业团体更倾向于推广"标准"的发展——规范是一种道德而非强制的诉求(Brunsson and Jacobsson,2000);非政府团体可能利用文化认知特性和道德原则去影响个人、组织、国家,让它们根据其提出的系列指标"前进"。总之,制度将继续在社会生活中扮演重要的角色,并且帮助个体组织和组织系统应对丰富而充满挑战的环境。同时,制度理论也帮助我们更好地理解和引导这些重要的发展。

22.6 个人贡献评述

本书的主编鼓励我们每个人用语言来总结我们对理论的理解和对理论开发的独到贡献。在此之前我想声明,制度理论和我知道的大部分著名理论项目一样,确切地说,不是个人的课题,而是集体课题。科学的本质是一个社会活动,由合作和竞争的过程所推动。(我最喜欢的关于"科学"的定义是"组织怀疑主义"的社群。)当个人有见解时,"会有一个村落",或者确切地说,一个"无形的大学"去发展、评估、扩充和利用一个不成熟的观点。我被我的"同事"教育、告知、启发、批评和纠正——从韦伯的肖像挂在我的办公室墙上,到同时代的人,通过与他们在研讨会和会议上的互动,通过出版物、匿名评审和邮件的交流,再到学生问天真而又深刻的问题,提出有挑战性的反馈,找出新的数据,建议新的应用。

如同我之前试图澄清的,我从没声明自己是制度理论的创始人,或者,把自己划入那些最具创造性的源头中(无论是19世纪还是20世纪)。相反,我更愿意描述我的特殊贡献是扮演了四种角色或功能:联系者、编撰者、拥护者和有贡献的研究者。

作为联络者,我的工作是将制度理论的广阔世界,与组织理论学者和分析者的兴趣和日程安排相联系。在我早期的工作中,我强调制度在组织结构和功能上的作用;在后续研究中,我注意到组织扮演着孵化器、合作生产者、传译者、制度模式和常规的拥护者这样更活跃的角色。在组织研究中,我看到并试图找出制度理论和这些不同领域如战略、创业、健康管理、人力资源、国际管理、管理史、组织认知、组织结构和变革、组织和自然环境、公共和非营利模式的联系。在组织理论领域之外,我试图开发和展现制度理论与那些紧密相关学科的联系,例如法律和社会(Scott,1994)、政治分析(Scott,2002)和社会运动(McAdam and Scott,2005)。

作为编撰者,如前所述,我总结、组织、提炼制度理论学者们的主要观点,将其纳入一个综合的框架,并试图推动它们的对比、交叉激发以及最后的整合。我的支柱框架不会成为最后的结论,但希望它成为推动学者们为制度理论的累积性发展做出贡献的有利台阶。同时,它也促进制度理论的多种形式之间的连接——交易成本、演化经济学、历史制度主义、本土方法论、组织文化和认同、种群生态学以及传统与新制度社会学——每个看上去都是一个更大图景中的一部分(Scott and Meyer,1994;Scott,1995,2001)。

作为拥护者,我试图将制度的概念和方法推向更大范围的受众。我是通过研究、讲座、教学特别是教科书的形式来完成这部分工作的。关于教科书,我编写了《制度和组织》(*Institutions and Organizations*,1995,2001),此书清晰地将与组织相关的制度观点传递给最广泛的受众。我在书中试图追踪制度理论研究的发展历史,也指出被忽略的区域、有争议的领域和还需进行的研究。如在我的《组织:理性、自然和开放的系统》(*Or-

ganizations:Rational,*Natural and Open Systems*,Scott,2003b)这一基础组织教科书的新版本中所展现的,我在其中更多地采用了制度的论点和论据。在现有的第五版中,我通过广泛的理论和学科调查描述制度理论中与其他传统理论互补、竞争和联系的假设和论据。

作为有贡献的研究者,我的研究展示了制度理论作为研究不同部门和组织场的方法的重要性:最初是前面讲到的与迈耶等人合作研究的公共教育,后来拓展到精神健康(Scott and Black,1986)、老年人服务(Scott,1981a)、医疗保健(Alexander and Scott,1984;Ruef and Scott,1998)、公司和中介的培训项目(Scott and Meyer,1991;Monahan,Meyer and Scott,1994)以及人力资源项目(我们检验企业和公共组织中平等的机会和其他劳动保护活动)领域(Dobbin et al.,1988,1993;Sutton et al.,1994)。

我在选择研究主题时更多地依赖于理论的标准,而不是应用的考量——更多地关注改善广泛解释框架(自变量)和论点,而非解决特定问题的短期目标(因变量)。因此,在与迈耶的早期工作中,我们把分析聚焦在制度冲突和模糊的制度领域这一情境。我选择能够代表自变量不同取值的部门和场——例如,缺乏约束或制度上不完善(例如,精神健康),或正经历快速变革和重建过程(例如,美国的医疗保健(Scott et al.,2000))。并且,在最近的研究中,我有意识地试图连接和整合研究中的不同层面的分析(Scott,1993;Scott et al.,2000)。

总之,我找到并采用了许多种方法推进制度理论。理论研究项目的发展,像建立大教堂一样,需要漫长的过程、高额的资源支出,以及高度多元化的劳动团队,其中包括不同的专长、技能和工作常规。我们每个人都纠结于两个相关但不同的问题:一个是"什么是最棒的事情",另一个就是"我做什么最棒"。

22.7 结束语

如同我之前试图说明的,制度理论历史悠久,未来光明。它不是稍纵即逝的理论,今天来明天去。它不是"精品店"理论——某些学术创业者声称的能够解释特殊变量或者有限范围社会行为的巨大差异的理论。它有助于我们解答重要而持久的问题,包括组织相似性和差异性的基础、结构和行为的关系、社会生活的角色标志、想法和兴趣的关系以及自由与秩序间的冲突。

为了在未来组织研究的健康发展,制度理论鼓励学者们用更长远、更广泛的视角,绘制可验证的观点。我们的理论概念和实证结果中令人尴尬的是,一大块内容是由美国学者们在过去几十年中基于美国组织的数据所构建的。如果我们能够利用历史和比较研究的丰富组合,并且覆盖和解释组织在时空中不同寻常的多样性,提供概念工具,那么制度理论是能够克服这种地域和时代的偏差的。

参考文献

ABZUG, R., and MEZIAS, S. J. (1993). The fragmented state and due process protections in organizations: The case of comparable worth. *Organization Science*, 4: 433–453.

ALDRICH, H. E., and FIOL, E. M. (1994). Fools rush in? The institutional context of industry creation. *Academy of Management Review*, 19: 645–670.

ALEXANDER, J. C. (1983). *Theoretical Logic in Sociology*, vols. 1–4. Berkeley: University of California Press.

—— and SCOTT, W. R. (1984). The impact of regulation on the administrative structure of hospitals. *Hospitals and Health Services Administration*, 29(May/June): 71–85.

APPADURAI, A. (1996). *Modernity and Large: Cultural Dimensions of Globalization*. Minneapolis: University of Minnesota Press.

BARLEY, S. R. (1986). Technology as an occasion for structuring: Evidence from observations of CT scanners and the social order of radiology departments. *Administrative Science Quarterly*, 31: 78–108.

BARON, J. N., DOBBIN, F. R., and JENNINGS, P. D. (1986). War and peace: The evolution of modern personnel administration in U.S. industry. *American Journal of Sociology*, 92: 350–383.

BAUM, J. A. C. (1996). Organizational ecology. In S. R. Clegg, C. Hardy, and W. R. Nord (eds.), *Handbook of Organization Studies*: 77–114. London: Sage.

BERGER, J., and ZELDITCH, M., Jr. (eds.) (1993). *Theoretical Research Programs: Studies in the Growth of Theory*. Stanford, Calif.: Stanford University Press.

BERGER, P. K, and LUCKMANN, T. (1967). *The Social Construction of Reality*. New York: Doubleday.

BILL, J. A., and HARDGRAVE, R. L., Jr. (1981). *Comparative Politics: The Quest for Theory*. Washington, DC: Bell and Howell, University Press of America.

BLAU, P. M., and SCOTT, W. R. (1962). *Formal Organizations: A Comparative Approach*. San Francisco: Chandler. Reprinted as a Stanford Business Classic by Stanford University Press, 2003.

BOURDIEU, P. (1977). *Outline of A Theory of Practice*. Cambridge: Cambridge University Press.

BRUNSSON, N., and JACOBSSON, B. (eds.) (2000). *A World of Standards*. Oxford: Oxford University Press.

BOLI, J., and THOMAS, G. M. (eds.) (1999). *Constructing World Culture: International Nongovernmental Organizations since 1875*. Stanford, Calif.: Stanford University Press.

CAMPBELL, J. L., and PEDERSEN, O. K. (eds.) (1996). *Legacies of Change: Transformations of Postcommunist European Economies*. New York: Aldine de Gruyter.

—— —— (eds.) (2001). *The Rise of Neoliberalism and Institutional Analysis*. Princeton: Princeton University Press.

CLEMENS, E. S., and COOK, J. M. (1999). Politics and institutionalism: Explaining durability and change. *Annual Review of Sociology*, 25: 441–466.

—— and MINKOFF, D. C. (2004). Beyond the iron law: Rethinking the place of organizations in social movement research. In D. A. Snow, S. A. Soule, and H. Kriesi (eds.), *The Blackwell Companion to Social Movements*: 155–170. Oxford: Blackwell.

COHEN, E. G., MEYER, J. W., SCOTT, W. R., and DEAL, T. E. (1979). Technology and teaming in the elementary school. *Sociology of Education*, 52: 20–33.

COLE, R. E., and SCOTT, W. R. (eds.) (2000). *The Quality Movement and Organization Theory.* Thousand Oaks, Calif.: Sage.

DACIN, M. T., GOODSTEIN, J., and SCOTT, W. R. (2002). Institutional theory and institutional change: Introduction to the special research forum. *Academy of Management Journal*, 45: 45–54.

DAVIS, G. F., MCADAM, D., SCOTT, W. D., and ZALD, M. N. (eds.) (2004). *Social Movements and Organization Theory.* New York: Cambridge University Press.

DEZALAY, Y., and GARTH, B. G. (1996). *Dealing in Virtue: International Commercial Arbitration and the Construction of a Transnational Legal Order.* Chicago: University of Chicago Press.

DIMAGGIO, P. J. (1983). State expansion and organization fields. In R. H. Hall and R. E. Quinn (eds.), *Organization Theory and Public Policy*: 147–61. Beverly Hills, Calif.: Sage.

—— (1988). Interest and agency in institutional theory. In L. G. Zucker (ed.), *Institutional patterns and organizations: Culture and environment*: 3–21. Cambridge, Mass.: Ballinger.

—— (1991). Constructing an organizational field as a professional project: U.S. art museums, 1920–1940. In W. W. Powell and P. J. DiMaggio (eds.), *The New Institutionalism in Organizational Analysis*: 267–292. Chicago: University of Chicago Press.

—— and POWELL, W. W. (1983). The iron cage revisited: Institutional isomorphism and collective rationality in organizational fields. *American Sociological Review*, 48: 147–160.

—— —— (1991). Introduction. In W. W. Powell and P. J. DiMaggio (eds.), *The New Institutionalism in Organizational Analysis*: 1–38. Chicago: University of Chicago Press.

DJELIC, M.-L. (1998). *Exporting the American Model.* New York: Oxford University Press.

—— and QUACK, S. (eds.) (2003). *Globalization and Institutions: Redefining the Rules of the Economic Game.* Cheltenham: Edward Elgar.

DOBBIN, F. R., EDELMAN, L., MEYER, J. W., SCOTT, W. R., and SWIDLER, A. (1988). The expansion of due process in organizations. In L. G. Zucker (ed.), *Institutional Patterns and Organizations: Culture and Environment*: 71–98. Cambridge, Mass.: Ballinger.

—— SUTTON, J. R., MEYER, J. W., and SCOTT, W. R. (1993). Equal opportunity law and the construction of internal labor markets. *American Journal of Sociology*, 99: 396–427.

DORNBUSCH, S. M., and SCOTT, W. R. (with the assistance of B. C. Busching and J. D. Laing) (1975). *Evaluation and the Exercise of Authority.* San Francisco: Jossey-Bass.

DOUGLAS, M. (1986). *How Institutions Think.* Syracuse, NY: Syracuse University Press.

DURKHEIM, E. (1912/1961). *The Elementary Forms of Religious Life.* New York: Collier.

EDELMAN, L. B. (1992). Legal ambiguity and symbolic structures: Organizational mediation of civil rights. *American Journal of Sociology*, 95: 1401–1440.

FLIGSTEIN, N. (1990). *The Transformation of Corporate Control.* Cambridge, Mass.: Harvard University Press.

FRIEDLAND, R., and ALFORD, R. R. (1991). Bringing society back in: Symbols, practices, and institutional contradictions. In W. W. Powell and P. J. DiMaggio (eds.), *The New Institutionalism in Organizational Analysis*: 232–263. Chicago: University of Chicago Press.

GIDDENS, A. (1979). *Central Problems in Social Theory: Action, Structure, and Contradiction in Social Analysis.* Berkeley, Calif.: University of California Press.

—— (1984). *The Constitution of Society.* Berkeley, Calif.: University of California Press.

GOODRICK, E., and SALANCIK, G. R. (1996). Organizational discretion in responding to institutional practices: Hospitals and Cesarean births. *Administrative Science Quarterly*,

41: 1–28.

GREENWOOD, R., and HININGS, C. R. (1993). Understanding strategic change: The contribution of archetypes. *Academy of Management Journal*, 37: 467–498.

HALL, R. H. (1992). Taking things a bit too far: Some problems with emergent institutional theory. In K. Kelley (ed.), *Issues, Theory, and Research in Industrial Organizational Psychology*: 71–87, Amsterdam: Elsevier.

HININGS, B., and GREENWOOD, R. (1988). The normative prescription of organizations. In L. G. Zucker (ed.), *Institutional Patterns and Organizations: Culture and Environment*: 53–70. Cambridge, Mass.: Ballinger.

HODGSON, G. M. (1994). The return of institutional economics. In N. J. Smelser and R. Swedberg (eds.), *The Handbook of Economic Sociology*: 58–76. Princeton and New York: Princeton University Press and Russell Sage Foundation.

HOLM, P. (1995). The dynamics of institutionalism: Transformation processes in Norwegian fisheries. *Administrative Science Quarterly*, 40: 398–422.

HUGHES, E. C. (1939). Institutions. In R. E. Park (ed.), *An Outline of the Principles of Sociology*: 281–330. New York: Barnes and Noble.

—— (1958). *Men and their Work*. Glencoe, Ill.: Free Press.

LANGLOIS, R. N. (ed.) (1986). *Economics as a Process: Essays in the New Institutional Economics*. New York: Cambridge University Press.

LAWRENCE, P. R., and LORSCH, J. W. (1967). *Organization and Environment: Managing Differentiation and Integration*. Boston: Graduate School of Business Administration, Harvard University.

LEBLEBICI, H., and SALANCIK, G. (1982). Stability in interorganizational exchanges: Rule-making processes of the Chicago Board of Trade. *Administrative Science Quarterly*, 27: 227–242.

LEVITT, R. E., and SCOTT, W. R. (2004). Understanding and mitigating the effects of conflicting institutions on global projects. Unpublished paper, Department of Civil Engineering, Stanford University.

MCADAM, D., and SCOTT, W. R. (2005). Organizations and movements. In G. Davis, D. McAdam, W. R. Scott, and M. Zald (eds.), *Social Movements and Organization Theory*: New York: Cambridge University Press (forthcoming).

MARCH, J. G., and OLSEN, J. P. (1989). *Rediscovering Institutions: The Organizational Basis of Politics*. New York: Free Press.

MEYER, J. W. (1970). Institutionalization. Unpublished paper, Department of Sociology, Stanford University.

—— (1977). The effects of education as an institution. *American Journal of Sociology*, 83: 55–77.

—— BOLI, J., THOMAS, G. M., and RAMIREZ, F. O. (1997). World society and the nation state. *American Journal of Sociology*, 103: 144–181.

—— and ROWAN, B. (1977). Institutionalized organizations: Formal structure as myth and ceremony. *American Journal of Sociology*, 83: 340–363.

—— and SCOTT, W. R. (1983). *Organizational Environments: Ritual and Rationality*. Beverly Hills, Calif.: Sage.

—— —— COLE, S., and INTILI, J.-A. K. (1978). Instructional dissensus and institutional consensus in schools. In M. W. Meyer (ed.), *Environments and Organizations*: 290–305. San Francisco: Jossey-Bass.

—— —— and DEAL, T. E. (1981). Institutional and technical sources of organizational structure: Explaining the structure of educational organizations. In H. D. Stein (ed.),

Organization and the Human Services: 151–178. Philadelphia: Temple University Press.

—— —— and STRANG, D. (1987). Centralization, fragmentation, and school district complexity. *Administrative Science Quarterly*, 32: 186–201.

—— —— —— and CREIGHTON, A. L. (1988). Bureaucratization without centralization: Changes in the organizational system of U.S. public education, 1940–80. In L. G. Zucker (ed.), *Institutional Patterns and Organizations: Culture and Environment*: 139–167. Cambridge, Mass.: Ballinger.

MEZIAS, S. J. (1995). Using institutional theory to understand for-profit sectors: The case of financial reporting standards. In W. R. Scott and S. Christensen (eds.), *The Institutional Construction of Organizations: International and Longitudinal Studies*: 164–196. Thousand Oaks, Calif.: Sage.

MOE, T. M. (1984). The new economics of organization. *American Journal of Political Science*, 28: 739–777.

MONAHAN, S. E., MEYER, J. W., and SCOTT, W. R. (1994). Employee training: The expansion of organizational citizenship. In W. R. Scott and J. W. Meyer (eds.), *Institutional Environments and Organizations: Structural Complexity and Individualism*: 255–271. Thousand Oaks, Calif.: Sage.

NOHRIA, N., and GHOSHAL, S. (1997). *The Differentiated Network: Organizing Multinational Corporations for Value Creation*. San Francisco: Jossey-Bass.

NORTH, D. C. (1990). *Institutions, Institutional Change and Economic Performance*. Cambridge: Cambridge University Press.

OLIVER, C. (1991). Strategic responses to institutional processes. *Academy of Management Review*, 16: 145–179.

ORRÙ, M., BIGGART, N. W., and HAMILTON, G. G. (1991). Organizational isomorphism in East Asia. In W. W. Powell and P. J. DiMaggio (eds.), *The New Institutionalism in Organizational Analysis*: 361–389. Chicago: University of Chicago Press.

PARSONS, T. (1934/1990). Prolegomena to a theory of social institutions. *American Sociological Review*, 55: 319–339.

—— (1960). *Structure and Process in Modern Societies*. Glencoe, Ill.: Free Press.

PERROW, C. (1985). Review essay: Overboard with myth and symbols. *American Journal of Sociology*, 91: 151–155.

POWELL, W. W. (1988). Institutional effects on organizational structure and performance. In L. G. Zucker (ed.), *Institutional Patterns and Organizations: Culture and Environment*: 115–136. Cambridge, Mass.: Ballinger.

—— (1991). Expanding the scope of institutional analysis. In W. W. Powell and P. J. DiMaggio (eds.), *The New Institutionalism in Organizational Analysis*: 183–203. Chicago: University of Chicago Press.

RUEF, M., and SCOTT, W. R. (1998). A multidimensional model of organizational legitimacy: Hospital survival in changing institutional environments. *Administrative Science Quarterly*, 43: 877–904.

SAHLIN-ANDERSSON, K., and ENGWALL, L. (eds.) (2002). *The Expansion of Management Knowledge: Carriers, Flows and Sources*. Stanford, Calif.: Stanford University Press.

SCOTT, W. R. (1965). Reactions to supervision in a heteronomous professional organization. *Administrative Science Quarterly*, 10: 65–81.

—— (1966). Professionals in bureaucracies—areas of conflict. In H. M. Vollmer and D. L. Mills (eds.), *Professionalization*: 265–275. Englewood Cliffs, NJ: Prentice Hall.

—— 1981a. Reform movements and organizations: The case of aging. In J. G. March (ed.), *Aging: Social Change*: 331–345. New York: Academic Press.

—— 1981b. *Organizations: Rational, natural and open systems.* Englewod Cliffs, NJ: Prentice Hall.

—— (1983). Introduction: From technology to environment. In J. W. Meyer and W. R. Scott (eds.), *Organizational Environments: Ritual and Rationality*: 13–17. Beverly Hills, Calif.: Sage.

—— (1987). The adolescence of institutional theory. *Administrative Science Quarterly*, 32: 493–511.

—— (1993). The organization of medical care services: Toward an integrated theoretical model. *Medical Care Review*, 50: 271–302.

—— (1994). Law and organizations. In S. B. Sitkin and R. J. Bies (eds.), *The Legalistic Organization*: 3–18. Newbury Park, Calif.: Sage.

—— (1995). *Institutions and Organizations.* Thousand Oaks, Calif.: Sage.

—— (2001). *Institutions and Organizations*, 2nd edn., Thousand Oaks, Calif.: Sage.

—— (2002). Organizations and the natural environment: Evolving models. In A. Hoffman and M. Ventresca (eds.), *Organizations, Policy, and the Natural Environment: Institutional and Strategic Perspectives*: 453–464. Stanford, Calif.: Stanford University Press.

—— (2003a). Institutional carriers: Reviewing modes of transporting ideas over time and space and considering their consequences. *Industrial and Corporate Change*, 12: 879–894.

—— (2003b). *Organizations: Rational, Natural and Open Systems*, 5th edn., Upper Saddle River, NJ: Prentice-Hall.

—— (2004a). Competing logics in health care: Professional, state, and managerial. In F. Dobbin (ed.), *The Sociology of the Economy*: 276–287. New York: Russell Sage Foundation.

—— (2004b). Institutional theory. In G. Ritzer (ed.), *Encyclopedia of Social Theory*: 408–414. Thousand Oaks, Calif.: Sage.

—— (2004c). Reflections on a half-century of organizational sociology. *Annual Review of Sociology*, 30: 1–21.

—— (forthcoming). Approaching adulthood: The maturing of institutional theory. *Theory and Society.*

—— and BLACK, B. L. (ed.) (1986). *The Organization of Mental Health Services: Societal and Community Systems.* Beverly Hills, Calif.: Sage.

—— and MEYER, J. W. (1983). The organization of societal sectors. In J. W. Meyer and W. R. Scott (eds.), *Organizational Environments: Ritual and Rationality*: 129–153. Beverly Hills, CA: Sage.

—— —— (1991). The rise of training programs in firms and agencies: An institutional perspective. In B. M. Staw and L. L. Cummings (eds.), *Research in Organizational Behavior.* 13: 297–326. Greenwich, Conn.: JAI Press.

—— —— (1994). *Institutional Environments and Organizations: Structural Complexity and Individualism.* Thousand Oaks, Calif.: Sage.

—— RUEF, M., MENDEL, P. J., and CARONNA, C. A. (2000). *Institutional Change and Healthcare Organizations: From Professional Dominance to Managed Care.* Chicago: University of Chicago Press.

SELZNICK, P. (1949). *TVA and the Grass Roots.* Berkeley, Calif.: University of California Press.

SEWELL, W. H., Jr. (1992). A theory of structure: Duality, agency, and transformation. *American Journal of Sociology*, 98: 1–29.

STARK, D. (1996). Recombinant property in East European capitalism. *American Journal of Sociology*, 101: 993–1027.

SUCHMAN, M. C. (1995). Localism and globalism in institutional analysis: The emergence of contractual norms in venture finance. In W. R. Scott and S. Christensen (eds.), *The Institutional Construction of Organizations: International and Longitudinal Studies*: 39–63. Thousand Oaks, Calif.: Sage.

—— (2004). Constructed ecologies: Reproduction and structuration in emerging organizational communities. In W. W. Powell and D. L. Jones (eds.), *How Institutions Change*. Chicago: University of Chicago Press.

SUTTON, J., DOBBIN, F., MEYER, J. W., and SCOTT, W. R. (1994). Legalization of the workplace. *American Journal of Sociology*, 99: 944–971.

THOMAS, G. M., MEYER, J. W., RAMIREZ, F. O., and BOLI, J. (eds.) (1987). *Institutional Structure: Constituting State, Society, and the Individual*. Newbury Park, Calif.: Sage.

THOMPSON, J. W. (1967/2003). *Organizations in Action*. New York: McGraw Hill. Reprinted New Brunswick, NJ: Transaction Publishers.

THORNTON, P. H. (2004). *Markets from Culture: Institutional Logics and Organizational Decisions in Higher Education Publishing*. Stanford, Calif.: Stanford University Press.

TILLY, C. (1984). *Big Structures, Large Processes, Huge Comparisons*. New York: Russell Sage Foundation.

TOLBERT, P. S., and ZUCKER, L. G. (1983). Institutional sources of change in the formal structure of organizations: The diffusion of civil service reform, 1880–1935. *Administrative Science Quarterly*, 30: 22–39.

TOLBERT, P. S., and ZUCKER, L. G. (1996). The institutionalization of institutional theory. In S. R. Clegg, C. Hardy, and W. R. Nord (eds.), *Handbook of Organization Studies*: 175–190. Thousand Oaks, Calif.: Sage.

VENTRESCA, M. J., and PORAC, J. (eds.) (2003). *Constructing Industries and Markets*. London: Elsevier Science.

WEBER, M. (1924/1968). *Economy and Society: An Interpretive Sociology*, 2 vols., eds. G. Roth and C. Wittich. New York: Bedminister Press.

WEICK, K. (1976). Educational organizations as loosely-coupled systems. *Administrative Science Quarterly*, 21: 1–19.

—— (1995). *Sensemaking in Organizations*. Thousand Oaks, Calif.: Sage.

WESTNEY, D. E. (1993). Institutional theory and the multinational corporation. In S. Ghoshal and D. E. Westney (eds.), *Organization Theory and the Multinational Corporation*: 53–76. New York: St. Martin's.

WESTPHAL, J., and ZAJAC, E. J. (1994). Substance and symbolism in CEOs' long-term incentive plans. *Administrative Science Quarterly*, 39: 367–390.

WHITE, H. C., BOORMAN, S. A., and BREIGER, R. L. (1976). Social structure from multiple networks. I: Blockmodels of roles and positions. *American Journal of Sociology*, 81: 730–780.

WHITLEY, R. (1992). The social construction of organizations and markets: The comparative analysis of business recipes. In M. Reed and M. Hughes (eds.), *Rethinking Organizations: New Directions in Organization Theory and Analysis*: 120–143. Newbury Park, Calif.: Sage.

WILLIAMSON, O. E. (1975). *Markets and Hierarchies: Analysis and Antitrust Implications*. New York: Free Press.

ZUCKER, L. G. (1977). The role of institutionalization in cultural persistence. *American Journal of Sociology*, 42: 726–743.

—— (1988). Where do institutional patterns come from? Organizations as actors in social systems. In L. G. Zucker (ed.), *Institutional Patterns and Organizations: Culture and Environment*: 23–49. Cambridge, Mass.: Ballinger.

第23章 交易成本经济学:理论开发的过程[①]

奥利弗·威廉姆森

　　交易成本经济学,是一门由法律、经济学和组织理论组合而成的交叉学科(Williamson,1985)。交易成本经济学始于20世纪70年代,并且持续地在概念、理论、实证和公共政策方面获得发展。交易成本经济学中的关键思想,可以在20世纪30年代的法律、经济学和组织理论的划时代贡献中找到源头。但是,这些思想并不是明显相关的,更难以组合成丰硕的成果。后续的两项发展——20世纪50年代后期以及60年代初期卡内基-梅隆大学的产业组织研究生院(Graduate School of Industrial Administration,GSIA)的社会科学研究的交叉项目,和20世纪60年代市场失灵研究的新发展——都为交易成本经济学的发展奠定了良好的基础。[②] 对于我的参与而言,我很怀疑,如果没有GSIA的博士生项目(1960—1963年)的培养,我是否能够发现交易成本经济学的研究机会。[③] 当然,单纯依靠博士生项目也是远远不够的,20世纪60年代,我在教学、研究和公共政策上的经历,都使我的注意力逐渐转向交易成本经济学的研究需要和机会。

　　这一章分为七个小节。23.1节回顾了20世纪30年代的重要贡献,20世纪60年代的发展在23.2节中展开。我在20世纪60年代的培训、教学、研究和在公共政策上的活动,在23.3节中进行论述。上述内容引出我的转型之作"生产的垂直一体化:对市场失灵的一些思考"(The Vertical Integration of Production:Market Failure Considerations,1971),23.4节对这篇文章进行论述。23.5节陈述了自交易成本经济学发展以来的一些思考。我在23.6节中讨论了"卡内基的三要素"——自律、交叉学科和活跃的思想。结尾是对本章的总结。

[①] 作者是加州大学伯克利分校研究生院的教授和埃德伽·凯撒(Edgar F. Kaiser)商学、经济学和法学的教授。相关评论可发送至 owilliam@hass.berkeley.edu。

[②] 交易成本理论的发展得益于很多学者的共同努力。威廉姆森和马斯腾(Masten)的《交易成本经济学》(卷Ⅰ、卷Ⅱ)一书(1995)回顾了一些较有影响力的文章。另见克劳德·梅纳尔(Claude Menard,2005)。

[③] 威廉姆森(1995)对早期影响我的培训和心智发展的事件和人物做了一个自传性的描述。尽管良好的直觉帮助我在关键的交叉路口上做了正确的决定,但是我也受益于一些优秀的导师和老师,很幸运,我通常具有良好的倾听能力。

23.1 20世纪30年代法律、经济学和组织理论的关键贡献[①]

23.1.1 经济学

约翰·R.康芒斯(John R. Commons,1932)和罗纳德·科斯(Ronald Coase,1937)提出了关键的经济学思想。康芒斯是二人中的长者,对于超越正统理论具有更为清晰的认识。然而,由于高度的概括能力,即使对有共鸣的读者来说,他的话语仍然显得有些模糊,所以,他对交易成本经济学的影响要小于科斯,后者更关注于传统的企业与市场组织理论在逻辑上的缺陷。

23.1.1.1 康芒斯

康芒斯对于关键问题有着持久的兴趣。不同于传统理论对资源分配范式和简单市场交易的关注(Reder,1999),康芒斯从契约的角度对经济学进行分析,他对经济组织是这样论述的,"活动的最终单位……必然包括冲突、互利和秩序这三大原则。这一单位就是交易"(Commons,1932:4)。他进一步论述道,"经济学的理论,紧紧围绕着交易及其运行规则、组织问题和……组织活动稳定的方式"(1950:21)。

康芒斯不仅在他生活的时代率先提出经济组织的契约观,把交易作为分析单位,而且他对冲突、互利和秩序的关注,隐含着治理这一概念。更通俗地说,他首次把作为问题和解决方案的组织,看成能用经济学进行分析的主题。但是,康芒斯和他的学生、同事都没有赋予这些概念以操作性的内涵。相反,制度经济学的旧风格阻碍了理论的发展。

23.1.1.2 科斯

科斯开创性的文章"企业的本质"(The Nature of the Firm,1937)是他对传统理论的第一次和最重要的一次挑战。他在商业管理的培训和垂直一体化的实地考察,都使得他对企业与市场组织研究的传统做法疑虑重重(Coase,1988)。

科斯在1937年的文章中,指出了传统经济学理论在逻辑上的缺陷。传统理论一方面把企业和市场组织上经济活动的分布看成既定的,另一方面又把注意力放在"经济系统通过价格机制进行协调"(Coase,1937:387),企业和市场可以看成"协调生产活动的可替代的方式"(Coase,1937:388)。经济活动的分布应该是推导的,而非给定的。1937年的文章把它的目标看成"填补经济学理论的空白……我们必须解释现实中二者之间的选择是如何进行的"(Coase,1937:389)。他把交易成本看成填补空白的概念。

[①] 这一节以及后面一节都是基于我即将在《美国经济评论》上发表的论文"治理经济学"(The Economics of Governance)。

23.1.2　组织理论

切斯特·巴纳德(Chester Barnard)对于内部经济组织的机制和目的非凡的洞察力,不是基于他的学术培训,而是基于他的管理实践。他的著作《执行者的功能》(*The Functions of the Executive*,1938)不仅开拓了新的方向,而且表达了"组织的科学"有望出现的雄心壮志。

我与巴纳德一系列相关的关键思想中(Williamson,1990),对交易成本经济学最重要的两项是:(1) 关于适应(adaptation)是经济组织的关键问题的论断;(2) 对企业的协调性适应的强调,这一点的达成需要通过"有意识的、特意的、有目的"的行政管理实现(Barnard,1938:4,6,73)。

有趣的是,弗里德里克·哈耶克(Friedrich Hayek)也提出,适应是经济组织的关键问题,但是,二者还是存在显著区别的。哈耶克作为一个经济学家,对适应的关注集中于自发适应于市场变化的经济主体,这种市场变化是以相对价格的变化显示的:把"价格体系"看作"交流信息的机制",市场的神奇之处在于"个体参与者需要了解微妙的信息变化来采取正确的行动"(Hayek,1945:526—527)。相反,巴纳德认为,经济主体的协调性适应是通过管理(官僚体制)实现的。再重复一遍,后者并不是自发实现的,而是通过"有意识的、特意的、有目的"的方式实现的(Barnard,1938:4)。由于一个绩效表现良好的经济体系必须具有两种形式的适应能力,因此,市场和组织的功能都是必需的。[①]

23.1.3　法学

对于法学和经济学来说,契约定义明晰、由信息充分的法庭无成本执行的说法完全是出于分析的便利。然而,这种以法为中心的说法,被卡尔·卢埃林(Karl Llewellyn)的论断打破。卡尔·卢埃林在1931年提出,应该超越契约的法律规则概念,把契约思想作为分析框架引入。正如卡尔·卢埃林所说,"法律契约最重要的是提供了一个框架,这一框架从未准确地反映真实的工作关系,但却能粗略地指出关系的变化,是面对质疑时的临时性指南,和关系停止工作后的最终诉讼规范"(Llewellyn,1931:736—737)。如此一来,契约的目的不是法律性质的,而是使工作得以顺利完成。

当然,通过诉诸法庭实行最终的诉讼至关重要,因为它有助于消除威胁。但是,核心思想在于:随着契约复杂性的提高,应用于简单交易需求的契约法律观,应让位于更加自由的、管理式的契约概念。与通用的契约法这一简单观念(单一)相反,多种契约法(复合)的需求更加突出。这种契约法的差别不是偶然性的,它对于区分不同的治理模式非常重要(Williamson,1991)。

---

① 当然,巴纳德全部的关注点在于内部组织,而非关于市场与组织的比较经济学。他之所以得名,在于他能深刻理解内部组织中正式和非正式的机制,认为组织并不仅仅是重要的,而且社会科学家应该致力于发展一门关于组织的科学。

总之,我们通过上述论述,可以得出下列综合性的见解:(1) 组织是重要的,应该进行分析;(2) 协调性适应能够支持上述经济关系,也是重要的;(3) 经济组织的契约/交易观点是有前景的;(4) 大部分行为停留在微观分析层面。尽管观点相近,但这些学者的研究相互独立,并且看不到研究之间的互补性。①

23.2 20 世纪 60 年代的后续发展

这些优良的思想在随后 35 年的时间里并不活跃②,20 世纪 50 年代后期至 60 年代,组织理论和市场失灵研究的后续发展显示出必要性,卡内基学派(Carnegie)对于前者的发展极为关键,而实证交易成本研究对于后者非常重要。

23.2.1 多学科的社会科学

20 世纪 40 年代至 50 年代,经济学与其他社会科学,特别是经济学与社会学,在各自的道路上向前发展。因此,保罗·萨缪尔森(Paul Samuelson,1947)根据它们的理性导向区别经济学与社会学,理性属于经济学的范畴,而非理性属于社会学的范畴。随后,詹姆斯·杜生贝(James Duesenberry,1960)讽刺道,经济学关注的是个人如何做决策,而社会学认为,个人并没有多少选择可做。赫伯特·西蒙却从另一个方面看待这一问题。

西蒙在芝加哥大学获得政治科学的博士学位。除了在政治科学方面的良好培训,由于西蒙志在"管理、经济学,甚至运营学科上从事教学与研究工作",他的"经济学基础非常扎实……(并且)在数学上也有所造诣"(Simon,1991:85)。事实上,西蒙成了无与伦比的社会科学家,他具有超凡的智力、活力、好奇心和从事多种学科的能力,这使得他在任何领域都能游刃有余,包括政治学、经济学、社会学、组织理论、统计学、哲学、认知科学,如此种种,数不胜数。

西蒙在创作《行政行为》(Administrative Behavior)时,得益于巴纳德的《执行者的功能》(Functions of the Executive)(Simon,1947)。以巴纳德一书为框架,西蒙发展出更为相关的概念和精准的词汇(Simon,1957a:xlv)。西蒙对组织理论做出的重大贡献,包括有限理性③、对过程的关注(搜索就是其中的一种)、雇佣关系的正规理论、复杂性的构建和分目标的追求。

---

① 康芒斯是一个例外。巴纳德引用了康芒斯关于"战略因素"的术语(1938:202—205);卢埃林受到他持续关注问题的思想的启发(Scott,2002:1027—1028)。

② 如同科斯观察到的(Coase,1972:69),他于 1937 年发表的"企业的性质"一文被广泛引用,但在 1972 年之前很少被应用。

③ 有限理性既非非理性,又非无理性。更为精确的说法是,"有限理性是希望理性,但只能有限地达成的行为"(Simon,1957:xxiv)。这样的构架使得有限理性排除了为了方便分析的超理性假设,又没有去除在复杂经济组织研究中的主流的理性分析方法。

正如西蒙后来所观察到的,有限理性成为他理论体系中的"北极星"(Simon, 1991:86)。更一般地说,西蒙向社会科学家建议,"我们研究的是人的行为,在设计研究议程和研究方法时,没有什么是比我们对人类本性的认识更为根本的参考了"(Simon,1985:303)。

西蒙在1949年加入卡内基-梅隆大学的产业组织研究生院的教员队伍。这对西蒙来说是极为关键的一步,因为GSIA的一部分教员将变革商业教学。[①] 交叉学科的社会科学的教学和研究即将盛行。

当然,经济学在过去和现在都是社会科学中精确的高标准,但是GISA教员希望能在更普遍的范围内实现精确,并且不拘泥于学科的界限。如果并且随着议题穿越学科的界限,经济组织的学生也同样应该如此。我很荣幸地成为这个项目的一部分。正如雅克·德雷兹(Jacques Dreze)对我所说的那样,并且我相信对很多其他人而言,卡内基的经历可以总结为"我过去从未经历过的学术刺激"(Dreze,1995:123)。

23.2.2　市场失灵研究的最新发展

市场失灵研究在第二次世界大战后发展迅速,在这一流派中的众多文献中,科斯(Coase,1960)和阿罗(Arrow,1969)的文章引起我特别的关注,二者都通过破产来描述零交易成本的情况。

科斯在他1960年的"社会成本的问题"(The Problem of Social Cost)一文中提出利用契约术语重新构建侵权问题(或者,更为普遍意义上的外部效应问题)。如果零交易成本逻辑成立,外部效应问题就会消失,正像科斯在其诺贝尔奖获奖演讲中所说(Coase,1992:717):

> 庇古(Pigou)和大多数运用标准经济学理论的经济学家的结论是……一些政府行动(通常是征税),需要限制损害他人利益的行为(负外部效应)。我所展示的是……在标准经济学理论零交易成本的条件下,主体之间的谈判会推导出利益最大化的安排,不管所有权最初是如何分配的。

直白地说,如果要精确描述和评价外部效应,或是更广义的复杂契约研究,就应该为正交易成本做好准备。

同样,阿罗在"经济活动的组织:关于市场与非市场分配之间的选择问题"(The Organization of Economic Activity: Issues Pertinent to the Choice of Market versus Non-market Allocation,1969)一文中,在一般意义上和垂直一体化的描述中,奠定了交易成本的突出地位。他的论述是这样的(Arrow,1969:48):

[①] 戈登与豪厄尔(1958)以及菲尔森(1959)的研究指出20世纪50年代商业教育的疲软状态。由于大多数商业教育支离破碎并缺乏严谨性,GSIA的教员认识到需要将科学的方法用于商业管理的研究,并且逐步建立三部分纲要——结合经济学、组织理论和运营研究。很多学者都把GSIA看成是未来希望之所在。

我认为,市场失灵是比外部效应更为一般的情况,二者都从根本上区别于收益递增,普遍的市场失灵和特别的外部效应,都是相对于经济组织模式而言的,而收益递增则是技术现象。

现有的文献有助于发现市场失灵不是绝对的;应该从更广泛的类别来考虑交易成本,交易成本一般会妨碍甚至完全阻止市场的形成……交易成本就是经济系统运行的成本。

组织因素过去一向被当作决定因素,现在也与技术因素放在一起来考虑。认识到组织的关键性,内部组织和市场交换(二者被认为是契约不同的选择方式)的交易成本的差别就显现出来了。阿罗关于垂直一体化的论述更为切题,"垂直一体化的动力在于,用组织内部交换的成本来代替市场买卖的成本;垂直一体化的存在暗示着,竞争市场的运营成本并不像通常理论分析中假设的那样为零"(Arrow,1969:48)。

这一阶段的发展推动了正交易成本的研究。

23.3　我与企业之间的关系

到了1970年,交易成本经济学的时代来临了。20世纪30年代的一些好的想法,结合卡内基交叉社会科学的成功,以及60年代利用正交易成本重新解释市场失灵,都为交易成本经济学奠定了基础。在此,我将介绍我在60年代培训、教学、研究和公共政策事务上的关键事件,这些事件提出了以下的重大研究挑战:找到一种采用交易成本的术语,重新构建垂直一体化问题的方法。

23.3.1　训练

我在上文和其他场合,都提到了1960—1963年我在卡内基产业组织研究生院的博士生经历。[①] 我在卡内基学到的研究方法是:自律、学科交叉和思想活跃。自律意味着,在思考和处事时都把自己作为一位科学家。学科交叉包括用本学科的术语来阐述问题,一旦研究问题具有交叉学科的特性,则跨越学科边界。思想活跃则意味着,对研究机会保持敏感,不套用正统的思维,而是要提问"这里怎么了"。在卡内基的经历,让我对交叉社会科学深有体会。

23.3.2　在伯克利的教学和研究经历

我从卡内基毕业后的第一段学术经历,是在加州大学伯克利分校的经济学系。系主任亚伦·戈登(Aaron Gordon)和招聘委员会的主席安德烈亚斯·帕潘德斯(Andreas Papandreous)已经沿着我博士论文——"自由行为经济学:企业理论的管理目标"(The

---

① 见 Williamson(1996,2004)。

Economics of Discretionary Behavior: Managerial Objectives in a Theory of the Firm, 1964) 的思路来论述现代公司。而且,我的"销售费用作为进入者障碍"(Selling Expense as a Barrier to Entry, 1963)一文也引起了产业经济学领域资深人士乔·贝恩(Joe Bain)的注意。因此,即使在聘为伯克利教员前从未学过相关课程,在读过产业经济学的教材之后,我发现我与那些在招聘过程中发挥关键作用的教员具有类似的兴趣点。

由于20世纪60年代产业经济学仍处于混乱状态,缺乏产业经济学的训练却给我带来自由选择的优势。因此,尽管我理智地选择贝恩的《产业经济学》(Industrial Organization)(1959)作为本科生产业经济学的教材,我很自然地在产业经济学教学中,补充了我在卡内基学到的不同于企业与市场主流观点的组织理念。我不是完全照搬把企业看作生产功能(仅仅由技术构成)的新古典主义理论,而是引入这样的观点:企业的组织形式也很关键,并且值得分析。我后来读到艾尔弗雷德·钱德勒(Alfred Chandler, 1962)对现代组织从集权(单一制)向分权(事业部制)演变的解释后,更加坚定了我利用经济学和组织理论研究经济组织的信念。

除了教授中级微观和宏观经济学理论,我也接手了一门研究生课程"公共服务的定价"。这门课由朱利叶斯·马戈利斯(Julius Margolis)设计,他当时正要从伯克利调任到斯坦福,这门课正等人接手。这门课程包括很多应用福利经济学、成本—收益分析、产权经济学、集体选择等类似问题。这些我学习和教授的内容,对我的研究和教学产生了持续的影响。

但是,我在卡内基的训练,以及我大部分早期研究——企业理论(例如, Hierarchical Control and Optimum Firm Size, 1967)、应用福利经济学(例如, Peak Load Pricing and Optimal Capacity Under Indivisibility Constraints, 1966)、产业经济学(例如, Wage Rates as a Barrier to Entry: The Pennington Case in Perspective, 1968)几乎都采取了新古典主义分析方法。那时我的研究策略是:(1)确定和激发出一个有趣的研究议题;(2)发展出一个简单的数学模型,并推出经济学分支;(3)找出相关数据进行实证分析。我利用新经济学分析工具,因为这看起来能够解决问题。从传统方式分析这些议题,有一个不可预见的好处:使我成为"熟练工",在从正统理论过渡到利用交易成本经济学来分析问题时处于良好状态。

23.3.3 反垄断经历

我在1965年离开伯克利,到宾夕法尼亚大学担任未获终身教职的副教授。同样,我主要的研究领域仍是产业经济学。这一领域中的资深人士阿尔马林·菲利普斯(Almarin Philips)非常慷慨地与我分享了相关知识,此后我也定期教授产业经济学的研究生课程。

1966年晚春,我接到哈佛产业经济学专家卡尔·凯森(Carl Kaysen)的电话,问我是否有兴趣做唐纳德·特纳(Donald Turner)的经济学特别助理。特纳是凯森在《反垄断政策:经济学与法律分析》(Antitrust Policy: An Economic and Legal Analysis,1959)一书中的合作者,他在1965年被任命为美国政府反垄断部门的负责人。他对这项工作来说非常适合:哈佛大学的经济学博士学位,耶鲁大学的法律学位,在最高法庭当过书记员,在哈佛大学担任反垄断专家教员之前曾在华盛顿大学做过威尔默·卡特勒(Wilmer Cutler)的助手。我为这个项目感到很兴奋,宾夕法尼亚大学经济系的系主任欧文·克拉维斯(Irving Kravis)马上就同意了。我和多洛雷丝(Dolores)以及我们的三个孩子(马上又有一对双胞胎加入)在1966年8月来到华盛顿大学。

与特纳一起工作的,有他的第一个助理埃德温·齐默尔曼(Edwin Zimmerman)(来自斯坦福大学)、新成立的评估小组成员(主要是刚刚从哈佛大学和斯坦福法学院毕业的研究生)、斯蒂芬·布雷耶(Stephen Breyer)(特纳的特别法律助理)和理查德·波斯纳(Richard Posner)(司法部副部长办公室成员)这些核心成员。在随后的时间里,我不同程度地参与了30多个案例,来观察反垄断是否良好地运转。但是,我也直接观察到反垄断在执行时,有时是基于粗糙甚至有误的理论基础。当我从以企业为生产函数的经典理论视角来解释问题时,不管是卡内基流派(控诉价格歧视),还是哈佛流派(控诉进入壁垒),都把偏离简单的市场交换解释成垄断。①

由于普通法对消费者或者区域限制做了不友好的解释,而在反垄断法中做敌意的解释,对非标准或者不熟悉的契约行为,或者组织结构所隐藏的垄断的怀疑会在这些充满敌意的流派中达到顶峰。② 科斯对这普遍的论调做如下描述(Coase,1972:67):

> 对垄断问题先入为主的观点导致的结果是,如果一位经济学家发现无法对这样或者那样的商业行为做出解释,他会诉诸垄断的解释。在我们充满无知的领域,无法解释的事件数量巨大,对垄断解释的依赖就非常频繁。

即使(因为垄断论断的先决条件经常是匮乏的,并且因为,作为一位卡内基的学生,我了解并尊重组织带来的经济性)已经看到,很容易将非标准或者不熟悉的契约与组织形式误读为垄断,我也经常发现,我不能赞同反垄断部门的一些案子中关于经济本质的观点。其中一个案子就是施文(Schiwnn)案(案子涉及施文连锁店关于不得转售施文自行车的限制)。

正如其他地方所描述,政府对施文案的简报存在严重错误(Williamson,1985:183—189)。幸运的是,随着非技术性的好处得以普遍认可,最高法院批准的政府不切实际论述(该论述具有反社会的弊端,不承认施文的垂直市场限制会带来任何契约的好处)的

---

① 正如乔治·斯蒂格勒(George Stigler)指出的,"垄断是一件曲折的事情……企业在不能操作的阶段不能实行价格歧视"(Stigler,1951:138)。当垄断是指占有20%的市场份额时,如果在生产的某个阶段存有相当的垄断权,垂直一体化也失去其合理性(Stigler,1955:224)。乔·贝恩在提出结构—行为—绩效范式时,也提出关于垂直一体化的市场力量的解释:由于一体化的经济性实例通常包含在连续性的生产或者流通领域在"物理或者技术上的整合",缺乏技术根据的一体化的动机"显然在于企业市场力量的提高"(1968:381)。

② 随后任职反垄断部门的负责人唐纳德·特纳做出这一论述。见Stanley Robinson,1968,N.Y. State Bar Association, Antitrust Symposium, p.29。

决定在10年后的GTE Sylvania案中得以逆转。合并诉讼案同样处在混乱的状态。斯图尔特(Stewart)法官在1966年表达了反对意见:"我在第七部分(合并)诉讼案中,所能找到的唯一共同点是政府总是会赢的。"①针对商业的公共政策失去了控制。

此外,反垄断法的执行并不是唯一的。由于包括政府在内都缺乏分析所有组织形式优点与缺点的合适视角,大多数公共政策分析都遭受概念匮乏的不利影响。运用以交易成本为主要特征的契约视角,考察企业、市场、政府机构的内部运行方式的时机已然成熟(Dixit,1996:9)。

23.3.4 在宾夕法尼亚大学的教学和研究经历

1967—1970年这几年是我的转型期,教学再一次在我的研究中扮演重要角色。尽管我已经被反垄断部门所观察到的混乱的经济学弄得很沮丧,我在1967年返回宾夕法尼亚大学后,仍下定决心研究垂直一体化与垂直市场限制这些议题,并且以此为目的,组织了一个关于垂直企业与市场关系的研究生研讨会。我们仔细研究经济学文献,尽管大多数很有趣,而且有一些非常优秀(如同莱昂内尔·麦肯锡(Lionel McKenzie)的经典文献"企业理想产出与相互依赖性"(Ideal Output and the Interdependence of Firms, 1951),但是,这些文献都忽略和低估了契约/组织形式所带来的效率上的好处,因此在一开始就局限在价格理论上。②

在课程结束时,我能够对有限的、纠结的文献有了更好的理解,对此我感到非常满意,但是这还不足以形成批评意见。它只是用一种理论去攻击另一种理论,我仍然看不到形成系统性竞争理论的途径。

另外一件幸运的事情发生了。我在伯克利就认识的朱利叶斯·马戈利斯,在1969年被任命为宾夕法尼亚大学新的公共与城市政策学院(School of Public and Urban Policy,SPUP)的第一任院长,并邀请我加入SPUP的博士项目,教授组织理论两学期的系列课程。由于受益于卡内基的组织理论课程(理查德·西尔特(Richard Cyert)、詹姆斯·马奇(James March)和赫伯特·西蒙的课程),我相信这一学科既有趣又重要,于是欣然接受了邀请。

在准备组织理论两学期的系列课程时,我主要从我在卡内基的背景中挖掘,并联系社会学的相关工作、经济学中的产权文献、管理决策文献,特别是市场失灵的文献。课程规模往往很小,而讨论很集中,我和学生尽力在相关议题上结合经济学和组织理论的方法。其中,反复提到并且似乎大有希望的议题有:(1)人类作为主体的本质;(2)差异交易成本;(3)用契约的方法去分析问题。

---

① *United States v. Von's Grocery Co.*, U 384 U.S.270(1966)(Stewart J. dissenting).
② 事实上,我和迈克尔·赖尔登(Michael Riordan)通过在生产函数的设定中引入额外的收入与成本特征,逐步建立了权衡交易成本经济学的新古典主义的分支。然而,交易成本经济学最基本的逻辑先在其他地方已经提出。我们只是将其转变为正统的最优化问题。

23.4 范式问题:垂直一体化

垂直一体化显然是能够结合交易成本逻辑的项目,理由如下:(1)科斯 1937 年就开始关注这一议题;(2)过渡性的新古典研究方法对其解释非常匮乏;(3)阿罗已经在存在正的交易成本时,清楚地把垂直一体化描述成对市场失灵的一种反应;(4)针对这一领域的公共政策非常混乱;(5)我在经济学与组织理论方面的培训、教学、研究给我提供了研究的方向。事实上,如果说我为自己准备好的头脑带去了什么研究问题,那就是垂直一体化的问题。

1971 年 1 月,我受邀参加美国经济学学会会议,在"对市场失灵的反应"这一分会上进行论文演示时,我决定分析垂直一体化能否,事实上是,是否应该被解释成是对正的交易成本这一类"市场失灵"的一种反应。我的论文"生产的垂直一体化:市场失灵的分析"(The Vertical Integration of Production:Market Failure Consideration,1971)就是分析的结果。

该论文超越了传统的资源分配的范畴(关于选择的科学),进入后来被称为是契约的科学(Buchanan,2001)。我们努力加入新的概念与分析方法。1971 年论文强调正的交易成本,并引入关键的概念去分析在比较契约条款中生产还是购买(make-or-buy)的决策,这些概念包括:

1. 人类主体。我在人的本质中,加入了有限理性与机会主义。西蒙认为有限理性的作用(特别在搜索性行为中)在于用"满意"替代了最大化——找到一种"足够好"的行为(Simon,1957b:204—205),而有限理性在契约中的作用截然相反:所有的复杂契约都不可避免地不够全面。在 1971 年,甚至今天,许多经济学家仍不太认同,一些甚至轻视不完全契约这一概念。

机会主义是一个全面的概念,引入了 1870—1970 年被新古典经济学家忽略的战略议题(Makowski and Ostroy,2001:482—483,490—491)。不完全的长期契约导致的道德风险、逆向选择和过失风险,在机会主义存在的时候才不会消失(契约只是前提,只有在可信的承诺存在时才能变为现实)。①

与造成契约复杂性问题的交易特征结合在一起(见下),有限理性与机会主义成为研究契约与组织的重要分支。

2. 对不确定性/治理的适应。我认为契约问题在完全静止状态是没有意思的,"只有在需要做出未规划的适应和改变时,市场相对于内部组织的议题才变得相关"(Williamson,1971:123)。由于企业"有时拥有超越市场的协调能力"(Williamson,1971:112),所以企业不再是技术法则下简单地把投入转换为产出的生产函数。它同样是治

---

① 威廉姆森(Williamson,1958:65—67)讨论了作为可能性存在的契约。

理结构。与市场相比,企业通常来说具有额外的途径来解决争端,实施命令与控制。①在其他条件相同的条件下,协调性适应需要借助干扰来重建效率,这种干扰成为组织层级胜于简单市场交易的优势所在。

3. 资产专有性(asset specificity)。我认为,外包"会有问题,如果出现以下某种情况之一:(1)有效率的供给要求投资于具有特殊用途的、长时间使用的设备;(2)从先入优势来看(例如,特有的位置或者学习,包括获取保密的或专有的技术、管理程序和任务特需的劳动技能),原有契约的胜出者具有某种成本优势……"(Williamson,1971:116)。在跨期研究契约签订的过程中,我们认识到,(物质和人力的)资产专有性会导致双边依赖,后来所提的根本性转变(fundamental transformation)就可以得到良好的解释,即在契约执行期间或是续约期间,大量供给的情况会转变为少量交换关系。具有双边依赖性质的交易,在不完全契约可能受到干扰时,就需要上面提到的协调性适应。在这些情况下,垂直一体化就能提升有效率的适应。

4. 离散的结构差异。企业与市场组织不仅在程度上,而且在类别上存在差别:"导致内部组织成为市场替代的企业特征可以分成三类:动机、控制和'内生的结构优势'"(Williamson,1971:113)。② 然而,这随着交易的变化而变化,原因在于市场相对于企业的优势也可归因为动机、控制与契约法则的不同。最优的治理结构,取决于交易的适应需求主要是归为自动类型(这种情况下市场更优),还是合作类型(这种情况下层级更有优势)。因为层次增加的官僚负担是阻碍因素,因此,层级结构需要与"复杂"交易相匹配。

5. 可挽回的程度(remediableness)。我特意回避与假设的理想状态比较,我更倾向于与使用的可替代方案的比较,每一种组织形式都存在问题:"市场失灵只有在特定状态下才能认为是失败,那就是它们所导致的交易成本,可以通过用内部组织替代市场交易的方式有所减轻"(Williamson,1971:114)。这和早些时候科斯(Coase,1964)和哈罗德·德姆塞茨(Harold Demsetz,1969)的言论相关,包含着可挽回的标准(Williamson,1996)。

作为结果,我们将从综合经济学与组织理论的视角,来探究生产还是购买的决策,在这一综合性视角中,(1)关注点放在降低交易成本;(2)把人类主体看作诚实的;(3)跨期转换被考虑在内;(4)一方面分析交易的细节,另一方面分析治理结果,从而更好地理解与预测垂直一体化。③ 概言之,预测经济组织的理论的种子已在掌握之中,播种之后,破土发芽指日可待。

---

① 一年半之后,阿门·阿尔奇安与哈罗德·德姆塞茨(Armen Alchian and Harold Demsetz,1972)发表了著名的论文,他们并不认同企业与市场在能力上存在差别。
② 格罗斯曼和哈特(Grossman and Hart,1986)的"企业的产权理论"(property rights theory of the firm)假设不存在这些差异。
③ 当然,1971年的论文并不能完成所有工作。但是,我确认了很多后来被证明是对于交易成本经济学很关键的议题,并把对治理的研究放在交易成本理论的研究日程的中心。这篇论文也清晰地指出过去垂直一体化的文献只针对个例,或者在逻辑上并不完整。

23.5 一些视角

我将在此讨论交易成本经济学运行的核心假设(差别校正假设)、交易成本经济学逻辑在其他现象的应用(也可解释为范式问题的变种)和对交易成本经济学可能的误解。

23.5.1 出发点

归纳其基本出发点,交易成本经济学本质上非常简单:

1. 如果一些交易简单而其他一些复杂,那么必须说明造成区别的交易特征,并从它们的分支开始讨论。交易成本经济学可以从三大重要维度讨论交易:资产专有性(可存在很多形式)、不确定性和频率。

2. 如果组织的不同形式(市场、混合、层级、公共机构等)在相对效率上存在差异,那么造成治理结构差异的关键特征必须说明,并提出界定差别模式的内在一致的特征。

3. 预测经济组织的理论在于差别校正假设:属性不同的交易与成本和能力不同的治理结构的匹配,从而影响节约交易成本的效果。

通过这种方式证明交易成本经济学对后续发展是很关键的。

23.5.2 后续发展

尽管我在上文称具备"有准备的头脑","生产的垂直一体化"对我来说仍是一篇很难完成的论文,但它的回报却是丰厚的。尽管它关注中间产品市场的契约制定过程,但我在论文完成时知道这一研究思路,同样可以运用在其他商业契约关系中——尽管我并没有看到组织经济学新的比较契约方法,眼前的交易成本经济学显得非常有希望。

劳动市场契约有一种显而易见的应用,即雇主和员工之间可信的契约制定过程。我并没有从垄断的角度看待劳动力的集体组织,相反,我认为集体组织可以维持秩序,从而减少昂贵的冲突,实现共同的收益。这一答案紧密地遵循着垂直一体化的逻辑:随着双边依赖的建立,雇主与员工对组织治理结构都有强烈的兴趣,而不会允许僵局或者契约破裂的出现。随着双边依赖(企业特有的人力资本)的增加,需要建立具有治理机制(包括诉冤制度和仲裁)的劳动力集体组织(联盟)。

这并不意味着联盟的建立,只是出于效率的考虑。这一论断是指,集体组织的存在不仅满足了(价格理论方面的)垄断的目的,而且满足了(治理方面的)连贯性。二者的区别在于,相比为了垄断而进行的联盟而言,更多的联盟治理手段是为了支持提高效率而精心策划的结果。

事实上,效率治理主题的变种不断滋生,在横向市场限制、寡头、连锁、管制/解除管制、公司治理、金融、最终产品市场和公共机构等方面得以应用。① 并且,交易成本经济学在公共政策上也有很多应用②,引起企业和市场组织领域中具有实证头脑的学生,特别是(产业经济学和其他微观应用领域的)经济学家,商学院(战略、组织行为、市场营销、金融和运营学)的教员,法律、社会学与政治科学的教员们的巨大兴趣。③ 交易成本经济学有助于塑造和推动组织经济学(Mahoney,2004)和新制度经济学(Williamson,2000;Menard,2005)的研究。

23.5.3　误解?

交易成本经济学是新制度经济学的一部分,维克托·宁和保罗·英格拉姆(Victor Nee and Paul Ingram,1998:20)这样描述新制度经济学:

> 罗纳德·科斯的著名文献《企业的性质》(1937)和《社会成本问题》(1960)介绍了新制度经济学的核心观点……新制度经济学不是站在早期美国制度理论者一边,而是通过在制度约束下选择的实证分析框架中加入微观行为假设,把自身定位为亚当·斯密(Adams Smith)直接的传承者。如科斯(1984:230)简洁地指出,"现代制度经济学家的独特之处,不在于他们论述制度,而在于他们运用标准经济理论,分析制度的运行机制,发现它们在经济运行中所扮演的角色。"

我部分地赞同这一描述。

1. 我同意科斯的两篇文献非常著名。他的影响不容置疑。但是,康芒斯、巴纳德、卢埃林、西蒙和阿罗提出的其他核心概念却不为人注意。在这些概念中,我尤其要指出的是,康芒斯的冲突、互利和秩序这三大原则。其中蕴涵着治理的概念,即治理是铸造秩序的手段,目的是减少冲突,实现互利。这真是反复出现的基调。

2. 亚当·斯密总是一个不错的名号。然而,加入微观经济学的行为假设,并不是新制度经济学/交易成本经济学的全部。最大化与简单的自利诉求,是不完全契约与战略行为这些关键概念的障碍,不完全契约与战略行为分别源自理性与机会主义的制约。

---

① 在我的三本书中对这些议题进行了阐述:《市场与科层制》(Market and Hierarchies,1975)、《资本主义经济制度》(The Economic Institutions of Capitalism,1985)和《治理机制》(The Mechanisms of Governance,1996)。更为普遍的分析可参阅威廉姆森和马斯腾(1995)的《交易成本经济学》(Transaction Cost Economics)的论文集(卷1和卷2)和最新的克劳德·梅纳德(Claude Menard,2005)的《新制度经济学的国际书库》(International Library of the New Institutional Economics)论文集(卷6)。

② 在反垄断和管制等公共政策上的应用属于更为普遍意义上的公共政策应用。正如亚文纳什·狄克斯特(Avinash Dixit,1996:9)观察到的:"生产与供给的新古典理论把企业看成利润最大化的黑箱。尽管这一视角能推出一些富有洞察力的见解,它给我们的理解造成一些重要的空白,研究商业和产业经济学的经济学家长期以来认识到企业新古典主义观点的不足,并且在各种交易成本的概念基础上发展出更为丰富的范式和模型。政策分析……往往受益于……打开黑箱,研究内在机理的运行机制。"

③ 正如斯科特·马斯腾观察到的,"实证交易成本的文献回顾可证明理论和实际都表现出极大的一致性"(Masten,1995:xi—xii)。最新的回顾表明2000年以来已发表的交易成本经济学的实证研究的数量已超过600篇,1980年至2000年呈现指数型增长(Boerner and Macher,2002)。当然,交易成本经济学受益于数量众多、质量上乘的实证检验。然而,与其他企业与市场组织理论相比,交易成本经济学是靠实证研究取胜的。

如果不存在理性和机会主义的制约,治理问题就不存在了。

3. 我并不太理解科斯关于制度经济学家运用标准经济学理论的论述。这一论断有的时候当然是成立的。但是,交易成本经济学的研究,大多从正统的选择视角(资源分配范式)转向契约的视角。正如阿罗所观察的,"威廉姆森和其他新制度经济学学者的作品……不包括回答经济学的传统问题——资源分配和利用的程度。相反,它回答了新的问题……并带来了相对传统而言更尖锐的微观经济学逻辑……"(Arrow,1987:734)。最终的结果,从根本上脱离了标准的经济学理论(Kreps,1990,1999)。

4. 我同意新制度经济学体系的核心部分,是对制度的理解以及制度在经济运行中的作用。

在我阅读的文献中,宁和英格拉姆的总结从始至终都很不错,而其他则容易造成误解。

23.6 卡内基的三要素的启示

从我研究交易成本经济学的经历来看,这是一项艰苦而有益的研究事业。当然,它不能说明所有的事情。然而,任何源自契约问题,或者能够转换为契约问题的议题,都可以运用交易成本经济学的术语进行分析。这涉及广泛的研究领域,很多都尚未探讨过。而且,交易成本经济学将受益于对概念和理论更为深入的研究。相应地,交易成本经济学应该被视为进行中的工作,具有交叉学科背景的年轻学者欢迎参与到这一领域研究。

卡内基的三要素——自律、学科交叉和思想活跃——对于应对挑战的学者而言是非常关键的。

23.6.1 自律

创造新的概念,构建可能的理论。自律的实现可以通过遵循罗伯特·索洛(Robert Solow,2001:111)提出的经济学理论的三大规则:保持简单、正确和使之合理化。

保持简单的重要源于"现实生活的复杂性"(Solow,2001:111)。需要关注的是一阶影响——节约交易成本就是一项。然而,我们要注意的是,过于简单化会与研究的现象相割裂。因此,一个需要平衡的矛盾,就是如何保持既简洁又充分。

正确是指通过一定的逻辑、范式或数学,或者同时运用三者进行工作(Solow,2001:112)。对于交易成本经济学,这包含着运用差别校正的逻辑和微观分析的相对制度逻辑——例如,根本性转变,并提出和回答以下问题:为什么大型(综合型)企业不能完成小企业加总后的所有工作,甚至做得更多?[①]

[①] 正如在其他地方所谈到的,我通过设立两大机制解决该问题——复制与选择性干预,执行这两大机制意味着一个更大的综合企业不会变得更糟糕,它总是优于小企业的叠加。从复制与选择性干预的无法结合中,我们可以推断出重要的、微妙的层级问题(Williamson,1985:ch.6)。

使之合理化意味着脱离虚的构建,以免割裂所要研究的现象。

除了以上规则之外,我还要补上一个要求:基于所有可能的经济组织理论去设计规则,并将上述规则应用于实证检验。这一规则的目标是区分绵羊与山羊。

这对类似于组织经济学的交叉学科领域而言特别重要,因为组织经济学研究通常会衍生出很多理论,很多理论是动态的,或者奈特主义,或者"更为相关的"。即使一些理论有时在逻辑不全或者有误时会退出,其他则由于"相关性"得以保存,它们的拥护者能够看到理论之美。

当潜在理论扩散时,应该如何处理?宣称"科学的目的并不在于预测,而是知识本身"的尼古拉斯·乔治斯库-洛根(Nicholas Georgescu-Roegen)仍然认为预测是"科学知识的试金石"(Roegen,1971:37)。他的观点在我看来是完全正确的,因此,我的建议是,所有理论都应该在考虑之列,应该从中推得预测并由数据检验。

一些学者观察到,新的理论需要一定的时间进行检验。尽管同意,但我保证潜在理论不久之后,即使不是很快,就会显现它们的成功与失败。

23.6.2 交叉学科

如果并且因为问题在本质上属于交叉学科的范畴,因而问题并不落在单一领域,那么社会科学家需跨越学科的边界。当然,这是需要付出代价的。一些社会科学家会把问题留给别人,继续研究他们领域之内的问题,我对此也没有异议。然而,我深深为之苦恼的是,一些人通过抑制交叉学科的关键特性,使交叉学科的固有问题看起来更简单。

因此,鉴于很难辨别简单化的可接受性,我回到上文提及的硬性标准:推导可验证的推理,运用数据进行检验。

23.6.3 活跃的思想

罗伊·达安德雷德(Roy D'Andrade,1986)关于不同科学研究传统的讨论,区分了权威的和探究式的研究导向。前者的特征是发展过程中更先进的状态,是自信的,通常会宣称"这就是法则所在";而后者是试验性质的、多元主义的、探索性的,经常会提出"这里怎么了"的问题。后者倾向于自下而上的构建方式。

当然,很少有经济学家对现象缺乏好奇心。然而,正如约翰·麦克米兰(John McMillan,2002:225)在比较战略研究和其他研究时提出的,准备工作通常是提出预想——而非通过提出"这里怎么了"的问题对现象进行分析:

> 为了回答经济中的问题,你需要好的理论去组织你的思维,需要一些事实确保研究在点子上。你不得不去分析事物实际上是如何起作用或者不起作用的。这可能看上去是陈腐的、不值一提的,但是经济事件的断言总是更多地基于预想,而不是特殊的情景,这是很遗憾的。

因此,那些对经济组织有持久兴趣的学者,应该通过视野的聚焦,并结合现象相关的具体知识,来看待组织理论者的贡献是否相关。尽管运用多个聚焦的视野(一些相互竞争,一些相辅相成)有利于对复杂问题的进一步理解,然而一些学者(包括我在内)在多元学科的研究中不能很好地做到这一点。活跃的思想往往需要辅以意志力,以应对不断裁剪视野的需要。概念的、理论的、公共政策的和实证的研究机会,只留给那些能够根据相关现象结合具体知识的学者。

23.7 结论

虽然我只是强调了交易成本经济学中我直接参与研究的环节,但交易成本经济学其实是很多学者的共同成果,包括我的老师们、同时代的学者、学生和同事们。并且,我也"遇到"很多影响我研究的学者,例如,通过参与新制度经济学国际学会,出席会议和研讨会,出版论文和书籍,E-mail 通信中结识的《贝尔经济学学报》(*Bell Journal of Economics*)和《法律、经济学和组织学报》(*Journal of Law, Economics, and Organization*)的主编。

我相信,从以上我撰写的"奥德赛史诗"中你已经很明显地看到,参与研究交易成本经济学给了我极大的满足,我也从正在发展中的交易成本经济学中获得满足。和过去一样,我相信交易成本经济学将会继续以适度的、缓慢的、根本的、确定的方式向前发展。

参考文献

ALCHIAN, A., and DEMSETZ, H. (1972). Production, information costs, and economic organization. *American Economic Review*, 62: 777–795.

ARROW, K. (1969). The organization of economic activity: Issues pertinent to the choice of market versus nonmarket allocation. In *The Analysis and Evaluation of Public Expenditure: The PPB System*: 1. 39–73. U.S. Joint Economic Committee, 91st Congress, 1st Session. Washington, DC: U.S. Government Printing Office.

—— (1987). Reflections on the Essays. In G. Feiwel (ed.), *Arrow and the Foundations of the Theory of Economic Policy*: 727–734: New York: NYU Press.

BAIN, J. (1959). *Industrial Organization*. New York: John Wiley.

—— (1968). *Industrial Organization*. 2nd edn., New York: John Wiley.

BARNARD, C. (1938). *The Functions of the Executive*. Cambridge, Mass.: Harvard University Press.

BOERNER, C., and MACHER, J. (2002). Transaction cost economics: An assessment of empirical research in the social sciences. Unpublished manuscript.

BUCHANAN, J. (2001). Game theory, mathematics, and economics. *Journal of Economic Methodology*, 8: 27–32.

Chandler, A. (1962). *Strategy and Structure*. New York: Doubleday and Co.
Coase, R. (1937). The nature of the firm. *Economica*, ns 4: 386–405.
—— (1960). The problem of social cost. *Journal of Law and Economics*, 3: 1–44.
—— (1964). The regulated industries: Discussion. *American Economic Review*, 54: 194–197.
—— (1972). Industrial organization: A proposal for research. In V. R. Fuchs (ed.), *Policy Issues and Research Opportunities in Industrial Organization*: 59–73. New York: National Bureau of Economic Research.
—— (1984). The new institutional economics. *Journal of Institutional and Theoretical Economics*, 140: 229–231.
—— (1988). *The Firm, the Market, and the Law*. Chicago: University of Chicago Press.
—— (1992). The institutional structure of production. *American Economic Review*, 82: 713–719.
Commons, J. (1932). The problem of correlating law, economics, and ethics. *Wisconsin Law Review*, 8: 3–26.
—— (1950). *The Economics of Collective Action*. Madison: University of Wisconsin Press.
D'Andrade, R. (1986). Three scientific world views and the covering law model. In D. W. Fiske and R. A. Schweder (eds.), *Metatheory in Social Science: Pluralisms and Subjectivities*. Chicago: University of Chicago Press.
Demsetz, H. (1969). Information and efficiency: Another viewpoint. *Journal of Law and Economics*, 12: 1–22.
Dixit, A. (1996). *The Making of Economic Policy: A Transaction Cost Politics Perspective*. Cambridge, Mass.: MIT Press.
Dreze, J. (1995). Forty years of public economics: A personal perspective. *The Journal of Economic Perspectives*, 9: 111–130.
Duesenberry, J. (1960). An economic analysis of fertility: Comment. In *Demographic and Economic Change in Developed Countries*, National Bureau of Economic Research. Princeton: Princeton University Press.
Georgescu-Roegen, N. (1971). *The Entropy Law and Economic Process*. Cambridge, Mass.: Harvard University Press.
Gordon, R., and Howell, J. (1958). *Higher Education for Business*. New York: Columbia University Press.
Grossman, S., and Hart, O. (1986). The costs and benefits of ownership: A theory of vertical and lateral integration. *Journal of Political Economy*. 94: 691–719.
Hayek, F. (1945). The use of knowledge in society. *American Economic Review*, 35: 519–530.
Kaysen, C., and Turner, D. (1959). *Antitrust Policy: An Economic and Legal Analysis*. Cambridge, Mass.: Harvard University Press.
Kreps, D. (1990). Corporate culture and economic theory. In J. Alt and K. Shepsle (eds.), *Perspectives on Positive Political Economy*: 90–143. New York: Cambridge University Press.
—— (1999). Markets and hierarchies and (mathematical) economic theory. In G. Carroll and D. Teece (eds.), *Firms, Markets, and Hierarchies*. New York: Oxford University Press.
Llewellyn, K. N. (1931). What price contract? An essay in perspective. *Yale Law Journal*, 40: 704–751.
Mahoney, J. (2004). *The Economic Foundations of Strategy*. Thousand Oaks, Calif.: Sage Publications.
Makowski, L., and Ostroy, J. (2001). Perfect competition and the creativity of the market. *Journal of Economic Literature*, 32(2): 479–535.
Masten, S. (1995). Introduction to vol. 2. In O. Williamson and S. Masten (eds.), *Transaction Cost Economics*. Aldershot: Edward Elgar.

McKenzie, L. (1951). Ideal output and the interdependence of firms. *Economic Journal*, 61: 785–803.

McMillan, J. (2002). *Reinventing the Bazaar: A Natural History of Markets*. New York: W. W. Norton.

Menard, C. (ed.) (2005). *International Library of the New Institutional Economics*. Northampton, Mass.: Edward Elgar.

Nee, V., and Ingram, P. (1998). Embeddedness and beyond: Institutions, exchange and social structure. In M. Brinton and V. Nee (eds.), *The New Institutionalism in Sociology*: 19–45. New York: Russell Sage Foundation.

Pierson, F. (1959). *The Education of American Businessmen*. New York: McGraw Hill.

Reder, M. (1999). *The Culture of a Controversial Science*. Chicago: University of Chicago Press.

Riordan, M., and Williamson, O. (1985). Asset specificity and economic organization. *International Journal of Industrial Organization*, 3: 365–378.

Samuelson, P. (1947). *Foundations of Economic Analysis*. Cambridge, Mass.: Harvard University Press.

Scott, W. R. (2002). *Institutions and Organizations*. 2nd edn., Thousand Oaks, Calif.: Sage Publications.

Simon, H. (1947). *Administrative Behavior*. New York: Macmillan.

—— (1957a). *Administrative Behavior*. 2nd edn., New York: Macmillan.

—— (1957b). *Models of Man*. New York: John Wiley and Sons.

—— (1985). Human nature in politics: A dialogue of psychology with political science. *American Political Science Review*, 79: 293–304.

—— (1991). Organizations and markets. *Journal of Economic Perspectives*, 5: 25–44.

Solow, R. (2001). A native informant speaks. *Journal of Economic Methodology*, 8: 111–112.

Stigler, G. (1951). The division of labor is limited by the extent of the market. *Journal of Political Economy*, 59: 185–193.

Stigler, G. (1955). Mergers and preventive antitrust policy. *University of Pennsylvania Law Review*, 104: 176–185.

Williamson, O. (1963). Selling expense as a barrier to entry. *Quarterly Journal of Economics*, 77: 112–128.

—— (1964). *The Economics of Discretionary Behavior: Managerial Objectives in a Theory of the Firm*. Englewood Cliffs, NJ: Prentice-Hall.

—— (1966). Peak load pricing and optimal capacity under indivisibility constraints. *American Economic Review*, 56: 810–827.

—— (1967). Hierarchical control and optimum firm size. *Journal of Political Economy*, 75: 123–138.

—— (1968). Wage rates as a barrier to entry: The Pennington Case in perspective. *Quarterly Journal of Economics*, 82: 85–116.

—— (1971). The vertical integration of production: Market failure considerations. *American Economic Review*, 61: 112–123.

—— (1975). *Markets and Hierarchies: Analysis and Antitrust Implications*. New York: Free Press.

—— (1985). *The Economic Institutions of Capitalism*. New York: Free Press.

—— (1990). Chester Barnard and the incipient science of organization. In O. E. Williamson (ed.), *Organization Theory: From Chester Barnard to the Present and Beyond*: 172–206: New York: Oxford University Press.

—— (1991). Comparative economic organization: The analysis of discrete structural alternatives. *Administrative Science Quarterly*, 36: 269–296.

—— (1995). Economic institutions and development: A view from the bottom. Unpublished manuscript, University of California, Berkeley.

—— (1996). *The Mechanisms of Governance.* New York: Oxford University Press.

—— (2000). The new institutional economics: Taking stock, looking ahead. *Journal of Economic Literature*, 38: 595–613.

—— (2004). Herbert Simon and organization theory: Lessons for the theory of the firm. In M. Augier and J. March (eds.), *Essays in Honor of Herbert Simon.* Cambridge, Mass.: MIT Press.

—— (2005). The economics of governance. *American Economic Review*, May (forthcoming).

—— and MASTEN, S. (1995). *Transaction Cost Economics*, vols. 1 and 2. Aldershot: Edward Elgar.

第 24 章　构建经济学和管理学的演化理论

悉尼·温特

24.1　引言

　　1959 年春天,一个偶然事件引发我阅读了一篇阿尔奇安 1950 年写的文章,题为"不确定性,演化与经济理论"(Alchian,1950,Uncertainty,Evolution and Economic Theory)。当时,我正试图撰写一篇博士学位论文,采用实证方法对企业研发费用的决定因素进行分析。20 世纪 50 年代中期之后,R&D 已经在应用经济学中成为相当热门的话题。我计划在这一调查中应用的理论框架是一个模型,该模型基于企业利润最大化这一熟知概念,在当时和现在这都是主流经济学的一个核心理论内容。但是,当我偶然读到阿尔奇安的论文时,我开始考虑,与我的研发费用利润最大化模型相关的决策情境,实际上并不存在。至少,不会以任何形式,与我提出的那个脱离背景的模型相类似。

　　阅读阿尔奇安的论文,我看到了在理论前沿上的一个演化的方法,它指出了一条希望之路,可能会对一系列令人烦恼的事实给出一套圆满的解释:(1)关于研发强度的商业讨论,似乎一直固定在寻找适当的研发/销售比率这一概念之上;(2)某一特定年度的企业研发决策,受到往年的决策及其结果的强烈影响;(3)政策仍然不断发生变化,并且实际上经过一段时间,已积累成一种在行业间研发强度上显著并持续的差异化模式;(4)来自经济和技术环境的持续压力,似乎对于行业间差异起到了塑造的作用。这就是我关于演化论思想所撰写的长篇"奥德赛史诗"的出发点。

　　这首"奥德赛史诗"正处于第五个十年的中段。自理查德·纳尔逊(Richard Nelson)与我发表首篇关于演化经济学的合作论文以来,三十多年已经过去了,而自我们在《经济变革的演化理论》一书中(Nelson and Winter,1982a,*An Evolutionary Theory of Economic Change*)提出我们理论的一项重要声明之后,也已经过去二十多年了。无须说,沿途已经出现了一些重大的曲折和回转。尤其是如今,我们有机会在这本管理学理论著作中贡献一章,在我们理论发展的早期阶段,这根本是没有预料到的。演化方法原本是我提出来用以解决研发费用这一具体问题的一个可能方案,它迅速成了经济学理论进行重大变革的基础。尽管其范围变得更为广泛,但当与纳尔逊开始合作之时,对管理理论做出贡献并不在我们的计划之中。

不过,演化论与管理之间的逻辑关联足够清晰。正如我在本章随后的讨论中所要解释的,演化方法的一个关键优势,在于其提供了摆脱对于商业行为过于程式化的理论解释。换言之,人们可以说,演化方法包含了商业决策制定的实际情况,而不是对其进行防御性的缩减(而这正是在我所遇到的研发费用问题中所做的选择)。从而,演化论为管理者提供了一定的空间,让他们能够用经济学解释商业行为,并同时向他们提供了一个用经济学思考的风格,这一风格对管理者来说更为有趣并更有帮助。在这两个方向上,"技术""组织"和"变化"这些词语和"管理"与"演化"变得同样重要。许多其他学者,不论是完全还是部分赞成这一主张,都努力帮助实现这一设想。因此,这一设想的大部分内容都已经成为现实。而且,在我们前行的道路上,仍有许多重要的机遇。

在这一章的余下部分,我会接着刚才所描述的开端部分来继续讲述故事。我所选择的结构类似于编年史,大致按照出现的历史顺序列出重大事件。由于实际情况并不是清晰地分段进行,所以,在叙述中难免存在不少顺序紊乱之处。

时至今日,一些开始阶段提出的研究问题的活力仍然不减当年,尤其是米尔顿·弗里德曼秉持的批判现实主义方法立场(Friedman, 1953),在今天仍然是经济学学科的核心思想,虽然对他的论文的引用已经不像当时那么多了。反过来,这一思想对那些关注主流经济学的人来说,可能是一个障碍。人们总是认为有理由从主流经济学思想中寻求帮助,他们期望理解:企业行为如何影响经济体制,管理人员如何影响企业行为,或者技术和经济增长如何影响世界的未来。接下来的一节(24.2)就这些基本问题进行了探讨,这些问题在方法上是基础性的,在实质上是相因而生的,它们集中于我关于演化方法的早期工作。再下一节(24.3)我转而探讨有关演化理论与直接对商业行为开展的研究之间的联系,特别以赫伯特·西蒙(Herbert Simon)、詹姆斯·马奇(James March)以及理查德·西尔特(Richard Cyert)等卡内基学派传统的研究为代表。随后,24.4节介绍了与技术变化之间的联系,以及因此与经济增长和发展所产生的联系。这一研究主题还指出更为广泛的研究问题,即人们如何看待在生产活动中知识所起到的作用,相关阐述见24.5节。24.6节讨论了一些关键的实证问题,这些问题与主流经济学或其他知名学派的思想存在争议,其关键性或者在于其在演化争论中所处的核心位置。最后,24.7节认为,演化方法为经济理论的研究提供了一种可以很好地适应管理学科需要的风格。

24.2 "现实主义"、利润最大化以及公司理论

上述提及的弗里德曼的论文,很快取代了阿尔奇安的论文,成为我早期有关经济学演化思想的主要焦点。但阿尔奇安的工作仍然在一个关键方面起着基本方针的作用。

阿尔奇安提出了在演化原则上重建经济理论,并有力地描绘了这一计划的一些关键原理。其想法很是吸引我,当然,这些与弗里德曼所谈论的完全不同。①

弗里德曼的"实证经济学方法论"(The Methodology of Positive Economics)一文,作为他《实证经济学论文集》(Friedman,1953,Essays in Positive Economics)一书的第一章出版。在很大程度上,这是弗里德曼对于20世纪40年代有关利润最大化假设的生动回应。评论家批评其论点并不现实,其中一些评论家还引用了对商业行为进行近距离观察的证据,以支持其主张。② 弗里德曼认为,这些评论家过分简单地理解了"现实主义"在科学中的含义。他还提出,尽管与直接观察之间存在明显冲突,利润最大化可能是一个"成果卓著的假设",并评论说:"科学最基本的假设就是,外表是具有欺骗性的"(p.33)。针对利润最大化只是一个科学假设这一论点,他提出"自然选择"的演化论观点,他的辩论可用下面这段话进行总结:

> "自然选择"过程有助于验证该假说,或者更确切地说,由于自然选择,是否接受该假说,很大程度上依据这样的判断:自然选择观点恰当地总结了生存的条件(1953:22)。

对于这一主张的关键评价——我将其称为"弗里德曼猜想",成为我博士学位论文研究的中心主题,在当年的后一阶段中,我预计会全力投入该论文的写作。我一直没能完成关于企业研发费用的研究,而对于该研究所提出的理论困惑重新浮现出来,这个例子代表了经济理论中普遍的商业行为,尤其是利润最大化这一更大的难题。研发与技术变化的主题被搁置一边,但早期对于这些问题的关注,预示了之后演化经济学中将要出现的新动态。

弗里德曼在论文中讲得很好:每一门科学都面临同样的挑战,即寻找设法使其理论概念可操作化的途径,目的是建立一座从理论通往一系列现实的桥梁,期待可以用它来揭示理论的价值所在。只是如何能让这一"揭示"起到作用,并不那么显而易见。实际上,这是一个深刻的、时有争议的问题,但关于科学方法的基本解释,往往设定了一个简单而令人欣慰的答案。尤其是这样一个问题,有些研究仅仅留下一个理论术语,没有任何直接与之相关的实证参考,长远来看,这个术语就是一个方便的符号,而对于现实问题仅仅起到隔靴搔痒的作用。弗里德曼的立场是,经济理论中的"利润最大化"这一概念,便属于此类理论术语。根据弗里德曼的观点,企业的行为表现"好像"是要实现利润最大化。因此,在近似范围内不断努力研究企业决策,简直是一种误导(如经济学),因为经济学理论从不对于即将出现的情况做出真正的预测。弗里德曼认为,其他程序如

---

① 认为弗里德曼关于演化的见解意味着重建的这一论点事实上是由科普曼斯(Tjalling Koopmans)提出的,他是一名备受尊敬的数学经济学家,曾是我在耶鲁大学时的一名教授(Koopmans,1957:140—141)。我不记得在阅读阿尔奇安之前还阅读过科普曼斯的文章——但即使我阅读了,我可能也是无动于衷的。

② 一个很好的例子是戈登的研究(Gordon,1948),其中列举了大量其他的相关工作。

"自然选择"或隐性技能之类,可能会产生利润最大化的显著结果。[①] 即使最大化本身——在明确目标、清晰计算以及仔细比较替代品的意义上——无法观察甚至不存在,这一现象也可能会发生。对于通过观察或访谈来发现企业是如何进行决策的这一可能性,弗里德曼也表达了其怀疑,提出受访者可能会以某种方式,掩饰或者实际上并没有意识到参与其中的心理过程(隐性技能点)。例如,

> 一位台球选手,如果人们问他如何决定其打球的位置,他可能会回答,"只是考虑了一下,但随后还是靠运气来确定";而商人也可能很好地回答说,他把价格定在平均成本价格上,当然,当市场发生变化时,也可能有一些小偏差。两个声明几乎同样有用,但都无法验证相关的(最大化)假设(Friedman,1953:22)。

对企业进行直接观察这种方法的价值心存疑虑,绝不仅仅是弗里德曼的观点,也不仅仅局限于和他采用类似方法的那些人。在经济学学科中,这仍然是一个广泛存在的态度,或许比起弗里德曼发表其作品的时候,其广泛性已经有所降低。任何一个采取直接方法来研究企业行为的人,在与经济学家探讨时,都迟早会遇到这个问题。[②] 清楚地说,受访者谈到动机和程序时,可能会有所掩饰,可能仅谈论社会所认可的观点,也许他们所使用的技能,只可意会,不可言传,对这些可能性进行预警,显然是有好处的。这些观点在社会学的研究中是十分熟悉且受到认可的,因为这些问题在日常生活中也是广泛相关的。关于来自经济学家的反应,其独特之处往往在于其比较极端和绝对的本质。考虑到实际背景,与其在开始部分就讨论结果可能由于某些原因而有偏差,还不如放在结尾部分,对现在和未来的研究都有益处。

在其他学科中,围绕着利润最大化的这些方法论问题也大致类似。中微子的案例便是一个典型。在最初提出时,新粒子似乎只不过是对现行物理学理论的事后调整,以捍卫其不会遭受评论的驳斥。甚至,提出这一理论的学者沃尔夫冈·庖利(Wolfgang Pauli)将该提议称为"绝望的权宜之计"。作为该理论的补丁,中微子似乎具有令人不安的特性,即显然不可能对其有效性进行检验,因为零质量与零电荷的假设性质,构成了观察其存在的主要障碍。因此,该案例"就好像"利润最大化,该补丁的提出所处的背景,是可信的推理过程,即为何无法验证其有效性。物理学家和哲学家就中微子的合理性所进行的辩论,持续了几十年。在此之后,问题逐渐隐没,因为发展出了先是间接的、随后是相对直接的证据。

还有一个更接近管理理论的类似争论,关于组织生态学中"合法化"和"合法性"的概念。鉴于大量积累的间接统计证据已经不容置疑地(据说)成功表明,组织群体的演变中合法性起到重要作用,而且,这一概念在社会学中,甚至在更为广泛的范围中已经

[①] 弗里德曼没有使用"隐性技能"这一术语,但回顾起来,这个词似乎看上去完全适当。
[②] 最近的一个例子,见杜鲁门·比利(Truman Bewley)关于这些态度的讨论,在其以访谈为基础的关于大萧条中为何企业不实行减薪的相关研究中也谈到了这些态度(Bewley,1999:esp.8—16)。更多的相关论述,亦可见施瓦茨(Schwartz,1998)。

被大家理解,那么,用更直接的方式对合理性的概念进行更直接的测量是否合理呢? 也许是,但也许不是(见 Hannan and Carroll,1995,其中指责评论家"没有价值的议论")。

当宣布某个理论所体现的某种机制或部分是观察的"禁区"时,人们通常会猜疑,这一宣言可能只不过为图方便,保护这一理论免遭不受欢迎的观察的威胁。这种做法令人反感,因为继续对其追究,可能最终将剥夺理论的所有实证内容,将其变成仅仅是同义的反复。然而,也有合理的理由来容忍这种临时性的以及事后调整的做法,至少作为偶然的、暂时的做法。第一,鉴于理论通常都无法非常鲜明地指出可操作化的适当步骤,显而易见的是,任何具体的实证方法,都普遍缺乏明确的、有理论支持的证据来证明其适当性。因此,理论的一个明显问题就是,它只不过是代表了一种实证技术,这种技术的缺陷就是(至少)它无法完全满足理论的要求。第二,如果一条有用的、大体准确的理论仅仅因为其与某些实证检验结果相冲突就遭到遗弃,这是不合理的。尤其是,如果当前并无其他可行的理论来替代它的时候。第二点明显得到第一点的支持:为了糟糕的、不相关的实证结果而牺牲有用的理论,这是非常短视的做法。弗里德曼论文谈到了这两个观点。然而,其讨论范围似乎远远超越了反对企业决策的实证方法的相关性问题,甚至延伸到极端的说法。他认为,没有任何关于企业决策的实证研究,能够有效地质疑最大化假说。

此处所谈到的这些深刻的问题,长期以来一直在科学界受到高度重视(例如,见 Popper,1959;Kuhn,1970;Quine,1961;Lakatos,1970)。在有关这些事项的大量后续经济学文献中,许多讨论都尤其关注弗里德曼的论文,并且几乎都不会提到其他范围更广泛的讨论,同时,都大量使用来自物理学理论的实例。在我看来,梅西(Massey,1965)和布劳格(Blaug,1980)的贡献大为宝贵。我自身关于方法论问题的评述,大部分伴随着对公司理论的讨论(尤其见 Winter,1964a,1975,1986a,1986b,1987)。我在此并不想进一步探索一般方法论的问题。

然而,为了澄清问题,我需要声明我关于利润最大化这一具体问题的立场。在我看来,显而易见,"好像"最大化的想法,以及相关的对直接观察价值的那些高度怀疑态度,基本上是一个防御性的做法,其目的是保护存在严重缺陷的理论。在我看来,为之进行辩护的理论,实际上并没有任何令人信服的证据作为支持。我下面将要讨论这一点。要弄清楚为什么所谓支持性证据无法提供有效证明,仍需要仔细分析。商业决定显然是经济体系运行的一个关键组成部分,然而,有时候出于对学科的承诺,而必须在基于错误理论前提的基础上对其进行分析,这对于科学进步来说是一个巨大的障碍。我所进行的这项评述并不是个例。很多社会科学家与企业界人士都知道,他们的工作往往比大多数专心学术的经济学家更接近企业的决策制定。[①] 像其他许多来自非主流经济

[①] 对利润最大化假设或更广泛的理性选择模式的批评是经济学论述固有的特色。自从我开始研究这些问题以来,就在很大程度上受到了来自心理学家,例如 Amos Tversky,Daniel Kahneman,Paul Slovic,George Lowenstein 和 Robyn Dawes 等人学术评论的影响。认真参与评论的著名经济学家(尽管他们并不完全认同演化观点)包括,George Akerlof,John Conlisk,Richard Day,David Laibson,Roy Radner,Robert Shiller 和 Richard Thaler。然而,组织行为的合理性很少受到这些学者的关注。人们将大部分的目光已经投向个别行为,或直接对其进行反映的市场现象。施瓦茨(Schwartz,1998)做了一个有用且很有影响力的文献调查。

学的观察者一样,我也经常不得不面对足以否定我的研究结果的证据。

对于这些问题的分析,首先是考虑其大规模统计证据的相关性,这些证据支持了标准经济理论的定性预测——"供给曲线向上倾斜"是此处的原型。此类证据实际上无法将利润最大化假说和看似合理的替代行为区别开来。事实上,这在某种意义上是弗里德曼的观点——"好像"存在利润最大化一样,有些事确实发生,从而,制造了对真正产生作用的最大化的虚假印象。然而,并非所有事情都以这种方式发生。通过我们所讨论的精确公式的细节,以实证方式区分(真实的、因果关系上最基本的原则)最大化和替代品,通常是很有可能的。(当然,此类区分真正显著的机遇,存在于对决策制定的间接观察!)第二个关键点是,要认识到争议与如下关于动机的说法无关,即企业和个人往往"企图挣钱"。这一说法本身没有任何实证意义。举例来说,如果这种"企图"遭受了大量随机性和对于迷信信仰的固执坚持(如弗里德曼提出的那样),那么,通常定性预测所可能遵循的逻辑,也仍未得到举证。承认其他动机也可能起到作用,通常将使得这种僵局越发恶化。

此处需要强调的一点是,主流理论的特性预测,并不单单是对动机假设的引申,而是这一假设加上常量限制(机会的设置),再加上真正的最大化——行动者始终如一地确保其正确!最后一句是处于问题中心的论述。①

为了对以上分析做一个总结,我注意到,像我这样的批评家可以不必费心宣称,商业行为中从未发现任何类似真正最大化的情况。这种说法是很不正确的,部分原因在于标准经济学的规范作用,但更多可能在于运筹学的实际价值。真正的行动者更倾向于将经济学家所有的相关理论付诸实践或至少尝试这样做。这一部分内容在完整的理论描述中不可缺失,演化经济学也确实将其包括其中。有利于这些零星的"真正最大化"出现的关键背景因素是一个有趣的研究对象。一个关键的实际考虑显然在树立有利的背景这一点上发挥了重要作用:替代性政策的系统比较所需的数据,实际上是可以获得的。除此之外,背景似乎通常并非仅出于狭隘的经济上的考虑。因此,这类研究需要与经济学同样多的社会学工具(例如,见 Beunza and Stark,2004)。

如果能通过一种方式来叙述企业与行业的经济学,避免虚构决策制定的基本承诺,这是否就将称心合意呢?上述讨论只描绘了某些重要相关点。这表明,与弗里德曼的经典论点相反,其答案应该是肯定的。但是,实际上它可能吗?有些自相矛盾的是,弗里德曼的"好像"最大化的案例,同时包含了一个无需最大化程序的关键因素(作为一项

---

① 理性选择的理论表示,行动者不会犯事前的错误,但其可以欣然承认事后错误的现实。为了对此给出反击,我们必须首先接受一点,"他们总是确保其正确":这取决于何为你所指的"其"?要仔细叙述这一限制条件需要更长的论证过程,但基本上不会改变结论:只要该理论具有预言性内容,预言的关键部分就来源于行动者确保其正确的假设。

基本假设)。① 然而,这些因素显然不足以定义所需要的程序。更大程度的"现实主义"的承诺,显然需要更多对于刻画现实的关注。但是,何为现实呢?

24.3 从"弗里德曼猜想"到"卡内基学派"

24.3.1 确定利益关系

无论是在管理学还是在公共政策分析中,人们都没有真正的兴趣如理论经济学按照常规所提供的那样去进行关于商业决策是否与完美规范存在少量偏离的讨论。同样,在这两个学术团体中,你都无法找到一个耐心的听众来聆听以下观点,即决策制定中所存在的重大缺陷主要是由于普遍的短视和贪婪。虽然对各种等级的短视和贪婪往往都比较严重存在广泛的共识,从公共政策的角度看也确实如此,但是在许多情况下,甚至从长期利己主义行动者的观点来看,亦是如此。结合这两种观察,我们用熟悉的"留在桌上的钱"这一比喻来表达我们的结论:此处我们所谈论的可不是零星小钱,显然,真正的钱必然被藏在了桌布下或别的某个地方。因为至少在处于先进经济制度的历史与文化环境之中的当下,我们也完全无法相信这一说法,即许多钱正摆在那边的桌子上,在众目睽睽之下,无人认领。相因而生的决策失误涉及重大利害关系,对于此类失败的一个令人满意的解释应包含对于决策者的错误看法来源的说明,而非对重大利害关系有意漠视的假设。

不幸的是,实际问题都是难题。尤其是,关于什么可能会模糊决策者观点的充分评估(发挥桌布的作用),必须广泛地考虑到各种已经在社会科学文献中被确认和被讨论到的因素,从个体层面的认知限制,到集群中的社会压力,再到系统层面的协调问题。这些不同的失败机理属于不同的社会科学学科的领域范围,同时,也相互渗透贯穿。概言之,实际问题无法构成研究的实际目标,至少在任何直接的短期意义上是这样。这就需要一些有限的目标——那些可以通过可确认的研究方法来寻求的目标。

24.3.2 弗里德曼猜想

对于弗里德曼猜想的理论分析就是这样一种方法。从本质上来讲,假设它正被那些看似合理,但通常并非最优政策的利益追逐型企业所追寻,问题是从长远来看,这笔钱是否仍将被留在桌面上。在其基本形式中,这样的分析首先设定了一个情境,即在此

---

① 将最大化从理论的基础之中置换出来并不意味着将其从理论工具箱中完全弃用。以"工具主义"一词为特征的一些关于弗里德曼的讨论,主要构成了关于工具箱而不是关于理论的争议(见 Boland,1979)。在我看来,一种理论涉及了关于现实本质的承诺,超越了关于工具有效性的具体考虑。一个好的"工程近似值"(在特定背景之下)可能是个非常糟糕的理论(一般而言)(见 Friedman,1953:17—19,关于物体如何在"看似"真空中自由落体)。一个好的理论会提供关于工程近似值的有用意见,并且一个良好的公司理论将阐明,利润最大化在何时会是一个合理的工作设想,而在何时不是。

种情境下,存在逻辑上的可能性使企业可以得到其决策问题的正解,因为至少有一个正确答案存在(如果没有这一非常重大的假设,依照严谨的逻辑,弗里德曼猜想就是死路一条)。分析的第二个组成部分是一些假定的企业可能存在的行为模式,其中,至少有一些模式并非是全面优化的。也就是说,与经济标准假设相反,并非所有企业都必须一直获得正确答案(若无此前提,"企业利润最大化"这一结论便是熟悉的假设下微不足道的结果,不需要演化逻辑或过程来建立它)。分析的最后组成部分是一个动态过程的表征,通过这一表征,企业依靠竞争来相互作用,确定其生存与发展。有了上述这样一个具体假定背景的各类细节,分析的问题便在于去描述动态过程是如何产生的,以及这一成果是否与弗里德曼"好像是"利润最大化的猜想一致。

举一个简单的例子[1],假设一个产业中的所有企业都基于企业特定的期望回报率来决定其产能投资,而该回报率(至少有一些企业)高于其所共同面对的资金市场成本。这种行为并不会自动符合利润最大化原则(或者,此处是指净现值),因为这可能意味着放弃净现值投资的形式,把资金白白搁置在一旁。这种谨慎的非标准行为假设,为一个竞争产业的经济模型增加了标准因素,并且让局势随着时间的推移明朗化。如果企业其他方面都相同,这种局势本质上是一个长期的竞争,在此情况下,最低水平的期望回报率最终将胜出。

以上结果标志着弗里德曼猜想的局部性胜利,行业层面的结果是标准化长期竞争的结果,因为还有一些企业,它们的期望只是能够支付其资金成本。[2] "所有企业都会最大化其利润"的假设有效地被削弱为"一些企业最大化其利润",其余的工作已经通过演化过程完成,产生出了"如同所有企业都最大化其利润"的结果。这仅仅是一个局部性胜利。因为,第一,我们确实需要"一些企业"的假设。没有它,同一模型同样阐明演化过程中可能导致非标准结果的这一观点。第二,它是一个长期结果,需要一段时间的演变,以完成其作用。这就产生了一个问题:假设外生变化间歇性地发生,是否每次发生改变的时候,我们都必须等待一个新的演化过程以完成其作用?或者是尽管变化发生,是否在基本上只存在一种竞争?在这个模型中,竞争确实只有一种,但这不是一个普遍的结果。[3] 最后,还有一个关键而毫不夸张的假设,即隐含在假设的行为模式中的关于稳定性的假设。期望回报率是一种作用持久的"类基因型个性特质"。

刚才讨论的例子,阐明了我早期以博士论文为基础的文章中普遍的分析风格(Winter,1964a)。那时候我重点关注的是弗里德曼猜想的逻辑。这表明,一方面,将弗里德曼的直觉转化为定理的这一逻辑基础,是有可能被讲述清楚的;另一方面,通过明确的

---

[1] 这个例子本身并非此处所说的如此简单,这里仅仅是为了简洁起见。(欲了解更多关于此类做法的讨论,请见 Winter,1964a,1971,1987,1990;Hodgson,1994;Nelson and Winter,1982a:ch.6。)

[2] 围绕"企业是否如同'价格接受者'一般严格采取行动,或能够感知市场力量,并据此采取行动"这一问题,存在一些相关的问题。这些问题的存在丝毫不会改变故事的寓意,因此我将它们忽略,并采用竞争的标准逻辑。

[3] 即假定在一个共同环境下,除了期望与规模(能力),企业都是相同的,那么企业成长率的排名总是与期望回报率成反比,不论在其环境中是否会受到任何个别的影响。

正式建模所提供的"审计",指出了有关限制结果真实意义的一些考虑。虽然上述所确定的考虑与这种模式广泛相关,但仍存在其他重要的、却不在见解范围内的考虑,其原因是例子过于简单——例如,涉及进入和退出过程、企业"遗传"属性中是多维而非单维异质性的结果、随着时间的推移修改那些属性的探求过程的含义等诸如此类的问题。两种考虑也相互影响,创造出关于猜想的各种复杂的具体情况及对应的答案。最后,还有一个非常重要而普遍的问题——"规则 vs. 行动"。当竞争过程中面临从未出现过或极少出现的情况时,那些按规则行动的企业之间的演化竞争,无法测试出这些规则是否最优。因此,即使一个结果能够证实,关于长期行为的弗里德曼猜想,也不一定能证实与规则有关的弗里德曼猜想(Winter,1964a)。

从此种类型的调查中学习到的,是无法从任何单一的模型中学习到的。其中主要包括对于相关机制及其相互作用范围的清晰理解,加强了关于"结论的真正引入,取决于被定性分析抑制的定量方面"这一正确认识。

正如上述概要所表明的,我早期关于弗里德曼猜想的工作,没有涉及试图认真回答关于企业决策制定的现实这一问题——它超出了"不像经济学中通常所假设的那样完美"的清晰现实。演化经济学的随后发展,没有对于作为焦点问题的弗里德曼猜想予以重视,而是转向了对现实的关注。我们在几个不同的领域得到了大量的启发,其中的关键之一是企业的行为理论。

24.3.3 行为主义

当时,我正在开始我的博士论文研究,卡内基学派在匹兹堡已经达到了一个卓越的发展阶段。赫伯特·西蒙的关于"满意"的著名论文"理性选择的一个行为模型"已经于 1955 年(Simon,1955,A Behavioral Model of Rational Choice)发表。在此之前,我曾有幸在研究生阶段拜读过这篇论文。① 由西蒙和詹姆斯·马奇所撰写的关于"组织"的经典卷册发表于 1958 年(March and Simon,1958)。1963 年,更多的研究出现在理查德·西尔特和詹姆斯·马奇的书中。《企业的行为理论》(Cyert and March,1963,A Behavioral Theory of the Firm)一书所出现的大部分研究当时正在或已经开始以论文的形式发表。卡内基学者们所谈论的有关企业行为的内容,其中一部分看上去很熟悉,在某些方面与早些时候批评公司理论过于正统的那些经济学家所说的相类似。这些就是弗里德曼在其论文中予以回应的那些极端评论家,我非常清楚他们的工作。回想起来,该书在早期阶段就可以运用演化方法,建立和补充由卡内基学派主张的企业行为的"微观基础"。

然而,事实上这并没有发生,只是产生了一些相互交流和某种程度上的鼓励(至少

---

① 我怀疑西蒙的文章是否曾经出现在经济学课程的许多阅读列表上,当然不是指在 1957 年前。但他确实出现在雅各布·马尔萨克(Jacob Marschak)关于信息与组织经济学的研讨会上,那一年我在耶鲁参加了这场研讨会。鉴于马尔萨克会议召开的时间很早,如今看来,即使是研讨会的标题都是相当了不起的。

在从卡内基到温特的道路上),但不是很多。《企业的行为理论》一书不容易被理解,特别是在未完成的形式下。它涉及新颖的理论、新颖的研究技术(尤其是计算机仿真)和看上去很新颖的盲点(特别是,像经济学家所想的那样,对于市场作用的显著漠视)。

当西尔特和马奇的书于1963年出版的时候,我被《美国经济评论》(Winter,1964b)邀请参与评审工作。在阅读此书并进行评审准备的过程中,我第一次能够把卡内基学派的工作看作一个项目——并将其看作对于演化方法的一种补充,如上文所述。我在评阅意见中指出,作者们似乎满足于将企业行为本身看作一个重大科学问题,并愿意因此而搁置预测市场现象的任务——同时,我也提议这些事情不应该永远是这样的状态:

> 此外,希望有人会最终接受挑战,努力去为行为理论与传统理论之间的关系提供一个更好的定义,而不是断言这两个理论各自与完全不同的问题有关……
>
> ……行为理论与传统理论中更具说服力的实证研究部分之间是否一致,尚待考证。研究两套理论之间的关系,可能会包括更深入的探索:何时需要以利润为目标,何时向上调整利润期望值。还需要探索:对于简单靠经验来决策的企业来说,竞争如何迫使企业采用短期利润最大化的方法进行决策(Winter,1964b:147)。

尽管除了书中本身的内容,这一点在我的评审意见中没有得到充分、详细的说明,但我可以看到由西尔特和马奇所提出的科学劳动的一个新分支是可能实现的。企业行为本身可视为一项主题,从其表面上看似乎除了经济学之外,还涉及心理学、社会学、组织行为学、工程学、运筹学、管理、金融、财务、会计、市场营销,或许还有其他学科中所研究的内容。经济学的主要作用,不是争取对于这些其他智力领域进行君主式的控制,当然也不能忽视它们,而是要指出任何企业层面的真理,无论来自哪里,可能产生的系统性与长期的含义。这种作用特别适用于经济学家的范围,因为这些含义很大程度上是企业与市场互动作用的结果。同时,运筹学与以业务为导向的学科,可能会理性思考其自身(至少部分上是)如何使现有的商业行为模型得到切实改善,并且,这也不是经济学的核心作用。这一适当分工的构想,代表了我目前的观点。

鉴于经济学对商业行为的一般关系的观点,可以确定出以下类型的具体分析任务。选取任何一个已确定并断言将成为一种普遍现象的商业行为的实证模式,对于其在与类似企业所参与的演化竞赛中的生存前景进行分析。分析一开始,假设所确定的模式已经广泛普及,但同时还需了解,在长期发展中市场规律会普遍地产生真正的约束。如果"所确定的模式"涉及一些相对简单的规则——支配行为,则所需的分析非常可行,并能提供丰富的信息。如前所述,行为往往采取某种形式,是行为主义立场的显著部分。事实上,自第二次世界大战之前,标高定价行为的这一具体例子,在整个关于利润最大化的争议中就已经十分显著(Hall and Hitch,1939)。还记得,我自己早期关于企业研发费用的工作所涉及的困惑,正是精确地通过这种观察而提出的:将研发与销售比率的函数作为一项决策规则。过去存在(至今仍然如此)大量与所提出的分析类型相关的行为模式的一般化概括。

这种分析旨在决定是否或在何种条件下,所确定的模式能够在长期市场规律所施加的限制下得以生存,特别地,如果从业人员受到其他类似企业的挑战,这些类似企业在这一特定领域中,根据看似合理的规则,似乎更为"理性地"进行其行为表现。可能会发生这样的情况,即这种分析会得出"在任何条件下"的结论。例如,从长远来看,该行为模式是必然选择。这就意味着,该模式实际上是一个临时性的失常,抑或是该模式本身已经被误解,又或是市场规律的力量被高估了。

更常见的是,结论会有不同的趋势,以表明存在特定的环境,且在这种环境下所观察到的模式可能是可行的。考虑以下一般模式,能够轻易发现某些具体例子:企业对于投入 X 过分地进行使用;其行为就好像投入 X 是免费的,在投入 X 确实(大约)是免费的背景下,这种行为施加了微不足道的负担。它无法被更为谨慎使用 X 的对手,通过竞争将其驱赶出局,除非这些竞争对手还具有其他优势。(如果 X 的价格急剧增加,因而其成本所占的份额不再是小事时,将会发生什么?这里便会出现规则还是行动的问题:是否存在一个潜在的行为规则连接着 X 的使用与其价格?演化过程对此不做保证。)

如果"更慎重"本身可以包括一定的成本,那么,这些竞争对手事实上可能处于不利地位,这提供了一个一般命题的实例:"对于无关紧要的事情加以关注无需任何成本?"这个命题,从形式上,可以解释许多对于看似出于效率或成本考虑的行为(例如,办公室用品的储藏柜不上锁)。它重新将注意力定向于实质性的,尤其是那些关系到组织成长与生存的后果之上。

因此,卡内基学派的工作为部分商业行为是基于简单规则的这一观念,提供了重要的支持。这为演化风格下的理论分析提供了一些具体素材,产生了一些类似于弗里德曼猜想但却拥有更明确的行为现实基础的逻辑分析。更重要的是,这部分工作还强调指出,需要一个企业层面的、基于实证的理论组成部分,用以补充显著长期的、系统层面的关于演化方法的真知灼见。事实上,这种组成部分不仅是必要的,而且至少在一定程度上,卡内基的工作已经使其成为可行的。当然,"简单的规则"只是卡内基的部分故事。例如,"问题式搜索"与"冲突的准解答"概念,永久地改变了我和许多其他人看待商业行为的方式。最重要的是,满意决策的概念成为与组织演化思想普遍相关的工具。

西蒙开发满意决策的背景是,针对出现的问题,搜索一些可能的解决办法需要付出成本。很明显,他想的问题都是经济学家们普遍考虑的问题,并且用熟悉的数学优化工具分析问题。满意是一个理论的有限理性,而不同于全面最优化。正如西蒙后来解释说,这是一个寻找草堆里的"一根足够缝制的针(满意)"而不是寻找"草堆里最锋利的针(最优化)"的理论(Simon,1987:244)。考虑到成本和可行性,我们认为,在找到真正的最优方案以前,搜索就应该停止。① 文章的附录中,西蒙支持这一观点,把它确立为搜索过程本身最优化的终极结论。②

为适应关于组织的演化思考,满意行为的关键,并不仅仅在于停止搜索或者开始搜索,也并不是要找到一种可以根据特定的标准计算得分的"解决办法",而是要找到一种做事方法,至少要能够优于现有的方式,因为现有的方式不够适合(结果低于期望值)。满意决策的演变过程,和问题拉动式搜索的概念合而为一,由问题出现引发方案搜索,用最适合该问题的方式进行搜索。③

因此,满意的概念表明,经济演化被一种强有力的机制所增强,这种机制缺乏生物演化,即一种对突变率的内生性控制源。如果一切进展顺利,满意有利于行为的稳定性;反之,满意会引起对更优选择的搜索。这一不对称搜索倾向的结果,取决于"好"和"差"如何由期望水平调整机制确定,竞争环境如何影响期望水平、搜索空间的性质,以及决定一个新的替代品是否与现状相矛盾的质量测试。然而,总的来说,满意产生了强大的力量网,在绝对意义上起到"改善"的作用——在愿望水平不断变化的规模上向上运动。即使搜索本身完全不了解哪些替代品值得研究,它依然这样做。要理解这种想法潜在的经济意义,就把这一个量表标记为"生产力"。

我在1971年发表的"满意、选择以及创新残余"(Winter,1971,Satisficing,Selection and the Innovating Remnant)一文中,奉行了这一思路。该论文明确建立在西尔特和马奇的书中对于商业行为的描述之上,已取得满意效果,并提出将创新的进入与对竞争的坚持作为机制,该机制有利于推动那些低于其期望水平的企业,使其绩效能以某种方式得以改进。这些要素已被构造为一个马尔可夫过程数学模型,在一套"工业情境"的系统下,该系统拥有许多优势,并被运用于之后的许多工作中。

不幸的是,我犯了一个严重的战略性错误:论文的独特结果是对于弗里德曼猜想的一个新证明。我不禁想,这样的结果需要严格的假设,(在我看来)它几乎是在公开地请求编辑拒绝它。但它可能提供一个桥梁,谨慎的研究人员可以利用它,从主流经济学过渡到演化观点。在这篇论文的结尾部分,使用基本相同的机制,我以熊彼特的精神,提出了一个持续进展变化的模型。这一方法没有奏效,相反,大多数经济学读者认同弗里德曼猜想实际上可以得到证实。我的希望太天真,并没有实现。我的知识还不够多。当然,那个时候我清楚地认识到,评估弗里德曼猜想并不是演化思想真正的希望所在,还有更重要的问题要解决。

---

① 人们只能惊叹于西蒙所举的小例子的"针对性"之强:在草堆里找到一根针的传奇是不可能的,寻找"一根足够锋利,能缝制衣服的针"的理论被发现以后,再继续这种困难的搜索明显就很愚蠢了。

② 在我看来,很不幸的是,附录反而使这篇伟大论文的思想变得混乱。它的准确确地反映了关于西蒙的一个重要事实:他是一个理性主义者。从这个意义上讲,附录是一种个性做法,具有一定的"有限性,但比你想象的更为理性"。

③ 其他人也有过类似的曲折经历(见Winter(2000)的讨论)。

24.4 技术与经济增长

1959年年底,我加入了兰德公司。从多个角度来看,这都是一个很棒的行为,尤其是因为这使我成为迪克·纳尔逊(Dick Nelson)的同事。在那个阶段,聚焦于弗里德曼猜想,我开展了大量关于我的新理论性博士学位论文的工作。然而,还远没有到完成阶段。在兰德公司,我受益于迪克对于知识的非凡热情,以及他给我的高质量的反馈意见(为此,几十年来,众多学者都对他心存感激)。在随后的9年中,我们分两次在兰德公司共度了约4年时光,也一起作为经济顾问委员会的工作人员,在华盛顿呆了一小段时间。结果,在这所有共处的时光中,只有其中一小部分的时间,我们所做的事最终为演化经济学发展做出了重要贡献。那些事情确实很有价值。在那段时期结束时,很大程度上由于迪克的影响力,演化经济学的首要问题在企业、行业以及国家经济的层面上,都是必须与经济发展的来源相联系。

当我来到兰德公司时,迪克已经在某个研究项目中参与了一段时间,这个项目集中在经济学部门,由伯顿·克莱因(Burton Klein)领导,是关于研发管理与技术变革的研究项目。迪克已经发表了一篇"基础科学研究的简单经济学"的经典论文(Nelson,1959b, The Simple Economics of Basic Scientific Research),一篇有价值的关于发明经济学的调研论文(Nelson,1959a),还进行了一次关于晶体管发明的深入的案例研究(最终作为专著出版 Nelson(1962))。他的这些对于技术的兴趣,与现有的更基础的对于长期经济增长的起因的兴趣汇合在一起。其博士论文(作为专著出版 Nelson(1956))从理论上处理了人口过剩如何阻止了持续性经济增长问题(在增加人均实际收入的意义上)。

在迪克看来(当时和现在都是如此),科技进步已成为经济增长的关键动力。然而,技术的进步,包括与其他机制和领域的互动,其中包括科学知识的发展、资本的积累、市场竞争的过程以及教育和研究机构的发展。大多数情况下,过去几个世纪中,这些进程在广泛的"资本主义"历史架构中发挥了作用。所谓资本主义,并不是指经济学教科书中的纯粹市场经济,而是由在现代史中所看到的更为复杂多样化的体制现象,再加上国王、总统、国会委员会、军事机构、战争、学术团体、政府机构、压力组织、养老金制度、政府资助的智囊团等共同构成。

这不是一个特别激进的观点。能接受这一观点的人数(至少是作为一个最初的近似值来接受这一观点的人数),无疑远远多于那些决心用自己的整个职业生涯来说明这些问题的人数。迪克·纳尔逊属于后一阵营,他追随这条道路。要做到这一点,需要有伟大的献身精神,要坚信经济增长对于企业来说至关重要;需要有洞察力和灵活性,要能够不断地抓住每个时段的主要机会提升自己的理解;还需要有决心追求重大机会,不管这一机会把你引至何方,即使它要引领你跨越那些被人们视为神圣不可侵犯的学科界限。

24.4.1 在不熟悉的环境中进行决策

在伯顿·克莱因的领导下,迪克和兰德小组的其他同事,深入探讨研发活动(或称为"发明")①中的决策问题。这个调查揭示了理性选择问题的很多其他方面,而不仅仅是在"利润最大化"这个熟悉的领域讨论,如零售商品的价格。在研发方面,有一个非常现实的可能性,那就是目前没有想到过的备选方案将出现。事实上,这种可能性是公认的,而且人们认同并希望这种情况发生(它可能打破僵局,带来启发),人们有时故意这样做(例如,"头脑风暴"),但有时也会有所担心("所有这些工作将白费")。奈特不确定性普遍存在,客观发生的概率无从得知。在这样的事件中,理性选择理论指导个人做出主观概率的判断,事实上有很多相关的当事人,而主观概率的判断往往是他们产生争议的地方。"有争议"往往意味着,这些观点与人们感知到的利益和背景经验之间存在不可知的关联,而且"政治"对某些进程的影响将是决定性的因素。所有的选择,无论预见到与否,只有在漫长的、有顺序的设计过程中才能得到充分说明。未来尝试阶段将会充满不确定性,因此,往往会妨碍为后期所做的有效规划和准备——也使得目前对于未来前景的评价成为问题。只有前进,才能了解哪些选择是对将来有好处的。在整个设计过程中,存在"可行性"和"愿望"之间的辩证统一关系:这样最初的目标才能与技术成就同步发展。

根据这些特征,研发管理层提供了非常生动的案例来展现在高度不熟悉的环境中进行决策的一般问题。很多研发项目进程中的关键事件都是首次发生的。关于这些事件的不确定性并不是"它们是否会发生",而是"它们是什么"——因为在此之前人们还没有见过这类事件。

如果认为当事人能够优化他们的行为,这种观点在不熟悉的情况下与在熟悉的情况下产生的问题不同,而且问题更严重。这个问题不是动机,或计算能力,或在决策分析方面的培训的问题;而是关于是否可以合理地说明某套决策方案是存在的。毕竟,最优化的本质是调查多套备选方案,以及一贯适用的决策标准。在对不熟悉的情境的探测中,典型的情况是,可行的调查方案实际上只是集中了向各种不同的方向迈出第一步的尝试。下一步的方案大都无法看到,也看不到能达到的最终状态、成果以及之间的步骤。问题的关键并不是正式的理论或者理性选择能否解释这类情况,虽然我个人对此持怀疑态度。真正的问题是,不管出于描述性或规范性的目的,很难想象这样的理论可以有任何实证支撑。因为事前没有任何经验可以指导决策,所有的经验都是决策的产物。

我没有很快接受这次研究的启示。也许因为我还没有完全摆脱作为经济学家的训

---

① 当其他人的大部分工作集中于军事研发时,迪克提出了经济学领域有关技术革新的更广泛的问题,就像在之前的出版物的清单中所提到的。

练,当想到决策的制定和可能存在的缺点时,我还是倾向于依赖一个理论上的"正确答案"。这通常是有益的,但有时则是偏离,甚至是一种耽搁。(兰德集团关于军事研发行为提出的意见之一是,规划倾向于指导行动,测试可行性倾向于先于可行性讨论(Klein,1962))对情况越不熟悉,变化发生越迅速、越根本,要找到正确答案,就越无助于事。通过对兰德集团工作的了解,特别是通过与迪克的互动,我渐渐了解和接受了这个观点。我也渐渐理解,在伯顿·克莱因的领导的背后,可以看出另一位领导者的影子,尽管他现在没有站在大家面前。他是约瑟夫·熊彼特,很多年前他曾经说过相当类似的话:

> 制订新的计划和照章办事这两者之间的差异,等同于铺设一条道路和沿路行走的不同(Schumpeter,1934:85)。

此外,

> 如果说行为及时而理性,这简直就是虚构。但是,如果人们能够有时间推理出一定的逻辑,这还是比较接近现实的。一旦出现这种情况,人们就可以在该事件发生的范围之内,在这种虚构的基础上建立理论……超出这个范围和虚构,就不再贴近现实……要抓住现实,就要隐藏一些本质的东西……(Schumpeter,1934:80)

克莱因是熊彼特在哈佛大学的学生。

24.4.2 创新竞争

熊彼特的名气来自强调创新是资本主义发展的动力。更宽泛地说,他从众多经济学思想家中脱颖而出,是因为从根本上来说,他对资本主义的研究,用的是历史学的理论方法,这是一个关于经济变化的理论,正如历史所证明。在兰德,我和迪克·纳尔逊越来越清楚,我们走的是熊彼特的道路,并越来越感到,他在许多大问题方面都是正确的。不过,他还是为后人留下许多可做的事,至少是一些让后人可以解决的问题。20世纪60年代末期,我们合作项目的框架开始初见雏形,我们开始使用"新熊彼特主义"一词。

尽管熊彼特的思想在很大程度上被主流经济学所遗忘,在某个领域,他的思想,或至少以他命名的一种思想,继续在指导着研究。问题是,在一个行业中,什么样的结构条件有利于出现强大的创新成果?答案就是"垄断,相对严密的垄断"。这就是说,当少数大企业在新的工艺流程上(尤其是产品开发领域)展开激烈竞争时,就会大力推动创新产生。与此同时,它们也可能在价格竞争领域保持着互相支持的关系。熊彼特的名字与这一假设紧密相关,因为它涵盖了《资本主义、社会主义与民主》(Schumpeter,1950, *Capitalism, Socialism and Democracy*)一书中几页内容的主旨。那几页书中有一些朗朗上口的话,其中包括下面一段非常尖锐的文字:

> 新的生产方法和新商品的引入,在一开始很难想象是完全——而且迅速的——竞争(Schumpeter,1950:105)。

据推测,他的意思是,创新的成本永远不能在完全竞争条件下得到补偿。这本身就是对理论上的"理想的"完全竞争的重要和有效的评论。但是,整段文字相当复杂,这引发了一些不同的思考。能否合理地说,所有这些加起来就是"熊彼特假设"(如文献所说),目前尚不明确。

在任何情况下,以实证探索假设的产业组织文献不是很严密,无论是在理论基础还是在(在许多情况下)计量经济学方法方面。我和纳尔逊开始做一些理论基础的研究,研究基于我们在兰德集团那些日子的对话。我们写了三篇文章,它们最终成为我们书中标题为《熊彼特竞争》那一章节的基础。我们的方法结合了上文所提的很多因素。回想起来,考虑到我们方法中所有明确的或隐含的"异端学说",我们最终能够把这篇关键论文发表在《美国经济评论》上,实在是令人惊叹,也是令人欣慰的(Nelson and Winter, 1982b)。

我们发现了几个有趣的现象。也许最有趣的是,我们很意外地发现了一个俗称为"怪物模仿者"的现象。在熊彼特谈到信息规模经济有利于创新时,他没有指出,同样的经济类型也有利于技术先进的大型模仿者。这样的企业避免了创新的成本负担,可以轻易侵吞创新者在其他任何地方做出的、可利用的东西。这种行为对其他公司创新的激励产生不利的影响,并且对业界的创新表现具有极大的破坏性。

这一结果建议,再次认真研究那些占据支配地位、强调自己是创新源泉的公司,这很重要。在写那篇文章时,可能的目标是 IBM 公司。今天,它可能是微软。问题是,这些企业正如它们声称的是真正的创新源泉吗?抑或是,它们迅速地推广他人的创新,同时又打击了进一步创新的积极性?

24.5 从技能到常规和能力

24.5.1 生产理论的局限性

一位密切关注生产活动及其支持技术的经济学家,很可能会遭受某种形式的不和谐,这与仔细研究商业决策所产生的影响相类似。在主流理论中被用来描述技术可能性、生产函数或生产集的基本构念似乎并不突出。可以肯定的是,这里有投入和产出,以及将前者转变成后者的"各种做事方法"。同样,与一些在经济学中不断被改进的、异想天开的论点相反,这些做事方法往往具有很多灵活性,这种灵活性有时被用来应对不断变化的价格。然而,这种与现实相关联的程度,不足以支持熟悉的构念的有效性,任何超过"公司尝试赚钱"的办法,都足以支持对真正的利润最大化的理论依赖。对于主流生产理论的投入远远超出上述现实观点的关注;他们设想出一套同样可用的替代方法,可以全面调查选出最好的方法,并且保持足够长的时间不变,使同一套方法下的多个选择都可以为其相互的一致性进行仔细审议。如果在这一理论中存在真正的预测能力,那么关键在于这些出色的假设。不用说,这些言论与其相应的关于最大化的言论,毫无意外地精密结合。这些元素在有关企业的主流理论里相互纠缠,演化经济学家认为,它们在现实中更为紧密地交织在一起。

就我所知,目前没有类似于弗里德曼的利润最大化的关于生产的"好像"理论的论文①,但将来肯定会有。基于某种因果关系,一个没有生产函数的世界能够模拟拥有真实生产函数的世界。纳尔逊-温特合作最初的几大重要成就之一,就是做出关于美国经济增长的汇总数据分析的解释(Nelson and Winter, 1973, 1974; Nelson, Winter and Schuette, 1976)。这一类型的分析可以在多个方向上进行扩展,在我们的书中描绘了一个此类扩展的数学框架(Nelson and Winter, 1982a: 175—184)。虽然一些计量经济学家可能设法估计真正的短期生产函数,但我们仍然会认为,大多数关于生产的计量经济学工作(尤其是长期生产函数)更可能捕捉到的仅仅是模仿真实事件机制的成果。

是什么将"好像"的模仿与现实区别开来?一般来说,我们建议以来自大量公司的数据或汇总数据作为统计分析的依据,往往会以某种形式曲解数据中的变量,从而夸大公司层面生产的灵活性。在我们的模型中,一个关键特征是,企业往往有一种"安于现状"的技术(或一套常规)。虽然它们可以改变这种技术,但用于改变技术的有效机遇的充裕性远远低于交叉变量所建议的数量。我们认为,这在现实中以及在我们的模型中都是真实的。缺乏灵活性反映出的事实是,在标准的经济学数据中很难完全捕捉到公司致力于其做事的方式,这是由于这些方式没有在技术决策的标准经济学分析中被反映出来。在演化论中,这些原因是故事的重要组成部分,正如我现在所讨论的。

24.5.2 探讨生产性知识

我们在20世纪60年代中期的许多对话都试图理解技术和生产及其中的知识所起的作用,以及所有这一切可能通过哪些方法来有效代表其理论目的。然而,我们心中的"理论目的"不一定要与改善生产的静态理论或计量经济学的执行相关。相反,它们必须关系到技术变革的处理、技术与科学认识以及其他形式知识的相关,以及何种想法限制了方法在公司间与国度间的传播(Nelson, 1968)。在当时,经济学科着迷于新古典主义的增长理论,在这一思想主体中,生产函数是神圣的。技术变革是这一议题的核心,但却是通过一个抽象的、便于分析的方式来引入,并保留了生产函数的中心舞台,但由此产生的一个景象很难与人们可能会研究的任何一种特定技术或变革的过程相衔接。我们对于明确新古典主义方法的局限性,以及试图找出一种更好的路径都同样有兴趣。

我们进行了许多关于试图在一个非常微观的层面,来重新考虑整个问题的对话,但我们从来没有真正将此定义为一个项目。这一努力尤其借鉴了迪克对于科技的广泛理

---

① 然而,麦克法登(McFadden)有一篇重要文章,其中包含的定理可以有效地说明"好像"生产理论的一种形式(McFadden, 1969)。

解,但也更多地讨论了更微观以及比之前研究中更容易接触到的案例:蛋糕配方。这个或多或少有些异想天开的调查路线是基于严肃的前提的,即在我们所尝试的抽象水平上,做事方式的理由是非常相似的。① 我们可能会考虑容易理解的那一个。更确切地说,这看上去似乎很容易理解。结果是其实有很多东西需要去理解,并且整个问题中的一部分至今仍在我研究议程的最首要位置。

然而,有一件事很快变得明了:蛋糕配方与蛋糕生产函数之间有一个重要的对比。前者实际上在烤蛋糕时是有用的,而后者则不是如此——尽管它在筹备购物之旅(获得所需的原料输入)时有用。这可以变成一道经济理论的难题:如何可能得到用于生产的知识表征,而该知识表征省略配方中关键程序上的知识,而只与原料清单相关?② 反思,这很可能发生于:(1) 只输入和输出(而不是方法)被认为是有趣的;(2) 一套可能的输入、输出流是既定不变的。根据这些假设,当适当的价格清单既定时,一个成本最小化的面包师的"有趣"行为是可以预测的。

假设(1)为另一个长期存在的关于经济学范围的问题,提供了一个有争议的回答。但是,即使(1) 本身被认为是可以接受的,假设(2) 也会对标准经济分析施加一个关键的限制。它无法应付变化,因为面包师处理一个新食谱的能力,无法仅仅通过检验新的原料清单而做出决定。相反,有必要了解面包师对于生产程序的掌握能力。(注意联系到上述的统计讨论:忽视程序知识的约束,会导致夸大灵活性方向上的分析偏差。)这个小故事当时看上去引人注目的内在精神,似乎现在依然如此:如果我们重新严肃地对待将技术变革理解为推进知识的一种现象,就必须要放弃生产函数。③

出现的第二个要点是,由一个食谱给定的程序描绘依赖于文字。文字不是程序。并不是"搅拌"这个词搅拌了面糊,也不是"平滑"这个词提供了有效的平滑测试。因此,如果你想了解这些生产性事件事实上是怎样的,你需要了解文字背后所蕴含的内容,然后,思考文字之间的联系以及程序是如何创建的。在这一点上,你会突然痛苦地失去快乐的关于你已经接近熟悉的生产活动知识的幻想。事实证明,你至少需要知道语言是如何起作用的,以及精神运动的技能是如何起作用的。这些要求呈现了一个相当庞大的以及令人沮丧的议程。有人可能会合理地得出结论,"蛋糕范式"的习题在给予刺激的同时,已经走入了死胡同。

24.5.3 隐性知识

某种程序上,同时作为化学家和哲学家的迈克尔·波拉尼(Michael Polanyi)的思想拯救了我们(Polanyi,1964)。我不能完全回想起这是如何发生的,但我确实记得一些范

---

① 这个"蛋糕范例"的影响主要出现在纳尔逊在早期阶段所发表的作品中(见 Nelson et al.,1967:99—100)。
② 有一个侧面的研究涉及将一个典型食谱中的原料清单扩展成一个运用于经济学理论中的同类型的输入清单,但这只是一个次要的技术点。
③ 由于理论对于表征技术可能性的单一公认方式,作为一项基本承诺,生产函数必须被放弃,当然作为工具箱的一部分,生产函数仍然受到欢迎。

围广阔而无法于此概述的东西。就是说,我们有些偶然地跌进了波拉尼的脚步,就像我们之前跌进熊彼特的一样。或许令人有些吃惊的是,这两条路径并没有那么遥远。

阅读波拉尼之后,我们开始明白,我们所遇到的困难一方面是普遍的,另一方面在哲学上是非常深刻的。如果你尝试去探测人类知识的深度,以及人类对于信仰投入的来源,你最终会用完所有的工具。波拉尼接受了这一结论,并带其走向了一个建设性的方向,以身作则,表明理解仍然能够继续取得进展。波拉尼的名言是,"比起我们所说的,我们知道的更多"(Polanyi,1966:4)。"隐性知识"这一术语标明了这一种情况。正如波拉尼的讨论所说明的,有时,认知者的能力缺失,至少可以部分地由外部观察员进行弥补。但外部观察员往往不能做到,仅仅是因为所涉及的机制还未能很好地被当代科学所理解。

波拉尼研究中最直接相关的就是他的技能分析,其中很大一部分被直接引入我们自己的研究中。波拉尼指出,"一个熟练表现的目标,是通过遵守一套规则而完成的,对于实际遵循这些规则的人来说,可能并不了解这些规则"(Polanyi,1964:49)。对于制作蛋糕过程中试图阐明程序的尝试也是如此,熟练的面包师可能无法告诉我们烘烤程序。(而有时的情况是,外部观察员可以有效地填充认知者/生产者没有意识到的程序,但其范围有限。)做事的方法可以有效地被阐释出,但其深度被人类技能所限制。当探索达到了这一水平时,调查就会深陷困境,波拉尼非常清晰地说明了原因。

那么,"隐性知识"是不是"大麻烦"的别名? 一些评论家认为,波拉尼提出了一个问题,但并没有解决它。如果"问题"是要去实现对于某个特定程序不断深入的了解,那么这一观察是十分正确的。但是,从根本上讲,波拉尼的讨论比仅把"道路封闭"的标志放在峡谷底部来得更有帮助。他的标志实际上可解读为"道路封闭:请绕道而行"。特别是,绕道部分指向了隐性知识是如何创造的,以及它如何无须经过阐明即可转化或再生的这一问题。当然,这些事情每天都在大规模地发生。幸运的是,阻止我们进一步理解的问题并没有阻止生产,这一事实本身成为理解的新目标。

24.5.4 常规与能力

想想你已经阅读到或亲眼看到的高度熟练的表演者:无论是体操运动员、钢琴家、医疗诊断者、科学家,还是一位首席执行官。你会对自己说,"这真是全人类关于相互一致的决策能力的美好例证"? 还是说,"有限理性的个体能够通过一些简单的规则行事,这是多么非同寻常啊"? 还是你也许会说,"真棒"?

技能提供了一个有效行为的强制模式,深深地有别于理性决策理论,或以"有限理性"为特征的行为理论所告诉我们的那样。据我所知,后一种理论不会让人预料到"真棒"这个词会被用来形容人类行为。前一理论会使你期望,通过一台超级计算机明确计算所带来的伟大力量。但是,(撇开计算天才不表)这是一种人类行为所很少展示的独特类型。因此,这两个令人印象异常深刻的智慧营地,似乎都遗失了一些关于人类行为非常重要的东西。它确实可以很棒,但在超级计算机风格中很少如此。

至少在精神运动技能的案例中,好比那些体操运动员和钢琴家,很显然协调性是使得表演令人印象深刻的主要部分。全面的"生产"有许多显著的部分,这些部分令人印象深刻,但总体更让人印象深刻,因为各部分如此完美一致地连贯在了一起。也许协调在其他案例中也至关重要,但被隐藏起来。

组织也可以很棒。例如,美国定期航班的安全记录就很棒。在一个像半导体生产一样敏感的过程中实现高产也很棒。在这些例子中,很棒的表现实际上是一个许多组织的联合产物,当然,这些组织由(熟练的)个体所组成。很显然地,协调性至关重要。要了解知识是如何形成生产活动的,你必须首先了解协调。在个体层面,在令人印象深刻的协调表演之下所潜在的那种知识,以技能的名义出现,是长期实践的成果,夹杂了很多试错的努力。在组织中你如何命名那种知识,并且它从何而来?我们将其称为"组织常规",并将其广泛地归属于同样的来源。

当然,在这里探测组织常规的界限以及概念的细微差别,是不可能的。这种现象正如技能一样,带来了深深的困惑。除此之外,关于这一问题的大量文献采取了不同方向的概念,这些概念不一定相互一致。我们在1982年出版的书中的处理方法本身也没有达到完全一致(见 Cohen et al. ,1996;Hodgson,2003)。

在此,我对我们书中的核心做一个解释:"组织常规是多人的技能。"为了解释其起源,我将指向第24.3节卡内基学派所讨论的和随后关于科技的讨论内容所形成的潜在紧张关系。问题是,卡内基学派类型的组织可以在科技领域做出令人印象深刻的事情,这看上去并不可信,事实上组织确实可以完成这些事情。这种紧张关系,从一开始就是一个主要的关注点,我们后来将其称为"能力的难题"(Nelson and Winter,2002)。组织如何能够在有着众多众所周知的缺陷的同时,显示出这种不寻常的能力?为了解决这一难题,我们借鉴了技能模型。结合波拉尼随后的见解,对卡内基学派展现给我们的整体描绘进行了修改。由此产生的图像更为丰富,它承认了组织绩效在"简单规则"方面有着"真棒"的一面,更不用说其"怎能如此愚蠢的"的一面。在某种意义上说,这些不同的方面,在作为多人技能的常规概念中得以有效融合,这在科恩和巴达亚的一篇重要论文中得到证实(Cohen and Bacdayau,1994)。

低技术和高技术偶尔都会导致可笑的欠佳表现。对于常规也同样如此。某些组织常规比起技能更像是坏习惯。但坏习惯也是一种熟悉的个体技能缺陷。对于技能与常规来说,缺乏灵活性有微妙的危险,这种危险涉及过于擅长做错误的事情并掉进"竞争的陷阱"。在个体与组织中,实践技能和常规必须由深思熟虑而不熟练的调整来补充。个体往往无法很好地即兴发挥,有很好的理由认为,机构在这方面可能做得更差。在这个意义上,比起个体对于技能的依赖,组织对其常规的依赖更严重。

一些人认为,"常规"这个词有太多负面的含义,如果我们要"卖出"我们的概念,就应该选择其他一些术语。一个答案是,我们会因此放弃"像基因一样的常规"这样的妙语,这简明概括了我们理论的要点:常规是行为连续性的关键来源。如果"做事的方式"要通过一个真正的演化过程来形成,那么行为连续性是必需的。一个更呼应的答案指向能力这一术语。我们传播了纳尔逊和温特一书的草稿,而该书最初的题目是《经济能力和行为的演化理论》(An Evolutionary Theory of Economic Capabilities and Behavior)。在出版商的劝说下,我们同意了采用较短的标题来作为这本书的题目。但是,"组织能力和行为"的确继续保留作为第5章的标题,即"常规"这一章。①

制作蛋糕的能力是一个面包店制作蛋糕时所需要的。它们将知识,尤其是通过个体技能和组织常规的形式,与在生产的经济理论中认可的各类输入结合起来。由于其中许多"输入"参与了所需知识的存储和复制,因此,它们并非真正是标准经济理论中特定的相同实体。然而,我们在技能与常规中所识别的知识,并不是使蛋糕得以生产的知识这一整个故事的全貌。因为,正如波拉尼所解释的,"整个故事"永远是我们无法企及的。

24.5.5 常规与技术的来源

1982年的书中对于常规的讨论,很多涉及像什么以及为何重要,但很少有关于来自何处的讨论。这并不是因为后者被认为无趣,而是因为我们认为很难将其解释得很好。当我们为此做努力时,我们不想妨碍该书的完成。

关于这一主题可以说很多。在理论前沿上,很多启示来自将熟悉的想法,即参与本地探索的组织,与探索空间的一个研究的特征描述结合起来,"NK建模"技术提供这一特征描述。正如利文索尔(Levinthal,1997)所表明的,这种结合很容易产生一个构图,展示了理论基础部分中所需的这一构图的关键要素。此处只是那整张构图的一部分。在一个共同环境的新组织种群中,你将看到做事方式的系统化发展。由于不同起点的本地搜索产生路径依赖,沿途还会遭遇各类随机干扰,因此,不同组织通常会开发出不同的做事方式。存活下来的多样性的数量,取决于政策层面互动的数量,这决定了整个问题的复杂性,从而决定了所探索风景的"险峻":本地峰值的数量。显著性差异将继续存在,不仅仅存在于做事的方式,并且存在于绩效(其适当性)中。

尽管这都在一个抽象的理论比喻上展现出来,但显然是一个非常有力的比喻。它传达了对于关键机制的一种远见,这已远远超越了作为其代表的特定数学形式,从而提出对于同样的实质性目的可能存在广泛的途径——这是我们现在所拥有的想法。为了在管理学问题上扩展和应用这一方法,可参见:加韦蒂和利文索尔(Gavetti and Levinthal,2000)、里夫(Rivkin,2000,2001)、里夫和斯吉克(Rivkin and Siggelkow,2003)。

1982年的那本书中,有更多关于技术来自何方的内容。这里主要的概念点是,新方

---

① 我们在演化合作的第一篇论文的标题中使用了"能力"这一术语(Nelson and Winter,1973)。据我回忆,在那时我们不知道理查森在其杰出的论文(Richardson,1972)中使用了这一术语。由于该词在军队内被作为类似含义使用,我们在兰德的经验可能与此词的采用有关。

法产生于超越经济激励的来源,或其本质上是很难预测的(例如,创造力、基础科学),这种想法极不正确。尽管这些特点某些时候确实存在,但仍可以合理地认为,这种情况是规则之外的例外。其规则是,从旧事物中产生新事物,并且通过经济激励、技术本身固有的特点以及商业企业特定的投资这样强烈的方式塑造。

在此书中,我们讨论了许多塑造的相关方面。罗森堡(Rosenberg,1969)着重强调了"自然轨迹现象":由同一问题解决办法的重复调用或"技术范式"可以生成一条在技术上持续改善的路径。半导体器件的微型化轨道,是一个特别引人注目的重要例子(Dosi,1982)。轨迹的想法与战略管理文献中的"动态能力"密切相关(Teece,Pisano and Shuen,1997)。例如,英特尔的动态能力是常规与资源的集合,这尤其有助于其进行微型化轨迹的有效寻求。在众多探索现象的各个方面的工作中,关于新技术出现所采用的塑造方式的研究可参见马莱尔巴(Malerba,1985)、利文索尔(Levinthal,1998)和默曼(Murmann,2003)。相比于技术而言,相关的讨论更着重于常规和组织,参见温特与苏兰斯基(Winter and Szulanski,2001)以及佐罗与温特(Zollo and Winter,2002)。

24.6 实证取样

在讨论中涉及的实证题材范围如此广泛,所以只能提及一些重要案例。在许多重要的标题下,我和迪克·纳尔逊提出演化经济学项目直接相关的实证工作。这在很大程度上是因为经济学家,尤其是美国的经济学家,对于演化经济学的命题并没有多少兴趣,无论是出于发展理论、检验假设或试图反驳。缺失的大部分工作都应该由经济学家来完成,不论是出于特定技巧或典型的利益目的。在其他方面,如地理和学科的意义上,情况往往要好得多。[①] 正如下文所讨论的,甚至在有些地方好运正在向我们微笑,给予我们支持,甚至无须我们领导,就会有对相关领域感兴趣的同事。

有一个很重要的基础领域尚缺乏实证研究,我们在其中看到了巨大的研究空间。这是关于企业决策过程中的一般性质的问题。受到弗里德曼方法论立场的影响而对整个讨论的特殊考量,目前人们尚不清楚谁应该说服谁。我们是否要呼吁发动一场讨论,我们对于企业行为的考量是否总体上比主流经济学主张的最优化模型要切合实际得多?这场讨论并不需要新的实证研究,它需要一篇庞大的调查文章。相关的证据一直是丰富的,每天都有更多证据出现[②],当然并非来自主流经济学。

[①] 那些努力推进演化项目或至少他们愿意认真对待演化项目的学者,值得被关注。在此一并对他们表示感谢,在这个已经很长的论文中给予其认可并将其全部引用还是有些不切实际。这其中的许多人参加熊彼特学会两年一度的会议。对于1982年一书的具体引用,请见弗里曼和帕维特(Freeman and Pavitt,2002)、多西(Dosi,2002)和多西、马莱尔巴和蒂斯(Dosi,Malerba and Teece,2003),以及乔瓦尼·多西(Giovanni Dosi)论文集中的介绍性短文(Dosi,2000)。

[②] 关于一些近期的、更令人震撼的证据,参见斯塔巴克和梅西亚斯(Starbuck and Mezias,2003),以及对此的评论文章(包括我的论文)。

事实是,没有人会认为演化经济学在对于商业行为直接观察结果的普遍一致性上会不入主流。因此我们认为,几乎所有人都同意,我们赢了那场比赛。这一点儿也不奇怪,因为必胜的需要是我们研究的重要前提,而另一边则是无关紧要的事:如果关于商业行为的戏剧化事实稳固起来,与我们当前的一般化呈现出明显的不一致,我们是否会将我们的演化帐篷折起并偷偷地带走? 不,我们将做出必要的调整,并继续进行下去。前提是,经济学的任务是为了适应行为的现实情况和确定其影响,而不是为了承诺以经济为中心来看待行为,逃避余下的科学和现实世界中所出现的事实。

真正的问题是,经济学是否能够以我们主张的形式有效地完成。受弗里德曼影响的主流经济学家所声称,他们有科学的权利隐瞒不利事实(或用他们的观点来说,是"无关的细节")。相反,我们认为,经济学不用这样隐藏也可以有效进行。我们试图对这一点进行说明。当然,经济学学科的领土是如此巨大,以至于我们几乎无法提供与总体相关的分散暗示。即使在小的方面被认为具有说服力,在大的方面,这种暗示也不必具有说服力。

与商业决策的广泛特征相比,演化命题稍微狭窄,但都提出了相同的框架问题。总的来说,尽管存在大量证据,但只有其中的一小部分是根据当前的演化经济学议程直接产生的。对此,往往很难确定需要就什么而去说服谁。例如,组织常规和能力是否是现实的特征,它是否是企业特有的? 是否能够长时间地持续? 许多人并不需要被说服,但任何被说服的人都会考虑。例如,亚瑟曼(Usselman,1993)、海费(Helfat,1994a,1994b)、克莱珀和西蒙(Klepper and Simons,2000a),以及许多在多西、纳尔逊和温特(Dosi,Nelson and Winter,2000)以及海费(Helfat,2003)中的或引用的实证研究。持久的企业属性在竞争中形成强大的影响这一命题如何? 如果你对此持怀疑态度,你应该查阅与"进入者与在位者"(entrants vs. incumbents)相关的文献(Tushman and Anderson,1986;Henderson and Clark,1990;Tripsas,1997;Tripsas and Gavetti,2000)。组织知识如同标准生产理论所假设的,是不透明的、可转让的、很容易利用的资产(Kogut and Zander,1992;Szulanski,1996),你对此又有什么想法呢?

还有一个重要的课题我和纳尔逊没有在我们的书中予以明确说明,这一课题在演化图解中显然是至关重要的。这就是行业演化的主题:描绘在一段时间内一个行业或产品市场发展的演化模式。行业演化的观点告诉我们经济政策的极端重要性,其中,产业结构必须被放在历史背景中去理解的观点尤其重要。我在 1984 年的论文(Winter,1984)中,才姗姗来迟地进行这一课题理论研究。我的文章已经表明,产业演化观受到史蒂芬·克莱珀(Steven Klepper)的经验主义影响,论文最终作为克莱珀与格兰迪(Klepper and Graddy,1990)的工作论文交到我手中。克莱珀随后的研究(包括其他许多论文如 Klepper,1996,1997;Klepper and Simons,2000a,2000b;Klepper and Sleeper,2000)记载了普遍的模式,极大地促进了对其理论的理解。虽然克莱珀描绘企业短期行为的方式倾向于正统的方向,但其更具有动态演化的精神。在任何情况下,他提出的实证证据既是宝贵的,也是具有普遍支持性的。许多伟大的学者都进行了相关的实证工作。同时,行业演化理论在一个以实证为基础的方式上,结合了"历史友好"的模拟方法,得到了进一步的阐述(Malerba et al.,1999;Malerba et al.,2001)。

最后,我通过阐述企业规模和企业成长这两个相关的主题,来作为总结。这两个主题分别提出了演化理论明显的成功之处以及目前所面临的一个重大挑战。

"商业企业"这一分类的惊人事实是,该类别中案例的规模差异非常严重。对于这种差异幅度的保守声明是,最大的与最小的相比,可能相差 10 万倍。在高的一端,有接近财富 500 强榜首的企业,其年度销售额大于 10^{11} 美元。在低的一端,问题在于加入"企业"这一类别需要什么样的会员属性,例如,个体经营、兼职、在家办公的生意是否有资格?在这一点上我非常保守,将低端定位于年销售额 10^6 美元,肯定有人能够说出一个明显低得多的数字。10 万的因子是一个很大的数字,对于经济现实的描述似乎需要对其进行解释。说什么呢?①

演化理论认为,这是累积增长(和整合)的扩展进程的产物。演化理论认为,大多数企业开始时很小,由于成功而成长为大企业。它指出,尤为迅速的企业成长,经常是随着一个行业或行业内某一特定细分行业的诞生,而这就是在多种做事方式中进行的演化竞争的全部。这些模式很自然地出现在演化模型中,就好像已经被论证了无数次一样。究竟该模式中有多少是一个"假设的模式",不同模型之间所派生出来的"预测"会怎样不同,但在任何情况下假设即是预测(带有小偏差的预测,正如许多弗里德曼的评论者所指出的)。伴随着大规模差异这一主要现象,这些模型通常还用于预测在现实的无序竞争过程中所发现的其他模式。据推测,评论家回答这个问题时可能主张,从现实过程中得出现实模式的可能性是非常"明显的",因而不能算是理论上的重大成就。那么,我们是否应该得出结论,这一部分的现实是被合法化地忽视了?如果大多数人总是对于 10 万的倍数因子保持分立的沉默,关于一般化"企业"的学术讨论是否应该无限期地继续下去?其他的理论还有什么需要说的?

演化理论认为,要想了解企业规模,就得去观察企业的增长。理论在这里似乎遇上麻烦。高度倾斜的企业规模分布,一直以来都通过各类累积的随机增长模型来解释。这本身并不是麻烦,演化理论在这些模型之上进行了一些改善,确定了显著的外因性的背景特征。企业的增长正是在这些背景下发生的(Nelson and Winter,1978)。然而,若随机过程的详细描述涉及过于朴素的"随机"性,则会存在一定的麻烦,这一版本似乎排除了在演化理论中所描述的企业属性所带来的系统性长期结果。

事实上,这就是保罗·杰罗斯基(Paul Geroski,2000)强烈争辩的。他特别声称,严

---

① 我们对于由企业规模以及行业结构的现实来引导研究的强调,是纳尔逊-温特的演化主义与组织生态学者的演化主义的关键区别之一,进一步的讨论请参见温特(Winter,1990a)。

格的"吉布莱特形式"(Gibrat specification)与经济增长数据很吻合。这是一种统计模型,在其中的对企业规模对数的随机冲击按企业与时间(年度数据)独立分布。杰罗斯基不仅针对演化经济学,他明确地指出了,任何描述持久性企业特征(如能力)的理论或论点,在此处都有一些麻烦。事实上,任何对于商业企业在经济体制中的广泛共识,都可能被认为会遇到麻烦。

对于这些理论和计量经济学问题的分类整理,几乎都尚未开始(例如,Bottazzi et al.,2001)。虽然有一些对杰罗斯基的回复,可能将会解决演化理论的基本承诺的明显威胁,但这些回复在实证上的可信与否,还有待观察。因此,就目前而言,在此处可能只能总结出两条好的消息:(1)此处有一个令人兴奋的研究议程;(2)偶尔出现的声称演化理论并没有郑重地应对驳斥的陈述是无意义的。

24.7　演化经济学与管理

由于大型企业作为整体对于系统产生重大影响,经济学需要严肃地对待这些大型企业。这意味着要严肃地对待大企业的经理人,因为正是经理人在现实不确定性下做出真正的选择。在组织经济学中,有许多人努力在熟悉的理性选择模型框架中,认真地对待经理人(Gibbons,2003)。这种努力在系统中捕捉了大规模的互动,虽然能够在微观层面产生有益的见解,但在说明背景的演变时能力有限。对此,关于利润最大化的企业以及(甚至)竞争市场的故事可作为分析背景,就像它们在其他学科领域所做的一样,以期获得更好的发现(或其声称如此)。

在管理中,需要认真对待管理人员这一点无须争辩,这并不仅是因为大型企业具有重要的影响。更严肃的一个问题是,管理是否需要重视经济学?尽管在管理的大标题下许多有益的工作可能并不需要认真考虑经济学,但在需要的领域中,经济原则能说明问题的根本所在。战略管理就是明显的例子。就像主流经济学一样,演化理论启发了关于市场竞争的研究工作。通过竞争,企业间互相影响彼此的盈利能力及其发展的前景和生存。与主流经济学不同的是,这些"研究工作"的解释直接落在竞争的动态过程之上,而不是仅仅在均衡结果或倾向上。同样不同于主流经济学的还有企业种群的形象,即企业在做事的方式与规模上也存在差异:随着异质性结构而内生产生的规模差异。

实际上,多亏在组织学习领域补充的理论工作,以及对行业演化相关的重要空白部分的填补,现在应该是可以建立一个关于行业创造和发展的综合模式——一种工业宇宙的"大爆炸"模型。这种模式将描绘进入过程、学习过程、市场竞争过程、不同的生长和生存以及集中结构的外观,一切都包含在一个代表和控制了关键外部力量和结构化决定因素框架中;它甚至可以扩大到确定行业和企业边界的重大问题上,因为演化的力量在那些问题上也起着作用（Langlois,1991;Jacobides and Winter,2005）。这种模式会建立在关于关键过程理论承诺的分层结构上，这些承诺都已经被讨论和确定，当然也可以进行进一步的讨论。若作为一个仿真模型付诸实施，它将会产生一个行业的现实情境，该情境用系统化的方式回应外生条件下的差异。它可能会歪曲现实，但这不是因为理论的抽象性，而是因为它没有抓住现实中的显著模式。如果它确实以显著的方式歪曲了现实，那么这些差异也是可以被发现的。简言之，它会有丰富的内容。

　　从管理理论的根本观点出发，演化理论呼吁学者们细致地关注个体企业及其在处理竞争环境时所面临的问题。① 希望人们不仅仅是接受这一呼吁，并且将调查扩大到企业的内部运作中去。它给调查者提供了关于要去寻找什么的建议——尤其是当调查包括对企业如何在更大的体制中适应和运营的关注时。然而，它同时也强调了对于企业决策过程的本质，应抱有开放的而不是封闭的心态。

参考文献

ALCHIAN, A. (1950). Uncertainty, evolution and economic theory. *Journal of Political Economy* 58: 211–222.

BAUM, J. A. C., and POWELL, W. W. (1995). Cultivating an institutional ecology of organizations: Comment on Hannan, Carroll, Dundon and Torres. *American Sociological Review*, 60: 529–538.

BEUNZA, D., and STARK, D. (2004). Tools of the trade: the socio-technology of arbitrage in a Wall Street trading firm. *Industrial and Corporate Change*, 13: 369–400.

BEWLEY, T. F. (1999). *Why Wages Don't Fall During a Recession*. Cambridge, Mass.: Harvard University Press.

BLAUG, M. (1980). *The Methodology of Economics, Or How Economists Explain*. Cambridge: Cambridge University Press.

BOLAND, L. A. (1979). A critique of Friedman's critics. *Journal of Economic Literature*, 17: 503–522.

BOTTAZZI, G., DOSI, G., LIPPI, M., PAMMOLLI, F., and RICCABONI, M. (2001). Innovation and corporate growth in the evolution of the drug industry. *International Journal of Industrial Organization*, 19: 1161–1187.

COHEN, M. and BACDAYAN, P. (1994). Organizational routines are stored as procedural memory. *Organization Science*, 5: 554–568.

—— BURKHART, R., DOSI, G., EGIDI, M., MARENGO, L., WARGLIEN, M., and WINTER, S. (1996). Routines and other recurring action patterns of organizations: Contemporary research issues. *Industrial and Corporate Change*, 5: 653–698.

CYERT, R. M., and MARCH, J. G. (1963). *A Behavioral Theory of the Firm*. Englewood Cliffs, NJ: Prentice-Hall.

---

① 这其中的联系，请参见加韦蒂和利文索尔（Gavetti and Levinthal，即将发表）令人鼓舞的评论。

Dosi, G. (1982). Technological paradigms and technological trajectories. *Research Policy*, 11: 147–162.

—— (2000). *Innovation, Organization and Economic Dynamics, Selected Essays*. Cheltenham: Elgar.

—— (2002). Interpreting industrial dynamics twenty years after and Nelson and Winter's Evolutionary Theory of Economic Change: a preface. *Industrial and Corporate Change*, 11: 619–622.

—— Nelson, R. R., and Winter, S. G. (2000). *The Nature and Dynamics of Organizational Capabilities*. Oxford: Oxford University Press.

—— Malerba, F., and Teece, D. (2003). Twenty years after Nelson and Winter's *An Evolutionary Theory of Economic Change*: a preface on knowledge, the nature of organizations and the patterns of organizational changes. *Industrial and Corporate Change*, 12: 147–148.

Freeman, C., and Pavitt, K. (2002). Editorial. Special Issue "Nelson + Winter + 20". *Research Policy*, 31: 1221–1226.

Friedman, M. (1953). The methodology of positive economics. *The Methodology of Positive Economics*. Chicago: University of Chicago Press.

Gavetti, G., and Levinthal, D. (2000). Looking forward and looking backward: Cognitive and experiential search. *Administrative Science Quarterly*, 45(1): 113–137.

—— —— (forthcoming). The strategy field from the perspective of management science: Divergent strands and possible integration. *Management Science*.

Geroski, P. (2000). The growth of firms in theory and practice. In N. Foss and V. Mahnke (eds.), *Competence, Governance and Entrepreneurship*: 168–186. Oxford: Oxford University Press.

Gibbons, R. (2003). Team theory, garbage cans and real organizations: some history and prospects of economic research on decision making in organizations. *Industrial and Corporate Change*, 12: 753–787.

Gordon, R. A. (1948). Short period price determination in theory and practice. *American Economic Review*, 38: 265–288.

Hall, R. L., and Hitch, C. J. (1939). Price theory and business behavior. *Oxford Economic Papers*, 2: 12–45.

Hannan, M. T., and Carroll, G. R. (1995). Theory building and cheap talk about legitimation: reply to Baum and Powell. *American Sociological Review*, 60: 539–544.

Helfat, C. E. (1994a). Evolutionary trajectories in petroleum firm R&D. *Management Science*, 40: 1720–1747.

—— (1994b). Firm-specificity in corporate applied R&D. *Organization Science*, 5: 173–184.

—— (ed.) (2003). *The SMS Blackwell Handbook of Organizational Capabilities: Emergence, Development and Change*. Oxford: Blackwell.

Henderson, R., and Clark, K. (1990). Architectural innovation: The reconfiguration of existing product technologies and the failure of established firms. *Administrative Science Quarterly*, 35: 9–30.

Hodgson, G. (1994). Optimization and evolution: Winter's critique of Friedman revisited. *Cambridge Journal of Economics*, 18: 413–430.

—— (2003). The mystery of the routine: The Darwinian destiny of An Evolutonary Theory of Economic Change. *Revue Economique*, 54: 355–384.

Jacobides, M. G., and Winter, S. G. (2005). The coevolution of capabilities and transaction costs: Explaining the institutional structure of production. *Strategic Management Journal*, 26: 395–413.

KLEIN, B. H. (1962). The decision making problem in development. In R. R. Nelson (ed.), *The Rate and Direction of Inventive Activity*. Princeton: Princeton University Press.

KLEPPER, S. (1996). Entry, exit, growth and innovation over the product life cycle. *American Economic Review*, 86: 562–583.

—— (1997). Industry life cycles. *Industrial and Corporate Change*, 6: 145–181.

—— and GRADDY, E. (1990). The evolution of industries and the determinants of market structure. *RAND Journal of Economics*, 21: 27–44.

—— and SIMONS, K. L. (2000a). Dominance by birthright: entry of prior radio producers and competitive ramifications in the U.S. television receiver industry. *Strategic Management Journal*, 21: 997–1016.

—— —— (2000b). The making of an ologopoly: firm survival and technological change in the evolution of the U.S. tire industry. *Journal of Political Economy*, 108: 728–760.

—— and SLEEPER, S. (2000). Entry by Spinoffs. Pittsburgh, Working paper, Carnegie Mellon University.

KOGUT, B., and ZANDER, U. (1992). Knowledge of the firm, combinative capabilities, and the replication of technology. *Organization Science*, 3: 383–397.

KOOPMANS, T. C. (1957). *Three Essays on the State of Economic Science*. New York: McGraw-Hill.

KUHN, T. S. (1970). *The Structure of Scientific Revolutions*, 2nd edn., Chicago: University of Chicago Press.

LAKATOS, I. (1970). Falsification and the methodology of scientific research programmes. In I. Lakatos and R. Musgrave (eds.), *Criticism and the Growth of Knowledge*. Cambridge: Cambridge University Press.

LANGLOIS, R. (1991). Transaction cost economics in real time. *Industrial and Corporate Change*, 1: 99–127.

LEVINTHAL, D. (1997). Adaptation on rugged landscapes. *Management Science*, 43: 934–950.

—— (1998). The slow pace of rapid technological change: Gradualism and punctuation in technological change. *Industrial and Corporate Change*, 7(2): 217–247.

McFADDEN, D. (1969). A simple remark on the second best Pareto optimallity of market equilibria. *Journal of Economic Theory*, 1: 26–38.

MALERBA, F. (1985). *The Semiconductor Business*. Madison: University of Wisconsin Press.

—— NELSON, R., ORSENIGO, L., and WINTER, S. G. (1999). History-friendly models of industry evolution: The computer industry. *Industrial and Corporate Change*, 8: 1–36.

—— —— —— —— (2001). Competition and industrial policies in a history friendly model of the evolution of the computer industry. *International Journal of Industrial Organization*, 19: 635–664.

MARCH, J. G., and SIMON, H. A. (1958). *Organizations*. New York: Wiley.

MASSEY, G. J. (1965). Professor Samuelson on theory and realism: comment. *American Economic Review*, 55: 1155–1163.

MURMANN, J. P. (2003). *Knowledge and Competitive Advantage: The Coevolution of Firms, Technology and National Institutions*. Cambridge: Cambridge University Press.

NELSON, R. R. (1956). A theory of the low-level equilibrium trap in underdeveloped economies. *American Economic Review*, 46: 894–908.

—— (1959a). The economics of invention: A survey of the literature. *Journal of Business*, 32: 101–127.

—— (1959b). The simple economics of basic scientific research. *Journal of Political Economy*, 67: 297–306.

—— (1962). The link between science and invention: The case of the transistor. In R. R. Nelson (ed.), *The Rate and Direction of Inventive Activity*: 549–583. Princeton: Princeton University Press.

—— (1968). A diffusion model of international productivity differences in manufacturing industry. *American Economic Review* 58: 1219–1248.

—— PECK, M. J., and KALACHEK, E. D. (1967). *Technology, Economic Growth and Public Policy.* Washington, D.C: Brookings Institution.

—— and WINTER, S. G. (1973). Toward an evolutionary theory of economic capabilities. *American Economic Review*, 63(May): 440–449.

—— —— (1974). Neoclassical vs. evolutionary theories of economic growth: Critique and prospectus. *Economic Journal*, 84: 886–905.

—— —— (1978). Forces generating and limiting concentration under Schumpeterian competition. *The Bell Journal of Economics*, 9: 524–548.

—— —— (1982a). *An Evolutionary Theory of Economic Change.* Cambridge, Mass.: Harvard University Press.

—— —— (1982b). The Schumpeterian trade-off revisited. *American Economic Review*, 72(March): 114–132.

—— —— (2002). Evolutionary theorizing in economics. *Journal of Economic Perspectives*, 16: 23–46.

—— —— and SCHUETTE, H. L. (1976). Technical change in an evolutionary model. *Quarterly Journal of Economics*, 90: 90–118.

POLANYI, M. (1964). *Personal Knowledge: Towards a Post-Critical Philosophy.* New York: Harper and Row.

—— (1966). *The Tacit Dimension.* Garden City, NY: Doubleday.

POPPER, K. (1959). *The Logic of Scientific Discovery.* New York: Basic Books.

QUINE, W. V. O. (1961) *From a Logical Point of View: Logico-Philosophical Essays*, 2nd edn. New York: Harper Torchbooks.

RICHARDSON, G. B. (1972). The organisation of industry. *Economic Journal*, 82: 883–896.

RIVKIN, J. W. (2000). Imitation of complex strategies. *Management Science*, 46: 824–844.

—— (2001). Reproducing knowledge: Replication without imitation at moderate complexity. *Organization Science*, 12: 274–293.

—— and SIGGELKOW, N. (2003). Balancing search and stability: Interdependencies among elements of organizational design. *Management Science*, 49: 290–311.

ROSENBERG, N. (1969). The direction of technological change: Inducement mechanisms and focusing devices. *Economic Development and Cultural Change*, 18: 1–24.

SCHUMPETER, J. (1934). *The Theory of Economic Development.* Cambridge, Mass.: Harvard University Press.

—— (1950). *Capitalism, Socialism and Democracy.* New York: Harper and Row.

SCHWARTZ, H. (1998). *Rationality Gone Awry?* Westport, Conn.: Prager.

SIMON, H. A. (1955). A behavioral model of rational choice. *Quarterly Journal of Economics*, 69: 99–118.

—— (1987). Satisficing. *The New Palgrave: A Dictionary of Economics*, vol. 4, eds. J. Eatwell, M. Millgate, and P. Newman. New York, Stockton Press: 243–245.

STARBUCK, W. H., and MEZIAS, J. M. (2003). Studying the accuracy of managers' perceptions: A research odyssey. *British Journal of Management*, 14: 3–17.

SZULANSKI, G. (1996). Exploring internal stickiness: Impediments to the transfer of best practice within the firm. *Strategic Management Journal*, 17: 27–43.

TEECE, D., PISANO, G., and SHUEN, A. (1997). Dynamic capabilities and strategic management. *Strategic Management Journal*, 18(7): 509–533.

TRIPSAS, M. (1997). Unraveling the process of creative destruction: Complementary assets and incumbent survival in the typesetter industry. *Stratetgic Management Journal*, 18 (Special issue, Summer): 119–142.

—— and GAVETTI, G. (2000). Capabilities, cognition, and inertia: Evidence from digital imaging. *Strategic Management Journal*, 21: 1147–1161.

TUSHMAN, M., and ANDERSON, P. (1986). Technological discontinuities and organization environments. *Administrative Science Quarterly*, 31: 439–465.

USSELMAN, S. W. (1993). IBM and its imitators: organizational capabilities and the emergence of the international computer industry. *Business and Economic History*, 22: 1–35.

WINTER, S. G. (1964a). Economic "natural selection" and the theory of the firm. *Yale Economic Essays*, 4: 225–272.

—— (1964b). Review of "A Behavioral Theory of the Firm". *American Economic Review*, 54: 144–148.

—— (1971). Satisficing, selection and the innovating remnant. *Quarterly Journal of Economics*, 85: 237–261.

—— (1975). Optimization and evolution in the theory of the firm. In R. H. Day and T. Groves (eds.), *Adaptive Economic Models*: 73–118. New York: Academic Press.

—— (1984). Schumpeterian competition in alternative technological regimes. *Journal of Economic Behavior and Organization*, 5: 287–320.

—— (1986a). Comments on Arrow and on Lucas. *Journal of Business*, 59(4, Part 2): S427–S434.

—— (1986b). The research program of the behavioral theory of the firm: orthodox critique and evolutionary perspective. In B. Gilad and S. Kaish (eds.), *Handbook of Behavioral Economics, A: Behavioral Microeconomics*: 151–188. Greenwich, Conn.: JAI Press.

—— (1987). Competition and selection. In J. Eatwell, M. Milgate, and P. Newman (eds.), *The New Palgrave: A Dictionary of Economics*: 1. 545–548. New York: Stockton Press.

—— (1990). Survival, selection and inheritance in evolutonary theories of organization. In J. V. Singh (ed.), *Organizational Evolution: New Directions*. Newbury Park, Calif.: Sage Publications.

—— (2000). The satisficing principle in capability learning. *Strategic Management Journal*, 21 (special issue): 981–996.

—— and SZULANSKI, G. (2001). Replication as strategy. *Organization Science*, 12: 730–743.

ZOLLO, M., and WINTER, S. G. (2002). Deliberate learning and the evolution of dynamic capabilities. *Organization Science*, 13: 339–351.

第25章 制度理论和社会建构理论的演化:过程和结构[①]

林恩·祖克　迈克尔·达比

　　制度理论的组成部分有很多不同的来源。一些是有关核心理论本身的结构和过程的发展情况,另一些是有关开发可行的测度策略的。制度化的很多过程是无法直接测量的,因此,人们就采用社会建构过程的间接指标进行测量。这些指标包含了从社会影响到取得切实的成果,再到过程的本质和数量化的指标,以及随着时间的推移,过程在语言和分类上的变化等。社会建构不仅建设新的社会结构,它还改变着我们对社会和经济生活方方面面的认知观念和认知结构(DiMaggio,1997)。

　　我们在开发中运用了认知性更强的、在信息基础上建立的制度理论,这个理论与经济学研究方法(信息、期望、动机)以及现象学研究方法(认知、隐性知识、社会建构)一致。跨领域研究社会学和经济学,并借用不同领域的概念和理论,有助于使一些深层的概念和理论清晰化和明朗化。本章的目的,就是使经济学和现象学研究方法的结合,能够更加系统、更加紧密。

　　在过去的30年中,制度理论已经成为理解组织和社会基本组成部分的主要方法之一。尽管大家对制度理论发展史上的关键转折点已经非常熟悉,在此,我们仍觉得有必要对其做简短总结。在制度理论的研究还处于初级阶段时,分为三个研究方向:一个是一套较为宏观的研究方法(Meyer and Rowan,1977);一个是一套关于制度和制度化过程的微观研究方法(Zucker,1977,1983);还有一个是介于前两者之间的研究方法(DiMaggio and Powell,1983)。不同学派的理论可归入上述的研究方法,在不同研究方法下进行的许多实证研究相互重叠,都强调制度形成中的概念和相关措施。关于制度理论的综述,也常常能提供一些好的建议和启发,这些综述有很多也评价了现有的研究成果,并

[①] 作者感谢国家科学基金会(授权号 SES 0304727)和加州工业大学—大学合作研究项目为撰写本章所提供的支持。

指出了今后工作的新方向(Meyer,2002;Scott,1987,1995;Tolbert and Zucker,1996;Zucker,1987)。

25.1节主要阐述制度建设和制度化理论的基本原理;25.2节主要关注信息市场,尤其是有关产业形成和改变的信息;在25.3节我们将展示组织和职业界限是如何阻碍有价值的信息进行融合的;25.4节主要研究当隐性知识的价值较高时,质变过程的隐性知识是如何创造和传播的,尤其重点关注变化过程中变化生成的部分,包括现有模板和新模板的合并和排列;25.5节设计了一个建构信任生成的社会框架的规范模型,明确地把过程和结构结合在一起,并通过了初步验证;在25.6节中,我们对理论建设进行总结,并根据现有材料,论证制度理论的发展已经达到一定阶段,足以为建立更多的规范模型、隐性的概念和关系的编码、严格的检验以及理论的评估创造条件。

25.1 基本原理

制度建设和制度化理论存在一个主要难点,即解释行为是如何加强维护或者改变结构的。结构本身无法说明制度所发挥的变化中的作用,因为这些结构是通过人类的施为来实现的。使用和建立结构的个人动机,主要有两个来源:一个是期望值,包括对他人期望或者对界定情境的"背景期望"的了解(Garfinkel,1964,1967:ch.2);另一个是期望动机。这两个来源都是基于自我发现,或者是看到他人的成功而进行的代理学习。为了讨论方便,本章中"信息"和"知识"的概念是对等的。

图25.1列举了基于过程和基于结构的两种制度理论的主要界定因素,在我们看来,这两种方法并不是两个分支,而是制度中同一个社会深层建构的不同阶段。在第22章中,理查德·斯科特对他在斯坦福大学提出的制度理论进行了回顾,颇有见解。在他提出这个理论之时,我正在撰写我的论文,主要和论文小组的主席莫里斯·塞第契(Morris Zelditch, Jr.)和约翰·迈耶(John Meyer)一起工作(见Zucker,1977,1974)。

基于过程的理论主要强调行为,并区分导向制度建设和各种结构的行为的不同种类。而基于结构的理论,则强调弹性结构中的行为的结果,包括编码的规范、价值观、规定和法律以及一些具有普遍、重要相关性的结构的发展。在实践中,尽管实际的理论和研究中忽略人为的过程或者结构界限,个人的研究方向很可能有不同的侧重点:或者倾向于过程和社会建构,或者侧重于社会建构和行为的常见结构。我们通过二者的区别,来解释这两种研究的目的。

第25章 制度理论和社会建构理论的演化:过程和结构

界定因素	基于过程的理论 ←→	基于结构的理论
初步假设	认知因素,期望值,动机 合法的:相互期望/满意	规范,价值观,道德观以及法制体系; 外部权力,与规范相关的内容
主要问题	变化,维持,抗拒变化	稳定;同构,世界趋同
社会建构	新结构的出现:隐性编码*	强制性的,管理性的和规范性的;复制
主要来源	创业发明*,动员 背景预期→环境	社会主题:合理化工程 外部权力,合法的,规范的
范围/水准	从本地化开始,关联性:由下而上*	广泛流传的,分离的,基本从上到下
制度变化	新的社会/技术创新,突现的重新定义*	递增量;趋同
方法和成果		
传播	社会事实,非个人化的、客观的,成功	物质来源,权力不对等
核心逻辑	天然排他性*和合法性	要求他人的要求可以起到良好的作用
内容/背景	以行动作为信息和社会事实 从隐性到编码 结合固有的、新的社会结构*	规范性,规制性和强制性 编码的规则,合法性,道德性 世界/子系统对于主题的趋同
价值/成本	信息市场	基于大众价值观的选择
高度制度化	理所应当的,社会事实/信息 非个人化的外部社会关系 以正规的组织作为社会背景	弹性结构,合法的或者由规则支配的 社会关系稳定,基于历史 组织或者职业样板,效率低
知识经济	专业化的网络控制组织	科学的广为传播是合理化的一部分

图 25.1 制度理论方法

注:*定义一个或者多个主体的角色:魅力型领导,资源调动,精英分子建立新的"高度文化",以及发现科学家/发明者成立新的公司,传播有利于公司成功的隐性知识。详见文本。

按照伯杰和勒克曼(Berger and Luckmann,1966)的理论,制度结构是制度化过程中的积淀和产物。制度的两个方面都为彼此设置了障碍:(1)制度化现有过程的集合导致的结果是:在一定时间内,一些制度可以完成建构,而其他的则不能;(2)制度现存的设置,部分或者全部依靠于整合的程度,这限制了可以用来构建新制度的过程的种类。

尽管如此,重点研究行为或者过程,就意味着个人及其运作的团体或者组织成为理论的焦点。理论的一个主要内容是对一个或几个行为人的角色进行界定。隐性知识固有的天然排他性,为暴利、竞争、演化和成功奠定了基础(迈克尔·达比发展了天然排他性的概念,见 Zucker and Darby,1966;Darby and Zucker,2003)。我们在研究天然排他性的影响时,主要把重点放在科学家、发明家及其组织和制度的相关背景上,包括成立新公司,以及那些可以促使生物技术和纳米技术公司成功的成果中,探索它们在传播隐性知识方面起到了什么样的作用(Zucker,Darby and Brewer,1998;Darby and Zucker,2005a,2005b;Zucker,Darby and Armstrong,1998,2002)。[①]

---

① 在基于结构的理论中,外部的逻辑暗示着一个人对一种物品的需求可以刺激其他人对这个物品的需求(参见 Becker,1991)。这个激发过程会在一个较大的范围内引起花车效应,激起人们对某种物品的需求,有时还会被定义为"品味"。

在其他的一些研究中,职业作为知识的载体,也成为备受关注的中心问题,只是这些研究一般并不关注知识本身是否会带来收益。最近,职业被以时尚和风尚的形式认定是新"文化"信息中更为重要的界定者和传播者。这为我们提供了一种条理清晰又符合逻辑的设想,最近,这些设想已被应用到信息技术的创新中(Greenwood, Suddaby and Hinings, 2002; DiMaggio, 1991)。这一系列的模型为模拟这些现象以及界定脆弱性和错误传播的影响,提供了一种更为普遍的研究方法(Bikhchandani, Hirshleifer and Welch, 1992)。①

25.2 信息市场

我们的论证首先从斯蒂格勒(Stigler, 1961)经典的观察成果说起。他发现,信息是一种颇具价值的资源,人们对信息的需求,可以激发他们去搜索信息并衡量成本和收益。例如,如果一个人要寻找比较特殊的物品,那么成本可能会非常高,交易通常会被局部化,用来确定潜在的销售者和购买者。斯蒂格勒指出,中世纪的市场是事实上的局部市场的范例,而广告则是虚拟局部市场的典型。

由于从业者的知识储备是获得和使用新信息的前提,因此从这个角度来说,职业(或手艺)是另一种虚拟局部化的机制。在某些情况下,虚拟和区域局部化是并存的,因为某一学科的集中化就会使得专业人士的数量超过"临界点",这些专业人士通过互相交流而共同发展。知识储备的地理分布和规模,决定了对新知识的初步需求的程度和关注度。例如,位于旧金山的加利福尼亚大学拥有相当数量的优秀的分子生物学家,在生物技术革命和商品化中扮演了重要的角色。

显然,职业明显与决定"知识的社会分配"(Schutz, 1962: 149)有关,是否故意减少这种知识供给不在我们的讨论范围之内,我们需要关注的是知识的这种分裂所产生的影响。结构的不统一阻碍了知识的传播,下面我们会以组织作为案例进行讨论。

隐性知识和天然排他性

此节,我们将回顾近十年来科学及其商业化过程中的突破性发现。由于科学家储备的深层知识具有隐性的本质,因此,这些突破性发现通常具有天然排他性的特点。这些知识量小而隐性,构成了由科学家拥有的智力资本,因此,它们成为企业创立和改革的主要资源(Zucker, Darby and Brewer, 1998; Zucker, Darby and Armstrong, 1998, 2002)。因此,在一定程度上,信息具有竞争性和排他性的特点,只要这些信息仍旧很难获取甚至不可能获取,我们就可以用"专用"来形容它。这具有以下重要影响:

---

① 其他的重要研究方法包括:魅力型权威(Weber, 1947: 328);社会运动的领袖对资源的调动(McCarthy and Zald, 1977);在波士顿,少数精英调动资源以建立新的"高等文化"艺术组织(DiMaggio, 1982a, 1982b)。以上列举的方法也基本没有考虑收益问题。

- 发现成果从发现者传到他/她的研究组,通常需要很长时间。隐性知识在编码之前,最好的传播地点就是实验室。从1969年到1992年的信息来看,有81%的新作者在首次发表基因序列的发现时,都是作为合著者与之前已经发表过成果的人一起发表(Zucker,Darby and Torero,2002:632—633)。
- 只要发现成果还具有隐性的特点,它就不能与发明家分离。这些隐性知识是他们部分的智力资本。这种人力资本能为投资带来超额回报,直到信息扩散的水平使得知识带来的收益,比从其他途径了解这些信息的成本还要低。

由于隐性知识或者舒茨(Schutz,1962)所说的"窍门知识"被编码的现象日益增多,隐性知识的这个固有特点已经越来越淡化,知识的转换也更为通畅,但是知识编码过程仍可能会有很大的阻碍。新旧知识之间的关联性可能很难界定(Schutz,1970),这就要求全社会构建更多的新式符号、公式以及仪器,如生物技术的基因拼接器和纳米技术的扫描探针显微镜。

矛盾的是,一旦人们意识到它的价值:

- 与科学家的其他可选方案相比,如果它的价值比较低的话,它将很难得到系统编码,价值低的知识被淘汰的可能性很高,这些知识后来很少甚至没人引用。
- 如果知识的价值较高,少数掌握新知识的科学家,将会考虑系统编码的收益和在科研上所花时间的收益,在知识转换和知识创造之间做选择。

——因此,一般的科学发现不会得到编码,具有价值的成果在经过有益意义的编码过程后,虽然有点滞后,却仍有可能升值。

——在系统编码的方法中,可能性最大的当属在仪器中对有价值的发现进行编码,而前提是这些仪器可以直接推动科学发展(如速度和精确度)。即使对已经掌握技巧的人也是如此。使用这些仪器的好处,不仅体现在科学方面,仪器制造业作为一个独立产业,也为创新和进步提供了动力。

由于体现在发明创造中的知识具有天然排他性,只能依靠"边做边学"来传播这些知识,因此传播知识花费的时间通常很长。即使大学为发明成果注册了专利,但最大的获益者还是发明家,因为没有他的合作,这项成果也不能为别人所用。我们实地考察生物技术以及詹森和瑟斯比(Jensen and Thursby,2001;Thursby and Thursby,2002)所做的更为广泛的研究,为天然排他性假说提供了依据。例如,在詹森和瑟斯比(Jensen and Thursby,2001:243)对技术转让办公室经理所做的调查中提到,"在注册的发明成果中,71%的调查对象宣称,成功商业化需要发明者和专利持有者在后续发展中的通力合作"。

25.3 社会界限:组织和职业成为信息的"封套"

无论是哪一门科学,交流早期成果都扮演着举足轻重的角色,特别是在生物技术和纳米技术中,因为它们具有很高的科学和商业价值。由此产生的激烈竞争,为信息制造了一个困境：一方面，竞争促进人们交流新信息；另一方面，它又阻止人们交流（Schneider and Brewer,1987）。[①] 简单地说，如果一个科学家对新成果的可用信息进行交流，那么独家掌握此信息的一方的利益则会受到损害。阻止人们交流新成果会阻碍该领域的整体进步。有一些解决办法可以帮助缓解这种困境，如可以要求在注册专利，或在公开发行时，付出原始资料，还可以通过优先出版以求专业认可。

信息的困境通常表述为个人和集体之间的利益冲突。这个困境可以通过密切的合作，严格限制共享新成果的范围来解决。虽然一开始，共享信息的范围不会遍布整个领域，但是随着时间的推移，享受到成果的成员可能会逐渐增加。限定信息范围的合作结构，决定新成果的传播范围。由于各组织内部都形成了交流关系和实施机制，因此，我们希望来自同一组织的各成员之间的信任，能明显高于来自不同组织的成员之间的信任。所以，组织之间的界限变成了有效的信息的"封套"。一般来说，人类的智力资本价值越高，越有可能建立组织界限，限制信息传播。

在此，我们可以进一步对影响信息传播的组织界限进行讨论。实际上，在建立信任之后，信息的流通就会受到组织边界的限制，传播也会有不同程度的减缓。特别是在某一地域内，同一组织内合著的比例越高，在这个区域内流通的信息就越少。在这里，我们给出了祖克等人（Zucker et al.,1996）的一个完整的模型，用来阐释在不同地域间科研论文的新合著者在传播信息方面的所有变化，并用相当的篇幅解释与智力资本价值以及组织内或组织间合作模式相关的变量。

表 25.1 中的 A 组和 B 组，简要描述了在生物技术领域的科学论文中，组织内部和组织之间合著和引用的模式（表 25.1 合并了祖克等 1996 年出版的著作中的表 6.3 和表 6.5，并在表 6.3 中增加了一些计算数据（Zucker et al.,1996））。表格的上半部分是关于 A 组的，数据显示，超过 75% 的组织内合作，是在组织界限范围内进行的；对于企业来说，这个数字上升到 95%。企业的科学家很少与来自其他企业的科学家合著论文。脱离单一组织内限制的合作通常是在来自大学的科学家和来自企业和研究所的科学家之间进行。正是由于大学常常是合作的"发源地"，因此，大学也是许多新成果和人才的集聚地。企业和研究所经常与大学进行合作，这一点儿也不奇怪。总之，我们的发现与不同大学科研发现的开放式结构的假设是相反的。

[①] 在组织环境下的信任生成方面所做的研究还很少，大多数研究关注的都是信任发挥的作用。布鲁尔和西维尔（Brewer and Sliver,1978）发现，小组内成员比小组外成员更加可靠、诚实和配合。一些针对小群体和模拟组织的实验室研究表明，基于交流互利性的增长，小组内成员之间更易相互坦诚交流（Schneider and Brewer,1987；Kramer and Brewer,1984）。然而，这种交流方式增多的前提是，小组成员确信交流会给自己的小组带来收益（Dawes,Van de Kragt and Orbell,1988）。

表 25.1　原始发明的合作状况

	组织类型		
	大学	企业	研究所
小组 A　合作组的总数			
在同一类型的组织内合作：			
两个作者来自同一组织	2 747	346	532
作者来自不同组织	771	17	141
在不同类型的组织间合作：			
其他作者来自大学		302	420
其他作者来自企业	302		111
其他作者来自研究所	420	111	
合作组总数	4 240	776	1 204
同一组织内	65%	45%	44%
不同组织间：	35%	55%	56%
同一类型的不同组织间	18%	2%	12%
不同类型的组织	17%	53%	44%
其他作者来自大学	18%	39%	35%
小组 B　合作组的引用比率			
同一类型组织间的合作：			
两个作者来自同一组织	17.64	69.57	18.03
作者来自不同组织	29.01	64.18	26.54
不同组织类型间的合作：			
其他作者来自大学		49.53	22.00
其他作者来自企业	49.53		95.60
其他作者来自研究所	22.00	95.60	

资料来源：Zucker et al. (1996)。

对于组织界限内部频繁进行的合作，以及保护有价值的智力资本等问题，交易成本经济学提供了另一种(也可能是互补的)解释(Williamson,1979,1991)。通常情况下，与组织内相比，组织之间的保护性较低，交易成本也会较高。因此，在其他条件都均等的情况下，只有在产生的收益足以抵消所涉及的额外费用时，才可能跨越组织界限进行交易。我们再回到表25.1中的A组，似乎可以看出，与同一类型的组织进行交易的收益/成本的比率，使得这种交易不太可行。对于企业来说，尤其如此。企业之间很少合作，一部分原因是，企业在与大学或研究所的科学家进行合作时，不会像企业之间涉及产权的问题。

但是，如果我们从研究成果被引用这个角度，来看组织内或者组织间合作的平均收益，表25.1中B组的数据似乎可以证明：组织之间合作的交易成本(包括缺乏信任)会增加。与来自同一组织的作者的研究成果相比，来自同一类型的组织的、跨组织界限的合作的成果，得到引用的频次更高，大学和研究机构在这方面的表现更是如此。

有趣的是,如果来自大学和研究所的科学家与企业的科学家合作的话,在引用方面将能带来巨大的收益。这与之前的假设是一致的:文化上的差异会降低信任度,但也可能是由于引用率较高的企业科学家偏好选择优秀学术界科学家进行合作(证明"选择"也是重要因素的实证材料,请参看 Zucker, Darby and Armstrong, 1998 和 Zucker, Darby and Torenro, 2002)。我们的创新之处在于,可以使用信息价值的指标,来确定哪些信任度的降低对总交易成本具有更大的影响力。

我们上面总结的研究结果,一方面表明了对于关系的限制,一方面又显示了对于创建关系的谨慎和战略性的选择。与此相反,鲍威尔、科普特、史密斯-多尔(Powell, Koput and Smith-Doerr, 1996)在他们的研究中,说明了在生物技术领域供各组织之间学习的充足的网络资源。网络的丰富性和多样性在之后鲍威尔小组的一个报告中体现得更为明显(Powell et al., 2004)。这些网络往往连接着那些联系广泛的合作伙伴,也连接着那些网络节点所连接的新人。

从某种程度上来说,这些不同的关系以及它们在生物技术中如何发挥作用,与我们聚焦于企业成功有很大关系,而鲍威尔小组则忽视了成功的变量。而且,我们一直把重点放在优秀的科学家所起到的作用上,而鲍威尔小组的重点,则是组织及其所有的网络连接。我们的研究小组在研究组织水平的同时,还得出了一个主要结论,即可以利用网络连接进行学习(Liebeskind et al., 1996)。田野工作已经表明,一些重要的科学家正在制定战略决策,更确切地说是技术咨询,而网络的其他部分实际上都是这些决策产生的结果。显然,还有一些有趣的因果关系需要解决。如果把所有的研究成果都考虑在内,那么我们两个小组都将面临许多有趣的问题。

25.4 基本过程与产出

25.4.1 隐性知识的传播

在知识及其获得方面,有大量著作对被编码过的知识做了叙述,在这里就不做讨论了。突破性的发现只有在经过系统的编码之后,才能以课本或讲座的方式进行有效的传播。而在此之前,传播渠道有可能很不通畅,原因我们在上面已经讨论过。这些知识的间断性越大,越难在之前的知识系统定位,也越可能提供更多的机会,增加激励因素的介入。

传播有四个方面可以为基于过程的制度理论带来启发:
- 谁是传播者?
- 传播过程和内容有哪些种类?
- 传播量如何?
- 传播的影响是什么?

我们将利用实证情境,重点分析传播者、传播过程以及传播的影响,此外还会涉及传播量的测量。

25.4.2 学院科学家的知识传播

许多含有隐性知识的突破性成果,都是由著名的生物科学家(对于美国的情况,参看 Zucker, Darby and Brewer, 1998;对于日本的情况,参看 Darby and Zucker, 2001)和纳米科学家(对于美国的情况,参看 Darby and Zucker, 2005a)完成的。对生物技术和纳米技术领域来说,这些科学家发表成果最活跃的时间决定了有关企业的成立时间,而他们的研究领域则决定了企业的经营范围。这说明了知识的地缘影响,这是因为需要人际间的传播让我们掌握隐性知识。因此,在实验室共同进行探索是最有效的传播办法。

祖克、达比和阿姆斯特朗(Zucker, Darby and Armstrong, 1998, 2002),以及祖克和达比(Zucker and Darby, 2001)的研究成果分别表明,在美国加州和日本,大学对于周边企业研发生产力上的影响主要集中在一些特定的企业中,这些企业与著名的学术科学家有合作关系,否则,大学将对企业毫无影响。在科学家发表论文时,我们查看合著人中是否有一个或多个企业的相关人员,并以此来断定是否存在产学研的结合。①

图 25.2 说明了这些有关生物技术领域的论文对企业的研究生产力有显著的影响。

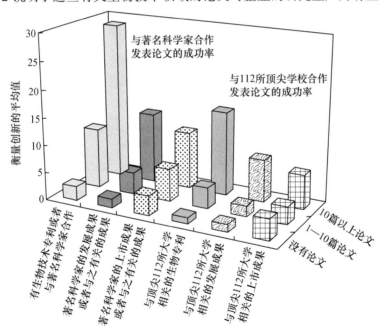

图 25.2　与著名科学家或者顶尖研究型大学的教授合作的生物技术企业更易成功

---

① 科学家发表论文很少会涉及两个企业。他们通常采用阶段性的方式:在个人职业生涯中,经常只与一家企业合作,或者一次只与一家企业合作。

这些企业,要么拥有曾发现40多个基因序列的著名科学家,要么与来自美国112所顶尖大学的科学家合作。研究这些关联,就是测量实验室中的工作关系。我们以论文的数量作为权重,以便测量影响的程度。一般来说,与关联相比,权重的影响会更为明显。这说明,传播是通过努力工作和密切交流来实现的,仅仅互相交换意见是不够的。

有人曾对这些科学家发表的头几篇论文的时间和企业成立时间做过对比分析,发现这种学术—企业共同发表的关系,常常意味着这个学院科学家是企业创建人之一,或者至少目前在这个企业有着相当的经济利益关系。事实也确实如此,来自科恩和博耶(Cohen and Boyer)小组的赫伯特(Herbert)发现了重组细胞RNA(或者说遗传工程),企业家罗伯特·斯旺森(Robert Swanson)成立了首家新生物技术公司——基因技术(Genentech)公司,至今已是世界上行业内最成功的企业之一。

25.4.3 质变过程催生新的组织形式

大多数企业获得了全面的进步,逐步改进了商品或者提高了生产力。但只有少数企业取得了技术进步,实现了质变(Darby and Zucker,2003):利用技术突破建立或改变产业(如生物技术、激光、半导体、纳米技术)。只有与该企业科技的基础相符合,质变过程才能促进产品进入市场。

经济超速增长带来何种进步,取决于新的突破性技术的发展状况,这种技术有可能取代一个企业原本赖以生存的旧技术,或者是创造出一个全新的产业。如果该技术突破与先前的技术都是基于同一种科学工程技术,那么技术所属的企业的实力一般都会得到增强,因为它们具备随时升级到新技术的条件("增强竞争力"(competence-enhancing),见Tushman and Anderson,1986)。

质变过程可能会造成两个影响:一个是增加进入市场的机会,这常常从本产业以外的产业开始,然后推广到其他应用领域;另一个是可能产生新的组织形式(Darby and Zucker,2003;Romanelli,1991)。我们这里讲的组织形式,不是指组织的个体特征,而是基本过程的共同特点和发展前景,如组织的成立和解散,数量的上升或下降,规模变大或变小,因为正是同样的基础条件构成了组织形式。

那些顶尖科学家积极发表论文的时间和领域(不同科学家有不同的高科技研究领域)预示了,那些从事特定新技术工作的企业的成立时间和所处领域。这些顶尖的科学家和企业科学家共同完成论文的数量,是决定企业能否在相关高科技领域取得成功的关键因素。不仅在专利、员工人数和产品方面如此,在风险资本的周期,上市的时间、规模,并且在上市交易的企业的估价方面也是如此(Darby,Liu and Zucker,2003;Darby and Zucker,2005b)。

表25.2显示了与顶尖科学家共同发表论文和就业增长之间的关系:按照1989年企业共同发表论文的数量,对企业进行排序,同时,也显示了同一年的就业率。第二栏显示的是1989—1994年的就业增幅。换句话说,如果一个投资者把他(她)1989年年底的

生物技术组合限制在 22.7% 和研究型大学在合作发表生物技术论文上存在联系（包括核心和其他联系）的企业，或 10.9% 存在超过一种或两种联系的企业中，他（她）将包揽所有排名前十位的企业和几乎所有的较为成功的企业。即使在涉及其他决定因素的泊松回归统计方法中，这些简单的关联仍然存在。

表 25.2　新生物技术企业的雇员情况和与高科技结合的关系

	企业数量	1989 年雇员比率	1989—1994 年雇员比率变化	与 112 所顶尖大学有密切联系的比例	与 112 所顶尖大学有其他关联的比例
截止到 1989 年的雇员比率					
第一个 10%	21	53.8%	53.2%	76.4%	79.4%
第二个 10%	21	15.0%	9.4%	6.2%	4.0%
剩余的 80%	169	31.2%	37.4%	17.4%	16.6%
总计	211	100.0%	100.0%	100.0%	100.0%
有密切联系的					
第一个 10%	21	48.7%	53.4%	94.0%	81.5%
第二个 10%	21	7.1%	4.6%	5.1%	7.7%
剩余的 80%	169	44.2%	42.0%	0.9%	10.7%
总计	211	100.0%	100.0%	100.0%	100.0%

注：1. 密切联系：根据科学信息研究所的材料，1989 年发表的与生物技术直接相关的论文，其中至少有一位作者是来自企业的，并至少有一位作者是来自 112 所顶尖研究型大学的。

2. 其他联系：根据科学信息研究所的材料，1989 年，与生物技术不直接相关的论文的数量，其中至少有一位作者是来自企业的，并至少有一位作者是来自 112 所顶尖研究型大学的。

资料来源：对生物技术相关论文的作者的统计，来自 1975 年后成立并公布 1989—1994 年雇员情况的企业提供的数据，见 Zucker, Darby and Armstrong（2002）的数据库。

在许多企业诞生的初始期，通常很难预料最终会出现一个新的行业，或者同期成立的类似的小企业的前景到底怎样，也很难推断预期的机会能不能实现。然而，有趋势表明，某些好消息会产生花车效应。成功证据的形式可以多种多样，但必须明显。如在生物技术领域，继美国最高法院通过允许"生命专利"的决议之后，基因技术公司于 1981 年成功上市。1983 年，基因技术公司又与美国礼来制药公司签订了 rDNA 胰岛素（"人工胰岛素"）上市的合作协议。这个协议是公认的整个生物技术产业的重要转折点。优泌林仍旧是十大生物技术药物之一。2001 年，优泌林以其 11 亿美元的销量，在世界畅销生物技术药物中位列第五名（Powell et al., 2004；标准普尔 2002 年生物工艺）。

这次成功之后，通过雄辩、框定和组织愿景等手段，花车效应变得更加明显，或至少有所加强（Green, 2004; Swanson and Ramiller, 1977）。这些进程把注意力集中在新组织形式的潜在利益上，表明"雄辩的理由"或者框定为"有意义的创新"。一般来说，新的过程和结构可能会从紧急认知合法性的角度框定，并由调动变化力量的（Tolbert and Zucker, 1983, 1996），或者与外部相关的、已建的合法权威支持（Walker, Thomas and Zeldith, 1986）。这些机制和活动，可以为吸收之前分配到其他地方的资源（包括人类的活动和劳动力)提供依据(McCarthy and Zald,1997)。

如果把这个观点应用到一个新兴的技术领域的话,纳米技术就是一个很好的例子。它有一个比较清楚的组织愿景,就研究经费而言较为广泛的资源调动(Roco,2004),还有一些风险投资活动。有一些产品,如纳米涂层和其他纳米材料,已经成功在市场上销售——基因公司的优泌林,为突破性科学发现的长期超常收益提供了独特的准则。

在本节中,我们主要了解了变化过程中会生成变异的那一部分,其中包括现有模板的组合和置换。我们还没有详细考虑能够形成新的组织形式的抑制变异的过程,包括趋同和竞争。我们已经再三表明,制度结构可以变得更加多样或者趋同,行动的具体情境决定了区别度更大还是同质性更强(Haunschild and Miner,1997;Brubaker,1994)。

25.5 社会产品产生社会结构

社会结构会生成特定的社会产品,包括知识、信任、规范、承诺或忠诚。我们对信任生成的社会结构的两个主要因素很感兴趣:群体认同、共同的特点、在新的科学合作开始之前定下的行政规则;或信任生成结构的固有供给,以及每次合作的特点,如对在合作中会增加或者减少对信任生成结构的要求的科学的预期价值。合作过程中发生的、信任的社会构建程度,取决于信任生成的社会结构的固有供给、对这种结构的要求,以及创造这个结构的附加单位的成本。因此,社会构建与结构和进程有着明确的联系。

我们的模型,还考虑到了制度的社会学文献的核心概念,特别是界定了创建信任固有供给的因素,以及从经济文献中抽出的价格理论的基本概念,以阐明在何种条件下,才能产生新的信任生成型社会结构,来预测产生信任的程度,并探讨其社会构建的机制。我们开发了一种通用模型,用在更为广泛的社会结构和制造的建设上,但我们是从信任生成结构中抽取范例的。

图25.3 中列举了一些例子,是有关固有禀赋、需求以及团队社会构建的过程的,并将其推广到其他的一些情况中。这些要素的雏形,产生于人们第一次试图了解信任生成的社会构建过程的努力中(Zucker,1986),它们帮助我们确定和发展了我们的研究方法。[①]

最初,该模型是用来在美国物理研究所的项目中,解释我们在"大科学"(Big Science)小组所观察到的有关社会构建的内容的(Zucker and Darby,1995)。我们曾经分析过那些较大的、从事交叉学科研究且任务明确的科学组,探究它们能够构建多少信任生成的社会结构。图25.4 和图25.5 总结了我们的分析报告。这些科学组的组员在通力

[①] 在社会层面,最初的固有禀赋包括基于特点的信任和基于过程的信任,特指对人或者交换。由于国外移民和国内移民现象以及业务不稳定的现象十分普遍,人们要求在信任生成的社会建之外进行推广。制度性信任推广到信任生成的社会建构之后,难以促成交流;在重要的社会距离的条件下跨越集团的边界,跨越地理距离,还涉及不可分要素,因此,一次失败拥有更多的含义。从19世纪末期到20世纪,人们对制度性信任生成的社会结构从以下四个方面进行了建构:(1) 合理的官僚形式的传播;(2) 专业认证;(3) 服务业经济的增长,包括金融服务和政府;(4) 约束和立法。

第25章 制度理论和社会建构理论的演化：过程和结构

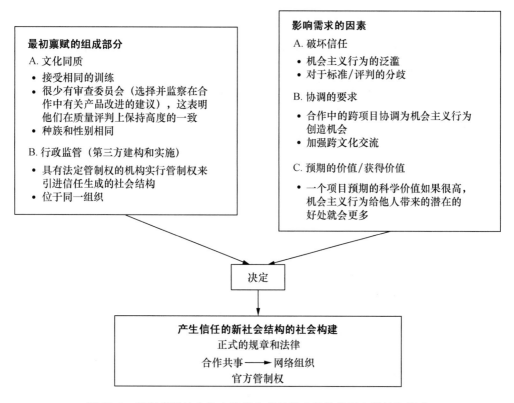

图25.3 物理学科技合作中信任生成的社会结构的固有供给和需求

合作的时候，能够获取较好的成果。但是当组员因为害怕其他组员窃取自己的数据和构思而心存疑虑时，合作会受到影响。起初，这些科学组就具备不同数量的信任生成社会结构，具体主要取决于小组研究中代表学科的数量、以前的工作关系，以及基金机构对数据加强控制的程度等。在图25.4中，我们把信任生成的社会结构的不同能力放在这个项目中，用 E_L 表示固有禀赋较少的小组，用 E_H 表示固有禀赋较多的小组，从而展现它们之间的差异。任何小组可以通过以下方面加强各自的信任生成的社会结构，如在规则制定上花费的时间和资源、安排更多的面对面的会议，以及制造不同的权力等级来解决分歧。无论它们从哪里入手，构建专门的信任生成社会结构中附加单位的成本，都是大致相同的，这主要取决于新构建的数量。由于首先采用成本较低的方法，因此，附加专门单位的成本，会随构建数量的增加而增加。我们在图25.4中进行了直观的说明，信任生成的社会构建的边际成本（每个附加单位的成本），与新建的社会结构的数量基本保持同比例增长。

如想产出总量为 Q 的信任生成的社会结构（包括固有的和新建的），那么，固有禀赋较低的小组面对的是一个双重成本的形势：它们不仅要付出赶上固有禀赋高的小组的成本，还要承担 E_H 和 Q 之间的附加单位的更高的成本，因为它们已经享受到了从 E_L 向 E_H 增长易得的果实。我们认为，通常信任生成社会结构附加单位的价值，会随着其总量

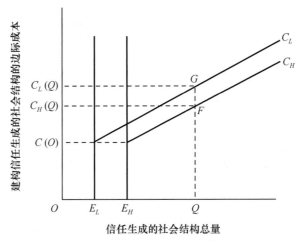

. 图 25.4　信任生成的社会结构总量的成本

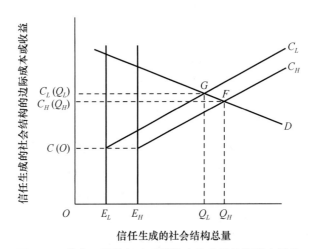

图 25.5　带有不同信任生成型社会结构的均衡社会结构

的增加而下降，这是因为合作中最重要的障碍已经被扫清了，每个附加单位对于实现其小组目标的作用并不大。在图 25.5 中，处于下降趋势的直线 D 表示的，就是这些附加单位的价值走向。

每当信任生成社会结构的附加单位所创造的价值远远超过成本时，小组就很有可能会投入到进一步的构建中，反之亦然。这个模型得出了以下可供检验的预测：那些开始拥有更多的生成信任的社会结构的小组，在总数上也会产生更多的社会结构。但是，那些固有禀赋较少的小组，会产生更多新的生成信任的社会结构。这一预测的前提是，这些小组对于实现目标的价值考量大体一致。如果固有禀赋较少的小组对于信任所促成的结果产生的价值期待较高，这些小组可以通过建设新的生成信任的社会结构进行投资，来弥补它们的先天不足。另一方面，如果固有禀赋较多的小组，对实现目标所产生的价值拥有很高的期待，那么，它们可能会产出更多的生成信任的社会结构。有趣的是,在某些情况下,我们不仅可以量化初始禀赋的差异,还可以量化共同工作所能产生的价值,从而可以精确预测生成信任的社会结构的总数量以及新建构的数量。

在祖克和达比的研究中(Zucker and Darby,1995),我们发现对信任的高要求,以及信任生成社会构建的较低的固有禀赋,都会大大促进生成信任的社会结构的建构。我们发现的证据表明,社会构建实际上会促使更高价值的科学成果的产生。

固有的以及社会构建的文化或知识,已经激发了人们进行一些研究项目。我们从这两个有许多重合的文化中得到的成果以及我们的模型,将有助于推广它。托尔伯特(Tolbert,1988)利用来自同一法学院的人的比例为律师事务所固有的文化编制了指标,并在多重回归中发现,高等教育相似度高的律师事务所较少参与正式的社会化实践(包括正式审查、培训和信息反馈)。随着企业逐渐壮大,正式的社会化实践也会增多。史密斯、柯林斯和克拉克(Smith,Collins and Clark,2005)发现,固有的(天生的)知识(教育程度、工作经验、职能异质性)和组织有关承担风险的氛围,能够通过融合和交流(包括网络结构)来增加新的知识,而新创建的知识本身显著增加了高科技企业中新的产品和服务的比率。

25.6 关于制度理论研究的未来设想

理论在很多方面和树非常相似。营养多和阳光足的地方,枝干就生长得比较茂盛。在生长过程中,有的枝干奇形怪状,有的两侧枝干有密有疏,并不对称。开发同一个理论的人们不一定会采用同一种研究方法,即便是同一个人,他的想法也会随着时间而发生变化。

在理论构建过程中,研究者经常会把各类零星发现的马赛克和难点拼在一起,这时候常会有灵光一现的感觉,看到以前没有看到的概念和方法之间的关系。图25.6说明了理论的开发过程,恰如其分地表现了我们是如何显化制度过程和结构中的隐性知识的。在图的下半部分中,我们列举了理论阐释过程的要点,以供他人应用及进一步开发。

就像一株巨大的美洲杉,抑或一个组织一样,一个理论的生命也可能会很顽强。有时,剪掉枯枝和清除杂叶将更有利于树木的生长,因为这些枝叶会阻挡阳光和吸收营养。创建理论和构建社会是一个道理:它是社会发展中固有的一部分,而且常常含有许多隐性成分。对一个理论家来说,最难的部分就是显化隐性部分。但是,这部分工作也是最值得去做的,就像上面所讲的灵光一现中,理论的意义被看到和编码,对于你和他人都能触手可得。这往往出现在理论构建过程中最为规范的阶段,是理论阐述和编码的阶段,而不是前期较为隐性的阶段。

理论,或是常说的实证推论或者理论方法,有时会忽视负面因素。最为人熟知的例子,恐怕要数"皮格马利翁效应"(Pygmalion Effect,可参看 Rosenthal and Jacobson,1968)。[①] 因此,一个更为系统的方法尤为重要。制度理论已经度过了它的青春期

---

① 这是有争议的领域,包括罗杰塔尔和雅各布森(Rosenthal and Jacobson)的研究的强烈批判。他们认为这项研究在期望效用上是不成立的。而之后出现的很多研究经常能够证明其正确性,相反,驳斥它的证据要少得多。想了解这个争议及其结果,请参见 Miller and Turnbull(1986)。

> **用马赛克作为类比,可以得出以下三点:**
> 1. 我们可以用马赛克作为类比来说明社会生活中的制度建设和有关制度的理论构建。
> 2. 在理论构建过程中积累起来的信息,现在看似不相关,但或许会用在日后新的理论中。
> 3. 行为可以并且肯定会直接促进新结构的产生。
>
> **社会情境中的归纳推理和实际推理[a]:**
> 1. 把马赛克拼成平面图案或设计:在社会中表现为集体认同、连贯性和凝聚力。
> 2. 变换马赛克的位置组成新的平面图案或者设计:在社会中表现为创新活动。
> 3. 构建马赛克(如三维立体图):在社会中表现为突然出现的重新定义,或者通过创造一个新情境来观察马赛克图案和设计而带来可能性的剧烈变化。
> 4. 创造或者确认新的马赛克(如把它们切割成各种拼图的形状);然后,或者可以采纳前面三点中的方法,或者在组成一个新的图案或者设计之后,再运用上面三点中提到的方法。
> 5. 仅选择上面组合中的一个图案或者设计,把它们黏合起来变成真正的"永恒"。如何选择经得住时间考验的那一种呢?在社会中它对应的表现是什么呢?
>
> **在推论基础上发展理论的要点[b]:**
> 1. 初步条件和范围
> 2. 假设
> 3. 定义
> 4. 命题
> 5. 证实状态

图 25.6 制度工具箱:以马赛克块为类比示意的归纳型理论方法和规范化过程

注:a. 由维克提出(Weick,1989:528)。
b. 见科恩关于理论形成的著作(Cohen,1988)。

(Scott,1987),并且已经做好得到更为系统的阐释和检验的准备。

参考文献

BECKER, G. S. (1991). A note on restaurant pricing and other examples of social influences on price. *Journal of Political Economy*, 99: 1109–1116.

BERGER, J., COHEN, B. P., SNELL, J. L., and ZELDITCH, M., Jr. (1962). *Types of Formalization in Small Group Research*. Boston: Houghton Mifflin.

BERGER, P. L., and LUCKMANN, T. (1966). *The Social Construction of Reality: A Treatise in the Sociology of Knowledge*, New York: Doubleday.

BIKHCHANDANI, S., HIRSHLEIFER, D., and WELCH, I. (1992). A theory of fads, fashion, custom, and cultural change as informational cascades. *Journal of Political Economy*, 100: 992–1026.

BREWER, M. B., and SILVER, M. (1978). Ingroup bias as a function of task characteristics. *European Journal of Social Psychology*, 8: 393–400.

BRUBAKER, R. (1994). Nationhood and the national question in the Soviet Union and post-

Soviet Eurasia: An institutionalist account. *Theory and Society*, 23: 47–78.

COHEN, B. P. (1988). *Developing Sociological Knowledge*. 2nd edn., Belmont, Calif.: Wadsworth Publishing.

DARBY, M. R., and ZUCKER, L. G. (2001). Change or die: The adoption of biotechnology in the Japanese and U.S. pharmaceutical industries. *Comparative Studies of Technological Evolution*, 7: 85–125.

—— —— (2003). Growing by leaps and inches: creative destruction, real cost reduction, and inching up. *Economic Inquiry*, 41: 1–19.

—— —— (2005a). Grilichesian breakthroughs: Inventions of methods of inventing in nanotechnology and biotechnology, *Annales d'Economie et Statistique* (forthcoming).

—— —— (2005b). Going public when you can in biotechnology. In N. Lamoreaux and K. Sokoloff (eds.), *The Financing of Innovation in Historical Perspective*, New York: Social Science Research Council (forthcoming).

—— LIU, Q., and ZUCKER, L. G. (2004). High stakes in high technology: High-tech market values as options. *Economic Inquiry*, 42: 351–369.

DAWES, R. M., VAN DE KRAGT, A. J. C., and ORBELL, J. (1988). Not me or thee but we: The importance of group identity in eliciting cooperation in dilemma situations: Experimental manipulations. *Acta Psychologica*, 68: 83–97.

DIMAGGIO, P. J. (1982a). Cultural entrepreneurship in nineteenth-century Boston. Part I: The creation of an organizational base for high culture in America. *Media, Culture and Society*, 4 (Winter): 33–50.

—— (1982b). Cultural entrepreneurship in nineteenth-century Boston. Part II: The classification and framing of American art. *Media, Culture and Society*, 4(Autumn): 303–321.

—— (1991). Constructing an organizational field as a professional project: U.S. art museums, 1920–1940. In W. W. Powell and P. J. DiMaggio (eds.), *The New Institutionalism in Organizational Analysis*, Chicago: University of Chicago Press.

—— (1997). Culture and cognition. *Annual Review of Sociology*, 23: 263–287.

—— and POWELL, W. W. (1983). The iron cage revisited: Institutional isomorphism and collective rationality in organizational fields, *American Sociological Review*, 48: 147–160.

FORMAN, D. (2004). Nanotech rides a rising tide: Venture cash flows into more mature startups as Wall Street prepares to float some shares. *Small Times*, 4(2): 18–21.

GARFINKEL, H. (1964). Studies of the routine grounds of everyday activities. *Social Problems*, 11: 225–250.

—— (1967). *Studies in Ethnomethodology*. Englewood Cliffs, NJ: Prentice-Hall.

GREEN, S. E., Jr. (2004). A rhetorical theory of diffusion. *Academy of Management Review*, 29: 653–669.

GREENWOOD, R., SUDDABY, R., and HININGS, C. R. (2002). Theorizing change: The role of professional associations in the transformation of institutionalized fields. *Academy of Management Journal*, 45: 58–80.

HAUNSCHILD, P., and MINER, A. S. (1997). Modes of interorganizational imitation: The effects of outcome salience and uncertainty. *Administrative Science Quarterly*, 42: 472–499.

JENSEN, R. A., and THURSBY, M. C. (2001). Proofs and prototypes for sale: The tale of university licensing. *American Economic Review*, 91(1): 240–259.

KRAMER, R. M., and BREWER, M. B. (1984). Effects of group identity on resource use in a simulated commons dilemma. *Journal of Personality and Social Psychology*, 46: 1044–1056.

LIEBESKIND, J. P., OLIVER, A. L., ZUCKER, L. G., and BREWER, M. B. (1996) Social networks, learning, and flexibility: Sourcing scientific knowledge in new biotechnology firms.

Organization Science, 7: 428–443.

McCarthy, J. D., and Zald, M. N. (1977). Resource mobilization and social movements: A partial theory. *American Journal of Sociology*, 82: 1212–1241.

Meyer, J. W. (2002). Globalization, national culture, and the future of the world polity. *Hong Kong Journal of Sociology*, 3: 1–18.

Meyer, J. W. and Rowan, B. (1977). Institutionalized organizations: Formal structure as myth and ceremony. *American Journal of Sociology*, 83: 340–363.

Miller, D. T., and Turnbull, W. (1986). Expectancies and interpersonal processes. *Annual Review of Psychology*, 37: 233–256.

Powell, W. W., Koput, K., and Smith-Doerr, L. (1996). Inter-organizational collaboration and the locus of innovation: Networks of learning in biotechnology. *Administrative Science Quarterly*, 41: 116–145.

—— White, D. R., Koput, K. W., and Owen-Smith, J. (2004). Network dynamics and field evolution: The growth of inter-organizational collaboration in the life sciences. *American Journal of Sociology* (forthcoming).

Roco, M. C. (2004). Nanoscale Science and Engineering at NSF: paper presented at the 2004 Nanoscale Science and Technology Grantee Conference, National Science Foundation, Arlington, Va., December 13–15.

Romanelli, E. (1991). The evolution of new organizational forms. *Annual Review of Sociology*, 17: 79–103.

Rosenthal, R., and Jacobson, L. (1968). *Pygmalion in the Classroom*. New York: Holt, Rinehart and Winston.

Schneider, S. K., and Brewer, M. B. (1987). Effects of group composition on contributions to a public good. Unpublished manuscript, UCLA Psychology Department.

Schutz, A. (1962) *Collected Papers*, vol. 1: *The Problem of Social Reality*, ed. M. Natanson. The Hague: Martinus Nijhoff.

—— (1970). *Reflections on the Problem of Relevance*. New Haven: Yale University Press.

Scott, W. R. (1987). The adolescence of institutional theory. *Administrative Science Quarterly*, 32: 493–511.

—— (1995). *Institutions and Organizations*. Foundations for Organizational Science, Thousand Oaks, Calif: Sage.

Smith, K. G., Collins, C. J., and Clark, K. D. (2005). Existing knowledge, knowledge creation capability and the rate of new product introduction in high technology firms. *Academy of Management Journal* (forthcoming).

Stigler, G. J. (1961). The economics of information. *Journal of Political Economy*, 69: 213–225.

Swanson, E. B., and Ramiller, N. C. (1997). The organizing vision in information systems innovation. *Organization Science*, 8: 458–474.

Thursby, J. G., and Thursby, M. (2002). Who is selling the ivory tower? Sources of growth in university licensing. *Management Science*, 48: 90–104.

Tolbert, P. S. (1988). Institutional sources of organizational culture in major law firms. In Lynne G. Zucker (ed.), *Institutional Patterns and Organizations: Culture and Environment*. Cambridge, Mass.: Ballinger Publishing Company.

—— and Zucker, L. G. (1983). Institutional sources of change in the formal structure of organizations: The diffusion of civil service reform, 1880–1935. *Administrative Science Quarterly*, 28: 22–39.

—— —— (1996), The institutionalization of institutional theory. In S. R. Clegg, C. Hardy, and W. R. Nord (eds.), *Handbook of Organization Studies*, London: Sage.

TUSHMAN, M. L., and ANDERSON, P. (1986). Technological discontinuities and organizational environments. *Administrative Science Quarterly*, 31(1): 439–465.

WALKER, H. A., THOMAS, G. M., and ZELDITCH, M., Jr. (1986). Legitimation, endorsement, and stability. *Social Forces*, 64: 620–643.

WEBER, M. (1947). *The Theory of Social and Economic Organization*, trans. from the 1924 German edn. by A. M. Henderson and T. Parsons, ed. and introd. by T. Parsons, New York: Free Press of Glencoe.

WEICK, K. E. (1989). Theory construction as disciplined imagination. *Academy of Management Review*, 14: 516–531.

WILLIAMSON, O. E. (1979). Transaction-cost economics: The governance of contractual relations. *Journal of Law and Economics*, 22: 233–261.

—— (1991). Comparative economic organization: The analysis of discrete structural alternatives. *Administrative Science Quarterly*, 36: 269–296.

ZUCKER, L. G. (1974). An Experimental Investigation of the Role of Institutionalization in the Persistence of Cultural Meaning. Ph.D. dissertation, Stanford University.

—— (1977). The role of institutionalization in cultural persistence. *American Sociological Review*, 42: 726–743.

—— (1983). Organizations as institutions. *Research in the Sociology of Organizations*, 2: 1–47.

—— (1986). Production of trust: Institutional sources of economic structure, 1840–1920. *Research in Organizational Behavior*, 8: 53–111.

—— (1987). Institutional theories of organization. *Annual Review of Sociology*, 13: 443–464.

—— and DARBY, M. R. (1995). Sociological analysis of multi-institutional collaborations in space science and geophysics. In J. Warnow-Blewett, A. J. Capitos, J. Genuth, and S. R. Weart (eds.), *AIP Study of Multi-Institutional Collaborations, Phase II: Space Science and Geophysics. Report No. 2: Documenting Collaborations in Space Science and Geophysics*. College Park, Md.: American Institute of Physics.

—— —— (1996). Star scientists and institutional transformation: Patterns of invention and innovation in the formation of the biotechnology industry. *Proceedings of the National Academy of Sciences*, November 12, 93: 12,709–712,716.

—— —— (2001). Capturing technological opportunity via Japan's star scientists: Evidence from Japanese firms' biotech patents and products. *Journal of Technology Transfer*, 26: 37–58.

—— —— and ARMSTRONG, J. (1998). Geographically localized knowledge: Spillovers or markets? *Economic Inquiry*, 36: 65–86.

—— —— —— (2002). Commercializing knowledge: University science, knowledge capture, and firm performance in biotechnology. *Management Science*, 48: 138–153.

—— —— and BREWER, M. B. (1998). Intellectual human capital and the birth of U.S. biotechnology enterprises. *American Economic Review*, 88: 290–306.

—— —— —— and PENG, Y. (1996). Collaboration structure and information dilemmas in biotechnology: Organizational boundaries as trust production. In R. M. Kramer and T. R. Tyler (eds.), *Trust in Organizations*, Thousand Oaks, Calif.: Sage.

—— —— and TORERO, M. (2002). Labor mobility from academe to commerce. *Journal of Labor Economics*, 20: 629–660.

第26章 结语:向大师们学习如何开发理论①

肯·史密斯 迈克尔·希特

> 没有创造性的思维来支撑独立的思考和判断,社会的向前发展将是不可想象的,就如同没有社会土壤的滋养,个人的个性就无法发展一样。
>
> ——阿尔伯特·爱因斯坦(Albert Einstein)

本书的目的,是帮助我们洞悉管理学大师如何开发他们的观点和理论。我们相信,学习如何开发理论的最好方法,是向那些开发了重要管理学理论的大师们学习。在很大程度上,理论开发的过程会模糊不清,包括隐性知识和难以观察到的过程。有关理论开发的早期文献,尽管有着良好的意愿,但是创作这些文献的学者本人,常常在开发杰出理论上经验有限。这些学者就像站在游泳池外的救生员,试图用命令教人游泳:呼吸、摆臂和蹬腿,等等。在理论开发中与此类似的命令是:识别变化、阐述关系和澄清边界条件。

我们的方法是要求那些在泳池中的游泳者思考这个过程。为此,我们邀请一些学者来描述他们是如何开发重要理论的。我们认为,我们能从那些真正懂得游泳的人那里,学到更多的东西。实际上,在本书中我们已经看到这些学者在生活和事业上的挣扎,许多人甚至用整个职业生涯,对理论创造、理论开发和理论推进孜孜以求。

这些学者(同时又是本书的作者)对管理学专业的学术贡献巨大。比如,每位作者著作的平均引用次数高达4 900次,中位数大约是3 600次。② 给这些作者冠以"伟大的管理学思想家"称号,再恰当不过了。

在本章中,我们试图总结不同章节中的一些共同的智慧和财富。尽管每个章节在内容、形式和成果上有所不同,但还是能发现共同的主题。尤其在我们最关注的理论开

---

① 感谢曹清(Qing Cao)和麦克·法瑞尔(Mike Pfarrer)对本章早期版本的意见和建议。
② 对作者著作的引用次数是一个动态的估计。因为很多作者在各个方面都有所贡献,但在本书中他们只是着重于某一套理论。由于这些理论的重要性,它们的引用次数总处在快速的变化之中。

发的过程、角色和特征方面。

26.1 理论开发的过程

学者开发理论的各种过程非常复杂,因人而异,然而,我们能够看出四个独立的阶段:冲突、探索、完善和公布。尽管我们描述为四个单独的线性阶段,但是对于许多学者来说,这些阶段是重叠的,他们也常常在开发理论的过程中来回反复。

26.1.1 冲突/现象

许多学者的研究起点,是他们对于管理、组织和世界本质的认识存在着冲突和争论,观察到的现象与观点相反。这些现象包括:产生矛盾的研究发现,对于现存的研究路线或商业行为的错误假定,或者需要更多甚至不同解释的事件。一般说来,这些冲突引起了学者们的紧张感,促使他们去解决。汉布里克提到,"我感觉,那些有开发理论诀窍的人,是现象的敏锐观察者;他们察觉到在这些现象中存在谜题,然后开始思考解决方式……谜题引起了理论的开发"。

我们观察到,学者们谈及的冲突来源有两种:第一,存在于现有理论或解释的假设与学者个人观点之间的冲突。例如,促使洛克、莱瑟姆和班杜拉开发他们的目标设定理论和社会认知理论的动机,是因为他们相信,现存的关于人类行为的行为学理论,假设个体意志有限是不准确的。同样,促使普费弗开发资源依赖理论的,是他认为现存的组织理论给予组织领导者太多的解释权,而环境似乎扮演更重要的角色。激励巴尼开发资源基础理论的动力,是解决关于不平等价值的不同世界观之间的冲突。野中郁次郎倡导知识创造理论,是由于他对信息创造理论不满意,他也表达了对管理学研究中实证主义控制地位的困惑。温特描述企业演化理论的推动力,来自经济学中"利润最大化"的思想和卡内基学派企业行为观点之间的冲突。

第二种冲突的来源是具体的研究结果或现实管理/组织行为的观察与研究者的论点相悖,也就是说,研究者也受到冲突数据的驱动。我们所说的"数据"是一个广义的概念,包括"高度结构化的描述"(明茨伯格)、"真实现象"(普费弗),以及之前实证研究的结果。例如,比奇和米切尔试图开发镜像理论,原因是他们研究的结果表明,概率决策理论在决策制定中的作用有限。斯科特从他对权威系统的研究中得出,工作结构不是由经济规律决定,而是来自社会和政治过程。卢梭开发社会契约理论,部分原因在于20世纪80年代企业缩小规模、收购和重组等事件使得雇员遭遇不幸。波特、斯蒂尔斯和莫迪开始他们组织承诺理论的研究,是因为60年代和70年代剧烈的政治变化和社会运动,与异常平静的组织生活之间的不一致。促使斯托研究承诺升级理论的原因,来自他对美国政府70年代难以摆脱越南战争困境的观察。汉布里克刻画高阶理论是对世界500强企业的首席执行官在财富榜上的统计数据的回应,因为他认识到,精确地发表这些数据是因为首席执行官们很重要。阿吉里斯对于学习理论的研究,基于他观察到人们制定的政策,尽管后来证明有负面效果,却依然很难改变。哈夫认为,关注实际现象时,学者们更多源于内在动力。

相悖的观点促使学者去"修正"解释,实际上,解除冲突对于他们来说都是很强的动力。也许,这是因为他们内心深处的理念遭到了质疑,例如,许多学者——班杜拉、巴尼、弗里曼、哈夫、莱瑟姆、洛克、卢梭、斯托、维克、威廉姆森和其他学者,都花费了职业生涯中的大部分时间开发他们的理论。

26.1.2 探索

莱维特和马奇(Levitt and March,1988)认为,探索是为了解决问题。冲突和不协调引导大师们去寻找可能的答案,来减少或消除他们体验到的紧张感,这包含了他们理论的初步框架。我们把这个阶段标注为"探索",是因为还需要进一步发现和完善所提出理论的框架。换言之,新理论来自感受冲突和寻求答案的过程。

有趣的是,学者们对他们的探索过程和行为并不是了如指掌,他们仅仅认识到探索过程已经发生不同。班杜拉说,"对于现存理论解释的不满意,驱动人们去寻找能更好地解释观点的概念图式"。弗鲁姆描述他是如何在"寻找博士论文题目"时洞见到期望理论。卢梭叙述探索过程:"在工作环境中观察和倾听人们的行为和谈话,阅读大量文献,并同其他同事进行交谈,确定接下来的步骤。"明茨伯格说:"当我们暂时把科学上的正确性放在一边时,我们就能得到有趣的理论,用一句名言来说就是:暂缓我们的怀疑①,让思维自由而富有创造力地驰骋。"我们猜测探索的过程,无法离开引起这项探索的冲突,它们可能同时发生,冲突一直持续到新的理论框架开发出来。事实上,甚至可能一直持续到新的理论框架被这个领域的其他人接受。也就是说,基于学者的职业路径,以及他们与谁合作,我们可以推断出探索的不同模式。因此,是他们的职业导向和他们的同事关系,与他们个人的训练和经历(知识储备)交互作用,使他们开发出新理论。

大多数学者描述了他们的职业道路和轨迹是如何影响其理论开发的。例如,巴尼谈到,从耶鲁大学搬到加州大学洛杉矶分校,那里的科研环境激发了他最初的资源基础观点。为了找到工业心理学与心理学的一致,弗鲁姆讲述了他从肯考迪亚大学到麦吉尔大学,到密歇根大学,再到宾夕法尼亚大学的旅程。为了开发和建立利益相关者理论,弗里曼介绍了他从沃顿商学院到明尼苏达大学,然后到弗吉尼亚大学的经历。迈克·弗里斯认为,他在德国的社会经历和培训,以及他在宾夕法尼亚大学的第一份工作,影响了他对个人主动性的想法。安妮·哈夫则认为,她在管理和组织认知研究上的发展,来自她早期从伊利诺伊州到科罗拉多州,然后到伦敦商学院的经历。奥利弗·威

---

① 原文是"beliefs",应为"disbeliefs"。——译者注

廉姆森介绍并解释了从卡内基-梅隆大学到加州大学伯克利分校,到宾夕法尼亚大学,然后在美国司法部反托拉斯部门进行短暂停留的旅程,以及这一经历如何影响他对交易成本经济学的研究。温特描述了演化理论如何在他从耶鲁大学到芝加哥大学再到伯克利分校的历程中诞生。他还在兰德公司和会计事务所工作过,并担任议会的经济顾问。①

作为探索过程的一部分,学者们常常以对话和互动的形式,与其他学者一起深入开发他们的理论。其他人尤其是联系紧密的同事的角色也是探索过程和理论思想进化很重要的一部分。奥尔德姆和哈克曼认为,耶鲁大学在20世纪70年代的学术环境,包括如克莱·奥尔德弗、克里斯·阿吉里斯、蒂姆·霍尔、埃德·劳勒、本·施奈德等学者为工作设计理论提供了很强的推动力量。波特、斯蒂尔斯和莫迪指出,他们与加利福尼亚大学的约翰·范·玛伦、约瑟夫·尚普、威廉姆·克朗蓬、罗伯特·杜宾和哈罗德·安格尔的友谊,是如何帮助他们对组织承诺理论的研究的。威廉姆森描述说,在卡内基-梅隆,赫伯特·西蒙交易成本经济学理论提供了令人激动的建设性意见。斯科特谈论到他与埃弗里特·C.休斯、彼得·布劳和约翰·迈耶的合作如何影响他早期在斯坦福大学对于制度理论的观点。普费弗把资源依赖理论的开发,归功于在伊利诺伊大学与杰拉尔德·萨兰西克和巴里·斯托的协同合作。福尔杰在他关于"公平"的章节开篇中写到"就像'地理位置'对于房地产的重要性一样,'同事'显然是我们研究和理论构建的关键"。班杜拉描述职业道路如何带来许多合作者,他认为,那些看上去在生活道路上偶然遇见的人,能够给自己的职业轨道带来深远的影响。

至少有五个同事合作的例子,值得在我们的书中特别介绍。它们分别是:比奇和米切尔在镜像理论领域,共同合作探索了25年多的时间;洛克和莱瑟姆在目标设定理论领域,合作近30年;普费弗描述他和萨兰西克如何互补地开发资源依赖理论;奥尔德姆和哈克曼认为,他们不同的背景充实了他们的理论工作;怀特也描述了他与迪克·纳尔逊的联合,促进了他们对企业演化理论的合作研究。在这些例子中,学者们共同工作,开发理论。

探索的过程,尤其是职业道路(地点)和同事关系(互动),是如何影响理论开发的?我们同意明茨伯格的说法,开发理论是一种创造的艺术。凯斯特勒(Koestler)在他的《创造的艺术》(*The Art of Creation*,1964)一书中介绍了异类联想(bisociation)在创造过程当中的应用——两个看起来无关的思想结合并形成一个新的结果。他认为异类联想,比那些来自常规的、逻辑的和单维的思想更具有创造性。在凯斯特勒看来,创造性行为,不是推行创造一些原来不存在的东西,相反,"它揭露、选择、重构、结合和综合现存的事实、观点、理论和技巧"(Koestler,1964:120)。我们认为,探索的过程(包括其中

---

① 当然,不是所有的学者都到处迁移。比如,艾伯特·班杜拉、埃德温·洛克、唐·汉布里克、理查德·斯科特和格雷格·奥尔德姆,都是在一所学校度过了他们大部分的职业生涯。

不同的地点和同事)将探索者带入全新的、看上去没有关联的思想和观点的入口,这些思想和观点一经合并就带来了新的理论。祖克和达比抓住了理论开发的这一方面:"理论开发的一个值得做的部分,来自把不同的马赛克和拼图碎片放在一起时一闪念的灵感,你会看到以前未发现的这些概念和方法之间的关系。"那哈皮特(Nahapiet)和戈沙尔(Ghoshal)智力资本的观点(1998)也是遵循了这个过程。尤其是,他们表示更多的合作和交换,容易产生新的知识。

弗里曼、班杜拉、哈夫和卢梭都认为,探索的过程常常需要一些天赋和机会。虽然天赋可能会起到一定的作用,大师们仍然能有目的地创造新的知识或理论。至今为止,我们只是从地点和关系的角度讨论了探索的过程。然而,地点与其他因素的相互作用,也受大师们的背景的影响,尤其是他们在不同机构所受的教育经历。

作者们在教育和培训方面的背景引人注目。表26.1统计了学者们在何处获得他们的博士学位。大部分学者在一流的研究型大学获得训练,如俄亥俄州立大学、密歇根大学和加州大学洛杉矶分校;还有许多优秀的私立大学,包括康奈尔大学、耶鲁大学和西北大学。许多学者都提到,他们的教育如何为他们的理论开发做准备。例如,卢梭描述了她在社会学和临床心理学方面的培训如何帮助她理解社会契约;巴尼谈论了他在耶鲁大学受到的社会学教育的重要性,他认为,自己的社会学教育帮助他提出一些重大的问题:"至少有机会发现有更大意义的答案。"威廉姆森认为,他在卡内基的培训和他与赫伯特·西蒙的接触,为他的开发理论提供了独特的准备。确实,许多学者都与赫伯特·西蒙有联系。

表26.1 作者和他们取得博士学位的学校

姓名	博士学位	姓名	博士学位
阿吉里斯	康奈尔大学	莫迪	加州大学欧文分校
班杜拉	爱荷华州立大学	野中郁次郎	加州大学伯克利分校
巴尼	耶鲁大学	奥尔德姆	耶鲁大学
比奇	科罗拉多州立大学	普费弗	斯坦福大学
卡梅伦	耶鲁大学	波特	耶鲁大学
福尔杰	北卡大学教堂山分校	卢梭	加州大学伯克利分校
弗里曼	华盛顿大学	斯科特	芝加哥大学
弗里斯	德国柏林理工大学	斯托	西北大学
哈克曼	伊利诺伊大学	斯蒂尔斯	加州大学欧文分校
汉布里克	宾夕法尼亚州立大学	弗鲁姆	密歇根大学
哈夫	西北大学	维克	俄亥俄州立大学
莱瑟姆	阿克隆大学	威廉姆森	卡内基-梅隆大学
洛克	康奈尔大学	温特	耶鲁大学
明茨伯格	麻省理工学院	祖克	斯坦福大学
米切尔	伊利诺伊大学		

我们已经描述了学者们受激励去减少或消除冲突的探索过程,这是研究的最初动

因。我们关注物理地点和人际的相互作用以及个人的教育背景,这些都推动了重要的新理论的发展。下面,看一看学者们是如何展开和完善他们最初的思想的。

26.1.3 完善/研究

学者们研究和拓展他们的观点,是理论开发完善阶段的主要特征。广义上说,这个完善过程包括观察、归纳、释义和研究。维克描述这个理论开发阶段为:

> 持续不断伸展的解释活动的集合。要定义这种"伸展"活动,就像走一根细细的钢丝,一边要给看似一致的多种行动划定一个合理的边界,同时,还要试图囊括足够的特质,使得一致性得到独特的体现,但又要少于所有人类条件的加总。

班杜拉还抓住了这个过程中的一方面:"初期的公式化加速了实验的发展,进而帮助和促进了理论的发展。理论持续的改进,使我们能更好地理解感兴趣的现象。"奥尔德姆和哈克曼提到:

> 我们认为所有的理论,当然也包括我们的,都不是一个瞬间的灵感。事实上,理论的开发过程似乎可以视为一个无尽的重复过程,即在选择变量和确定它们之间的联系中来来回回,希望最终微小的、勉强取得的进步,能够超过被迫放弃的次数。

洛克和莱瑟姆更具体地谈了他们开发理论使用的完善方法:

> 借由大量的长期实验,证明我们的实验行之有效,从而激发其他研究人员对目标设定研究的兴趣;从不同的视角研究目标设定主题;从失败中寻找原因;解决矛盾和似是而非的问题;整合来自其他发展中理论的有效思想;回应那些似乎有价值的批评,驳斥那些没有价值的批评;问自己一些关键问题;保持开放的头脑……

祖克和达比运用树来比喻和刻画理论开发的过程:

> 营养多和阳光足的地方,枝干就生长得比较茂盛。在生长过程中,有的枝干奇形怪状,有的两侧枝干有密有疏,并不对称。研究同一个理论的人,不一定采用同一种研究方法。

卢梭认为三种具体途径(四种类型的行动)帮助她完善心理契约理论:花时间在组织中、写两本书、开展一系列研究项目。在某些例子中,这个完善过程短暂,而在另一些故事中,它是整个职业生涯的努力。对于大多数人来说,完善理论需要相当长的一段时间,尽管不一定是整个职业生涯。

我们观察到,基于理论抽象化程度来完善理论有不同的方式。尤其当理论概念接近于测量时,详细阐述遵从定量研究的科学模型。在这些例子中,其他的研究者和学者可能也会参与完善的过程中。相反,理论中的概念越远离实际测量,详细描述越遵循描述的路径、图表和更定性的研究。弗里斯对大型理论和中等理论做了区分,这种区分在一定程度上捕捉了我们这里描述的抽象度。

许多作者谈到抽象层面的理论开发。例如,明茨伯格认为:

> 我最喜欢的一部自己的作品《组织结构化》,就是在别人的一些理论、研究发现和描述的基础上完成的……例如,高度结构化,但有用性却差得很远。试想,想成为理论家,应该游弋在一池碧水中,还是在一堆碎纸里?

后来他强调,"我必须有提纲写下我的观点,即使写出观点是为了提炼出大纲。这是理论创造最根本的问题"。学者们谈到了绘制抽象图形和图表的必要性。例如,卢梭建议,"图表、连续体和 $N \times N$ 表格等"启发法,是理论开发非常重要的帮手。威廉姆森持同样的观点,"正确获得是指通过一定的逻辑、范式或数学,或者同时运用三者进行工作"。明茨伯格反映,"我的作品里加入了许多图表,旨在表达我的每个思想是怎样形成的"。

巴尼谈论了资源基础理论的抽象本质,他强调,他的框架结构从不是为了加入实证检验,而是设计"要引导学者思考资源的属性,并通过这一努力,使得资源基础逻辑的实际意义可以发展。"普费弗认为,对于资源依赖理论而言,"尽管有一股利用实证检验直接开发理论核心概念的风气,资源依赖理论后续的发展,应是将它的观念作为隐喻或者一般理论的导向,这比检验精确可证伪的预测和估计理论模型的参数更为重要"。斯科特描述制度理论是如何在美国的东西海岸得到完善,当他提出的理论概要获得大家认同时,便产生了一个完整的理论。

我们也观察到,当理论定义抽象度较低时,完善过程遵循一般的科学路径。例如,汉布里克写到,在《美国管理学会评论》上发表高阶理论后,实证证据迅速出现以支持这个观点,该理论包含了人口统计概念和公司业绩,这些在方法论里已属现成。波特、斯蒂尔斯和莫迪捕捉了组织承诺研究的完善过程:

> 自有关组织承诺概念的研究起步以来,经过 30 年的探索与研究,学者们丰富了研究内涵,揭示了员工对组织整体所持态度的作用。我们的早期工作可以得出一些预测,这些关于绩效、离职、出勤率、角色外行为的预测,大体上都已经得到了实证研究的支持。这些支持来源于几篇对数以百计的实证研究所进行的元分析报告。而且,元分析的结果对于测量感情承诺的不同方法,呈现出稳健性。

阿吉里斯运用了一系列田野研究方法,包括观察、录制和采访,去研究和明确单环学习理论。但是,这些方法用于更抽象的双环学习理论时会更加复杂。比奇和米切尔描述了十年间在亚利桑那州立大学和华盛顿大学做的关于镜像理论的定量研究。这些作者解释他们是如何完善镜像理论的筛选机制,而不是镜像本身,因为这些机制比较容易研究。卡梅伦及其同事对组织有效性竞争价值框架的研究工作,使他们在有效性研究开始之前,就从实证角度整合了一系列不同的模型和假设。弗里斯描述了如何从风险较低的实证测试,到风险更高的假设研究的完善过程,这个过程让他确定了他的个人主动性理论的边界条件。

我们得出结论认为,理论的潜在目的对于理论演变的方式来说很重要。例如,威廉姆森认为,一个好的理论是能被检验的;明茨伯格从另一方面观察,一个好的理论是连接另一个理论的桥梁;巴尼也认为,一个好的理论是能引起争论和讨论的。"理论可以服务于多重目的,从释义到实证检验"这样的观点在文献中并没有提及。

对于一些学者来说,寻找研究问题和完善研究的过程是互相结合的阶段。例如,斯托利用实验室、田野和档案研究,在个人和组织的分析层面去完善他的承诺升级观点。他描述了承诺升级理论如何从 30 多年中各种各样的实例和研究设计中涌现出来。维克、明茨伯格以及洛克和莱瑟姆,也描述了他们在理论开发过程中类似的探索和完善阶段。

26.1.4　公布/报告

理论开发的最后阶段,是将模型和研究展示给各种恰当的受众。尽管人们认为,观点或理论的对外报告似乎相对直接,学者们却努力让他们的理论被接受,尤其是在顶级的学术期刊上。也许,因为他们的思想是崭新的或者理论包含太多东西,许多学者不得不写一本书去展示他们的成果。

理论的公布有许多方式,但有两种形式最普遍:第一种,一系列的概念和实证论文,它们往往或者相辅相成,或者独立阐述理论知识。通常,在这种研究的数量通过了某一个至关重要的门槛之后,便会在一本书里进行总结,以创造一个"完整"的框架,提升理论的凝聚性。例如,洛克和莱瑟姆在他们 1990 年的著作里,总结了 25 年来对于目标设定的研究。同样地,芬克尔斯坦和汉布里克(1996)在他们的著作《战略领导》(*Strategic Leadership*)中,总结并完善了十年来的研究。比奇和米切尔(1996)发表了许多关于镜像理论的论文,并在一本镜像理论专刊里总结了这些研究。

另一种明显与之不同的方式是,理论在一本专著中得到解释,之前并没有发表一系列的期刊论文,也并不是作为一系列不同研究的整合。例如,安妮·哈夫在《战略思想图解》一书中,总结了管理认知的关键理论。弗鲁姆(1964)在他 28 岁的时候出版了一本 150 页的专著《工作和激励》。他说,"当我现在回首那本所谓的'专著'时,我自认为当时相当胆大妄为"。威廉姆森(1975)对公司边界理论的许多推理,都出版在他的《市场与科层:分析和对反托拉斯的启示》一书中。斯科特在《制度与组织》一书中,总结和整理了关于制度理论的一系列广泛研究。卡梅伦和惠腾(Whetten,1983)的专著《组织有效性:多种模型对比》做了一个比较,让作者们将许多不同的有效性模型放在一个模型中。

如前所述,许多学者对于学术成果发表过程中不断受拒表达了关注和不屑。巴尼谈到他的科研论文被多次拒绝,直到他做了《美国管理学报》的编辑,才接受自己的论文并发表在一个专刊中。有趣的是,到今天这篇文章被引用了超过1 200次,并且引用数在持续增长。弗里斯声称"我最骄傲的一些实证研究文章却是最难发表的。我的直觉是,它们破除了典型的方法,所以受到了批判"。班杜拉认为,"过分敏感的人不适合研究理论,理论学家必须为自己的概念和实证结果受到质疑,遭人误解或者讽刺,甚至受到人身攻击做好准备"。明茨伯格更深刻地指出,理论的开发者必须勇于接受诸如以下所说的心路历程:"恐惧与众不同,恐惧鹤立鸡群,恐惧没有归属感,恐惧犯错,或者是恐惧做颠覆者(如果并不明显)。然而,我们已经把恐惧筑进了我们做研究和评估研究的过程中,尤其是终身教职评估,翻开期刊看看结果吧。"哈夫正色道,我们的专业着重强调在顶级期刊上发文章,这"削弱了构建理论的基本要求"。卢梭描述了在早期的研究中,她是如何努力发表文章的:"我急于使心理契约的研究合法化,没有在已经成熟的期刊上取得早期的成功,我选择了逐步发展的战略。这就是说,当你不在你喜欢的目标的附近时,就喜欢你能够接近的目标。"一些诺贝尔奖获得者的著作也经历了出版的困难,他们的早期思想也很难被同事接受。然而,这些思想最终取得了诺贝尔奖这一更高的认可。这些学者的观点和评论也一样,研究者们的新颖思想和由此产生的重大议题,可能让杂志很难衡量他们的贡献。

很明显,不是所有的学者都面临发表的困难。例如,对于和纳尔逊合作的第一篇关注进化理论的文章,就发表在《美国经济评论》上,温特自己都感到惊讶。

26.2 研究者的角色

这一部分中,我们将讨论学者在他们的理论开发中扮演的不同角色。有一点很重要,不是所有的学者都扮演所有角色。我们重点关注理查德·斯科特关于制度理论的章节。斯科特认为,制度理论的开发,是很多学者共同努力的结果。明显地,本书中的其他作者也有同样的观点。在斯科特看来,学者们在理论开发中扮演五个不同的角色:创意者、编撰者、联络者、研究者和拥护者。我们的一些学者扮演了所有的这些角色,而其他人扮演了一个或几个角色。

1. 创意者。明茨伯格的章节强调"想象力、洞察力和发现力"在理论开发中的作用。他认为理论必须要让人们感到震惊和改变,否则没什么用。洛克和莱瑟姆也指出,基于观察的发现很重要。运用作者在本书中发表的这些研究,我们试图解释理论开发的过程:冲突、探索、完善和公布。

参与本书撰写的学者都是那些创造了理论的人。当然,有些理论的原始动力在这些大师们的研究之前已经存在。例如,虽然威廉姆森完善了交易成本经济学,其原始思想却是来自科斯(Coase,1937),就像制度理论的原型早于斯科特的研究一样。相反,弗里曼创造了大部分的利益相关者理论,汉布里克创造了高阶理论,但是,完善这些理论的工作涉及许多其他学者。

对于博士生和新教员来说,在理论开发的学术研究中,高度强调创新并不多见,在美国尤其如此。而且,终身教职评估的短期导向常常促使学者们在选择研究的问题和方法上趋于保守,这个过程很大程度上排除了创新的可能。鉴于新理论在管理学领域和专业中的重要性,我们应该更多地考虑,如何激励研究者们在学术上更多地创造和创新。另外,许多顶级杂志并不包容新观点,对此,学者们好像都有些情绪。

2. 编撰者。编撰者的角色是总结、整理和分配关键的观点到一个综合的框架(Scott,本书第22章)。最终,我们所有的作者都参与到编撰者的角色中。编撰者的角色看上去像是完善和宣传过程的一部分。斯科特认为,这个角色的一个重要的维度是,在与其他可能产生竞争的理论环境中,进行理论区分和定位。在某种意义上,这个角色是动态的,因为编撰者要定期地更新理论。一个理论能否在没有修正核心概念和界限的情况下保持先进性,是值得质疑的。然而,理论越抽象,可能就越难编撰。例如,资源基础观点的关键构念很难操作化,也许就是由于没有进行编撰。

或许,如果学者们更多关注理论的目的性,他们最好准备好了解如何编撰它。编撰和完善的过程,根据理论不同的目标,可能有所不同。

3. 联络者。联络者的角色包括将理论概念和方法与更广泛的观众交流的过程(Scott,本书)。就像我们提到的,这种行为的产品往往是一本书或一篇会议论文,联络者的角色可能更多地表现在公布阶段。所有的学者在某种程度上都是联络者,因为他们把他们的研究结果发表,传递给更广大的读者。许多学者强调,在阐述他们的理论时用词准确非常重要。

与理论开发过程的其他方面一样,图表和模型的角色也许应该在博士教育和新教员中更加强调。尤其对于更抽象的理论、隐喻的应用、完善的描述和清楚的语言表达,可能是理论开发过程最重要的部分。

4. 研究者。这个角色包括了通过分析、预测,以及在一系列不同的样本和环境中的检验,来展示一个特定理论的关联性(Scott,本书)。如作者们指出的,这些研究应能够被归纳和演绎,它能包含实验室或研究背景下定性或定量的方法。总的来说,在某种程度上一个理论的价值得以提升,是由于它运用了许多不同的样本、不同的情境和不同的方法加以检验。由此看来,所有的学者都包含有研究者的角色。

5. 拥护者。学者们在理论开发中扮演的终极角色就是拥护者。换言之,他们在维护和宣传理论上起到了重要的作用。许多学者谈到"思想市场",就是说,随着新理论的产生和消亡,理论解释不断上市和退市。尽管"思想市场"无法控制,一些人比其他人更具有合法性。作为一个整体,伟大的思想家能够管理他们理论的演化过程——也许,他们通过参与到所有前面提到的角色中来实现这一点。因为他们对自己的理论,有更深的理解和认知,他们最有资格作为拥护者。随着时间的推移,一个学者将为她/他的理论扮演拥护者的角色。金·卡梅伦将组织有效性再次界定为积极的组织有效性,这就是一个例子。

26.3 驱动过程的研究者特征

在最后这一部分,我们主要回顾一些影响理论开发过程的学者们普遍的个体特征。学者们为理论注入热情,面对失败坚持不懈,注重原则,对于关系到管理者和组织的大观点,有极大的兴趣。因为从前面的实际章节看,我们相信这些特征是很明显的,所以,在这里,我们重点关注为什么这些特征对于研究过程是重要的。

1. 热情。读过这本书的所有章节后,没有人不被作者们对于他们思想和课题的热情所感动。这种热情表现在许多方面。例如,孜孜以求寻找答案的时候,他们是多么兴奋;努力完善理论的过程中,他们是多么积极主动而又充满热情;发表、展示自己观点的时候,他们又是多么执著! 他们表现出了一种对理论和思想强大的自信。如各个章节中提到的,理论开发困难而艰苦,面对的是未知,本书中出现的学者在这样的环境中成长。但是,他们对自己的工作充满激情、乐趣和成就感。

2. 坚持不懈。开发理论不是弱者能完成的,实际上,寻找有效的答案、完善提出的解决办法以及向学术界表达新的思想,是一件高风险的事情。例如,当理论第一次被提出时,很多学者可能质疑理论的价值,顶级期刊的审稿人和编辑会拒绝第一版的稿件,甚至可能被持相反理论的作者攻击。正是对事业的喜爱和热情,对理论的理解和对于自己观点的信心,使学者们坚持面对这些威胁。实际上,学者们是那么卓尔不群,因为他们有着克服困难的能力和永不言败的精神。在他们理论推广以及最后的评价和贡献之间,存在着一种强有力的关联。

3. 纪律。学者们也表达了他们的工作纪律和承诺。这些纪律在他们长时间开发理论的过程中,在他们对工作的关注中,以及在理论的质量和严密性上,都能够体现出来。这些纪律背后可能是核心价值观。这些价值观明显存在于最初的冲突被发现时,存在于他们寻找答案的复杂方式中,存在于他们完善自己观点的连贯性上。事实上,在追求卓越的过程中,学者都是可预测的。

4. 创意。学者们另一个突出的优良品质,就是他们敢于大胆创新。他们反复表现出对于那些"小想法"和那些与真实现象相悖的理论的不屑。他们寻找和鼓励博士生及同仁在研究工作中提出关键性问题。关键是,他们能够有效处理模糊性,有能力和那些不必马上寻得答案的问题做伴。他们更愿意把精力放在重要问题的研究上。这也许是因为,他们研究的理论范围如此之广,很多学者把他们整个职业生涯的时间都花在完善和阐述其理论上。图26.1给出了这套理论完善过程的总结摘要。

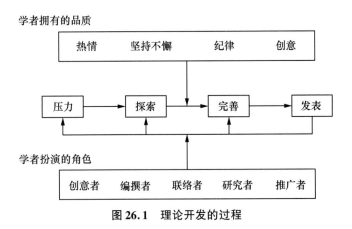

图 26.1 理论开发的过程

26.4 总结

我们之所以有动力开发这本书,是因为我们观察到学者们在对待"什么是一套好理论和如何推广一套好理论"这个问题上的观点存在显著的差异。作为两种要求理论开发的专业期刊(《美国管理学会评论》和《美国管理学会学报》)的前任编辑,我们同样希望获得更多有关如何开发一套好理论的有效方法。对于"我们是不是能够找出一条有效而明确的途径进行理论开发","众多学者是否能在这条途径上达成共识",以及"我们的守卫者能否阐述如何评价一套新理论"等领域,我们都给予高度关注。

我们从这本书精彩的章节中得出的结论是:理论开发过程是一个要求很高、很严谨的过程,绝不能掉以轻心,马虎对待。此外,一套具有重大意义和影响力的新理论,并不是经常能被创立和发展的。尽管我们仍然需要许多好的理论来增进对管理和组织的认识,但是这些理论的开发不可能完全由我们的学术性期刊实现,或者短时间内完成。正是我们意识到开发一套好理论需要很多的投入,是一个长期的、充满失败的连续过程,但却令人无比兴奋。我们可以让学生和新的管理学教员为这项研究任务做好更充分的准备。

相应地,这本书为理论的开发过程提供了现实的预览。通过预览,我们希望学者们能够更好地为理论开发做准备工作。我们希望对不同过程、角色和特征的理解能够鼓舞和帮助我们对理论进行推进,并发展我们的职业生涯。我们要由衷地感谢这本书的作者们,为我们展示了这样一种方法。我们希望,我们职业队伍的大多数人能像对本书有所贡献的"大师们"那样充满乐趣和兴奋。

> 你的信仰是你所相信的,而不仅仅是你所知晓的。
>
> 约翰·兰开斯特·斯波尔丁(John Lancaster Spalding)

参考文献

Beach, L. R., and Mitchell, T. R. (1996). Image theory, the unifying perspective. In L. R. Beach (ed.), *Decision Making in the Work Place: A Unified Perspective*: 1–20. Mahwah, NM: Erlbaum.

Cameron, K. S., and Whetten, D. A. (1983) *Organizational Effectiveness: A Comparison of Multiple Models.* New York: Academic Press.

Coase, R. H. (1937). The nature of the firm. *Economica*, 4(16): 386–405.

Finkelstein, S., and Hambrick, D. C. (1996). *Strategic Leadership: Top Executives and their Effects on Organizations.* Minneapolis/St Paul: West Publishing.

Koestler, A. (1964). *The Act of Creation.* New York: Macmillan.

Levitt, B., and March, J. (1988). Organizational learning. *Annual Review of Sociology*, 14: 319–340.

Nahapiet, J., and Ghoshal, S. (1998). Social capital, intellectual capital, and the organizational advantage. *Academy of Management Review*, 23: 242–266.

Scott, W. R. (1995). *Institutions and Organizations.* Thousand Oaks, Calif.: Sage.

Vroom. V. H. (1964). *Work and Motivation,* New York: Wiley.

Williamson, O. (1975). *Markets and Hierarchies: Analysis and Antitrust Implications.* New York: Free Press.

索 引

A

ABB　阿西布朗勃法瑞公司　220
abductive logic　溯因逻辑　52
accountability　责任　57—58
Ackoff, R. L.　R. L. 艾科夫　218, 331—332
　　Model I theory-in-use　应用理论模型 I　211—213
　　Model II theory-in-use　应用理论模型 II　213—214, 218
　　single and double-loop learning　单环和双环学习　209—211, 215—216
action theory　行动理论　70—71, 72, 85
　　cognitively anchored theory　认知锚定理论　270—274
Adams, J. S.　J. S. 亚当斯　47—48
adaptation　适应　394
adaptation level effects　适应程度效应　60
affective commitment　情感承诺　142
agency　施为、代理、代理者　9—10, 57—58, 273, 369—370
　　nature of human agents　人类主体的性质　299—301
Agle, B.　B. 艾格尔　341
Alaska Airlines　阿拉斯加航空公司　255
Alchian, Armen　阿门·阿尔奇安　402—403

Alderfer, Clay　克莱·奥尔德弗　225
Allen, N. J.　N. J. 艾伦　141, 148
American Pulpwood Association　美国纸浆协会　109
Amit, Raffi　瑞佛·阿米特　233—234
amplifying qualities　放大化性质　255—256
Anderson, J.　J. 安德森　12, 159
antitrust　反垄断　390—391
Anton, Ron　罗恩·安东　157
Aquino, Karl　卡尔·阿奎诺　157
Argyris, Chris　克里斯·阿吉里斯　132, 155, 244
Arrow, K.　K. 阿罗　387—389, 396
Atiyah, Patrick S.　帕特里克·S. 阿蒂亚　156—157, 166
Atkinson, J.　J. 阿特金森　114, 192, 194
attention　关注　262—263

B

Ba　场　300—301
Bacdayan, P.　P. 巴达亚　421
Baden-Fuller, C.　C. 巴登-富勒　261
Bain, Joe　乔·贝恩　389
Baker, W.　W. 贝克　254
Balkin, D. B.　D. B. 巴尔金　98
Bandura, Albert　艾伯特·班杜拉　10, 114

Bantel, K. A.　K. A. 巴特尔　97
Barbosa, Ricardo　理查达·巴博萨　95
Barley, Steve　史蒂夫·巴利　264,359,370
Barnard, C.　C. 巴纳德　159,243,386—387
Barsade, Sigal　西加尔·巴萨德　185
Bateman, T. S.　T. S. 贝特曼　78
Baum, J. R.　J. R. 鲍姆　96
Bazerman, Max　马克斯·巴泽曼　159—160
Beach, H. D.　H. D. 比奇　109
Becker, H. S.　H. S. 贝克尔　142
Beckman, C. M.　C. M. 贝克曼　356
behavioral decision theory　行为决策理论　359
behavioral integration　行为融合　99—101
behavioralism　行为主义　10—11,411—412
Behavioral Theory of the Firm　《企业的行为理论》　411
Benson, Lehman　雷曼·本森　40—41
Berger, P. L.　P. L. 伯杰　435
Bergmann, Gustav　古斯塔夫·伯格曼　197
Bernoulli, Daniel　丹尼尔·伯努利　32
Berra, Yogi　约吉·贝拉　290
Bies, Bob　鲍勃·比斯　55—57,124
biotechnology　生物技术　439—446
Birley, S.　S. 比尔利　96—97
Bissell, Byron　拜伦·比斯尔　40
Black, M.　M. 布莱克　275
Blau, Peter M.　彼得·M. 布劳　367
Blood, Milt　米尔特·布拉德　151—152
Bluedorn, A. C.　A. C. 布鲁顿　244
Bobocel, Ramona　拉蒙纳·波波赛尔　66
Bodo doll study　波波玩偶实验　13
Boorman, Scott　斯科特·布尔曼　224
bounded rationality　有限理性　393
Bower, J. L.　J. L. 鲍尔　259
Bowie, Norman　诺曼·鲍伊　340
Breyer, Stephen　斯蒂芬·布雷耶　390
Brickman, Phil　菲尔·布里克曼　45,52
Brighton, William　威廉姆·布莱顿　176
Brockner, Joel　乔尔·布鲁克纳　177

buffering qualities　缓冲的性质　255—256
Burns, T.　T. 伯恩斯　243
Burt, Ronald S.　罗纳德·S. 伯特　353,358
business behavior　商业行为　391—392

C

Calder, Bobby J.　博比·J. 考尔德　174
Campbell, Donald　唐纳德·坎贝尔　317
Canadair　卡纳迪公司　193—194
Cannella, Bert　伯特·坎内拉　95
capabilities　能力　423
　dynamic capabilities　动态能力　424—425
capitalism　资本主义　413
Cappelli, P.　P. 卡佩利　141,150—151
Carnegie School　卡内基学派　90,404
Carpenter, M. A.　M. A. 卡彭特　98
Carroll, G. R.　G. R. 卡罗尔　357
Cartright, Doc　道客·卡特赖特　197—199
categorization　分类　261—262
causal analysis　因果分析　16—17
causality　因果关系　262—263
causal relationships　因果关系　119
Chaganti, R.　R. 查干提　96
Chandler, Alfred　艾尔弗雷德·钱德勒　389
Charan, Ram　拉姆·查兰　333
choice set　选择集合　35
Cho, Theresa　特蕾莎·赵　95
Christensen, C. M.　C. M. 克里斯滕森　356
Christiensen-Szalanski, Jay　杰伊·克里斯汀森-萨兰斯基　34—35,39
Clark, Margaret　玛格丽特·克拉克　59
Coase, Ronald　罗纳德·科斯　382—387
cognition　认知　256—257
　see also managerial and organizational cognition (MOC)　又见 管理和组织认知学
cognitive behaviorist theory　认知行为理论　66—67
cognitive determinants　认知的影响因素　17
cognitive dissonance　认知失调　178

cognitively anchored theory of action 行动的认知锚定理论 265—270
Cohen, M. M. 科恩 422
collaborations 合作 440
Collins, D. D. 柯林斯 361
Collins, J. J. 柯林斯 150
commitment 承诺 141
    affective commitment 感情承诺 142
    goal commitment 目标承诺 112—114
    see also escalation of commitment; organizational commitment 又见 承诺升级；组织承诺
Commons, John R. 约翰·R. 康芒斯 365—366
compatibility test 兼容性测试 39—40
Conlon, E. J. E. J. 康伦 245
Conner, Kate 凯特·康纳 234
Connolly, T. T. 康诺利 245
contingency theory 权变理论 35
contracts 契约 367—368
    see also psychological contract theory 又见 心理契约理论
control theory 控制理论 117
Cook, Tom 汤姆·库克 53
Corbin, A. K. A. K. 科尔宾 160
corporate governance, stakeholder approach 公司治理，利益相关者方法 341—342
corporate social performance (CSP) 公司社会绩效 342—343
Cramer, R. D. R. D. 克莱姆 356
Crant, J. M. 79
critical incident technique 关键事件法 50
Cronbach, Lee 李·克龙巴赫 196, 200
Crosby, Faye 费伊·克罗斯比 53
Cross, R. R. 克洛斯 253
cultural influences 文化影响 70
    error management culture 错误管理文化 73—74
Cummings, Larry 拉里·卡明斯 160
Cyert, Richard 理查德·西尔特 411

Czapinski, J. J. 察平斯基 252

D

Dabos, Guillermo 吉列尔莫·达博斯 166—167
D'Andrade, Roy 罗伊·达安德雷德 397
D'Aveni, Richard 理查德·戴维尼 95
David, R. J. R. J. 戴维 360
Davis, G. F. G. F. 戴维斯 350, 358—360
Day, D. V. D. V. 戴 96
Dearborn, DeWitt 德威特·迪尔伯恩 94—95
decision making 制定决策 34—41
    adoption decisions 采纳决策 39—40
    gamble analogy 赌博类比法 32—34
    Image Theory 镜像理论 30, 33—43
    mechanisms 机制 34—36
    normative model 规范化模型 32
    principles 原则 36
    progress decisions 进展决策 38—39
decoupling 解耦 370—371
defensive routines 防卫性常规 212—213
DeHoyos, Genevieve 吉纳维夫·德荷耶斯 225
Demsetz, Harold 哈罗德·德姆塞茨 230—231
deonance 道义 61, 63
Deonance Theory (DT) 道义理论 62—64
deprivation 损失：
    perceived legitimacy of deprivations 损失的合理性 55
    relative 相对 44
Descartes 笛卡尔 118
Deutsch, S. J. S. J. 多伊奇 245
diagrams 图表 188
Dickson, W. J. W. J. 迪克森 243
DiMaggio, Paul M. 保罗·M. 迪马吉奥 365—369, 373
discretion 自主权 97—99
discriminating alignment hypothesis 差别校正假

设 394
dissonance theory 失调理论 50
distributive justice 分配不公平 61
Dollard, J. J.多拉德 10
Donaldson, G. G.唐纳森 32
Donaldson, T. T.唐纳森 336
double-loop learning 双环学习 209
Doz, Y. Y.多斯 264
Dreze, Jacques 雅克·德雷兹 385
Droge, C. C.佐治 96
duality of structure 结构的二元性 271
dual knowledge system 双元知识体系 10
Dubin, Robert 罗伯特·杜宾 1—2
Duesenberry, James 詹姆斯·杜生贝 384
Duke, James 詹姆斯·杜克 222
Dunegan, Ken 肯·多尼根 41
Dunfee, T. T.邓菲 336
Dunham, Laura 劳拉·邓纳姆 339
Durkheim, Emile 爱米尔·涂尔干 223
dynamic capabilities 动态能力 424—425

E

economics 经济学 382,424
education level, innovation relationship 教育水平,创新关系 96—97
Edwards, Ward 沃德·爱德华 31
efficacy beliefs 效能信念 21
Einstein, Albert 阿尔伯特·爱因斯坦 118
Emshoff, James R. 詹姆斯·R.艾默雪佛 332,333—334
enterprise strategy 企业战略 340
entrepreneurship 企业家精神 75—78
environment 环境 18,359
 knowledge creation 知识创造 296
 organizational effectiveness 组织有效性 209—210
 personal initiative and 个人进取心 73—74
 resource-dependence theory 资源基础理论和 223,225—228

environmental scanning 环境审视 94
equity 公正 46—47
Erez, Miriam 米丽娅姆·艾雷兹 112,114
error management 错误管理 72—75
 training 培训 72—74
escalation of commitment 承诺升级 174
 falsifiability 证伪 184
 field studies 田野研究 185—187
 modifications to the theory 对理论的修订 183—184
 see also commitment; organizational commitment 又见 承诺,组织承诺
Etzioni, Amatai 阿米泰·埃奇奥尼 141—142
Evanisko, M. J. M.J.伊凡思科 96
Evan, William 威廉·埃文 336
evolutionary theory 演化理论 403
 behavioralism 行为主义 411
 defining the stakes 确定利益关系 406—410
 empirics 实证 412—415
 Friedman conjecture 弗里德曼猜想 409—411
 production theory limitations 生产理论的局限性 418—419
 productive knowledge 生产性知识 419—421
 profit maximization 利润最大化 401,406—411
 routines and capabilities 常规与能力 422—424
 sources of routines and technologies 常规与技术的来源 424—426
 tacit knowledge 隐性知识 421—422
 technology and economic growth 技术与经济增长 413—418
expectancy theory (ET) 期望理论 31—32,114,191—203
experienced meaningfulness 对工作意义的感知 125,126
experienced responsibility 对工作责任的感知

126

explicit knowledge 显性知识 299

extra-role behavior, organizational commitment 角色外行为,组织承诺 146

F

fairness theory (FT) 公平理论 57—67

Falzer, Paul 保罗·费尔则 41

feedback 反馈
　negative feedback 负反馈 111

Festinger, L. 费斯汀格·L. 52

Feyerabend, P. P.费耶尔本德 276

Fiedler, Fred 弗雷德·菲德勒 34

Finkelstein, Syd 希德·芬克尔斯坦 92,96, 98—100

Fiol, Marlene 马勒琳·费厄尔 364

firm growth 企业成长 419—420

Fischhoff, B. B.菲施霍夫 31

Flanagan, J. C. J. C.费拉纳根 51

Fleishman, Ed 埃德·福莱曼 109

Fleming, Alexander 亚历山大·弗莱明 291—292

Fletcher, Karen 卡伦·弗莱彻 265

focal agents 当事人 61

force 力 202

fortuitous influences 偶然性影响 16—18

Frank, Linda 琳达·法兰克 131

French Jack 杰克·弗伦奇 190—192

Friedland, R. R.弗里德兰 255—259

Friedman, Milton 米尔顿·弗里德曼 400—402,405

F-scale F-量表 192

functional analysis 功能性分析 21—22

fundamental transformation 根本性转变 20

G

Galileo 伽利略 117

gamble analogy 赌博类比法 33—35

Garcia, John 约翰·加西亚 25

Gargiulo, M. M.加吉罗 255

Garland, Howard 霍华德·加兰 114

Geertz, Clifford 克利福德·吉尔兹 185

Geletkanycz, Marta 马尔塔·格兰坎兹 95,97

Genetech 基因技术公司 442,444

Georgescu-Roegen, Nicholas 尼古拉斯·乔治斯库-洛根 398

Geroski, Paul 保罗·杰罗斯基 420

Giddens, A. A.吉登斯 367

Gilbert, Daniel R., Jr. 丹尼尔·R.小吉尔伯特 338

Gilliland, Stephen 斯蒂芬·吉利兰 40

Gioia, Dennis 丹尼斯·杰奥亚 262

Gittell, J. H. J. H.吉泰 255

Gleason, Paul 保罗·格利森 314

globalization 全球化 339

goals 目标 9

goal setting theory 目标设定理论 105
　goal conflict 目标冲突 111
　need for knowledge, skill or task strategies 对知识、技能或工作策略的需要 116—117
　performance satisfaction 绩效满意度 115

Goitein, B. B.戈伊坦 33

Gomez-Mejia, L. R. L. R.高曼-梅希亚 98

Goodpaster, K. K.古德帕斯特 341

Goodrick, E. E.古德里克 371

Gordon, Aaron 亚伦·戈登 389

Gouldner, Alvin 阿尔文·古尔德纳 140,141

Gouldner, H. P. H. P.古尔德纳 141

Govindarajan, V. V.戈文达拉扬 95

grand theories 宏大理论 72

Granovetter, M. M.格兰诺维特 227

Graves, S. S.格雷夫斯 342

Greif, Siegfried 齐格弗里德·格瑞夫 70

Griffin, R. W. R. W.格里芬 136

growth 增长：
　Growth Need Strength(GNS) 成长需求度 127

Grusky, O. O.格伦斯基 142

Guetzgow, Harold 海罗德·古斯格尔 274

469

Gulati, R.　R. 古拉蒂　356
Gupta, A. K.　A. K. 古普塔　95

H

Hacker, W.　W. 哈克　70
Han, S.　S. 韩　227
Hansen, Mark　马克·汉森　236
Harrison, Jeffrey　杰弗里·哈里森　339
Harrison, Richard　理查德·哈里森　345
Haunschild, P. R.　P. R. 豪恩席尔德　356
Hayek, Friedrich　弗里德里克·哈耶克　386
health care delivery services, US　美国卫生保健服务　374
Heaphy, E.　E. 希菲　254
Heath, C.　C. 希思　227
Hebb, Donald　唐纳德·赫布　282
Heckler, Sue　苏·赫克勒　40
Heidegger, Martin　马丁·海德格尔　301
Heider, F.　F. 海德　64
Helson, H.　H. 赫尔森　46
Hennigan, Karen　卡伦·汉尼根　53
Herrnstein, Richard　理查德·赫恩斯坦　107
Hershey, J. C.　J. C. 赫尔希　30
Herzberg, Frederick　弗雷德里克·赫茨伯格　108
Hickson, D. J.　D. J. 希克森　344
high theory　高端理论　225
Hirschman, A. O.　A. O. 赫希曼　48
Hoang, Ha　黄河　185
Hodgkinson, Gerard　杰勒德·霍奇金森　269—210
Hofstede, G.　G. 霍夫施泰德　71
Hollenbeck, J. R.　J. R. 霍伦贝克　114
Horwitch, Mel　梅尔·霍维奇　333
Hoskisson, R. E.　R. E. 豪斯克森　350
House, R.　R. 豪斯　347
Ho, Violet　瓦奥莱特·胡　161
Hughes, Everett C.　埃弗里特·C. 休斯　366
Hulin, Chuck　查克·胡林　154

Hull, D.　D. 赫尔　203
Hume, David　戴维·休谟　299

I

ideological referents　意识形态参照　54
Ierardi, Gordon　戈登·伊尔拉蒂　201
image theory　镜像理论　31, 35—42
individual differences　个体差异　127, 199—203
industrial psychology　工业心理学　154—158
inequality　不平等：
inequity　不公正　17
inertia　惰性　316
　　stress interaction　压力互动　315—317
information　信息：
　　creation of　信息创造　297—298
　　filtering process　筛选过程　38—40
　　markets for　信息市场　436—438
　　organizational boundaries　组织边界　438—442
Ingram, Paul　保罗·英格拉姆　501, 502
initiative see personal initiative (PI)　进取心 见 个人进取心
innovation　创新　297—298
innovative competition　创新竞争　417—419
institutionalization　制度化　434—436
institutional theory　制度化理论　434—452
　　conditionalizing decoupling　限制性条件解耦　442—443
　　early insights　早期洞见　435—436
　　expanding facets and levels　扩展范围和层次　446—449
　　framework　框架　438—440
　　institutional change processes　制度变革过程　444—446
　　　convergent and disruptive change　收敛型和分裂型变革　444
　　　origins and endings　起始和终端　444—446
　　non-local knowledge　非本地知识　447—448

personal contribution to 个人贡献 448—450
process-based theory 基于过程的理论 434
structure-based theory 基于结构的理论 434
toward more interactive models 更加互动的模型 440—442
interactional justice 互动公平 56—57
interdisciplinary social science 多学科的社会科学 387—398
intervention 干预 200—201
Irwin, Robert 罗伯特·欧文 316

J

Janson, Bob 鲍勃·詹森 124—130
Jensen, M. C. M. C. 詹森 99, 231
JetBlue 捷蓝航空 150—151
job characteristics theory（JCT） 工作特性理论 124—140
    controversies 争论 137—140
    individual differences 个体差异 139—140
    job perceptions 工作感知 138—139
    external impetus 外在推动力 130—131
    robust personal relationship 牢固的人员关系 129—130
    supportive context 支持背景 131—132
    iterative process 重复过程 132—135
    core job characteristics 关键的工作特性 133
    individual differences 个体差异 134
    outcome variables 结果变量 133
    psychological states 心理状态 133
job diagnostic survey（JDS） 工作诊断调查 131, 136—137
job performance 工作绩效
Job Rating Form（JRF） 工作评分表 127—128
justice 公平 46
    distributive justice 分配公平 333
    interactional justice 互动公平 54
    procedural justice 程序公平 54

see also fairness theory（FT） 又见 公平理论
justification 正当性 52—54

K

Kahneman, Danny 丹尼·卡尼曼 33, 53—55
Kahn, Robert 罗伯特·卡恩 194
Kanfer, Frederick 弗雷德里克·坎费尔 116, 124
Kanter, R. M. R. M. 坎特 142, 228
Katz, Daniel 丹尼尔·卡茨 193
Kaysen, Carl 卡尔·凯森 390
Kelley, H. H. H. H. 凯利 46
Kelly, G. G. 凯利 266
Kemosabe effects 克摩萨效应 66
Kets de Vries, M. F. R. M. F. R. 凯茨·德弗里斯 95
Khurana, R. R. 库拉纳 350
Kimberly, J. R. J. R. 金伯利 97, 228
Klein, Burton 伯顿·克莱因 415
Klein, H. J. H. J. 克莱因 114
Klepper, Steven 史蒂芬·克莱珀 425
knowledge 知识
    explicit knowledge 显性知识 299
    non-local knowledge 非本地知识 375
    objective knowledge 客观知识 294
    productive knowledge 生产性知识 418
    subjective knowledge 主观知识 294
    tacit knowledge 隐性知识 294
    natural excludability 天然排他性 435
    transmission of 知识传播 440
knowledge creation theory 知识创造理论 295
    environment and 环境和 299
    human agents 人类主体 295
    knowledge vision 知识愿景 306
    organizations and 组织和 297
    SECI process 社会化—外言化—内部化—组合过程 300
    combination 组合 309
    externalization 外部化 307

internalization 内部化 310
  socialization 社会化 307
  synthesis through leadership 通过领导能力的合成 307
Kochan, T. T. 科昌 340
Koput, Ken 肯·柯帕特 185
Kraatz, Matt 马特·克拉茨 161
Kuhn, Thomas 托马斯·库恩 273
Kunda, G. G. 古达 360
Kunz, Philip 飞利浦·孔茨 225
Kuttner, R. R. 柯特 359

L

Lavelle, Jim 吉姆·拉韦尔 64
Lawler, Ed 埃德·劳勒 110,131
Lawrence, P. R. P. R. 劳伦斯 131
leadership：领导力
  knowledge creation and 知识创造和 311—312
  knowledge vision 知识愿景 312—313
learned helplessness theory 习得性无助理论 70
learning 学习：
  goals 目标 116—117
Lee, Tom 汤姆·李 42
legitimacy 合法性 56
  of deprivations 损失感 54
Levinson, Harry 哈里·莱文森 156
Lewin, A. A. 卢因 192
Lewin, Kurt 库尔特·卢因 197
Liedtka, Jeanne 珍妮·利特克 343
Likert, Rensis 瑞希斯·利克特 110
Lind, Alan 艾伦·林德 47
Litschert, R. J. R. J. 里车特 97
Llewellyn, Karl 卡尔·卢埃林 386
Locke, John 约翰·洛克 3
Long Island Lighting Corporation 长岛电力公司 183
Lopez, S. J. S. J. 洛佩斯 220

Lorange, P. P. 罗让 338
Lord, R. G. R. G. 洛德 96
Lorsch, J. W. J. W. 洛尔施 33
Losada, M. M. 洛萨达 254—255
Luckmann, T. T. 勒克曼 435

M

3M 221
McAllister, Dan 丹·麦卡利斯特 35
McClelland, David 戴维·麦克利兰 106—107
Mace, C. A. C. A. 梅斯 107
McGrath, Joe 乔·麦克格拉斯 110
Mackenzie, K. D. K. D. 麦肯奇 354
McKinley, W. W. 麦肯利 347
McMillan, John 约翰·麦克米兰 398
Macneil, Ian 伊恩·麦克尼尔 157
Magala, S. J. S. J. 马格拉 312
Maier, Norman 诺曼·梅尔 194
managerial discretion 经理自主权 98
mapping strategic thought 战略思想图解 262,268
  schema 图式 268
  strategic frames 战略框架 263—264
Mann Gulch 曼恩峡谷山火事件 313,316
March, James 詹姆斯·马奇 392
Margolis, Julius D. 朱利叶斯·D. 马戈利斯 252,353,390
market failure 市场失灵 229
Marquis, C. C. 马奎斯 348
Martin, Kirsten 柯尔斯滕·马丁 342
Mason, Phyllis 菲莉丝·梅森 91
Mason, Richard 理查德·梅森 332
Massey, G. J. G. J. 梅西 407
Mathieu, J. E. J. E. 梅休 146
Mayne, T. T. T. T. 梅恩 252
Meckling, W. H. W. H. 麦克林 231
Meichenbaum, D. D. 梅琴鲍姆 12
Meredith, Bill 比尔·梅雷迪斯 155

Messick, David　戴维·梅西克　160
metamorphic progress　质变过程　434
Meyer, John W.　约翰·迈耶　366
Meyer, J. P.　J. P. 迈耶　141
mid-range theories　中层理论　70
Miles, Bob　鲍勃·迈尔斯　165
Miller, D.　D. 米勒　348
Minton, J. W.　J. W. 明顿　244
Mintzberg, H.　H. 明茨伯格　4
Mitchell, R.　R. 米切尔　453
Mitroff, Ian　伊恩·米特罗夫　332
modeling　榜样作用：
　　social modeling　社会榜样　10—12
　　symbolic modeling　象征性榜样　14—16
Mone, M. A.　M. A. 默恩　347
monster imitator　怪物模仿者　418
Morgenstern, O.　O. 摩根斯坦　32
Morris, Tony　托尼·莫里斯　129
motivation　动机　179
　　expectancy theory　期望理论　191
　　self analysis　自我分析　191
Murphy, K. J.　K. J. 墨菲　99

N

Nadler, D. A.　D. A. 纳德勒　244
Napier, N. K.　N. K. 内皮尔　99
natural trajectories　自然轨迹现象　424
Nee, Victor　宁·维克托　396
negative feedback　负反馈　72
Nelson, Kim　金·纳尔逊　40
Nelson, Richard　理查德·纳尔逊　403
networks　网络　435
new institutional economics　新制度经济学　396
Newton, Isaac　艾萨克·牛顿　118
Nicholson, N.　N. 尼克尔森　157
Nicosia, Francisco　弗朗西斯科·尼科西亚　296
Nishida, Kitaro　西田几多郎　302
NK modeling technique　NK 建模技术　424

Norburn, D.　D. 诺本　97
Notz, Bill　比尔·莫茨　175

O

observational learning　观察式学习　10
Ocasio, W.　W. 奥卡索　356
Ogden, S.　S. 奥格登　342
Oliver, C.　C. 奥利弗　370
Olson, Mancur　曼瑟尔·奥尔森　226
open systems models　开放系统模型　246
opportunism　机会主义　300
Ordonez, Lisa　莉萨·奥多涅斯　40
organizational commitment　组织承诺　139
　　employee absenteeism　员工缺勤率　146
　　employee turnover　员工离职　146
　　extra-role behavior　角色外行为　146
　　job performance　工作绩效　141
　　anticipation stage　预感期　138
　　entrenchment stage　堑壕期　140
　　initiation stage　启蒙期　139
Organizational Commitment Questionnaire（OCQ）组织承诺问卷　137
organizational effectiveness　组织有效性　209
　　competing values framework　竞争价值框架　242
　　foundations of　基础　242
　　indicators of, problems with　指标, 问题　242—257
　　methodological challenges　方法论挑战　242
　　models of　模型　242
　　　bureaucratic model　官僚模型　243
　　　contingency model　权变模型　244
　　　goal achievement model　目标达成模型　245, 247
　　　human relations model　人类关系模型　246, 247
　　　internal congruence model　内部和谐模型　246, 247
　　　resource dependence model　资源依赖模型

　　　　245,247
　　　strategic constituencies model　战略支持者模型　246,247
　　positive organizational scholarship(POS)　积极组织学说　242—257
　　　revitalizing interest　提振兴趣　242—257
organizational routines　组织常规　422
　　sources of　来源　422
organizational virtuousness　组织美德　255
organizations　组织　255
　　decoupling　解耦　370
　　as information envelopes　信息的"封套"　533—7
　　knowledge creation　知识创造　296
　　new forms generated by metamorphic progress　超速增长催生新的组织形式　442
　　as rationalized systems　合理化系统　176
　　stakeholder approach　利益相关者方法　331—332
　　structural differences　结构差异　394
　　see also institutional theory 又 制度理论
organization theory　组织理论　155
Ouchi, Bill　比尔·乌奇　155
Outsourcing　外包　394

P

Palmer, D.　D.帕尔默　357
Pan American Airlines　泛美航空公司　182
Papandreou, Andreas　安德烈亚斯·帕潘德斯　389
Parks, Judi Maclean　朱迪·麦克莱恩·帕克斯　160
Parmar, Bidhan　比德翰·帕马　335
participation in decision making(pdm)　参与决策　112
Peak, Helen　海伦·匹克　194
Pearce, Jone　琼·皮尔斯　136
Penrose, Edith　伊迪思·彭罗斯　233,298
performance　绩效

organizational commitment　组织承诺　139
　social performance, stakeholder approach　社会绩效,利益相关者方法　333
personal agency　个人施为　9—10
personal initiative(PI)　个人进取心　75
　environmental supports　环境的支持　77
　knowledge, skills, ability(KSA)　知识、技能、能力　77
　orientations　导向　77
　personality factors　个性因素　77
personality　人格　21
Peteraf, Margie　玛吉·皮特罗夫　234
Peters, T.　T.彼得斯　33—34
Pfeffer, Jeff　杰夫·普费弗　135,149,321
Phenomenology　现象学　297
Phillips, Adam　亚当·菲利普斯　318
Phillips, Almarin　阿尔马林·菲利普斯　390
Phillips, D.J.　D.J.菲利普斯　356
Phillips, Robert　罗伯特·菲利普斯　338
philosophy of science　科学哲学　52
planning　计划　40
Polanyi, Michael　迈克尔·波拉尼　420
Pondy, L.R.　L.R.庞蒂　277
Popper, K.R.　K.R.波珀　2
Porac, J.F.　J.F.鲍瑞克　266
Porter, Lyman　莱曼·波特　108
Porter, Michael　迈克尔·波特　231
positive energy　积极能量　254
positive organizational scholarship(POS)　积极组织学说　248
　organizational effectiveness approach　组织有效性方法　248—253
positivism　实证主义　296
Posner, Richard　理查德·波斯纳　391
Post, Jim　吉姆·波斯特　335
Potter, Richard　理查德·波特　3
Powell, Walter W.　沃尔特·W.鲍威尔　176
Powers, W.T.　W.T.鲍尔斯　18
Prahalad, C.K.　C.K.普哈拉德　235

Prentiss, Don 唐·普伦蒂斯 160
Preston, L. L. 普雷斯顿 335
Price, J. L. J. L. 普赖斯 244
principles 原则 36
proactivity 先动性 76
   training 培训 83
procedural justice 程序公正 55—56
process control 过程控制 47
production theory, limitations 生产理论, 局限性 418
professions 职业 434
   as information envelopes 作为信息的"封套" 436—440
profitability test 收益性测试 39
profit maximization 利润最大化 396
prospect theory 前景理论 33
proximal goals 近期目标 116
psychodynamic theory 精神动力学理论 17
psychological contract theory 心理契约理论 140
   boundary conditions 边界条件 167
   dynamic properties 动态特性 144
   idiosyncratic deals 异质交易 166
   mutuality aspects 双方面 144
   roots 根源 141
   violation 违背 161
   zone of negotiability 可谈判空间 165
psychological distance 心理距离 198
psychological safety 安全感 82
publication process 发表过程 459
Purdy, Ken 肯·珀迪 83
Puto, Chris 克里斯·普托 35

Q

Quinn, R. E. R. E. 奎因 245

R

Rajagopalan, N. N. 拉贾戈帕兰 99
Ramaswamy, K. K. 拉马斯瓦米 97
Rand, Ayn 安·兰德 107

rationality 合理化、理性 299
   bounded rationality 有限理性 393
realism 现实主义 512
Reber, A. S. A. S. 雷伯 320
Rediker, Kenneth 肯尼思·瑞迪克 31
referent-cognitions theory (RCT) 参考认知理论 53
   simulation heuristic 仿真探索法 53
Reger, Ronda 伦达·雷格 266
Rehbein, K. K. 瑞贝恩 356
relative deprivation 相对剥夺 46
research and development (RandD) activity 研发活动 97
resource-based logic 资源基础逻辑 234
resource-based theory: 资源基础理论
   background 背景 224
   developing the resource-based view 开发资源基础观 233
   retrospection and generalization 回顾与推广 234—236
resource dependence theory 资源依赖理论 244, 347
   early empirical research 早期的实证研究 356
   organizational effectiveness model 组织有效性模型 346—350
retrospect 回顾 320
Richmond, Sandra 桑德拉·里士满 35
Roberts, Karlene 卡勒尼·罗伯茨 154
Robinson, Sandra 桑德拉·罗宾逊 163
Roethlisberger, F. J. F. J. 罗特利斯伯格 243
Rohrbaugh, J. J. 罗尔博 245
Roloff, Mike 迈克·罗洛夫 159
Ronan, Bill 比尔·罗南 109
Rosenfield, David 戴维·罗森菲尔德 55
Ross, Jerry 杰弗里·罗斯 179
Rotter, J. B. J. B. 罗特 70
routines 常规 371
Rowan, B. B. 罗恩 371
Rowland, Ken 肯·罗兰 175

R-R psychology　R-R 心理学　187
Rubenstein, S.　S. 鲁本斯坦　340
Rubin, Jeffrey　杰弗里·鲁宾　178
rules　规则　243
Rumelt, Dick　迪克·鲁梅特　230
Ryan, Art　阿特·瑞安　107

S

Sabido, Miguel　米格尔·萨比多　14—15
sacred values　神圣的价值观　65
St John, C.　C. 圣约翰　431
Salancik, Gerry　格里·萨兰西克　135,244, 321,352
Sambharya, R.　R. 萨汉娅　96
Samuelson, Paul　保罗·萨缪尔森　387
Sanders, W. G.　W. G. 桑德斯　97
satisficing　满意　392
Schalk, Rene　勒内·沙尔克　166
schema　图式　262
Schepers, Don　唐·舍佩尔斯　40
Schuler, D. A.　D. A. 舒勒　356
Schumpeterian hypothesis　熊彼特假设　414
Schumpeter, Joseph　约瑟夫·熊彼特　413
Schwenk, Charles　查尔斯·施文克　266
Schwinn antitrust case　施文反垄断案　393
Seashore, Stan　斯坦·西肖尔　195
self-efficacy　自我效能　13
　efficacy beliefs　效能信念　18
self-esteem　自尊　19
self-regulation　自我调节　9
self-starting　自我启动　76
Seligman, M.　M. 塞利格曼　70
Selye, Hans　汉斯·塞里　286
Selznick, P.　P. 塞尔兹尼克　33
Semmer, Norbert　诺伯特·西莫　71
Sensemaking　意义建构　311
Shapira, Z.　Z. 夏皮拉　32
Shartle, Carroll　卡罗尔·沙特尔　193
Shaw, J. B.　J. B. 肖　136

shift work　轮班工作　195
Shoemaker, P. G. H.　P. G. H. 休梅克　32
Shoreham nuclear power plant, Long Island　肖哈姆核电站,长岛　183
Simon, Herbert　赫伯特·西蒙　53
Simonton, D. K.　D. K. 西蒙顿　48
Simsek, Z.　Z. 希姆谢克　100
simulation heuristic　仿真探索法　53
single-loop learning　单环学习　210
Skinner, B. F.　B. F. 斯金纳　14—15
Smith, Adam　亚当·斯密　396
Smith-Doerr, L.　史密斯·多尔　440
Smith, Jim F.　吉姆·F. 史密斯　35
Smith, M.　M. 史密斯　98
Smith, Pat　帕特·史密斯　107
Snyder, C. R.　C. R. 斯奈德　131
social boundaries　社会界限　437
social cognitive theory　社会认知理论　13
　self-regulatory capabilities　自我调节能力　14
　social modeling centrality　社会榜样中心化　8
social construction　社会建构　433
　see also institutional theory 又见 制度理论
social diffusion model　社会传播模型　13—14
social information processing　社会信息处理　349
social issues management　社会问题管理　335
social labeling practices　社会标签实践　20
social network theory　社会网络理论　227
social performance, stakeholder approach　社会绩效,利益相关者方法　341
social structure　社会结构　433
sociology　社会学　219
Solow, Robert　罗伯特·索洛　397
Sonnenfeld, J. A.　索南菲尔德　341
Sorenson, Don　唐·索伦森　225
Southwest Airlines　西南航空　150
Sparrow, Paul　保罗·斯帕罗　230
Spender, J. C.　J. C. 斯彭德　264
Spreitzer, G.　G. 施普赖策　254
S-R psychology　S-R 心理学　194

stakeholders 利益相关者 244
stakeholder theory 利益相关者理论 331
 assessment of 评价 337
 early involvement 早期参与 331
 subfields 分支领域 264
  corporate governance and organizational theory 公司治理与组织理论 264
  normative theories of business 商业规范理论 264
  social responsibility and social performance 社会责任和社会绩效 265
  strategic management 战略管理 266
Starbuck, Bill 比尔·斯塔巴克 263
Staw, Barry 巴里·斯托 353
Stevens, Cynthia 辛西娅·斯蒂文斯 40
strategic frames 战略框架 263
 as rules and resources 规则和资源 263
strategic management, stakeholder approach 战略管理,利益相关者方法 342
strategic planning 战略规划 262
strategic thought mapping 战略思想图解 262
 schemas 图式 229
 strategic frames 战略框架 263
strategy selection model 战略选择理论 35
stress 压力 78, 272
 inertia interaction 惯性互动 272—274
structuration 结构化理论 272
Stucker, Kristin 克里斯汀·斯图克尔 96
Sturdivant, Fred 弗雷德·斯特底旺 373
subjective expected utility (SEU) 主观期望效用理论 31
Sutton, Robert 罗伯特·萨顿 354
symbolic modeling 象征性榜样 13—15

T

technology 技术:
 economic growth 经济增长 404—409, 427
 production 产品 417
 sources of 来源 421

Tegar, Allen 艾伦·特加 177
Tetlock, P. E. P.E.泰洛克 61, 65—66
theorizing 理论化 276, 289
 see also sensemaking; theory development 又见 意义建构,理论开发
theory 理论 276
 as a continuum 连续体 169
 definition 定义 289
 nature of 理论的本质 271
 politics of 政治上 112
theory development 理论开发 170—180
 anomalies, importance of 反常现象,重要性 293
 colleagues and friends, role of 同事和朋友,的角色 239
 critical incident 关键事件法 46
 description 描述 243
 diagrams, role of 图表,的角色 265
 inductive approach 归纳法 105—109
  data gathering 数据采集 105
  differentiating 区分 105—107
  identifying causal relationships 识别因果关系 107
  integrating 整合 106
  taking time 从容进行 107
 elaboration/research 完善/研究 457
 proclamation/presentation 公布/报告 459
 search 探索 455
 tension/phenomena 冲突/现象 453
 reasons for 理由 343
 research roles 研究者的角色 460
  advocate 拥护者 460
  carrier 联络者 460
  codifier 编撰者 460
  creator 创意者 460
 empirical research 实证研究 209
 intervention 干预 200
 qualitative and quantitative research 定性和定量研究 457

researcher 研究者 460
social context 社会背景 271
see also theorizing 又见 理论化
Thibaut, John W. 约翰·W.蒂博 46
Thomas, A.S. A.S.托马斯 97
Thomas, H. H.托马斯 266
Thompson, J.D. J.D.汤普森 350
Thorndike, E.L. E.L.桑代克 10
Thornton, P.H. P.H.桑顿 352
time management 时间管理 83
Torvald, Linus 莱纳斯·托沃兹 278
Toulmin, Steven 史蒂文·图尔明 268
Toulouse, J.M. J.M.图卢兹 95
training 培训：
　　error management 错误管理 72
transaction cost economics (TCE) 交易成本经济学 160, 247, 341, 347—357
　　antitrust experience 反垄断经历 390
　　interdisciplinary social science 多学科的社会科学 387—390
　　economics 经济学 384—386
　　law 法律 386—387
　　organization theory 组织理论 385—386
　　lessons 启示 397
　　　be disciplined 自律 397
　　　be interdisciplinary 交叉学科 397
　　　have an active mind 活跃的思想 397
　　misconceptions 误解 10—12
　　rudiments 出发点 395
　　　Berkeley （加利福尼亚大学）伯克利分校 154
　　　Penn 宾夕法尼亚大学 196
　　vertical integration problem 垂直一体化 354
"Trapped Administrator" experiment "管理者陷阱"实验 178
trust 信任 446
truth 真理 252
　　see also knowledge 又见 知识
Tsui, A.S. A.S.徐 147

Turner, A.N. A.N.特纳 132
Turner, Donald 唐纳德·特纳 390
Tushman, M.L. M.L.托什曼 244
Tversky, A. A.特维斯基 33
Tyler, Tom 汤姆·泰勒 55

U

Ulich, Eberhard 埃伯哈德·乌里施 70
Umphress, Elizabeth 伊丽莎白·阿姆布雷斯 66
unfairness 不公平 47
　　see also Fairness Theory (FT) 又见 公平理论
United Airlines 美国联合航空公司 255
United Parcel Service 美国联合包裹服务公司 194
upper echelons theory 高阶理论 90—115
　　foundational evidence 基本论据 94—95
　　frustrations 挫折 100
　　initial presentation 早期阐述 91—94
　　origins 起源 90
　　reinforcing evidence 强化论据 94—98
　　theoretical refinements 理论完善 98—102
　　　behavioral integration 行为融合 99
　　　managerial discretion 经理自主权 97
U.S. Airways 美国航空公司 255
US Brewers Association 美国啤酒协会 333

V

Valery, P. P.瓦莱里 153
values 价值 246
Van de Ven, Andy 安迪·范德万 2
Venkataraman, S. S.文卡塔拉曼 343
VIE theory see expectancy theory (ET) VIE理论 又见 期望理论
Vietnam War 越南战争 175
Viteles, Maurice 莫里斯·维特列斯 196
voice 建言 47
Volpert, Walter 沃尔特·沃尔佩特 70
Von Neumann, J. 诺伊曼·J.冯 32

索　引

W

Waddock, S.　S.沃多克　342
Waller, Bill　比尔·沃勒　35
Wally, S.　S.沃利　96
Walsh, J. P.　J. P.沃尔什　319,340,445
Walsh, Kenneth　肯尼思·沃尔什　40
Walters, Roy　罗伊·华特斯　124
Wan, W. P.　W. P.万　356
Watson, J. B.　J. B.沃森　10
Watson, R.　R.沃森　342
Weatherly, Kris　克里斯·韦瑟利　40
Webb, Eugene　尤金·韦布　351
Weber, K.　K.韦伯　243
Weber, M.　M.韦伯　252
Webster, Edward　爱德华·韦伯斯特　193
Weick, Karl　卡尔·维克　4,47,108
Weiss, H. M.　H. M.韦斯　136
Wensley, Robin　罗宾·温斯利　231
Wernerfelt, Birger　伯格·沃勒费尔特　233
Westphal, J.　J.维斯特法尔　371
Wexley, Ken　肯·维克斯里　109
Whetton, David　戴维·惠顿　167
White, John　约翰·怀特　25
Whittington, R.　R.惠廷顿　271
Whyte, William　威廉·怀特　139
Wicks, Andy　安迪·威克斯　336—339,341—343
Wiersema, M. F.　M. F.威尔斯玛　97
Williams, C. R.　C. R.威廉姆斯　114
Williamson, O.　O.威廉姆森　229
Wilson, Edmund　O.埃德蒙·威尔逊　163
Wood, D.　D.伍德　341
Woodward, Joan　琼·伍德沃德　287

Y

Yuchtman, E.　E.余诗曼　244
Yukl, Gary　加里·于克尔　109

Z

Zajac, D. M.　D. M.扎亚茨　146,148
Zajac, E.　E.扎亚茨　160,371
Zimmerman, Edwin　埃德温·齐默尔曼　391
zone of negotiability　可谈判空间　166
Zucker, L. G.　L. G.祖克　4,230